"十二五"普通高等教育本科国家级规划教材
国家一流课程配套教材
吉林省本科高校省级重点教材
高等学校经济学类核心课程教材
新文科·统计学系列教材

统计学

（第三版）

主　编　马秀颖　马敏娜
副主编　李国荣　王静敏

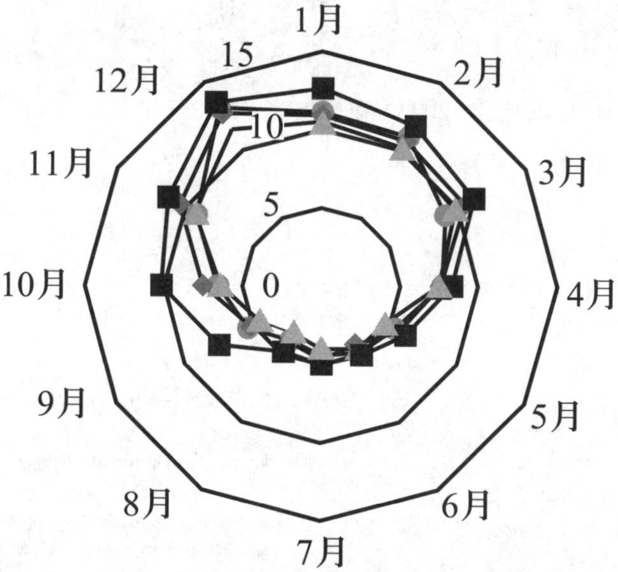

中国教育出版传媒集团
高等教育出版社·北京

内容简介

本书是普通高校经济学类、管理学类各专业核心课程教材。本书内容包括：总论、统计数据的采集、统计数据的整理、统计数据的描述、抽样与参数估计、参数假设检验、方差分析、相关与回归分析、时间序列分析、统计指数、国民经济统计基础知识。

本书延续了前两版理论与实践结合的特色，根据社会经济发展需要，紧密围绕培养应用型人才的主线，坚持重育人、厚基础、强能力的原则，在教授统计理论方法的基础上，突出案例和实践教学，优选了具有启发性与趣味性的实际案例，着力培养学生观察问题、思考问题、解决问题的能力。教材在统计理论方法与实务训练结合方面，选择适用面广的 Excel 软件和专业性强的 SPSS 软件，引导学生动手提升数据整理与分析能力。在数字化教学资源设计与应用上，读者只需扫描二维码即可观看相应章节配套的慕课视频、软件操作视频、自测练习等。在读者能力拓展方面，每章加入了知识拓展和案例思考等内容，体现了教材的高阶性、创新性和挑战度。

本书可作为高等院校经济学类、管理学类本科生及人文社会科学与其他学科本科生、研究生的教材，也可作为高等院校和科研机构的教师、学者、管理者学习和应用统计方法的参考书，还可作为用 Excel 和 SPSS 软件分析解决问题的实用手册。

图书在版编目（CIP）数据

统计学 / 马秀颖，马敏娜主编；李国荣，王静敏副主编 . -- 3 版 . -- 北京 ：高等教育出版社，2023.10（2025. 8重印）
ISBN 978-7-04-060686-7

Ⅰ. ①统… Ⅱ. ①马… ②马… ③李… ④王… Ⅲ. ①统计学-高等学校-教材 Ⅳ. ①C8

中国国家版本馆 CIP 数据核字(2023)第 110673 号

Tongjixue

策划编辑 吴淑丽　责任编辑 李欣航　封面设计 李小璐　版式设计 童 丹
责任绘图 易斯翔　责任校对 张 薇　责任印制 刘思涵

出版发行 高等教育出版社
社　　址 北京市西城区德外大街 4 号
邮政编码 100120
印　　刷 高教社（天津）印务有限公司
开　　本 787mm × 1092mm　1/16
印　　张 25. 75
字　　数 630 千字
购书热线 010-58581118
咨询电话 400-810-0598
网　　址 http://www.hep.edu.cn
　　　　 http://www.hep.com.cn
网上订购 http://www.hepmall.com.cn
　　　　 http://www.hepmall.com
　　　　 http://www.hepmall.cn
版　　次 2011 年 11 月第 1 版
　　　　 2023 年 10 月第 3 版
印　　次 2025 年 8 月第 4 次印刷
定　　价 60. 00 元

物 料 号 60686-00

第三版前言

本书作为“十二五”普通高等教育本科国家级规划教材，自2011年第一版出版，2016年再版后又加印11次，深受广大读者好评，2021年本书被评为吉林省本科高校省级重点教材。

随着数据成为生产要素，统计学作为研究数据的科学，面临着理论与实践发展的新任务，同时教育数字化也引发了新一轮的教材改革需求。为贯彻落实党的二十大精神，在科教兴国、人才强国、创新驱动发展战略引领下，为强化教材立德树人、创新引领和服务高质量教育的建设，本书拟进行第三次修订。本次修订积极听取了任课教师和学生的建议和意见，在第二版基础上更新和拓展教学内容，并着力提升教材的育人性、时代性、数字性、趣味性、概括性、实用性，打造集视、听、读、测于一体的立体化教材。具体包括：

（1）强化价值引领，突出育人性。在每章现有理论内容基础上，增加“思考与探究”部分，并有机融入育人元素，在有效地帮助学生巩固知识的同时，引导学生关注和思考国家社会经济发展，提升教材的思想性。

（2）拓展知识前沿，彰显时代性。每章增加“知识拓展”部分，介绍本学科的最新发现和前沿问题，开拓学生的专业视野，激发学生探索知识的欲望，增加他们创新的动力，同时也能满足学生的进阶学习需要。

（3）打造立体化教学环境，强化数字性。各章节与统计学课程组录制的慕课视频相配套，学生只需扫描各章节的二维码即可观看。

（4）注重课前导引，增强趣味性。每章增加学习导引部分，介绍学生应掌握的知识目标、能力目标、重点难点，并加入案例思考，激发学生的学习思考兴趣，用真实案例引导学生进入后续学习环节。

（5）加强课后总结，强调概括性。在每章结束后“本章小结”部分，增加了“本章知识结构图”，帮助学生从全局视角把握相应章节内容，厘清学习思路，明确学习重点。

（6）加强操作实践，提升实用性。更新了全部章节的例题和Excel、SPSS软件的实际操作内容。尽量使用真实的经济实例和数据，使案例更加贴近现实，也更加符合财经类学生对统计学的学习需求。

本书的再次修订得到吉林财经大学“统计学”课程组教师的大力支持，在此衷心感谢孙亚静、李国荣、李晓新、李学、王永莲、贾非、翟莉、王东莹、贾博婷、章秀、陶九龙等老师和学生的倾力付出！本次修订统稿由吉林财经大学马秀颖、马敏娜教授完成。本书的再版得到了高等教育出版社领导和编辑的倾力支持与帮助，许多兄弟院校的教师和读者也对本书修订提出许多宝贵建议，在此表示诚挚谢意！

由于作者水平所限，本书仍存在不妥之处，敬请各位读者特别是使用本书的老师提出宝贵意见和建议。

编　者

2023 年 3 月 28 日

第二版前言

《统计学》第一版自2011年12月出版以来，深得广大高校统计学专业师生欢迎，本书已经连续印刷三次。2014年被评为“十二五”普通高等教育本科国家级规划教材。

近年来，随着大数据时代的到来，统计学科上升为一级学科，统计理论教学、实战训练和人才培养等都面临全新的挑战，统计学课程教材的适时更新与完善也势在必行。本次修订在尽量保持第一版教材的特色、组织结构和整体内容体系不变的前提下，在统计实例、课程实验、教学资料内容的时效性等方面进行了更新和充实，并新增了部分内容。

第一，重写了部分章节的统计实例、统计实验。课程实验所使用的软件版本为Excel 2003以及SPSS 13.0。更新了统计数据，使其时效性更强。数据来源除特殊注明外，均来自《中国统计年鉴2014》。

第二，在各章后面新增了本章小结，简要摘录重点内容，方便学生复习和自学。增加了本章思考题，目的是引导学生深入探索，章后所附的二维码链接测试题可供学生及时检验学习效果。更好地掌握和运用统计方法。

第三，对教材配套的多媒体教学课件、影音视频资料进行补充。力求做到教学便易、自学容易、分享简易。

第四，对第一版中存在的纰漏和差错进行订正。通过修订，力求做到概念准确、表述正确、计算正确。

全书由吉林财经大学马敏娜、王静敏教授主编，由四名教授共同编写。第一章、第十章、第十一章由马敏娜教授编写；第二章、第三章、第四章由孙亚静教授编写；第五章、第九章由张平教授编写；第六章、第七章、第八章及各章的课程实验由王静敏教授编写。

本次修订统稿由马敏娜教授和王静敏教授完成。

对于不当和疏漏之处望读者和同行批评指正。

编　者

2015年7月

第一版前言

统计学是经济学类、管理学类各专业的核心课程。统计学是关于数据采集、数据归纳整理、数据分析，并从中探寻客观对象内在规律性的方法论科学。随着我国社会主义市场经济的不断完善，人们对各国（地区）经济、管理、社会及企业产品的市场需求与预测的分析增加，对统计分析提出了更高要求，统计学在经济、管理及社会中的作用日益显著。

本书系统介绍了适用于各个应用领域的现代统计的基础理论和方法，包括：统计数据的采集与整理；描述统计、参数估计、假设检验、方差分析、相关与回归分析、时间序列分析、统计指数；国民经济统计的基础知识。

本书的四位作者为吉林财经大学统计学院教授，是吉林省统计学专业优秀教学团队的骨干教师，均有20多年的统计教学实践经验。吉林财经大学统计学课程2005年被评为吉林省精品课程，根据经济学类、管理学类专业的特点，我们在吸取国内外优秀统计教材精华的基础上编写了这本教材。与国内同类教材相比，本书具有以下特点：

1. 在内容组织上系统全面，结构合理，脉络清晰。由于在经济学类、管理学类各专业中，除统计学专业以外，其他各专业没有开设国民经济统计学课程，考虑到国民经济统计中国内生产总值（GDP）等主要指标应用的广泛性和计算的复杂性，大家在使用时经常发生一些错误，为此我们增加了国民经济统计基础知识一章，突出了原理性和应用性的结合。

2. 在统计方法上尽量避免烦琐的数学推导和证明，通过大量的实例说明各种统计方法及其适用条件，每章开篇引入统计实例，贴近现实的社会经济生活，提出问题，结合问题选用统计方法并对计算结果进行解释。

3. 在应用叙述上深入浅出，文字简练。本书选择的实例容易理解，具体生动，反映社会发展热点，引人深思，有助于培养学生理论联系实际的学风。

4. 在计算工具上我们选择了两种软件作为实现统计计算的工具：一是适用面广的Excel软件，二是专业针对性强的SPSS统计软件。

国内一般教材主要使用Excel软件。随着统计理论方法的普及应用，学生对SPSS统计软件应用的需求逐渐增加，有的院校还专门开设了SPSS统计软件应用课程，鉴于此，我们特意增加了SPSS统计软件的使用介绍。在计算量较大的部分章节，我们以课程实验的方式给出了两种软件的计算过程，学生可以根据自己专业的特点进行选择，有利于培养学生运用工具软件分析解决社会经济管理实际问题的能力。受篇幅所限和有利于及时更新，本书的课后习题和教学课件均放置在吉林财经大学精品课程网站上，读者可自行下载，也可通过封底所附网址下载。

全书共分为11章，具体的编写分工如下：第一章、第十章、第十一章由马敏娜教授编写；第二章、第三章、第四章由孙亚静教授编写；第五章、第九章由张平教授编写；第六章、第七章、第八章及各章的课程实验，由王静敏教授编写；全书由马敏娜教授和王静敏教授审定。

在本书的编写过程中，有关专家、学者提出了宝贵意见，同时也得到了高等教育出版社工作人员的大力支持，在此表示衷心的感谢。由于编者水平和精力所限，本书存在的不足敬请读者批评指正。

编　者

2011年11月

目录

第一章　总论

知识目标

- 了解统计学的产生与发展、分类，及其在社会和自然领域的应用
- 理解统计的三层含义和相互联系
- 理解统计学的研究对象及其特点
- 掌握总体、标志、变量等基本概念

能力目标

- 能够区分总体与个体
- 能够利用标志描述个体，利用指标描述总体

重点难点

- 总体与个体、标志与指标、变量的概念内涵，几个概念的区别与联系

案例思考 1-1

粮食产量报告

《中华人民共和国 2021 年国民经济和社会发展统计公报》显示，全年粮食产量 68 285 万吨，比上年增加 1 336 万吨，增产 2.0%。其中，夏粮产量 14 596 万吨，增产 2.2%；早稻产量 2 802 万吨，增产 2.7%；秋粮产量 50 888 万吨，增产 1.9%。全年谷物产量 63 276 万吨，比上年增产 2.6%。其中，稻谷产量 21 284 万吨，增产 0.5%；小麦产量 13 695 万吨，增产 2.0%；玉米产量 27 255 万吨，增产 4.6%。（资料来源：国家统计局网站。）

结合案例资料思考：统计是什么？统计有哪些作用？粮食产量数据是如何收集的？采用了描述统计方法还是推断统计方法？粮食的增产对国家人民有什么样的重要影响？近 20 年全国粮食产量水平如何呈现？哪些地区是重要的粮食生产基地？

案例思考 1-2

能源消费报告

《中华人民共和国 2021 年国民经济和社会发展统计公报》显示，全年能源消费总量 52.4 亿吨标准煤，比上年增长 5.2%。煤炭消费量增长 4.6%，原油消费量增长 4.1%，天然气消费量增长 12.5%，电力消费量增长 10.3%。煤炭消费量占能源消费总量的 56.0%，

比上年下降 0.9 个百分点；天然气、水电、核电、风电、太阳能发电等清洁能源消费量占能源消费总量的 25.5%，上升 1.2 个百分点。重点耗能工业企业单位电石综合能耗下降 5.3%，单位合成氨综合能耗与上年持平，吨钢综合能耗下降 0.4%，单位电解铝综合能耗下降 2.1%，每千瓦时火力发电标准煤耗下降 0.5%。全国万元国内生产总值二氧化碳排放下降 3.8%。（资料来源：国家统计局网站。）

结合案例资料思考：能源消费总量的主要构成、二氧化碳排放强度如何？未来如何做，我国才能有利于实现碳达峰、碳中和目标？

第一节 统计学的性质

一、统计的含义

扫描二维码
观看慕课视频

什么是统计？在日常生活中，人们常常会提出许多问题。比如：今年全世界发生的自然灾害造成的损失是多少？自然灾害的发生是否有逐年递增的趋势？今年我国居民消费价格水平（CPI）是上升还是下降？一个城市竞争力的高或低是怎么计算出来的？不同机构对大学排名的结果不同，应当怎么理解？

一般来说，回答这些问题就要收集相关的资料（数据），对其进行整理分析，最后得出结论。比如，回答居民消费价格水平的涨跌问题，就要对消费品市场上的商品和服务价格进行调查，调查记录的结果（数据）就是统计数据，对其进行整理，采用科学的方法进行计算，得出结论，这个工作过程就是统计工作。在统计工作过程中，采用什么样的方法最科学有效，这是统计科学要解决的问题。

"统计"一词包含了三个层面的含义，即统计工作、统计数据和统计科学。

（一）统计工作

统计工作也称统计实践，是指人们对客观现象的数量关系和数量特征进行的统计设计、统计调查、统计整理和统计分析，并据以揭示其内在数量规律性的工作过程。统计工作的每一个阶段，既有一定的独立性，又相互紧密联系，形成一个完整的认识客观现象的过程。

1. 统计设计

统计设计是根据统计研究目的和研究对象的特点，对整个统计工作过程的各个方面和各个环节进行通盘考虑和安排。统计设计的结果是各种设计方案和统计方法制度。

2. 统计调查

统计调查是根据统计设计的要求，运用科学的方法收集数据资料的工作过程。统计调查是统计工作的基础阶段，为统计整理和统计分析提供基础数据。

3. 统计整理

统计整理是对统计调查的数据资料进行科学的加工，为统计分析准备系统化、条理化的综合资料的工作过程。统计整理是整个统计活动的中间环节，是统计调查的继续，也是统计分析的前提。

4. 统计分析

统计分析是以经过加工的统计资料为基础，利用专门的统计方法，分析现象的发展过程及规律性，对现象做出科学结论的工作过程。

综上所述，一个完整的统计工作过程是从统计设计（定性认识）到统计调查和统计整理（定量认识），最后通过统计分析（更高层次的定性认识），最终达到对现象本质和规律性的认识过程。

（二）统计数据

统计数据也称统计资料或统计信息，是通过统计工作所取得的反映客观现象的各项数据及与之相关的资料的总称，表现为各种统计数字、统计记录统计图、统计表、统计公报、统计年鉴等。

（三）统计科学

统计科学是指导人们进行统计设计、统计调查、统计整理、统计分析的理论和方法的科学，也是指导人们从事统计工作的科学。

统计的三层含义既有区别又有联系。统计数据是统计工作的成果；统计工作与统计科学是实践与理论的关系，统计理论（科学）源于统计实践（工作），是统计实践经验的总结，反过来又指导实践，在实践中不断升华，使统计理论方法体系不断完善和发展。

二、统计学的定义

统计学是一门收集、整理和分析统计数据的科学。统计学是属于方法论的科学，其目的在于探索客观现象内在的数量规律性，从而认识客观现象内在的质的规律性。

中国香港著名统计学家胡孝绳在其所著的《统计学》中说："统计学也可称为统计方法，即就研究对象的数量资料（quantitative data），从事收集（collecting）、显示（presenting）、分析（analyzing）及解释（interpreting），借以表现其真相的一种学问。"

《大不列颠百科全书》把统计学定义为"收集、分析、表述和解释数据的科学"。

三、统计学的研究对象及其特点

（一）统计学的研究对象

统计学的研究对象是客观现象的数量方面，包括数量多少、数量关系和数量界限。

1. 数量多少

这是指现象的数量规模、总量水平。例如，2019 年年末中国总人口为 140 005 万人，全年社会消费品零售总额 411 649 亿元，全年粮食产量 66 384 万吨，全年国内生产总值 990 865 亿元，分别说明了中国 2019 年年末的人口规模、全年的消费总量、全年粮食生产总量、全年经济发展总量。

2. 现象之间的数量关系

现象之间的数量关系包括发展速度、结构、比例、差异程度、平均水平等。例如，2019 年中国全年国内生产总值比上年增长 6.1%。第一、二、三产业增加值占国内生产总值的比重分别为 7.1%、39%和 53.9%。2019 年中国人口出生率为 10.48‰，死亡率为 7.14‰，自然增长率为3.34‰，人口性别比为104.5：100。

3. 质量互变的数量界限

质量互变的数量界限如营销中的盈亏平衡点，居民生活贫困线，企业规模中的大、中、小型企业的数量界限，学习成绩中的及格、中等、良好、优秀的数量界限等。

应当注意的是，统计学在现象数量方面的研究应当和性质方面联系起来，在质与量的密切联系中研究现象的数量方面。统计学需要数学运算，但统计学不是数学，数学撇开事物的具体内容，研究抽象的数量关系和空间形式，而统计学则是研究具体客观现象本身的数量关系，总结客观现象的内在数量规律。

现象的内在数量规律是什么呢？比如，我们都做过掷硬币的小游戏，我们向上抛一枚硬币，硬币落下后哪一面朝上本来是偶然的，但当我们上抛硬币的次数足够多后，如达到上万次甚至几百万次以后，我们就会发现，硬币每一面向上的次数约占总次数的50%。在这种情况下，我们可以知道抛硬币每面朝向的次数分布。这就是我们所说的数量规律性。

在进行农作物实验时，如果其他实验条件相对固定，那么我们会发现某种农作物产量与耕地的密度和深度有关。密度和深度达到多少时，产量会达到最高呢？这一数量关系就是我们要探索的数量内在规律。

（二）统计学研究对象的特点

统计学研究对象的特点主要有：数量性、差异性、总体性。

1. 数量性

数量性是统计研究对象的基本特点，客观现象本身是可以用数字度量的，才属于统计学的研究范畴，这也是统计学科与其他学科的重要区别。

2. 差异性

由于客观现象的复杂性，使各种现象的数量表现不尽相同，表现为个体千差万别，且个体数量具有不确定性或随机性。因此，才要求统计采用其特有的方法去解释现象的本质及规律性。差异是统计存在的前提条件，没有差异就没有统计，差异为统计提供了用武之地。

比如，居民消费价格指数（CPI）是反映一定时期内城乡居民所购买的生活消费品价格和服务项目价格变动趋势及程度的物价指数。市场上与老百姓生活水平相关的消费品有成千上万种，各种商品价格不同，同一种商品价格也会因为规格、花色、产地、品牌不同而不同，有的价格是上升的，如食品类，有的是下降的，如电子产品、通信等，也有的价格是不变的，所以国家要对其进行统计。按照国家统计局公布的数据，2019年全年CPI比2018年上升2.9%。

3. 总体性

从总体上研究客观现象的数量方面，是统计学区别于其他学科的一个重要特点。统计学从整体的观点出发，从大量个体现象入手，进而上升到对整体的数量特征的认识，反映现象发展变化的内在规律性。

例如，一个家庭生男孩生女孩是不确定的，但从总体上看，新生婴儿的男女性别比例约为106：100，古今中外这一比例大致相同，这是由人类自然发展的内在规律所决定的。尽管从新生婴儿来看，男性略多于女性，但男性的平均寿命比女性低。因此，人口在性别比例上保持大体平衡，保证了人类社会的进化和发展。

上面的例子说明，仅就个体观察，其结果往往是随机的、不确定的，但通过大量观察，利用统计方法是可以探索出现象总体内在的数量规律性的。

思考与探究 1-1：统计学与数学研究对象有何不同？

四、统计学的作用

统计学为研究客观现象的内在规律提供指导原则和方式方法，它是认识现象内在规律的手段。统计是认识社会最有力的武器之一，这个基本性质决定了统计学在社会实践中的重要作用。

在科学研究领域中，不论是工程技术、农学、医学、军事科学，还是社会科学、经济领域，要掌握和分析大量有关信息就必然要用到统计方法。由于客观现象千差万别，它们相互联系、相互制约的关系非常复杂，因此更需要以大量的实际资料为依据。这些资料和信息的取得，需要运用统计方法去收集有关数据，经过分析研究，得出科学结论。比如，科学家如何评价新理论的有效性？医学人员如何设计实验来测定新药的疗效？人口学家如何预测未来某一时间世界人口数量？经济学家如何对国家的宏观形势进行分析预测？审计师如何确定账目的差错率？投资公司如何确定一项投资的风险大小？营销管理者如何根据市场状况制定营销决策？这些都离不开统计。

在经济领域和日常生活中，人们在不同的行业，从不同的角度，以不同的方式应用统计方法去认识世界、改造世界。例如，在网络购物中，我们点击某个商家，要看商家的信誉、货品的出售量、顾客的购买评价等。很多网络店铺都采用了统计方法，我们可以看到最近 7 天的客户访问量、商品被访排行、商品的价格区间、回头客访问量，从而进行比较、分析、评价、决策。气象预报员利用大片地区的气象资料进行预报。企业根据产品信息决定生产。银行利用统计数据确定货币投放量。教练员运用统计方法评价运动员的水平。股票投资者根据股价变动趋势决定股票的买卖。农民利用过去和现在的观察经验估计收成好坏。人们总是有意或无意地使用统计方法去解决周围所发生的事情，使统计变成认识世界的工具。

统计学在发现和试验新产品、新方法、新思想方面也有着广泛的应用。100 多年前英国作家和历史学家韦尔斯（H. G. Wells）指出：“统计思想有一天会像读写能力一样成为追求效率的公民的需要。”

第二节　统计学的发展与分类

一、统计学的产生与发展

扫描二维码
观看慕课视频

（一）统计实践史

统计学的产生与统计实践活动是密不可分的，统计作为一种社会实践活动，已有四五千年的历史。

人类的统计实践是随着计数活动而产生的。因此，对统计实践发展的历史可追溯到人类社会初期的打绳结、画道道计数。统计实践的真正萌芽是在古代奴隶社会。统治阶级为了征税、征兵、服劳役的需要进行统计。我国在公元前21世纪的夏朝，就有了人口与土地数字的记载，当时全国分为九州，人口1 355万人。古代埃及也有类似的记载。统计实践的广泛发展始于资本主义社会。17世纪以来，由于工、商、农、贸、交通的发展，资本主义国家先后设立专业的统计机关，收集各方面的统计资料，定期或不定期地举行人口、工业、农业、贸易、交通等调查，出版统计刊物。

（二）统计学说史

统计学的理论和方法则是在长期统计实践活动的基础上发展起来的，统计学至今已有300多年的历史。统计学产生于17世纪中叶，其发展过程主要沿着两条主线展开。

1. 政治算术学派

这是以政治算术学派为开端形成和发展起来的以社会经济问题为主要研究对象的社会经济统计。政治算术学派产生于17世纪中叶的英国，主要代表人物是威廉·配第（William Patty，1623—1687）和约翰·格朗特（John Graunt，1620—1674）。威廉·配第在其代表作《政治算术》（1676）一书中，运用大量的数字资料对英国、法国、荷兰三国的经济实力进行比较。他在书中运用数字、重量、尺度等进行数量对比分析的方法，为统计学的产生奠定了基础。

约翰·格朗特在其《关于死亡表的自然观察和政治观察》（1662）一书中，通过大量观察的方法，研究并发现了一系列人口统计规律，如男婴出生多于女婴，两者之比为14∶13；各年龄组死亡率男性高于女性等。因此，他被认为是人口统计学的创始人。

2. 概率论数理统计学派

统计学的第二个源头是以概率论的研究为开端、以概率论为基础形成和发展起来的，以随机现象为主要研究对象的数理统计。概率论研究起源于意大利文艺复兴时代。最初的研究是为赌徒们找出掷骰子取胜的一套办法，合理地算出取胜的机会。在18世纪，概率理论日益成熟。19世纪中叶，比利时的阿道夫·凯特勒（Lambert Adolphe Jacques Quetelet，1796—1874）在其《社会物理学》（1835）中将古典概率论引入统计学，使统计学进入一个新的发展阶段。

20世纪以后，统计理论方法和应用进入了一个全面发展的阶段。这一时期的主要特征是由描述统计学转向推断统计学。1907年，英国学者戈塞特（W. S. Gossett，1876—1937）提出了小样本 t 统计量理论，丰富了抽样分布理论，为统计推断奠定了基础。英国的费希尔（Ronald. A. Fisher，1890—1962）提出了极大似然估计量的概念，迅速成为了估计参数的重要方法。英国科学家弗朗西斯·高尔顿（Francis Galton，1822—1911）提出了相关与回归方法。英国统计学者皮尔逊（Karl Pearson，1857—1936）发展了拟合优度检验，还给出了卡方统计量及其极限分布。波兰学者奈曼（J. Neyman，1894—1981）创立了区间估计理论，与他人合作发展了假设理论。美国学者瓦尔德（Abraham Wald，1902—1950）提出了决策理论和序贯抽样方法。美国化学家威尔科克森（Frank Wilcoxon，1892—1965）发展了一系列非参数统计方法，构建了现代统计学的基本框架。统计学在计算机、信息论等现代科学技术的影响下，研究领域进一步扩大，如多元统计分析、时间序列分析、贝叶斯统计、数据挖掘等。同时，统计的应用领域也在不断扩大，几乎所有的自然科学、社会科学研究都离不开统计方法。

二、统计学的分类

统计学作为认识、揭示大量现象数量规律性的方法和工具，由于其研究目的不同、处理资料的条件不同、使用的分析方法不同而分成不同类别。

（一）描述统计学与推断统计学

描述统计学是研究如何取得统计数据，利用一些综合性的指标来描述所研究现象的数量关系和数量特征。描述统计学是表述、分析、解释全部总体数量特征的科学方法。其目的是通过适用、简单、明确、易于理解的形式去揭示现象的数量规律性。在社会、经济和日常生活中，我们所收集或遇到的原始数据资料大部分都是杂乱无章、无规可循的，而人们却可以通过统计描述的过程，用更加有意义或更加适用的形式，遵循描述数据资料的某些规则和程序，把现象的数量规律性呈现出来。如同我们对一个物体进行画像一样，把形状、结构和大小画出来。尽管描述统计学能够完成统计的一些基本任务，但是，由于人们认识能力的局限性和自然、社会经济现象的复杂性，人们不可能掌握一些总体的全部资料。例如，不可能准确了解水库里有多少尾鱼，原始森林有多少木材，某台电视机的使用寿命是多长，某项投资是否能赢利等。在这种情况下，我们不能进行描述而只能对现象的数量特征进行推断。

思考与探究 1-2：推断统计学是否要建立在基本的描述统计之上？

推断统计学是研究如何根据样本数据去推断总体数量特征的方法，它是在对样本数据进行描述的基础上，对统计总体的未知数量特征或未知总体分布形式做出具有一定把握程度的推断。

我们知道，统计研究过程的起点是设计方案并收集数据，终点是探索到客观事物总体内在的数量规律性。要达到统计研究的目的，如果我们收集到的是总体数据，则经过描述统计之后就可以达到探索内在数量规律性的目的了。但如果我们所获得的数据只是研究总体的一部分数据，要探索到总体的数量规律性，就必须应用概率论的理论并根据样本整理出的信息对总体做出科学的推断。显然，描述统计学是整个统计学的基础和统计研究工作的起点，它为统计研究工作收集可靠的数据和有效的样本信息。而推断统计学是现代统计学的核心和统计研究工作的关键环节，因为统计最终能否科学准确地探索到总体内在的数量规律性与选用何种统计量、选用什么推断方法、如何进行推断有着直接的联系。推断统计学在实践中具有相当重要的意义。它既可以节省费用支出，又可以节省时间，是非常有效、实用、科学的统计方法。

描述统计学与推断统计学虽然方法不同，用途各异，但两者的目的却是一致的，即揭示大量现象的数量规律性。在实践工作中，推断统计学常常以描述统计为基础，使用描述统计方法的测定结果进行推断。因此，人们使用统计方法去探索现象的数量规律性，不仅要掌握描述统计方法，还要掌握推断统计方法。

（二）理论统计学与应用统计学

随着统计学被广泛地应用到社会科学和自然科学的各个领域当中，统计学也逐渐发展成为由若干个分支学科组成的学科体系。根据统计学研究的侧重点不同，可将统计学分为理论统计学和应用统计学。

理论统计学是指统计学的数学原理，是抽象地研究统计学的一般理论和方法。它包括描述统计学与推断统计学。

应用统计学是将理论统计学的基本原理应用于各个实质性科学领域，用于探索现象各个领域内在数量关系和数量规律。统计方法与相应的实质性科学相结合，产生了相应的统计学分支，如统计方法在社会学中的应用形成了社会统计学；统计方法在经济学领域中的应用形成了经济统计学；统计方法在人口学中的应用形成了人口统计学；统计方法在教育学中的应用形成了教育统计学；统计方法在生物学中的应用形成了生物统计学；统计方法在医学中的应用形成了医学统计学；统计方法在物理学中的应用形成了物理统计学等。以上这些应用统计学的不同分支所应用的基本方法都是一样的，即描述统计和推断统计的主要方法，但由于各应用领域都有其特殊性，统计方法在应用中就具有了不同的特点。

事实上，很难划分开理论统计学与应用统计学的界限，因为在统计的发展史中，每一个统计方法的突破都是以应用为前提的，如恩格尔系数、时间序列分析、相关分析与回归分析等。正是由于统计的方法性与工具性，作为一个从事应用统计的工作者，不仅应当精通统计理论，而且还要精通其所从事的领域的专业知识，这样才能更好地应用统计方法解决问题。

第三节　统计学的基本概念

为了有利于以后各章的学习，首先探讨学习统计学的几个基本概念。

扫描二维码
观看慕课视频

一、总体、个体与样本

（一）总体、个体与样本的含义

凡是客观存在的，在同一性质基础上结合起来的许多具有差异的个体单位构成的整体，称为总体，它也是我们的研究对象。

构成总体的每一个个体单位，称为个体或总体单位。

从总体中抽取的部分个体的集合构成样本，实际生产、生活中常涉及用样本来推断总体。

最常见的总体是由自然物体组成的。例如，我们要研究某班学生的学习情况，因为每个学生是客观存在的，都具有“是这个班级的学生”这一共同性质，而每个学生的学习成绩等方面各不相同，所以，由这个同一班级的许多学习成绩不同的学生所构成的班级便是统计总体，每个学生便是个体或总体单位。

进行全国人口普查，全国人口是总体，其中的每个人是个体；某地进行工业企业调查，该地所有工业企业是总体，其中每个工业企业是个体；对工业品出厂价格变化情况进行调查，所有出厂的工业产品是总体，每一种出厂的工业产品是个体。

在有些情况下，我们的研究对象可能是具有相同性质的个体的数据资料，而不是个体本身。因此，从全部有关个体所获得的数据资料的集合，也可以视为总体，如股市一周的交易次数、我国高速公路一年的交通事故次数、产品质量检查时生产线上某一时段的产品数量等。

总体中含有有限的个体称为有限总体，如全国的人口、工业企业等。总体中含有无限的个体称为无限总体，如原始森林中的树木、海洋中的鱼、宇宙中的星球等。对于无限总体或者个体众多的总体的观察常常借助于样本。

（二）总体的特征

统计总体具备三个基本特征，即同质性、大量性、差异性。

1. 同质性

同质性是指各个个体或总体单位在某一方面必须具有相同的性质，正是因为相同性质从而把众多个体或总体单位连接在一起。同质性是描述或推断总体特征根本前提之一。如研究我国人口状况时所针对的个体都必须具有中华人民共和国国籍，否则所概括的人口特征便不能描述中国的人口情况。

2. 大量性

大量性具有两层含义。一是指总体必须由数量众多的个体所组成。这是因为统计的目的是对总体进行研究，而不是对个体进行研究。当然，只有在对许多个体分析、综合、研究的基础上，才能揭示出总体的数量特征。二是指要观察总体中足够多的个体。在统计研究中，只要达到目的要求，为了节约成本和时间，也可以不必观察全部个体，但必须在一定误差的前提下观察到足够多的个体构成样本，从而对总体特征作出统计描述或具有一定可靠性的推断。

3. 差异性

差异性是指总体中的个体在其他的方面具体表现不同。例如，人口有性别方面的差别、年龄方面的差别等。正是这种差异的存在，才需要通过统计对其进行综合概括、抽象分析，从而揭示总体的数量特征。

> 思考与探究 1-3：设想一下，如果我们眼前的世界没有差异会是什么样？如何理解此时的统计？

总体、个体与样本不是一成不变的，它可以随着研究目的发生变化。当研究某地区工业企业的生产情况时，则所有工业企业是总体，个体是各个工业企业，总体中抽取的部分工业企业的集合构成样本；如果研究某工业企业各种设备的情况，则每台设备是个体，而所有设备是总体，抽取的部分机器的集合为样本。不论怎样变化，总体的三个基本特征不变，就是说总体中的个体应当具有足够多的个数，个体之间至少在某一个方面具有共性，在其他方面具有差异。

总体、个体与样本的区别关键取决于对个体的认识、判别和抽取，然而，在实践中的许多场合，也可能不容易区分总体中的个体，如检查玉米的含杂率、某河流有害物质的含量等，其个体不明确，这时一般将一个观测单位看成一个个体，如 10 千克玉米或 100 毫升水。

二、指标、标志与变量

（一）指标与指标体系

指标是统计指标的简称，它是用来说明现象总体数量方面特征的。一个完整的统计指标应包括指标名称和指标数值两个部分。指标名称是说明现象总体特征的科学概念，它给统计总体某一方面特征以质的规定，如国内生产总值、社会商品零售额、人均国民收入、人口密度等。

指标数值说明现象在具体时间、地点、条件下在该特征方面的具体表现。例如，2019 年我国全年农村居民人均纯收入 16 021 元，剔除价格因素，比上年实际增长 6.2%。城镇居民人均可支配收入 42 359 元，剔除价格因素，比上年实际增长 5.0%。农村居民家庭食品消费支出占消费总支出的比重为 30.0%，城镇为 27.6%。按 2019 年农村贫困标准 2 300 元测算，年末农村贫困人口为 551 万人。到 2020 年，现行标准下 9 899 万农村贫困人口全部脱贫，832 个贫困县全部摘帽，12.8 万个贫困村全部出列，区域性整体贫困得到解决，完成了消除绝对贫困的艰巨任务。

思考与探究 1-4：结合全面建成小康社会的由来和发展[①]，思考并讨论从统计视角如何测度全面建成小康社会？

统计指标按其反映总体现象的内容不同，分为质量指标和数量指标。前者反映现象间的内在联系和比例关系，后者则用来说明现象的总量或规模。例如，平均工资、平均学习成绩、单位产品成本、商品流转次数、利润率、劳动生产率等就是质量指标，其表现形式为相对数或平均数；而社会总产值、工资总额、商品销售额、利润总额就是数量指标，其表现形式为绝对数，并含有计量单位。

指标体系是由多个相互关联的指标组成的指标群。一个指标只能反映现象的某一个侧面的特征，为了全面深入地认识社会经济现象，就必须采用多个具有相互联系的统计指标来综合反映社会经济现象的整体特征。这些指标互相关联，互相影响。指标体系是进行统计综合评价的基本工具。比如，要理解“全面建设小康社会”，先要理解人民生活总体上达到小康水平是什么标准，并通过构建科学合理的指标体系和统计方法来测度。

（二）标志与变量

标志是表示个体特征的名称。例如，观察我国农村居民生活状况，总体是我国所有农村居民，每位居民就是个体，每位居民的性别、年龄、纯收入、消费支出情况显然是其具有的特征方面。性别具体表现为男和女，年龄表现为具体数值。通常把文字表现的标志称为属性标志，把数值表现的标志称为数量标志。指标和标志有密切的联系，在不同的研究目的下，二者具有转换关系。

思考与探究 1-5：结合生产生活实际，用实例比较说明指标和标志的联系与区别。

在统计研究中，我们对总体数量特征的认识是从对个体或总体单位的属性特征或数量特征

---

① 党的十八大首次正式提出全面建成小康社会。“小康社会”是 20 世纪 70 年代末 80 年代初邓小平在规划中国经济社会发展蓝图时提出的战略构想。2017 年 10 月 18 日，习近平在党的十九大报告中指出：“我们既要全面建成小康社会、实现第一个百年奋斗目标，又要乘势而上开启全面建设社会主义现代化国家新征程，向第二个百年奋斗目标进军。”2019 年 3 月 5 日，李克强在政府工作报告中提出：“对标全面建成小康社会任务，扎实推进脱贫攻坚和乡村振兴。坚持农业农村优先发展，加强脱贫攻坚与乡村振兴统筹衔接，确保如期实现脱贫攻坚目标、农民生活达到全面小康水平。”2021 年 7 月 1 日习近平在庆祝中国共产党成立 100 周年大会上宣布，我们实现了第一个百年奋斗目标，在中华大地上全面建成了小康社会。2021 年 7 月 28 日，《全面建成小康社会大事记》在《人民日报》刊发。2021 年 8 月 12 日，国务院新闻办公室发表《全面建成小康社会：中国人权事业发展的光辉篇章》白皮书。9 月 28 日，国务院新闻办公室发表《中国的全面小康》白皮书。

的调查及测量开始，也就是从标志开始，这也是大家通常所说的变量。变量无论是用文字表示的属性特征，还是用数值表示的数量特征，一般统称为数据。当然，从调查的角度看，数据不仅仅是直接的调查结果，还可以包括其各种衍生结果和记录。例如，性别有男、女之分；所有制形式有全民所有制、集体所有制之分等；学习成绩有 50 分、60 分、90 分；学生出勤人数有 100 人、105 人等。

（三）变量的分类

1. 定量变量与定性变量

变量按其表现特征是否为数值型可分为定量变量与定性变量。变量用非数值表示的是属性特征，称为定性变量或属性变量，如性别、观点等。变量用数值表示的是数量特征，称为定量变量，如商品价格、学生出勤人数等。

2. 连续变量和离散变量

定量变量按其取值是否连续可分为连续变量和离散变量。连续变量的数值从理论上说是连续不断的，在任意两个数值之间可能有无限个数值，如产值、身高、体重等。离散变量的数值只能以整数计量，如企业数、设备台数、职工人数等。

3. 定类变量、定序变量、定距变量、定比变量

变量按测量层次划分，可以分为以下四种类型：

（1）定类变量（数据）。定类变量是用于区分个体属性差别的变量，表现为类别，不能区分顺序，如民族、颜色、行业等。

（2）定序变量（数据）。定序变量不仅反映现象类别，还可反映个体之间等级差别或顺序差别。例如，产品质量有一等、二等、三等，消费者满意度有满意、比较满意和不满意，对改革方案有赞成、比较赞成和反对等。

（3）定距变量（数据）。它是对个体类别或次序之间间距进行的一种测度结果，它不仅能将事物分为不同类型并进行排序，而且可以准确地指出类别之间的差距是多少。它可以进行加减运算，但不能计算乘除。它没有绝对零点，即可以以一个任意数为 0 点，如山峰相对于地面的高度、天气温度等。

（4）定比变量（数据）。它是对个体数量特征绝对量大小的测度结果，除能区分类别、排序、比较大小、求出大小差异、可采用加减运算以外，还可以进行乘除运算，具有绝对零点，即“0”表示“没有”或“不存在”，如企业利润、职工人数、银行存款等。

变量之间有时是可以转换的。如学生成绩可以用及格、不及格表示，及格、不及格是定序变量；也可以用 50 分、60 分、72 分等具体分数表示，为定比变量。

表 1-1 中有三个变量，其中满意度为定性变量、定序变量；性别为定性变量、定类变量；月收入为定量变量、定比变量、连续变量。

表 1-1　对某种常用消费品使用情况满意度调查的数据

被访者编号	满意度	性别	月收入（元）
1	满意	男	4 000
2	不满意	男	6 500
3	比较满意	男	4 100

续表

被访者编号	满意度	性别	月收入（元）
4	比较满意	女	2 800
5	不满意	女	5 700
⋮	⋮	⋮	⋮
1 000	比较满意	女	2 900

本章小结

本章主要介绍了统计的含义、统计学的研究对象、统计学常用的基本概念。

1. 统计的含义

“统计”一词具体包含了三个层面的含义，即统计工作、统计数据和统计科学。统计工作也称统计实践，是指人们有目的地对客观现象的数量关系和数量特征进行的统计设计、统计调查、统计整理和统计分析，并据以揭示其内在的数量规律性的工作过程。

统计数据也称统计资料或统计信息，是通过统计工作所取得的反映客观现象的各项数据及与之相关的资料总称，表现为各种统计数字、统计图、统计表、统计公报、统计年鉴等。

统计科学是指导人们进行统计工作的理论和方法的科学。

2. 统计学的研究对象

统计学是一门搜集、整理和分析统计数据的科学，属于方法论的科学，研究对象是客观现象的数量方面。其特点主要有：数量性、差异性、总体性。

统计学可以从不同角度进行分类。按分析方法可以分为描述统计学与推断统计学。描述统计学是研究如何取得统计数据，利用综合性指标来表述、分析、解释统计总体的数量特征的科学方法。推断统计学是研究如何根据样本数据去推断总体数量特征的方法。描述统计与推断统计虽然方法不同，用途各异，但二者的目的却是一致的，即揭示大量现象的数量规律性。

按内容可以分为理论统计学与应用统计学。理论统计学是指统计学的数学原理，是抽象地研究统计学的一般理论和方法。应用统计学是将理论统计学的基本原理应用于各个实质性科学领域，用于探索各个领域内在数量关系和数量规律，形成了如企业统计学、国民经济统计学、社会统计学等。

3. 统计学的三个基本概念

总体、个体与样本的含义。凡是客观存在的，在同一性质基础上结合起来的许多具有差异的个体构成的整体，称为总体，它也是我们的研究对象。构成总体的每一个个体，称为个体或总体单位。统计总体具备三个基本特征，即同质性、大量性、差异性。

指标与标志的含义。指标是统计指标的简称，它是用来说明现象总体数量方面特征的。可分为质量指标和数量指标。指标体系是多个相互关联的指标组成的指标群。标志是表示个体特征的名称。

变量与数据的含义。对总体数量特征的认识是从对个体的属性特征或数量特征的调查或测量开始，这些特征称为变量。数据是调查或测量的结果。数据由变量和其测量值组成。变量无论是用文字表示的属性特征，还是用数值表示的数量特征，一般统称为数据。变量可从多个角度分类。按变量的表现特征是否为数值型可分为定量变量与定性变量。定量变量按其取值是否连续可分为连续变量和离散变量。变量按所反映的对象不同划分，可以分为定类变量、定序变量、定距变量、定比变量。

本章知识结构图

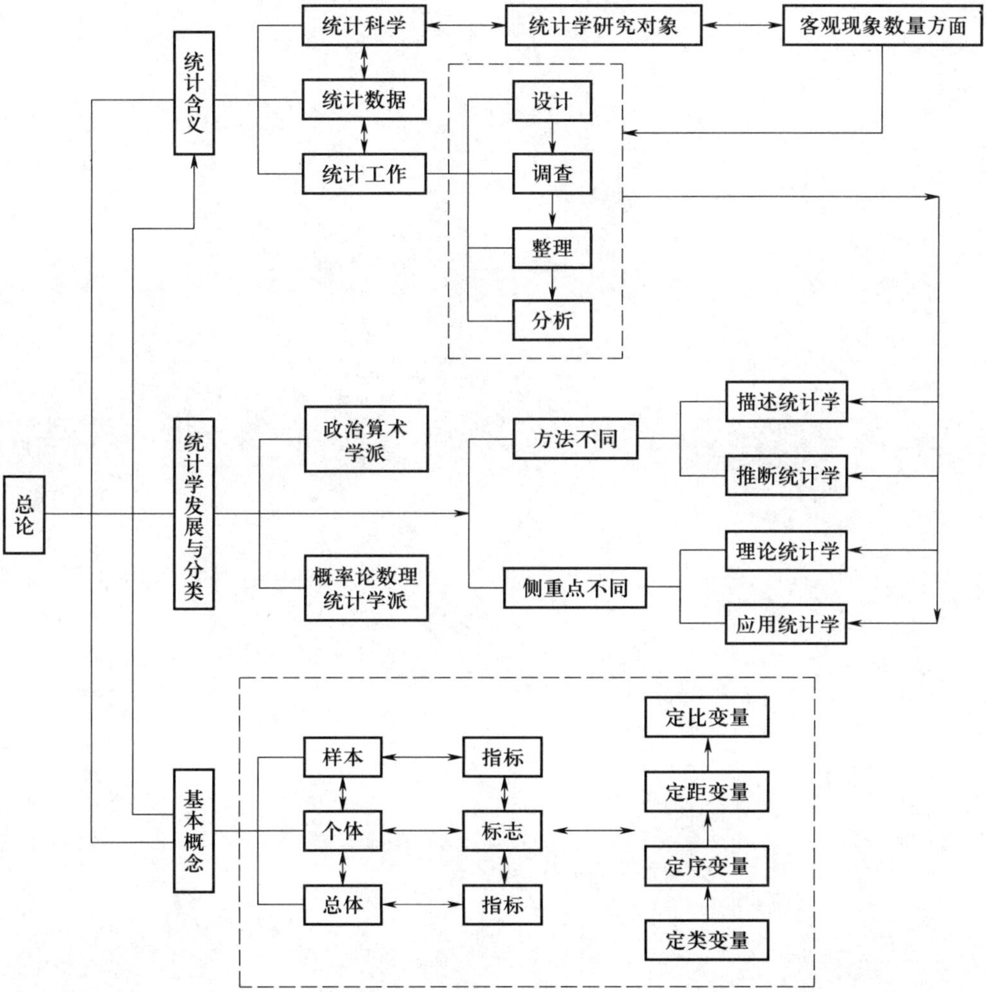

本章思考题

1. 统计学的研究对象及其特点是什么？
2. 总体与个体的关系是什么？

3. 总体和样本的关系是什么?
4. 指标与指标体系的关系是什么?
5. 变量测量层次有哪几种?

测一测

第二章　统计数据的采集

知识目标

- 了解统计调查的种类
- 掌握统计调查方案的组成部分
- 掌握统计调查问卷的组成部分
- 理解不同统计调查方法的区别

能力目标

- 能够独立设计完整有效的统计调查方案
- 能够独立设计符合研究目的的统计调查问卷
- 能够正确选择符合应用条件的统计调查方法

重点难点

- 如何设计一个完整有效的统计调查方案
- 如何设计一个符合研究目的的统计调查问卷
- 如何根据实际情况选择合适的调查方法

案例思考 2-1

新可口可乐跌入调研陷阱

曾经在杂志上看到这样一个美国式的幽默，如果你在酒吧向侍者要杯可乐，十次当中，他有九次会给你端出可口可乐，还有一次呢？对不起，可口可乐卖完了。可口可乐的魅力由此可见一斑。在美国人眼里，可口可乐就是传统美国精神的象征。但就是这样一个大品牌，20 世纪 80 年代却出现了一次几乎致命的失误。

20 世纪 70 年代中期以前，可口可乐一直是美国饮料市场的霸主，市场占有率一度达到 80%。然而 70 年代中后期，百事可乐迅速崛起，1975 年，可口可乐的市场份额仅比百事可乐多 7%。

1982 年，为找出可口可乐衰退的原因，可口可乐公司决定在全国 10 个主要城市进行一次消费者调查。结果显示，多数消费者愿意尝试新口味可乐。可口可乐公司又花费数百万美元在 13 个城市中邀请了近 20 万人品尝无标签的新老可乐。结果六成的消费者认为新可乐味道更好。

可口可乐不惜血本协助瓶装商改造了生产线，在新可乐正式推向市场之前，1985 年

4 月，可口可乐在纽约举办了一次盛大的新闻发布会，邀请 200 多家新闻媒体参加，新可乐一举成名。看起来一切顺利，但让决策者们始料未及的是，噩梦正向他们逼近。很快，越来越多的老可口可乐的忠实消费者开始抵制新可乐。可口可乐公司每天都会收到成袋信件和上千个批评电话。1984 年，可口可乐市场占有率由 23.9%滑落到 21.7%。迫于巨大的压力，决策者们不得不做出让步，在保留新可乐生产线的同时，再次启用近 100 年历史的、让美国人视为骄傲的“老可口可乐”传统配方。

可口可乐公司花费数百万美元，对 20 万人进行了测试，它的市场调查究竟有什么差错，值得我们思考。如何设计一个有效的调查方案？如何设计一个符合研究目的统计调查问卷？根据实际情况，如何选择合适的调查方法？通过本章的学习，我们可以找到答案。

第一节 统计数据的来源

扫描二维码
观看慕课视频

统计数量规律性的确认与识别依赖于大量的统计数据，它是统计分析与推断的基础。那么统计数据如何取得，这便是统计数据采集的内容。

我们常常可以在报纸、杂志、电视及网络上看到类似的叙述：2021 年，全年粮食种植面积 11 763 万公顷①，比上年增加了 86 万公顷；棉花种植面积 302.8 万公顷，减少 14.1 万公顷；油料种植面积 1 310 万公顷，减少了 3 万公顷；糖料种植面积 146 万公顷，减少 11 万公顷。全年粮食产量 68 285 万吨，比上年增加 1 336 万吨，增产 2.00%。上面这些经过收集、概括、分析后用以表达和说明的事实称为数据。在当代全球性商务和经济环境中，对数据的分析可以使决策者更好地了解所处的市场、经济环境，做出更好的决策。那么，统计数据从哪里取得呢？一般说来，统计数据主要来源于两种渠道：一是通过直接的调查和科学实验，二是引用公开出版的统计数据。

一、统计数据的直接来源

统计数据的直接来源是指通过专门组织的调查和科学实验收集数据。科学实验是取得自然科学数据的主要手段，如医学、生物学等的数据都是通过实验和观察取得的。本章主要介绍专门组织的调查，这是取得社会经济数据的重要手段。在计划经济中，主要是政府统计部门的统计调查；在市场经济中，还有一些专门进行调查的机构做市场调查等。

（一）统计调查的意义与要求

统计调查是指根据统计研究的目的和要求，利用各种统计调查的方式方法，采集统计数据的工作过程。统计调查所采集的统计数据，既包括原始数据，也包括次级数据。原始数据，也称初级数据、直接数据或第一手数据，是指向调查单位直接收集的尚待汇总整理的、需要由个体过渡到总体的统计数据。例如，为了了解某市某一时期内工业生产情况及企业的经济效益，

① 1 公顷 = 10 000 平方米

我们必须对该市所有工业企业的产品产量、产值、产品质量、劳动生产率、原材料、能源消耗量、成本、流动资金和利润额等资料进行登记和采集，这些数据就是原始数据。次级数据，也称间接数据或第二手数据，是指已经经过加工整理，由个体过渡到总体，能够在一定程度上说明总体特征的统计数据。如上例，已经有人对原始数据进行一定的加工整理，但还不能完全满足要求，还须做进一步的加工整理，这样的数据就是次级数据。一切次级数据都是从原始数据过渡而来的。所以统计调查的基本任务是要根据统计指标体系，通过一项项地具体调查，取得反映社会经济现象及其各部分间互相联系的原始统计数据。

统计调查作为统计工作的第二个阶段，在统计工作的整个过程中，担负着提供基础数据的任务。所有的统计计算和研究，都是在原始数据采集的基础上建立起来的。只有搞好统计调查，才能保证统计工作达到对于客观事物规律性的认识，并预测未来。因此，对统计数据的采集，要求做到准确、及时和完整。准确性就是如实地反映客观实际，这是保证统计工作质量的关键，用虚假的数据得出的分析结果，将会给国家和人民造成不可估量的损失。及时性又称时效性，要求按统计调查方案中规定的时间，尽快采集和上报数据，否则，会使统计数据的信息价值降低。完整性是指在采集数据的过程中，所列调查项目的数据必须采集完整，才有可能对社会经济现象的规律性做出明确的判断。

（二）统计调查的种类

社会经济现象错综复杂，根据不同的调查目的，需要采取不同的统计调查方式方法。统计调查的常见分类有以下四种。

1. 全面调查和非全面调查

按调查是否包括全部调查个体单位，统计调查可分为全面调查和非全面调查。

全面调查是对调查对象中的全部个体单位一一加以调查。例如，要了解全国的煤炭产量，对全国所有煤炭企业全部进行调查，就属于全面调查。全面统计报表和普查均属于全面调查。

非全面调查是对调查对象中的部分个体单位进行调查。例如，为了了解居民社会购买力的情况，只需对一部分居民家庭的收支情况进行调查就能达到调查的目的，这样的调查属于非全面调查。重点调查、典型调查和抽样调查均属于非全面调查。

需要指出的是，全面调查与非全面调查的划分，是以调查时是调查全部个体单位还是部分个体单位来衡量的，并不是根据最后取得的数据是否全面来判断。

2. 经常性调查和一次性调查

根据调查数据登记时间是否连续，统计调查可分为经常性调查和一次性调查。

经常性调查是连续性调查，它是随着调查对象的变化而进行的经常的、连续不断的登记调查。例如，产品产量、货运量等的发展变化过程，通常采用经常性调查。

一次性调查是不连续性的调查，它是间隔一段时间对调查对象进行的登记调查。例如，工业企业固定资产总量、原材料库存量等在一段时期内的变动，通常采用一次性调查。一次性调查一般有定期调查和不定期调查两种。定期调查是指每隔一定时期进行一次、其时间间隔大体相同的调查，如每隔五年或十年进行一次人口普查。不定期调查是指相邻两次调查之间的时间间隔不相等的调查，如科学技术人员普查、固定资产调查等。

3. 统计报表和专门调查

根据调查的组织方式不同，统计调查可分为统计报表和专门调查。

统计报表是按一定的表式和要求，自上而下统一布置、自下而上上报统计数据的一种统计调查方式方法，如工业统计报表、农业统计报表等。

专门调查是为了研究某些专门问题，由进行调查的单位专门组织的调查，如普查、抽样调查、重点调查和典型调查均属于专门调查。

4. 直接观察法、采访法和报告法

根据数据收集的方法不同，统计调查可分为直接观察法、采访法和报告法。

直接观察法是由调查者亲自到现场对调查对象进行观察和计量以取得数据的一种调查方法。例如，了解工业企业的产品数量，调查人员可以当场进行观察计数等。

采访法是由调查人员向被调查者提问，根据被调查者的答复取得数据的一种调查方法。它又可以分为个别询问、开调查会等方法。例如，人口普查、经济普查，调查人员可以通过入户采访之后获取数据。

报告法是由调查单位按照隶属系统逐级向国家报告经济、社会活动成果以采集数据的一种调查方法。例如，为了解某城市居民对市政府的某项议案的赞同程度，通过民意测验以取得数据。

采用这些方法使用的工具是问卷或者是调查提纲。

统计调查的各种分类不是相互排斥的，各种分类可以互相交叉。例如，普查是一种专门调查，但它同时又是一次性调查和全面调查。

二、统计数据的间接来源

统计数据的间接来源是指对次级数据的采集，即第二手数据的采集。一般是采集公开出版或公开报道的数据，如从统计年鉴、统计公报、公开出版的杂志等采集的数据。

相对而言，第二手数据的采集比较容易，采集数据的成本低，并且能很快得到。第二手数据的用途也非常广泛，除了用于分析所要研究的问题之外，这些数据还可以提供研究问题的背景，帮助研究者更好地定义问题，检验及回答某些疑问和假设，寻找研究问题的思路和途径。

但是，第二手数据有很大的局限性，研究者在引用第二手数据时，应注意统计数据的含义、口径和计算方法，同时要注明数据的出处，以避免误用和滥用。

【知识拓展 2-1】

大数据概念首见于 1998 年 *Science* 中的"*A Handler for Big Data*"一文。2008 年 9 月 *Nature* 杂志出版 *big data* 专刊，使"大数据"在学术界得到认可和广泛使用。

究竟何为大数据？李金昌从统计学的角度定义了大数据："大数据是基于现代信息技术与工具可以自动记录、储存和连续扩充的、大大超出传统统计记录与储存能力的一切类型的数据。"① 朱建平从统计学与计算机科学出发定义了大数据："大数据指那些超过传统数据系统处理能力、超越经典统计思想研究范围、不借用网络无法用主流软件工具及技术进行单机分析的复杂数据的集合。"②

不同于传统统计数据，大数据产生的途径或渠道为：一是人与人交流的社交网络数据，如分享信息、讨论工作等；二是人与机器交流的人机交换数据（也是网络数据），主要依靠可输

① 李金昌．大数据与统计新思维［J］．统计研究，2014，31（1）：10.

② 朱建平．谈谈大数据的那点事［J］．中国统计，2017（4）：18.

入输出的外部设备和相应的软件来完成；三是机器自动记录的感应数据，如飞机黑匣子、车间监测器等所记录的数据。①

第二节　统计调查方案与问卷设计

一、统计调查方案设计

扫描二维码
观看慕课视频

无论采取何种形式的调查，在调查之前都需要制定出一个周密、完整的调查方案，以指导整个调查工作，使统计调查得以顺利进行。统计调查方案是指导整个调查过程的纲领性文件，不同的调查方案在内容上有很大的差别，但总体上看，一个完整的统计调查方案通常应包括以下六个方面。

（一）调查目的

在统计调查中，首先要明确调查目的，即通过调查要解决什么问题。确定调查目的能明确向谁调查、调查哪些项目以及用什么方式方法进行调查。例如，在我国人口普查中，首先就明确规定了调查目的，即“为了准确查清我国的人口数字，查清我国人口地区分布和社会经济构成情况，为有计划地进行社会主义现代化建设、统筹安排人民的物质和文化生活、制定人口政策和规划提供可靠的资料”。

（二）调查对象、调查个体单位和报告单位

明确了调查目的，还要进一步确定调查对象、调查个体单位和报告单位，以明确向谁调查，由谁承担调查项目，由谁负责填报调查数据，从而保证调查工作顺利进行。

调查对象又称调查总体，就是我们所要研究事物的整体。调查个体单位就是调查对象范围内的各个个体单位。报告单位又称填报单位，它是负责填报调查数据的单位。

例如，调查了解工业企业的生产情况，则调查对象就是所有工业企业，而调查个体单位就是每一个工业企业，报告单位也是每一个工业企业。这时，调查个体单位和报告单位是一致的。再如，调查了解工业企业的生产设备状况，则调查对象就是工业企业的全部生产设备，而调查个体单位就是工业企业的每一台设备，报告单位则是每一个工业企业。这时，调查个体单位和报告单位就不是一致的。

在定义调查对象时，必须说明其内涵，避免因界限不清而影响数据的准确性。

本章章首案例中可口可乐调查失败的原因之一就是调查对象中可口可乐公司以年轻人为主体，忽略了其他年龄段的消费者，导致调查对象定位不准确。

（三）调查项目和调查表

1. 调查项目

调查项目就是进行调查时需要向调查个体单位调查的问题。一般来说有多少个问题，便有多少个调查项目。确定调查项目时应注意以下几点：

① 李金昌. 从政治算术到大数据分析［J］. 统计研究，2014，31（11）：3-5.

（1）调查项目应当是调查目的所必需的，可有可无的项目不应列入；

（2）调查项目应有确切的答案，还要明确答案形式，诸如文字式、数字式等；

（3）调查项目提法应设法避免出现歧义或减少被调查者的抵触情绪或思想顾虑；

（4）调查项目的提法不能带有倾向性；

（5）调查项目之间应尽可能做到互相联系，便于核对答案的准确性。

本章章首案例中可口可乐公司调查失败的另一个原因是可口可乐公司在设计的调查项目里，没有告知消费者新口味的可乐是老可乐的替代品，而不是老可乐的补充品。这一失误也导致可口可乐公司对消费者反馈回来的信息判断出现了误差。因此，设计调查项目时要考虑全面，避免出现调查者与被调查者理解不一的现象。

2. 调查表

把已经确定的调查项目按照合理的顺序排列在一定的表格上，就构成了调查表。调查表是统计工作中采集原始数据的基本工具，也便于调查后对数据进行汇总整理。

调查表有两种形式：单一表和一览表。单一表是在一张表格上只登记一个调查个体单位的数据，可以容纳较多调查项目。一览表是在一张表上登记若干个调查个体单位的数据，调查的项目不能过多。

调查表制定以后，为了保证调查数据的科学性和统一性，需要编写填表说明和指标解释。填表说明用来提示填表时应注意的事项，指标解释则是为了说明调查表中每一个指标的含义、所包括的范围和计算方法等。

（四）调查时间和调查地点

1. 调查时间

调查时间包括调查数据所属的时间和调查期限。

（1）调查数据所属的时间。统计数据按时间划分为时期数据和时点数据两大类。时期数据指事物在某一时期内发展过程的总量。例如，总产值、总产量、国民收入、消费量等，是随着时间的变化而变化的。对时期数据的调查就要规定数据所属时期的长短，所登记的数据是指该时期第一天起至最后一天止的累计数值。时点数据是指事物在某一时点上的水平，如工人数、商品库存量、耕地面积等。对时点数据的调查就要规定统一的标准调查时点。对普查来说，标准调查时点称为标准时间。例如，我国第七次人口普查规定以2020年11月1日零时为标准时间，所统计出来的人口数就是在这个时点上的人数。

（2）调查期限。调查期限是指调查工作的起止时间，包括采集数据和报送数据整个工作所需的时间。为了保证统计数据的时效性，必须设法缩短调查期限。

2. 调查地点

调查地点是指登记调查数据的地点。在一般情况下，调查地点和调查个体单位所在地点是一致的。例如，企业生产经营活动的报表就是在企业所在地编制的。但有时也会发生调查地点和调查单位所在地点不一致的情况，这时就要明确规定进行调查的地点。例如，进行人口普查时，如果调查“常住人口”，就应在每个人的常住地点进行登记，不论被调查者是否暂时外出居住。

（五）调查方式

根据调查目的不同，采取不同的调查方式。具体采用哪种方式，主要考虑人员、时间和经费等条件。一般来说，能够通过非全面调查解决的问题，不要进行全面调查。

（六）制定调查的组织实施计划

在进行大规模的调查时，必须制定调查的组织实施计划。其主要应包括以下几点：一是建立调查队伍；二是调查人员的组织和培训；三是经费的预算和开支办法；四是进行试点调查。

【例 2-1】

大学生就业意向调查方案

一、调查目的

2021 年全国普通高校毕业生规模达 826.5 万人，毕业生人数再创新高，加之新冠疫情迁延反复，使得我国高校毕业生就业形势更加严峻。为了解大学生在择业时对行业就业的看法，2022 年 10 月，吉林财经大学社会调查小组针对大学生就业意向展开了调查。

二、调查对象和调查个体单位

调查对象为长春市所有应届毕业生。

调查个体单位为长春市大学每个应届毕业生。

三、调查项目（内容）

本次调查涉及被调查者所受的教育程度、所学的专业、所在的学校、对就业的了解情况、希望就业的行业、对就业的期望等。

四、调查方法

本次调查采用了随机抽样法选取访问范围，在每一个被选择的区域中再按照随机原则选取被访问者，总体采用了分层抽样方法。实地调查采用问卷访问方式进行，这就使得此调查方式和方法具有随机性，能够依据样本指标推断总体指标。

按照调查目的的要求，选出长春市有代表性的 8 所高校作为抽样框。从抽样框中按照随机原则选取 600 名访问者构成样本。

五、调查经费预算

（一）交通和午餐费用预算

1. 交通费：50 人×3 次×8 元/次 = 1 200 元

2. 午餐费：50 人×3 次×10 元/次 = 1 500 元

（二）物品费

1. 胸卡：50 人×2 元 = 100 元

2. 板夹：50 人×5 元 = 250 元

3. 笔：50 人×2 元 = 100 元

（三）设计、整理人工费预算

10 人×10 小时×2 元 = 200 元

（四）调查单位费用预算

1 000 份×1 元 = 1 000 元

共计：4 350 元

六、调查时间和地点
（一）调查时间：本次调查时间定为“十一”长假期间
（二）调查地点：长春市 8 所大学校园
七、调查实施过程
（一）设计问卷
（二）试调查
（三）修改问卷
（四）正式调查
（五）数据整理
（六）数据分析
（七）撰写调查报告

二、调查问卷设计

（一）调查问卷的组织结构

调查问卷是一种特殊形式的调查表。其特点是在表中用一系列按照严密逻辑结构组成的问题，向被调查者调查具体事实和个人对某问题的反应、看法，不要求被调查者填写姓名。

一份比较规范和完整的调查问卷通常包含 6 个部分：眉头部分、说明词/开场白、筛选/过滤部分、主体部分、背景资料部分和结束语。

1. 眉头部分

这是问卷的最开端。一般由问卷名称、问卷编号、调查组织名称、城市编号、访问员、问卷复核人等信息组成。

2. 说明词/开场白

说明词也就是开场白，包括问候语、调查主题、调查组织、调查员身份、调查用途、调查请求以及其他信息，如承诺调查的保密性。

说明词要求简洁明了，准确易读。眉头和说明词一般以调查主题为区分点，一般情况下，调查主题及前面部分为眉头部分，之后的介绍部分为说明词部分。例如：

“您好！（问候语）

我叫王丽，是吉林财经大学的学生。（调查者身份）

我们正在进行一项关于 5G 手机认知程度的调查。（调查主题介绍）

您的回答将有助于我们了解消费者对 5G 手机的认知程度。（调查用途）

您的资料仅供研究参考，绝不公开。（承诺信息）

现在，我能麻烦您抽 5 分钟时间回答问题吗？非常感谢您。（访问邀请）”

3. 筛选/过滤部分

这部分主要是为了选择符合要求的调查个体单位而设。如在上述关于 5G 手机认知程度的调查中，就需要在调查主题问句前提出过滤题“我们正在寻找一些特定人选，请问您的手机开通 5G 上网功能了吗？”如果是，则可继续提问，否则就退出提问。

4. 主体部分

主体部分是调查问卷的核心，它通常由主题问句和备选答案两部分构成。常见的问句形式和要求具体如下：

（1）开放式问句。即提出问题，由被调查者自由回答，不受限制。这种问句的答案可能是漫无边际的，不容易汇总进行统计分析，因此，在问卷中不宜多用。

（2）对选式问句。这类问句要求被调查者在两个可能的答案中选择一个。例如，回答“是”或“否”，容易发问，也容易回答。但只限于采集简单的事实或态度，对于既不肯定也不否定的答案就无法表示。

（3）单项、多项选择式问句。即列举几个可能的答案，由被调查者选出最符合自己情况和意见的一个或几个答案。其优点是答案有一定的范围，便于被调查者取舍。但是，备选答案不可能穷尽所有可能的情况，因而也容易使被调查者做出随意应付的选择。

（4）顺位式问句。即列出对某一问题不同层次的答案，由被调查者排出次序，表示自己的态度和倾向。

5. 背景资料部分

这部分一般放在问卷的最后（但为了特殊配比的原因，也有放在问卷前面的）。背景资料主要是一些个人信息，一般包括调查个体单位的性别、年龄、婚姻状况、家庭人数、家庭或个人收入、职业等信息。

6. 结束语

结束语的任务就是告诉被调查者调查问卷结束，调查完毕了。不同问卷的结束语会略有不同，如邮寄问卷的结束语可能是“再次感谢您参与调查，麻烦您检查一下是否还有尚未回答的问题，随后将问卷放入随附的回邮信封并投入信箱”。而一份访问调查的问卷结束语可能会是“调查到此结束，谢谢您，再见”。

（二）调查问卷设计的要求

调查问卷设计的基本要求是：主题明确，形式简明，文字通俗，容易理解，便于回答。问句的内容必须十分具体，措辞要客观，不带任何倾向和暗示，而且涉及的问题应该是可以测定的。问句编排应该体现调查提纲的逻辑结构，层次分明，先易后难，先问事实性数据，后问态度和意向方面的数据，最后问理由方面的数据。

三、量表设计

（一）量表的含义

量表是由反映某一抽象概念的所有测量指标和备选答案构成的调查表。例如，“对 A 电视产品的评价”就是一个抽象的概念，为了评价 A 电视产品，可以从“质量”“性能”“价格”“款式”四个方面考察，这些方面就构成了对 A 电视产品评价的操作性概念。从统计的角度看，这些方面就是评价 A 电视产品的具体指标。对每一指标再设计“好”“较好”“中等”“较差”“差”五个等级，并依次赋值为“5”“4”“3”“2”“1”，这样就构成 A 电视产品评价量表，如表 2-1 所示。

表 2-1 A 电视产品评价量表

指标	好	较好	中等	较差	差
	5	4	3	2	1
质量					
性能					
价格					
款式					

由表 2-1 可以看出，量表是由相互关联的指标或题目构成，所以，指标的选择至关重要，在选择指标时应注意以下几点：

第一，构成量表的各个指标与所反映的抽象概念应高度相关。每一抽象概念可以从不同角度设置具体测量指标，指标不同，结论往往相差很大。这就要求设计者对所研究的概念有一个比较深刻的认识，把握本质，使指标与所研究概念有较高的相关程度。

第二，构成量表的指标个数应适当。增加指标个数，可以抵消测量的误差，提高测量的信度。但从实际工作的角度来看，指标个数不可能无限增多，应根据所研究概念的范围和复杂程度来确定指标个数。一般而言，范围较小，复杂程度较低的现象，指标个数可以少一些；反之，指标个数可以适当增多。

第三，构成量表的指标的测量层次选择应适当。对社会经济现象的测量可采用四种尺度：定类尺度、定序尺度、定距尺度和定比尺度。

（二）量表的种类

1. 根据测量尺度划分

根据测量尺度不同可将量表分为类别量表、顺序量表、等距量表和等比量表。

（1）类别量表。类别量表是指由定类尺度指标构成的量表。定类尺度指标是反映测量对象类别差异的指标。在类别量表中，分配给测量对象的数字或符号仅可作为分辨测量对象的标签，没有排序的意义。例如，将男性赋值为“1”，将女性赋值为“2”，此时，“1”和“2”只代表分类，不存在比较关系。

使用类别量表得到的数据可以进行次数和频率的分析，但计算平均数没有任何意义，只能计算众数。

（2）顺序量表。顺序量表是指由定序尺度指标构成的量表。顺序量表是一种排序量表，分配给测量对象的数字，除了代表测量对象类别特征外，还表明了测量对象某种特征的相对顺序，但不表明测量对象某种特征的绝对数量和差距。

使用顺序量表得到的数据可以进行次数和频率的分析，也可以计算众数和中位数。

（3）等距量表。等距量表也称区间量表，是由定距尺度指标构成的量表。在等距量表中，相等的数字距离代表所测量对象相等的数量差值，例如，1 和 2 之间的差距就等于 2 和 3 之间的差距。等距量表包含顺序量表提供的一切信息，并且可以比较测量对象之间的距离差别。等距量表中相邻数值之间的差距是相等的，有关等距量表最典型的实际例子是温度计。

使用等距量表得到的数据可以计算算术平均数、标准差和相关系数，也可以进行 t 检验和 F 检验。

（4）等比量表。等比量表是由定比尺度指标构成的量表。等比量表具有类别量表、顺序量表、等距量表的一切特性。使用等比量表得到的数据具有固定的原点，因此，在等比量表中，测量值之间的比值也是有意义的。例如，测量身高、体重可以用等比量表。60 千克的体重是 30 千克体重的两倍，无论体重的单位如何变化，这两个体重之间都存在两倍的比率关系。

所有的统计方法都适用于分析等比量表数据。

2. 根据答案数量划分

根据答案数量的多少可分为五级量表、七级量表、九级量表等。

五级量表就是由五个等级的答案构成的量表。依此类推，可得到七级量表、九级量表等。例如，学生对教师的教学质量进行评价就是一个五级量表，如表 2-2 所示。

表 2-2　五级量表示例

差	较差	中等	较好	好
1	2	3	4	5

3. 根据反映测量对象特征的多少划分

根据反映测量对象的特征多少可以将量表分为一维量表和多维量表。

一维量表用于测量调查对象的单一特征。例如，学生对教师的教学质量测量就可以使用一维量表。多维量表是用多个维度来描述某一概念。例如，在表 2-1 中，从“质量”“性能”“价格”“款式”四个方面评价 A 电视产品，就使用了多维量表。

【例 2-2】

量表举例

A. 类别量表的举例

1. 您的性别：□男□女

2. 指出所有您可能购买的品牌：□海尔　□海信　□长虹　□康佳

3. 您是否同意：网络教学优于传统教学方法　□同意　□反对

B. 顺序量表的举例

1. 请根据您的喜好排列以下品牌，您的首选请标“1”，其次标“2”，依此类推。

□海尔　□海信　□长虹　□康佳

2. 您认为 2023 年中国的 GDP 增长速度会：

□高于 2022 年　□与 2022 年相当　□比 2022 年低

C. 等距量表的举例

1. 请根据您的偏好划分以下品牌的级别。

品牌	排列（画圈）									
	非常差									非常好
康师傅	1	2	3	4	5	6	7	8	9	10
娃哈哈	1	2	3	4	5	6	7	8	9	10
农夫山泉	1	2	3	4	5	6	7	8	9	10

2. 用圈画出您对以下几句话的同意程度。

陈述	非常不同意				非常同意
我总是期望放假	1	2	3	4	5
我喜欢旅游	1	2	3	4	5

3. 请圈画出您对长春一汽大众公司奔腾轿车的评价。

式样新颖	4	3	2	1	式样保守
耗油量大	1	2	3	4	耗油量小
设计精良	4	3	2	1	设计粗糙
价格太贵	1	2	3	4	价格便宜
舒适	4	3	2	1	不舒适
安全性低	1	2	3	4	安全性高

D. 等比量表的举例

1. 请填写您的年龄：________岁。

2. 上个月您在沃尔玛超市购物金额超过 100 元的次数。

0　1　2　3　4 次及以上

3. 您认为现在读一年大学（国内）的合理学费为________元。

（三）量表设计中应注意的问题

量表可采用不同形式，在设计研究所需要的量表时，必须考虑以下几方面问题。

1. 量级层次的个数

在决定量级层次的个数时，要考虑两方面的因素。首先，量级越多，对测量对象的评价就越精确；其次，大多数被调查者只能应付较少的类别。一般认为，合适的量级层数是七个或增减两个，即从五层到九层。

2. 平衡量表与非平衡量表

在平衡量表中，肯定态度的答案数目和否定态度答案的数目是相等的，而在非平衡量表中它们是不相等的。一般来说，为了保证调查结果的客观性，应该采用平衡量表。但在某些情况下，回答的分布很可能向"肯定"或"否定"的方向偏斜，这时，就可以采用非平衡量表进行调查，在偏斜的一方多设几个层次。

3. 奇数层次量表与偶数层次量表

在调查中采用奇数层次量表还是偶数层次量表取决于是否有被调查者会对测量对象持中立态度，即使只有少数被调查者持中立态度，也必须使用奇数层次量表。如果调查人员相信没有被调查者会持中立态度，或是想要强迫被调查者作出"肯定"或"否定"的选择，就应该使用偶数层次量表。

4. 量表的形式

同一个量表可以用多种形式表达。量表可以是水平的，也可以是垂直的。量级层次可以用方框、线段、数轴上的点表示，各层次可以标记数字，也可以不标记数字。如果用数字标记量表层次，那么可以使用正数、负数或是二者都采用。

【知识拓展 2-2】

Cronbach's α 系数是由克朗巴哈（Cronbach）于 1951 年提出的，它是信度的重要衡量指标，通常用来测定量表的内部一致性。

1945 年，心理测量学家路易斯·哥特曼（Louis Guttman）在 *Psychometrika* 上发表了研究信度的文章，推出 6 个 λ 系数（记为 λ_1—λ_6）都是信度的下界。其中的 λ_3 被克朗巴哈相中，命名为 α 系数，自从 1951 年克朗巴哈在 *Psychometrika* 上发表了那篇讨论 α 系数的论文以后，α 系数从此走红。在 α 系数流行以后，对它的质疑和评论不断。许多研究发现，α 系数在某些条件下既可以小于信度，也可以大于信度，甚至还会出现负值。即便如此，α 系数依然凭借其容易理解、公式简单、辅助计算的软件较多等优点，成为量表信度检验界中“晃而不倒的标杆”。①

【例 2-3】

关于长春市大学生就业意向的调查问卷

问卷编号：____________　　调研员：____________

调研时间：____________　　调研地点：____________

您好！我们是吉林财经大学的学生。为了了解大学生在择业时对行业就业的看法，我们开展本次调查研究。我们承诺会对您的信息及回答严格保密，您只需根据自己的实际情况填写本问卷，所有回答用于学术研究。衷心感谢您的支持与配合！

0. 您是 2023 年应届毕业生吗？［筛选题］

○是　　○否（结束作答）

1. 您是否了解目前的就业形式、就业政策和就业流程？［单选题］

○比较了解　　○了解一点儿　　○完全不了解

2. 以下各因素对您择业的影响程度如何？1 到 5 分程度逐渐增加，请在对应框内打√［矩阵量表题］

	1	2	3	4	5
地理因素					
行业前景					
工作环境					
工作稳定性					
薪酬福利					
个人发展空间					

① 温忠麟．α 系数：晃而不倒的信度标杆［N］．中国社会科学报，2011-10-13．

3. 您择业的首选地区是？[单选题]

○超大城市（人口超过 1 000 万），比如北京、上海、广州、深圳等

○特大城市（人口 500 万—1 000 万），比如武汉、成都、南京、西安、沈阳等

○Ⅰ型大城市（人口 300 万—500 万），比如哈尔滨、苏州、长春、合肥、厦门等

○Ⅱ型大城市（人口 100 万—300 万），比如乌鲁木齐、石家庄、南昌、珠海等

○中小城市（人口 100 万以下），比如镇江、铁岭、九江、菏泽等

4. 您期望的就业单位性质是？[单选题]

○机关事业单位 ○国有大中型企业 ○中外合资企业 ○自主创业

○其他________________

5. 您对第一份工作的薪资期望是？[单选题]

○3 000 元以下/月 ○3 000 元—6 000 元/月

○6 000 元—9 000 元/月 ○9 000 元—12 000 元/月

○12 000 元—15 000 元/月 ○15 000 元以上/月

6. 面临毕业，您准备？[单选题]

○就业 ○继续学习深造（跳到 12） ○暂不就业，也不继续学习深造（跳到 12）

7. 您通过哪些渠道获得就业相关信息？[多选题]

○就业信息网站 ○各种招聘会

○学校就业指导部门 ○亲朋好友

○中介机构 ○其他

8. 您目前的求职状况是？[单选题]

○已经有了工作选择 ○已经做好求职材料随时准备参加招聘会

○还没有开始进行就业准备 ○很茫然，不知道怎么办

9. 您在就业中面临过的问题有［多选题］

○难以确定就业方向 ○不了解就业市场

○对用人单位缺乏了解 ○缺乏工作经验

○缺乏社会关系 ○缺乏就业技巧

○性别歧视 ○其他

10. 目前您最希望获得的职业指导是［单选题］

○就业形式与政策、就业流程 ○明确职业目标

○就业心理调适 ○面试技巧

○简历制作指导 ○提供就业信息

○其他

11. 您的性别？[单选题]

○男 ○女

12. 您来自？[单选题]

○本省农村 ○本省城镇 ○外省农村 ○外省城镇

13. 您目前就读的学校？[单选题]

○吉林大学 ○东北师范大学 ○长春理工大学 ○吉林农业大学

○长春工业大学　○长春中医药大学　○吉林财经大学　○吉林建筑大学

14. 您目前是？[单选题]

○在读本科生　○在读研究生

15. 您目前就读的专业是？[单选题]

○哲学　○经济学　○法学　○教育学

○文学　○历史学　○理学　○工学

○农学　○医学　○管理学　○艺术学

调查到此结束，再次感谢您的支持！

第三节　统计数据的采集方法

一、统计报表

扫描二维码
观看慕课视频

（一）统计报表的概念

统计报表是我国取得统计数据的一种基本组织形式。它是基层企业、事业单位以及各级领导机关，按照国家有关部门统一规定的报表格式、报告内容、报送时间和程序等，自下而上报送报表的一种调查方式。通常把一整套提供基本统计数据的组织方式叫统计报表制度，而把提供统计数据的表格叫作统计报表。

我国目前的统计报表由国民经济基本统计报表和专业统计报表两部分组成。国民经济基本统计报表是由国家统计部门统一制定的。这类报表是从整个国民经济角度出发，并按国民经济部门划分，分为工业、农业、商业、基建、物资、交通运输、劳资、外贸等部门的报表，它是我国统计报表的基础。专业统计报表是由各业务部门制定的。这类报表是从各业务部门的业务管理需要出发，在各部门系统内实施的报表，用以采集有关本部门的业务数据，满足业务管理的需要，它是国民经济基本统计报表的补充。

（二）统计报表的特点

一方面，统计报表具有数据准确、报送及时、便于汇总等优点，对于了解我国的国情国力，指导国民经济社会发展，制定计划和政策以及检查它们的执行和落实情况，起到了很大的作用。但另一方面，这种调查方式需要占用大量的人力、物力、财力和时间；报表的内容比较固定，不能及时反映新情况、新问题。

二、普查

（一）普查的概念

普查是为了某一特定目的而专门组织的一次性全面调查，如人口普查、工业普查、农业普查等。世界各国一般都定期进行各种普查，以便掌握有关国情、国力的基本统计数据。普查是适合于特定目的、特定对象的一种调查方式，主要用于采集处于某一时点状态上的社会经济现象的数量，目的是掌握特定社会经济现象的基本全貌，为国家制定有关政策或措施提供依据。

（二）普查的特点

普查作为一种特殊的数据采集方式，具有以下特点。

1. 普查具有一次性和周期性

由于普查涉及面广，调查个体单位多，需要耗费大量人力、物力和财力，通常需要间隔较长的时间，一般每隔 10 年进行一次。如我国人口普查从 1953 年到 2021 年共进行了七次。今后，我国的普查将规范化、制度化，即每逢年份的末尾数是“0”的年份进行人口普查，每逢“3”和“8”的年份进行经济普查，每逢“1”或“6”的年份进行统计基本单位普查。

2. 普查需要规定统一的标准调查时间

规定统一的标准调查时间，是为了避免调查数据的重复和遗漏，保证普查结果的准确性。例如，我国前四次人口普查的标准时间定为普查年份的 7 月 1 日 0 时，第七次人口普查的标准时间为 2020 年 11 月 1 日 0 时。农业普查的标准时间定为普查年份的 1 月 1 日 0 时。标准时间一般定为调查对象比较集中、相对变动较小的时间。

3. 普查的数据比较准确

普查的数据一般比较准确，规范化程度也较高，因此它可以为抽样调查或其他调查提供基本依据。

4. 普查成本高、时间长

普查成本高，时间长，只适合对重要的国情、国力进行调查。

思考与探究 2-1：漏报率是衡量人口普查质量高低的最核心指标。国际上一般把漏报率是否超过 3%作为衡量人口普查质量高低的一个标准。新中国成立至今共进行了 7 次人口普查，从第三次全国人口普查（以下简称三普）开始，历次人口普查均公布了漏报率，数值都低于 3%。其中，2020 年第七次全国人口普查（以下简称七普），面临流动人口规模 3.76 亿、新冠疫情防控和现场登记两手抓等难题，漏报率居然仅为 0.05%。七普是到目前为止中国人口普查历史上漏报率最低的一次普查，比许多发达国家的人口普查质量高得多，是达到世界一流质量水平的一次普查。

七普取得高质量数据结果的原因是什么？七普工作中有哪些新方法、新措施？我们能为全国人口普查工作做些什么？

三、抽样调查

（一）抽样调查的概念

抽样调查是实际中应用最广泛的一种调查方式和方法，它是从调查对象的总体中随机抽取一部分单位作为样本进行调查，并根据样本调查结果来推断总体数量特征的一种非全面调查。

（二）抽样调查的特点

抽样调查具有以下四个特点。

1. 经济性

这是抽样调查一个最显著的优点。由于调查的样本单位通常是总体个体单位中的很小一部分，调查的工作量小，因而可以节省大量的人力、物力、财力和时间。

2. 时效性

抽样调查可以迅速、及时地获得所需要的信息。由于工作量小，调查的准备时间、调查时间、数据处理时间等都可以大大缩减，从而提高数据的时效性。与普查等全面调查相比，抽样调查可以频繁地进行，随着事物的发生和发展及时取得有关信息，以弥补普查等全面调查的不足。比如，两次人口普查之间各年份的人口数据都是通过抽样调查取得的。

3. 适用性

抽样调查可以获得更广泛的信息，适用于各个领域、各种问题的调查。从适用的范围来看，抽样调查既可用于调查全面调查能够调查的现象，也能调查全面调查所不能调查的现象，特别是适合一些特殊现象的调查，如产品质量检验、农产品实验、医药的临床实验等。从调查的项目和指标来看，抽样调查的内容和指标可以更详细，能获得更全面、更广泛和更深入的数据。

4. 准确性

抽样调查的数据质量有时比全面调查更高，因为全面调查的工作量大、环节多，登记性（或调查）误差往往很大，而抽样调查由于工作量小，可使各环节的工作做得更细致，误差往往很小。当然，用样本数据去推断总体时，不可避免地会有推断误差，但这种误差的大小是可以计算并加以控制的，因此推断的结果通常是可靠的。

四、重点调查

（一）重点调查的概念

重点调查是在调查总体中，选择一部分重点单位进行调查，以了解总体基本情况的一种非全面调查。所谓重点单位，是指调查个体单位的标志总量在总体标志总量中占绝大比重的个体单位。因而，对这些个体单位进行调查就能反映总体的基本情况。例如，要了解某市的工业用煤及节煤情况，已知该市有工业企业 1 200 多个，其中有 70 多个企业用煤量最大，每年消耗的煤占全部用煤的 70%左右。所以，这 70 多个企业就是重点单位，对它们的调查就可以了解该市的工业用煤及节煤基本情况。

重点单位也不是固定不变的。某些个体单位在某一问题上是重点单位，而在另一问题上可能不是重点单位；在某一总体中是重点单位，而在另一总体中可能不是重点单位；在某一时期是重点单位，而在另一时期便可能不是重点单位。

选择重点单位是重点调查的关键。一般来说，选出的个体单位应尽可能少，而其标志总量在总体标志总量中所占的比重又应尽可能大些。同时，选中的个体单位管理制度应比较健全。

（二）应用重点调查的条件

应用重点调查有两个先决条件：一是调查的任务只要求掌握调查总体的基本情况；二是在调查总体中，确实存在着重点单位。

由于重点单位和一般个体单位差异很大，因此不能借助重点调查所取得的重点单位数据来推断总体。

五、典型调查

（一）典型调查的概念

典型调查是根据调查目的和要求，在对调查对象进行初步分析的基础上，有意识地选取少数具有代表性的典型单位进行深入细致的调查研究，借以认识同类事物的发展变化规律及本质的一种非全面调查。

（二）典型调查的特点

与其他调查方法相比，典型调查具有以下三个显著特点。

1. 有意识地选择调查个体单位

典型单位是根据调查目的和要求，通过对调查对象全面分析后，有意识地选定的。因此，能最有代表性地体现调查对象的共性，确切反映调查个体单位的一般情况。

2. 对于推广新生事物、总结经验具有重要作用

它只对少数典型单位进行调查，调查范围小、个体单位少，能对典型单位做深入细致的调查，并进行具体剖析。因此，可用来研究一些比较复杂的专门问题，且省时省力。

3. 调查内容灵活

根据需要，典型调查既可以从事物的数量方面，也可以从事物的质量方面进行研究；既可以从某一事物的纵向方面，也可以从横向方面进行分析。

典型调查采集数据的方法有多种，如开调查会、个别访问、蹲点调查、颁发调查表等。其中，开调查会是最常用的调查方法，操作简单易行，采集的数据详细可靠。上述各种方法也可结合应用，互为补充。

第四节 课程实验

一、Excel 软件简介

Excel 是微软公司出品的 Office 系列办公软件之一。它是一个功能强大、技术先进、使用方便的电子数据表格软件。它可以进行各种数据处理、统计分析和辅助决策操作，广泛应用于经济、管理、统计等众多领域。版本更新及时，数据分析能力不断改进、提高。目前，在我国办公用的计算机上，绝大多数都安装了 Excel 软件，使用相当普遍。因此，掌握 Excel 软件的统计分析功能非常必要。

（一）Excel 用户界面

当 Excel 启动后，屏幕上出现“工作簿 1-Excel”窗口，这是 Excel 的基本界面，全部对 Excel 的操作都将在这里实现。窗口最上方有一个主菜单，主菜单由 9 个子菜单组成，如图 2-1 所示。

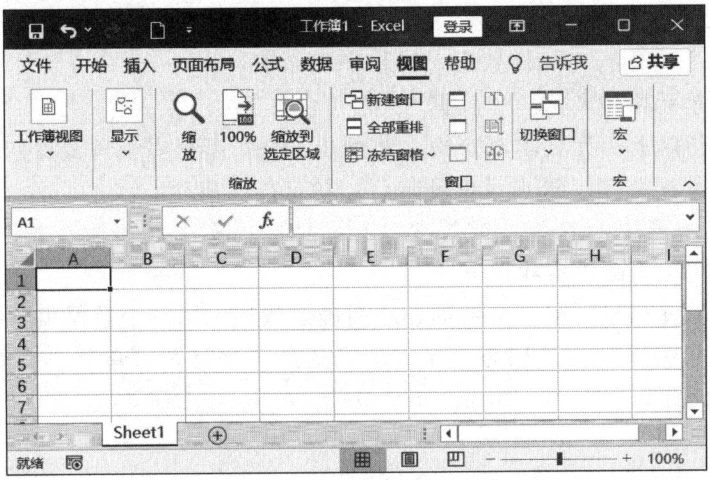

图 2-1　Excel 用户界面

(二) 新建工作簿

新建工作簿有三种途径：

(1) 启动 Excel 自动创建。工作簿自动命名为工作簿 1，每个工作簿默认含一张工作表。

(2) 单击左上角工具栏中新建按钮，自动出现一个新工作簿。

(3) 单击“文件”菜单，选择“新建”。

(三) 输入数据

1. 单元格定位及当前单元格

所有数据都必须输入单元格内，它是存放数据的最小单位。要想向某一指定单元格内输入数据，必须事先定位到此单元格，也就是将此单元格变成当前单元格。任何时刻只有一个单元格能成为当前单元格，输入的数据只会进入当前单元格。选定当前单元格的方法有两种：一种是用鼠标单击某一单元格；另一种是用光标移动键（←、↑、→、↓）使光标移动到某一单元格上来改变当前单元格。

2. 输入各类数据

Excel 可以处理常见的数据类型，输入各种类型数据的步骤相同：将要输入数据的单元格变为当前单元格；在此单元格中输入数据；按回车键结束。

(1) 输入数值型数据。Excel 中的数值型数据由 0—9、正负号、小数点或百分号（%）等组成，数据精度为 15 位。Excel 将太大或太小的数据用科学计数法表示，如将-21 230 000 000 000 表示为-2. 123E+13。

(2) 输入日期与时间性数据。一般用斜线（/）和连字符（-）用作日期分隔符，冒号（:）用作时间分隔符。输入的日期及时间必须是 Excel 可识别的，否则将认为是文字型数据（文字型数据无法进行时间的加、减运算）。其默认显示格式由“控制版面”/“区域设置”中的日期与时间格式决定。若在同一单元格内同时输入日期和时间，那么在其间必须输入空格加以分隔。

3. 填充数列

Excel 提供了数据填充功能，用以自动生成有规律的数据，如相同数据或等比、等差数列等，以便简化数据的输入工作。

（1）在一行或一列中产生相同数据。操作步骤如下：

第一步，向某单元格输入第一个数据。

第二步，鼠标指向此单元格填充句柄（当前单元格矩形框右下角实点），鼠标变为+号。

第三步，按住鼠标左键，向下（也可向上、左或右）拖动。

（2）在一行或一列中产生等差或等比数列。例如，按上述步骤在第一行生成等差数列2011，2012，…，2020。操作步骤如下：

第一步，向某单元格输入第一个数据，从而确定数列中第一个数据集所在位置。

第二步，单击“编辑”→“填充”子菜单，选择“序列”菜单项，如图 2-2 所示，弹出“序列”对话框，如图 2-3 所示。

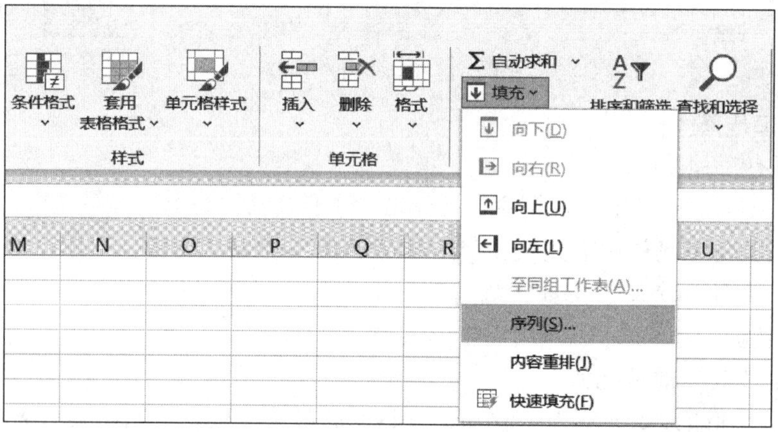

图 2-2 序列位置

第三步，在“序列”对话框中确定如下内容：数列在工作表上是以行还是列方式生成；数列的类型；对日期型数列，按哪种时间单位增加或减少；确定等差或等比数列步长值及其数列的终止值。本例选择见图 2-3。

第四步，单击“确定”按钮，即可生成相应数列，如图 2-4 所示。

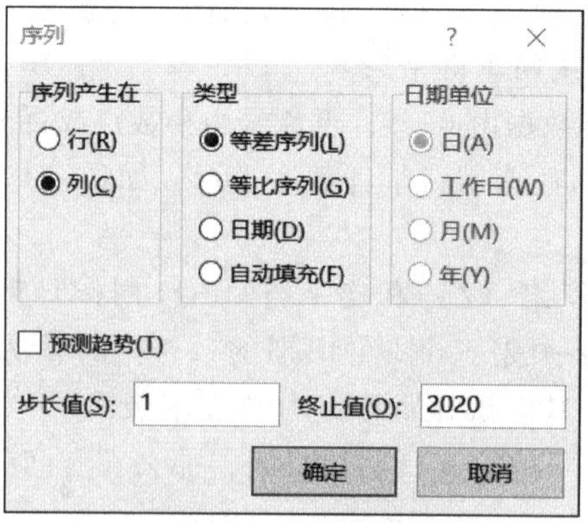

图 2-3 序列对话框

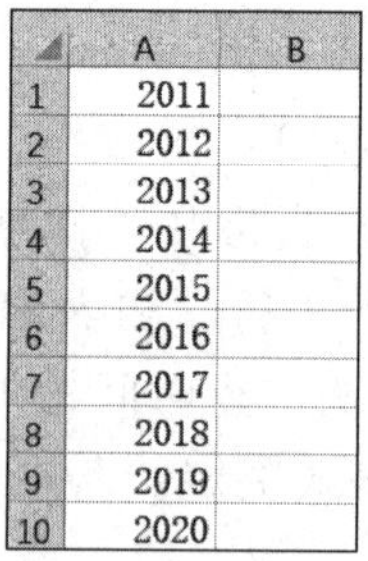

图 2-4 生成数列

（四）保存工作簿

当输入或编辑数据后，要长期保存工作簿，必须执行“保存”操作，将工作簿保存到磁盘中，否则数据将会丢失。保存工作簿步骤如下：

（1）单击“文件”菜单，选择“保存”子菜单，也可直接单击工具栏中的保存图标；

（2）确定工作簿存放的磁盘和文件夹；

（3）确定工作簿文件名称；

（4）最后，单击“保存”按钮。

二、SPSS 软件简介

社会科学用统计软件包（Statistics Package for Social Science，SPSS），是当今世界上最流行的统计软件包之一，它是由美国芝加哥 SPSS 软件公司研制的。SPSS 与 SAS、BMDP 一起被称为国际上最有影响的三大统计分析软件。SAS 是为专业统计分析人员设计的，具有功能强大、灵活多样的特点，为专业人士所喜爱。而 SPSS 是为广大非专业人士设计的，它集数据整理、分析过程、结果输出等功能于一体，操作简便，好学易懂，简单实用，并且具有强大的图形功能，可得到直观、清晰、漂亮的统计图，因而很受非专业人士青睐。本书以 SPSS 22.0 版本为例，对其统计分析功能作简要介绍。

（一）SPSS 主要窗口

当 SPSS 启动后，屏幕上出现“无标题 1［数据集 0］ - IBM SPSS Statistics 数据编辑器”的窗口。这是数据编辑窗口，也是 SPSS 的主要窗口，数据编辑窗口有两个视区：“数据视图”（定义变量的值）和“变量视图”（定义变量）。主要窗口的最上方有一个主菜单，主菜单由 11 个下拉式子菜单组成，如图 2-5 所示。

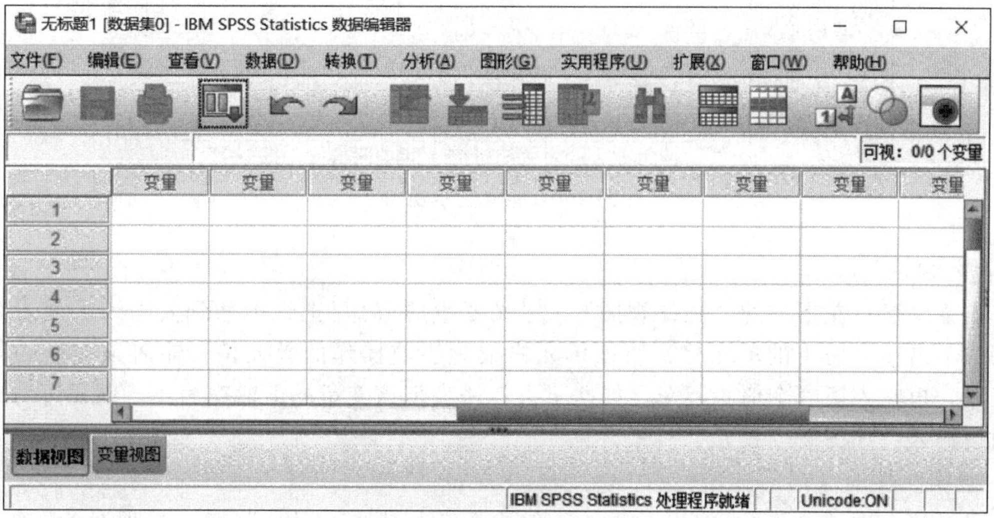

图 2-5　SPSS 的主要窗口

（二）数据文件的建立

1. 定义变量

单击主要窗口左下方“变量视图”（定义变量），如图2-6所示，有如下11项内容：

名称：变量名称；

类型：变量类型（系统默认为数值型）；

宽度：变量宽度（系统默认值为8）；

小数位数：小数点后位数（系统默认值为2）；

标签：变量标签；

值：数值标签；

缺失：缺失值（系统默认为无）；

列：变量显示格式，即显示宽度（系统默认值为8）；

对齐：对齐方式（系统默认为右对齐）；

测量：变量测度方式（系统默认为等间隔测度标度）。

角色：主要用于变量在建立模型时所承担的角色（系统默认为输入角色）。

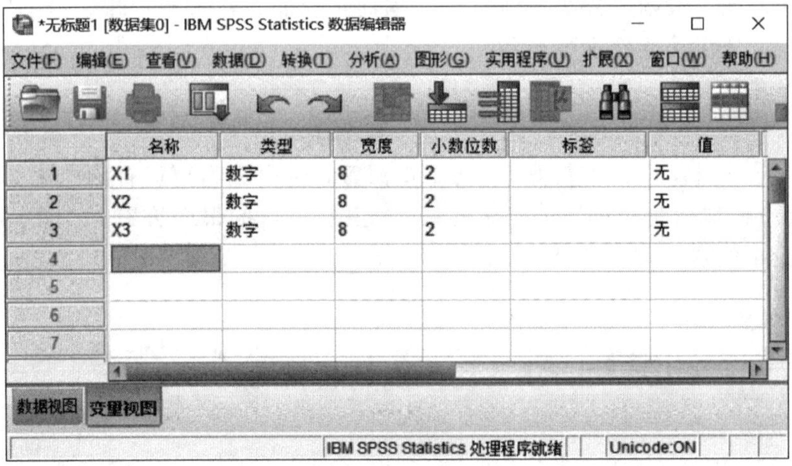

图2-6 定义变量窗口

2. 输入数据

单击主要窗口左下方的“数据视图”（定义变量的值），把光标移到要输入的变量名对应的一列，单击序号为1的单元格，使该单元格成为当前操作的单元格，输入该变量的第一个值，回车。再输入第二个值，回车。如此下去，一直把该变量的值输完为止。同样可对其他变量的数值输入，如图2-7所示。

3. 数据文件的保存

单击主菜单中“文件”，弹出子菜单，在子菜单中寻找“保存”或“另保存为”并单击，出现数据文件另存为其他文件的对话框，指定存储位置和文件类型，单击“保存”按钮，完成保存。

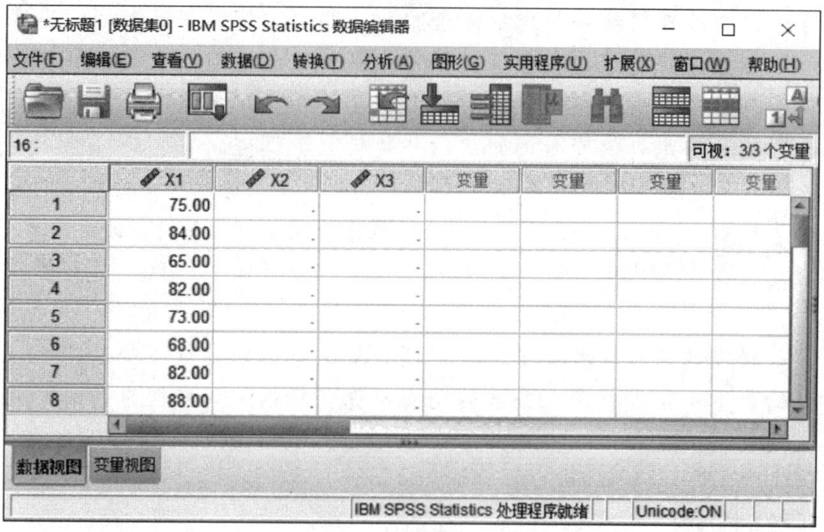

图 2-7　数据输入窗口

本章小结

本章主要介绍了统计数据的来源与采集方法。

1. 统计数据的来源

统计数据主要来源于两种渠道：一是通过专门组织的调查和科学实验，称为原始数据或第一手数据；二是来源于统计年鉴、统计公报等公开出版物的数据，也称次级数据或第二手数据。

2. 统计调查的种类

统计调查常见的分类有：根据调查是否包括全部调查单位，可分为全面调查和非全面调查；根据调查资料登记时间是否具有连续性，可分为经常性调查和一次性调查；根据调查的组织方式，可分为统计报表和专门调查；根据统计资料搜集的方法，可分为直接观察法、采访法和报告法。

3. 统计调查方案设计的主要内容

调查目的；调查对象、调查个体单位和报告单位；调查项目和调查表；调查时间和调查地点；调查方式；制定调查的组织实施计划。

调查问卷是一种特殊的调查表。它包括 6 个部分：眉头部分、说明词/开场白、筛选/过滤部分、主体部分、背景资料部分和结束语。调查问卷设计的基本要求是：主题明确，形式简明，文字通俗，容易理解，便于回答。

量表是由反映某一抽象概念的所有测量指标和备选答案构成的调查表。量表设计中应注意的问题是：量级层次的个数，平衡量表和非平衡量表，奇数层次量表与偶数层次量表，量表的形式。

4. 统计数据的采集方法

统计报表，是我国取得统计资料的一种基本组织形式。它是基层企业、事业单位以及各级领导机关，按照国家有关部门统一规定的报表格式、报告内容、报送时间和程序等，自下而上报送报表的一种调查方式。通常把一整套提供基本统计数据的组织方式叫做统计报表制度，而把提供统计数据的表格叫做统计报表。

普查，是为了某一特定目的而专门组织的一次性全面调查。

抽样调查，是实际中应用最广泛的一种调查方式和方法，它是从调查对象的总体中随机抽取一部分单位作为样本进行调查，并根据样本调查结果来推断总体数量特征的一种非全面调查方法。

重点调查，是在调查总体中，选择一部分重点单位进行调查，以了解总体基本情况的一种非全面调查。

典型调查，是根据调查目的和要求，在对调查对象进行初步分析的基础上，有意识地选取少数具有代表性的典型单位进行深入细致的调查研究，借以认识同类事物的发展变化规律及本质的一种非全面调查。

本章知识结构图

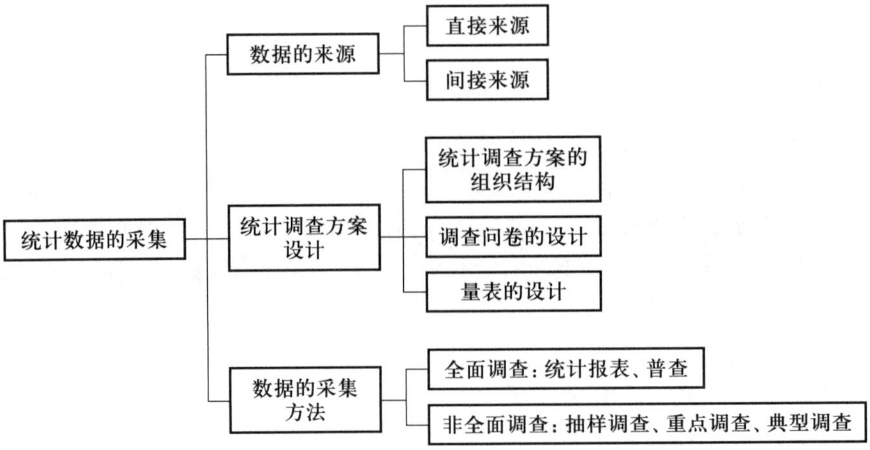

本章思考题

1. 某大学拟对大学生的毕业去向进行一次问卷调查，试设计一个调查方案。
2. 简述统计调查方案的内容。
3. 专门调查方法的异同点是什么？
4. 若对城市居民吸烟情况进行调查，试设计一个调查问卷。

测一测

第三章　统计数据的整理

知识目标

- 了解统计整理工作的全过程，重点掌握统计分组的基本理论和方法
- 掌握次数分布的定义和次数分布的编制过程
- 了解统计图和统计表的含义和绘制方法

能力目标

- 具备次数分布的编制、统计表和统计图的基本绘制的能力
- 能够结合软件操作，联系实际问题对数据进行整理、分组和绘制统计表

重点难点

- 统计分组的基本理论和方法
- 如何根据实际数据编制次数分布
- 组中值的求法

案例思考 3-1

碳排放量

由于矿物燃料（石油、煤、天然气）的燃烧，二氧化碳被排放到大气中。我们用三种方式来描述二氧化碳排放统计研究的结果。

第一种方式是用文字来描述。比如，2019 年，美国二氧化碳总排放量为 48.18 亿吨，二氧化碳人均排放量为 14.7 吨；中国二氧化碳总排放量为 107.07 亿吨，二氧化碳人均排放量为 7.6 吨……二氧化碳总排放量最多的国家是中国，人均二氧化碳排放量最多的国家是美国。

第二种方式是用表格来描述 2019 年排放二氧化碳最多的七个国家，结果如表 3-1 所示。

表 3-1　2019 年全世界排放二氧化碳最多的七个国家

国家/地区	二氧化碳总排放量（亿吨）	二氧化碳人均排放量（吨）
美国	48.18	14.7
中国	107.07	7.6
俄罗斯联邦	17.04	11.8

续表

国家/地区	二氧化碳总排放量（亿吨）	二氧化碳人均排放量（吨）
日本	10. 82	8. 5
印度	24. 56	1. 8
德国	6. 57	7. 9
伊朗伊斯兰共和国	6. 30	7. 6

资料来源：世界银行。

第三种方式是用图形来描述这些结果，这里使用柱状图（见图 3-1、图 3-2）。

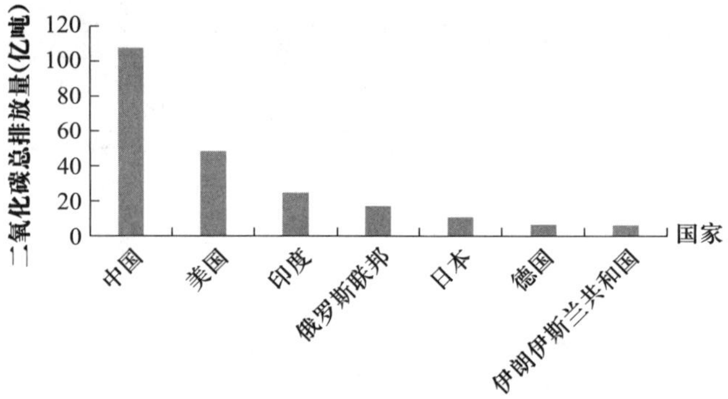

图 3-1 不同国家 CO_2 总排放量图

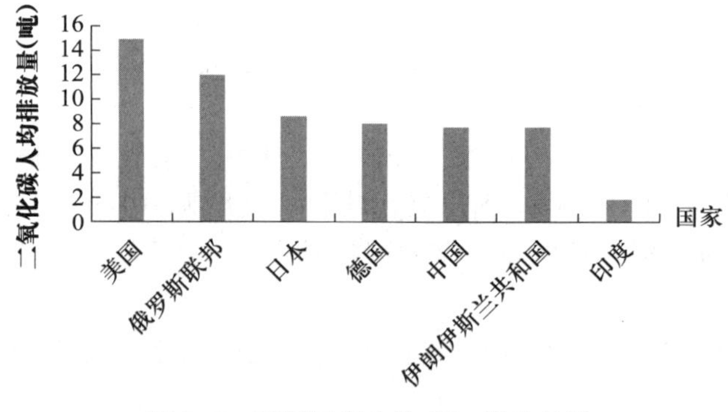

图 3-2 不同国家人均 CO_2 排放量图

结合案例资料思考：通过比较上述三种方式，你认为哪种方式可以更好地反映二氧化碳排放的统计研究结果？

第一节　统计数据的审核

完成了对统计数据的采集，接下来的任务就要对这些数据进行加工整理，使其条理化、系统化；进一步地，还可以为这些数据绘制图表。通过这样的整理和描述，就可以大大简化数据，比较容易地发现数据中所包含的信息，为统计分析提供思路。统计数据的整理过程包括数据的审核、分组、汇总和图表显示等环节。

扫描二维码
观看慕课视频

在对统计数据进行整理时，首先要进行审核，以保证数据质量，为进一步统计分析打下基础。从不同渠道取得的统计数据，其审核内容和方法也有所不同；不同类型的统计数据，其审核内容和方法也有所差异。

一、原始数据的审核

对于通过直接调查取得的原始数据，应主要从完整性和准确性两个方面去审核。

完整性审核主要是检查应调查的个体单位是否有遗漏，所有的调查项目或指标是否填写齐全等。

审核数据准确性的方法主要有逻辑检查和计算检查。逻辑检查主要是从定性角度审核数据是否符合逻辑，内容是否合理，各项目或数字之间有无相互矛盾的现象。比如，中学文化程度的人所填的职业是大学教师，对于这种违背逻辑的项目应予以纠正。计算检查是检查调查表中的各项数据在计算结果和计算方法上有无错误。比如，各分项数字之和是否等于相应的合计数，各结构比例之和是否等于 1 或 100%，出现在不同表格上的同一指标数值是否相同，等等。

二、第二手数据的审核

对于通过其他渠道取得的第二手数据，除了对其完整性和准确性进行审核外，还应着重审核数据的适用性和时效性。第二手数据可以来自多种渠道，有些数据可能是为特定目的通过专门调查而取得的，或者是已经按特定目的需要做了加工整理。对于使用者来说，首先应弄清楚数据的来源、数据的口径以及有关的背景材料，以便确定这些数据是否符合分析的需要，是否需要重新加工整理等，不能盲目生搬硬套。此外，还要对数据的时效性进行审核，有些时效性较强的问题，如果所取得的数据过于滞后，就失去了研究的意义。一般来说，应尽可能使用最新的统计数据。数据经过审核后，确认适合实际需要，才有必要做进一步加工整理。

对审核过程中发现的错误应尽可能予以纠正。调查结束后，当数据中发现的错误不能予以纠正，或者有些数据不符合调查的要求而又无法弥补时，就需要对数据进行筛选。数据筛选包括两方面内容：一是将某些不符合要求的数据或有明显错误的数据予以剔除；二是将符合某种特定条件的数据筛选出来。数据的筛选在统计调查中是十分重要的。

【知识拓展 3-1】

《大数据时代：生活、工作与思维的大变革》是国外大数据系统研究的先河之作。作者维克托·迈尔·舍恩伯格被誉为“大数据时代的预言家”，他在书中指出，大数据带来的信息风暴正在变革我们的生活、工作和思维，大数据开启了一次重大的时代转型，并用三个部分讲述了大数据时代的思维变革、商业变革和管理变革。书中在第一部分提出“大数据时代的思维变革”：①“更多：不是随机样本，而是全体数据”；②“更杂：不是精确性，而是混杂性”；③“更好：不是因果关系，而是相关关系”。维克托认为，大数据的核心就是预测。这个核心代表着我们分析信息时的三个转变。第一个转变是，在大数据时代，我们可以分析更多的数据，有时候甚至可以处理和某个特别现象相关的所有数据，而不再依赖于随机采样。第二个改变是，研究数据如此之多，以至于我们不再热衷于追求精确度。第三个转变因前两个转变而促成，即我们不再热衷于寻找因果关系。大数据将为人类的生活创造前所未有的可量化的维度。大数据已经成为了新发明和新服务的源泉，而更多的改变正蓄势待发。书中展示了谷歌、微软、亚马逊、IBM、苹果、Facebook、Twitter、VISA 等大数据先锋们最具价值的应用案例。

第二节　统计分组

一、统计分组的概念

扫描二维码
观看慕课视频

统计分组就是根据统计研究的需要，将统计总体按照一定的变量区分为若干个组成部分的一种统计方法。总体的这些组成部分称为“组”。

统计分组同时具有两个方面的含义：对总体而言是“分”，即将总体区分为性质相异的若干部分；对个体单位而言是“合”，即将性质相同的个体单位组合起来。就作为分组标准的这一变量而言，同组的个体单位间都具有相同之处，不同组的个体单位间则具有相异之处。统计分组就是在统计总体内部进行的一种定性分类。

统计总体中的各个个体单位，一方面都在某一个或某些变量上具有彼此相同的性质，可以被结合在同一性质的组中；另一方面又在其他一些变量上具有彼此相异的性质，又可以被区分为性质不同的若干组成部分。

二、统计分组的作用

统计分组的作用可以归纳为如下三个方面。

（一）区分不同事物的性质

区分事物不同的性质是统计分组的根本作用。社会经济现象是复杂多变的。它们有着不同的性质规律，又在数量上表现为不同的水平、速度、比例等。在研究现象的数量方面时，只有通过分组区分事物不同的质，才能具体而深入地研究事物的本质特征及其变化规律。例如，研究人口时，可以从性别、年龄、民族、文化程度等方面来区分人口的不同性质。

（二）反映事物的内部构成及其变化规律

通过分组区分了事物的不同性质，可以研究现象的各部分构成，进而识别事物的主要部分与共性特征，以说明事物发展变化的规律。例如，表 3-2 中的数据是对我国产业结构情况的统计分组。

表 3-2　2019 年我国产业结构的情况

产业	增加值（亿元）	比重（%）
第一产业	70 466.7	7.1
第二产业	386 165.3	39.0
第三产业	534 233.1	53.9
合计	990 865.1	100.0

（三）揭示现象之间的数量依存关系

任何现象都不是孤立存在的，它们是相互联系、相互制约的。通过分组将性质上有关联的分组数据联系起来分析，便可研究不同现象总体之间数量上的依存关系。例如，表 3-3 中的数据便可展现小麦亩产量①与施肥量二者之间的相互依存关系，通过分析，挖掘出提高小麦产量的潜力。

表 3-3　小麦亩产量与施肥量之间的关系

施肥量（斤②）	0	10	20	30	40	50	60	70
小麦亩产量（斤）	140	210	280	350	420	490	651	500

上述统计分组的三方面作用往往是相互联系、相互补充的，在分析某个具体问题时，可以同时实现。

三、统计分组的原则与分组变量

（一）统计分组的原则

统计分组有两点原则：一是要符合周延性，即不遗漏，每一个体单位都有所归属；二是要符合互斥性，即不重复，每一个体单位只能归属于某一组而不能同时又归属于另一组。例如，就学校学生的分组而言，或按性别分组，或按专业分组，或按年级分组，或按年龄分组等。这样人人有所归属，而且只能归属于其中的某一组，这就是不遗漏，不重复。如果不按上面的两点原则，分组就会混乱，既可能遗漏，又可能重复。例如，如果把学生分为两组：第一组为愿意参加旅游者，第二组为能够支付旅游费用者。那么，不愿意参加旅游的学生就无所归属，被遗漏了；而有一部分既愿意参加旅游又能支付旅游费用的学生，则既会被归入第一组，又会被归入第二组，便重复了。

（二）统计分组变量

分组变量就是将总体分为各个性质不同的组的标准或依据。例如，将学生分为男学生和女学生是根据性别来划分的，还可以将学生分为一年级、二年级、三年级等，是根据学习年限来划分的。性别、学习年限就是分组变量。我们知道，总体的同质性是相对的、个别的，而个体单位的差异则是普遍的、多方面的。总体的同质性是研究问题的前提，个体单位的差异性则是

① 1 亩≈666.67 平方米。

② 1 斤=0.5 千克

问题所在，有差异就有矛盾，有矛盾便要研究解决矛盾的办法。分组变量的选择就是要从事物的许多差异中找出其本质的差异，从事物的普遍联系中找出内在的联系。所以，选择分组变量是统计分组的核心问题。

选定了分组变量，就要在分组变量的变异范围内，划分各个相邻组之间的界限。如果各组界限划分不清，就将失去分组的意义。因此，统计分组的关键是划分各组界限，反映各组的性质差别。

根据分组变量的特征不同，总体可按属性变量分组，也可按数量变量分组。

1. 按属性变量分组

按属性变量分组就是以属性变量作为分组变量，并在属性变量的变异范围内划分各组界限，将总体分为若干组。按属性变量分组，有些很容易确定分组的组数，并能将所有个体既不遗漏又不重复地分别归入各组，有些就不容易确定。例如，将某市居民按性别分组，分组的组数只有两个，并可以将居民准确无误地分别归入各组。像这样的分组变量，概念具体明确，分组是比较容易的。但许多复杂现象的属性变量分组就比较困难了。例如，将市民按职业分组就是如此，因为职业有多种多样，教师、医生、司机、工人等，而且有些居民又身兼多职，比如有人既是教师又是医生，这就需要解决究竟要分多少组、身兼多职的人究竟划入哪组等比较困难、复杂的问题。再如，产品按用途分组，应该专门研究，制定出统一的分类目录，按照目录的规定进行分组。

2. 按数量变量分组

按数量变量分组就是以数量变量作为分组变量，并在数量变量的变异范围内划分各组界限，将总体分为若干组。按数量变量分组，不仅体现出各组现象的数量差别，而且要通过各组的数量变化区分现象的不同性质。因此，各组的数量界限如何确定也是比较复杂的。例如，将学生按学习成绩分组，应以 60 分为界限，凡是低于 60 分的为不及格者，凡是等于或超过 60 分的为及格者。而不应以 50 分为界限，因为它没有反映各组的性质差别。因此，要通过事物本身的内在联系和发展变化规律来划分各组界限。

四、简单分组和复合分组

在统计分组时，根据统计研究目的不同，分组变量的选择可以是一个变量，也可以是两个或两个以上变量，这样就有简单分组和复合分组的区别。

（一）简单分组

对总体只按一个变量分组称为简单分组。例如，人口总体只按性别这一变量分组，产品按用途这一变量分组都是简单分组。简单分组只能说明总体在某一方面的差别情况。如果把多个简单分组进行排列，就形成平行分组体系。

（二）复合分组

对总体按两个或两个以上变量层叠起来进行分组称为复合分组，即先按一个变量分组，然后再按另一个变量将已经分好的各个组进一步划分为若干组。例如，某校学生先按学习成绩分组，在此基础上再按性别分组就是复合分组。复合分组比简单分组能说明更多的问题，可以对总体做比较全面深入的分析。但复合分组的变量不宜过多，因为变量增加，组数将成倍地增加，反而不易看出问题，甚至有时因变量和组数增多，而各组个体单位数越分越少，就难以反映事物的本质。

对总体按两个变量交叉进行分组称为交叉分组，它也是一种复合分组，如表 3-4 所示。交叉分组可用于分析现象之间的关系，也可用于不同因素的组合。

表 3-4 2020 年某地区居民人均消费支出　　单位：元

地区	城镇居民人均消费支出	乡村居民人均消费支出
甲地区	30 307	15 916
乙地区	41 205	22 615
丙地区	29 102	11 208
合计	100 614	49 739

本章案例思考 3-1 中，为了更好地了解国内不同游客的旅游需求，就应该按照游客的不同年龄、不同消费水平分别进行简单分组形成平行分组体系；或者同时按照游客的年龄和消费水平两个变量进行复合分组。通过各种不同方式的分组，就会明确各类游客的旅游消费需求，为提高旅游业的服务质量提供相应的数据。

【知识拓展 3-2】

贫困是经济、社会、文化落后的总称，是由低收入造成的缺乏生活所需的基本物质和服务以及没有发展的机会和手段这样一种生活状况。根据贫困的程度，可分为绝对贫困和相对贫困。绝对贫困泛指基本生活没有保证，温饱没有解决，简单再生产不能维持或难以维持。如果温饱基本解决，简单再生产能够维持，但低于社会公认的基本生活水平，缺乏扩大再生产的能力或能力很弱，则属于相对贫困。绝对贫困又可分为生存贫困和生活贫困，生存贫困即特困，是指最低生理需求得不到满足、生存有困难。我国农村贫困标准线如图 3-3 所示。

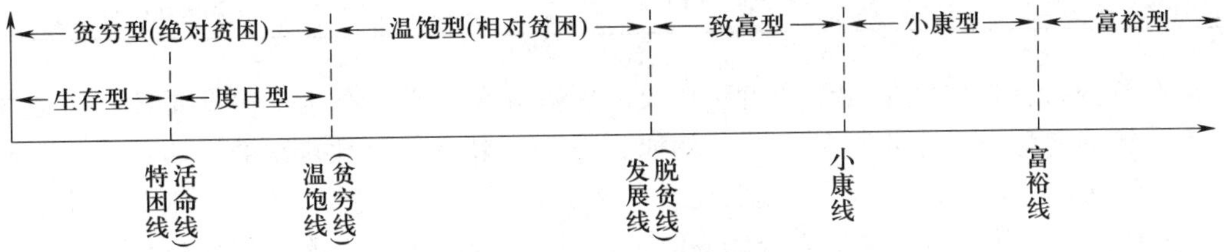

图 3-3 我国农村贫困标准线

资料来源：童星，林闽钢. 我国农村贫困标准线研究［J］. 中国社会科学，1994（03）：86-98.

经过“三西”扶贫开发（1978—1985 年）、规模化扶贫开发（1986—1993 年）、攻坚扶贫开发（1994—2000 年）、综合扶贫开发（2001—2012 年）、精准扶贫开发（2013—2020 年）五个阶段的扶贫治理，我国扶贫工作取得了举世瞩目的成就。2020 年，现行标准下 9 899 万农村贫困人口全部脱贫，832 个贫困县全部摘帽，12.8 万个贫困村全部出列，全国建档立卡贫困人口人均纯收入从 2015 年的 2 982 元增加到 2020 年的 10 740 元，区域性整体贫困得到解决，完成了消除绝对贫困的艰巨任务，这充分彰显了意义深远的中国智慧和方案。

资料来源：梁健，张小虎. 分类治理：乡村振兴视域下贫困治理新机制探索——基于西部 C 村的实证研究［J］. 兰州学刊，2021（5）：130-143.

第三节 次数分布

一、次数分布的概念

扫描二维码
观看慕课视频

在统计分组的基础上，将组中的所有个体单位按组归类整理，形成总体中各个个体单位在各组间的分布，就叫作次数分布。分布在各组的个体单位数叫作次数，又称为频数。各组次数与总次数之比叫作比率，又称为频率。将各组组别与次数依次编排而成的数列就叫作次数分布数列，简称分布数列。有时也可把比率列入分布数列中。分布数列又称分配数列或次数分布。它可以反映总体中所有个体单位在各组间的分布状态和分布特征，研究这种分布特征是统计分析的一项重要内容。

二、次数分布的种类

次数分布分为属性次数分布和数量次数分布。

属性次数分布就是按属性变量分组所形成的次数分布。它有两个构成要素：一是以属性变量作为各组的名称，二是各组的次数。例如，表 3-5 就是一个属性次数分布。

表 3-5 2019 年我国人口按性别分组的情况

性别	人数（万人）	占总人口比重（%）
男	71 527	51.09
女	68 478	48.91
合计	140 005	100.00

数量次数分布就是按数量变量分组所形成的次数分布。它也有两个构成要素：一是以数量变量作为各组的名称，二是各组的次数。例如，表 3-6 就是一个数量次数分布。

对于属性次数分布来讲，如果分组的变量选择得好，分组标准定得恰当，则事物性质的差异表现得比较明确，总体中各组如何划分较易解决。因此，属性次数分布一般比较稳定，通常均能准确地反映总体的分布特征。对于数量次数分布来讲，因为事物性质的差异表现得不甚明确，决定事物性质的数量界限往往因人而异，因此按同一数量变量分组时会出现多种分布数列的可能。

表 3-6 某班组工人看管机器台数的情况

看管机器台数（台）	工人数（人）	比率（%）
1	3	18.75
2	8	50.00
3	5	31.25
合计	16	100.00

数量次数分布又分为单项次数分布和组距次数分布。数量次数分布中的每个组只用一个变量值来表示就是单项次数分布。如果变量值的变动范围较小，项数不多，在这种情况下，就可以采用单项次数分布反映总体的分布状态。如表 3-6 就是单项次数分布。数量次数分布中的每个组用一定范围的变量值来表示就是组距次数分布。如果变量值的变动范围较大，项数较多，在这种情况下，就要采用组距次数分布反映总体的分布状态。如表 3-7 就是组距次数分布。

表 3-7　2020 年全国按年龄人口分组情况

年龄（岁）	百分比（%）
0—9	11.92
10—19	11.21
20—29	11.84
30—39	15.83
40—49	14.69
50—59	15.78
60—69	10.46
70—79	5.74
80 以上	2.53
合计	100.00

三、数量次数分布的编制方法

编制数量次数分布的步骤是：编制序列和计数、确定组数和组距、确定组限和组中值。

例如，对某工厂某日 50 名工人组装产品（个）情况进行调查，得到下列初级数据：

88	99	89	94	107	95	98	72	104	94
101	106	102	79	112	103	115	78	81	99
89	100	91	95	108	81	85	73	105	95
91	91	93	97	110	101	86	75	106	82
93	93	98	83	83	102	88	77	93	98

上述数据杂乱无章，难以看出其中的数量特征及分布规律性，需编制次数分布。

（一）编制序列和计数

按一定顺序排列的数值称为序列，即把数值按从小到大或从大到小的顺序排列起来。将上面的数值从小到大排列，先找出最低组装个数 72 个和最高组装个数 115 个，并按 72 个到 115 个的顺序排列每一数值，编制成单项次数分布表，如表 3-8 所示。

表 3-8 某工厂某日工人组装产品分布表

日组装数（个）	人数（人）	日组装数（个）	人数（人）	日组装数（个）	人数（人）
72	1	88	2	102	2
73	1	89	2	103	1
75	1	91	3	104	1
77	1	93	4	105	1
78	1	94	2	106	2
79	1	95	3	107	1
81	2	97	1	108	1
82	1	98	3	110	1
83	2	99	2	112	1
85	1	100	1	115	1
86	1	101	2	合计	50

显然，在这种情况下，单项次数分布显得十分庞杂，难以反映总体内部不同性质组成部分的分布特征。这样，我们利用组距次数分布来反映总体的分布特征。因此，就要涉及组数和组距等有关问题。

（二）确定组数和组距

组数是指将总体划分为几个组。组距是指分组条件下每组变量值的变化范围。对同一总体，组数的多少和组距的大小成反比。组数多，组距就小；组距大，组数就少。如果组距过大，组数过少，那么将会掩盖事物质的差别；如果组距过小，组数过多，那么又不易区分事物的性质界限，不易反映总体的分布特征。因此，确定组数和组距应根据统计研究目的、资料所反映的经济内容、变量值的分布程度和全距（资料中最大变量值与最小变量值之差）等因素来决定。一般很少使用少于 5 组和多于 15 组的次数分布。

如果将表 3-8 重新分组，取组数为 5，组距为 10，就得到表 3-9 的组距次数分布。通过这个次数分布，就能够清晰地看到工人组装数的分布特征。

表 3-9 某工厂某日工人组装产品分布表

日组装数（个）	人数（人）	比率（%）	日组装数（个）	人数（人）	比率（%）
70～80	6	12	100～110	12	24
80～90	11	22	110～120	3	6
90～100	18	36	合计	50	100

组数确定以后，组距也能确定了；反之，确定了组距，组数也随之而确定。具体工作中，究竟是先确定组数还是先确定组距，没有统一的规则可循。

在连续式组距情况下，计算组距的公式为：

$$组距=上限-下限 \tag{3-1}$$

在离散式组距情况下，计算组距的公式为：

$$组距=本组上限-前组上限 \tag{3-2}$$

在组距次数分布中，各组组距相同的次数分布称为等距次数分布，各组组距不同的次数分布称为异距次数分布。实际分组时，用哪种次数分布取决于现象性质和研究目的。

等距次数分布一般在现象性质差异变动比较均衡的条件下使用。等距次数分布的优点主要有两个方面：一是易于掌握次数分布的特性；二是各组次数可以直接比较。因此，编制组距次数分布时应尽量采用等距分组的办法。表3-9就是等距次数分布。

在等距的情况下，确定组数、组距可参考下面的公式：

$$组数=\frac{全距}{组距} \tag{3-3}$$

$$组距=\frac{全距}{组数} \tag{3-4}$$

在表3-8的资料中，全距为43（115-72），假定组距为10，则组数=43/10=4.3，取整数分为5组。

异距次数分布一般在现象性质差异变动非均衡的条件下使用。它也有两个优点：一是能准确地描述偏态分布；二是能将性质相同的总体个体单位归为一组。

例如，某地区按农民平均收入分组，绝大多数农民的平均收入在1 800元元以下，而少数农民竟达15 000元以上。很明显，不能一律用1 000元为组距，否则将使绝大多数的农民都分布在第一组内，从而使现象之间的性质差异不能反映出来。同时，也不能用50元为组距，因为这样组数太多，还会出现一些空设的组。所以，这种情况就必须采用异距分组。在总体单位密集的地方采用较小组距，而在总体单位稀少的地方采用较大组距。

采用异距次数分布应当注意的是，由于各组组距不同，各组次数直接比较是没有意义的。通常需计算次数密度（次数/组距）。

（三）确定组限和组中值

前已叙述，统计分组要遵循不遗漏、不重复的原则。因此，各组间要有明确的界限。组限就是各组间的数量界限。一般情况下，每组有两个组限——下限和上限。如表3-9中，第一组70~80，70为下限，80为上限。

由于变量有连续变量和离散变量两种，其组限的划分在技术上也有不同的要求。

对于连续变量来说，由于变量的数值是连续不断的，相邻两值之间可取无限数值，因此，相邻组的组限必须重合。如表3-9中，按日组装个数（个）分组，第一组的上限与第二组的下限相同，均为80（个）。按习惯规定，各组包括下限数值，但不包括上限数值，如上例，若日组装数为80个的工人，应归入第二组，而不归入第一组。这种规定在统计中叫作“上限不在内”原则。这样，既保证了各个个体单位不被遗漏，又保证了各个个体单位不被重复。

对于离散变量来说，变量的数值只能取整数，因此，相邻组的组限一般要间断。如表3-10中，“1 200~1 299”一组的上限1 299和“1 300~1 399”一组的下限1 300并不需要重合，只需互相衔接就行了，因为在1 299和1 300间不会出现小数。有时，为了方便起见，可以把相邻组的组限重合，但必须遵循“上限不在内”原则。

表 3-10 按小学人数划分的小学数量分布情况

小学人数（人）	小学数量（所）	小学人数（人）	小学数量（所）
1 200 以下	6	1 400～1 499	8
1 200～1 299	10	1 500 以上	4
1 300～1 399	12	合计	40

组距次数分布掩盖了分布在各组内单位的实际变量值。为了反映分布在各组中个体单位变量值的一般水平，往往用组中值作为各组变量值的代表值。组中值是上限与下限之间的中点数值。其计算公式为：

$$\text{组中值}=\frac{\text{上限}+\text{下限}}{2} \tag{3-5}$$

用组中值来代表组内变量值的一般水平有一个假定的前提：各个个体单位的变量值在本组内呈均匀分布或在组中值两侧呈对称分布。一般情况下完全具备这一前提是不可能的。但在划分各组组限时，应当尽可能满足这一要求，以减少用组中值代表各组变量值一般水平所造成的误差。

根据表 3-9 和表 3-10 计算各组组距和组中值，如表 3-11 和表 3-12 所示。

表 3-11 某企业工人月生产量分布

日组装数（个）	组距	组中值	日组装数（个）	组距	组中值
70～80	10	75	100～110	10	105
80～90	10	85	110～120	10	115
90～100	10	95			

表 3-12 按小学人数分组

小学人数（人）	组距	组中值	小学人数（人）	组距	组中值
1 200 以下	100	1 150	1 400～1 499	100	1 450
1 200～1 299	100	1 250	1 500 以上	100	1 550
1 300～1 399	100	1 350			

在表 3-11 中，各组都有一个下限和上限，形成一个封闭的区间，这样的组叫作“闭口组”。但有时为了避免出现空白组，同时又能使个别变量值离差较大的单位不会无组可归，往往在首末两组使用“××以下”和“××以上”的不确定组限的形式。例如，表 3-12 中第 1 组 1 200 人以下和最末组 1 500 人以上，这样的组叫“开口组”。对“开口组”的组距和组中值的确定，一般是以邻近一组的组距作为开口组的组距，然后再按组中值的公式计算，或者按下面的公式计算：

$$\text{缺下限的开口组组中值}=\text{本组上限}-\frac{\text{邻组组距}}{2} \tag{3-6}$$

$$\text{缺上限的开口组组中值}=\text{本组下限}+\frac{\text{邻组组距}}{2} \tag{3-7}$$

四、次数分布的表示方法

扫描二维码
观看慕课视频

（一）表示法

表示法就是用表格来反映次数分布。表示法的形式有两种：一是次数分布表，二是累积次数分布表。在次数分布表中，次数可用绝对数表示，也可用相对数（比率）表示。

为了某些目的，也需要列出各组的累积次数。例如，我们可能很想知道有多少（或比率）工人的组装产品数低于（或高于）100件。为了回答这一问题，就要编制累积次数分布表。计算累积次数的方法有两种：一种叫向上累积，一种叫向下累积。向上累积是从变量值最小一组的次数起逐项累积，每组累积次数表示小于该组上限值的次数共有多少。向下累积是从变量值最大一组起累积的次数共有多少。

表 3-13 工人日组装数累积次数表

日组装数（个）	次数		向上累积		向下累积	
	人数（人）	比率（%）	人数（人）	比率（%）	人数（人）	比率（%）
70～80	6	12	6	12	50	100
80～90	11	22	17	34	44	88
90～100	18	36	35	70	33	66
100～110	12	24	47	94	15	30
110～120	3	6	50	100	3	6

从表3-13中很容易看出：日组装数在100个以下的工人有35人，占总数的70%；日组装数在100个以上的工人有15人，占总数的30%。

（二）图示法

次数分布不仅可以用表示法显示，而且可以用图示法显示。图示法给人以更清晰直观的印象，容易看出总体分布的特征。图示法就是用图形来表示次数分布。它的种类很多，这里只介绍次数直方图、次数折线图、累积次数分布图、洛伦茨曲线图、饼形图、环形图和雷达图。

1. 次数直方图

在等距分组的条件下，图上横轴表示变量，纵轴（直方形的高度）表示各组次数，其宽度与各组组距相适应，这样绘制的各直方形的面积可以用来表示各组次数的分布状态，称为次数直方图。根据表3-9的资料，利用Excel绘制次数直方图，如图3-4所示。

2. 次数折线图

次数折线图和次数直方图一样，也可以反映总体的次数分布情况。绘制次数折线图时，是以横轴表示变量，变量值用组中值表示；纵轴表示次数，在每组组中值上方按该组的次数描一个点，然后用直线连接起来。根据表3-9的资料，利用Excel绘制次数折线图如图3-5所示。

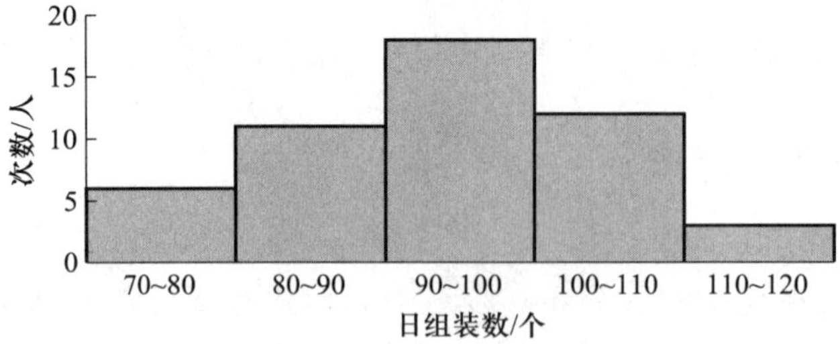

图 3-4 工人日组装数次数直方图

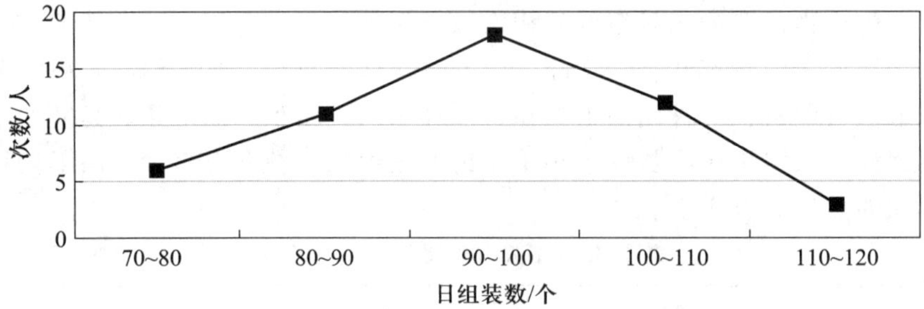

图 3-5 工人日组装数次数折线图

3. 累积次数分布图

这是根据累积次数分布表绘制而成的。向上累积次数曲线以各组上限为横坐标，向下累积次数曲线以各组下限为横坐标，其纵坐标都是累积次数。根据表 3-13 的资料，用 Excel 绘制累积次数分布图如图 3-6 所示。

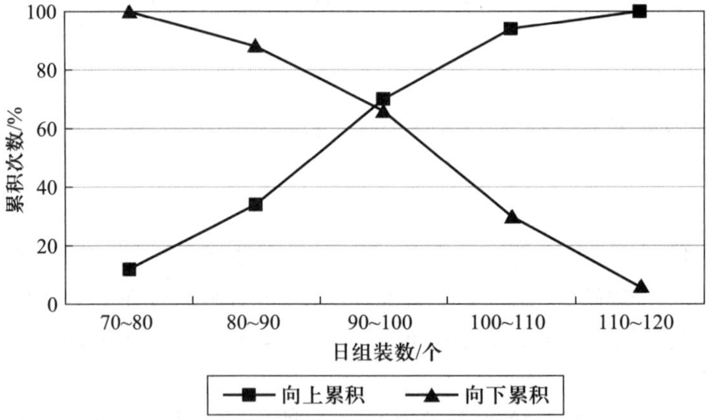

图 3-6 工人日组装数累积次数分布图

4. 洛伦茨曲线图

美国洛伦茨（M. O. Lorenz）博士把累积频数（或频率）分布曲线用于研究社会财富、土地和工资收入的分配是否公平。这种累次曲线图又称为洛伦茨曲线图。绘制方法如下：

（1）将分配对象和接受分配者的数量转化成结构相对数并进行向上累积。

（2）纵轴和横轴均为比例尺度，纵轴自下而上，用以测定分配的对象（如一国的财富、土地或收入等的分配状况），横轴从左向右用以测定接受分配者（如一国人口）。

（3）根据计算所得的分配对象和接受分配者的累积百分数，在图中标出相应的绘示点，连接各点使之平滑，所得曲线即洛伦茨曲线。

例如，某国家某年家庭收入资料如表 3-14 所示，据此绘制洛伦茨曲线。

表 3-14　某国家某年家庭收入所得的分配情况

按收入的水平分组	人口			收入			累积收入的（%）	
	人口数（万）	结构（%）	累计（%）	月收入额（亿美元）	结构（%）	累计（%）	绝对平等	绝对不平等
	（1）	（2）	（3）	（4）	（5）	（6）	（7）	（8）
最低	128.5	12.85	12.85	1.57	5	5	12.85	0
中下等	348.0	34.80	47.65	4.08	13	18	47.65	0
中等	466.9	46.69	94.34	16.33	52	70	94.34	0
较高	45.6	4.56	98.90	7.54	24	94	98.90	0
最高	11.0	1.10	100.00	1.88	6	100	100.00	100
合计	1 000.0	100.00	—	31.40	100.00	—	—	—

先将人口数及其月收入额（第（1）（4）列）转化为结构相对数（第（2）（5）列），再求出其累积的百分比（第（3）（6）列），然后在制好的比率图上依累积百分比标出绘示点，平滑地连接各绘示点即可，如图 3-7 所示。

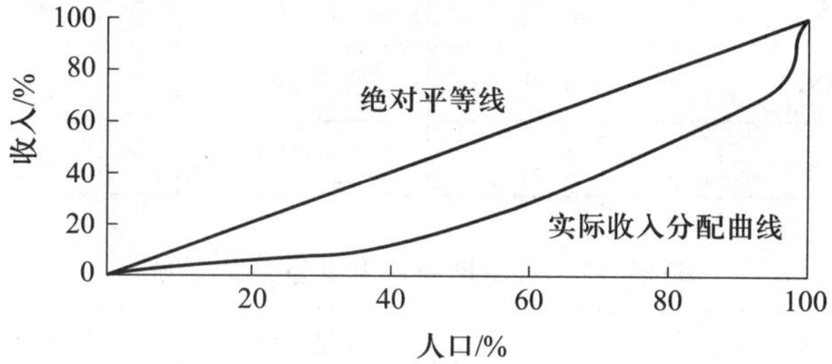

图 3-7　洛伦茨曲线图

图 3-7 中的曲线为实际收入分配曲线，对角线为绝对平等线，横轴与右纵轴构成绝对不平等线。用实际收入分配曲线与绝对平等线所包围的面积对比绝对平等线与横轴围成的面积，计算基尼系数，以它衡量收入分配公平与否。基尼系数值越小，即实际收入分配曲线越靠近绝对平等线，则收入分配越公平；反之，基尼系数值越大，即实际收入分配曲线越靠近绝对不平等曲线，则收入分配越不公平。

5. 饼形图

饼形图是把总体分为各个组成部分，各组成部分占全体的百分数用圆内各个扇形的中心角度占 360°的相应百分数来表示。饼形图不应进行过多的细分，扇形的标志必须清楚。饼形图多用于表明现象的结构。根据表 3-2 绘制的饼形图如图 3-8 所示。

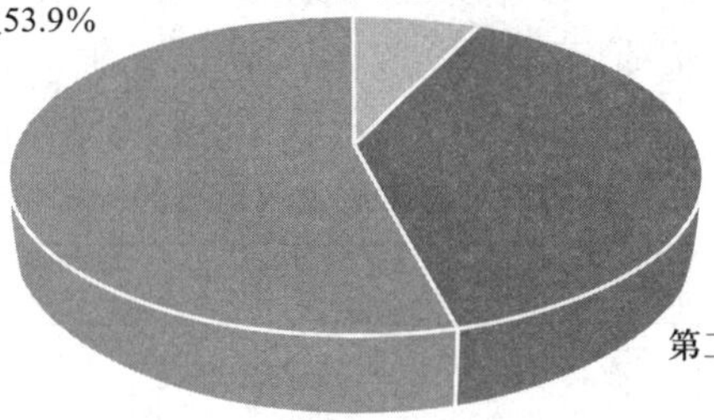

图 3-8 2019 年我国的产业构成

6. 环形图

环形图与饼形图类似，但又有区别。环形图中间有一个“空洞”，总体中的每一个数据用环中的一段表示。饼形图只能显示一个总体各部分所占的比例，而环形图则可以同时绘制多个总体的数据系列，每一个总体的数据系列为一个环。因此，环形图可显示各部分所占的相应比例，从而有利于比例研究。

在一项有关商场满意度问题的研究中，研究人员在甲、乙两个商场各抽样调查 400 位消费者，其中的一个问题是：

“您对本商场消费情况是否满意?”

(a) 非常不满意 (b) 不满意 (c) 一般 (d) 满意 (e) 非常满意

调查结果经整理如表 3-15 和表 3-16 所示。

表 3-15 甲商场消费者满意度的评价

回答类别	消费者数（人）	百分比（%）	回答类别	消费者数（人）	百分比（%）
非常不满意	35	8.75	满意	69	17.25
不满意	100	25.00	非常满意	46	11.50
一般	150	37.50	合计	400	100.00

表 3-16 乙商场消费者满意度的评价

回答类别	消费者数（人）	百分比（%）	回答类别	消费者数（人）	百分比（%）
非常不满意	32	8.00	满意	76	19.00
不满意	96	24.00	非常满意	54	13.50
一般	142	35.50	合计	400	100.00

图 3-9 中，外边的环表示的是乙商场消费者满意度评价各等级所占的百分比，里面的环则为甲商场消费者满意度评价各等级所占的百分比。

7. 雷达图

雷达图是显示多个变量的常用图示方法。设有 n 组样本 S_1，S_2，…，S_n，每个样本测得 P 个变量 X_1，X_2，…，X_P。要绘制这 P 个变量的雷达图，其具体做法是：先做一个圆，然后将圆 P 等分，得到 P 个点，令这 P 个点分别对应 P 个变量，再将这 P 个点与圆心连线，得到 P

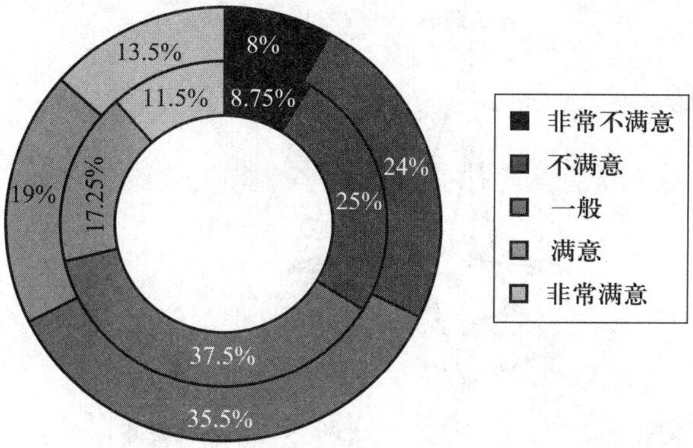

图 3-9　甲、乙两商场消费者满意度的评价

个辐射状的半径，这 P 个半径分别作为 P 个变量的坐标轴，每个变量值的大小由半径上的点到圆心的距离表示，再做同一样本的值在 P 个坐标上的点连线。这样，n 个样本形成的 n 个多边形就是一个雷达图。

雷达图在显示或对比各变量的数值总和时十分有用。假定各变量的取值具有相同的正负号，则总的绝对值与图形所围成的区域成正比。此外，利用雷达图也可以研究多个样本之间的相似程度。例如，2019 年某地城乡居民家庭平均每人各项生活消费支出数据如表 3-17 所示，试绘制雷达图。

表 3-17　2019 年某地城乡居民家庭人均生活消费支出　　单位：元

类别	城镇居民	农村居民
食品烟酒	5 841.36	3 224.52
衣着	1 979.22	694.49
居住	4 571.20	1 833.74
生活用品及服务	1 358.35	438.09
交通通信	3 174.89	1 700.72
教育文化娱乐	3 147.66	1 551.66
医疗保健	2 525.25	1 736.94
其他用品和服务	796.34	276.43
合计	23 394.27	11 456.59

根据以上数据绘制的雷达图如图 3-10 所示。从图 3-10 中可以很清楚地看到，城乡居民家庭的消费具有很大的相似性，即食品烟酒支出比重最大，其他用品和服务最小。而且，城市的消费水平普遍高于农村。

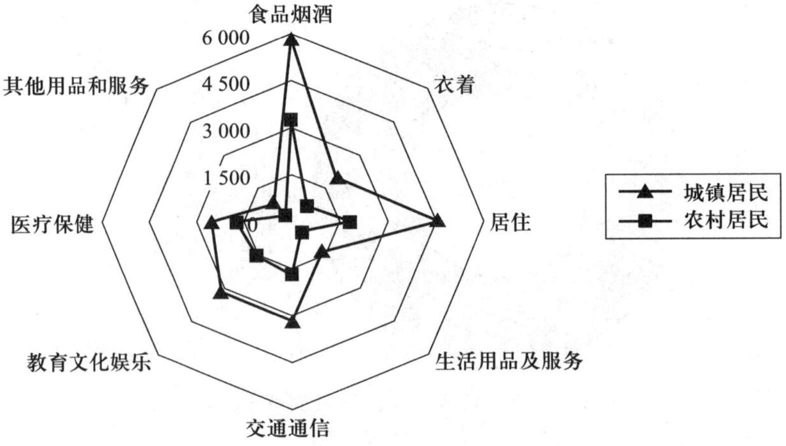

图 3-10　2019 年某地城乡居民家庭人均生活消费支出

【知识拓展 3-3】

恩格尔系数是根据恩格尔定律而得出的比例数。19 世纪中期，德国统计学家和经济学家恩格尔对比利时不同收入家庭的消费情况进行了调查，研究了收入增加对消费需求支出构成的影响，提出了带有规律性的原理，被命名为恩格尔定律。其主要内容是指一个家庭或个人收入越少，用于购买生存性的食物的支出在家庭或个人收入中所占的比重就越大。对一个国家而言，一个国家越穷，每个国民的平均支出中用来购买食物的费用所占比例就越大。恩格尔系数则由食物支出金额在总支出金额中所占的比重来最后决定。恩格尔系数达 59% 以上为贫困，50%～59% 为温饱，40%～50% 为小康，30%～40% 为富裕，低于 30% 为最富裕。

依照联合国粮农组织划分的恩格尔水平阶段，我国 2000—2019 年居民经济水平所处阶段表现为（如图 3-11 所示）：城镇居民生活水平于 2015 年从富裕步入最富裕阶段，未来或将长时间处于最富裕阶段。而农村生活水平前期发展相对平稳，2012 年才由小康转向富裕阶段，后续恩格尔系数下降较快，富裕阶段过渡不长，于 2019 年跨入最富裕阶段（<30%），城乡发展存在一定的异质性与不同步性。除去其他影响因素，以城乡恩格尔系数作为评价指标，农村

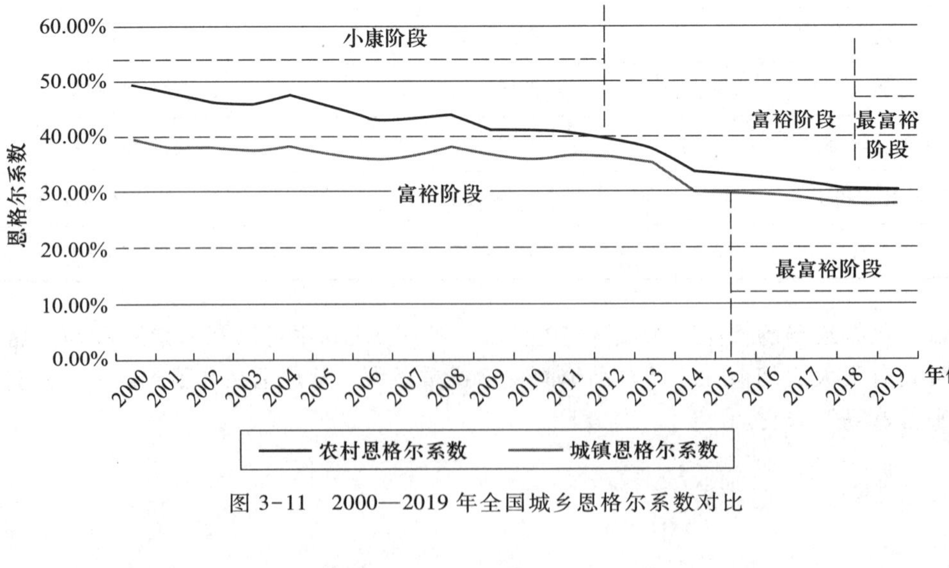

图 3-11　2000—2019 年全国城乡恩格尔系数对比

生活水平正快速提高，其原因或益于近年来脱贫攻坚和乡村振兴政策。进入小康阶段后，居民生活水平衡量因素较多，若仅凭恩格尔系数单一指标评价居民生活水平，其合理性有待商榷。

资料来源：宋娟，王昕，杜佳容，邓皓玉. 旅游恩格尔系数与城乡居民旅游消费关系研究——以 2.0 版旅游恩格尔系数为例［J］. 武汉商学院，2021，35（03）：5-9.

五、次数分布的主要类型

在日常工作和经济管理中，不同的现象有不同的分布次数。常见的次数分布主要有以下三种：钟形分布、U 形分布和 J 形分布。

（一）钟形分布

钟形分布的特征是“两头小，中间大”，即靠近中间的变量值分布的次数多，靠近两端的变量值分布的次数少，绘成曲线图，宛如一口古钟，如图 3-12 所示。

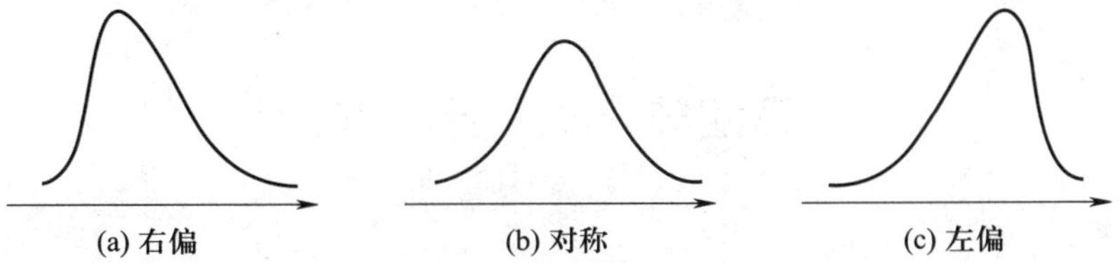

图 3-12 钟形分布

钟形分布的种类很多，其中具有重要意义的是正态分布。正态分布的特征是：中间变量值分布的次数最多，两侧变量值分布的次数则随着与中间变量值距离的增大而逐渐减少，因而形成中间隆起、左右两尾对称徐徐下降的完全对称分布，如图 3-12（b）所示。在实际观测资料中，许多现象总体的分布正是趋近于正态分布。例如，农作物平均产量的分布、零件尺寸随机误差的分布、人体身高的分布、商品市场价格的分布等。

在非对称分布中，有着不同方向的偏态。若拖长的“尾巴”在右方，为右偏，如图 3-12（a）所示。若拖长的“尾巴”在左方，为左偏，如图 3-12（c）所示。

（二）U 形分布

U 形分布的特征与钟形分布正相反，靠近中间的变量值分布次数少，靠近两端的变量值分布次数多，形成“中间小，两头大”的分布。绘成曲线图类似字母 U，如图 3-13 所示。有些现象总体的分布表现为 U 形分布，如死亡人口总体按年龄分组的分布。

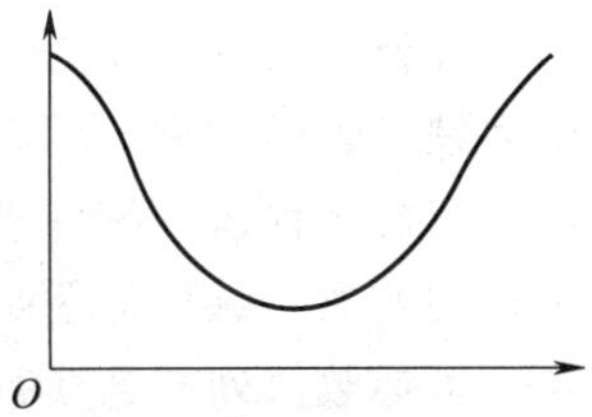

图 3-13 U 形分布

（三）J 形分布

J 形分布有两种类型：正 J 形分布和反 J 形分布。正 J 形分布是次数随着变量值的增大而按某种规律增多；反 J 形分布是次数随着变量值的增大而按某种规律减小。例如，投资额按利润大小的次数分布，一般呈正 J 形分布，如图 3-14（a）所示；而人口总体按年龄大小的次数分布，一般呈反 J 形分布，如图 3-14（b）所示。

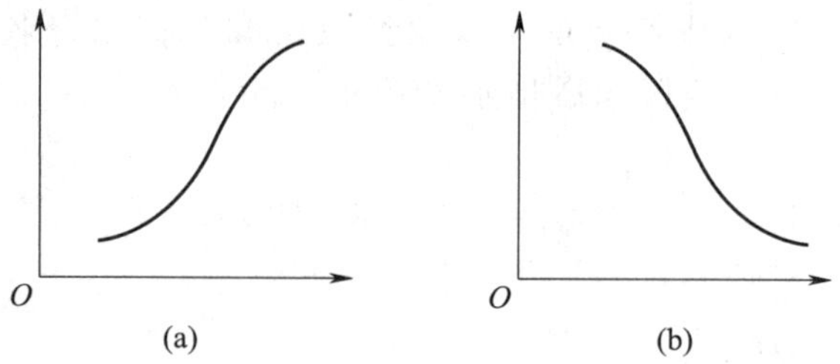

图 3-14 J形分布

次数分布的类型主要取决于现象本身的性质。通过统计分组整理进而编制的次数分布虽然因统计总体所处的客观条件不同而有不同的数量表现，但次数分布的形态还应符合现象的分布特征。如不相符，或说明现象总体发生了异常的变化，或统计分组整理已违背了现象的内在规律，应加以检查纠正。

第四节 统 计 表

统计数据整理的结果可以用不同的形式表现。统计表是应用最广泛的形式。

统计表是以横纵交叉的线条所绘制的表格来表现统计资料的一种形式。广义的统计表包括统计工作各个阶段中所用的一切表格。本节将侧重对表现统计数据整理结果的统计表进行讨论。

扫描二维码
观看慕课视频

统计表是表现统计数据最常用的形式。它的主要优点包括两个方面：一是能有条理、有系统地排列统计数据，使人在阅读时一目了然；二是能合理、科学地组织统计数据，使人在阅读时便于对照比较。

一、统计表的构成

（一）统计表的形式构成

统计表是由总标题、横行标题、纵栏标题、指标数值四部分所构成的，如表 3-18 所示。总标题是表的名称，用以概括统计表中全部统计数据的内容，一般写在表上端中部。横行标题是横行的名称，在统计表中通常用来表示各组的名称，它代表统计表所要说明的对象，一般写在表的左方。纵栏标题是纵栏名称，在统计表中通常用来表示统计指标的名称，一般写在表上方。指标数值列在各横行标题与各纵栏标题的交叉处。统计表中任何一个数字的内容由横行标题和纵栏标题所限定。

总标题 → 表3-18 2018年全国各类工业企业数总计

企业控股情况分组	法人单位数(万个)	从业人员数(万人)
(甲)	(1)	(2)
国有控股企业	24.17	3 763.45
集体控股企业	16.52	668.59
私人控股企业	1 737.93	21 732.17
港澳台商控股企业	11.20	1 185.52
外商控股企业	8.03	1 070.81
其他企业	59.01	1 407.08
合计	1 856.86	29 827.62

纵栏标题 ← ；横行标题 → ；指标数值 ←

此外，有些统计表在表下还增列补充数据、注解、附记、资料来源、某些指标的计算方法、填表单位、填表人员以及填表日期等。

（二）统计表的内容构成

统计表的内容可以分为两个组成部分：一部分是统计表所要说明的总体，它可以是各个个体单位的名称、总体的各个组，或是个体单位的全部，这一部分习惯上称为主词或主体栏；另一部分则是说明总体的统计指标，包括指标名称和指标数值，这一部分习惯上称为宾词或叙述栏。

表 3-19 说明的总体是全国各类工业企业，第 1 列控股情况分为六个组，并列有合计，这一部分就是主词。法人单位数、从业人员数是指标名称，和下边的指标数值一起称为宾词。

表 3-19 2018 年全国各类工业企业数总计

企业控股情况分组	法人单位数（万个）	从业人员数（万人）
（甲）	（1）	（2）
国有控股企业	24. 17	3 763. 45
集体控股企业	16. 52	668. 59
私人控股企业	1 737. 93	21 732. 17
港澳台商控股企业	11. 20	1 185. 52
外商控股企业	8. 03	1 070. 81
其他企业	59. 01	1 407. 08
合计	1 856. 86	29 827. 62

（主词） （宾词）

通常，表的主词列在横行标题的位置，宾词中指标名称列在纵栏标题的位置，但有时为了编排合理和阅读方便，也可以互换位置。

二、统计表的设计

统计表的设计必须遵循科学、实用、简练、美观的原则。

（一）统计表形式的设计

1. 线条的绘制

统计表都应设计成由纵横线条交叉组成的长方形表格，长宽之间应保持适当的比例。过于细长、过于粗短或长宽基本相等的方形均不符合美观原则，应尽量避免。

统计表上、下两端的端线应以粗线或双线绘制，表中其他线条一般应以细线绘制。但某些必须用明显线条分隔的部分，也应以粗线或双线绘制。统计表左、右两端习惯上均不画线，采用不封闭的“开口”表式。

统计表各横行如需合计时，一般应将合计列在最后一行，并在合计行上画一细线。统计表各纵行如需合计时，一般应将合计列在最前一栏。

2. 栏号的书写

统计表纵栏较多时，为便于阅读，可编栏号。习惯上对非填写统计资料的各栏分别以（甲）（乙）（丙）（丁）……的次序编栏，对填写统计数据的各栏分别以（1）（2）（3）（4）……的次序编栏，如表 3-19 所示。各栏统计数字间有一定计算关系的，也可用数字符号表示。个别横行较多的统计表也同样可以编行号。

（二）统计表内容的设计

1. 标题的书写

统计表的总标题应当用简洁而又准确的文字来表述统计数据的内容以及数据所属的空间和时间范围。

将复合分组列在横行标题时，应在第一次分组的各组组别下后退一、二字填写第二次分组的组别。此时，第一次分组的组别就成为第二次分组的各组小计。若需进行第三次、第四次分组，均可按此类推，但总体合计仍应列在最后一行。当将复合分组列在纵栏标题时，应先按第一次分组的组别分别列出各大栏，再按第二次分组的组别分别将各大栏分列为各小栏，并在各小栏前添列一个小计栏。若需进行第三次、第四次分组，均可按此类推。当然，总体合计仍应列在最前一栏。

复合分组的第二次以后的分组如没有必要列出所有组别，应在所列出的组别前注明“其中”字样，以表示只列了部分组别。

2. 主词与宾词的位置

统计表各主词之间或宾词之间的次序，应当根据诸如时间的先后、数量的大小、空间的位置等自然顺序合理编排。某些项目间存在着一定的客观联系，如先有计划数，然后有实际数，最后才有计划完成数；上期节余加本期收入减本期支出得本期节余数等，则应根据事物运动的客观规律合理编排。

3. 指标数值的书写

数字应填写整齐，数位对准。当数字为 0 时要写出来，如不应有数字时，要用符号表示出来，当缺某项数字或因数小可略而不计时，用符号“—”表示；当某项数据应免填时，用符号“×”表示，统计表数字部分不应留下空白；当某数恰与左、右、上、下相同时，仍应填写该数，不得用“同左”等字样表示。

对于某些需要特殊说明的统计数据，应在统计表的下方加注说明。

4. 计量单位的书写

统计表中的指标数值，如果有计量单位，应按如下方法表示：

当表列指标数值都以同一单位计量时，应将计量单位标写在统计表的右上角；当同一栏指标数值以同一单位计量，而各栏的计量单位不同时，则应将计量单位标写在各纵栏标题的下方或右方；当同行统计数据以同一单位计量，而各行的计量单位不同时，则可以在横行标题后添列一计量单位栏，用以标写各行的计量单位。

第五节 课 程 实 验

一、Excel 软件在数据整理中的应用

扫描二维码
观看慕课视频

（一）用 Excel 绘制次数分布表

【例 3-1】 对某工厂某日 50 名工人组装产品情况展开调查，样本资料如表 3-20所示，编制次数分布数列（组距为 10，进行等距分组）。

表 3-20 某工厂日组装数数据

88	99	89	94	107	95	98	72	104	94	101	106	102
79	112	103	115	78	81	99	89	100	91	95	108	81
85	73	105	95	91	91	93	97	110	101	86	75	106
82	93	93	98	83	83	102	88	77	93	98	—	—

Excel 操作步骤如下：

1. 输入数据

数据输入如图 3-15 所示。

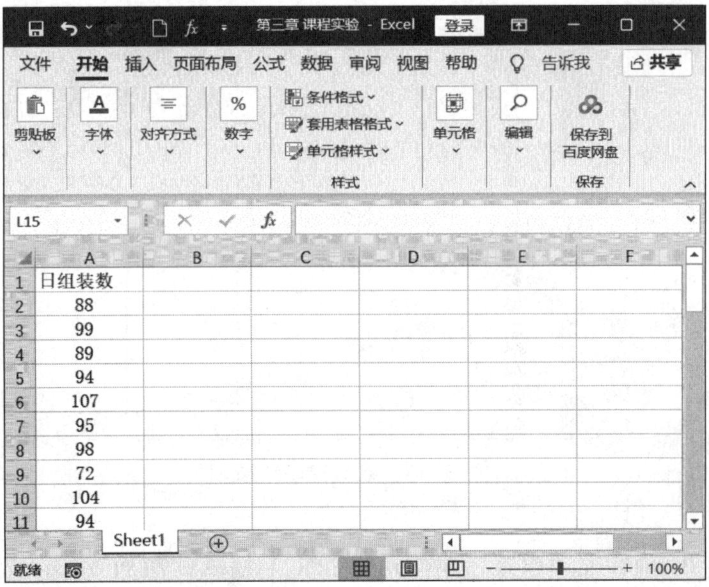

图 3-15 数据工作表

2. 数据排序

利用鼠标选定单元格区域 A2：A51，在主菜单中选择“数据”中的“排序”选项，如图 3-16 所示；点击“排序”选项，然后在弹出的“主要关键字”下方框中输入（或选择）“日组装数”，其他选项如图 3-17 所示；然后单击“确定”按钮，即可得到排序结果，如图 3-18 所示。

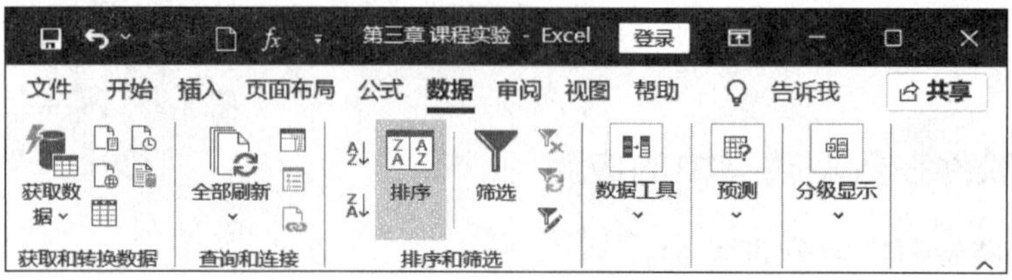

图 3-16　数据排序位置

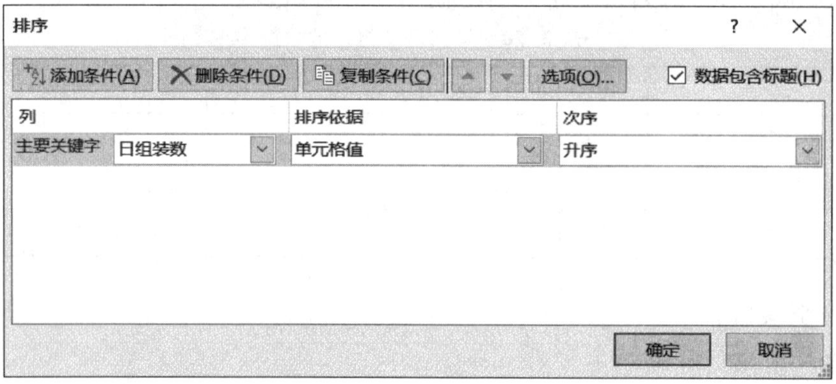

图 3-17　数据排序对话框

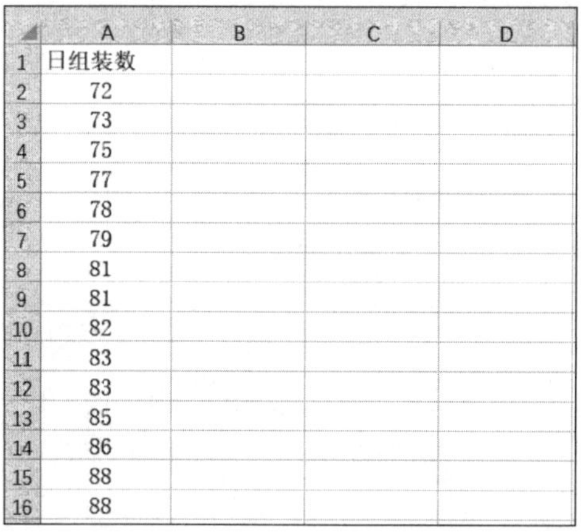

	A	B	C	D
1	日组装数			
2	72			
3	73			
4	75			
5	77			
6	78			
7	79			
8	81			
9	81			
10	82			
11	83			
12	83			
13	85			
14	86			
15	88			
16	88			

图 3-18　数据排序结果

3. 数据分组

（1）在单元格 B1 中输入“组限”，在单元格 C1 中输入“频数”。在 B2：B6 区域中依次输入 80、90、100、110、120，它们分别表示 70~80、80~90、90~100、100~110、110~120。

（2）选定 C2：C6 区域，在“公式”菜单中单击“插入函数”选项，如图 3-19 所示；打开“插入函数”对话框，如图 3-20 所示；在“选择类别”列表中选择“统计”，在“选择函数”列表中选择“FREQUENCY”，单击“确定”按钮，弹出一个对话框，如图 3-21 所示。

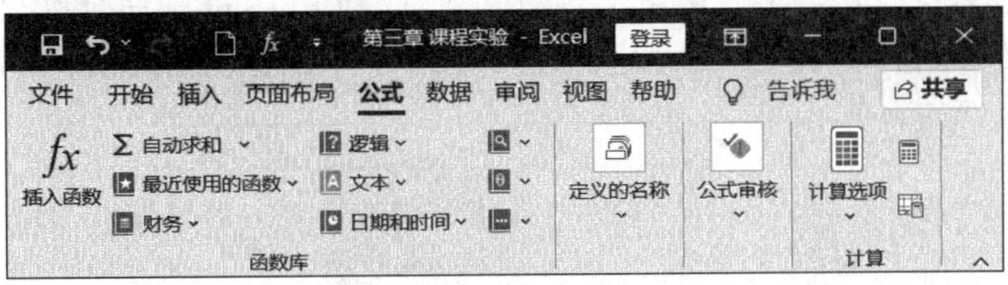

图 3-19　数据分组位置

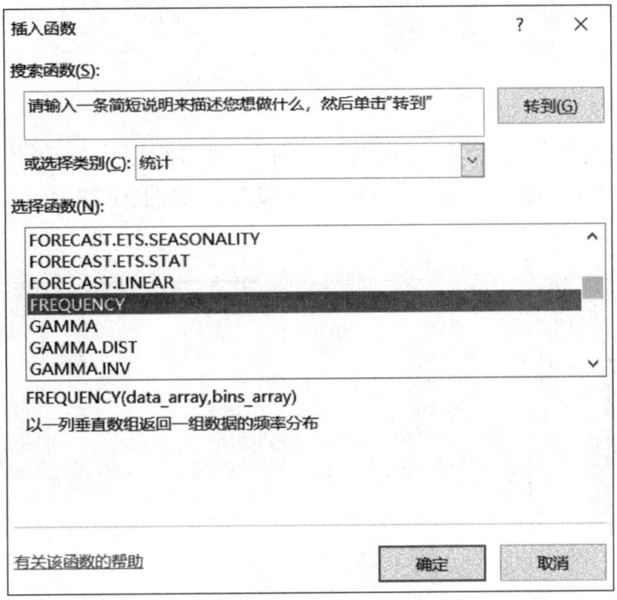

图 3-20　插入函数对话框

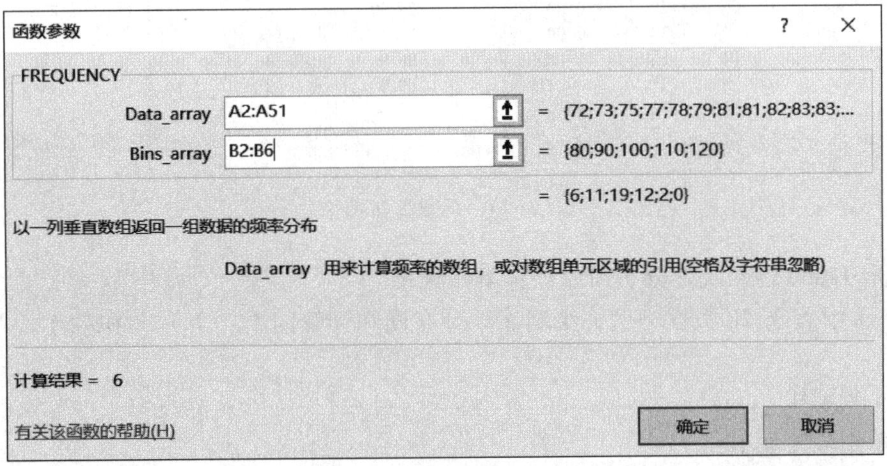

图 3-21　频数分布对话框

（3）在数据区域“Data_ array”中输入 A2：A51，在数据接受区间“Bins_ array”中输入 B2：B6，在对话框中可以看到其相应的频数是 6、11、19、12、2、0；由于频数分布是数组操作，所以此处不能直接单击“确定”按钮，而应按 Ctrl+Shift，同时按“回车”键，得到频数分布结果如图 3-22 所示。

	A	B	C	D
1	日组装数	组限	频数	
2	72	80	6	
3	73	90	11	
4	75	100	19	
5	77	110	12	
6	78	120	2	
7	79			
8	81			

图 3-22 频数分布结果

注意：为符合统计分组的“上限不在内”原则，此时组限应选 79.9、89.9 等，即 79.9 是 70~80 这一组的上限，89.9 是 80~90 这一组的上限等，如图 3-23 所示，这样得到的结果如图 3-24 所示。

	A	B	C	D	E
1	日组装数	组别	组限	频数	
2	72	70-80	79.9		
3	73	80-90	89.9		
4	75	90-100	99.9		
5	77	100-110	109.9		
6	78	110-120	119.9		
7	79				
8	81				

图 3-23 分组限的确定

	A	B	C	D	E
1	日组装数	组别	组限	频数	
2	72	70-80	79.9	6	
3	73	80-90	89.9	11	
4	75	90-100	99.9	18	
5	77	100-110	109.9	12	
6	78	110-120	119.9	3	
7	79				
8	81				

图 3-24 频数分布结果

（二）用 Excel 绘制次数分布图和计算累积频率

以例 3-1 中表 3-20 数据为例，绘制次数分布图和计算向上（下）累积频率，并绘制累积分布图。

1. 绘制直方图

Excel 操作步骤如下：

（1）在主菜单中选择“数据”中的“数据分析”选项，如图 3-25 所示；弹出一个“数据分析”对话框，如图 3-26 所示。

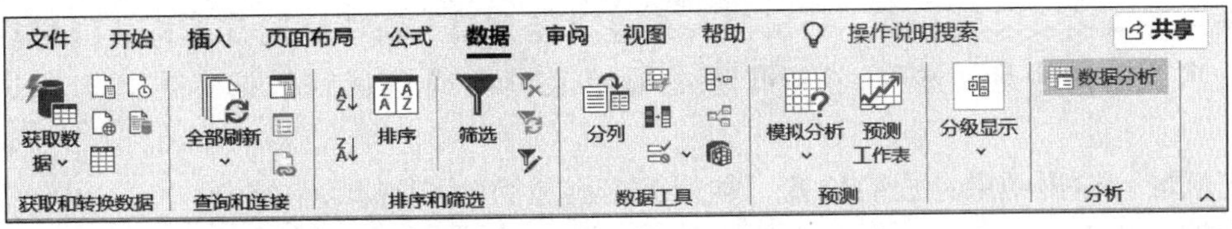

图 3-25　“数据分析”位置

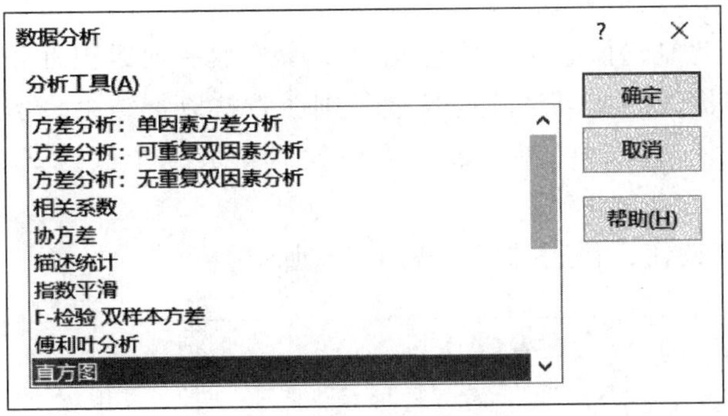

图 3-26　“直方图”位置

（2）在“数据分析”对话框中选择“直方图”，然后单击“确定”按钮，得到一个“直方图”对话框，如图 3-27 所示。

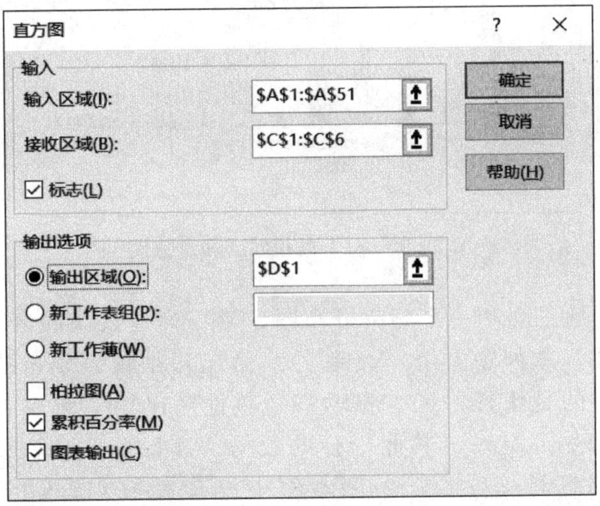

图 3-27　“直方图”对话框

主要选项的含义如下：

输入区域：在此输入待分析数据区域的单元格范围。本例输入区域为“$A$1：$A$51”。

接收区域（可选）：在此输入接收区域的单元格范围，该区域应包含一组可选的用来计算频数的边界值。这些值应当按升序排列。只要存在的话，Excel 将统计在当前边界点和相邻的高值边界点之间的数据点个数。如果某个数值等于或小于某个边界值，则该值将被归到以该边界值为上限的区间中（注意：与统计分组“上限不在内”原则有所区别）。如果省略此处的接收区域，Excel 将在数据组的最小值和最大值之间创建一组平滑分布的接收区间。本例接收区域为“$C$1：$C$6”。

标志：如果输入区域的第一行或第一列包含标志项，则选中此复选框；如果输入区域没有标志项，则清除此复选框，Excel 将在输出表中生成适宜的数据标志。本例选中此复选框。

输出区域：输出结果存放的位置，本例输出区域为“$D$1”。

柏拉图：选中此复选框，可以在输出表中同时显示按降序排列的频率数据。如果此复选框被清除，Excel 将只按升序来排列数据。

累积百分率：选中此复选框，可以在输出结果中添加一列累积百分率数值，并同时在直方图表中添加累积百分率折线。如果清除此选项，则会省略以上结果。本例选中此复选框。

图表输出：选中此复选框，可以在输出表中同时生成一个嵌入式直方图。本例选中此复选框。

（3）单击“确定”按钮，得到结果如图 3-28 所示。

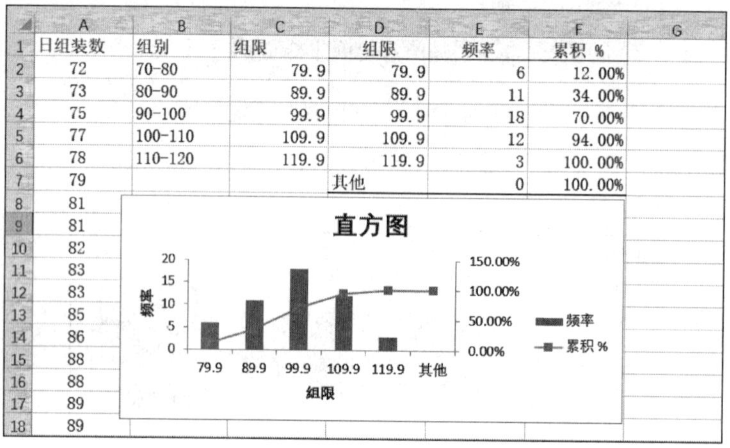

	A	B	C	D	E	F	G
1	日组装数	组别	组限	组限	频率	累积 %	
2	72	70-80	79.9	79.9	6	12.00%	
3	73	80-90	89.9	89.9	11	34.00%	
4	75	90-100	99.9	99.9	18	70.00%	
5	77	100-110	109.9	109.9	12	94.00%	
6	78	110-120	119.9	119.9	3	100.00%	
7	79			其他	0	100.00%	
8	81						
9	81						
10	82						
11	83						
12	83						
13	85						
14	86						
15	88						
16	88						
17	89						
18	89						

图 3-28　向上累积频率和直方图

完整的结果通常包括三列和一个频率分布图，第一列是数值的区间范围即“组限”，第二列是数值分布的频数（软件输出用“频率”），第三列是频数分布的累积百分率。在输出的结果中，“频率”指的是统计中的“频数”（软件输出用“频率”），“累积%”指的是“向上累积频率”。结果中还有一“其他”行的数据，该行是日组装数大于 119.9 的频数与累积频率（位于单元格区域 E7：F7），因本例中没有大于 119.9 的数据，所以可将该行删除。

（4）为了得到直方图还需进行如下操作：选择图 3-29 中某个柱，单击鼠标右键，在弹出的菜单中，选择“设置数据系列格式”选项，弹出“设置数据系列格式”对话框，如图 3-30 所示。

选择“系列选项”页面，将间隙宽度从 150% 改为 0%，单击“确定”按钮，得直方图，如图 3-31 所示。

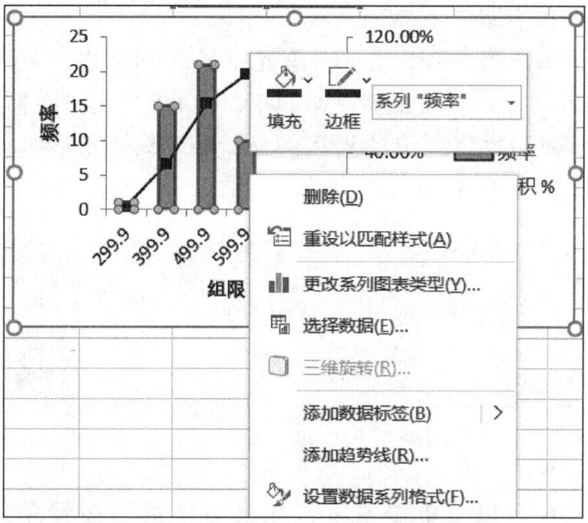

图 3-29　选择“设置数据系列格式”

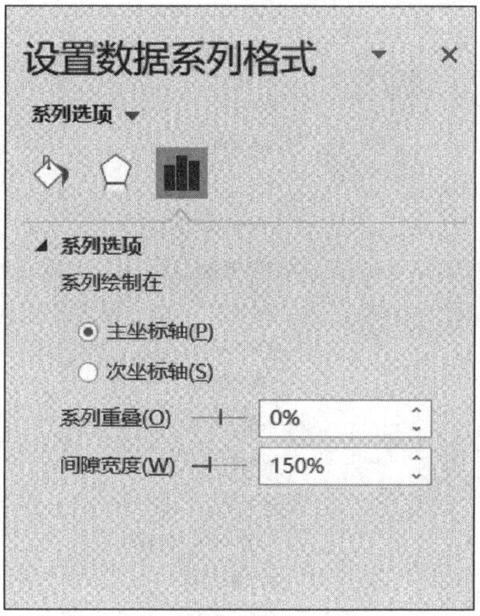

图 3-30　“设置数据系列格式”对话框

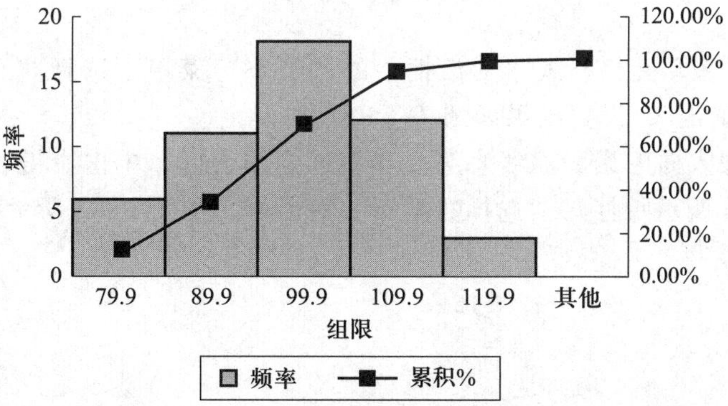

图 3-31　向上累积频率和直方图

2. 计算向下累积频率和绘制向下累积曲线

（1）计算向下累积频率。第一步，在 G1 单元格输入列标志“向下累积”。在 G6 单元格输入“=E6/SUM(E2：E6)”，计算出最后一组频率，在 G5 单元格中输入“=E5/SUM($E$2：$E$6)+G6”得最后一组和倒数第二组的累积频率，将 G5 单元格的公式复制到 G2：G4，计算向下累积这一列，结果如图 3-32 所示。

	A	B	C	D	E	F	G
1	日组装数	组别	组限	组限	频率	累积 %	向下累积
2	72	70-80	79.9	79.9	6	12.00%	1
3	73	80-90	89.9	89.9	11	34.00%	0.88
4	75	90-100	99.9	99.9	18	70.00%	0.66
5	77	100-110	109.9	109.9	12	94.00%	0.3
6	78	110-120	119.9	119.9	3	100.00%	0.06

图 3-32 向下累积频率

第二步，选定 G2：G6 区域，单击右键，在菜单中选“设置单元格格式”，如图 3-33 所示。

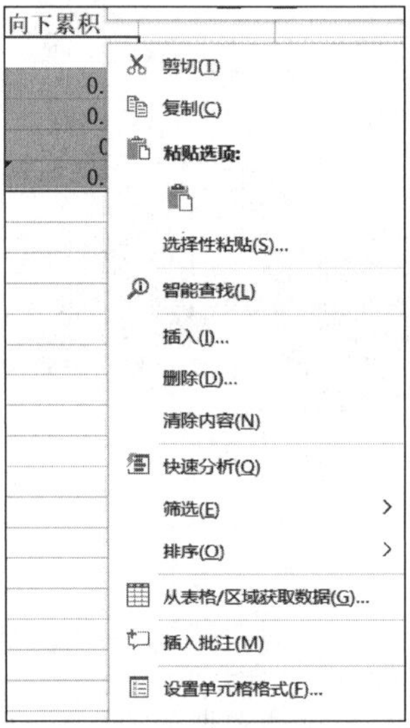

图 3-33 “设置单元格格式”位置

第三步，在“设置单元格格式”对话框中的“数字”菜单下选择“百分比”选项，如图 3-34 所示；单击“确定”，设置结果如图 3-35 所示。

（2）在图表中加入向下累积曲线。第一步，选定图表区，单击右键，在菜单上选择“选择数据”，如图 3-36 所示；打开“选择数据源”对话框，如图 3-37 所示。

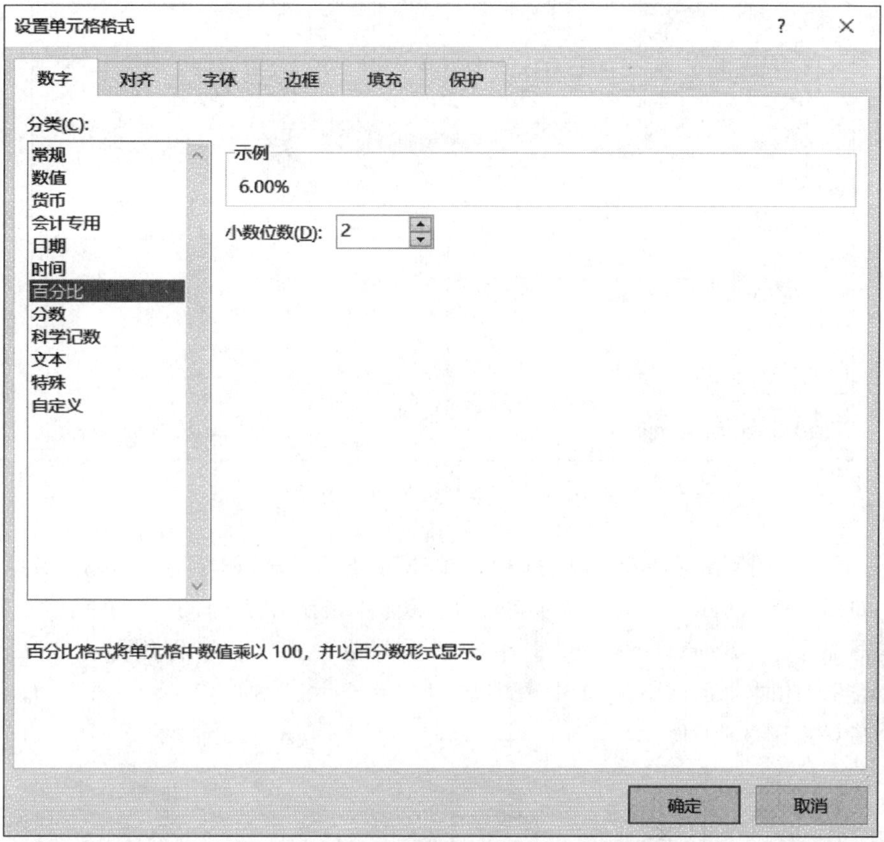

图 3-34 “设置单元格格式”对话框

	A	B	C	D	E	F	G
1	日组装数	组别	组限	组限	频率	累积 %	向下累积
2	72	70-80	79.9	79.9	6	12.00%	100.00%
3	73	80-90	89.9	89.9	11	34.00%	88.00%
4	75	90-100	99.9	99.9	18	70.00%	66.00%
5	77	100-110	109.9	109.9	12	94.00%	30.00%
6	78	110-120	119.9	119.9	3	100.00%	6.00%

图 3-35 加入“%”结果

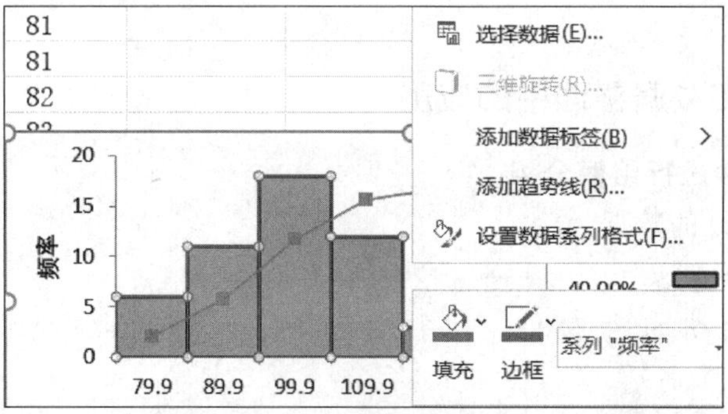

图 3-36 “选择数据”位置

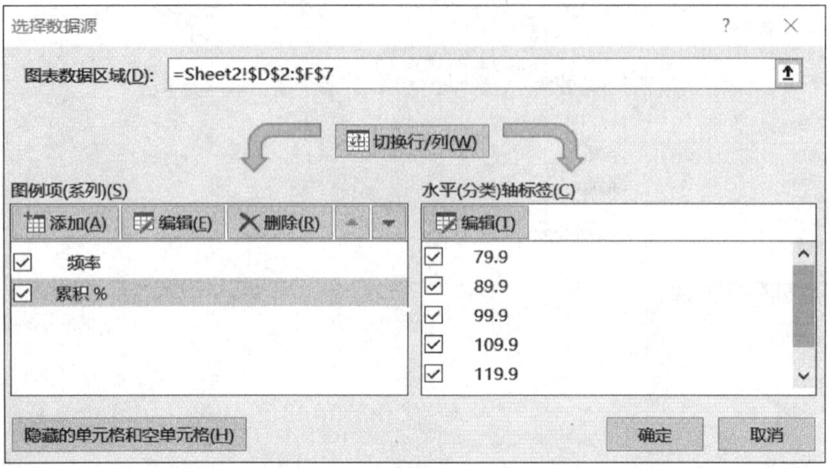

图 3-37 “选择数据源”对话框

第二步，在“选择数据源”对话框中，单击左下方“图例项（系列）(S)”下方框里“累积%”，如图 3-37 所示，点击编辑选项，用鼠标单击工作表中的 G1 单元格，此时“系列名称”文本框显示“=Sheet1！$G$1”；单击“系列值”文本框，再用鼠标在工作表上选定 G2：G6 单元格，此时“系列值”文本框中显示“=Sheet1！$G$2：$G$6”，最后单击“确定”按钮，结果如图 3-38 所示。

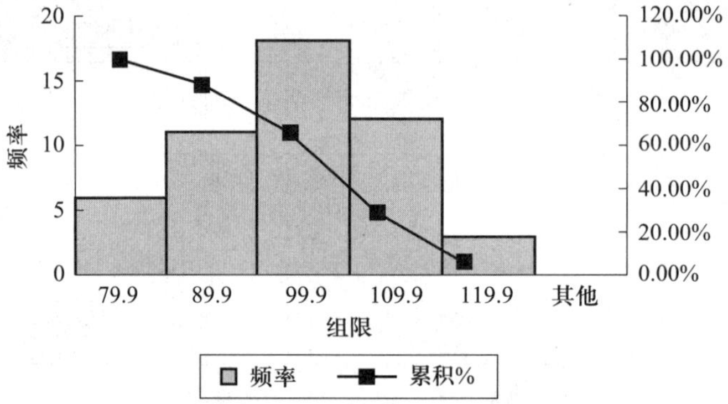

图 3-38 加入向下累积曲线结果

二、SPSS 软件在数据整理中的应用

（一）用 SPSS 软件进行组距分组

以例 3-1 中表 3-20 的数据为例。

SPSS 操作步骤如下：

（1）定义变量。启动 SPSS 软件，在主要窗口左下方单击“变量视图”定义变量，如图 3-39 所示。

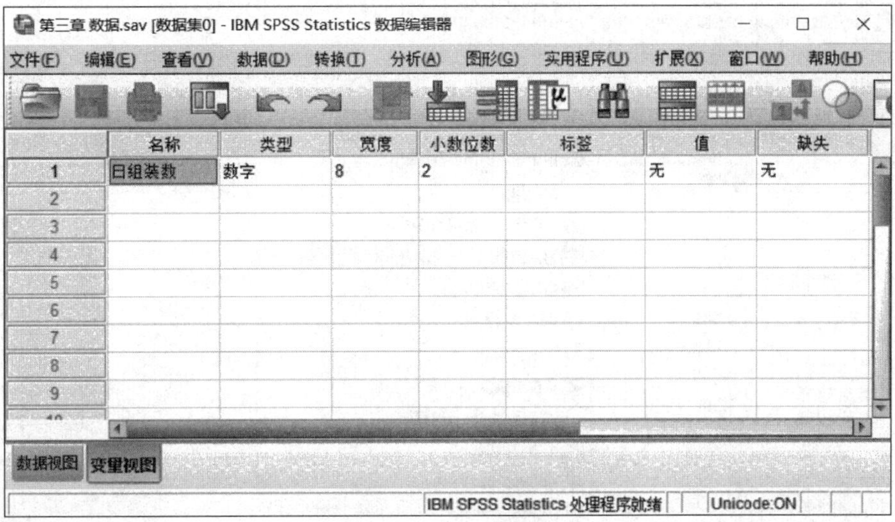

图 3-39　定义变量窗口

（2）输入数据。单击主要窗口左下方的“数据视图”，输入变量值，如图 3-40 所示。

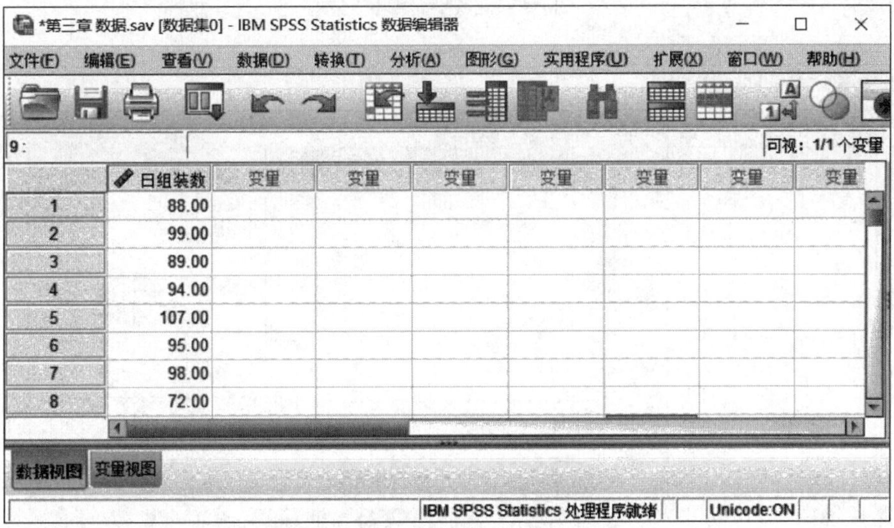

图 3-40　数据输入窗口

（3）SPSS 对分组结果有两种存放策略：一种是用分组变量值覆盖原变量（重新编码为相同的变量），另一种是将分组结果存到一个新变量中（重新编码为不同变量），相应的操作也有差异。通常采用第二种策略。从主菜单的“转换”开始，点击“重新编码为不同变量”，如图 3-41 所示，弹出一个对话框，如图 3-42 所示。

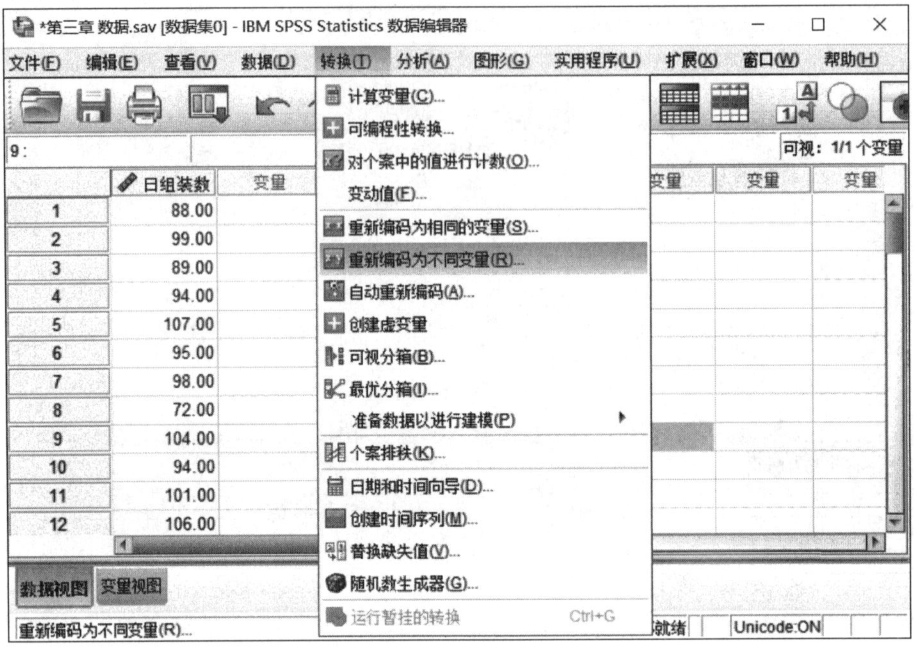

图 3-41 组距分组位置

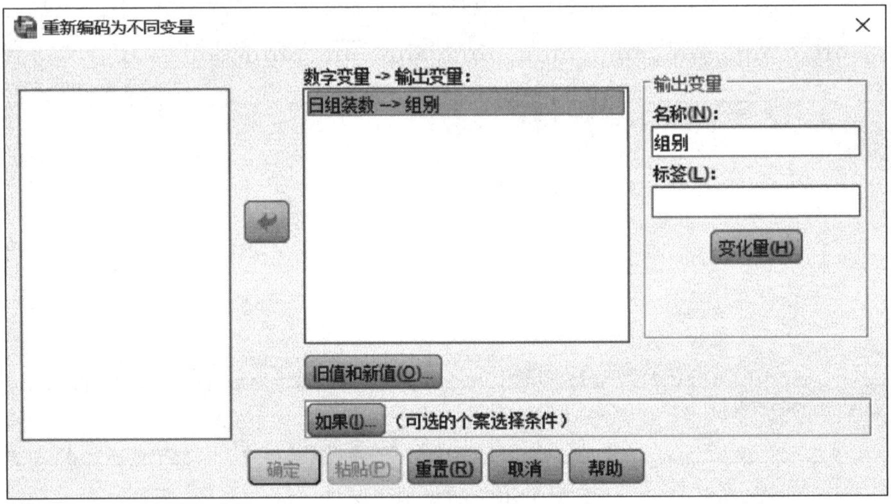

图 3-42 组距分组对话框

（4）将左侧要分组变量选到“数字变量→输出变量”框中，在“输出变量”下的“名称”里输入存放分组结果的变量名，本例变量名设为“组别”，并单击“变化量”；单击“旧值和新值”按钮进行分组区间定义，如图 3-43 所示。

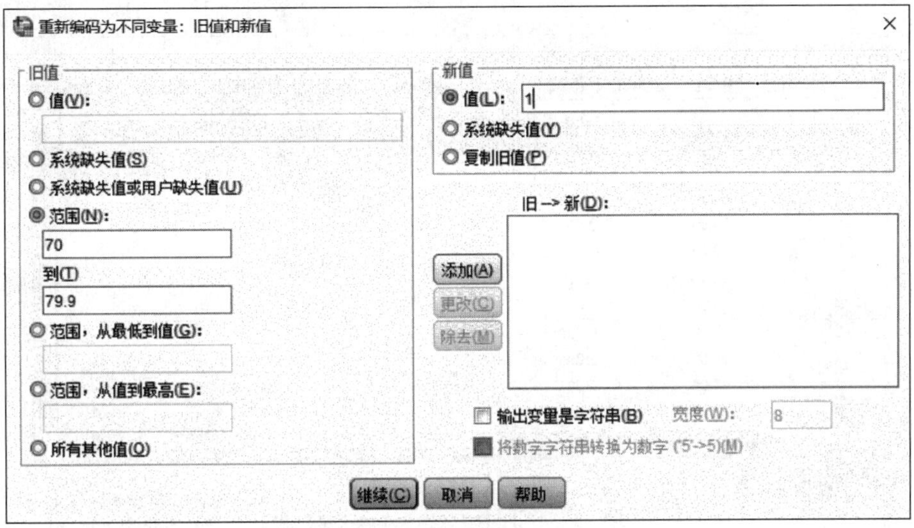

图 3-43 分组区间定义对话框

(5) 指定分组区间的下限和上限，并在“新值”框中给出该区间对应的组号。单击“添加”按钮确认分组区间并加到“旧→新”框中，如图 3-43 和图 3-44 所示。注意：为符合统计分组的“上限不在内”原则，此时上组限应选 79.9、89.9 等，单击“更改”和“除去”按钮用来修改和删除分组区间，然后单击“继续”和“确定”，结果如图 3-45 所示。

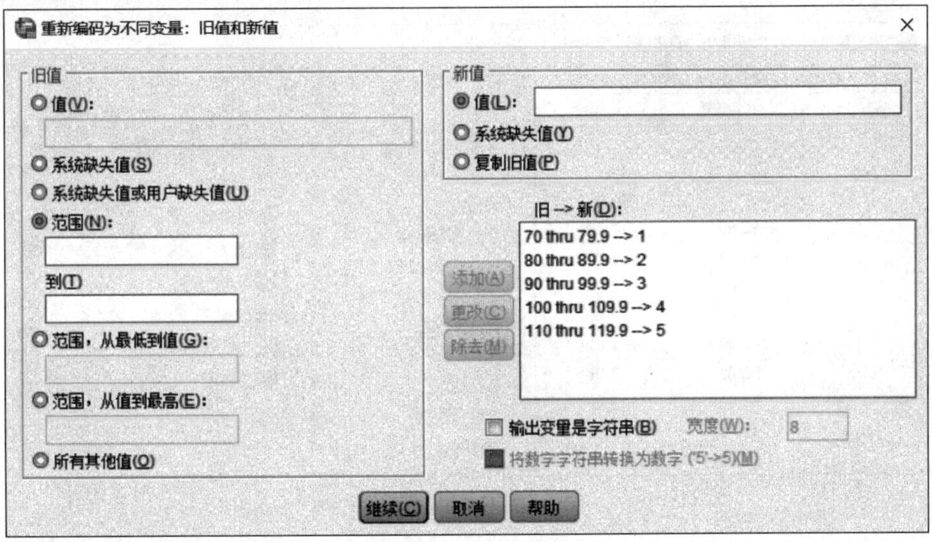

图 3-44 分组区间定义结果

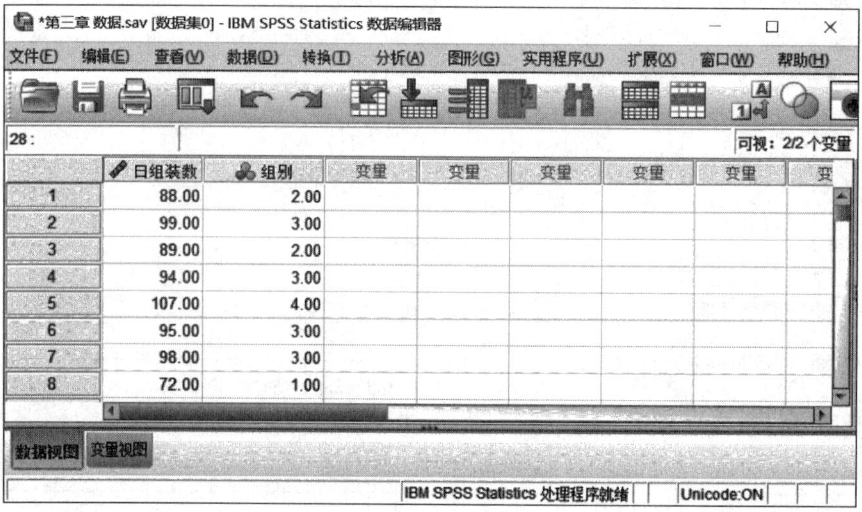

图 3-45 分组结果

（二）对已分组资料进行频数分析

以图 3-45 中已分组资料为例。

SPSS 操作步骤如下：

（1）从主菜单“分析（A）”开始，依次点击“分析（A）”→“描述统计（E）”→“频率（F）”，如图 3-46 所示，弹出一个窗口，如图 3-47 所示。

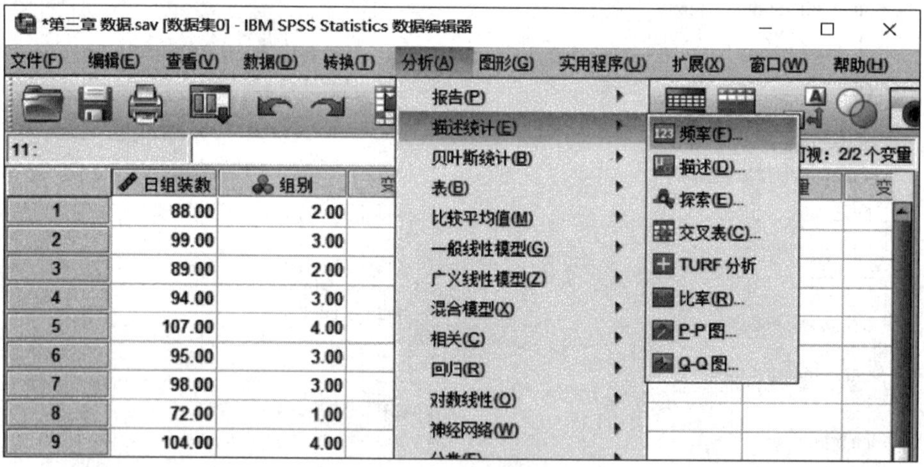

图 3-46 频率分析位置

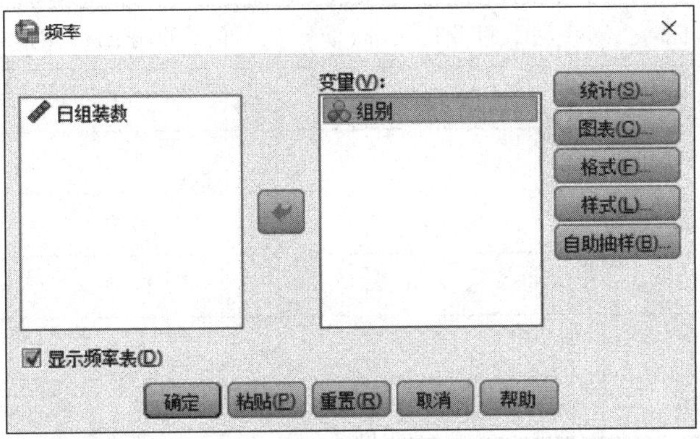

图 3-47 分组统计对话框

（2）在“频率”对话框中将“组别”放入右侧“变量（v）”中，如图 3-47 所示；单击右方“图表（C）”按钮弹出一个对话框，如图 3-48 所示；在该对话框中选“直方图（H）”，单击“继续（C）”，单击“确定”，结果如图 3-49 和表 3-21 所示。

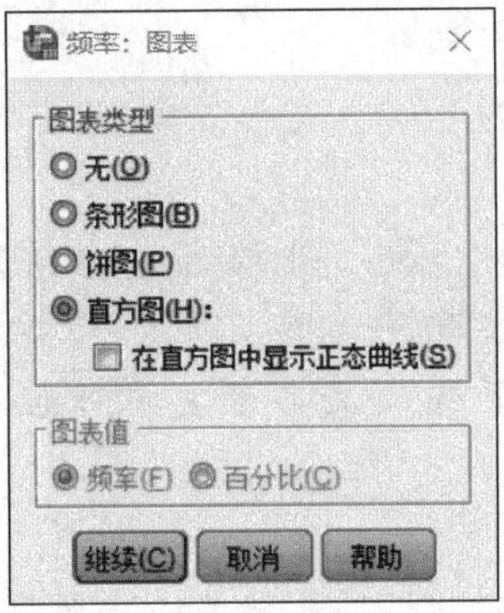

图 3-48 选择直方图对话框

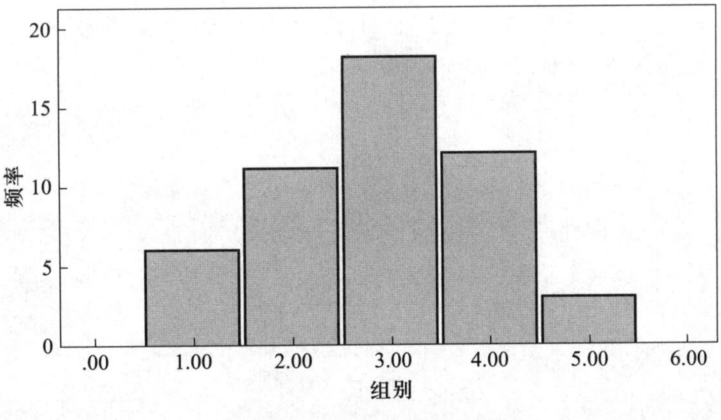

图 3-49 分组结果直方图

表 3-21 频率和累积频率表

有效组别	频率	百分比（%）	有效百分比（%）	累积百分比（%）
1.00	6	12.0	12.0	12.0
2.00	11	22.0	22.0	34.0
3.00	18	36.0	36.0	70.0
4.00	12	24.0	24.0	94.0
5.00	3	6.0	6.0	100.0
总计	50	100.0	100.0	—

本章小结

本章主要介绍了统计数据处理的过程和方法。

1. 统计数据的审核

原始数据主要从完整性和准确性两个方面去审核。第二手数据除了对其完整性和准确性进行审核外，还应着重审核数据的适应性和时效性。

2. 统计分组

统计分组就是根据统计研究的需要，将统计总体按照一定的标志区分为若干个组成部分的一种统计方法。它是统计整理的重要环节。科学有效的统计分组，可以达到区分不同事物的性质、反映事物的内部构成及其变化规律性、揭示现象之间的数量依存关系的目的。

3. 次数分布

统计分组后，形成次数分布数列。可以反映总体中所有单位在各组间的分布状态和分布特征，研究这种分布特征是统计分析的重要内容。次数分布可以用统计表来表示，如单项式数列分组表、组距式数列分组表等；也可以用统计图来表示，如次数直方图、折线图、累积次数分布图、饼形图、环形图、雷达图等。次数分布的主要类型有钟形分布、U 形分布、J 形分布等。

本章知识结构图

- 统计数据的整理
  - 统计数据的审核
    - 原始数据的审核
    - 第二手数据的审核
  - 统计分组
    - 统计分组的概念
    - 统计分组的作用
      - 区分不同事物的性质
      - 反映事物的内部构成及其变化规律
      - 揭示现象之间的数量依存关系
    - 统计分组的原则与分组变量
      - 统计分组的原则
      - 统计分组变量
    - 简单分组和复合分组
  - 次数分布
    - 次数分布的概念
    - 次数分布的种类
      - 属性次数分布
      - 数量次数分布
    - 数量次数分布的编制方法
      - 编制序列和计数
      - 确定组数和组距
      - 确定组限和组中值
    - 次数分布的表示方法
      - 表示法
      - 图示法
    - 次数分布的主要类型
      - 钟形分布
      - U形分布
      - J形分布
  - 统计表
    - 统计表的构成
    - 统计表的设计

本章思考题

1. 什么是统计分组？统计分组的作用是什么？
2. 简述次数分布的种类及其要素。
3. 什么是等距次数分布、异距次数分布？它们各有何特点？
4. 如何利用 Excel 和 SPSS 统计软件制作统计表和统计图？

测一测

第四章　统计数据的描述

知识目标

- 了解统计数据描述的意义、作用和种类
- 掌握总量指标、相对指标、平均指标和标志变异指标的计算方法和运用原则
- 理解对数据进行特征描述时将多种指标相结合的必要性

能力目标

- 具备综合运用统计指标对数据进行描述和分析的能力
- 能够恰当选择指标对数据进行描述
- 能够正确计算各种统计指标
- 能够区分不同指标的差异和适用场合

重点难点

- 各种统计指标的特点及适用条件
- 正确运用多种指标对数据进行综合性描述

案例思考 4-1

哪名运动员的发挥更稳定

2020 年东京奥运会女子 10 米气步枪决赛分为两个阶段，第一阶段每名参赛选手打 2 组各 5 发，第二阶段每两发末位淘汰一名选手，直至决出最后的冠军归属。冠军和亚军共需要打满 24 发子弹。在 2021 年 7 月 24 日举行的 2020 年东京奥运会女子 10 米气步枪决赛中，8 名运动员第一阶段和第二阶段的成绩如表 4-1 所示。

表 4-1　2020 年东京奥运会女子 10 米气步枪决赛成绩

姓名	国家/地区	第一阶段成绩	第二阶段成绩							总成绩
杨倩	中国	104.7	20.9	21.7	21	20.6	21.1	21.3	20.5	251.8
加拉申娜	俄罗斯奥运队	104.4	21.6	20.2	21.4	21.5	21.4	20.9	19.7	251.1
克里斯汀	瑞士	103.6	21.5	21.1	21.4	21.1	21.2	20.7	—	230.6
杜伊斯塔特	挪威	104.4	21.2	21.0	20.5	21.4	20.8	—	—	209.3
穆勒	法国	104.1	20.9	21.3	20.6	20.8	—	—	—	187.7
塔克	美国	102.8	21.2	21.4	20.6	—	—	—	—	166.0
权恩智	韩国	104.2	20.8	20.4	—	—	—	—	—	145.4
朴喜文	韩国	99.4	19.7	—	—	—	—	—	—	119.1

最终，中国选手杨倩在决赛中凭借稳定的发挥，以总成绩 251.8 环夺得该项目冠军；第一阶段排在第二名的俄罗斯奥运队选手加拉申娜经过最后一枪的角逐以 251.1 环获得亚军，第一阶段并列第二名的挪威选手杜伊斯塔特发挥失误，痛失季军，获得第四名，瑞士选手克里斯汀在第二阶段发挥稳定，以 230.6 环收获季军。由此可见，在射击比赛中，运动员能否取得好的成绩，发挥的稳定性至关重要。那么，怎样评价一名运动员的发挥是否稳定呢？

第一节 总量指标与相对指标

大量的具有差异的数据，经过统计整理，可以形成次数分布，并用统计图或统计表将现象的数量特征或数量规律性表示出来。然而，还需要利用测定指标来更加精确地认识现象的规律性。本章主要介绍这些测定指标的含义、计算方法与如何使用。在使用这些指标时，有些需要先对数据进行简单描述和比较，所以这里先讨论一下总量指标与相对指标。

扫描二维码
观看慕课视频

一、总量指标

（一）总量指标的概念

总量指标是表明社会经济现象在一定的时间、地点、条件下的规模或水平的统计指标，如一个国家或地区在一定时点上的人口数、土地面积、生产设备数、物资库存数等，在一定时期内的工农业总产值、主要产品产量、工资总额、国民收入等。其中，土地面积、人口数等标志着一个国家或地区的规模大小，工农业总产值、主要产品产量标志着一个国家或地区生产水平的高低。

（二）总量指标的种类

1. 时期指标和时点指标

总量指标按其反映的时间状况不同可分为时期指标和时点指标。

时期指标能够反映现象在一段时间内活动过程的成果，如工资总额、基本建设投资额、国民生产总值等；时点指标则反映现象在某一时刻（瞬间）的状况，如人口数、物资库存量、设备台数等。

时期指标和时点指标各有不同的特点：

第一，时期指标的数值可以连续计数，它的每个数值都说明现象在这一时期内发生的总量，如一年的总产值是一年四季产值的累计。而时点指标的数值只能间断计数，它的每个数值都表示现象发展到一定时点上所处的水平，如月末职工人数是指月末时点上的实有人数。

第二，时期指标的各期数值直接相加可以说明较长时期内现象发生的总量，而时点指标的数值直接相加除在有关指标的计算过程中需要运用外，没有实际意义。

第三，一般来讲，同一总体时期指标的数值大小与时间的长短具有直接关系，如一个季度的销售额必然大于一个月的销售额；而时点指标的数值大小与时点间的间隔长短没有直接联系，如季度末的职工人数不一定比月末的职工人数多。因此，在分析研究现象时，必须考虑现象的特点来正确地反映事实。

2. 个体单位总量和总体变量总量

总量指标按其反映的内容不同，可以分为个体单位总量和总体变量总量。

用来反映总体中个体单位数的总量指标称为个体单位总量，而反映总体中某一数量变量的总量指标称为总体变量总量。例如，对某地区居民的粮食消费情况进行研究，该地区居住的人口数是个体单位总量，居民的粮食消费总数则是总体变量总量。个体单位总量和总体变量总量的地位随着统计研究目的的不同而变动。上例中，若研究目的是观察某地区居民的粮食消费情况，则粮食消费总数为总体变量总量；若研究目的是观察某地区各种粮食的售价时，则粮食消费总数便成为个体单位总量。明确个体单位总量和总体变量总量对于计算和区分相对指标和平均指标有重要意义。

（三）总量指标的计量单位

根据统计研究目的和反映现象的不同性质，总量指标的计量单位一般有实物量单位、价值量单位两种形式。

1. 实物量单位

实物量单位是根据事物的属性和特点而采用的计量单位，包括自然计量单位、度量衡单位、专用单位、复合单位、标准实物单位等。自然计量单位是按照被研究现象的自然状况来度量其数量的一种计量单位。例如，人口按人计量，汽车按辆计量，牲口按头计量等。度量衡单位是按照统一的度量衡标准对现象实物量进行度量的一种计量单位。例如，粮食按吨或千克计量，布匹用米和尺[①]来计量，汽油以公升来计量等。专用单位是根据某些事物的物理化学性质专门规定的计量单位。例如，发电量按度计量，发热量按卡计量，发电设备按千瓦计量等。复合单位是两个（或多个）单位结合使用时的计量单位，又分为双重复合单位和多重复合单位两种。例如，货物周转量以千米/吨为计量单位，发电量以千瓦·时为计量单位，水路运输以艘、客位、吨位、千瓦为计量单位。标准实物单位是把品种、规格、性能或化学成分含量不同的同类产品，按一定的折合标准，折算为标准规格或标准含量的产品。例如，将不同含量的烧碱、硫酸折合为100%含量的产品等。实物量单位能直接反映事物的使用价值或具体情况。通过实物量数值能掌握国民经济的基本情况，反映各部门之间物质联系和比例关系，以及安排产品供销计划等。但运用实物量单位不能把各种不同属性的实物作综合汇总计算，来进行总量观察。

2. 价值量单位

价值量单位是用货币量计量总量的一种计量单位。例如，把各种产品的生产量乘以其相应的价格，即得到现象的价值量。如国内生产总值就是以多种产品产量乘以各自的单价求得的。价值量单位综合能力强，可以把不能直接相加的经济现象的数量变得可以相加，用以综合说明各种不同的经济现象的总规模、总水平。价值量指标所使用的价格有两种，即现行价格和不变价格。按现行价格计算的价值量指标是只按各部门实际价格计算的价值量指标。例如，企业生产的产品按实际出厂价格计算的产值，商店销售的商品按零售价格计算的商品销售额等。按现

① 1尺约等于0.333米。

行价格计算的价值量指标可以反映国民经济实际发展的状况，并可研究生产、分配、消费、积累等国民经济重大比例关系，对检查计划、制定政策、进行微观管理具有重要作用。但由于各时期价格变动的影响，不便纵向比较，而按不变价格计算的价值量指标则可以消除各个时期价格变动的影响，既便于横向、纵向对比，又能反映总体实物量的变化。

二、相对指标

扫描二维码 观看慕课视频

（一）相对指标的概念与名数

相对指标是两个相互联系的指标数值的比率。它是用来说明现象间所固有的数量对比关系的综合指标，如产品合格率、人均收入、产值发展速度、人口密度、生产设备利用率等。

相对指标一般是无名数，通常用系数、倍数、成数、百分数、千分数表示。但也有一种相对指标表示为有名数，它是在进行对比的两个数值带有不同单位时产生的，因此它表现为复名数。例如，人口密度就是用“人/平方千米”表示的。

（二）相对指标的计算方法

相对指标是两个有联系的数值之比，以反映相关事物之间的数量关系。由于研究目的和分析角度不同，它们之间的联系便不同，形成了各种相对指标。在统计中，一般将其归为几种，包括计划完成相对指标、结构相对指标、比例相对指标、比较相对指标、强度相对指标、动态相对指标。

1. 计划完成相对指标

计划完成相对指标是用来检查、监督计划执行情况的基本指标之一，常以百分数表示，又称为计划完成百分比。其计算公式为：

$$\text{计划完成相对指标}=\frac{\text{实际完成数}}{\text{计划任务数}}\times 100\% \tag{4-1}$$

$$\text{超额（或完成）的总量指标}=\text{实际完成数}-\text{计划任务数} \tag{4-2}$$

例如，某超市某月计划销售额为 500 万元，实际完成 600 万元，则计划完成相对指标为：

$$\text{计划完成相对指标}=\frac{\text{实际完成数}}{\text{计划任务数}}\times 100\%=\frac{600}{500}\times 100\%=120\%$$

$$\text{超额的总量指标}=\text{实际完成数}-\text{计划任务数}=600-500=100\ \text{（万元）}$$

计算结果说明该商店该月超额完成销售额计划 20%，超额 100 万元。

对于计划完成程度的评价，实际完成数超过计划好，还是低于计划好，这要根据计划指标的性质和内容而定。产量、产值、商品流转额等计划指标是按最低限额规定的，实际完成数越多越好，即计划完成程度大于 100%就是超额。单位成本、原材料消耗、流通费水平等计划是按最高限额规定的，实际完成数比计划任务数越小越好，即计划完成程度小于 100%才算超额。

在经济现象的分析研究中，计划任务数不仅可以用总量指标表示，而且可以用相对指标和平均指标表示。当计划任务数为相对指标时，计划完成相对指标的计算公式为：

$$\text{计划完成相对指标}=\frac{\text{实际完成的百分数}}{\text{计划规定的百分数}}\times 100\% \tag{4-3}$$

这种方法适用于考核各种现象的增长率、降低率的计划完成情况。例如，某企业某种产品单位成本计划规定比上期降低 5%，实际单位成本比上期降低 7%，则其计划完成程度为：

$$计划完成相对指标=\frac{实际完成的百分数}{计划规定的百分数}\times 100\%$$

$$=\frac{1-7\%}{1-5\%}\times 100\%$$

$$=97.89\%$$

这个数值表明实际成本比计划任务数降低了 2.11%。应当指出，上例中下达的计划数是以比上期增长或减少百分之几的形式出现的。但是在计算计划完成相对指标时，不能以实际降低率除以计划降低率，而应当包括原有基数在内。

2. 结构相对指标

结构相对指标是运用分组法，将总体内部区分为不同性质的若干部分，以部分数值与总体数值对比求得的比重或比率，以反映总体内部的组成状况的计算方法。其公式为：

$$结构相对指标=\frac{总体中的部分数值}{总体中的全部数值}\times 100\% \tag{4-4}$$

例如，2021 年全国居民人均消费支出及其结构如表 4-2 所示。

表 4-2　2021 年全国居民人均消费支出及其结构

类别	消费支出（元）	消费结构（%）
食品烟酒	7 178	29.8
衣着	1 419	5.9
居住	5 641	23.4
生活用品及服务	1 423	5.9
交通通信	3 156	13.1
教育文化、娱乐	2 599	10.8
医疗保健	2 115	8.8
其他用品及服务	569	2.4
合计	24 100	100

从表 4-2 中的消费结构可以看出，居民消费支出不仅仅局限于食物支出，在居住、交通通信、教育文化、娱乐等方面也具有较高的比重。

在计算结构相对指标时，要注意结构相对指标的分子、分母一般由总量指标构成。另外，总体中各组结构相对指标之和必须等于 1（用系数表示）或 100%（用比重表示）。

3. 比例相对指标

比例相对指标是总体中的一部分数值与总体中的另一部分数值的比值，反映总体内各组成部分之间的数量关系。因此，它所表明的是结构性比例。比例相对指标的计算公式为：

$$比例相对指标=\frac{总体中的一部分数值}{总体中的另一部分数值}\times 100\% \tag{4-5}$$

比例相对指标除了可以用百分数表示外，还可以用比例数表示。比例相对指标有单项比和多项连比两种形式，用以反映总体中两个单项之间或多项之间的数量对比关系。例如，生产的料、工、费的比例就是多项连比，表现形式为 $1:m:n$。

比例相对指标可用于研究国民经济中一些重要的比例关系，如积累与消费的比例，农、轻、重的比例关系等。比例相对指标的分子和分母可以互换，从不同的侧面来说明问题。

4. 比较相对指标

比较相对指标是由不同空间的同类指标对比而确定的相对指标，用来说明某种现象在同一时期内各单位发展的差异程度。比较相对指标的计算公式为：

$$\text{比较相对指标}=\frac{\text{某条件下的某类指标数值}}{\text{另一条件下的同类指标数值}}\times 100\% \tag{4-6}$$

扫描二维码观看慕课视频

比较相对指标可用于不同国家、地区、单位间的横向比较，也可以用于先进和落后的比较，还可和标准水平或平均水平比较。如 2022 年甲地区出口贸易额为 309.4 亿元，乙地区为 2 091.5 亿元，乙地区出口额为甲地区的 6.8 倍，从以上可以看到甲地区和乙地区的差距。

5. 强度相对指标

强度相对指标是同一时期两个有联系的不同总体的数值之比，说明某一现象在一定情况下的强度、密度或普及程度。强度相对指标的计算公式为：

$$\text{强度相对指标}=\frac{\text{某总体的某类指标数值}}{\text{另一总体的有联系指标数值}}\times 100\% \tag{4-7}$$

强度相对指标的表现形式一般为复合单位。例如，商业网点密度为个/千人，人均国民收入为元/人，等等。但也有一些强度相对指标用百分数或千分数表示，如资金利用率、产值利税率等。

强度相对指标一般有正指标和逆指标（反指标）两种，指标数值越大说明现象的强度、密度或普及程度越高的，称为正指标；相反，指标数值越大说明现象的强度、密度或普及程度越低的，称为逆指标。

6. 动态相对指标

动态相对指标是表示同一现象不同时期指标数值对比关系的相对指标，说明现象的发展速度和增长速度，一般用百分数或倍数表示。其公式为：

$$\text{动态相对指标}=\frac{\text{报告期数值}}{\text{基期数值}}\times 100\% \tag{4-8}$$

指数也是一种动态相对指标，如物价指数、股价指数等。发展速度也是一种动态相对指标，通常把用来作为比较标准的时期称为基期，把与基期对比的时期称为报告期，基期和报告期要根据不同的研究任务来选定。

如果两个相比的数值中分子很大、分母很小时，那么计算结果可用倍数表示；反之，如果分子很小、分母很大时，那么也可用百分数表示。

（三）相对指标的应用原则

在统计工作和统计研究中，应用相对指标时要掌握各自的特点和应用条件，以便更好地反映总体的数量关系。因此，在应用相对指标时，要注意以下两个原则。

1. 可比性原则

在使用相对指标时，要注意相对指标分子、分母之间的可比性，即分子、分母所包含的内容、范围、价格和计算方法以及结构方面是否可比。例如，计算强度相对指标的分子、分母指标数值应是两个有密切联系的总量指标，而不能毫无关系，如棉布产量可与人口数对比，但不能与土地面积对比，后者是分子、分母内容不可比。

2. 相对指标与总量指标结合运用原则

在反映社会经济现象中，只用总量指标不易看清事物的差别程度，只用相对指标又看不出这种差别的绝对水平。因此，在许多情况下，利用相对指标进行统计分析时，必须将相对指标和总量指标结合运用，才能得到对现象的完整认识。

例如，某种药品的广告上说，该药品的治愈率达到 90%。从相对指标来看，这种药的疗效非常之好，但是，如果我们观察一下总量指标便会发现服用这些药品的患者只有 10 人，其中有 9 人服后有效。显然，不能只用 10 个人的实验结果来作为一种药品有效性的证据。可见，只使用相对指标，容易产生片面认识。又如，有甲、乙两个生产同类产品的企业，各自产量的发展速度为：

$$\text{甲企业：发展速度}=\frac{20}{15}\times100\%=133.33\%$$

$$\text{乙企业：发展速度}=\frac{200}{150}\times100\%=133.33\%$$

如果单纯考核相对指标，这两个企业产量的发展速度均为 133.33%，那么它们是相等的。但从绝对量上看，两个企业产量无论基期还是报告期都正好相差 10 倍。可见，在某些条件下，只有将相对指标和总量指标结合分析，才能准确判断事物性质。

三、总体分布的数量特征

总量指标与相对指标只是为认识总体、进行分析提供基础数据，还需要利用次数分布来直观、形象地认识与分析现象的数量规律性。然而，在有些情况下，人们并不满足于这种直观的认识，而是将次数分布概括为三四个数量特征值，并用一定的测定指标将其描述出来。一般来说，将这几个数量特征称为集中趋势、离中趋势、分布形态（偏态和峰度），如图 4-1 所示。

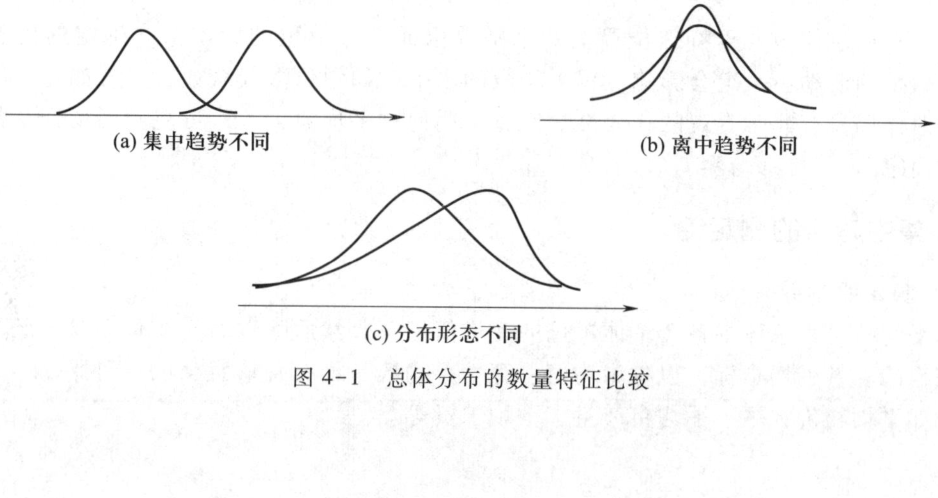

图 4-1　总体分布的数量特征比较

集中趋势是次数分布的第一个也是最为重要的数量特征，它能够揭示总体中众多变量值所围绕与集中的中心，是总体中的共性特征的反映。大部分的社会现象总体呈钟形分布，变量值很小或很大的情况比较少，靠近某个中心的次数更多，这显示了总体中各个体具有集中趋势，也就是一般水平。所以，人们通常用集中趋势代表总体中个体单位的水平，也常用集中趋势进行不同总体的比较。图 4-1 中图（a）便是具有不同集中趋势的两个次数分布，由于其数值集中的位置显著不同，所以是两个不同的总体，具有不同的数量特征。

离中趋势是指次数分布中各个变量值的分散程度或与中心位置的离中程度，它从另一个侧面来说明总体的次数分布特征，进而描述总体的数量规律性。图 4-1 中图（b）是一个具有相同的集中趋势，但却具有不同的离中趋势的次数分布。显然，如果两个总体的次数分布集中趋势相同，但离中趋势不同，就可能是两个不同的总体。

集中趋势与离中趋势是认识总体现象数量特征的两个方面，然而在实际研究时仍要考虑总体次数分布的形态。这是因为分布形态不同，集中趋势与离中趋势所反映的含义不同，集中趋势与离中趋势所发生的作用不同，算术平均数的代表性也不同。图 4-1 中图（c）反映了不同的分布形态。一般来说，用偏态与峰度来描述总体次数分布的形态。

第二节 集中趋势

一、集中趋势的含义

扫描二维码
观看慕课视频

集中趋势是指一组数据向某一点集中的情况，反映了数据的一般水平。测定集中趋势也就是寻找数据一般水平的代表值。例如，要想比较甲、乙两企业的工资水平，不能将两个企业中每个员工的工资一一列举出来比较，如果对甲、乙企业的工资进行整理后，计算一个统计量来代表企业的工资水平再进行比较，就会非常简单明了。常用的测定集中趋势的特征量有数值平均数和位置平均数两大类。所谓数值平均数即统计数列中任何一项数据的变动，都将在一定程度上影响到平均数结果，也就是根据所有变量值来计算的平均数，如算术平均数。而位置平均数，通常不是对数列中的所有各项数据进行计算的结果，而是根据总体中处于特殊位置上的个别单位或部分单位的标志值来确定的代表值，因此，某些数据的变动不一定会影响位置平均数的水平，如中位数、众数。尽管如此，位置平均数对整个总体仍具有非常直观的代表性。究竟采用何种平均数为宜，可视应用场合及各种平均数的性质而定。

二、集中趋势的测定

（一）算术平均数

扫描二维码
观看慕课视频

算术平均数是将总体中各个个体单位的变量值汇总，然后除以所有个体单位之和所获得的一种平均指标，也称为均值。算术平均数是最有普遍意义的一种平均指标，如平均物价水平、平均亩产量、平均工资等。

1. 算术平均数的算法

算术平均数的基本计算公式是：

$$\text{算术平均数}=\frac{\text{总体变量总量}}{\text{个体单位总量}} \tag{4-9}$$

由于算术平均数表明总体中各个体单位的一般水平，所以要具有名数，即与变量值相同的计量单位。

利用公式计算算术平均数时，要求总体中各单位必须是同质的，即总体变量总量与个体单位总量必须来自同一总体。这一点同强度相对指标具有根本区别。在实际工作中，由于所掌握的资料不同，算术平均数又分为简单算术平均数和加权算术平均数。

（1）简单算术平均数。当所掌握的资料是单个的变量值或数据未经分组时，就可以将各个变量值简单相加求得总体变量总量，然后除以个体单位总量，求出平均数。这种方法称为简单算术平均法，所得数值称为简单算术平均数，用$\overline{X}$来表示。

简单算术平均数的计算公式可表示如下：

$$\overline{X}=\frac{\sum_{i=1}^{n}X_i}{n} \tag{4-10}$$

式中，$\overline{X}$ 表示算术平均数；n 表示个体单位总量或项数；X_i 表示变量值；$\sum$表示加和。

【例 4-1】 某企业产品质量检查员发现上半月的产品次品数如表 4-3 所示，试计算算术平均数。

表 4-3　某企业上半月产品次品数

时间（日）	次品数（件）	时间（日）	次品数（件）
1	21	9	27
2	23	10	28
3	23	11	29
4	23	12	31
5	24	13	31
6	24	14	35
7	27	15	38
8	27	合计	411

解：

$$\overline{X}=\frac{\sum_{i=1}^{15}X_i}{n}=\frac{411}{15}=27.4(\text{件})$$

即平均每天次品数为 27.4 件。

从上面的计算可以看出，简单算术平均数只受变量因素的影响。一般来说，越接近于中间位置的数值便越接近于算术平均数。因此，可用标志值所处的位置大致地判断算术平均数的数值。

（2）加权算术平均数。在计算算术平均数时，如果数据已分组，则不能简单地将各组变量值直接相加作为总体变量总量，而是将各组变量值乘以相应各组单位数或权数求出各组变量总量，然后将其加和求得总体变量总量，同时把各组单位数或权数相加求出个体单位总量，最后用总体变量总量除以个体单位总量。用这种方法计算的算术平均数称为加权算术平均数。

加权算术平均数的计算公式为：

$$\overline{X}=\frac{\sum_{i=1}^{n}X_if_i}{\sum_{i=1}^{n}f_i} \tag{4-11}$$

式中，X_i 表示各组变量值；f_i 表示各组的次数或权数；n 表示所分 n 组。

【例 4-2】 某公司各地区销售额如表 4-4 所示，试计算该公司各地区平均销售额。

由于表 4-4 中是组距式的分组资料，所以应先求出组中值，然后用各组的销售额和相应的地区数相乘求出各组销售总额，再将各组销售总额 $\left(\sum_{i=1}^{n}X_if_i\right)$ 和各组地区数 $\left(\sum_{i=1}^{n}f_i\right)$ 分别汇总，最后将这两个数值代入公式，便可得到全公司的销售额。

表 4-4 某公司各地区销售额

销售额（万元）	组中值 X	地区数（个）f	Xf
500 以下	250	167	41 750
500~1 000	750	275	206 250
1 000~1 500	1 250	60	75 000
1 500~2 000	1 750	15	26 250
2 000~2 500	2 250	5	11 250
2 500~3 000	2 750	2	5 500
合计	—	524	366 000

解：

$$\overline{X}=\frac{\sum_{i=1}^{n}X_if_i}{\sum_{i=1}^{n}f_i}=\frac{366\ 000}{524}=698.47(\text{万元})$$

即该公司各地区的平均销售额是 698.47 万元。

从上面的计算可以看出，算术平均数 698.47 万元是各组变量值和地区数两个因素作用的结果。从各组变量值的位置看，销售额应接近居于中间位置的 1 500 万元，然而结果却是 698.47 万元。显然这主要是由于各地区数，即权数作用的结果。

所谓权数，是指能够权衡各组变量值在总体中作用大小的数值，它能反映其所对应的变量值在总体中的重要性。权数越大，它所对应的变量值在总体中所起的作用就越大，这个变量值越接近于平均指标；反之，权数越小，它所对应的变量值在总体中所起的作用越小，这个变量值与平均指标的距离越远。

例如，表4-4中的地区数便具备权数的功能。在表4-4中地区数为2的一组在总体中权数最小，它表明其所对应的销售额2 750万元在总体中的作用最小，因而2 750万元与平均指标698.47万元的距离最大；反之，地区数为275的一组在总体中权数最大，表明它所对应的变量值750万元在总体中的作用最大，因而750万元与平均指标698.47万元的距离最小。可见，影响加权算术平均数的因素有两个：一个是变量值，另一个是权数。因此，可以根据这两个因素大致地判断平均指标的数值。

对于加权算术平均数来说，如果各组变量值的权数相等，则各组变量值在总体的作用相同，即：

$$f_1=f_2=\cdots=f_n=f \tag{4-12}$$

$$\overline{X}=\frac{\sum_{i=1}^{n}X_i f_i}{\sum_{i=1}^{n}f_i}=\frac{f\sum_{i=1}^{n}X_i}{nf}=\frac{\sum_{i=1}^{n}X_i}{n} \tag{4-13}$$

可见，在这种情况下，加权算术平均数等于简单算术平均数。换句话说，简单算术平均数是加权算术平均数在权数相等情况下的特例。

权数按其确定方式不同可分为客观权数和主观权数。前者是指客观存在的，具有一定具体内容的权数，如平均工资中的工人数、平均价格中的销售量、平均亩产量的土地面积等。后者是根据某种研究目的和现象的性质，人为地规定各标志值的重要程度。主观权数在实践中具有独特的应用价值，如经济效益的评定、价格指数的编制等。

权数按其表现形式不同又分为绝对权数和相对权数。前者是总量指标，后者是结构相对指标或称为比重。如果使用相对权数，那么其计算公式可以写成：

$$\overline{X}=\frac{\sum_{i=1}^{n}X_i f_i}{\sum_{i=1}^{n}f_i}=\sum_{i=1}^{n}\left(X_i\frac{f_i}{\sum_{i=1}^{n}f_i}\right) \tag{4-14}$$

即各变量值 X 与其相应的相对权数乘积之和等于加权算术平均数。对于同一资料来说，利用相对权数计算的算术平均数同利用绝对权数计算的算术平均数是相同的。例如，可利用表4-5中的相对权数资料计算平均销售额如下：

$$\overline{X}=\sum_{i=1}^{n}\left(X_i\frac{f_i}{\sum_{i=1}^{n}f_i}\right)=698.47\text{（万元）}$$

表4-5　利用相对权数计算平均指标

销售额（万元）	组中值 X	绝对权数 f	相对权数 $\frac{f}{\sum f}$	Xf	$X\frac{f}{\sum f}$
500以下	250	167	0.318 7	41 750	79.68
500~1 000	750	275	0.524 8	206 250	393.61
1 000~1 500	1 250	60	0.114 5	75 000	143.13

续表

销售额（万元）	组中值 X	绝对权数 f	相对权数 $\frac{f}{\sum f}$	Xf	$X\frac{f}{\sum f}$
1 500~2 000	1 750	15	0.028 6	26 250	50.10
2 000~2 500	2 250	5	0.009 5	11 250	21.47
2 500~3 000	2 750	2	0.003 8	5 500	10.50
合计	—	524	1	366 000	698.47

应当指出，对于同一资料经过分组和未经过分组所计算的平均指标是有差异的。只是因为分组后的组中值是假定各组内的标志值是均匀分布的，因此它所得到的平均指标只是一个近似值。

2. 切尾算术平均数

在有些情况下，次数分布中会存在着一个或几个极大值或极小值，这些极端数值会影响平均指标的代表性，因而使平均指标不能很好地描述总体分布的集中趋势，也不能充分地代表总体的一般水平。然而，对于一个总体次数分布来说，通常与中间位置越近，其数值分布越集中，而与中间位置越远，数值越分散，有时甚至会产生极值。为了消除极端数值的影响，可以从总体的两侧去掉一定比例的数据进行调整，从而使其分布状态更加对称和均匀，以便使平均指标更具有代表性。对这样调整后的数据所计算的平均指标称为切尾算术平均数。

切尾算术平均数的目的是很好地描述数据的中心位置。例如，为了得到90%的切尾算术平均数，除去最小的5%与最大的5%数据，然后计算中间90%的数据的平均指标。

3. 算术平均数的数学性质

（1）各变量值与算术平均数的离差之和等于零。这表明以算术平均数为中心的正离差之和等于负离差之和。

简单算术平均数的数学性质：

$$\sum (X-\overline{X})=0$$

证明： $\sum (X-\overline{X})=\sum X-n\overline{X}=\sum X-n\frac{\sum X}{n}=\sum X-\sum X=0$

加权算术平均数的数学性质：

$$\sum (X-\overline{X})f=0$$

证明： $\sum (X-\overline{X})f=\sum Xf-\overline{X}\sum f=\sum Xf-\frac{\sum Xf}{\sum f}\sum f=\sum Xf-\sum Xf=0$

（2）变量值与算术平均数离差平方之和为最小值。根据此性质，若对同一现象所得的多次测定数不能一致时，可取其算术平均数为代表。这在科学工作中具有重要作用。

简单算术平均数的数学性质：

$$\sum (X-\overline{X})^2=\text{最小值}$$

加权算术平均数的数学性质：

$$\sum (X-\overline{X})^2 f=\text{最小值}$$

证明： 设 X_0 为任意数，$c=\overline{X}-X_0$，

则 $X_0=\overline{X}-c$

以 X_0 为中心的离差平方之和为：

$$\begin{aligned}\sum(X-X_0)^2&=\sum[X-(\overline{X}-c)]^2=\sum[(X-\overline{X})+c]^2\\&=\sum(X-\overline{X})^2+2c\sum(X-\overline{X})+nc^2\\&=\sum(X-\overline{X})^2+nc^2\end{aligned}$$

∵　$nc^2\geqslant 0$

∴　$\sum(X-X_0)^2\geqslant\sum(X-\overline{X})^2$

∴　$\sum(X-\overline{X})^2$为最小值。

同理，可以证明加权算术平均数中$\sum(X-\overline{X})^2f$为最小值。

（二）调和平均数

调和平均数是变量值倒数的算术平均数的倒数，又称倒数平均数，有简单调和平均数和加权调和平均数两种。

在社会经济统计中，主要使用的是权数为特定形式（$m=Xf$）的加权调和平均数。这里，把调和平均数作为算术平均数的变形使用，它仍然是依据算术平均数的基本公式——总体变量总量除以个体单位总量来计算。其计算公式及它与算术平均数的关系如下：

$$\overline{X}_{\mathrm{H}}=\frac{\sum_{i=1}^{n}m_i}{\sum_{i=1}^{n}\frac{m_i}{X_i}}=\frac{\sum_{i=1}^{n}X_if_i}{\sum_{i=1}^{n}f_i}\tag{4-15}$$

4-15 式表示，加权算术平均数以各组单位数（f）为权数，加权调和平均数以各组总量（m）为权数，但计算内容和结果都是相同的。作为算术平均数变形的加权调和平均数，一般运用于没有直接提供计算平均指标的相应单位数的场合。举例说明如下。

【例 4-3】 某汽车先以 75 千米/小时的速度行驶 225 千米，余下 160 千米以 80 千米/小时的速度驶完，如表 4-6 所示。试计算该汽车跑完全部 385 千米行程的平均速度。

表 4-6　平均速度的计算

行驶速度（千米/小时） X	行驶里程（千米） m	行驶时间（小时） m/X
75	225	3
80	160	2
合计	385	5

平均行驶速度 $\overline{X}_{\mathrm{H}}=\dfrac{\sum_{i=1}^{n}m_i}{\sum_{i=1}^{n}\dfrac{m_i}{X_i}}=\dfrac{385}{5}=77$（千米/小时）

如果按算术平均数计算，就要把"行驶里程"当成单位数（f），但它与速度相乘构不成变量总量，既无物理意义，又无经济意义。所以，这里所缺的是单位数——行驶时间的资料，应按调和平均数计算。

【例 4-4】 当已知某工业管理局各组产值计划完成程度及其相应的实际完成数时，全局平均计划完成程度用加权调和平均数方法计算，如表 4-7 所示。

表 4-7 某工业管理局各组产值计划完成程度

计划完成程度（%）	组中值（%）X_i	企业数（个）	实际完成数（万元）m_i	计划任务数（万元）m_i/X_i
90~100	95	5	95	100
100~110	105	8	840	800
110~120	115	2	115	100
合计	—	15	1 050	1 000

$$\text{平均计划完成程度 } \overline{X}_{\mathrm{H}}=\frac{\sum_{i=1}^{n} m_i}{\sum_{i=1}^{n}\frac{m_i}{X_i}}=\frac{1\ 050}{1\ 000}=1.05(\text{或 }105\%)$$

从上两例看出，由相对数或平均数计算平均数，所掌握的权数是相对数或平均数的子项资料时，应采用调和平均数计算；推而想之，所掌握的权数是相对数或平均数的母项资料时，应采用算术平均数计算。

可以想象，运用调和平均数，在所有变量值的权数都相等时，就可以采用简单调和平均数代替加权调和平均数。

即当 $m_1=m_2=\cdots=m_n$ 时，

$$\overline{X}_{\mathrm{H}}=\frac{\sum_{i=1}^{n} m_i}{\sum_{i=1}^{n}\frac{m_i}{X_i}}=\frac{nm}{m\sum_{i=1}^{n}\frac{1}{X_i}}=\frac{n}{\sum_{i=1}^{n}\frac{1}{X_i}}$$

式中，n 为被平均的变量值项数。

上面关于速度问题的例子中，如果以不同速度行驶的各段路程相等，就采用简单调和平均数求平均速度。

$$\overline{X}_{\mathrm{H}}=\frac{n}{\sum_{i=1}^{n}\frac{1}{X_i}}=\frac{2}{\frac{1}{75}+\frac{1}{80}}=77.4\ (\text{千米/小时})$$

【知识拓展 4-1】

在机器学习中，精确率（Precision）定义为在被所有预测为正的样本中实际为正样本的概率，召回率（Recall）则定义为在实际为正的样本中被预测为正样本的概率，精确率和召回率又被称为查准率和查全率，它们是对算法进行评估的基本指标。我们希望它们都很高，但这两个值通常是相互制约的。为了更加方便地评价算法的好坏，于是引入了 F_1 值。F_1 分数被定义为精确率 P 和召回率 R 的调和平均数，能够平衡精确度和召回率，实现对精确度和召回率的整体效果的评价。

(三)几何平均数

几何平均数是与算术平均数和调和平均数不同的另一种平均指标，它是几何级数（等比级数）的平均数。在社会经济现象中，有些现象是按照类似于几何级数的形式变动的，如人口的自然变动；有些现象是按照一定的比率变动的，如在复利条件下本利和的变动、我国国民经济的发展速度变动等。在所有这些情况下，计算等比级数的平均数，或平均比率和平均速度，不能采用算术平均数或调和平均数的方法，而应采用几何平均数方法。

【例 4-5】 某机械厂有 4 个连续作业的车间，分别为毛坯车间（一车间）、粗加工车间（二车间）、精加工车间（三车间）和装配车间（四车间）。某月份，各个车间的产品合格率为：一车间 95%、二车间 90%、三车间 92%、四车间 85%。求 4 个车间的平均产品合格率。

对于这个问题，不能采用算术平均数或调和平均数的方法。因为，各个车间产品合格率的总和并不等于全厂产品的总合格率。由于第二车间的产品合格率是在第一车间合格产品的基础上计算的，第三车间的产品合格率是在第一、二车间合格产品的基础上计算的，如此等等，因而，全厂产品的总合格率应等于各个车间合格率的连乘积。在这种情况下，计算平均数应当采用几何平均数的方法。

1. 简单几何平均数

简单几何平均数是 n 个变量值连乘积的 n 次方根。其公式为：

$$\overline{X}_G = \sqrt[n]{X_1 \cdot X_2 \cdot \cdots \cdot X_n} = \sqrt[n]{\prod X} \qquad (4-16)$$

以前述例 4-5 某机械厂的资料为例，则 4 个车间的平均产品合格率为：

$$\overline{X}_G = \sqrt[n]{\prod X} = \sqrt[4]{95\% \times 90\% \times 92\% \times 85\%}$$

$$= \sqrt[4]{66.86\%} = 90.426\%$$

用几何平均数代表各个变量值，则变量值的连乘积不变。这是几何平均数与算术平均数不同的一个特点：算术平均数变量值的总和不变。几何平均数与算术平均数不同的另一个特点是：算术平均数作为集中趋势的代表值，大于算术平均数的各变量值对算术平均数的差额之和（正离差），与小于算术平均数的各变量值对算术平均数的差额之和（负离差），绝对值彼此相等；几何平均数作为集中趋势的代表值，大于几何平均数的各变量值对几何平均数之比的乘积，与几何平均数对小于几何平均数的各变量值之比的乘积，彼此相等。以例 4-5 来说，即：

$$\frac{90.426\%}{85\%} \times \frac{90.426\%}{90\%} = \frac{92\%}{90.426\%} \times \frac{95\%}{90.426\%}$$

$$1.0638 \times 1.0047 = 1.0174 \times 1.0505$$

$$1.0688 = 1.0688$$

这种关系是几何平均数作为集中趋势特征值的重要依据之一。

2. 加权几何平均数

当各个变量值出现的次数不同时，计算几何平均数应采用加权的形式。加权几何平均数的计算公式为：

$$\overline{X}_{G1} = \sqrt[f_1+f_2+f_3+\cdots+f_n]{X_1^{f_1} \cdot X_2^{f_2} \cdot X_3^{f_3} \cdot \cdots \cdot X_n^{f_n}} \qquad (4-17)$$

$$= \sqrt[\sum f]{\prod X^f}$$

式中，f 代表各变量值的次数（或权数）；$\sum f$ 为次数（权数）的总和。

【例 4-6】 投资银行某笔投资是按复利计算的，25 年间年利率分配情况是：有 1 年为 3%，有 4 年为 5%，有 8 年为 8%，有 10 年为 10%，有 2 年为 15%。求平均年利率。

计算平均年利率，必须先将各年的利率加上 100%，换算为各年的本利率；然后按加权几何平均数的方法，计算平均年本利率；再减去 100%，得平均年利率。计算结果：

$$\overline{X}_G = 108.6\%$$

这就是说，25 年间平均年本利率为 108.6%。因而，平均年利率为 8.6%。

（四）众数

扫描二维码

观看慕课视频

众数是指总体中出现次数最多的数值。它表示被研究现象中最普遍、最常见的变量值，反映该现象的一般水平。在实际工作中，众数的应用是比较广泛的。例如，为了掌握某班级学生统计学原理的学习水平，可以以最普遍的统计学成绩为依据。假定，该班有 75%的学生得 85 分，这 85 分即反映了他们成绩达到的一般水平。再如，反映某地区农作物通常达到的单位面积产量也可以应用众数方法。众数一般用 m_0 表示。

众数的计算方法要根据所掌握的统计数据而定。未分组数据的众数是指出现次数最多的那个数值。例如，有 5 人的年龄分别为 30 岁、28 岁、30 岁、32 岁、33 岁，这一未分组数据的众数是 30 岁。

利用分组数据计算众数的方法一般有两种：一是根据单项式次数分布计算众数，二是根据组距式次数分布计算众数。根据单项式次数分布计算众数的方法比较简单，一般用直接观察的方法，根据分配数列中次数出现最多的变量值便可确定众数。在组距式次数分布情况下，最多次数所对应众数组的值并不是一个单一数，而是一组数值，所以假定众数组组距内所有数值是均匀分布的，可得出众数的两个计算公式：

众数下限公式：

$$m_0 = L + \frac{\Delta_1}{\Delta_1 + \Delta_2} i \tag{4-18}$$

众数上限公式：

$$m_0 = U - \frac{\Delta_2}{\Delta_1 + \Delta_2} i \tag{4-19}$$

式中，m_0 表示众数；L 表示众数组下限数值；U 表示众数组上限数值；Δ_1 表示众数组次数与其前一组次数之差；Δ_2 表示众数组次数与其后一组次数之差；i 表示众数组组距。

【例 4-7】 根据表 4-8 所示数据计算众数。

表 4-8 众数计算表

销售额（万元）X	绝对权数 f
500 以下	143
500～1 000	260

续表

销售额（万元）X	绝对权数 f
1 000~1 500	54
1 500~2 000	13
2 000~2 500	3
2 500~3 000	1
合计	474

表 4-8 中第二组出现的次数最多，所以第二组是众数组。根据众数组得如下资料：

$$L=500$$
$$U=1\ 000$$
$$\Delta_1=260-143=117$$
$$\Delta_2=260-54=206$$
$$i=500$$

将上述资料代入下限公式与上限公式得：

$$\begin{aligned} m_0 &= L+\frac{\Delta_1}{\Delta_1+\Delta_2}i \\ &=500+\frac{117}{117+206}\times 500 \\ &=681.11\text{（万元）} \end{aligned}$$

$$\begin{aligned} m_0 &= U-\frac{\Delta_2}{\Delta_1+\Delta_2}i \\ &=1\ 000-\frac{206}{117+206}\times 500 \\ &=681.11\text{（万元）} \end{aligned}$$

可见，同一数据按下限公式和上限公式所计算的结果是一致的，如果把数据中的绝对次数转换成相对次数，其计算结果也是完全相同的。

【例 4-8】 表 4-9 是 2020 年对某类人群五个计算机品牌的购买频率的调查数据，计算购买品牌的众数。

表 4-9 计算机购买频率

计算机品牌	购买频率（人次）	计算机品牌	购买频率（人次）
Lenovo（联想）	13	Apple	9
ThinkPad	12	Dell（戴尔）	11
HP（惠普）	5	合计	50

显然，表 4-9 中的众数是 Lenovo（联想）计算机。它说明在该类人群中联想品牌计算机有一定的市场优势。

(五) 中位数

将总体中的全部数值按从小到大顺序排列，居于中间位置的数值便是中位数。中位数也是平均指标的一种。由于中位数不需要计算总体的全部数值，而是从位置上去反映总体中数值的共同倾向，所以中位数也称位置平均指标。中位数一般用 m_e 表示。

由于中位数是根据其在总体中所处位置决定的，因此在计算中位数时首先要把全部数值按顺序排列，其次要确定中间位置，最后确定中间位置的数值。

中位数的计算方法一般来说可分为两种情况：一是未经分组的统计数据，另一种是经过分组的统计数据。由于二者情况不同，其确定中位数的方法也不同。

1. 根据未分组数据计算中位数

在未分组数据条件下，首先把总体单位的变量值按大小顺序排列，以便确定中位数的位置。中位数的位置可按公式（n+1)/2 来确定（其中 n 为项数)，然后再确定中位数数值。如果数据资料是奇数项，则中间位置上的数值便是中位数数值。

【例 4-9】 某种股票的一星期收盘价如下所示，求中位数。

数据：24. 1　22. 6　21. 5　23. 7　22. 6

排序：21. 5　22. 6　22. 6　23. 7　24. 1

位置：　1　　2　　3　　4　　5

这里，$n=5$，则中间位置是$(n+1)/2=(5+1)/2=3$。因为是奇数项，则第 3 项数值便是中位数。此例中：

$$m_e=22.6\ （元）$$

按公式（n+1)/2 确定中位数位置时，如为偶数项，中间位置便没有数值，应取中间位置两边的数值的简单算术平均数作为中位数。

【例 4-10】 在市场调查中，六名采价员对某种商品的采价如下，则该种商品的价格的中位数是多少？

数据：10. 3　4. 9　8. 9　11. 7　6. 3　7. 7

排序：4. 9　6. 3　7. 7　8. 9　10. 3　11. 7

位置：　1　　2　　3　　4　　5　　6

这里 $n=6$，中间位置是：

$$\frac{n+1}{2}=\frac{6+1}{2}=3.5$$

显然，在 3. 5 位置上是没有数值的，于是应该取第 3 项和第 4 项数值的简单算术平均作为中位数，即：

$$中位数=\frac{7.7+8.9}{2}=8.3\ （元）$$

2. 根据分组数据计算中位数

在变量值已分组的情况下，由于多数数值不止出现一次，所以变量次数分布以 $\sum f/2$ 代替 $(n+1)/2$ 来确定中位数的位置，计算出 $\sum f/2$，再由累计次数来确定中位数组，然后按比例推算中位数。

由于分组数据又分为单项式次数分布和组距式次数分布，所以二者在计算中位数的方法上也略有不同。根据单项式次数分布计算中位数时，应先计算各组的累计次数，然后根据中点位置找到中位数。

在组距式次数分布情况下，其中点位置所对应的并不是一个单一的数值，而是一个组距。在这个组距中分布着许多数值，如果假定在这个组距内各数值是均匀分布的，就能得到在组距条件下计算中位数的公式。

下限公式为：

$$m_e = L + \frac{\frac{\sum f}{2} - S_{m-1}}{f_m} \cdot i \tag{4-20}$$

式中，m_e 为中位数；L 为中位数所在组的下限；f_m 为中位数所在组的次数；S_{m-1} 为中位数所在组以下的向上累积次数；$\sum f$ 为次数的总和；i 为中位数所在组的组距。

上限公式为：

$$m_e = U - \frac{\frac{\sum f}{2} - S_{m+1}}{f_m} \cdot i \tag{4-21}$$

式中，U 为中位数所在组的上限；S_{m+1} 为中位数所在组以上的向下累积次数。

【例 4-11】 某集团各地区彩电销售额数据如表 4-10 所示，计算中位数。

从表 4-10 中的次数合计可知，中位数应当位于 $\sum f/2 = 514/2 = 257$ 的位置。根据向上累积次数可知，第 257 位置居于第二组，其累积次数为 426，包含第 257 个。由此可知第二组为中位数组。根据中位数组可得如下资料：

表 4-10　某集团各地区彩电销售额

销售额（万元）X	绝对权数 f	向上累积数	向下累积数
0～500	156	156	514
500～1 000	270	426	358
1 000～1 500	63	489	88
1 500～2 000	17	506	25
2 000～2 500	6	512	8
2 500～3 000	2	514	2
合计	514	—	—

$L = 500$，$U = 1\ 000$，$f_m = 270$，$S_{m-1} = 156$，$S_{m+1} = 88$，$\sum f = 514$，$i = 500$。

利用下限公式：

$$m_e = L + \frac{\frac{\sum f}{2} - S_{m-1}}{f_m} \cdot i$$

$$= 500 + \frac{\frac{514}{2} - 156}{270} \times 500$$

$$=687.04\text{（万元）}$$

利用上限公式：

$$m_e=U-\frac{\frac{\sum f}{2}-S_{m+1}}{f_m}\cdot i$$

$$=1\,000-\frac{\frac{514}{2}-88}{270}\times 500$$

$$=687.04\text{（万元）}$$

可见，同一数据按上限公式和按下限公式所计算的结果是完全一致的。如果把数据中的总量指标改成相对次数，那么计算结果也完全相同。

（六）分位数

分位数中的中位数是从中间点将全部数据分为两部分。与中位数类似的还有四分位数、十分位数和百分位数等。此外，还有作为四分位数另一种形式的四分数以及八分数、十六分数等。这里主要介绍四分位数及四分数的计算方法，其他分位数的计算与之类似。

1. 四分位数

四分位数也称四分位点，它是通过三个点将全部数据等分为四部分，其中每部分包含25%的数据，处在分位点上的数值就是四分位数。很显然，中间的四分位数就是中位数，因此通常所说的四分位数是指第一个四分位数（下四分位数）和第三个四分位数（上四分位数）。

（1）根据未分组数据计算四分位数。根据未分组数据计算四分位数时，首先对数据进行排序，然后确定四分位数所在的位置。

设下四分位数为 Q_1，中间的四分位数为 Q_2，上四分位数为 Q_3，则各四分位数的位置分别为：Q_1 的位置 $=(n+1)/4$，Q_2 的位置 $=2(n+1)/4$，Q_3 的位置 $=3(n+1)/4$，显然 $Q_2=m_e$。当四分位数的位置不在某一个数值上时，可根据四分位数的位置按比例分摊四分位数位置两侧数值的差值。

【例 4-12】 根据表 4-3 的资料，计算 15 日产品次品数的上四分位数、中四分位数和下四分位数。

Q_1 的位置 $=\frac{n+1}{4}=\frac{15+1}{4}=4$

即 Q_1 在第 4 天的位置上，因此 $Q_1=23$ 件。

Q_2 的位置 $=\frac{2(n+1)}{4}=\frac{2(15+1)}{4}=8$

即 Q_2 在第 8 天的位置上，因此 $Q_2=27$ 件。

Q_3 的位置 $=\frac{3(n+1)}{4}=\frac{3(15+1)}{4}=12$

即 Q_3 在第 12 天的位置上，因此 $Q_3=31$ 件。

（2）根据已分组数据确定四分位数。根据分组数据确定四分位数时，先确定 Q_1 和 Q_3 的位置，并确定 Q_1 和 Q_3 所在的组，Q_1 的位置 $=\sum f/4$，Q_3 的位置 $=3\sum f/4$，然后仿照中位数的

计算公式确定 Q_1 和 Q_3 的具体数值。计算公式为：

$$Q_1=L_1+\frac{\frac{\sum f}{4}-S_{m_1-1}}{f_{Q1}}\times i_1 \quad (4-22)$$

$$Q_3=L_3+\frac{\frac{3\sum f}{4}-S_{m_3-1}}{f_{Q_3}}\times i_3 \quad (4-23)$$

式中，L_1 和 L_3 分别为 Q_1 和 Q_3 所在组的下限变量值；f_{Q_1}和f_{Q_3}分别为 Q_1 和 Q_3 所在组的次数；i_1 和 i_3 分别为 Q_1 和 Q_3 所在组的组距；S_{m_1-1}和 S_{m_3-1}分别为 Q_1 和 Q_3 所在组以前各组的累积次数。

【例 4-13】 根据表 4-10 中数据，计算该公司各地区销售额的四分位数。

解：Q_1 的位置 $=\sum f/4=514/4=128.5$，即在 0～500 这一组；Q_3 的位置 $=3\sum f/4=3\times514/4=385.5$，即在 500～1 000 这一组。那么，

$$Q_1=L_1+\frac{\frac{\sum f}{4}-S_{m_1-1}}{f_{Q_1}}\times i_1=0+\frac{128.5-0}{156}\times500=411.86\text{（万元）}$$

$$Q_3=L_3+\frac{\frac{3\sum f}{4}-S_{m_3-1}}{f_{Q_3}}\times i_3=500+\frac{\frac{3\times514}{4}-156}{270}\times500=925.00\text{（万元）}$$

2. 四分数

作为四分位数的另一种形式，在探索性数据分析中，通常要计算四分数。它与四分位数的意义类似，只是其位置的确定与四分位数略有不同。其位置计算公式为：

$$\text{四分数位置}=\frac{[\text{中位数的位置}]+1}{2} \quad (4-24)$$

方括号表示括号内取最大整数，这里表示取中位数位置的整数部分。这样，可以保证四分数的位置要么是整数，要么是整数加 1/2，也就是说，每个四分数都在中位数和相应的极端值的半中间，从而两个四分数括住了一组数据的中间一半。一般情况下，四分数几乎等于四分位数。

与四分数类似，可根据四分位数位置加 1 再除以 2 的办法确定八分数位置，其余类推。

（七）算术平均数、中位数、众数的不同特点

算术平均数、中位数、众数都是反映总体分布集中趋势的测量指标，都能够代表总体中各个体单位的一般水平。但是，这三种平均指标也存在着许多不同之处，从而使它们可以应用于不同的场合。为了正确地使用平均指标，还需要了解它们的特点。

1. 三种平均指标的含义不同

算术平均数是应用最广泛的一种平均指标，它的数值是整个总体次数分布的中心或重心，这个中心点的两边具有相等的变量值之和，即相等的 $\sum xf$。由于它反映了整个总体的次数分布，所以既体现了各变量值的作用，也反映了各变量值次数的影响。中位数是一种位置平均指标，它从各变量值的顺序出发，将所有变量值分成相等的两部分，一部分数值比它大，一部分

数值比它小。众数只表明曲线峰顶下的数值，即出现次数最多的数值。可见，所使用的平均指标不同，对最后结果的解释也各不相同。

2. 三种平均指标受极值影响的程度不同

当总体中出现极大值或极小值时，算术平均数所受影响最大，中位数次之，而众数根本不受极值影响。

【例 4-14】 某小组 7 名工人加工零件数如下：

21、22、24、24、27、28、29

$$\text{算术平均数 } \overline{X}=\frac{\sum_{i=1}^{n} X_i}{n}=\frac{175}{7}=25(\text{件})$$

$$\text{中位数位置}\frac{n+1}{2}=\frac{7+1}{2}=4$$

$$\text{中位数 } m_e=24\ (\text{件})$$

24 是出现次数最多的数值，则众数 $m_0=24$ 件。

可见，由于各变量值比较均匀，所以三种平均指标数值也比较接近，如果在这个小组中加上一名生产零件为 25 件的工人，其数值为 21、22、24、24、25、27、28、29，则：

$$\text{算术平均数 } \overline{X}=\frac{\sum_{i=1}^{n} X_i}{n}=\frac{200}{8}=25(\text{件})$$

$$\text{中位数 } m_e=\frac{24+25}{2}=24.5\ (\text{件})$$

$$\text{众数 } m_0=24\ (\text{件})$$

由于出现了一名生产 25 件零件的工人，所以使算术平均数和中位数都相应地增加一些，而众数并没有发生变化。

如果在这个小组中所加的不是生产 25 件零件的工人，而是生产 100 件零件的工人，其数值为 21、22、24、24、27、28、29、100，则：

$$\text{算术平均数 } \overline{X}=34.375\ (\text{件})$$

$$\text{中位数 } m_e=25.5\ (\text{件})$$

$$\text{众数 } m_0=24\ (\text{件})$$

可见，算术平均数所受影响最大，而中位数只考虑数值的位置，即中位数与数据个数多少有关，与极值无关，而众数则不受极值的影响。所以，在有极值出现的情况下，算术平均数并不是一个理想的平均指标，而中位数和众数则可以用来代表总体水平。

3. 三种平均指标受非对称分布的影响程度不同

在非对称的钟形分布情况下，平均指标、众数、中位数三者的差别取决于非对称的程度。非对称的程度越大，它们之间的差别越大；非对称的程度越小，它们之间的差别越小。如果存在非正常的极端变量值，那么次数分布就产生偏斜。这些极端变量值对这三种平均指标的影响是不同的。众数不受其极端值的影响，中位数只受数据个数的影响，不受其数值大小的影响，而算术平均数则受所有变量值的影响，极端值对它的影响最大。当次数分布右偏时意味着算术平均数受大的极端值影响，就有 $\overline{X}>m_e>m_0$，如图 4-2（a）所示；当次数分布左偏时意味着算术平均数受小的极端值影响，就有 $\overline{X}<m_e<m_0$，如图 4-2（b）所示。可见，不管左偏分布或右偏分布的中位数总是居于两者之间。当现象呈对称的钟形分布时，算术平均数处于分布曲线的对称点上，对称点又是曲线的中心点和最高点，这时，算术平均数、众数、中位数三者一致，就有 $\overline{X}=m_e=m_0$，如图 4-2（c）所示。

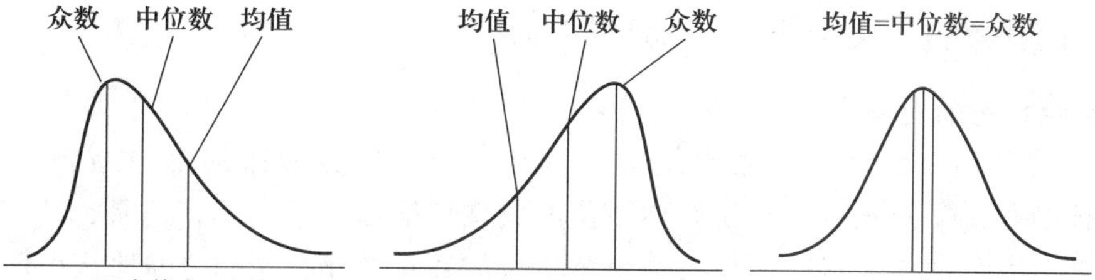

图 4-2 三种平均指标的关系

从以上描述可以看出，众数是一组数据分布的峰值，不易受极端值的影响。但缺点是具有不唯一性，一组数据可能有一个众数，也可能有两个或多个众数，也可能没有众数。众数只有在数据量较多时才有意义，当数据量较少时，不宜使用众数。众数主要适合作为定类数据的集中趋势测度值。

中位数是一组数据中间位置上的代表值，不受极端值的影响。当一组数据的分布偏斜程度较大时，使用中位数也许是一个好的选择。中位数主要适合作为定序数据的集中趋势测度值。

算术平均数是根据全部数据的计算所得，它具有优良的数学性质，是实际中应用最广泛的集中趋势测度值。但其主要缺点是易受数据极端值的影响，对于偏态分布的数据，算术平均数的代表性较差。算术平均数主要适合作为定距数据和定比数据的集中趋势测度值。

思考与探究 4-1：国家统计局 2022 年 5 月 20 日发布，2021 年全国城镇私营单位就业人员年平均工资为 62 884 元，比上年增加 5 157 元，名义增长 8.9%，增速比 2020 年提高 1.2 个百分点。扣除价格因素，2021 年全国城镇私营单位就业人员年平均工资实际增长 7.8%。2021 年全国城镇非私营单位就业人员年平均工资为 106 837 元，比上年增加 9 458 元，名义增长 9.7%，增速比 2020 年提高 2.1 个百分点。扣除价格因素，2021 年全国城镇非私营单位就业人员年平均工资实际增长 8.6%。可见，我国城镇私营和非私营单位就业人员的工资水平都在提高。

这里平均工资是指在报告期内单位发放工资的人均水平，是按照算术平均数计算的，即：

$$平均工资=\frac{报告期工资总额}{报告期平均人数} \tag{4-25}$$

需要注意的是，算术平均数受极端值的影响很大，而工资收入的分布经常表现出右偏态特征。因此，简单地用算术平均数反映平均工资水平，其结果可能会高于大部分人员工资的普遍水平。此时，可以结合使用不同的分位数指标，这样更能体现不同工资水平在总体中所处的位置。

第三节 离中趋势

一、离中趋势的含义及其测定指标的作用

扫描二维码
观看慕课视频

（一）离中趋势的含义

平均指标（数值平均数和位置平均数）为描述总体次数分布的集中趋势、反映各个个体单位的一般水平、认识个体单位的共性特征提供了工具，但是，还必须认识次数分布的离中趋势，分析各个个体单位的数量差异，才能全面地认识现象，揭示现象的数量规律性。

对于一个次数分布来说，其离中趋势的形成是由于各个个体单位的差异形成的。差异来自大量现象的异质性或多变性。不论是自然现象或社会现象，其所有大量的个体都是彼此不齐，大小互异，而社会现象较之自然现象尤富于差异而多变。孟子说，“夫物之不齐，物之情也”。其中，“不齐”即不一致，是现象所有的一种自然性质，也就是佛家所说的殊相，统计学称之为变异。世界上之所以有丰富的内容，即在于它的多变性。如果世间万事万物都完全相同，就会使人觉得分外贫乏。世间所有的事事物物，都是多动而富于变化的，这就是统计方法特别是差异测量所以重要的原因。

离中趋势的测定指标反映总体各个个体单位变量值的差异程度，是反映总体次数分布中各变量值的变动范围或离散程度的综合指标。因而，它能够揭示各变量值之间的差异性，从而说明总体次数分布的集中趋势的强弱，反映平均指标的代表性大小，从另一个方面来补充说明总体的数量规律性，全面地描述总体次数分布的数量特征。所以，离中趋势的测定指标也是总体次数分布的一个重要的数量特征值。

（二）离中趋势测定指标的作用

1. 衡量平均指标的代表性

平均指标作为总体某一数量变量的代表值，其代表性决定于总体中各变量值的差异程度，那它就必然与该总体数量变量的变异指标直接相关。离中趋势的测定指标可以说明平均指标代表性的大小。离中趋势的测定指标数值越大，说明总体单位的差异程度也越大，次数分布越分散，从而平均指标的代表性就越小；反之，离中趋势的测定指标数值越小，则平均指标代表性就越大。

【例 4-15】 某车间有甲、乙两个生产小组，每组各有 12 名工人，每人日产量件数如下：

甲：18、20、21、22、23、25、25、26、26、26、28、30

乙：12、14、16、18、20、26、28、30、30、30、31、35

从例 4-15 中可以看出，甲、乙两个小组总产量都为 290 件，每人平均日产量为 24. 17 件。第一组每个工人日产量比较接近，而第二组每个工人日产量差异比较大。因此，平均每人日产量虽然相同，但第一组的平均指标的代表性要比第二组大。由此可见，将平均指标与离中趋势的测定指标结合起来运用，有助于反映平均指标对总体各单位变量值的代表性。

2. 反映社会经济活动过程的稳定性和均衡性

离中趋势的测定指标可以表明生产过程的节奏性、稳定性或其他经济活动过程的均衡性，进而进行产品质量控制并说明经济管理工作的质量。在检查生产计划执行情况时，除了计算平均计划完成程度外，常要用离中趋势的测定指标分析计划执行过程中的均衡性和节奏性，检查是否存在前松后紧和突击现象。在进行质量统计检验时，也经常采用离中趋势的测定指标。如果离中趋势的测定指标数值较小，说明产品质量比较稳定；反之，离中趋势的测定指标数值较大，则产品质量的稳定性差。

在统计研究中，离中趋势的测定指标和平均指标有着密切的关联。在应用平均指标的基础上结合离中趋势的测定指标，可以全面地进行统计分析。脱离平均指标的应用，离中趋势的测定指标便失去其实际意义。

3. 反映现象的质量与风险

一般说来，离中趋势的测定指标数值越小，现象的质量越好；离中趋势的测定指标数值越大，现象的质量越差。另外，离中趋势的测定指标数值越小，对于某些现象来讲便越稳定，风险越小，如股票、风险投资、保险等；反之，如果离中趋势的测定指标数值越大，说明这些现象的变化越不稳定，风险便越大。

二、离中趋势的测定

离中趋势的测定指标主要有：全距、平均差、标准差、四分位差、异众比率、标准分数和变异系数。其中，标准差是最重要的离中趋势测定指标。

（一）全距

全距是总体各单位变量值中的最大值与最小值之差，表示总体变量值的差异范围的大小。全距用 R 表示，全距的基本计算公式是：

$$R=\text{总体最大变量值}-\text{总体最小变量值} \tag{4-26}$$

【例 4-16】 现有甲、乙两组数据资料如下：

甲组：20　40　60　80　100

乙组：50　55　60　65　70

那么，计算两组数据的全距为：

$$R_{\text{甲}}=100-20=80$$

$$R_{\text{乙}}=70-50=20$$

从计算结果可以看出，虽然甲、乙两组数据的算术平均数相同，都为 60，但两组数据变动范围是不一样的，其中甲组数据之间的差异远远大于乙组。这说明甲组数据离中趋势的测定指标数值远远大于乙组，而乙组平均数的代表性要大于甲组。

如果统计数据经过整理，并形成组距数列，则全距的计算公式为：

$$R=\text{最高组的上限}-\text{最低组的下限} \tag{4-27}$$

【例 4-17】 现以某企业职工工资水平的组距数列资料为例，如表 4-11 所示，计算全距。

表 4-11 某企业职工工资水平

月工资额分组（元）	职工数（人）	月工资额分组（元）	职工数（人）
2 700～3 500	10	5 100～5 900	80
3 500～4 300	50	5 900～6 700	20
4 300～5 100	130	合计	290

$$R=6\ 700-2\ 700=4\ 000\text{ 元}$$

全距计算简单，且容易理解，因此在很多场合采用全距来粗略地说明某些现象的差异程度，特别是现代化高速生产的工艺过程中，常用全距检查产品质量的好坏和进行质量控制。但由于全距不是根据全部变量值计算的，不考虑中间数值的变异程度，很容易受极端数值的影响，其结果不能充分反映现象的实际离散程度，因而在应用方面有一定的局限性。

（二）平均差

平均差是各个变量值对其算术平均数的平均离差。由于各个变量值对算术平均数的离差总和恒等于 0，即 $\sum(X-\overline{X})=0$，因而各项离差的平均数也恒等于 0。为此，在计算平均差时，采取离差的绝对值，即 $|X-\overline{X}|$。

计算平均差，根据掌握的数据资料不同，可采用简单平均法和加权平均法。

1. 简单平均法

如果掌握的是未分组数据，则采用简单平均法计算。其公式为：

$$A.D=\frac{\sum_{i=1}^{n}|X_i-\overline{X}|}{n} \tag{4-28}$$

式中，$A.D$ 代表平均差。

现以例 4-16 甲、乙两组数据的资料为例，计算的平均差为：

甲组：

$$A.D=\frac{\sum_{i=1}^{n}|X_i-\overline{X}|}{n}$$
$$=\frac{|20-60|+|40-60|+|60-60|+|80-60|+|100-60|}{5}$$
$$=\frac{40+20+0+20+40}{5}=\frac{120}{5}=24$$

乙组：

$$A.D=\frac{\sum_{i=1}^{n}|X_i-\overline{X}|}{n}$$
$$=\frac{|50-60|+|55-60|+|60-60|+|65-60|+|70-60|}{5}$$

$$=\frac{10+5+0+5+10}{5}=\frac{30}{5}=6$$

说明甲组每个数据与其平均数相差 24 个单位，乙组每个数据与其平均数相差 6 个单位。在两组数据平均数相等的条件下（$\overline{X}=60$），甲组数据的变动程度大于乙组数据的变动程度，因而，乙组数据平均数的代表性大于甲组。

2. 加权平均法

如果掌握的是已分组数据或分配数列，则计算平均差应该采用加权平均法。其公式为：

$$A.D=\frac{\sum_{i=1}^{n}|X_i-\overline{X}|f_i}{\sum_{i=1}^{n}f_i} \tag{4-29}$$

【例 4-18】 现以某企业 100 名工人日产量分组数据为例，列表计算，如表 4-12 所示。

表 4-12　100 名工人日产量资料平均差计算

日产量分组（件）	组中值 X	工人数（人）f	Xf	$X-\overline{X}$	$\lvert X-\overline{X}\rvert$	$\lvert X-\overline{X}\rvert f$
20~30	25	10	250	-17.5	17.5	175.0
30~40	35	25	875	-7.5	7.5	187.5
40~50	45	45	2 025	2.5	2.5	112.5
50~60	55	20	1 100	12.5	12.5	250.0
合计	—	100	4 250	—	—	725.0

$$\overline{X}=\frac{\sum_{i=1}^{n}X_i f_i}{\sum_{i=1}^{n}f_i}=\frac{4\ 250}{100}=42.50\text{（件）}$$

$$A.D=\frac{\sum_{i=1}^{n}|X_i-\overline{X}|f_i}{\sum_{i=1}^{n}f_i}=\frac{725}{100}=7.25\text{（件）}$$

结果表明，全厂每个工人的日产量与全厂工人的日平均产量平均相差 7.25 件。如与同类数据资料对比，则平均差越大，平均产量的代表性越小。

平均差反映全部变量值平均的差异，是比全距更优良的离中趋势的测定指标。但是由于平均差采用离差绝对值的方法避免离差之和为零，所以它不便于进行各种代数运算，从而使其在应用上受到了很大的限制。

（三）标准差

1. 标准差的概念

标准差是各个变量值与其算术平均数的离差平方的算术平均数的平方根，因此又称均方差。它的意义与平均差基本相同，也是根据所有变量值对其算术平均数求其平均离差后再进行计算的。但是数学处理上标准差比平均差更为合理和优越。计算平均差时，为了避免各变量值对算术平均数的正、负离差之和为零，通常采用取绝对值的办法来解决。而计算标准差是采用平方的方法来消除离差的正、负号，即先求出各个变量值对算术平均数的离差，再把各项离差加以平方，然后计算这些离差平方的算术平均差，最后求这个平均指标的平方根，即可求得标准差。标准差的平方称为方差。

2. 标准差的计算方法

由于掌握的数据不同，计算标准差也分为简单平均法和加权平均法。

（1）简单平均法。根据未分组数据计算标准差时，要采用简单平均法。其计算公式为：

$$\sigma = \sqrt{\frac{\sum_{i=1}^{n}(X_i - \overline{X})^2}{n}} \tag{4-30}$$

式中，σ 代表标准差。

现以例 4-16 中甲、乙两组数据资料为例，列表计算标准差，如表 4-13 所示。

表 4-13 标准差计算表

甲组			乙组		
数据	离差	离差平方	数据	离差	离差平方
X	$X-\overline{X}$	$(X-\overline{X})^2$	X	$X-\overline{X}$	$(X-\overline{X})^2$
20	-40	1 600	50	-10	100
40	-20	400	55	-5	25
60	0	0	60	0	0
80	20	400	65	5	25
100	40	1 600	70	10	100
合计	—	4 000	合计	—	250

甲组：$\sigma = \sqrt{\frac{\sum_{i=1}^{n}(X_i - \overline{X})^2}{n}} = \sqrt{\frac{4\ 000}{5}} = 28.28$

乙组：$\sigma = \sqrt{\frac{\sum_{i=1}^{n}(X_i - \overline{X})^2}{n}} = \sqrt{\frac{250}{5}} = 7.07$

结果表明，在甲乙两组平均数相等的条件下，每个数据与其平均数的标准差，甲组为 28.28，乙组为 7.07。甲组的标准差大，即数据的变异程度大，因而其平均数的代表性小；乙组的标准差比甲组小，因而其平均数的代表性比甲组大。

（2）加权平均法。根据已分组数据或分配数列计算标准差时，要采用加权平均法。其计算公式为：

$$\sigma = \sqrt{\frac{\sum_{i=1}^{n}(X_i - \overline{X})^2 f_i}{\sum_{i=1}^{n} f_i}} \tag{4-31}$$

现以例 4-18 计算加权平均差的例子，计算加权标准差，如表 4-14 所示。

表 4-14　标准差计算表

日产量分组（件）	组中值	工人数（人）	日总产量（件）	离差	离差平方	离差平方×权数
（甲）	X	f	Xf	$X-\overline{X}$	$(X-\overline{X})^2$	$(X-\overline{X})^2 f$
20～30	25	10	250	-17. 50	306. 25	3 062. 50
30～40	35	25	875	-7. 50	56. 25	1 406. 25
40～50	45	45	2 025	2. 50	6. 25	281. 25
50～60	55	20	1 100	12. 50	156. 25	3 125. 00
合计	—	100	4 250	—	—	7 875. 00

$$\overline{X} = \frac{\sum_{i=1}^{n} X_i f_i}{\sum_{i=1}^{n} f_i} = \frac{4\ 250}{100} = 42.50\ （件）$$

$$\sigma = \sqrt{\frac{\sum_{i=1}^{n}(X_i - \overline{X})^2 f_i}{\sum_{i=1}^{n} f_i}} = \sqrt{\frac{7\ 875}{100}} = 8.87\ （件）$$

3. 3σ 定则及其应用

社会经济统计研究的是大量数量方面的社会经济现象。在大量观察下，许多现象总体内的次数分布呈正态分布，即以平均数为中心，中间大、两头小的分布状态。数理统计证明，在正态分布情况下：

$\overline{X}\pm1\sigma$ 可包括个体单位总量的 68. 27%；

$\overline{X}\pm2\sigma$ 可包括个体单位总量的 95. 45%；

$\overline{X}\pm3\sigma$ 可包括个体单位总量的 99. 73%。

这就是 3σ 定则。当计算出平均数和标准差之后，便可利用 3σ 定则来推断次数分配的状况。以前面某车间 100 个工人日产量数据为例，已经计算出平均日产量 $\overline{X}=42.5$ 件，标准差 $\sigma=8.87$ 件，则有：

$$\overline{X}\pm1\sigma = 42.50\pm1\times8.87$$
$$\overline{X}\pm2\sigma = 42.50\pm2\times8.87$$
$$\overline{X}\pm3\sigma = 42.50\pm3\times8.87$$

即：有 68. 27%的工人日产量在 33. 63 件到 51. 37 件之间；有 95. 45%的工人的日产量在 24. 76 件到 60. 24 件之间；有 99. 73%的工人的日产量在 15. 89 件到 69. 11 件之间。

3σ 定则在产品质量管理和控制与统计分析和推断中有着广泛的应用。以美国休哈特博士名字命名的“休哈特控制图”就是将这一原理应用到质量管理中的例子。休哈特控制图如图 4-3 所示。

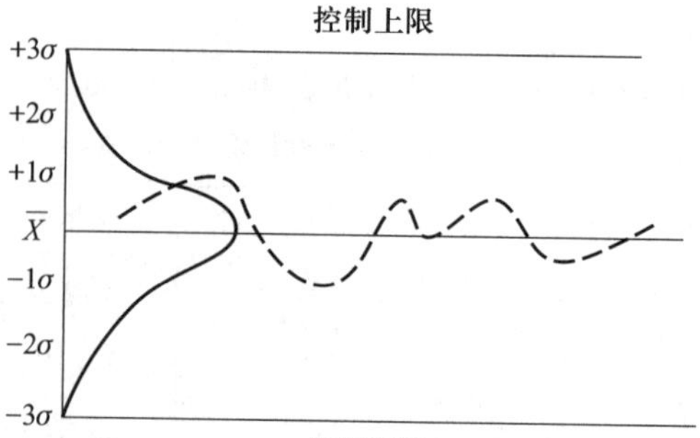

图 4-3 休哈特控制图

该控制图说明，在设备正常生产的情况下，合格产品控制在 $\overline{X}\pm3\sigma$ 范围，即在全部生产的产品中应有 99.73%的产品为合格品。若在 100 件产品的检验中出现了好几个不合格品，即产品超出了控制限，则说明设备生产不正常，应及时调整设备，使设备恢复正常生产。这样便达到了保证产品质量的目的。

【知识拓展 4-2】

1990 年诺贝尔经济学奖得主哈里·马科维茨（Harry M. Markowitz）在投资组合领域取得了卓越成就。他有关投资组合理论的中心观点是，投资者的投资愿望是追求高的预期收益，并尽可能地规避风险。因此，对于一种证券组合，不仅要重视预期收益，也要考虑所包含的风险。马科维茨的证券组合理论回答了在既定风险水平的基础上，如何使证券的可能预期收益率极大，或为获得既定的预期收益率，如何使承担的风险极小。在马科维茨的理论中，选择一组多元化的投资组合，其期望收益率为各证券期望收益率的加权平均，而风险则为这一组合期望收益率的标准差（或方差）。

思考与探究 4-2：在离散程度的指标中，许多指标由数据距离其算术平均数的距离来确定，如方差、标准差和平均差。那么，以中位数或者众数为中心，基于数据到其中位数或者众数的距离来定义离散程度指标是否有意义呢？

（四）四分位差

1. 四分位差的概念

四分位差是上四分位数与下四分位数的差值，也称为内距或四分间距。

四分位差反映了中间 50%的数据的离散程度。其数值越小，说明中间的数据越集中；反之，数值越大，说明中间的数据越分散。四分位差不受极值的影响。

2. 四分位差的计算

四分位差的计算公式为：

$$Q_d = Q_3 - Q_1 \tag{4-32}$$

式中，Q_3 表示上四分位数；Q_1 表示下四分位数。

【例 4-19】　甲班统计学考试成绩的四分位差为 $Q_d=90-70=20$，乙班统计学考试成绩的四分位差为 $Q_d=80-70=10$，这说明，甲、乙两班都有 75%的学生成绩在 70 分以上，但甲班的成绩比乙班相对分散一些，因为甲班有一半的学生成绩集中在 70～90 分，而乙班有一半的学生成绩集中在 70～80 分。

由于中位数处于数据的中间位置，因此四分位差的大小在一定程度上反映了中位数对一组数据的代表程度。

（五）异众比率

1. 异众比率的概念

异众比率又称离异比率或变差比，是指非众数组的次数占总次数的比率。

异众比率的作用是衡量众数对一组数据的代表程度。异众比率越大，说明非众数组的次数占总次数的比重越大，众数的代表性就越差；异众比率越小，说明非众数组的次数占总次数的比重越小，众数的代表性越好。

2. 异众比率的计算

异众比率的计算公式为：

$$V_r=\frac{\sum f_i-f_m}{\sum f_i}=1-\frac{f_m}{\sum f_i} \tag{4-33}$$

式中，$\sum f_i$ 表示变量值的总次数；f_m 表示众数组的次数。

【例 4-20】　根据表 4-11 中的数据，计算异众比率。

解： $V_r=\dfrac{\sum f_i-f_m}{\sum f_i}$

$=\dfrac{290-130}{290}$

$=0.551\ 7$（或 55.17%）

计算结果表明，该企业 290 名工人中有 55.17%的工人的月工资额不在 4 300～5 100 元，异众比率较大。

（六）标准分数

1. 标准分数的概念

标准分数也称标准化值或 Z 分数，是变量值与其算术平均数的离差除以标准差的值。它是测量每个数据在该组数据中相对位置的常用指标。

2. 标准分数的计算

设标准分数为 Z，则有：

$$Z_i=\frac{X_i-\overline{X}}{\sigma} \tag{4-34}$$

标准分数给出了一组数据中各数值的相对位置。例如，如果某个数值的标准分数为 1.6，我们就知道该数值高于均值 1.6 倍的标准差。

【例 4-21】　从某地区全部居民家庭中随机抽取 8 户居民家庭进行调查，得到每户家庭人均月生活费支出资料如表 4-15 所示，计算每户家庭人均月生活费支出的标准分数。

表 4-15 8户家庭人均月生活费支出的标准分数

家庭编号	人均月生活费支出（元）	标准分数 Z	家庭编号	人均月生活费支出（元）	标准分数 Z
1	860	-0.720 5	5	700	-1.040 8
2	1 500	0.560 4	6	1 850	1.260 9
3	2 000	1.561 2	7	950	-0.540 4
4	1 100	-0.240 2	8	800	-0.840 6

解： 根据表中数据计算得：$\overline{X}=1\ 220$ 元，$\sigma=499.63$ 元。每户家庭人均月生活费支出的标准分数如表 4-15 所示，根据计算结果可知，人均月生活费支出最低的家庭与平均数相比低 1.040 8 个标准差；而人均月生活费支出最高的家庭与其平均数相比高 1.561 2 个标准差。

（七）变异系数

前面所介绍的离中趋势测定方法只能说明总体本身的数据变动范围的大小，不能用来比较不同总体平均指标的代表性好坏。其中的平均差和标准差的数值除了反映总体各个体单位变量值变动程度外，其数值大小还受数列水平高低的影响，而数列水平的高低是由算术平均数来代表的。因此，只有在两个总体的数量变量平均水平相同，并且数量变量的计量单位也完全相同的条件下，才可以用平均差或标准差去比较它们内部各变量值的差异程度及总体平均指标的代表性好坏。除此之外，就不能直接用平均差或标准差对不同总体、不同变量数列进行比较判断。对于全距来说，虽然其数值大小不受平均水平的影响，但当两个不同计量单位的总体进行比较时，显然全距也无能为力。所以，当比较两个不同总体平均指标代表性大小时，便应使用离中趋势测定方法的相对形式去剔除变量数列水平及其计量单位的影响，以便能够独立地显示出数据变异程度，进行比较。

离中趋势测定方法的相对形式是变异系数。常用的变异系数有两种：平均差系数和标准差系数，其中，标准差系数是最常用的。两种变异系数的计算公式为：

$$V_{A.D}=\frac{A.D}{\overline{X}}\times 100\% \tag{4-35}$$

$$V_{\sigma}=\frac{\sigma}{\overline{X}}\times 100\% \tag{4-36}$$

式中，V_{σ} 表示标准差系数；$V_{A.D}$ 表示平均差系数。

【例 4-22】 表 4-16 是甲、乙两企业产量的有关数据资料，试根据此数据资料说明哪一个企业的平均日产量代表性大。

表 4-16 甲、乙企业平均日产量分析表

企业	平均日产量（千件）	标准差（千件）	标准差系数（%）
甲企业	40	8	20
乙企业	20	6	30

甲企业：$V_{\sigma}=\frac{\sigma}{\overline{X}}\times 100\%=\frac{8}{40}\times 100\%=20\%$

乙企业：$V_\sigma=\frac{\sigma}{\bar{X}}\times100\%=\frac{6}{20}\times100\%=30\%$

从上面的计算可以看出，甲企业的标准差（8千件）虽然大于乙企业的标准差（6千件），但不能由此确定甲企业的工人平均产量的代表性比乙企业小。因为两个企业的平均产量不同，所以不能只根据标准差的大小来判断此企业的平均产量代表性的大小，而应通过标准差系数才能作出结论。因为甲企业的标准差系数小于乙企业的标准差系数，所以，甲企业的平均日产量的代表性比乙企业的平均日产量的代表性大。

在实际的工作中，经常用变异系数比较不同单位和部门职工的平均工资及其工人的平均劳动生产率的代表性高低，比较不同企业同一天产品平均质量水平的稳定性，比较同一种农作物在不同的自然条件及经营管理条件下平均亩产量的稳定性等。

本章案例思考4-1中对2020年东京奥运会女子10米气步枪决赛成绩稳定性的评价就可以利用标志变异指标进行分析。中国运动员杨倩的第一阶段成绩排在第一位，第二阶段总成绩147.1环，高出排名第二的俄罗斯奥运队选手加拉申娜0.4环，且杨倩第二阶段各组成绩差异也小于加拉申娜，杨倩成绩的全距为1.2，而加拉申娜成绩的全距为1.9。因此，杨倩不仅具有强大的射击实力，而且在比赛中发挥稳定。

第四节　偏态与峰度

集中趋势和离散程度是数据分布的两个重要特征，但要全面了解数据分布的特点，还需要知道数据分布的形状是否对称、偏斜的程度以及分布的扁平程度等。偏态和峰度就是对这些分布特征的进一步描述。

一、偏态的含义及其测定

（一）偏态的含义

所谓偏态，是指次数分布的非对称程度。它和算术平均数与标准差一样，也是次数分布的一个数量特征。偏态通常分为两种，即右偏态（或正偏态）与左偏态（或负偏态）。它们是与对称分布相比较而言的。在对称分布的情况下，算术平均数与中位数和众数是合而为一的。在偏态分布的情况下算术平均数与中位数和众数是分离的。如果众数在左边，算术平均数在右边，即极端数值在右边，次数分布曲线向右延伸，则称为右偏态。右偏态，算术平均数的数值较大，众数的数值较小，算术平均数与众数之差为正值，故右偏态又称为正偏态。如果众数在右边，算术平均数在左边，即极端数值在左边，次数分布曲线向左延伸，称为左偏态。左偏态，算术平均数的数值较小，众数的数值较大，算术平均数与众数之差为负值，故左偏态又称为负偏态。

（二）偏态的测定方法

在统计中用偏态系数来反映分布的对称程度。测定偏态的方法一般有三种，即Pearson偏态测定法、四分位差与中位数比较法和动差法。

1. Pearson 偏态测定法

Pearson 偏态测定法利用算术平均数与众数之间的关系或算术平均数与中位数之间的关系来测定偏态。如图 4-4 所示。

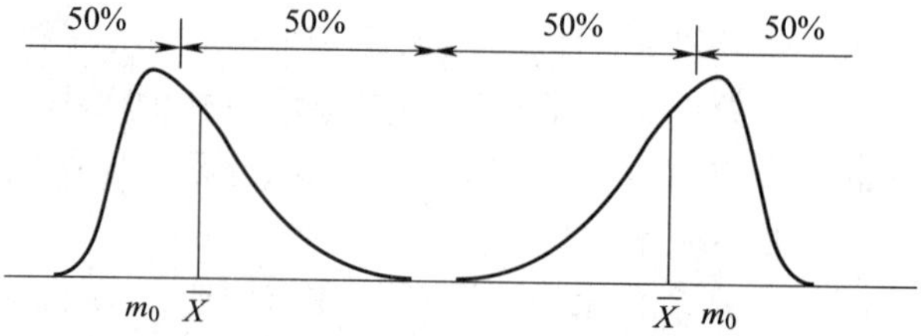

图 4-4　偏态分布

前面指出，在对称分布的情况下，算术平均数与众数、中位数合而为一；在非对称分布中，算术平均数与众数、中位数相互不同。其中，算术平均数与众数分居两边，中位数介于二者之间。因而，算术平均数与众数之间的距离，称为偏态绝对量，就可以作为测定偏态的一个尺度。偏态绝对量的计算公式如下：

$$偏态绝对量=算术平均数-众数 \tag{4-37}$$

算术平均数与众数之间的距离越大，偏态的绝对量就越大，表示次数分布的非对称程度越大；算术平均数与众数之间的距离越小，偏态的绝对量就越小，表示次数分布的非对称程度越小。偏态绝对量是以原有数列的单位为计量单位，因而不同单位的数列，偏态绝对量就具有不同的单位。同时，对于不同的次数分布，偏态绝对量即使具有相同的计量单位也往往具有不同的含义。因而，利用偏态绝对量，不能直接对比不同数列偏态程度。为了使不同数列的偏态数值能够相互对比，就需要计算偏态相对数，它是偏态绝对量与其标准差之比，也称为 Pearson 偏态系数。其计算公式为：

$$SK=\frac{\overline{X}-m_0}{\sigma} \tag{4-38}$$

式中，SK 表示 Pearson 偏态系数。

算术平均数大于众数时，SK 为正值，分布属于正偏态；当算术平均数小于众数时，SK 为负值，分布属于负偏态；当算术平均数与众数相等时，SK 为零，分布为对称。

【例 4-23】　某市 2020 年个体工商业户每月利润算术平均数为 24 万元，众数为 17.5 万元，标准差为 12.71 万元，试计算偏态系数。

$$SK=\frac{\overline{X}-m_0}{\sigma}=\frac{24-17.5}{12.71}=0.51$$

它表示该市个体工商户每月利润的分布为右偏态，众数对算术平均数的偏态系数为 0.51。

2. 四分位差与中位数比较法

在次数分布为完全对称的条件下，第一个四分位数与中位数的距离正好等于第三个四分位数与中位数的距离。在非对称分布的条件下，Q_1 与中位数的距离和 Q_3 与中位数的距离不再相等，右偏时，Q_1 接近中位数；左偏时，Q_3 接近中位数，因而，偏态的绝对数为：

$$偏态的绝对数=(Q_3-m_e)-(m_e-Q_1)=Q_1+Q_3-2m_e \tag{4-39}$$

为了便于不同数列偏态程度的对比，须将此偏态的绝对数与四位差或四分位全距进行对比，化为相对指标，即偏态系数 SK，用公式表示为：

$$SK=\frac{Q_1+Q_3-2m_e}{\frac{Q_3-Q_1}{2}} \tag{4-40}$$

或

$$SK=\frac{Q_1+Q_3-2m_e}{Q_3-Q_1} \tag{4-41}$$

在上列两个公式中，前一个公式的 SK 的取值范围在±2 之间；后一个公式 SK 的取值范围在±1 之间。以后一个公式为例，当 $SK=0$ 时，表示对称分布；$SK>0$ 为右偏，$SK=+1$ 为极右偏；$SK<0$ 为左偏，$SK=-1$ 为极左偏。

仍以表 4-10 的数据为例，中位数 $m_e=687.04$ 万元，第一个四分位数 $Q_1=411.86$ 万元，第三个四分位数 $Q_3=925$ 万元，将上述数据代入公式：

$$SK=\frac{Q_1+Q_3-2m_e}{Q_3-Q_1}=-0.073$$

SK 为负值，说明该地区彩电销售额的分布呈左偏分布，其偏态系数为-0.073。

3. 动差法

动差法计算偏态的公式如下。

在未分组数据情况下：

$$\alpha_3=\frac{\sum_{i=1}^{n}(X_i-\overline{X})^3}{n\sigma^3} \tag{4-42}$$

在分组数据情况下：

$$\alpha_3=\frac{\sum_{i=1}^{n}(X_i-\overline{X})^3 f_i}{\sum_{i=1}^{n}f_i\sigma^3} \tag{4-43}$$

式中，α_3 表示偏态系数；σ_3 是标准差的三次方。

可以看出，上式是变量值离差三次方的算术平均数再除以标准差的三次方。当分布对称时，离差三次方后正负离差可以互相抵消，因而 α_3 的分子为零，则 α_3 也为零。而当分布不对称时，正负离差不能抵消，就形成正或负的偏态系数 α_3。

当 $\alpha_3=0$ 时，次数分布为对称分布；当 $\alpha_3<0$ 时，次数分布为左偏态；当 $\alpha_3>0$ 时，次数分布为右偏态。

【例 4-24】 在媒体调查中，某电视台黄金时间的电视节目收视率如表 4-17 所示，试根据表 4-17 资料计算电视节目收视率的算术平均数、标准差、偏态系数。

表 4-17 电视节目收视率偏态及峰度计算表

家庭编号	收视率 X（%）	$X-30$	$(X-30)^2$	$(X-30)^3$	$(X-30)^4$
1	15	-15	225	-3 375	50 625
2	16	-14	196	-2 744	38 416

续表

家庭编号	收视率 X（%）	$X-30$	$(X-30)^2$	$(X-30)^3$	$(X-30)^4$
3	22	-8	64	-512	4 096
4	23	-7	49	-343	2 401
5	26	-4	16	-64	256
6	28	-2	4	-8	16
7	29	-1	1	-1	1
8	31	1	1	1	1
9	32	2	4	8	6
10	33	3	9	27	1
11	34	4	16	64	256
12	42	12	144	1 728	20 736
13	44	14	196	2 744	38 416
14	45	15	225	3 375	50 625
合计	420	0	1 150	900	205 942

$$\overline{X}=\frac{\sum_{i=1}^{n}X_i}{n}=\frac{420}{14}=30$$

$$\sigma=\sqrt{\frac{\sum_{i=1}^{n}(X_i-\overline{X})^2}{n}}=\sqrt{\frac{1\ 150}{14}}=9.063$$

$$\alpha_3=\frac{\sum_{i=1}^{n}(X_i-\overline{X})^3}{n\sigma^3}=\frac{900}{14\times 9.063^3}=0.086$$

上面三个测定指标表明，14 个媒体消费者平均的收视率为 30%，以 9.063%为平均离散程度，其分布形态为右偏态，说明存在着一些这个时段的重度消费者。

二、峰度的含义及其测定

（一）峰度的含义

峰度是次数分布的另一个数量特征。这个特征是：某种次数分布与正态分布相比较，是尖顶还是平顶，其尖顶或平顶的程度如何，峰度是次数分布曲线顶端的尖峭程度，如图 4-5 所示。

峰度通常分为三种：正态峰度、尖顶峰度和平顶峰度。当次数分布比较集中于众数的位置，使次数分布较正态分布来说较为隆起的，属于尖顶峰度，如图 4-5 中（a）所示。当次数分布对众数来说较为分散，使次数分布更为平滑的，属于平顶峰度，如图 4-5 中（b）所示。当次数分布完全符合正态分布时，其次数与正态分布完全相同，属于正态峰度。

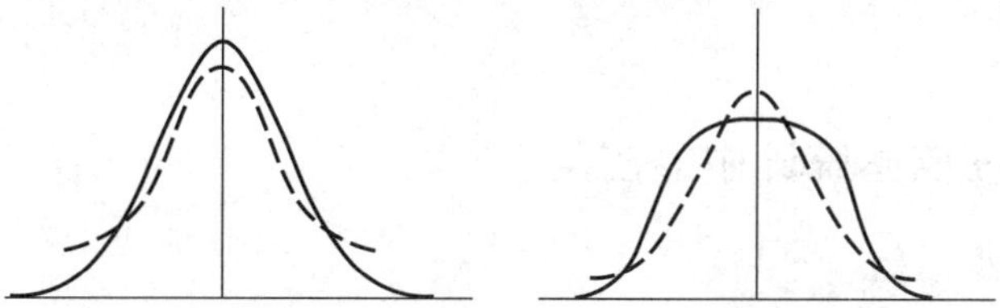

图 4-5　峰度

（二）峰度的测定方法

测定峰度一般常用峰度系数。峰度系数是以算术平均数为中心的离差的四次方的算术平均数，再除以标准差的四次方，即：

在未分组数据的情况下：

$$\alpha_4 = \frac{\sum_{i=1}^{n}(X_i - \overline{X})^4}{n\sigma^4} \tag{4-44}$$

在分组数据的情况下：

$$\alpha_4 = \frac{\sum_{i=1}^{n}(X_i - \overline{X})^4 f_i}{\sum_{i=1}^{n} f_i\sigma^4} \tag{4-45}$$

式中，α_4 是峰度系数。

峰度系数除以标准差的四次方是为了将数值换成相对数。当 $\alpha_4=3$ 时，次数分配为正态曲线；当 $\alpha_4<3$ 时，次数分配为平顶曲线；当 $\alpha_4>3$ 时，次数分配为尖顶曲线。

如上例，可计算峰度系数如下：

$$\alpha_4 = \frac{\sum_{i=1}^{n}(X_i - \overline{X})^4}{\sum_{i=1}^{n} f_i\sigma^4} = \frac{205\ 942}{14\times 9.063^4} = 2.180$$

上面峰度系数说明电视节目收视率的分布形态为平顶曲线。

【知识拓展 4-3】

实际数据中有些变量的分布会呈现出偏斜有极值的现象，如收入、销售额等变量。Box-Cox 变换是博克斯和考克斯在 1964 年提出的一种广义幂变换方法，是统计建模中常用的一种数据变换，用于连续变量。Box-Cox 变换可以明显地改善数据的偏态、非正态等特征，对许多实际数据都是行之有效的。Box-Cox 变换的主要特点是引入一个参数，通过数据本身估计该参数进而确定应采取的数据变换形式。

第五节　课程实验

一、Excel 软件在描述统计中的应用

以例 4-24 中的数据为例。

Excel 操作步骤如下：

（1）输入数据，如图 4-6 所示。

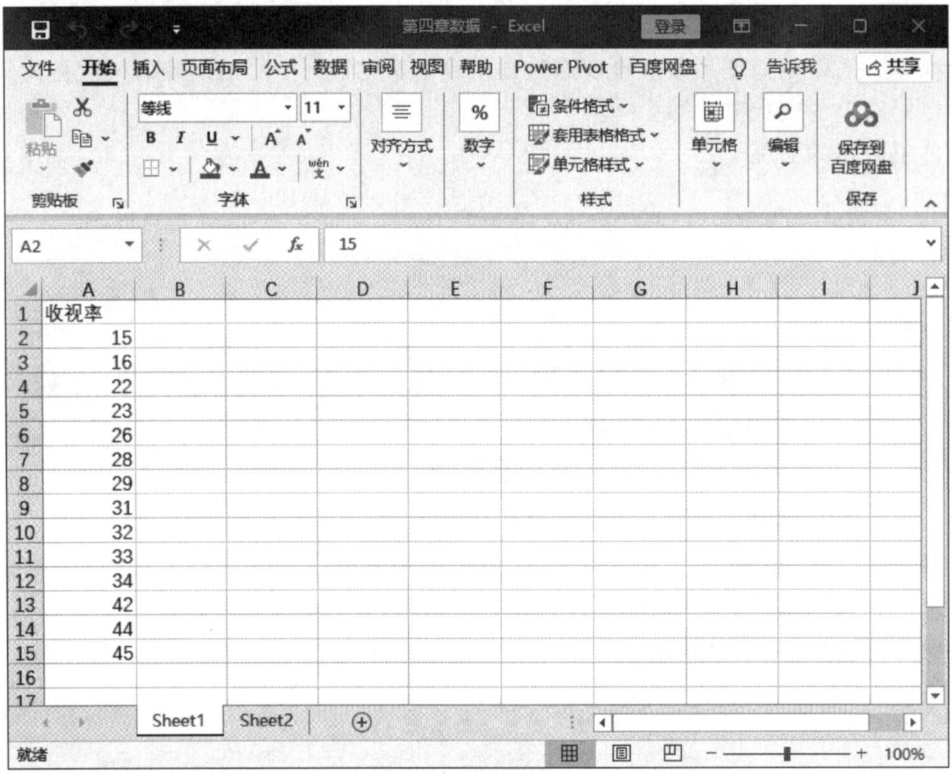

图 4-6　数据工作表

（2）在主菜单中选择“数据”中的“数据分析”选项，如图 4-7 所示，弹出一个“数据分析”对话框，如图 4-8 所示；选择“描述统计”选项，然后单击“确定”按钮，弹出一个“描述统计”对话框，如图 4-9 所示。

图 4-7　数据分析位置

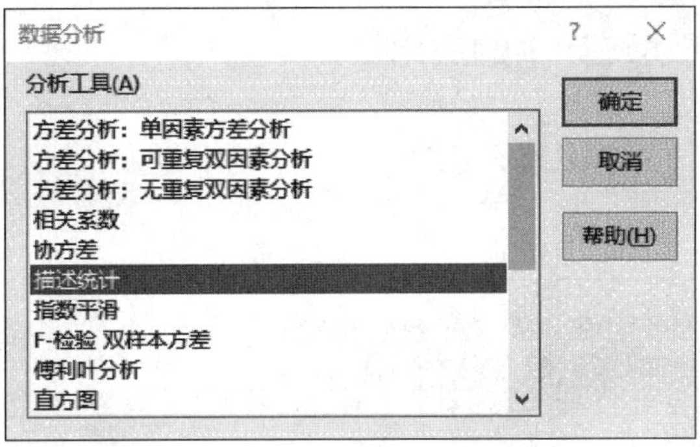

图 4-8　描述统计位置

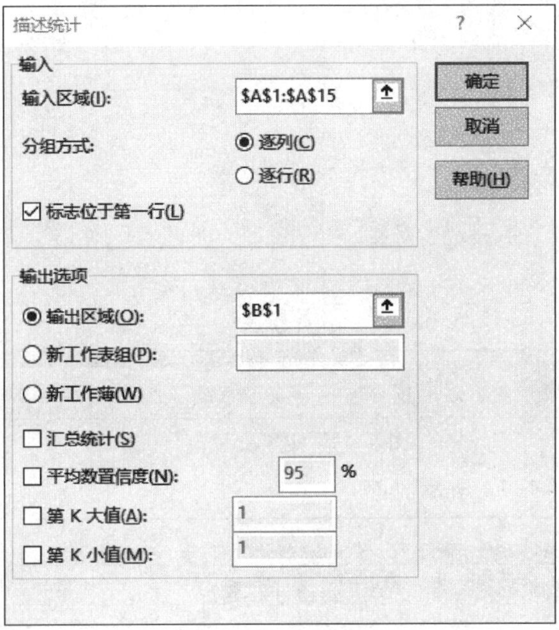

图 4-9　描述统计对话框

在“输入区域”方框内键入 $A$1：$A$15，由于所选范围包括一个标志名称，因此单击“标志位于第一行”复选框；单击“输出区域”项，并在其后框中输入“$B$1”，这是输出结果的左上角起始位置；单击“汇总统计”，该选项给出全部描述统计量；单击“确定”按钮，结果如图 4-10 所示。

	A	B	C
1	收视率	收视率	
2	15		
3	16	平均	30
4	22	标准误差	2.513699
5	23	中位数	30
6	26	众数	#N/A
7	28	标准差	9.405399
8	29	方差	88.46154
9	31	峰度	-0.6203
10	32	偏度	0.097077
11	33	区域	30
12	34	最小值	15
13	42	最大值	45
14	44	求和	420
15	45	观测数	14

图 4-10　描述统计结果

注意：① 描述统计计算结果中的“区域”存在翻译误差，这里是指“全距”。② 这里峰度值是-0.620，与前面的计算结果不同，原因是软件用的峰度公式与本章介绍的峰度公式有差别。③ 这里的标准差是 9.405，与前面的计算结果不同，原因是软件用的公式与本章介绍的标准差公式有差别，存在同样问题的还有偏度。

二、SPSS 软件在描述统计中的应用

以例 4-24 中的数据为例。

SPSS 操作步骤如下：

（1）定义变量，如图 4-11 所示。

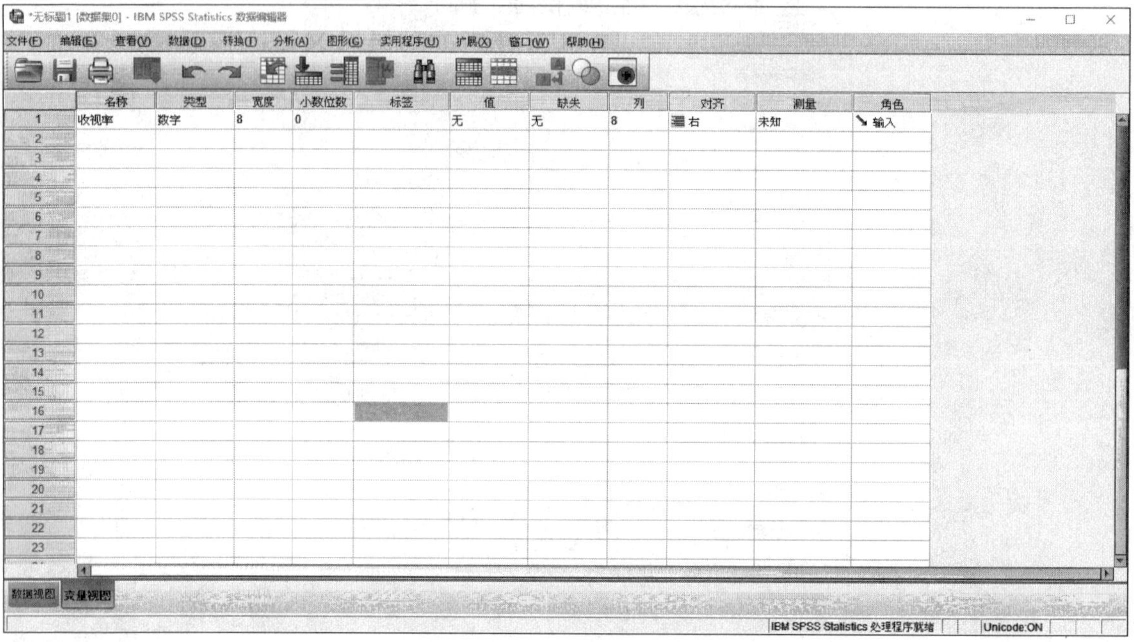

图 4-11 定义变量窗口

（2）输入数据，如图 4-12 所示。

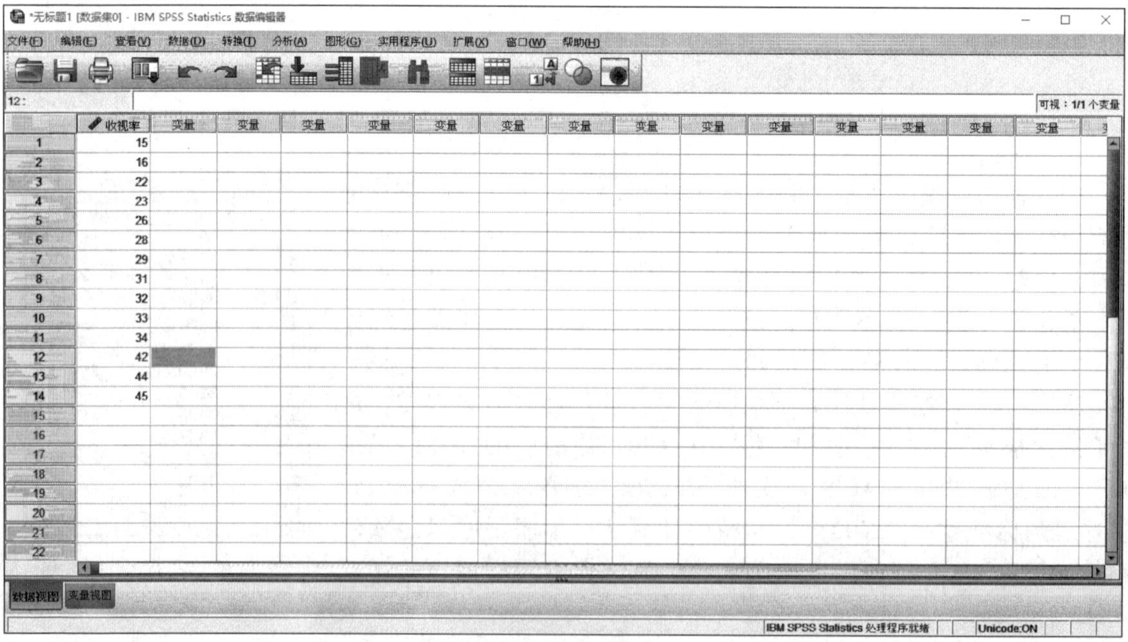

图 4-12 数据输入窗口

（3）从主菜单的“分析（A）”开始，依次点击“分析（A）”→“描述统计（E）”→“频率（F）”，如图4-13所示，弹出一个对话框，如图4-14所示。SPSS软件对描述统计有两种方法：一种是通过频率分析（F）过程得到，另一种是直接用描述统计分析（D）得到。这里用第一种方法。

图4-13　通过频率分析的描述统计位置

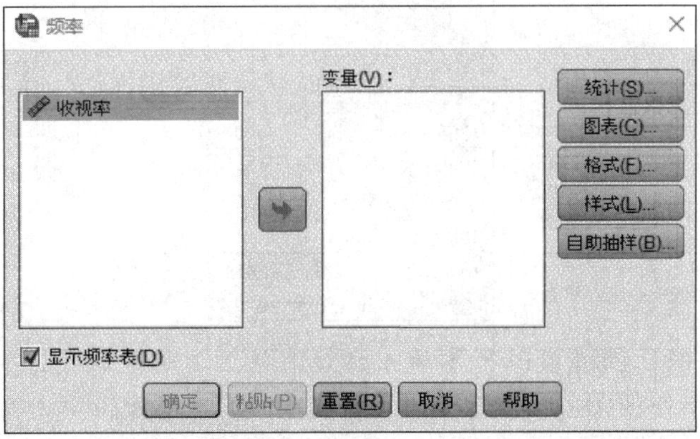

图4-14　描述统计位置对话框

（4）将左侧变量选到“变量（V）”框中，单击右方“统计”按钮，弹出一个描述统计内容对话框，如图4-15所示。选择所需要的内容，包括平均值（M）、中位数（D）、众数（O）、总和（S）、标准差（T）、最小值（I）、方差（V）、最大值（X）、范围（N）、标准误差平均值（E）、偏度（W）、峰度（K）；然后单击“继续（C）”按钮，单击“确定”，结果如图4-16所示。

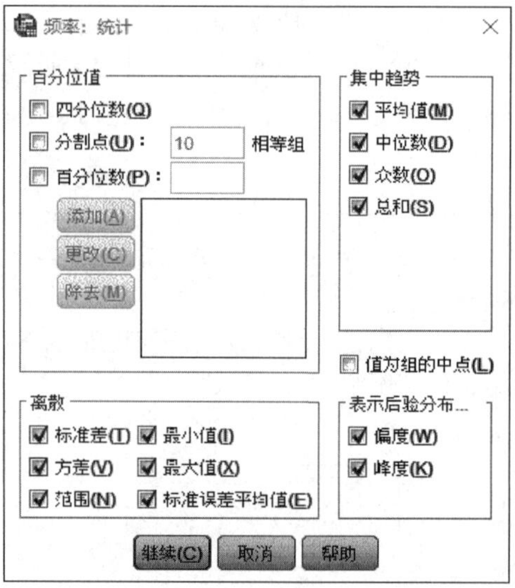

图 4-15　描述统计内容对话框

统计

收视率

个案数	有效	14
	缺失	0
平均值		30.00
平均值标准误差		2.514
中位数		30.00
众数		15[a]
标准 偏差		9.405
方差		88.462
偏度		.097
偏度标准误差		.597
峰度		-.620
峰度标准误差		1.154
范围		30
最小值		15
最大值		45
总和		420

a. 存在多个众数。显示了最小的值。

图 4-16　描述统计输出结果

注意：Excel 软件和 SPSS 软件计算结果一致，与前面书中给出的计算结果有出入。峰度值是-0.620，与 Excel 计算结果一致，但与前面书中给出的计算结果不同，原因是计算公式不一致。存在同样问题的还有标准差和偏度。

本章小结

统计指标按其作用和表现形式可以分为总量指标、相对指标、平均指标，本章介绍了三类指标的含义、特点、算法。

1. 总量指标

总量指标是表明社会经济现象在一定的时间、地点、条件下的规模或水平的统计指标。按其反映的时间状况不同可分为时期指标和时点指标。按其反映的内容不同，可以分为个体单位总量和总体变量总量。总量指标计量单位有实物量单位、价值量单位两种表现形式。

2. 相对指标

相对指标是两个相互联系的指标数值的比率。它是用来说明现象间所固有的数量对比关系的综合指标。一般用系数、倍数、成数、百分数、千分数、万分数表示。

相对指标有计划完成相对指标、结构相对指标、比例相对指标、比较相对指标、强度相对指标、动态相对指标六种。

3. 集中趋势

集中趋势是指一组数据向某一点集中的情况，反映了数据的一般水平。测定集中趋势也就是寻找数据一般水平的代表值。

常用的测定方法有两大类。数值平均数是根据所有变量值来计算的，如算术平均数、调和平均数、几何平均数等。位置平均数根据总体中处于特殊位置上的个别单位或部分单位的标志值来确定的代表值，如中位数、众数。

算术平均数、中位数、众数这三种平均指标，由于含义不同，受极值影响的程度不同，受非对称分布的影响程度也是不同的。

4. 离中趋势

离中趋势是反映总体次数分布中各变量值的变动范围或离散程度的综合指标。

常用的测定方法有全距、平均差、标准差、四分位差、异众比率、标准分数、变异系数。

5. 偏态与峰度

偏态是指次数分布的非对称程度。测定偏态的方法一般有三种，即 Pearson 偏态测定法、四分位差与中位数比较法和动差法。

峰度是次数分布曲线顶端的尖峭程度。测定某种次数分布与正态分布相比较，是尖顶，还是平顶，其尖顶或平顶的程度如何，测定峰度一般常用峰度系数。

三 本章知识结构图

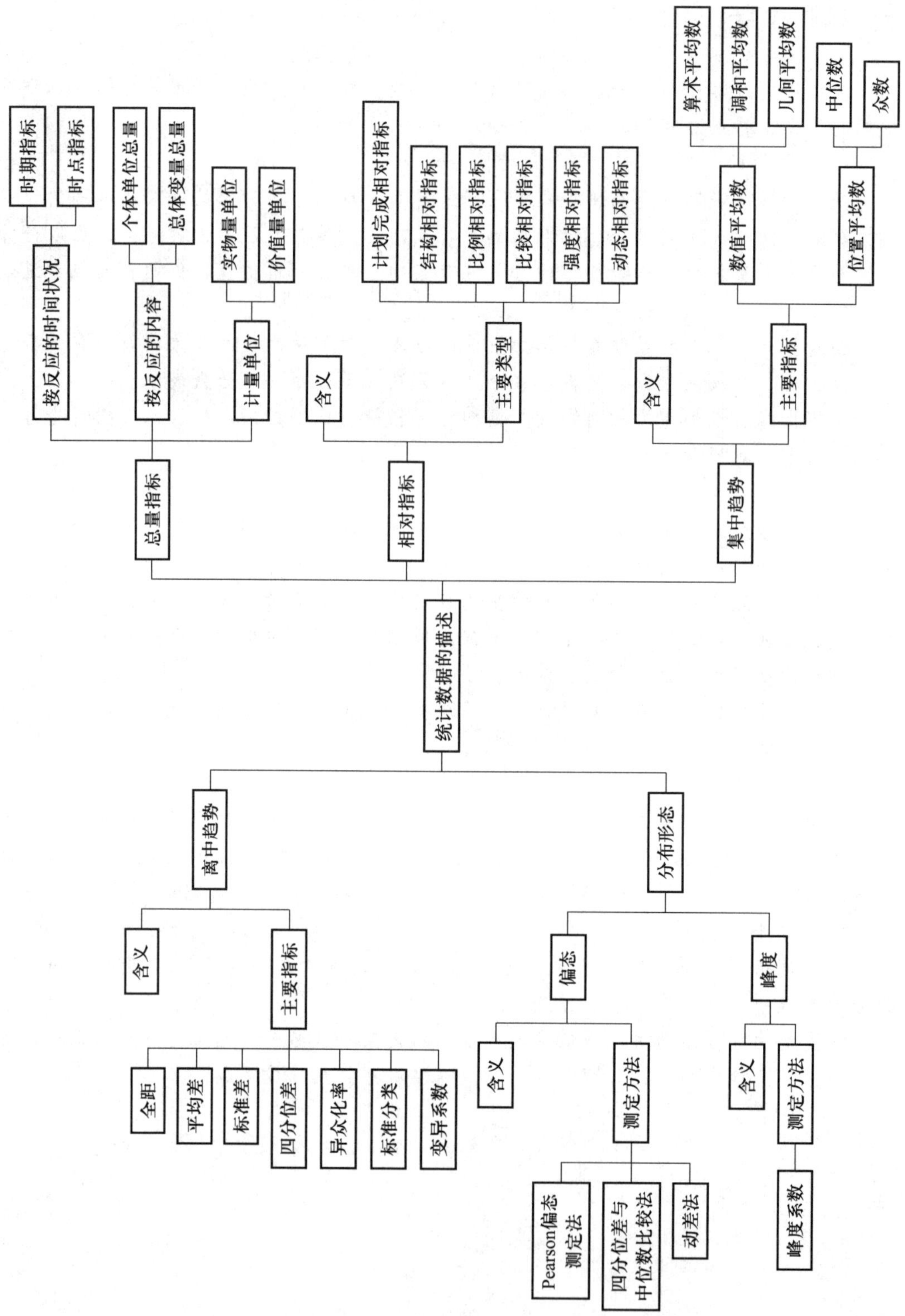
统计数据的描述
总量指标
按反应的时间状况
时期指标
时点指标
按反应的内容
个体单位总量
总体变量总量
计量单位
实物量单位
价值量单位
相对指标
含义
主要类型
计划完成相对指标
结构相对指标
比例相对指标
比较相对指标
强度相对指标
动态相对指标
集中趋势
含义
主要指标
数值平均数
算术平均数
调和平均数
几何平均数
位置平均数
中位数
众数
离中趋势
含义
主要指标
全距
平均差
标准差
四分位差
异众化率
标准分类
变异系数
分布形态
偏态
含义
测定方法
Pearson偏态测定法
四分位差与中位数比较法
动差法
峰度
含义
测定方法
峰度系数

本章思考题

1. 时期指标与时点指标的区别是什么?
2. 各种相对指标的使用条件是什么?
3. 百分比和百分点的区别是什么?
4. 如何测定总体分布的特征?
5. 算术平均指标的性质有哪些?
6. 为什么要使用标准差系数?
7. 测定偏态和峰度有何意义?

测一测

第五章 抽样与参数估计

知识目标

- 了解抽样推断的基本问题和理论基础
- 理解抽样分布的概念和常用统计量
- 理解参数估计的基本概念和估计量的优良标准
- 掌握区间估计的基本原理
- 了解分层抽样、整群抽样、等距抽样、多阶段抽样的概念和特点

能力目标

- 掌握总体参数的估计方法
- 掌握样本容量的确定方法

重点难点

- 大数定律和中心极限定理的内容和推导方法
- 总体均值、总体比率的区间估计方法以及样本容量的计算

案例思考 5-1

激光扫描估计鱼量

工程师要设计用于商业养鱼的水池，需尽量减少水的使用量和所需的养殖量来确保养鱼收益。设计良好鱼池的一个关键是要对池中的养鱼量进行可靠估计，某项研究中使用激光扫描技术来估计鱼类生物量。为了进行试验，在鱼池中饲养 50 条多宝鱼，随机选择四个位置进行激光扫描，并测量每个位置的鱼层量（千克）。四次激光扫描测得的均值为 240 千克、标准差为 15 千克。如何根据这些信息来推断平均鱼层量的真实值？

案例思考 5-2

2022 年初国内房价的调查

在“房住不炒”相关政策支持下，2022 年楼市走向何方？中国人民银行开展了一项置业调查，经过对全国 50 个城市的 2 万户城镇储户进行问卷调查。调查结果显示：对于第四季度房价，14.8%的居民预期“上涨”，56.6%的居民预期“基本不变”，16.3%的居民预期“下降”，12.3%的居民“看不准”。

与网络调查相比，国家统计局则将住宅分为新建商品住宅及二手住宅，住宅价格的调查范围为全国 70 个大中城市的市辖区，不包括县。新建商品住宅销售价格调查为全面调查，基础数据直接采用当地房地产管理部门的网签数据；二手住宅销售价格调查为重点调查和典型调查相结合，基础数据来源于房地产经纪机构上报、相关部门提供和调查员实地采价。分析结果表明：70 个大中城市中商品住宅销售价格下降城市个数增加，各线城市商品住宅销售价格环比下降或持平，一线城市新建商品住宅和二手住宅销售价格同比涨幅一落一升，二三线城市降幅扩大。

两种调查方式的主要区别是什么？哪一种调查更具有代表性呢？

第一节　抽样推断的基本问题

20 世纪以来，科学和技术迅猛发展，人类的经济和社会生活都发生了巨大的变化。生产的专业化、产品的标准化和劳动利用的综合化等一切活动都以追求最大经济效益为目标。从事活动的规模越大，就越需要对发展计划进行周密的安排，而计划的设计、实施以及对未来成效的评估，不论工业、商业或其他经济活动，都不可缺少地要以客观资料作为依据。当总体较大，或者当调查具有破坏性的实验活动时，使用抽样推断的方法比较科学。抽样推断已成为当今最重要的统计调查和分析方法之一，它广泛用于社会、经济、科技、自然等各个领域。

扫描二维码
观看慕课视频

一、抽样推断的概念、特点及作用

（一）抽样推断的概念

抽样推断是按照随机原则，从研究总体的所有单位中，抽取部分单位作为样本，然后以样本的观测或调查结果对总体的数量特征做出具有一定可靠程度和精度估计的方法。例如，从某地消费者中，通过随机抽样抽取若干消费者进行消费水平的实测，以此推断该地区居民的平均消费水平；工厂在生产过程中以及商家在进货验收过程中常抽取一定数量的产品，检验其质量并以此推断全部产品质量的优劣；商家抽取一部分消费者，了解其消费需求及爱好；网络对央视春晚观众进行调查，了解广大群众对春晚的评价等。可见，抽样推断既是收集统计资料的方法，也是对调查对象进行科学估计和推断的方法。

（二）抽样推断的基本特点

1. 在调查单位的选取上遵循随机原则

遵循随机原则从总体中抽取样本单位，是抽样调查的基本要求，也是抽样推断的基本特点。

所谓随机原则，就是在抽选样本时排除主观上有意识地抽选调查单位，使总体每个单位都有相同的机会被抽中。这里需说明的是，随机并不是“随便”，随机是有严格的科学含义的，可用概率来描述；而“随便”带有一定人为或主观的因素，它不是一个科学的概念。随机原则一般要求总体中每个单位均有一个相等的概率被抽中。

坚持随机原则是因为，如果总体中每一单位都有一定机会被抽中，那么就有较大的可能性使所抽选的样本保持与总体有相类似的结构，这样样本的代表性就比较大，抽样的误差也就小了。而且，只有在随机原则下，抽样误差的分布才有可能加以描述，抽样误差的范围才可以事先加以计算和控制。

2. 以样本的数量特征去推断总体的数量特征

抽样推断的目的是要达到对总体数量特征的认识，在资料的获取上不同于全面调查，也与其他非全面调查有着显著区别。全面调查，如普查、全面统计报表制度，虽可以达到对总体的认识，但却没有非全面调查省时、省力的优点；其他非全面调查，如重点调查、典型调查，虽然具有省时、省力的特点，但却又未必能在数量上推断总体，达到对总体认识的效果。抽样调查不仅具有省时、省力的特性，而且还能认识总体的数量特征，因此就决定了抽样调查是一种科学的、行之有效的调查方法。

3. 抽样误差可以事先计算并加以控制

抽样推断是用样本的数量特征去估计总体的数量特征，由于样本单位的分布不能完全接近总体单位的分布，因此，在抽样推断过程中会产生一定的由随机因素引起的代表性误差，即抽样误差。抽样误差是不能避免的，但事先可以通过一定的统计方法估计和计算抽样误差，并且能通过各种有效的办法把抽样误差控制在某一最低限度或控制在某一需要的范围内。抽样调查的科学性，也正体现在对抽样估计和推断的结论能够提供客观的可以控制的精确度和可靠程度。

（三）抽样推断的作用

1. 适宜无限总体或总体单位特别多的总体

有些现象无法进行全面调查，但为了测算总体情况，必须进行抽样调查。如对无限总体的调查、破坏性调查以及在理论上可以全面调查但实际上有困难的调查等。

2. 可以对全面调查的结果进行检查和修正

全面调查涉及面宽，工作量大，参加人员多，调查结果容易出现各种差错。因此，在全面调查（如人口普查）之后进行抽样复查，根据复查结果计算差错率，并以此为依据检查和修正全面调查结果，可以提高全面调查的质量。

3. 可用于生产过程的质量控制

在产品成批或大量连续生产的过程中，利用抽样调查可以及时提供产品质量信息，进行质量控制，保证生产质量稳定。

二、抽样推断的基本概念

（一）总体

总体又称全及总体或母体，是指所要调查研究的对象的全体。在抽样调查中，总体是唯一确定的。总体内包含的单位多少称为总体单位数，一般用符号 N 表示。

根据被研究变量的性质不同，总体还可分为数量总体和属性总体两种。被研究的是数量变量的总体为数量总体，如研究学习成绩水平的学生总体；被研究的是属性变量的总体为属性总体，如研究文化程度的居民总体。对于同一总体，有时是数量总体，有时是属性总体，有时则两者皆是。例如，居民住户总体，当研究的是居民住户的收入水平、消费水平等数量变量时，是数量总体；当研究的是拥有计算机、汽车户数比重等属性变量时，是属性总体；当以上变量都进行研究时，则既是数量总体，又是属性总体。

反映总体数量特征的指标为总体指标或总体参数。从理论上说，它是由被抽样总体各单位的变量值或变量特征计算而成的。

1. 数量总体的总体指标

对于数量总体，设某单位的变量值为 $X_i(i=1, 2, \cdots, N)$，则总体指标有：

总体均值：

$$\mu = \frac{\sum_{i=1}^{N} X_i}{N} \tag{5-1}$$

总体方差：

$$\sigma^2 = \frac{\sum_{i=1}^{N} (X_i - \mu)^2}{N} \tag{5-2}$$

总体标准差：

$$\sigma = \sqrt{\frac{\sum_{i=1}^{N} (X_i - \mu)^2}{N}} \tag{5-3}$$

2. 属性总体的总体指标

对于属性总体，设总体中具有某种属性特征的单位数为 N_1，其他单位数为 N_0，总体单位数 $N=N_1+N_0$，则总体指标有：

总体比率：

$$\pi = \frac{N_1}{N},\ 1-\pi = \frac{N_0}{N} \tag{5-4}$$

总体方差：

$$\sigma^2 = \pi(1-\pi) \tag{5-5}$$

总体标准差：

$$\sigma = \sqrt{\pi(1-\pi)} \tag{5-6}$$

很显然，对于某个固定总体而言，总体指标的值是唯一确定的，是不变的量。但在抽样调查中，上述总体指标的值都是未知的，需要经过抽样调查进行估计和推断。

（二）样本

样本也称子样，是指从被调查的总体中按照随机原则抽取，并要对其进行调查或观察的部分单位所组成的集合体。样本是总体的缩影，是总体的代表。以样本的调查或观察结果来推断总体的数量特征，是抽样调查的目的。

一个样本所包含的单位数称样本容量，用符号 n 表示。从总体中可能抽取的全部样本数目称为可能样本个数。对于一个总体，从中所抽取的样本是随机的，不是唯一的。

来自总体的样本，自然包含了有关总体分布的信息。适当而有效地利用这些信息，就能对总体分布做出尽可能好的推断。在统计推断理论中，常采用对不同的问题构造不同的样本函数的方法，来汇集（浓缩）样本中与总体分布有关的各种信息，以用于对总体分布做出分析推断。这种样本的函数就称为统计量，统计量中不能含有未知参数。

与总体相对应，表示样本数量特征的指标称为样本指标或样本统计量，它由样本各单位的标志值或标志特征计算而成。

1. 数量样本的样本指标

设（X_1，X_2，…，X_n）是来自总体 X 的样本，则样本指标有：

在未分组情况下，样本均值：

$$\overline{X}=\frac{\sum_{i=1}^{n}X_i}{n} \tag{5-7}$$

在分组情况下，样本均值：

$$\overline{X}=\frac{\sum_{i=1}^{n}X_i f_i}{\sum_{i=1}^{n}f_i} \tag{5-8}$$

在未分组情况下，样本方差：

$$S^2=\frac{\sum_{i=1}^{n}(X_i-\overline{X})^2}{n-1} \tag{5-9}$$

在分组情况下，样本方差：

$$S^2=\frac{\sum_{i=1}^{n}(X_i-\overline{X})^2 f_i}{\sum_{i=1}^{n}f_i-1} \tag{5-10}$$

在未分组情况下，样本标准差：

$$S=\sqrt{\frac{\sum_{i=1}^{n}(X_i-\overline{X})^2}{n-1}} \tag{5-11}$$

在分组情况下，样本标准差：

$$S=\sqrt{\frac{\sum_{i=1}^{n}(X_i-\overline{X})^2 f_i}{\sum_{i=1}^{n}f_i-1}} \tag{5-12}$$

2. 属性样本的样本指标

样本比率：

$$p=\frac{n_1}{n},\quad q=\frac{n_0}{n} \tag{5-13}$$

样本方差：

$$S^2=p(1-p) \tag{5-14}$$

样本标准差：

$$S=\sqrt{p(1-p)} \tag{5-15}$$

由于样本非唯一确定，不同样本的样本指标值不同，因而样本指标是随机变量，其取值随样本不同而不同。

（三）自由度

在统计学中经常会遇到“自由度”这个概念，所谓自由度是指不受任何约束，可以自由取值的变量的个数。例如，有 4 个变量 X_1，X_2，X_3，X_4，它们的和是 20，即 $X_1+X_2+X_3+X_4=20$，这是一个限制条件，此时，有 3 个变量可以自由取值，由于只有一个限制条件，那么可以自由取值的变量的个数是 4-1=3，即自由度为 3。样本方差用自由度去除，其原因可从多方面解释，从实际应用的角度来看，在抽样估计中，用样本方差 S^2 估计总体方差 σ^2 时，S^2 是 σ^2 的无偏估计量。

三、抽取样本的方法

抽取样本的目的是对总体情况进行推断，人们自然希望抽取出来的样本尽可能好地反映总体的情况，这就要对抽样方法提出一定的要求。根据样本单位是否可以重复抽取，抽样方法可以分为重复抽样与不重复抽样。

（一）重复抽样

重复抽样也称重置抽样。它在抽取样本单位时的过程为：设从总体 N 中随机抽取一个容量为 n 的样本，每次从总体中抽取一个样本单位，连续进行 n 次抽取，构成一个样本。而对每次抽取的一个样本单位，经过调查观测后，将该单位重新放回总体，这样在下一次的抽样中该样本单位仍有可能再次被抽中。因而，对于含有 N 个单位的总体，每个单位被抽中的概率均为$\frac{1}{N}$。

（二）不重复抽样

不重复抽样也称不重置抽样，它是从总体 N 中抽取一个容量为 n 的样本，该样本也是由连续 n 次抽取的结果构成的，但每次抽中的样本单位经调查观测后搁置一边，不再放回总体，因此在下一次抽取样本单位时不会再抽到前面已抽中过的样本单位。每抽取一次，总体单位就减少一个，每次抽取结果都影响着下一次的抽取情况，每个单位被抽中的概率在各次中是不同的。

四、抽样推断的理论基础

抽样推断是建立在概率论的大数定律和中心极限定理基础上的。大数定律是阐明大量随机现象平均结果稳定性的一系列定理的总称。它说明如果被研究的总体是由大量相互独立的随机因素所构成，而且每个因素对总体的影响都相对的小，那么对这些大量因素进行综合平均后，单一因素的个别影响将相互抵消，而呈现出共同作用的影响，使总体具有稳定的性质。

大数定律证明：随着样本容量 n 的增加，样本均值 $\overline{X}$ 接近于总体均值 μ 的趋势，几乎是具有实际必然性。大数定律论证了样本均值趋于总体均值的趋势，这为抽样调查提供了重要的理论依据。但是，样本均值和总体均值离差究竟有多大？离差不超过一定范围的概率（把握程度或可靠程度）有多大？这个问题要用概率论中的中心极限定理来研究。

中心极限定理论证：如果总体变量存在有限的平均数和方差，那么，不论这个总体的分布如何，随着样本容量 n 的增加，样本均值的分布便趋近正态分布。在现实生活中，一个随机变量服从正态分布的情况未必很多，但是多个随机变量和的分布趋于正态分布则是普遍存在的。样本均值也是一种随机变量和的分布，因此在样本容量 n 充分大的条件下，样本均值也趋近于正态分布，这为抽样误差的概率估计提供了理论基础。

【知识拓展 5-1】

样本均值的抽样分布近似正态时，所要求的样本容量 n 的大小非常依赖于原总体的形状。对于均匀分布和指数分布，小到 $n=25$ 时，样本均值的抽样分布就非常接近正态分布。当总体分布关于均值对称时，可以小到 $n=15$，样本均值的抽样分布是丘形的，且接近正态。另外，如果总体是正态分布，那么不管样本量的大小，样本均值的抽样分布仍是正态分布。事实上，作为一般的经验法则，对于应用中心极限定理，$n \geqslant 30$ 可以认为是足够大了。

第二节 抽样分布

一、抽样分布的概念

抽样分布是抽样推断的基础。抽样分布是指样本统计量的概率分布。

扫描二维码
观看慕课视频

我们知道，各真实个体的同一项指标的取值是有差异的，因而该项指标在总体中就有一定的分布状况，可以用一个概率分布加以描述，而该项指标也就可以看做服从这一概率分布的随机变量。所以，在统计推断理论中，都用一个随机变量（例如 X）来表示一个总体。在实际问题中，作为总体的随机变量的概率分布往往是未知或部分未知的。这正是要应用统计推断方法加以推断的问题。

从同一个总体中，抽取样本容量相同的所有可能样本后，计算每一个样本统计量的取值和相应的概率，就组成样本统计量的概率分布，简称抽样分布。

【知识拓展 5-2】

我们可以利用概率和概率分布理论，寻找并评价统计量的抽样分布的性质，或者使用一些数学技巧，求出统计量的抽样分布。即使我们不能得到一个统计量的概率分布的精确数学形式，也可以通过计算机模拟抽样分布，或者直接求出它的均值和方差。

二、简单随机样本

如果总体中每个个体被抽到的机会是均等的，并且在每次抽取一个个体之后总体的成分不改变，这样抽取出的个体所构成的样本就能很好地反映总体的情况。基于这种想法抽取的样本，称为简单随机样本。取得简单随机样本的过程，称为简单随机抽样。

怎样才能得到简单随机样本呢？当总体为有限总体时，那么抽样就要用重复抽样；当总体为无限总体时，由于抽取个体后不放回，总体成分几乎不变，因此抽样可以用不重复抽样。

在实际应用中，即使对于有限总体，只要样本容量 n 与总体容量 N 之比 n/N 很小，仍然可以用不重复抽样，所抽到的样本可以当作简单随机样本使用。

三、简单随机抽样的特点

简单随机抽样也称纯随机抽样，是指直接从总体的 N 个单位中完全随机地抽取 n 个单位并使总体中的每一个单位都有同等被抽中的概率的抽样组织形式，是最符合随机原则而又最基本、最简单的抽样组织形式。它适用于均匀总体，即具有某种特征的总体单位均匀地分布于总体的各个部分。简单随机抽样具有以下三个方面特点。

第一，简单随机抽样在理论上最符合随机原则。简单随机抽样保证总体中各个单位被抽中的机会是相等的，均为$\frac{1}{N}$。简单随机抽样遵循这种等可能性原则，为抽样估计、抽样误差的计算提供了重要前提条件。

第二，简单随机抽样是设计其他抽样组织方式的基础。例如设计类型抽样，将总体划分为若干个类或组，而后对各类或组实施简单随机抽样。

第三，简单随机抽样是衡量其他抽样效果的标准。抽样效果首先体现在抽样误差的大小，因此采用抽样设计效果指标（*Deff*）来比较某一抽样形式的方差与简单随机抽样的方差之间的大小，进而说明抽样效果的好坏。

$$\text{抽样设计效果指标}（Deff）=\frac{\text{其他抽样形式的抽样方差}}{\text{简单随机抽样的抽样方差}} \tag{5-16}$$

若 *Deff* 值大于等于 1，即其他抽样形式的抽样方差大于等于简单随机抽样的抽样方差，则抽样估计效果较差；反之，*Deff* 小于 1，则其他抽样形式的抽样估计效果较好。

四、常用统计量的抽样分布

统计量的取值不但和样本容量有关，而且与抽样方法有关。下面根据简单随机样本，分别研究重复抽样的抽样分布和不重复抽样的抽样分布。

（一）样本均值的抽样分布

1. 重复抽样的抽样分布

【例 5-1】 某次调查中 4 个被调查者的月消费额分别为 400 元、500 元、700 元、800 元。设 4 个被调查者构成总体，则总体均值和方差为：

总体均值：

$$\mu=\frac{\sum_{i=1}^{N}X_i}{N}=\frac{400+500+700+800}{4}=\frac{2\ 400}{4}=600\text{（元）}$$

总体方差：

$$\sigma^2=\frac{\sum_{i=1}^{N}(X_i-\mu)^2}{N}=\frac{(400-600)^2+(500-600)^2+(700-600)^2+(800-600)^2}{4}$$

$$=\frac{100\ 000}{4}=25\ 000\text{（元）}$$

总体标准差：

$$\sigma=\sqrt{\frac{\sum_{i=1}^{N}(X_i-\mu)^2}{N}}=\sqrt{25\ 000}=158.1\ (元)$$

用重复抽样的方法，从 4 人中随机抽 $n=2$ 个构成样本，共有 $4^2=16$ 个可能的样本。各样本的月平均消费如表 5-1 所示。

表 5-1　各样本的月平均消费　　　　单位：元

样本变量	400	500	700	800
400	400	450	550	600
500	450	500	600	650
700	550	600	700	750
800	600	650	750	800

从表 5-1 容易看出样本均值及次数，可以整理出样本均值 $\overline{X}$ 的抽样分布，如表 5-2 所示。

表 5-2　样本均值 $\overline{X}$ 的抽样分布

样本月平均消费（元）$\overline{X}$	频数 f	频率	$\overline{X}f$	$(\overline{X}-\mu_{\overline{X}})^2f$
400	1	1/16	400	40 000
450	2	2/16	900	45 000
500	1	1/16	500	10 000
550	2	2/16	1 100	5 000
600	4	4/16	2 400	0
650	2	2/16	1 300	5 000
700	1	1/16	700	10 000
750	2	2/16	1 500	45 000
800	1	1/16	800	40 000
合计	16	1	9 600	200 000

根据以上资料，可以计算样本月平均消费 $\overline{X}$ 抽样分布的均值 $\mu_{\overline{X}}$ 与样本均值的方差 $\sigma_{\overline{X}}^2$。

样本均值 $\overline{X}$ 抽样分布的均值：

$$\mu_{\overline{X}}=\frac{\sum\overline{X}f}{\sum f}=\frac{9\ 600}{16}=600\ (元)$$

样本均值 $\overline{X}$ 抽样分布的方差：

$$\sigma_{\overline{X}}^2=\frac{\sum(\overline{X}-\mu_{\overline{X}})^2 f}{\sum f}=\frac{200\ 000}{16}=12\ 500\ (元)$$

样本均值 $\overline{X}$ 抽样分布的标准差为：

$$\sigma_{\overline{X}}=\sqrt{\frac{\sum(\overline{X}-\mu_{\overline{X}})^2 f}{\sum f}}=\sqrt{12\ 500}=111.8\ (元)$$

由此可见，样本均值 $\overline{X}$ 抽样分布的均值 $\mu_{\overline{X}}$ 等于总体的均值 μ，即：

$$\mu_{\overline{X}}=\mu \tag{5-17}$$

在上例中，两者都等于 600 元。这说明虽然每个样本均值的取值可能与总体均值不同，有一定离差，但从总体来看，所有样本均值平均说来和总体均值是相同的，不再存在离差。

而样本均值 $\overline{X}$ 抽样分布的方差 $\sigma_{\overline{X}}^2$ 不等于总体方差 σ^2，即 $\sigma_{\overline{X}}^2\neq\sigma^2$，样本均值 $\overline{X}$ 抽样分布的方差 $\sigma_{\overline{X}}^2$ 等于总体方差 σ^2 除以样本容量 n，即：

$$\sigma_{\overline{X}}^2=\frac{\sigma^2}{n} \tag{5-18}$$

在上例中，直接用总体方差 σ^2 除以样本容量 n 得：

$$\sigma_{\overline{X}}^2=\frac{\sigma^2}{n}=\frac{25\ 000}{2}=12\ 500\ (元)$$

样本均值 $\overline{X}$ 抽样分布的标准差为：

$$\sigma_{\overline{X}}=\frac{\sigma}{\sqrt{n}} \tag{5-19}$$

在上例中，直接用总体标准差 σ 除以样本容量的平方根 $\sqrt{n}$ 得：

$$\sigma_{\overline{X}}=\frac{\sigma}{\sqrt{n}}=\sqrt{\frac{\sigma^2}{n}}=\sqrt{12\ 500}=111.8\ (元)$$

由正态分布的性质可知，总体 X 的概率分布如果是正态分布，则样本均值 $\overline{X}$ 的抽样分布也是正态分布。因此，由公式 5.17 和 5.18 可知，如果总体 $X\sim N(\mu,\ \sigma^2)$，则样本均值的抽样分布为 $\overline{X}\sim N(\mu,\ \sigma^2/n)$。

若总体 X 不是正态分布，样本均值 $\overline{X}$ 的抽样分布是否仍为正态分布呢？依据中心极限定理：如果总体 X 的均值 μ 和方差 σ^2 是有限的，无论总体服从什么分布，从总体中抽取容量为 n 的样本，只要样本容量 n 足够大，其样本均值 $\overline{X}$ 的抽样分布将近似于均值为 μ、方差为 σ^2/n 的正态分布，即 $\overline{X}\sim N(\mu,\ \sigma^2/n)$。

这里的样本容量 n 要足够大，那么多大算“足够大”呢？通常认为 $n\geqslant 30$ 为大样本，$n<30$ 为小样本。

2. 不重复抽样的抽样分布

仍以上例为例，某次调查中 4 个被调查者的月消费为 400 元、500 元、700 元、800 元。设 4 个被调查者构成总体，则总体均值和方差为：

总体均值：

$$\mu=\frac{\sum_{i=1}^{N}X_i}{N}=600\ (元)$$

总体方差：

$$\sigma^2=\frac{\sum_{i=1}^{N}(X_i-\mu)^2}{N}=25\ 000\ (元)$$

总体标准差：

$$\sigma=\sqrt{\frac{\sum_{i=1}^{N}(X_i-\mu)^2}{N}}=158.1\ (元)$$

采用不重复抽样的方法，从 4 人中随机抽 $n=2$ 个构成样本，共有 $4\times3=12$ 个可能的样本。各样本的月平均消费如表 5-3 所示。

表 5-3 各样本的月平均消费 单位：元

样本变量	400	500	700	800
400	—	450	550	600
500	450	—	600	650
700	550	600	—	750
800	600	650	750	—

根据表 5-3 可以整理出样本均值 $\overline{X}$ 的抽样分布，如表 5-4 所示。

表 5-4 样本均值 $\overline{X}$ 抽样分布

样本月平均消费（元）$\overline{X}$	频数 f	频率	$\overline{X}f$	$(\overline{X}-\mu_{\overline{X}})^2f$
450	2	2/12	900	45 000
550	2	2/12	1 100	5 000
600	4	4/12	2 400	0
650	2	2/12	1 300	5 000
750	2	2/12	1 500	45 000
合计	12	1	7 200	100 000

根据以上资料，可以计算样本均值 $\overline{X}$ 抽样分布的均值 $\mu_{\overline{X}}$ 与样本均值 $\overline{X}$ 抽样分布的方差。

样本均值 $\overline{X}$ 抽样分布的均值为：

$$\mu_{\overline{X}}=\frac{\sum\overline{X}f}{\sum f}=\frac{7\ 200}{12}=600\ (元)$$

样本均值 $\overline{X}$ 抽样分布的方差为：

$$\sigma_{\overline{X}}^2=\frac{\sum(\overline{X}-\mu_{\overline{X}})^2f}{\sum f}=\frac{100\ 000}{12}=8\ 333.33\ (元)$$

样本均值 $\overline{X}$ 抽样分布的标准差为：

$$\sigma_{\overline{X}}=\sqrt{\frac{\sum(\overline{X}-\mu_{\overline{X}})^2f}{\sum f}}=\sqrt{8\ 333.33}=91.287\ (\text{元})$$

在不重复抽样条件下，样本均值的分布仍具有两个重要性质：

（1）样本均值 $\overline{X}$ 抽样分布的均值 $\mu_{\overline{X}}$ 等于总体的均值 μ，即：

$$\mu_{\overline{X}}=\mu$$

在上例中，两者都等于 600 元。这说明虽然每个样本均值的取值可能与总体均值不同，有一定离差，但从总体来看，所有样本均值平均说来和总体均值是相同的，不再存在离差。

（2）样本均值 $\overline{X}$ 抽样分布的方差 $\sigma_{\overline{X}}^2$ 等于重复抽样的样本均值 $\overline{X}$ 抽样分布的方差乘以修正因子 $\left(\frac{N-n}{N-1}\right)$。

$$\sigma_{\overline{X}}^2=\frac{\sigma^2}{n}\left(\frac{N-n}{N-1}\right) \tag{5-20}$$

用各项数字代入式（5.20）得：

$$\sigma_{\overline{X}}^2=\frac{\sigma^2}{n}\left(\frac{N-n}{N-1}\right)=\frac{25\ 000}{2}\times\frac{4-2}{4-1}=8\ 333.33\ (\text{元})$$

样本均值 $\overline{X}$ 抽样分布的标准差为：

$$\sigma_{\overline{X}}=\sqrt{\frac{\sigma^2}{n}\left(\frac{N-n}{N-1}\right)} \tag{5-21}$$

用各项数字代入式（5.21）得：

$$\sigma_{\overline{X}}=\sqrt{\frac{\sigma^2}{n}\left(\frac{N-n}{N-1}\right)}=\sqrt{8\ 333.33}=91.287\ (\text{元})$$

所得结果与上面按定义计算的完全一致。和公式（5.19）相比较，可以发现不重复抽样的平均误差总是小于重复抽样的平均误差，或者说，从样本均值分布来看，不重复抽样的样本均值更集中于总体平均数。但如果总体容量 N 很大，修正因子 $\frac{N-n}{N-1}$ 接近于 1，则两者几乎没有什么差别。因此在大样本情况下，通常可以用重复抽样误差来代替不重复抽样误差。

通常，当总体 N 很大时，$N-1\approx N$，则有：

$$\sigma_{\overline{X}}=\sqrt{\frac{\sigma^2}{n}\left(1-\frac{n}{N}\right)} \tag{5-22}$$

（二）样本比率的抽样分布

1. 重复抽样的抽样分布

在社会经济现象中，常常需要了解某总体中具有某种特征的个体所占的比率，也就是用样本比率 p 去推断总体比率 π，如一批产品中的次品率、贸易谈判中的成交比率、人口的失业率、某产品在一定市场上所占的份额等。对于总体比率的推断，需要了解样本比率的概率分布，即样本比率的抽样分布。为了便于阐明样本比率的抽样分布，假设一个总体所包含的个体按性质能够而且只能分为“成功”与“失败”。“成功”的比率记为 π，“失败”的比率记为

$1-\pi$。从这个总体中随机抽取容量为 n 的样本，设 X 表示 n 次抽取中"成功"的次数，则 X 是一个随机变量，现在记 $p=X/n$，称 p 为样本比率，则 p 也是一个随机变量，也有相应的概率分布。样本比率 p 的概率分布称为样本比率 p 的抽样分布。显然，随机变量 X 服从二项分布，并且 $\mu_X=n\pi$，$\sigma_X^2=n\pi(1-\pi)$。

样本比率 p 的均值为：

$$\mu_p=E(p)=E\left(\frac{X}{n}\right)=\frac{1}{n}\mu_X=\frac{1}{n}n\pi=\pi \tag{5-23}$$

样本比率 p 的方差为：

$$\sigma_p^2=D(p)=D\left(\frac{X}{n}\right)=\frac{D(X)}{n^2}=\frac{n\pi(1-\pi)}{n^2}=\frac{\pi(1-\pi)}{n} \tag{5-24}$$

可见，样本比率 p 的抽样分布的均值等于总体比率 π。

2. 不重复抽样的抽样分布

从总体 N 个单位中，用不重复抽样方法取 n 个单位计算样本比率 p，它的分布就是非标志样本的不重复平均数的分布。即有：

$$E(p)=\pi \tag{5-25}$$

样本比率 p 抽样分布的方差 σ_p^2 等于重复抽样平均误差乘以修正因子$\dfrac{N-n}{N-1}$。

$$\sigma_p^2=\frac{\pi(1-\pi)}{n}\left(\frac{N-n}{N-1}\right) \tag{5-26}$$

$$\sigma_p=\sqrt{\frac{\pi(1-\pi)}{n}\left(\frac{N-n}{N-1}\right)}\approx\sqrt{\frac{\pi(1-\pi)}{n}\left(1-\frac{n}{N}\right)} \tag{5-27}$$

在得不到总体比率的资料时，可以用样本比率 p 来代替。

（三）两个总体样本均值之差的抽样分布

在实际问题中，有时需要对两个总体的样本均值之差做出推断，因此需要知道两个总体样本均值之差的抽样分布。假设从总体 X_1 和总体 X_2 中抽取容量分别为 n_1 和 n_2 的样本，这两个总体的均值分别为 μ_1 和 μ_2，方差分别为 σ_1^2 和 σ_2^2。同一个总体样本均值的抽样分布的讨论类似，可知当总体 X_1 和 X_2 均为正态总体，或对任意总体大样本，样本均值之差 $\overline{X}_1-\overline{X}_2$ 的抽样分布为正态分布，并且有：

$$\mu_{\overline{X}_1-\overline{X}_2}=\mu_1-\mu_2 \tag{5-28}$$

$$\sigma_{\overline{X}_1-\overline{X}_2}^2=\frac{\sigma_1^2}{n_1}+\frac{\sigma_2^2}{n_2} \tag{5-29}$$

即

$$\overline{X}_1-\overline{X}_2\sim N\left(\mu_1-\mu_2,\ \frac{\sigma_1^2}{n_1}+\frac{\sigma_2^2}{n_2}\right) \tag{5-30}$$

（四）两个总体样本比率之差的抽样分布

有时，需要对来自两个总体的样本比率做出比较，因此需要知道两个总体样本比率之差的抽样分布。假设从总体 X_1 和 X_2 中抽出样本容量分别为 n_1 和 n_2 的样本，这两个样本的比率分别为 p_1 和 p_2，同一个总体的样本比率的抽样分布类似，当 n_1 和 n_2 足够大时，p_1 和 p_2 都近似服从正态分布，即 p_1 近似服从 $N\left(p_1,\ \frac{p_1(1-p_1)}{n_1}\right)$，$p_2$ 近似服从 $N\left(p_2,\ \frac{p_2(1-p_2)}{n_2}\right)$。再由正态分布性质得知，$p_1-p_2$ 也近似服从正态分布，其均值和方差分别为：

$$\mu_{p_1-p_2}=\mu_{p_1}-\mu_{p_2}=p_1-p_2 \tag{5-31}$$

$$\sigma^2_{p_1-p_2}=\frac{p_1(1-p_1)}{n_1}+\frac{p_2(1-p_2)}{n_2} \tag{5-32}$$

即

$$p_1-p_2\sim N\left(p_1-p_2,\frac{p_1(1-p_1)}{n_1}+\frac{p_2(1-p_2)}{n_2}\right) \tag{5-33}$$

第三节　参数估计

一、参数估计的基本概念

扫描二维码
观看慕课视频

（一）估计量

在实际问题中，经常需要构造适当的统计量去对总体分布中所含的未知参数（如均值、方差、比率等）的数值做出估计。这时用来估计总体参数的统计量称为估计量，它也是一个随机变量。估计量的具体数值称为估计值。例如，可以用样本均值 $\overline{X}$ 去估计总体均值 μ，这里 $\overline{X}$ 就是估计量。当抽取一个具体的样本，并计算出 $\overline{X}$ 的具体数值，就得到了 μ 的估计值。

（二）抽样误差

抽样误差是由于抽样的随机性而造成样本指标和总体指标之间的误差，这种误差是抽样调查所固有的、不可避免的，也叫随机误差。

抽样误差有实际误差和平均误差两种。实际误差是指某一次抽样结果所得到的样本指标和总体指标之间的误差。但由于总体指标未知，因而无法计算。

抽样平均误差就是样本均值 $\overline{X}$ 抽样分布的标准差，它是指一切可能的样本指标与总体指标之间的平均离差。它是由一系列样本均值和样本比率的标准差来反映的。它能够说明样本指标代表性大小及样本指标与总体指标之间相差的一般范围。因此，抽样平均误差的意义在于它既是衡量样本指标对总体指标代表性程度的一个尺度，也是计算样本指标和总体指标之间抽样误差的可能范围的一个依据，同时也是确定样本容量的依据之一。

抽样误差的大小直接影响到用样本指标推断总体指标的准确性，因此，有必要对影响抽样误差的因素进行分析。影响抽样误差的因素主要有以下 4 个方面。

（1）总体标志变动程度。抽样误差与总体标志变动程度成正比。

（2）样本容量。抽样误差与样本容量成反比。

（3）抽样方法。通常重复抽样误差要大于不重复抽样误差。

（4）抽样的组织形式。不同的抽样组织形式的抽样误差各不相同。通常分层抽样的抽样误差较小。

（三）抽样极限误差

抽样极限误差又称允许误差，是指样本指标和总体指标之间抽样误差的可能范围。由于总体指标是一个确定的数，而样本指标则围绕总体指标左右变动，它与总体指标可能产生正离差，也可能产生负离差，样本指标变动的上限或下限与总体指标之差的绝对值就可以表示抽样误差的可能范围，一般将这种以绝对值形式表示的抽样误差可能范围称为抽样极限误差。

设 $\Delta_{\overline{X}}$ 与 Δ_p 为样本均值和样本比率的抽样极限误差。则有：

$$\Delta_{\overline{X}}=|\overline{X}-\mu|,\ \Delta_p=|p-\pi|$$

这表明样本均值和样本比率应落在总体均值和总体比率周围，用公式表示如下：

$$\mu-\Delta_{\overline{X}}\leqslant\overline{X}\leqslant\mu+\Delta_{\overline{X}},\ \pi-\Delta_p\leqslant p\leqslant\pi+\Delta_p$$

可见抽样误差范围是以 $\overline{X}$ 或 P 为中心的两个 Δ 的距离。这是抽样极限误差的原意，但是由于总体指标是未知的，因此，抽样极限误差的实际意义是要求被推断未知总体指标落在样本指标的一定范围内。即：

$$\overline{X}-\Delta_{\overline{X}}\leqslant\mu\leqslant\overline{X}+\Delta_{\overline{X}},\ p-\Delta_p\leqslant\pi\leqslant p+\Delta_p$$

其实，以上两种误差范围是完全一致的。

总体均值和总体比率的范围估计，可按下式计算：

$$\mu=\overline{X}\pm\Delta_{\overline{X}},\ \pi=p\pm\Delta_p \tag{5-34}$$

在特定的总体中，当抽样方式和样本容量确定以后，抽样平均误差就是一个定值，而抽样极限误差则可根据研究目的的不同加以规定。根据概率论的知识得知，抽样极限误差通常需要以抽样平均误差 $\sigma_{\overline{X}}$ 为标准单位来衡量，把极限误差 $\Delta_{\overline{X}}$ 相应除以 $\sigma_{\overline{X}}$，得出相对数 Z，表示误差范围为抽样平均误差的若干倍。

$$Z=\frac{\Delta_{\overline{X}}}{\sigma_{\overline{X}}},\ Z=\frac{\Delta_p}{\sigma_p} \tag{5-35}$$

Z 值服从标准正态分布，由 Z 值从正态分布表中可查到总体参数在估值区间内的概率。反之，当给出概率保证程度或可靠性时通过正态分布表可查得 Z 值。

二、估计量的优良标准

在对总体参数做出估计时，可能有很多估计量。例如，对总体均值 μ 做出估计时，可以用样本均值 $\overline{X}$ 去估计，也可以用某一 X_i 去估计，还可以用 $\overline{X}'=\sum\limits_{i=1}^{n}C_iX_i\left(\text{其中 } C_i>0,\ \text{且} \sum\limits_{i=1}^{n}C_i=1\right)$ 去估计。并非所有的估计量都是优良的，从而产生了评价估计量是否优良的标准。一个好的估计量应具有如下三个性质。

（一）无偏性

从平均意义上讲，一个估计量的取值应等于所估计的总体参数。因为估计量是一个随机变量，所谓无偏性是指估计量的均值应等于总体参数。设统计量 $\hat{\theta}$ 为参数 θ 的估计量，则：

$$E(\hat{\theta})=\theta \tag{5-36}$$

无偏性说明用这样的估计量去估计相应的总体参数没有系统的偏差，即不带倾向性的偏高或偏低，只是有随机抽样误差。

（二）有效性

有效性涉及估计量的离中趋势，即其取值的分散程度。如果离散程度很大，那么用这个估计量来估计总体参数，其可靠性较低。而离散程度是用方差来度量的，一个好的估计量应该方差小，只有这样才能得到稳定可靠的估计值。

在样本容量相同的情况下，如果有两个无偏估计量可供选择，其中方差较小的那一个估计量相对来说就是有效程度较高的。如果在所有的无偏估计量中，有一个估计量的方差最小，则该估计量是最有效的估计量。

（三）一致性

如果随着样本容量的增加，几乎可以肯定估计量的值越来越接近于总体参数值，那么这样的估计量就是总体参数的一致估计量。如果一个估计量是一致估计量，那么样本越大，就越可靠。因此，如果希望增加样本容量能得到关于总体参数的更多信息，首先必须确定所选用的统计量是否是一致的估计量。如果不是，抽取大量的样本就会浪费时间和费用。

三、点估计与区间估计

根据估计方法的不同，参数估计可分为点估计和区间估计。

（一）点估计

如果用一个统计量来作为总体参数的估计量，这种形式的估计称为点估计。也就是说，点估计是用一个估计量的单一数值来估计总体参数的。比如，用样本均值 $\overline{X}$ 直接作为总体均值 μ 的估计值，用样本比率 p 直接作为总体比率 π 的估计值，用样本方差 S^2 直接作为总体方差 σ^2 的估计值，等等。假定要估计一个班学生考试的平均成绩，根据一个抽出的随机样本计算的平均分数为 80 分，就直接用 80 分作为全班平均成绩的一个估计值，这就是点估计。再如，要估计一批产品的合格率，抽样结果为 95%，就直接用 95% 作为这批产品合格率的一个估计值，这也是点估计。

（二）区间估计

区间估计是估计出总体参数所在的可能区间。例如，要了解一个城市家庭平均每人年收入，抽取了 2 000 户家庭作为样本，根据这个样本资料计算平均每人年收入是 5 000 元，把这个样本均值作为该市家庭平均每人年收入的估计值，认为该市家庭平均每人年收入是 5 000 元，这就是点估计。由于这 2 000 户家庭只不过是该市众多家庭中的一小部分，根据它的平均数去估计总体的平均收入水平当然会有误差，即该市全部家庭的平均每人年收入可能大于 5 000 元，也可能小于 5 000 元。如果能通过某种方法得到一个以此样本均值 5 000 元为中心的一个区间，如 4 500 元至 5 500 元，并给出这个区间的可靠性为 95%，把这个区间（4 500, 5 500）作为该市家庭平均每人年收入实际值可能所在的范围，这就是区间估计。

点估计的优点在于它能够明确地估计总体参数，但一般该值不会等于总体参数的真值，它与真值的误差、估计的可靠性怎样，我们无法知道，而区间估计则可弥补这种不足。

【知识拓展 5-3】

求参数的点估计有许多不同的方法，其中两个经典的方法是矩法和极大似然法。

矩法是用样本矩去估计总体相应矩的方法。例如，用样本均值（一阶样本矩）去估计总体均值μ（一阶总体矩），该估计量具有无偏性，且在所有无偏估计中方差最小。

极大似然法和关于极大似然估计性质的阐述是费希尔（Ronald A. Fisher）的研究结果，样本数据的联合概率被称作样本的似然函数，若似然函数是参数θ的函数，则建议应该选择使样本似然函数达到最大的值作为参数θ的估计值。费希尔证明了总体均值和比率的极大似然估计具有某些优良性质，即随着样本容量n越来越大，它们的抽样分布越来越接近于正态，它们的方差小于等于任何其他估计量的方差。

四、区间估计的基本原理

（一）基本原理

点估计是用估计量的一个具体数值作为总体参数的估计值。如果一个估计量是无偏的，那么只是说明这个估计量平均来说没有偏差，并不等于根据任意一个样本算出的估计值与总体参数的真实值之间没有偏差。点估计方法没有给出估计值的可靠程度，为了回答估计值的可靠程度，需要运用参数估计的另一种方法，即区间估计。

在区间估计中，需要寻找两个统计量$\hat{\theta}_1$和$\hat{\theta}_2$分别来估计总体参数θ的下限和上限，使总体参数θ被包括在区间［$\hat{\theta}_1$，$\hat{\theta}_2$］内的概率为：

$$P(\hat{\theta}_1 \leqslant \theta \leqslant \hat{\theta}_2) = 1-\alpha \tag{5-37}$$

α为显著性水平，是事先给定的一个小正数，$1-\alpha$就是区间［$\hat{\theta}_1$，$\hat{\theta}_2$］包含θ真实值的概率，称为置信水平或置信度。所以区间［$\hat{\theta}_1$，$\hat{\theta}_2$］也称作参数θ的置信水平为$1-\alpha$的置信区间，区间的边界称为置信限，$\hat{\theta}_1$称为置信下限，$\hat{\theta}_2$称为置信上限。

式5-37的意义是，随机区间［$\hat{\theta}_1$，$\hat{\theta}_2$］以$1-\alpha$的概率包含着参数θ，或者说，有$100(1-\alpha)\%$的把握断定θ的真实值在区间［$\hat{\theta}_1$，$\hat{\theta}_2$］内，也就是说，在建立统计量$\hat{\theta}_1$及$\hat{\theta}_2$后，$\hat{\theta}_1$及$\hat{\theta}_2$的观察值依赖于样本观察值，每次抽样获得的样本观察值将确定一个区间，在多次抽样观察所得的这样一些区间中，有些区间包含参数θ的真实值，而另一些不包含参数θ的真实值，当式5-37满足时，说明在多次抽样观察所得的区间中，包含参数θ真实值的区间的频率近似地为$1-\alpha$。如$\alpha=0.01$，则反复抽样100次，得到的100个区间中有99个区间包含θ的真实值，不包含参数θ的真实值的区间只有1个，即包含参数θ真实值的区间占99%，不包含参数θ真实值的区间占1%。此时，如果认为"区间［$\hat{\theta}_1$，$\hat{\theta}_2$］包含着参数θ的真实值"，那么这种"认为"犯错误的可能性比较小，其概率为0.01。

可见，置信水平$1-\alpha$表达了区间估计的可靠程度，而α表达了区间估计的不可靠程度。

（二）区间估计的步骤

由于对不同的参数选择的统计量不同，一般来说区间估计有如下步骤：

（1）选择含有待估参数的一个适当的统计量，并指出该统计量所服从的分布；

（2）对于给定的置信水平$1-\alpha$，查该统计量所服从的分布表确定出临界值，使该统计量取以临界值为范围内的值的概率为$1-\alpha$；

（3）对第（2）步经过不等式变形可得所求参数的置信区间公式；

（4）将有关数值代入置信区间公式，即可求出所求参数的一个置信区间。

五、一个总体参数的区间估计

当研究一个总体时，关心的参数主要有总体均值 μ、总体比率 π 和总体方差 σ^2 等。下面将介绍如何用样本统计量构造总体参数的置信区间。

（一）一个总体均值 μ 的区间估计

区间估计的方法是以抽样分布的理论为基础的。对于总体均值 μ 的区间估计，其适合的分布就是样本均值的抽样分布。由于估计时的条件不同，例如是否知道总体方差，是大样本还是小样本等，对总体均值估计的公式也有所不同。

设总体 $X \sim N(\mu, \sigma^2)$，μ 为未知参数，X_1，X_2，…，X_n 为总体 X 的一个样本。

1. 正态总体、方差已知，或非正态总体、大样本时，求 μ 的置信区间

这里将一般地求 μ 的置信区间的方法概括如下：

由于 $\overline{X} \sim N\left(\mu, \dfrac{\sigma^2}{n}\right)$，故统计量 $Z=\dfrac{\overline{X}-\mu}{\sigma/\sqrt{n}} \sim N(0, 1)$。

对于给定的置信水平 $1-\alpha$，查标准正态分布表得临界值 $Z_{\alpha/2}$，如图 5-1 所示，使得：

$$P(|Z| \leqslant Z_{\alpha/2})=1-\alpha$$

即
$$P\left(\left|\frac{\overline{X}-\mu}{\sigma/\sqrt{n}}\right| \leqslant Z_{\alpha/2}\right)=1-\alpha$$

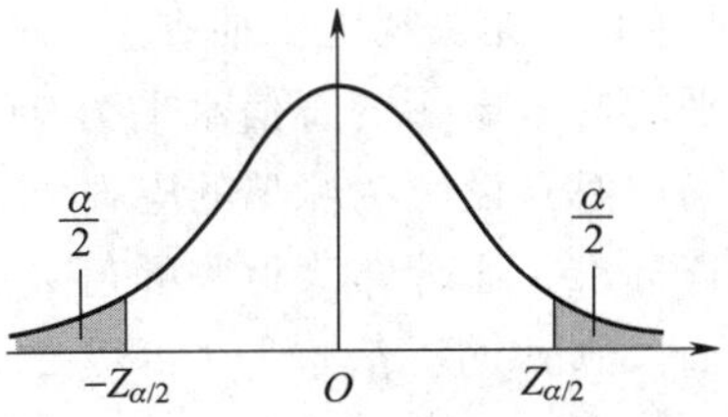

图 5-1 临界值 $Z_{\alpha/2}$

利用不等式变形可得：

$$P\left(\overline{X}-Z_{\alpha/2}\frac{\sigma}{\sqrt{n}} \leqslant \mu \leqslant \overline{X}+Z_{\alpha/2}\frac{\sigma}{\sqrt{n}}\right)=1-\alpha$$

于是，μ 的置信水平为 $1-\alpha$ 的置信区间为：

$$\left[\overline{X}-Z_{\alpha/2}\frac{\sigma}{\sqrt{n}},\ \overline{X}+Z_{\alpha/2}\frac{\sigma}{\sqrt{n}}\right] \tag{5-38}$$

习惯上，这个置信区间常常写作：

$$\left[\overline{X} \pm Z_{\alpha/2}\frac{\sigma}{\sqrt{n}}\right] \tag{5-39}$$

如何查标准正态分布表求临界值 $Z_{\alpha/2}$ 呢？

由于标准正态分布表给出的是 $\Phi(x)=P(X \leqslant x)$ 的形式，而这里是 $P(|Z| \leqslant Z_{\alpha/2})=1-\alpha$，因此不能直接通过上式查表求出临界值 $Z_{\alpha/2}$。

因为 $1-\alpha=P(|Z| \leqslant Z_{\alpha/2})=P(-Z_{\alpha/2} \leqslant Z \leqslant Z_{\alpha/2})=\Phi(Z_{\alpha/2})-\Phi(-Z_{\alpha/2})=2\Phi(Z_{\alpha/2})-1$

所以
$$\Phi(Z_{\alpha/2})=1-\frac{\alpha}{2}$$

由此式即可查标准正态分布表求出临界值 $Z_{\alpha/2}$。

例如，已知 $1-\alpha=0.99$，$\alpha=0.01$，$1-\alpha/2=0.995$，查标准正态分布表求出临界值 $Z_{\alpha/2}=2.58$。

【例 5-2】 某服装厂从工作人员中随机抽取 49 人，计算出此 49 人的平均年龄为 40 岁，

已知该服装厂的工作人员年龄分布近似正态分布，标准差为 8.4 岁，试求该服装厂所有工作人员的平均年龄置信水平为 95%的置信区间。

解：设 X 表示该服装厂的工作人员年龄，则 $X \sim N(\mu,\ 8.4^2)$，已知 $\overline{X}=40$，$n=49$，由 $1-\alpha=0.95$ 得 $\alpha=0.05$，$1-\alpha/2=0.975$ 分布表得临界值 $Z_{\alpha/2}=1.96$。

则 μ 的置信水平为 95%的置信区间为：

$$\left[\overline{X} \pm Z_{\alpha/2}\frac{\sigma}{\sqrt{n}}\right]=\left[40-1.96\times\frac{8.4}{\sqrt{49}},\ 40+1.96\times\frac{8.4}{\sqrt{49}}\right]=[37.648,\ 42.352]$$

于是，我们有 95%的把握保证该服装厂所有工作人员的平均年龄在 37.648~42.352 岁。

当总体分布为非正态分布，或总体分布形式未知时，中心极限定理告诉我们，当样本容量 n 足够大时，无论总体服从什么分布，样本均值的抽样分布将近似服从正态分布。

（1）当总体方差 σ^2 已知时，求 μ 的置信区间。这种情况下，样本均值 $\overline{X}$ 近似服从 $N(\mu,\ \sigma^2/n)$，同一个正态总体方差 σ^2 已知时求 μ 的置信区间类似，得到总体均值 μ 的置信水平为 $1-\alpha$ 的置信区间。

【例 5-3】 某银行共有 8 042 张应收账单，根据过去的记录，所有应收账款的标准差为 4 038.4 元，现随机抽查了 256 张应收账单，得平均应收金额为 4 310 元，求全部应收账单的平均应收金额的置信水平为 98%的置信区间。

解：设 X 为账单的应收金额，已知 $\overline{X}=4\ 310$，$n=256$，$\sigma=4\ 038.4$，由 $1-\alpha=0.98$ 得 $\alpha=0.02$，查标准正态分布表得临界值 $Z_{\alpha/2}=2.33$。

则 μ 的置信水平为 98%的置信区间是：

$$\left[\overline{X} \pm Z_{\alpha/2}\frac{\sigma}{\sqrt{n}}\right]=\left[4\ 310-2.33\times\frac{4\ 038.4}{\sqrt{256}},\ 4\ 310+2.33\times\frac{4\ 038.4}{\sqrt{256}}\right]$$
$$=[3\ 721.908,\ 4\ 898.092]$$

于是，我们有 98%的把握认为全部应收账单的平均应收金额在 3 721.908~4 898.092 元。

（2）当总体方差 σ^2 未知时，求 μ 的置信区间。这种情况下，用样本方差 S^2 作为总体方差 σ^2 的估计量，因为是大样本，样本均值的抽样分布近似为正态分布，于是得到总体均值 μ 的置信水平为 $1-\alpha$ 的置信区间是：

$$\left[\overline{X} \pm Z_{\alpha/2}\frac{S}{\sqrt{n}}\right] \tag{5-40}$$

【例 5-4】 某广播电台要估计某市 60 岁以上已退休人员中一天时间里收听广播的时间，随机抽取了一个容量为 400 的样本，得到样本均值为 100 分钟，样本标准差为 35 分钟，假定收听广播的时间近似服从正态分布，试估计总体均值的置信水平为 99%的置信区间。

解：设 X 为 60 岁以上已退休人员每天收听广播的时间，已知 $\overline{X}=100$，$S=35$，$n=400$，由 $1-\alpha=0.99$ 得 $\alpha=0.01$，查标准正态分布表得临界值 $Z_{\alpha/2}=2.58$。

则总体均值 μ 的置信水平为 99%置信区间是：

$$\left[\overline{X} \pm Z_{\alpha/2}\frac{S}{\sqrt{n}}\right]=\left[100-2.58\times\frac{35}{\sqrt{400}},\ 100+2.58\times\frac{35}{\sqrt{400}}\right]=[95.485,\ 104.515]$$

于是，我们有 99%的把握认为该市 60 岁以上已退休者每天收听广播的时间在 95.485~

104.515 分钟。

2. 正态总体、方差未知、小样本时，求 μ 的置信区间

当总体方差 σ^2 未知时，要用样本方差 S^2 代替总体方差，这时的统计量 $\frac{\overline{X}-\mu}{S/\sqrt{n}}$ 不服从标准正态分布，而是服从 $n-1$ 个自由度的 t 分布，$t=\frac{\overline{X}-\mu}{S/\sqrt{n}}\sim t(n-1)$。

于是，μ 的置信水平为 $1-\alpha$ 的置信区间是：

$$\left[\overline{X}-t_{\alpha/2}\frac{S}{\sqrt{n}},\ \overline{X}+t_{\alpha/2}\frac{S}{\sqrt{n}}\right] \tag{5-41}$$

如何查 t 分布表求临界值 $t_{\alpha/2}$ 呢？

由于 t 分布表给出的形式是 $P(|t|>t_\alpha)=\alpha$，而这里是 $P(|t|<t_{\alpha/2})=1-\alpha$，所以不能直接由上式查 t 分布表求临界值。

因为，$1-\alpha=P(|t|\leqslant t_{\alpha/2})=1-P(|t|>t_{\alpha/2})=1-2P(t>t_{\alpha/2})$

则

$$P(t>t_{\alpha/2})=\frac{\alpha}{2} \tag{5-42}$$

所以，可通过此式查 t 分布表求出临界值 $t_{\alpha/2}$。

例如，已知 $1-\alpha=0.95$，$n=15$，则 $\alpha=0.05$，查自由度为 $n-1=14$ 的 t 分布表得临界值 $t_{\alpha/2}=2.145$。

【例 5-5】 为了估计一分钟一次广告的平均费用，抽出了 20 个电视台的样本。样本均值为 2 500 元，标准差为 1 500 元。假定所有这类电视台的广告费用近似服从正态分布，试求电视台一分钟一次广告平均费用的置信水平为 98%的置信区间。

解：设 X 为一分钟一次广告的费用，则 X 近似服从正态分布，方差未知，已知 $\overline{X}=2\ 500$，$S=1\ 500$，$n=20$，由 $1-\alpha=0.98$ 得 $\alpha=0.02$，查自由度 $n-1=19$ 的 t 分布表得临界值 $t_{\alpha/2}(19)=2.539$，则 μ 的置信水平为 98%的置信区间是：

$$\left[\overline{X}\pm t_{\alpha/2}\frac{S}{\sqrt{n}}\right]=\left[2\ 500-2.423\times\frac{1\ 500}{\sqrt{20}},\ 2\ 500+2.423\times\frac{1\ 500}{\sqrt{20}}\right]$$
$$=(1\ 897.823,\ 3\ 102.177)$$

于是，我们有 98% 的把握保证电视台一分钟一次广告的平均费用在 1 897.823 ~ 3 102.177 元。

（二）一个总体比率 π 的区间估计

前面已经知道样本比率 p 是总体比率 π 的最优估计量。当样本容量足够大时，样本比率 p 的抽样分布近似服从正态分布，即 p 近似服从 $N\left(\pi,\ \frac{\pi(1-\pi)}{n}\right)$。

因此，统计量 $Z=\frac{p-\pi}{\sqrt{\frac{\pi(1-\pi)}{n}}}$ 近似服从 $N(0,\ 1)$，所以总体比率 π 的置信水平为 $1-\alpha$ 的置信区间为：

$$\left[p-Z_{\alpha/2}\sqrt{\frac{\pi(1-\pi)}{n}},\ p+Z_{\alpha/2}\sqrt{\frac{\pi(1-\pi)}{n}}\right]$$

则总体比率的置信区间为：

$$\left[p\pm Z_{\alpha/2}\sqrt{\frac{\pi(1-\pi)}{n}}\right] \tag{5-43}$$

由于总体比率 π 是未知数，可以用样本比率 p 代替。

【例 5-6】 某电视台想了解某电视剧的收视率，随机抽取了 900 人进行调查，结果表明有 36%的人观看此电视剧。试估计该电视剧收视率具有 99%的可靠性的置信区间。

解： 设 X 为观看该电视剧的人数，已知 $p=36\%$，$n=900$，由 $1-\alpha=0.99$，得 $\alpha=0.01$，查标准正态分布表得临界值 $Z_{\alpha/2}=2.58$，则总体比率 π 的置信水平为 99%的置信区间为：

$$\left[p\pm Z_{\alpha/2}\sqrt{\frac{\pi(1-\pi)}{n}}\right]=\left[p\pm Z_{\alpha/2}\sqrt{\frac{p(1-p)}{n}}\right]$$

$$=\left[0.36-2.58\times\sqrt{\frac{0.36(1-0.36)}{900}},0.36+2.58\times\sqrt{\frac{0.36(1-0.36)}{900}}\right]$$

$$=[0.319,\ 0.401]$$

于是，有 99%的把握认为该电视剧的收视率在 31.9%~40.1%。

六、两个总体参数的区间估计

（一）两个总体均值之差的区间估计

在社会经济问题中，人们常常遇到需要估计两个总体均值之间差异程度的问题。例如，估计两地区人均收入的差异、两个企业生产同一种产品的某一质量指标的差异等。下面就以下几种情况分别进行讨论。

首先设两个总体 $X_1\sim N(\mu_1,\ \sigma_1^2)$，$X_2\sim N(\mu_2,\ \sigma_2^2)$。

1. 当两个总体方差 σ_1^2 和 σ_2^2 已知时，求均值之差 $\mu_1-\mu_2$ 的置信区间

由抽样分布理论可知两个样本均值之差 $\overline{X}_1-\overline{X}_2\sim N\left(\mu_1-\mu_2,\ \frac{\sigma_1^2}{n_1}+\frac{\sigma_2^2}{n_2}\right)$，所以：

$$Z=\frac{(\overline{X}_1-\overline{X}_2)-(\mu_1-\mu_2)}{\sqrt{\sigma_1^2/n_1+\sigma_2^2/n_2}}\sim N(0,\ 1)$$

则 $\mu_1-\mu_2$ 的置信水平为 $1-\alpha$ 的置信区间为：

$$\left[(\overline{X}_1-\overline{X}_2)\pm Z_{\alpha/2}\sqrt{\frac{\sigma_1^2}{n_1}+\frac{\sigma_2^2}{n_2}}\right] \tag{5-44}$$

【例 5-7】 为调查两家银行的户均存款数，从两家银行各抽选一个由 30 个储户组成的随机样本。两个样本均值分别为 5 500 元和 4 250 元，两个总体标准差分别为 970 元和 1 100 元。根据经验知道两个总体均服从正态分布，试求两家银行的户均存款额之差的置信水平为 90%的置信区间。

解： 设 X_1，X_2 分别为两家银行的户存款额，则 $X_1\sim N(\mu_1,\ 970^2)$，$X_2\sim N(\mu_2,\ 1\ 100^2)$，已知 $\overline{X}_1=5\ 500$，$\overline{X}_2=4\ 250$，$n_1=n_2=30$，由 $1-\alpha=0.90$ 得 $\alpha=0.1$，查标准正态分布表得临界值

$Z_{\alpha/2}=1.645$。

则两个总体均值之差 $\mu_1-\mu_2$ 的置信水平为 90%的置信区间为：

$$\left[(\overline{X}_1-\overline{X}_2)\pm Z_{\alpha/2}\sqrt{\frac{\sigma_1^2}{n_1}+\frac{\sigma_2^2}{n_2}}\right]$$

$$=\left[(5\ 500-4\ 250)-1.645\times\sqrt{\frac{970^2}{30}+\frac{1\ 100^2}{30}},\ (5\ 500-4\ 250)+1.645\times\sqrt{\frac{970^2}{30}+\frac{1\ 100^2}{30}}\right]$$

$$=[809.531,\ 1\ 690.469]$$

于是，有 90%的把握认为两家银行户均存款额之差在 809.531～1 690.469 元。

2. 当两个总体方差未知、$\sigma_1^2=\sigma_2^2$ 时，求两个总体均值之差 $\mu_1-\mu_2$ 的置信区间

这种情况下，由于两个总体方差 σ_1^2、σ_2^2 未知，但知 $\sigma_1^2=\sigma_2^2=\sigma^2$，$\sigma^2$ 未知。为了给出 σ^2 的估计，必须利用两个样本中关于 σ^2 的信息联合起来估计 σ^2，这个联合估计量为：

$$\frac{(\overline{X}_1-\overline{X}_2)-(\mu_1-\mu_2)}{S_W\sqrt{\frac{1}{n_1}+\frac{1}{n_2}}}$$

这时这个统计量不服从标准正态分布，而是服从 n_1+n_2-2 个自由度的 t 分布，即：

$$t=\frac{(\overline{X}_1-\overline{X}_2)-(\mu_1-\mu_2)}{S_W\cdot\sqrt{\frac{1}{n_1}+\frac{1}{n_2}}}\sim t(n_1+n_2-2)$$

其中：

$$S_W=\sqrt{\frac{(n_1-1)S_1^2+(n_2-1)S_2^2}{n_1+n_2-2}}$$

则两个总体均值之差 $\mu_1-\mu_2$ 的置信水平为 $1-\alpha$ 的置信区间为：

$$\left[(\overline{X}_1-\overline{X}_2)\pm t_{\alpha/2}S_W\sqrt{\frac{1}{n_1}+\frac{1}{n_2}}\right] \tag{5-45}$$

【例 5-8】 为比较 A、B 两城市居民的生活水平，分别调查了 110 户和 140 户家庭的人均月生活费支出，计算样本均值分别为 170.64 元和 160.68 元，样本方差分别为 72.37 元和 66.82 元。假设两城市家庭人均月生活费支出都服从正态分布，且方差相等，试以 95%的置信水平估计两城市居民平均人均月生活费支出的差异。

解：设 X_1、X_2 分别为 A、B 城市居民家庭人均月生活费支出，则 $X_1\sim N(\mu_1,\ \sigma_1^2)$，$X_2\sim N(\mu_2,\ \sigma_2^2)$，$\sigma_1^2$ 和 σ_2^2 均未知且 $\sigma_1^2=\sigma_2^2$，已知 $\overline{X}_1=170.64$，$S_1^2=72.37$，$n_1=110$，$\overline{X}_2=160.68$，$S_2^2=66.82$，$n_2=140$，由 $1-\alpha=0.95$ 得 $\alpha=0.05$，查自由度为 $n_1+n_2-2=248$ 的 t 分布表得临界值 $t_{\alpha/2}=1.96$，而：

$$S_W=\sqrt{\frac{(n_1-1)S_1^2+(n_2-1)S_2^2}{n_1+n_2-2}}=\sqrt{\frac{(110-1)\times72.37+(140-1)\times66.82}{110+140-2}}$$

$$=8.322$$

则两总体均值之差 $\mu_1-\mu_2$ 的置信水平为 95%的置信区间为：

$$\left[(\overline{X}_1-\overline{X}_2)\pm t_{\alpha/2}S_W\sqrt{\frac{1}{n_1}+\frac{1}{n_2}}\right]=\left[(170.64-160.68)\pm 1.96\times 8.322\times\sqrt{\frac{1}{110}+\frac{1}{140}}\right]$$
$$=[7.88,\ 12.04]$$

于是，有95%的把握认为两城市居民人均月生活费支出的差额在7.88~12.04元。

3. 两个非正态总体大样本下均值之差的区间估计

对于一般不服从正态分布或分布形式未知的两个总体，往往依据中心极限定理采用大样本抽样方法，统计量 $\overline{X}_1-\overline{X}_2$ 的抽样分布近似为正态分布。这时 $Z=\frac{(\overline{X}_1-\overline{X}_2)-(\mu_1-\mu_2)}{\sqrt{\sigma_1^2/n_1+\sigma_2^2/n_2}}$ 近似服从标准正态分布。

则两总体均值之差 $\mu_1-\mu_2$ 的置信水平为 $1-\alpha$ 的置信区间见公式5-44。

在实际问题中，总体的方差通常是未知的，可以用样本方差 S_1^2 和 S_2^2 分别估计 σ_1^2 和 σ_2^2。这时两总体均值之差 $\mu_1-\mu_2$ 的置信水平为 $1-\alpha$ 的置信区间是：

$$\left[(\overline{X}_1-\overline{X}_2)\pm Z_{\alpha/2}\sqrt{\frac{S_1^2}{n_1}+\frac{S_2^2}{n_2}}\right] \tag{5-46}$$

【例5-9】 为调查两个地区城镇居民年末手存现金之间的差异，从两个地区分别抽取了50户城镇居民作为样本，得到样本均值分别为1 150元和880元，标准差分别为125元和110元。试以99%的置信水平估计两地区城镇居民平均每户手存现金的差异。

解：设 X_1，X_2 分别表示两个地区城镇居民平均每户手存现金额，$\overline{X}_1=1\ 150$，$S_1=125$，$\overline{X}_2=880$，$S_2=110$，$n_1=n_2=50$，由 $1-\alpha=0.99$ 得 $\alpha=0.01$，查标准正态分布表得临界值 $Z_{\alpha/2}=2.58$。

则两个总体均值之差 $\mu_1-\mu_2$ 的置信水平为99%的置信区间为：

$$\left[(\overline{X}_1-\overline{X}_2)\pm Z_{\alpha/2}\sqrt{\frac{S_1^2}{n_1}+\frac{S_2^2}{n_2}}\right]=\left[(1\ 150-880)\pm 2.58\times\sqrt{\frac{125^2}{50}+\frac{110^2}{50}}\right]$$
$$=[209.247,\ 330.753]$$

于是，有99%的把握认为两地城镇居民平均每户手存现金的差额在209.247~330.753元。

（二）两个总体比率之差的区间估计

建立两个总体比率之差的置信区间，与建立两个总体均值之差的置信区间类似，这时两个总体比率之差 $\pi_1-\pi_2$ 的置信水平为 $1-\alpha$ 的置信区间为：

$$\left[(p_1-p_2)\pm Z_{\alpha/2}\sqrt{\frac{p_1(1-p_1)}{n_1}+\frac{p_2(1-p_2)}{n_2}}\right] \tag{5-47}$$

【例5-10】 某报社想了解不同职业的人员订阅其发行的一种报纸的情况，抽选了一个由500名工人组成的样本和一个由400名学生组成的样本，结果工人中有200人订阅该报纸，学生中有122人订阅该报纸。试以95%的置信水平估计这两个总体比率的差异程度。

解：已知 $n_1=500$，$n_2=400$，由题意知 $p_1=200/500=0.4$，$p_2=122/400=0.305$，$1-\alpha=0.95$ 得 $\alpha=0.05$，查标准正态分布表得临界值 $Z_{\alpha/2}=1.96$。

则两个总体比率之差 $\pi_1-\pi_2$ 的置信水平为95%的置信区间为：

$$\left[(p_1-p_2)\pm Z_{\alpha/2}\sqrt{\frac{p_1(1-p_1)}{n_1}+\frac{p_2(1-p_2)}{n_2}}\right]$$

$$=\left[(0.4-0.305)\pm1.96\times\sqrt{\frac{0.4\times(1-0.4)}{500}+\frac{0.305\times(1-0.305)}{400}}\right]$$

$$=[0.033,0.157]$$

因为 0 不包含在这个区间中，所以由上面的结果不能断定 π_1 与 π_2 没有差别。

七、总体方差的区间估计

以上讨论了对总体均值和比率的区间估计问题，除此之外，还经常需要对总体的方差进行区间估计。

（一）一个正态总体方差的区间估计

总体方差 σ^2 通常是未知的，必须通过样本对其做出估计。

数学上可以证明统计量：$\chi^2=\dfrac{(n-1)S^2}{\sigma^2}\sim\chi^2(n-1)$

对于给定的置信水平 $1-\alpha$，查 χ^2 分布表得临界值 $\chi^2_{1-\alpha/2}$ 和 $\chi^2_{\alpha/2}$，使 $P(\chi^2_{1-\alpha/2}\leqslant\chi^2\leqslant\chi^2_{\alpha/2})=1-\alpha$

即：

$$P\left(\chi^2_{1-\alpha/2}\leqslant\frac{(n-1)S^2}{\sigma^2}\leqslant\chi^2_{\alpha/2}\right)=1-\alpha$$

对上式不等式变形得：

$$P\left(\frac{(n-1)S^2}{\chi^2_{\alpha/2}}\leqslant\sigma^2\leqslant\frac{(n-1)S^2}{\chi^2_{1-\alpha/2}}\right)=1-\alpha$$

所以总体方差 σ^2 的置信水平为 $1-\alpha$ 的置信区间为：

$$\left[\frac{(n-1)S^2}{\chi^2_{\alpha/2}},\ \frac{(n-1)S^2}{\chi^2_{1-\alpha/2}}\right] \tag{5-48}$$

如何查 χ^2 分布表求临界值 $\chi^2_{1-\alpha/2}$ 和 $\chi^2_{\alpha/2}$ 呢？

χ^2 分布表中给出的形式是 $P(\chi^2>\chi^2_{\alpha})=\alpha$，而这里 $P(\chi^2_{1-\alpha/2}\leqslant\chi^2\leqslant\chi^2_{\alpha/2})=1-\alpha$

所以不能通过此式直接查表求出临界值。由图 5-2 可知：

$$P(\chi^2>\chi^2_{\alpha/2})=\frac{\alpha}{2} \tag{5-49}$$

$$P(\chi^2>\chi^2_{1-\alpha/2})=1-\frac{\alpha}{2} \tag{5-50}$$

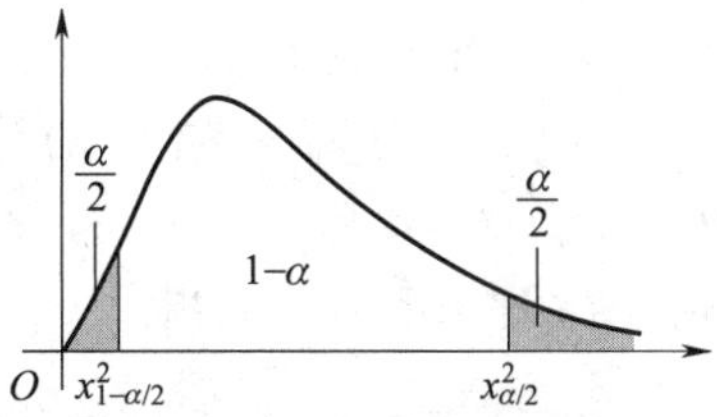

图 5-2　χ^2 分布临界值图示

由这两个式子查分布表就能求出临界值了。

【例 5-11】 某加工厂加工一批牛奶，想了解牛奶重量的差异程度，随机抽出 15 盒牛奶，称其重量（克），得样本方差 $S^2=2.75^2$，假设总体呈正态分布，试求牛奶重量方差的置信水平为 90%的置信区间。

解：已知 $S^2=2.75^2$，$n=15$，由 $1-\alpha=0.9$ 得 $\alpha=0.1$，查分布表得临界值 $\chi^2_{\alpha/2}(14)=\chi^2_{0.05}(14)=23.685$，$\chi^2_{1-\alpha/2}(14)=\chi^2_{0.95}(14)=6.571$。

则总体方差 σ^2 的置信水平为90%的置信区间为：

$$\left[\frac{14\times2.75^2}{23.685},\ \frac{14\times2.75^2}{6.571}\right]=[4.470,\ 16.112]$$

（二）两个正态总体方差比的区间估计

在实际问题中经常比较两个总体的方差大小，例如，在选择产品时，经常选择质量指标方差较小的产品，因为方差较小的产品的质量比较均匀。

设有两个总体 $X_1\sim N(\mu_1,\ \sigma_1^2)$，$X_2\sim N(\mu_2,\ \sigma_2^2)$。

比较两个总体方差的大小，可以将两个方差相比 σ_1^2/σ_2^2，但两个总体方差 σ_1^2 和 σ_2^2 都是未知的，所以从两个总体中分别抽取容量为 n_1 和 n_2 的样本，用样本方差比 S_1^2/S_2^2 作为总体方差比的点估计。

数学上可以证明统计量 $(S_1^2/S_2^2)\cdot(\sigma_2^2/\sigma_1^2)$ 服从第一自由度为 n_1-1，第二自由度为 n_2-1 的 F 分布，即：

$$F=\frac{S_1^2}{S_2^2}\cdot\frac{\sigma_2^2}{\sigma_1^2}\sim F(n_1-1,\ n_2-1)$$

对于给定的置信水平 $1-\alpha$，查第一自由度为 n_1-1 和第二自由度为 n_2-1 的 F 分布表，得临界值 $F_{1-\alpha/2}$ 和 $F_{\alpha/2}$，使 $P(F_{1-\alpha/2}\leqslant F\leqslant F_{\alpha/2})=1-\alpha$，即：

$$P\left(F_{1-\alpha/2}\leqslant\frac{S_1^2}{S_2^2}\cdot\frac{\sigma_2^2}{\sigma_1^2}\leqslant F_{\alpha/2}\right)=1-\alpha$$

对上式不等式变形可得：

$$P\left(\frac{S_1^2/S_2^2}{F_{\alpha/2}}\leqslant\frac{\sigma_1^2}{\sigma_2^2}\leqslant\frac{S_1^2/S_2^2}{F_{1-\alpha/2}}\right)=1-\alpha$$

所以，总体方差比 σ_1^2/σ_2^2 的置信水平为 $1-\alpha$ 的置信区间为：

$$\left[\frac{S_1^2/S_2^2}{F_{\alpha/2}},\ \frac{S_1^2/S_2^2}{F_{1-\alpha/2}}\right] \tag{5-51}$$

如何查 F 表求临界值呢？

由于 F 分布表给出的形式是 $P(F>F_\alpha)=\alpha$，这里是 $P(F_{1-\alpha/2}\leqslant F\leqslant F_{\alpha/2})=1-\alpha$，所以不能通过此式查表求出临界值。由图 5-3 可以看出：

$$P(F>F_{\alpha/2})=\frac{\alpha}{2} \tag{5-52}$$

$$P(F>F_{1-\alpha/2})=1-\frac{\alpha}{2} \tag{5-53}$$

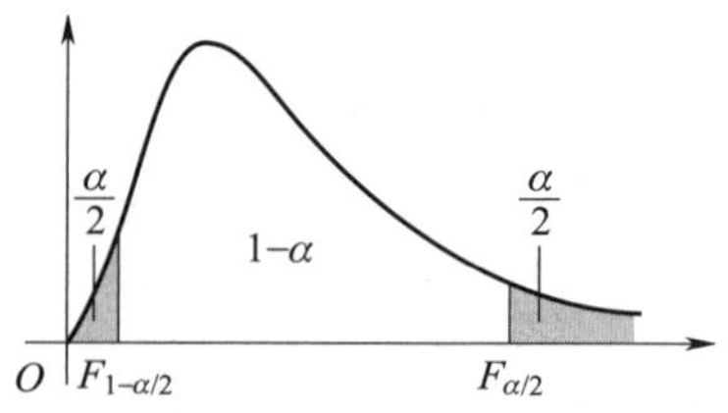

图 5-3　F 分布临界值图示

通过这两个式子查 F 分布表就能求出临界值了。

F 分布表中只给出 α 较小值的情况，当 α 较大时利用公式：

$$F_{1-\alpha}(n_1, n_2)=\frac{1}{F_{\alpha}(n_2, n_1)} \tag{5-54}$$

这样两个临界值 $F_{\alpha/2}$ 和 $F_{1-\alpha/2}$ 只需查表确定一个 $F_{\alpha/2}$，另一个 $F_{1-\alpha/2}$ 就可用这个公式求出。

【例 5-12】 某车间两条生产线生产同一种产品，产品的质量指标可以认为服从正态分布。分别从两条生产线的产品中抽取容量为 25 和 16 的样本检测，算得样本方差分别是 8.12 和 6.06。求产品质量指标方差比的置信水平为 95%的置信区间。

解：已知 $S_1^2=8.12$，$S_2^2=6.06$，$n_1=25$，$n_2=16$，$\alpha=0.05$，查第一自由度为 24、第二自由度为 15 的 F 分布表得临界值 $F_{\alpha/2}(24, 15)=2.70$，由公式（5-54）得：

$$F_{1-\alpha/2}(24, 15)=F_{0.975}(24, 15)=\frac{1}{F_{0.025}(15, 24)}=\frac{1}{2.44}=0.41$$

则两总体方差比 σ_1^2/σ_2^2 的置信水平为 95%的置信区间为：

$$\left[\frac{8.12/6.06}{2.70}, \frac{8.12/6.06}{0.41}\right]=[0.50, 3.27]$$

八、样本容量的确定

确定样本容量是抽样调查首先考虑的一个问题，这是因为样本容量的多少直接影响抽样效果。在抽样调查及推断中，一般是以样本指标（如样本均值、比例、方差及抽样平均误差）作为推断总体指标的基本依据，如果样本容量过少，就会降低样本对总体的代表性，从而降低了抽样估计的效果。另外，样本容量多少又关系到抽样的经济效益。如果样本容量过多，那么调查中必然增加人财物力的耗费，造成一些不必要的浪费。因此，确定样本容量的多少，应从抽样效果和费用两方面考虑。本书只从抽样效果方面来确定样本容量，不考虑费用的多少。

（一）影响样本容量的因素

（1）总体各单位的差异程度。一般地说，总体各单位标志值的差异程度越大，即总体方差或标准差越大，则需要多抽取一些单位进行调查；反之，则可少抽一些单位。

（2）允许误差范围，即抽样极限误差。样本容量与允许误差范围成反比例关系，即允许误差范围越小，抽样估计精确性越高，则要求样本容量越多，反之越少。

（3）概率保证程度。概率保证程度越大，则要求抽取的样本容量越多；反之，则越少。因而，样本容量与概率保证程度（或概率度）成正比例关系。

此外，不同的抽样方法（重复抽样和不重复抽样），确定样本容量的多少也是有所不同的。在同一要求条件下，重复抽样需比不重复抽样更多抽取样本单位进行调查。

（二）样本容量的计算

1. 估计总体均值时样本容量的计算

（1）重复抽样。由：

$$\Delta_{\bar{X}}=Z\frac{\sigma}{\sqrt{n}}$$

可推导出：

$$n=\frac{Z^2\sigma^2}{\Delta_{\bar{X}}^2} \tag{5-55}$$

（2）不重复抽样。由：

$$\Delta_{\bar{X}}=Z\sqrt{\frac{\sigma^2}{n}\left(1-\frac{n}{N}\right)}$$

可推导出：

$$n=\frac{Z^2N\sigma^2}{N\Delta_{\bar{X}}^2+Z^2\sigma^2} \tag{5-56}$$

或：

$$n=\frac{n'}{1+n'/N} \tag{5-57}$$

式中，n'为重复抽样的样本容量。

2. 估计总体比例时样本容量的计算

由 $\Delta p=Z\sigma_p$ 可推导出重复抽样和不重复抽样情况的样本容量。

（1）重复抽样。

$$n=\frac{Z^2\pi(1-\pi)}{\Delta_p^2} \tag{5-58}$$

（2）不重复抽样。

$$n=\frac{Z^2N\pi(1-\pi)}{N\Delta_p^2+Z^2\pi(1-\pi)} \tag{5-59}$$

或：

$$n=\frac{n'}{1+n'/N} \tag{5-60}$$

【例 5-13】 某茶叶生产厂对某批 10 000 包茶叶的每包平均重量和合格率进行检验，根据以往资料，每包平均重量的标准差为 10 克，茶叶合格率为 92%。在概率保证程度为 95.45%、每包茶叶平均重量的抽样极限误差不超过 2 克、合格率的抽样极限误差不超过 5%的条件下，求应抽取多少包茶叶进行调查。

在重复抽样条件下，抽检平均每包重量，由 $\sigma=10$，$Z=2$，$\Delta_{\bar{X}}=2$，那么，

$$n=\frac{Z^2\sigma^2}{\Delta_{\bar{X}}^2}=\frac{2^2\times10^2}{2^2}=100\text{（包）}$$

抽检合格率，由 $\pi=92\%$，$Z=2$，$\Delta_p=5\%$，得：

$$n=\frac{Z^2\pi(1-\pi)}{\Delta_p^2}=\frac{2^2\times92\%(1-92\%)}{(5\%)^2}=117.76\text{（包）}$$

所以，对抽检平均每包重量需要抽取 100 包茶叶，对抽检合格率需抽检 118 包。而在一次抽样中，若要求同时抽检平均每包重量和合格率，则应采用样本单位较多（即 $n=118$）的方案。

在不重复抽样条件下，抽检平均每包重量，由 $\sigma=10$，$Z=2$，$\Delta_{\bar{X}}=2$，那么，

$$n=\frac{Z^2N\sigma^2}{N\Delta_{\bar{X}}^2+Z^2\sigma^2}=\frac{2^2\times10\ 000\times10^2}{10\ 000\times2^2+2^2\times10^2}=99\text{（包）}$$

或：

$$n=\frac{n'}{1+\frac{n'}{N}}=\frac{100}{1+\frac{100}{10\ 000}}=99\text{（包）}$$

抽检合格率，由 $\pi=92\%$，$Z=2$，$\Delta_p=5\%$，得：

$$n=\frac{Z^2N\pi(1-\pi)}{N\Delta_p^2+Z^2\pi(1-\pi)}=\frac{2^2\times10\ 000\times92\%(1-92\%)}{10\ 000\times(5\%)^2+2^2\times92\%(1-92\%)}=116.39\text{（包）}$$

或：

$$n=\frac{n'}{1+n'/N}=\frac{117.76}{1+117.76/10\ 000}=116.39\text{（包）}$$

所以，在不重复抽样条件下，抽检平均每包重量需要抽取 99 包茶叶，抽检合格率需抽检 117 包。

3. 估计两个总体均值之差时样本容量的计算

在估计两个总体均值之差时，样本容量的计算与上述类似。在给定的允许误差和置信水平为 $1-\alpha$ 的条件下，估计两个总体均值之差时所需的样本容量为：

$$n_1=n_2=\frac{Z^2(\sigma_1^2+\sigma_2^2)}{\Delta_{\bar{X}}^2} \tag{5-61}$$

式中，n_1 和 n_2 为来自两个总体的样本容量，σ_1^2 和 σ_2^2 为两个总体的方差。

【例 5-14】　某房地产公司想要抽取 A，B 两地房子成交数量的置信区间，要求置信水平为 99%，预先估计 A，B 两地房子成交数量的方差为：A 地 $\sigma_1^2=90$，B 地 $\sigma_2^2=130$，如果要求估计的允许误差不超过 5，那么应在 A，B 两地分别抽取多少座房子进行调查？

解：根据公式得：

$$n_1=n_2=\frac{Z^2(\sigma_1^2+\sigma_2^2)}{\Delta_{\bar{X}}^2}=\frac{2.58^2\times(90+130)}{5^2}=58.576\text{（座）}$$

即应在 A，B 两地分别抽取 59 座房子进行调查。

4. 估计两个总体比率之差时样本容量的计算

在给定的允许误差和置信水平为 $1-\alpha$ 的条件下，估计两个总体比率之差时所需的样本容量为：

$$n_1=n_2=\frac{Z^2[\pi_1(1-\pi_1)+\pi_2(1-\pi_2)]}{\Delta_p^2} \tag{5-62}$$

【例 5-15】　某厂家要估计消费者对一种新产品认知的广告效果。该厂家在广告前和广告后各抽取一个消费者随机样本进行调查，若以 12%的允许误差和 99%的置信水平估计广告前和广告后知道该产品消费者的比率之差，应在两个样本中分别抽取多少名消费者进行调查？

解：由于没有 π_1 和 π_2 的信息，用 0.5 作为 π_1 和 π_2 的近似值。根据公式得：

$$n_1=n_2=\frac{Z^2[\pi_1(1-\pi_1)+\pi_2(1-\pi_2)]}{\Delta_p^2}=\frac{2.58^2\times(0.5\times0.5+0.5\times0.5)}{0.12^2}=231.125\text{（名）}$$

即应在两个样本中分别抽取 232 名消费者进行调查。

第四节 其他抽样组织方式

前面介绍的基本原理都是关于简单随机抽样的，简单随机抽样是抽样法中最基本的组织方式。本节介绍其他抽样组织方式。不同的抽样组织方式中，样本容量的选取、抽样平均误差的计算等也有所不同。

一、分层抽样

（一）抽样形式

分层抽样也称类型抽样或分类抽样。它是先将总体的 N 个单位按某一标志分成 k 层，每层含 N_i 个单位，$\sum_{i=1}^{k}N_i=N$，然后按一定要求分别从每层随机抽取 n_i 个单位，构成总容量为 $\sum_{i=1}^{k}n_i=n$ 的样本，以样本的观测结果推断各层的数量特征和总体数量特征的一种抽样组织形式。

分层抽样的特点表现在：

由于分层抽样是在各层中进行的，因此各层样本除汇总后可用于总体参数的估计外，还可用来对层的参数进行估计。例如，全国人口抽样调查，若以省为层，那么调查以后既可得到全国的有关数据，也可同时获得有关省的数据。

分层抽样对层而言是全面调查，对层内单位而言是非全面调查。因此，分层抽样的样本的代表性高低，取决于层内被抽取单位对层的代表性如何，而与层间差异无关。

分层样本分别抽自各层，因此与简单随机样本比较，分层样本在总体中的分布更为均匀，不会出现偏于某一部分的不平衡情况，因此抽样效果较好。

分层抽样适合于调查标志在各单位间的分布差异大的总体。实际中有许多社会经济现象总体的抽样都适合采用分层抽样。例如，居民生活水平调查按城、乡分层，市场调查按规模分类或内容分类，消费者调查则可按年龄、性别等标志分类等。在本章开头的统计实例中，国家统计局的住宅销售价格调查对象的抽取就可以采用分层抽样，应用分层抽样可提高抽样调查的效果。

（二）分层抽样的简单估计

分层抽样对总体的分类是按有关的主要标志分组的，各组的单位数不同。分层抽样通常是按各组总体单位数占全部总体单位数的比例来抽取样本，哪一组单位多，哪一组就应该多取样，单位少的则少取样，以使各组样本容量与全部样本容量之比等于各组总体单位数与全部总体单位数之比。即：

$$\frac{n_1}{N_1}=\frac{n_2}{N_2}=\cdots=\frac{n_k}{N_k}=\frac{n}{N}$$

采用等比例抽样是为了保持样本结构和总体结构相同，避免样本均值由于各组比重差异而引起的误差。本节讨论的就是这种按等比例来抽取各层样本容量，然后用样本指标估计总体指标的抽样估计方法。

1. 总体均值的简单估计

设第 i 层第 j 个单位的标志值为 X_{ij}，并且，第 i 层总体 N_i 占全部总体 N 的比重（层权）为 w_i，$w_i=\frac{n_i}{n}=\frac{N_i}{N}$。

第 i 层样本均值为：

$$\overline{X_i}=\frac{1}{n_i}\sum_{j=1}^{n_i}X_{ij}\quad(i=1,\ 2,\ \cdots,\ k)\tag{5-63}$$

分层抽样的样本均值为：

$$\overline{X}=\frac{\sum_{i=1}^{k}n_i\overline{X_i}}{n}=\sum_{i=1}^{k}w_i\overline{X_i}\tag{5-64}$$

第 i 层样本的方差为：

$$S_i^2=\frac{\sum_{j=1}^{n_i}(X_{ij}-\overline{X_i})^2}{n_i}\quad(i=1,\ 2,\ \cdots,\ k)\tag{5-65}$$

以各层样本容量 n_i 为权数计算各层样本方差的平均数为：

$$\overline{S^2}=\frac{\sum_{i=1}^{k}n_iS_i^2}{n}=\sum_{i=1}^{k}w_iS_i^2\tag{5-66}$$

【例 5-16】 某公司有员工 2 000 人，按性别分组，然后按比例抽取样本容量 200 人，调查该公司员工平均每月支出情况，计算各组平均每月支出 $\overline{X_i}$ 和标准差 S_i，如表 5-5 所示。试以 95.45%的概率保证对该公司全部员工平均每月支出额做区间估计（采用重复抽样）。

表 5-5　某公司员工样本资料

按性别分组	全部人数（人）N_i	抽样人数（人）n_i	抽样平均支出额（元）$\overline{X_i}$	平均支出额标准差（元）S_i
男	1 200	120	1 000	125
女	800	80	750	115
合计	2 000	200	—	—

$$\overline{X}=\frac{\sum n_i\overline{X_i}}{n}=\frac{1\ 000\times120+750\times80}{200}=900\text{（元）}$$

或

$$\overline{X}=\sum_{i=1}^{k} w_i \overline{X}_i=0.6\times1\,000+0.4\times750=900\text{（元）}$$

$$\overline{S^2}=\frac{\sum n_i S_i^2}{n}=\frac{125^2\times120+115^2\times80}{200}=14\,665\text{（元）}$$

或

$$\overline{S^2}=\sum_{i=1}^{k} w_i S_i^2=0.6\times125^2+0.4\times115^2=14\,665\text{（元）}$$

概率保证程度为 95.45%，其对应的 Z 值为 2。那么，

$$\sigma_{\overline{X}}=\sqrt{\frac{\overline{S^2}}{n}}=\sqrt{\frac{14\,665}{200}}=8.563\text{（元）}$$

$$\Delta_{\overline{X}}=Z\sigma_{\overline{X}}=2\times8.563=17.126\text{（元）}$$

$\overline{X}$ 的区间为：$[\overline{X}-\Delta_{\overline{X}},\ \overline{X}+\Delta_{\overline{X}}]=[900-17.126,\ 900+17.126]=[882.874,\ 917.126]$

即公司全体员工平均每月支出在 882.874~917.126 元。

2. 总体比率的简单估计

设第 i 层第 j 个单位的样本比例为 p_{ij}，那么第 i 层样本比率为：

$$p_i=\frac{1}{n_i}\sum_{j=1}^{n_i} p_{ij} \tag{5-67}$$

分层抽样的样本比率为：

$$p=\frac{\sum_{i=1}^{k} n_i p_i}{n}=\sum_{i=1}^{k} w_i p_i \tag{5-68}$$

以各层样本容量 n_i 为权数计算各层样本方差的平均数为：

$$\overline{s^2}=\overline{p(1-p)}=\frac{\sum_{i=1}^{k} n_i p_i(1-p_i)}{n}=\sum_{i=1}^{k} w_i p_i(1-p_i) \tag{5-69}$$

【例 5-17】 为调查某个高血压高发病区的患病率，对 14 岁以上的人分四个年龄组进行分层随机抽样，调查结果如表 5-6 所示，以 95%的可靠性对该地区 14 岁以上全部人口高血压患病率进行区间估计（按重复抽样计算）。

表 5-6 某个高血压高发病区样本资料

年龄组	全部人数（万人）N_i	抽样人数（人）n_i	p_i(%)
14~25	27.5	1 375	5.4
26~40	24.0	1 200	14.5
41~60	19.5	975	34.7
60 以上	6.0	300	50.2
合计	77.0	3 850	—

$$p=\frac{\sum_{i=1}^{k}n_ip_i}{n}=\frac{5.4\%\times1\ 375+14.5\%\times1\ 200+34.7\%\times975+50.2\%\times300}{3\ 850}$$

$$=\frac{737.175}{3\ 850}=19.15\%$$

$$\overline{s^2}=\overline{p(1-p)}=\frac{\sum_{i=1}^{k}n_ip_i(1-p_i)}{n}=\frac{1\ 375\times5.4\%\times94.6\%+\cdots+300\times50.2\%\times49.8\%}{3\ 850}$$

$$=\frac{514.936}{3\ 850}=13.37\%$$

当可靠性为95%时，Z 值为1.96。

那么，

$$\sigma_p=\sqrt{\frac{\overline{p(1-p)}}{n}}=\sqrt{\frac{13.37\%}{3\ 850}}=0.59\%$$

$$\Delta_p=Z\sigma_p=1.96\times0.59\%=1.16\%$$

P 的区间为：$[p-\Delta_p,\ p+\Delta_p]=[19.15\%-1.16\%,\ 19.15\%+1.16\%]=[17.99\%,\ 20.31\%]$

即该地区全部人口高血压患病率在17.99%~20.31%。

（三）分层抽样各层样本容量的确定

在采用分层抽样进行抽样估计时，各层样本容量 n_i 的确定是决定分层抽样效果好坏、花费费用多少的关键。分层抽样确定各层样本容量有三种方法，这三种方法都是以已知分层抽样的层数 k 和样本容量 n 为前提条件来确定各层样本容量 n_i。

1. 比例分配法

比例分配法是指样本所有单位在各层分配时，从各层中抽取的样本容量 n_i 占所有单位数 N_i 的比例是相等的，等同于样本容量 n 占总体容量 N 的比重。即：

$$\frac{n_1}{N_1}=\frac{n_2}{N_2}=\cdots=\frac{n_k}{N_k}=\frac{n}{N}$$

从而确定各层应抽取的样本容量为：

$$n_i=\frac{N_i}{N}\times n \tag{5-70}$$

比例分配法是实际工作中最常用的方法。由于所抽取的样本容量考虑了各层的合理权重 N_i/N，使得综合计算的样本指标能切合实际情况，增强抽样估计的效果。

2. 适度法

比例分配法只考虑到各层单位多少的差别，没有考虑各层变异程度的不同。适度法（又称尼曼分配法）弥补了这一不足，适度法认为变异程度较大的层应该多取样，而变异比较均匀的层应该少取样，样本容量与变异程度的大小成正比例，使抽样误差达到最小。设 σ_1，σ_2，…，σ_k 代表各层标准差，则各层样本容量同各层总体容量和各层标准差乘积的比例相等，即：

$$\frac{n_1}{N_1\sigma_1}=\frac{n_2}{N_2\sigma_2}=\cdots=\frac{n_k}{N_k\sigma_k}=\frac{n}{\sum_{i=1}^{k}N_i\sigma_i}$$

所以各层的样本容量为：

$$n_i=\frac{N_i\sigma_i}{\sum_{i=1}^{k}N_i\sigma_i}\times n \tag{5-71}$$

适度法在考虑各层合理权重的情况下，又使抽样误差减少到可能范围，这种方法在使用时比比例分配法又前进了一步。

3. 最优分配法

各层除了单位数和变异程度不同外，调查费用还可能有差别。最优分配法（亦称经济分配法）考虑这一因素，对于费用较大的层相对来说取样少一些，而费用较低的层则可以多取样。设 C_1，C_2，…，C_k 代表各层每单位的调查费用，由于样本容量与费用的平方根成反比关系变化，应该使下列比例保持相等，达到一定调查费用情况下抽样误差最小，或在一定的抽样误差情况下调查费用最少。即：

$$\frac{n_1}{N_1\sigma_1/\sqrt{C_1}}=\frac{n_2}{N_2\sigma_2/\sqrt{C_2}}=\cdots=\frac{n_k}{N_k\sigma_k/\sqrt{C_k}}=\frac{n}{\sum_{i=1}^{k}N_i\sigma_i/\sqrt{C_i}}$$

所以各层的样本容量为：

$$n_i=\frac{N_i\sigma_i/\sqrt{C_i}}{\sum_{i=1}^{k}N_i\sigma_i/\sqrt{C_i}}\times n \tag{5-72}$$

【例 5-18】 已知某市个体商店 1 600 个，按分层抽样从中抽取 200 个商店调查纳税情况，具体资料如表 5-7 所示。

表 5-7 某市个体商店样本资料

按月销售额分组（万元）	N_i（个）	σ_i（元）	C_i（元）
5 以下	500	21	10
6~15	800	15	11
16~25	300	17	14
合计	1 600	—	—

根据以上资料，通过计算表得出三种分配方法的结果如表 5-8 所示。

表 5-8　计算表（$n=200$）

按月销售额分组（万元）	比例分配法 $n_i=\frac{N_i}{N}\times n$	适度法 $n_i=\frac{N_i\sigma_i}{\sum_{i=1}^{k}N_i\sigma_i}\times n$	最优分配法 $n_i=\frac{N_i\sigma_i/\sqrt{C_i}}{\sum_{i=1}^{k}N_i\sigma_i/\sqrt{C_i}}\times n$
5 以下	62	76	80
6~15	100	87	87
16~25	38	37	33
合计	200	200	200

二、整群抽样

（一）抽样形式

一个新建的居民区由近百幢居民楼组成，其中住户总数达数千户。欲用抽样调查方法估计该居民区现有的计算机拥有率，考虑以下两种抽样方法。一种是用简单随机抽样抽取一定样本容量的住户，譬如说抽取 $n=400$ 户进行调查，然后用简单随机抽样方法对全居民区的计算机拥有率进行估计。另一种方法是按一定方法抽取一定数量的居民楼，譬如说 10 幢或 20 幢楼，然后对抽中楼中的每个住户都进行调查，根据调查结果来估计整个居民区的计算机拥有率。这两种抽样方法的主要差别是抽样单位不一样，前者以住户为抽样单位，后者则以居民楼为抽样单位。后一种抽样方法称为整群抽样。

整群抽样也称集团抽样。它是在当总体的所有基本单位自然组合为或被划分为若干个群后，从中随机抽取部分群并对抽中群内的全部基本单位进行调查的一种抽样组织形式。上例中每一住户为一基本单位。全部居民住户按楼别划分为若干个群，被抽中的楼为样本群，对抽中群的住户进行全面调查，然后根据观测结果对总体全部住户的计算机拥有率进行估计和推断，即为整群抽样。

在实际中整群抽样是一种常用的抽样方法。它的特点表现为：

1. 随机性体现在群之间

整群抽样的随机性体现在群与群之间不重叠，总体的任何一个基本单位都必须且只能归于某一群。群的抽选按概率确定，可以按等概率也可按不等概率进行抽选。上例中的每一住户只属于某一幢楼。如各幢居民楼居民收入差异较大，可考虑按不等概率抽取样本群。

2. 整群抽样是以群为单位的简单随机抽样

如果把每一群看成一个单位，那么整群抽样就是以群为单位的简单随机抽样。

3. 对于群而言是非全面调查，对于被抽中的群内单位而言是全面调查

这一点与分层抽样正好相反。分层抽样对于划分的各个层而言是全面调查，即对所有层都进行抽取，但对各层内的所有基本单位而言则是非全面调查，即抽取各层内的一部分基本单位进行调查。另外，整群抽样划分群的目的与分层抽样划分层的目的不同：分层抽样划分层的目

的是缩小总体，将标志值相近的总体单位划归为同一层，从而减小层总体的变异。分层抽样抽取的单位仍为总体的基本单位。例如，某部队对新入伍的战士文化程度进行调查，将该部队新入伍战士按某一标志划分为若干层，抽样调查的单位是每一个新入伍战士。而整群抽样划分群的目的是扩大总体“单位”，抽取的单位不是总体的基本单位，而是总体的群单位。如将新入伍的战士按班划分为若干群，抽样调查的单位是整个群，即对抽中的样本群中的全部战士进行全面调查。

4. 便于组织实施，节省人力、财力和时间

在前面举的居民区住户计算机拥有率调查的例子中，若采用对住户的简单随机抽样，则首先要有该居民区所有住户的抽样框，否则无法进行抽样。其次，即使有全体住户的抽样框，当抽到一个简单随机样本时，这个样本单位在位置上分布必然很分散。例如，一个 $n=400$ 户的样本很可能分布在数十幢，甚至全部居民楼中，因此调查起来很不方便，且费用较大。而采用对居民楼的整群抽样，一则可以不需要所有住户的抽样框，二则由于样本相对集中，可以节省调查时间和费用。

但是，整群抽样相对于简单随机抽样，在相同的调查单位下，前者抽样误差较大，抽样估计精度较低，这是因为整群抽样的调查单位相对集中，在总体中分布不太均匀，对总体的代表性较差，故抽样误差较大。但由于整群抽样可以节省费用和时间，故可以适当地增加样本容量，以达到减少抽样误差、提高抽样估计效果的目的。因而，在社会经济调查中的人口调查、家计调查、资源调查等中都经常采用整群抽样调查。

（二）整群抽样的简单估计

设总体的 N 个基本单位划分为 R 个基本单位数相同的群，每群含 M 个单位，$RM=N$，那么从 R 群中随机抽取 r 群（$r\leqslant R$），$rM=n$。并且对选中的 r 群的所有 M 个单位进行调查，样本的第 i 群第 j 单位的标志值为 X_{ij}，比例为 p_{ij}，第 i 群的样本均值为$\overline{X}_i$，样本比率为 p_i，

$$\overline{X}_i=\frac{1}{M}\sum_{j=1}^{M}X_{ij} \tag{5-73}$$

$$p_i=\frac{1}{M}\sum_{j=1}^{M}p_{ij} \tag{5-74}$$

那么，样本均值 $\overline{X}$ 为：

$$\overline{X}=\frac{\sum_{i=1}^{r}\sum_{j=1}^{M}X_{ij}}{rM}=\frac{\sum_{i=1}^{r}\overline{X}_i}{r} \tag{5-75}$$

样本比率 p 为：

$$p=\frac{\sum_{i=1}^{r}\sum_{j=1}^{M}p_{ij}}{rM}=\frac{\sum_{i=1}^{r}p_i}{r} \tag{5-76}$$

从上式中不难看出，整群抽样实质上是以群代替总体单位，以群均值$\overline{X}_i$或比率 p_i 代替总体单位标志值之后的简单随机抽样。因此，抽样均值或比率的抽样平均误差 $\sigma_{\overline{X}}$ 或 σ_p 也可以按这一方法来推求。

设 δ^2 为群均值或群比率的群间方差。

$$\delta_{\bar{X}}^2=\frac{\sum(X_i-\mu)^2}{R}\text{或 }\delta_{\bar{X}}^2=\frac{\sum(\bar{X}_i-\bar{X})^2}{r} \tag{5-77}$$

$$\delta_p^2=\frac{\sum(\pi_i-\pi)^2}{R}\text{或 }\delta_p^2=\frac{\sum(p_i-p)^2}{r} \tag{5-78}$$

整群抽样一般都采用不重置抽样的方法。所以抽样平均误差 σ 为：

$$\sigma=\sqrt{\frac{\delta^2}{r}\left(\frac{R-r}{R-1}\right)} \tag{5-79}$$

【例 5-19】 在前例调查居民区住户计算机拥有率时，如果该居民区共有 90 幢楼，按简单随机抽样抽出 15 幢楼，对全部住户进行调查得知，拥有计算机住户的比率为 14%，各群间的方差为 4%，则整群抽样误差计算如下：

$$R=90,\ r=15,\ \delta^2=4\%,\ p=14\%$$

$$\sigma_p=\sqrt{\frac{\delta^2}{r}\left(\frac{R-r}{R-1}\right)}=\sqrt{\frac{4\%}{15}\left(\frac{90-15}{90-1}\right)}=4.74\%$$

由此可见，该居民区全部住户计算机拥有率范围，在 95%概率保证下（即 $Z=1.96$ 时）按公式推断应为：

$$\Delta_p=Z\sigma_p=1.96\times4.74\%=9.29\%$$

p 的区间为：$[p-\Delta_p,\ p+\Delta_p]=[14\%-9.29\%,\ 14\%+9.29\%]=[4.71\%,\ 23.29\%]$

即计算机拥有率 p 在 4.71%~23.29%。

（三）整群抽样样本群的确定

设允许误差为 Δ，则有

$$\Delta=Z\sigma=Z\sqrt{\frac{\delta^2}{r}\left(\frac{R-r}{R-1}\right)} \tag{5-80}$$

则样本群为：

$$r=\frac{Z^2\delta^2R}{(R-1)\Delta^2+Z^2\delta^2} \tag{5-81}$$

【例 5-20】 某林区划分为 2 000 群区，各群区面积相同，按估计该林区木材蓄积量的群间方差为 12.2 m^3，现在在允许误差为 1.06 m^3、概率保证程度为 95.45%的条件下，确定抽样的样本群数。

由 $R=2\,000$，$\delta^2=12.2$，$\Delta=1.06$，$Z=2$

则：

$$r=\frac{Z^2\delta^2R}{(R-1)\Delta^2+Z^2\delta^2}=\frac{2^2\times12.2\times2\,000}{(2\,000-1)\times1.06^2+2^2\times12.2}\approx43\text{（群）}$$

三、等距抽样

（一）等距抽样的特征

等距抽样又叫机械抽样或系统抽样。其方法是：将总体各单位按某一标志顺序排列，然后按照一定的间距抽取样本单位。设总体有 N 个单位，现在需要抽选样本容量为 n 的子样。将

总体 N 个单位除以样本容量 n，求得抽样间隔 $k=N/n$，即每隔 k 个单位抽选一个样本单位，直到抽满 n 个单位为止。

等距抽样按照排队时所依据的标志不同，可分为按无关标志排队和按有关标志排队。所谓按无关标志排队，是指用来排队的标志与调查研究的标志无关。例如，研究工人的平均收入水平时，将工人按照姓氏笔画顺序排列。所谓按有关标志排队，是指用来排队的标志与调查研究的目的有关。例如，研究工人的工资收入是按工龄、技术职称等排队。按无关标志排队近似于简单随机抽样；按有关标志排队类似于类型抽样，很显然后者优于前者。等距抽样都是不重复抽样。

在抽样过程中，需要注意的是：第一个样本单位位置确定后，其余样本单位的位置也就确定了。因此，要避免由抽样间隔和现象本身的周期性节奏相重合而引起的系统性影响。例如，农产量抽样调查时，抽样间隔不宜和农忙的长度相等；工业产品质量检查时，产品抽取的时间不要和上下班的时间相一致，以防止发生系统性偏差。

（二）等距抽样的效果分析

等距抽样方式简单，容易实施。同时，由于等距抽样能使抽出来的样本均匀地分布在总体中，因此调查的精度高于简单随机抽样。按有关标识排队接近于类型抽样，也常用类型抽样的公式来计算等距抽样的误差，但计算出来的误差比实际存在的误差小，不利于抽样推断置信度的提高。用简单抽样公式来计算等距抽样（不论排队标志如何）的误差，计算出来的误差比实际存在的误差大，有利于抽样推断置信度的提高。所以，在实际工作中常用简单抽样的误差公式和推断程度对等距抽样的误差和估计量进行推断。

（三）等距抽样实例

【例 5-21】 某加工厂生产一批零件，为了随时了解零件质量，每天需抽取 40 件进行检验。该加工厂每天运行 9 小时，即 540 分钟，平均每分钟生产一件。为了使样本均匀分布，确定每 12 分钟抽取 1 件。如第一件零件在第 6 分钟抽取，则第二件在第 18 分钟抽取，以此类推。某天生产基本正常，所得样本资料如表 5-9 所示，试以 95%的概率估计该天生产的零件的平均长度。

表 5-9 零件实测长度

零件长度（厘米）X	单位数 n_i	$X\cdot n_i$	$X-\overline{X}$	$(X-\overline{X})^2\cdot n_i$
43.8	3	131.4	−1.37	5.630 7
44.7	2	89.4	−0.47	0.441 8
45.2	30	1 356.0	0.03	0.027 0
45.5	5	227.5	0.33	0.544 5
45.7	5	228.5	0.53	1.404 5
合计	45	2 032.8	—	8.048 5

样本平均长度：

$$\overline{X}=\frac{\sum X\cdot n_i}{n}=\frac{2\ 032.8}{45}=45.17\ (\text{厘米})$$

样本方差：

$$\sigma^2=\frac{\sum(X-\bar{X})^2\cdot n_i}{n}=\frac{8.0485}{45}=0.179\text{（厘米）}$$

不重复抽样的平均误差：

$$\sigma_{\bar{X}}=\sqrt{\frac{\sigma^2}{n}\left(1-\frac{n}{N}\right)}=\sqrt{\frac{0.178856}{45}\left(1-\frac{45}{540}\right)}=0.060\text{（厘米）}$$

概率保证程度为95%，$Z=1.96$

抽样极限误差：

$$\Delta_{\bar{X}}=Z\cdot\sigma_{\bar{X}}=1.96\times0.0604=0.118\text{（厘米）}$$

$\bar{X}$ 的区间为：$(\bar{X}-\Delta_{\bar{X}},\ \bar{X}+\Delta_{\bar{X}})=(45.17-0.118,\ 45.17+0.118)=(45.052,\ 45.288)$

即在95%的概率保证程度下，该天生产的零件平均长度的区间为45.052~45.288厘米。

四、多阶段抽样

（一）多阶段抽样的组织

前面所述的抽样方式都是从总体中进行一次抽样就可产生一个完整的样本，但实际工作中，总体包括的单位很多，而且分布很广，要通过一次抽样抽选出样本是很困难的。在这种情况下，可将整个抽样程序分成若干个阶段，然后逐阶段进行抽样，以完成整个抽样过程。这种抽样方式称为多阶段抽样。

以调查某省粮食作物平均亩产来推算总产量为例，可以按行政区域划分层次，以省为总体，以县为抽样单位。其步骤为：

（1）从省抽县，抽中的县作为第一阶段抽取的样本；

（2）从选中的县抽乡或村，作为第二阶段抽取的样本；

（3）从选中的乡或村中抽农户，选中的农户作为第三阶段抽选的样本；

（4）从选中的农户中抽地块，对抽中的地块进行实割实测，作为最基层的样本，计算其样本平均亩产，然后逐级往上综合估算平均亩产量，并推算总产量。

世界上许多大规模的抽样调查都是采用多阶段抽样，但因调查对象的性质和具体要求有所不同，划分抽样阶段亦有差别。多阶段抽样一般以划分二、三阶段，至多四个阶段为宜。

在多阶段抽样中，前几个阶段的抽样都类似于整群抽样。每个阶段都会存在抽样误差。为提高抽样结果的代表性，抽取的群数和抽样方式，都应注意样本单位的均匀分布。为达到此要求，通常应适当多抽一些第一阶段的群数。对于群间方差大的阶段，应适当多抽一些；反之，则可以少抽一些。

每阶段的抽样方式可用简单随机抽样或等距抽样。各阶段可用同一种抽样方式，也可用不同的抽样方式，要视具体的情况和要求而定。在各阶段中，抽样单位的调查变量，其数值有较大的共同性，因而不宜采用分层抽样方式。另外，除最后阶段需要进行直接调查的基本单位外，其他各阶段因尚需进一步抽样，所以不宜采用整群抽样方式。

整群抽样虽然类似于多阶段抽样，但两者之间是有区别的。以两阶段抽样为例，整群抽样是从总体各群中随机抽取部分群组，然后，对这些群组的全部单位进行调查；而两阶段抽样是第一阶段抽取部分群组，然后在第二阶段从所选中的群组中随机地抽取部分单位进行调查。两阶段抽样和分层抽样虽然都需对总体进行分组，但两者之间亦有区别。分层抽样是在第一阶段抽取了全部的组，然后在各组中抽取部分单位进行调查。而两阶段抽样则是在第一阶段随机地抽取部分群组，然后再从选中的部分群组中抽取部分组作为第二阶段的样本进行调查。所以，两阶段抽样在组织技术上可视作整群抽样和分层抽样的结合。

（二）多阶段抽样的估计量和平均误差

多阶段抽样的估计量的方差，取决于各阶段的群间方差和最后抽中的各群的群内方差。现以两阶段抽样为例，说明多阶段抽样的估计量和平均误差的计算方法。

设总体单位数为 N，分成 R 群，各群包含 M 个单位。

第一阶段从 R 群中随机抽取 r 群；

第二阶段再从抽中的 r 群的 M 个单位中，分别随机抽取 m_j 个单位构成一个样本，样本单位数为：$n=m_1+m_2+m_3+\cdots+m_r$。

假定总体 R 群中各群的单位数相等，且都为 M，则 $N=RM$。而选中的 r 群中各群抽选的单位数假定亦相等，都为 m，则 $n=rm$。

如估计量为样本的平均数 $\overline{X}$，第一阶段抽样平均数 $\overline{X}$ 的方差为：

$$\frac{\delta^2}{r}\left(\frac{R-r}{R-1}\right) \tag{5-82}$$

式中，δ^2 为第一阶段抽样群的群间方差。

第二阶段抽样平均数的方差为：

$$\frac{\overline{\sigma^2}}{r\cdot m}\left(\frac{M-m}{M-1}\right) \tag{5-83}$$

式中，$\overline{\sigma^2}$是各抽样群群间方差的平均数，即：

$$\overline{\sigma^2}=\frac{1}{r}\sum_{i=1}^{r}\sigma_i^2 \tag{5-84}$$

则以上两阶段样本平均数的抽样方差为：

$$\sigma_{\overline{X}}^2=\frac{\delta^2}{r}\left(\frac{R-r}{R-1}\right)+\frac{\overline{\sigma^2}}{r\cdot m}\left(\frac{M-m}{M-1}\right) \tag{5-85}$$

抽样平均误差为：

$$\sigma_{\overline{X}}=\sqrt{\frac{\delta^2}{r}\left(\frac{R-r}{R-1}\right)+\frac{\overline{\sigma^2}}{r\cdot m}\left(\frac{M-m}{M-1}\right)} \tag{5-86}$$

两阶段以上的多阶段抽样是两阶段抽样的推广，计算抽样误差的公式亦可按同理推出。应用以上公式，在得不到总体资料的情况下，可以用样本的资料来代替。

（三）多阶段抽样推断实例

【例 5-22】 对某林区的木材积蓄量进行抽样调查，将总体面积相等的 N 块地段划分为 10 群，每群包括 5 个地段，现在用两阶段抽样的方法，从 10 群中抽选 50%，并从选中的群中抽选 60%地段组成样本，样本的各项资料如表 5-10 所示。

$$R=10,\ r=R\times50\%=10\times50\%=5\ (\text{群})$$

$$M=5,\ m=M\times60\%=5\times60\%=3\ (\text{段})$$

表 5-10　某林区木材积蓄量资料

群别	积蓄量（m^3）X_i	样本平均数$\overline{X}_i$	离差（$X_i-\overline{X}_i$）	离差平方（$X_i-\overline{X}_i$）^{2}
Ⅰ	92	95	-3	9
	95		0	0
	98		+3	9
Ⅱ	119	125	-6	36
	125		0	0
	131		+6	36
Ⅲ	181	190	-9	81
	190		0	0
	199		+9	81
Ⅳ	258	270	-12	144
	270		0	0
	282		12	144
Ⅴ	365	380	-15	225
	380		0	0
	395		15	225
合计	1 060	212	—	—

抽样平均数：

$$\overline{X}=\frac{\sum_{i=1}^{r}\overline{X}_i}{r}=\frac{95+125+190+270+380}{5}=212\ (\mathrm{m}^3)$$

各群内方差：

$$\sigma_1^2=\frac{9+9}{3}=6\ (\mathrm{m}^3)$$

$$\sigma_2^2=\frac{36+36}{3}=24\ (\mathrm{m}^3)$$

$$\sigma_3^2=\frac{81+81}{3}=54\ (\mathrm{m}^3)$$

$$\sigma_4^2=\frac{144+144}{3}=96\ (\mathrm{m}^3)$$

$$\sigma_5^2=\frac{225+225}{3}=150\ (\mathrm{m}^3)$$

各群内方差平均数：

$$\overline{\sigma^2}=\frac{\sum_{i=1}^{r}\sigma_i^2}{r}=\frac{6+24+54+96+150}{5}=66\ (\text{m}^3)$$

各群间方差：

$$\delta^2=\frac{(95-212)^2+(125-212)^2+(190-212)^2+(270-212)^2+(380-212)^2}{5}=10\ 666\ (\text{m}^3)$$

抽样平均误差为：

$$\sigma_{\overline{X}}=\sqrt{\frac{\overline{\sigma^2}}{r\cdot m}\left(\frac{M-m}{M-1}\right)+\frac{\delta^2}{r}\left(\frac{R-r}{R-1}\right)}$$

$$=\sqrt{\frac{66}{5\times3}\left(\frac{5-3}{5-1}\right)+\frac{10\ 666}{5}\left(\frac{10-5}{10-1}\right)}=34.5\ (\text{m}^3)$$

现以 95%（$Z=1.96$）的把握程度推断该林区平均木材储蓄量为：

$$[\overline{X}\pm Z\sigma_{\overline{X}}]=[212\pm1.96\times34.5]=[212\pm67.62]=[144.38,\ 279.62]$$

即该林区平均木材储蓄量在 144.38～279.62 m^3。

本章小结

本章介绍了如何使用样本推断总体的分析方法。

1. 抽样推断

主要内容包括抽样推断的概念、特点。

2. 抽样推断的几个基本概念

主要内容包括总体与样本、总体指标与样本指标、自由度、参数与统计量、重复抽样与不重复抽样、抽样分布、抽样误差与抽样平均误差。

3. 抽样推断的理论基础

主要内容包括大数定律和中心极限定理。大数定律：随着样本容量 n 的增加，样本均值 $\overline{X}$ 接近于总体均值 μ 的趋势，几乎是具有实际必然性。中心极限定理：如果总体变量存在有限的平均数和方差，那么，不论这个总体的分布如何，随着样本容量 n 的增加，样本均值的分布便趋近正态分布。

4. 参数估计的两种方法

主要内容包括点估计和区间估计。点估计：如果用一个统计量来作为总体参数的估计量，这种形式的估计称为点估计。区间估计：区间估计是估计出总体参数所在的可能区间。进行估计时要评价估计量的优良标准。一个好的估计量应具有三个特征：无偏性、有效性、一致性。

5. 抽样组织方式

纯随机抽样、分层（类型）抽样、整群抽样、等距抽样、多阶段抽样。

本章知识结构图

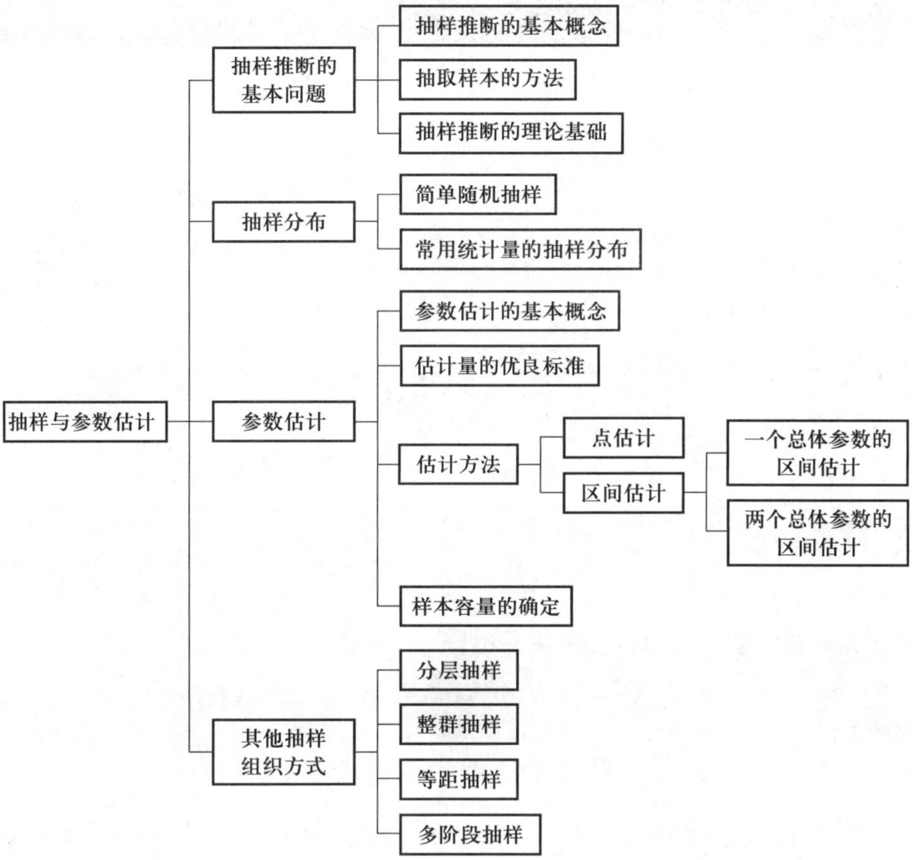

本章思考题

1. 什么是随机原则？在抽样法中为什么要坚持随机原则？
2. 抽样估计方法有哪些？其特点是什么？
3. 什么是抽样误差？影响抽样误差的因素有哪些？
4. 什么是抽样极限误差？它与概率度、抽样平均误差有什么关系？
5. 不同抽样组织方式的特点是什么？

测一测

第六章　参数假设检验

知识目标

- 了解假设检验的意义
- 掌握假设检验的计算过程
- 理解假设检验的两类错误

能力目标

- 具备通过数据分析对原假设真伪的判断能力
- 能够对事物有独立思考判断其真伪的能力

重点难点

- 提出假设，判断假设形式
- 一个总体和两个总体的均值、比率的检验

案例思考 6-1

日常生活中的假设检验

一种以休闲和娱乐为主题的杂志，声称其读者群中 80%为女性。为验证这一说法是否属实，某研究部门抽取了由 400 人组成的一个随机样本，发现有 316 个女性经常阅读该杂志。取显著性水平 $\alpha=0.05$，检验该杂志读者群中女性的比例是否为 80%。

某一营养品公司声称，通过科学研究发现，母亲怀孕期间是否补充适量的维生素对新生婴儿的体重有显著影响。下面数据显示了服用该公司生产的特定维生素的母亲所生婴儿在出生时的体重：4.92 千克、3.56 千克、3.98 千克、4.61 千克、5.01 千克、3.89 千克、2.54 千克、4.28 千克、4.81 千克、3.96 千克。假定新生婴儿的体重服从正态分布，在 $\alpha=0.05$ 的显著性水平下检验假设：所有怀孕母亲所生新生儿的平均出生体重为 3.41 千克。根据这个结果，补充维生素是否对新生儿的体重有影响呢？

第一节　假设检验的基本原理

假设检验问题是除参数估计问题之外的另一种重要的统计推断问题。假设检验分为参数假

设检验和非参数假设检验，参数假设检验是研究如何运用样本所提供的信息，来对有关总体参数事先所作的某种假设的真伪性进行检验。本章仅讨论参数假设检验问题。参数假设检验简称假设检验。

扫描二维码
观看慕课视频

在实际工作或生活中，常常会遇到需要对总体的某种假设进行判断的情况。比如，假定总体均值 μ 为某数值，为了检验所作假设的正确性，必须收集样本数据，计算出假设值与样本均值之间的差距，进一步判断两者的差距是否显著，差距越小，为总体均值所假设的这个数值准确的可靠性就越大，差距越大准确的可靠性就越小。然而，在大多数情况下，假设的总体参数值与所获得的样本统计量的值之间的差距往往既不是大到足以使我们显而易见地应该拒绝这个假设，也不是小到足以使我们完全可以肯定应该接受这个假设。所以在大多数情况下，我们难以作出判断。

例如，某大型企业的管理人员宣称，他们全体职工的平均工作效率已达 90%，怎样检验他的假设是有效的呢？采用抽样的方法，从全体职工中抽出一个样本，计算这个样本的平均效率。如果这个样本的平均效率是 93%，那么显然人们会接受管理人员的这种假设。但是，如果样本的平均效率是 46%，那么人们会拒绝这种不真实的假设。一般说来，人们可以通过常识处理 93%和 46%这两种结果。现在假如抽出的样本得到的平均效率是 81%，这个数值比较接近 90%，但对接受这个假设还有一定的距离。人们是接受呢？还是拒绝呢？任何人都不能肯定哪种决定是对的。所以，必须学习如何处理这种决策上的不肯定性。不能只凭感觉简单地决定接受或拒绝总体参数的某个假设，而应该学会如何在样本信息的基础上，客观地决定接受还是拒绝关于总体参数的假设。

一、假设检验的基本思想

关于假设检验的思想方法，没有参数估计那么直观，下面结合实际例子来阐明假设检验这种统计方法的基本思想及主要步骤。

假定某人拿着装有 100 个球的袋子，并说："袋中的球 99 个是黑色的，而只有 1 个是白色的。" 如果从袋中任摸一个球竟是白球，我们自然会觉得这个人的说法不可靠。判断思考过程是这样的：如果这 100 个球中确实只有 1 个白球，则从中任取一球是白球的可能性很小，概率为 1/100。因此，当这个人的说法正确时，从袋中任取一球正好是白球几乎是不可能的。现在这一事件竟然发生了，这就不能不令人怀疑这个人的说法。这其实就是一个简单的假设检验问题。所要检验的假设是"100 个球中只有一个白球"，亦即"白球率是 1/100"。先假定上述假设是正确的，然后用样本白球率来检验假设是否正确。这里将作出判断的主要依据及推理的思想方法归纳如下：

（1）判断的理论依据。假设检验的理论依据是小概率事件原理。所谓小概率事件原理是指小概率事件（即概率很小的事件）在一次试验中几乎是不可能发生的。

（2）推理的思想方法。当对总体所做的某一假设成立时，事件 A 是一个小概率事件，则按小概率事件原理在一次试验中事件 A 几乎是不可能发生的。现在进行一次试验，如果在这一试验中事件 A 竟然发生了，则按小概率事件原理这是不合理的，于是拒绝原来的假设。如果在这一试验中事件 A 没有发生，即没有出现不合理现象，这时就不能拒绝原来的假设。这就是假设检验方法的基本思想。

【知识拓展 6-1】

1920 年在英国剑桥的某个午后，校园里有三位科学家在一边晒着阳光一边喝着下午茶。其中一位统计学家费希尔（Ronald A. Fisher）倒了一杯奶茶端给了他的同事穆丽尔·布里斯托（Muriel Bristol）。但她婉拒了这杯奶茶，因为她说先倒牛奶后倒茶的味道更好。费希尔不相信，他认为没有人能够辨别出先倒奶还是先倒茶。于是另外一个科学家威廉姆·洛奇（William Roach）建议大家做一个试验：他们背着布里斯托倒了 8 杯奶茶，然后让她尝，看看她能不能辨别出倒奶和倒茶的顺序。假如布里斯托每一杯都猜对了，那么都猜对的概率就是 0.003 9，是小概率事件。而假设检验的小概率事件原理是：小概率事件在一次试验中几乎是不可能发生的。也就是说如果小概率发生了，说明原假设（她没有辨别能力）是不成立的，因此认为布里斯托具有辨别倒奶和倒茶顺序的能力。

【例 6-1】 某车间用一台包装机包装某食品，额定标准为每袋净重 200 克。根据经验知道这种食品的每袋净重服从正态分布，标准差是 2.2 克。为了检验包装机是否正常，每日开工后都要抽样检验。某日开工后随机抽测了 9 袋，平均净重为 198.74 克。

试问该日包装机工作是否正常？

这里所关心的问题是包装机工作是否正常，即装出的每袋净重是否符合标准 200 克。由于包装机装袋的重量服从正态分布，假设这天包装机所装该食品的每袋净重为 X，则 $X\sim N(\mu,\sigma^2)$，由于 $\sigma=2.2$ 为已知，因此可以用“$H_0:\mu=200$”表示包装机工作正常，称 H_0 为原假设（null hypothesis）；用“$H_1:\mu\neq200$”表示包装机工作不正常，称 H_1 为备择假设（alternative hypothesis）。只有当观测结果表明食品每袋净重与 200 克有显著差异时，才能认为 $\mu\neq200$。假定包装机工作正常，即 H_0 成立，接着就要判断这个假设是否与实际观测结果相符，也就是需要利用所抽取的样本来判断这一假设是否正确。由于包装机的工作受到各种随机因素的影响，即使在正常情况下所装的食品每袋净重也不会都等于 200 克，因此，这个问题可以归结为考虑样本均值 $\overline{X}$ 与 200 之间的差异是否显著，如果有显著差异，即 $|\overline{X}-200|$ 相当大时，必然认为包装机的工作不正常。也就是说，原假设不符合实际，从而拒绝原假设。否则，认为观测结果与原假设无矛盾，不能拒绝原假设。

我们知道，当假设 $H_0:\mu=200$ 成立时，样本来自服从正态分布 $N(200,\ 2.2^2)$ 的总体，而样本均值 $\overline{X}$ 服从 $N(200,\ 2.2^2/9)$，从而统计量

$$Z=\frac{\overline{X}-200}{\frac{2.2}{\sqrt{9}}}\sim N(0,\ 1)$$

为了对假设 H_0 作出“拒绝”或“不能拒绝”的决定，常根据实际需要给定一个小概率 α，由上面的分析知 $|\overline{X}-200|$ 相当大时，也即 $|Z|=\left|\frac{\overline{X}-200}{2.2/\sqrt{9}}\right|$ 大到一定程度是个小概率事件，由 α 查标准正态分布函数表得临界值 $Z_{\alpha/2}$，使（$|Z|>Z_{\alpha/2}$）是个小概率事件：

$$P(|Z|>Z_{\alpha/2})=P\left(\left|\frac{\overline{X}-200}{\frac{2.2}{\sqrt{9}}}\right|>Z_{\alpha/2}\right)=\alpha$$

这里的 α 一般取 0.01 、 0.05 或 0.10。例如，若 $\alpha=0.05$，则上式表明事件 $\left(\left|\dfrac{\overline{X}-200}{2.2/\sqrt{9}}\right|>Z_{\alpha/2}\right)$ 发生的概率为 0.05，即事件（$|Z|>Z_{\alpha/2}$）是一小概率事件。如果在一次实际抽样时计算出 Z 值，若 $|Z|>Z_{\alpha/2}$，即小概率事件在一次试验中发生了，由小概率原理就认为假设 H_0 是不正确的，从而拒绝假设 H_0。

对于例 6-1，取 $\alpha=0.05$，查标准正态分布函数表得 $Z_{\alpha/2}=1.96$，由样本算得 $\overline{X}=198.74$ 并计算出 Z 值：

$$Z=\frac{198.74-200}{\dfrac{2.2}{\sqrt{9}}}=-1.718$$

由于 $|Z|=1.718<Z_{\alpha/2}=1.96$，故不能拒绝 H_0，可以认为包装机的工作是正常的。

在上面的分析检验过程中，需要有一个预先给定的数值 α，这是确定一个事件为小概率事件的标准，称 α 为检验水平，亦称为显著性水平。此外，在上述分析过程中，当 $|Z|>Z_{\alpha/2}$ 时就做出拒绝假设 H_0 的判断，因此把 $(-\infty, -Z_{\alpha/2})\cup(Z_{\alpha/2}, +\infty)$ 称为拒绝域，为简便通常也把拒绝域记为 $|Z|>Z_{\alpha/2}$，同样把接受域记为 $|Z|\leqslant Z_{\alpha/2}$，如图 6-1 所示。

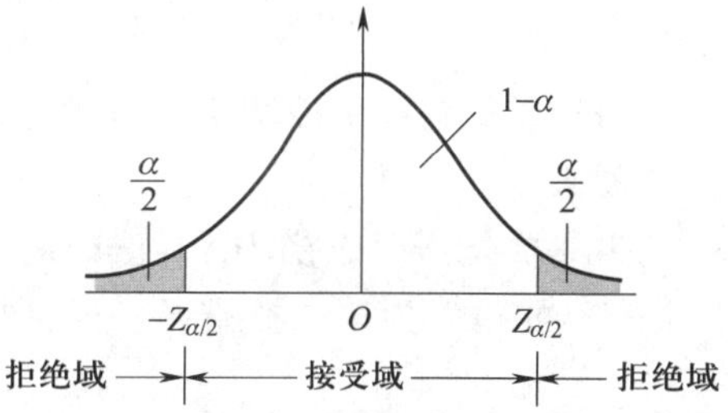

图 6-1　双侧检验示意图

综上所述，可归纳出假设检验问题的基本步骤：

（1）提出假设：原假设 H_0 及备择假设 H_1。

如例 6-1 提出假设：$H_0: \mu=200$；$H_1: \mu\neq 200$。

（2）选择适当的检验统计量，指出 H_0 成立时该检验统计量所服从的抽样分布。

如例 6-1 中选择检验统计量 $Z=\dfrac{\overline{X}-\mu}{\sigma/\sqrt{n}}$，在 H_0 成立下，$Z=\dfrac{\overline{X}-200}{\sigma/\sqrt{n}}\sim N(0, 1)$。

（3）根据给定的显著性水平 α，查表确定相应的临界值，建立相应小概率事件。

如例 6-1 中，给定 $\alpha=0.05$，查标准正态分布函数表确定临界值 $Z_{\alpha/2}=1.96$，使 $P(|Z|>1.96)=0.05$，建立的小概率事件是（$|Z|>1.96$）。

（4）根据样本观察值计算检验统计量的值。

如例 6-1 中，计算得 $Z=\dfrac{\overline{X}-200}{\sigma/\sqrt{n}}=\dfrac{198.74-200}{2.2/\sqrt{9}}=-1.718$

（5）将检验统计量的值与临界值比较，当检验统计量的值落入拒绝域时拒绝 H_0 而接受 H_1；否则不能拒绝 H_0。

如例 6-1 中，$|Z|=1.718<Z_{\alpha/2}=1.96$，落入接受域，不能拒绝 H_0，故可以认为包装机工作正常。

以上五个步骤是一般假设检验问题的基本步骤。在下面所讨论的假设检验问题中，尽管具体情况各有不同，但基本上是按这五个步骤进行的。所不同的是讨论的情况不同时所选取的检验统计量及相应的拒绝域不同。

需要注意的是：在每一次假设检验的考察中，当在样本信息的基础上接受一个假设时，实际上是没有统计证据去拒绝它，这并不是说原假设是真实的，这时由于没有拒绝它的证据，只好把它当作是真实的。唯一证明原假设的方法是要知道总体参数是什么，但那是不可能用抽样方法求得的。

二、假设检验的两类错误

假设检验是通过对样本数据的分析来进行的，由于有抽样误差的风险，所以就会产生两种类型的错误。

我们知道，小概率事件在一次试验中几乎不可能发生，但却不是绝对不可能发生。因此，当 H_0 本来是正确的，而这时我们却由于小概率事件的发生而拒绝了 H_0，这就犯了一种错误。我们把这种“弃真”的错误称为第一类错误。正是由于小概率事件的发生使我们犯了第一类错误，因而犯第一类错误的概率为 α，即：

$$P(\text{拒绝 } H_0 \mid H_0\text{正确}) = \alpha$$

所以，α 是用来控制犯第一类错误的可能性的。显然，α 取值越大，犯第一类错误的可能性就越大。

另一类错误是，当 H_0 不正确时，我们也可能接受 H_0，这同样是犯了错误，我们称这种“取伪”的错误为第二类错误。通常把犯第二类错误的概率记为 β，即

$$P(\text{接受 } H_0 \mid H_0\text{不正确}) = \beta$$

自然，人们希望犯两类错误的概率越小越好。但对于一定的样本容量，不能同时做到使犯这两类错误的概率都很小。如果减小第一类错误的概率 α，就必然增大第二类错误的概率 β。当然，使 α 和 β 同时变小的办法也有，这就是增大样本容量，但样本容量不可能没有限制，否则就会使抽样调查失去意义。通常人们只对犯第一类错误的概率 α 加以限制。此外，人们对犯第一类错误的概率 α 进行了控制，对犯第二类错误的概率 β 并没有进行控制，如果统计量不能拒绝原假设，人们决定接受原假设的话，则实际上并不能确定该决策的可信度，因此，人们在叙述中通常用“不能拒绝原假设”而不是“接受原假设”。

三、双侧检验与单侧检验

扫描二维码
观看慕课视频

假设检验有双侧检验和单侧检验两种类型。

（一）双侧检验（双尾检验）

一个假设检验问题的双侧检验是指如果样本统计量的值显著地大于或小于假设的总体参数值，都将拒绝原假设。在双侧检验中有两个拒绝区域，如图 6-1 所示。

双侧检验适合于担心样本统计量与假设总体参数值显著不同的情况，也即适用于备择假设中总体参数不等于某给定值的情况。一般地，如果假设是 $H_0: \mu = \mu_0$，$H_1: \mu \neq \mu_0$，就必须用双侧检验。

例如，一个灯泡厂生产平均寿命 $\mu = 11\ 000$ 小时的灯泡，如果寿命过短，它将失去市场的销路；如果寿命过长，灯丝就要加粗，从而要提高产品的成本。为了观察生产过程是否正常，他们在产品中抽出一个样本，以便检验假设 $H_0: \mu = 11\ 000$。由于他们不希望在 11 000 小时之外的任何一边超越太多，所以合适的备择假设是 $H_1: \mu \neq 11\ 000$。这就应该使用双侧检验。如

果样本的灯泡平均寿命高于 11 000 小时过多，或低于 11 000 小时过多，就拒绝原假设。

（二）单侧检验（单尾检验）

在实际问题中，人们关心的假设问题常常带有方向性。例如，某一建筑公司从上述灯泡厂购买一批灯泡，数量很大。该批货到达时，这个单位抽取一个样本以便决定是否接受这批货。只有当该公司感到灯泡平均寿命在 11 000 小时以下时，它才会拒绝这批货。如果灯泡平均寿命在 11 000 小时以上，那么该公司当然不会拒绝这批货，因为用已定的价格（灯泡寿命为 11 000 小时的价格）购进了更高质量的产品。因此，这时需检验的假设是 $H_0: \mu=11\ 000$ 小时，$H_1: \mu<11\ 000$ 小时。只有当所抽取的灯泡平均寿命低于 11 000 小时很多时，才会拒绝 H_0。一般地，单侧检验适用于担心样本统计量的值与假设的总体参数值在某一方向上显著偏离的情况，即适用于备择假设中总体参数大于某一给定值或小于某一给定值的情况。单侧检验只有一个拒绝域。

单侧检验又分为左侧检验和右侧检验两种。

1. 左侧检验

左侧检验（左尾检验）适用于担心样本统计量的值会显著地低于假设的总体参数值的情况，即适用于备择假设中总体参数小于某给定值的情况。一般地，如果假设是 $H_0: \mu=\mu_0$，$H_1: \mu<\mu_0$ 或 $H_0: \mu\geqslant\mu_0$，$H_1: \mu<\mu_0$，就使用左侧检验。因为拒绝区域在相应统计量的抽样分布的左端，所以这种单侧检验称为左侧检验。左侧检验如图 6-2 所示。

2. 右侧检验

右侧检验（右尾检验）适用于担心样本统计量的值会显著地大于假设的总体参数值的情况，即备择假设中总体参数大于某给定值。

一般地，如果假设是 $H_0: \mu=\mu_0$，$H_1: \mu>\mu_0$ 或 $H_0: \mu\leqslant\mu_0$，$H_1: \mu>\mu_0$，就使用右侧检验。因为拒绝域在相应统计量的抽样分布的右端，所以这种单侧检验称为右侧检验。右侧检验如图 6-3 所示。

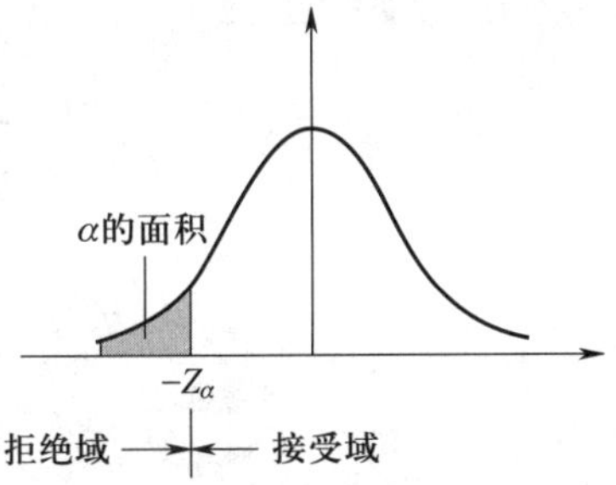

图 6-2　左侧检验示意图

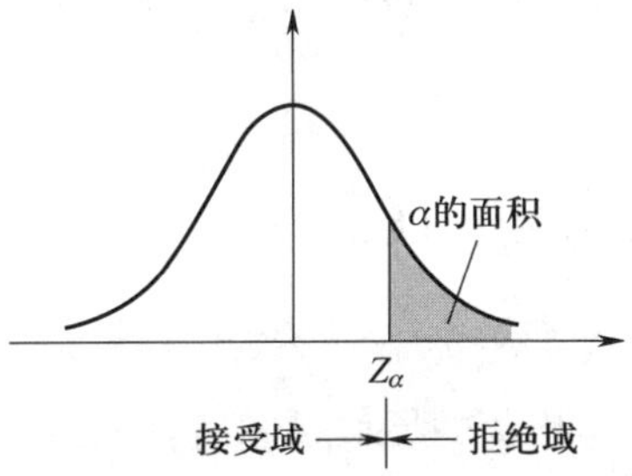

图 6-3　右侧检验示意图

例如，某保险公司经理要求员工注意投保人的保险金额。经理希望投保人每人每月平均保险金额保持在 5 000 元，6 个月后得到每月保险金额的一个样本。经理利用这个样本来检查保险金额是否超过预期金额。这里原假设是 $H_0: \mu=5\ 000$，备择假设是 $H_1: \mu>5\ 000$，用右侧检验。只有当样本平均数显著地超过 5 000 元时，才拒绝原假设。

需要指出一点，在双侧检验的原假设中，总体参数只取一个值，而单侧检验的原假设中通常给出了参数的一个取值区间，因此在理论上，在单侧检验的情况下，需要对每个假设的参数值进行检验，但一般只完成一个值的检验，即在相等点上的检验，而且可以证明，如果在相等点上否定了 H_0，则在原假设所含的任何点上也将否定 H_0。因此，应当注意原假设应包括等号在内。原假设能断言总体参数等于（最少或最多等于）某特定数值，才有建立临界值的基础，才能决定当样本统计量是什么数值时，在规定的显著性水平下可以拒绝或接受原假设。所以原假设不能采取下列形式：

$$H_0: \mu>\mu_0 \text{ 或 } H_0: \mu<\mu_0$$

四、原假设与备择假设的建立

确定原假设和备择假设在假设检验中非常重要，它直接关系到检验的结论。以下几点可供参考：

（1）通常成立的情况作为原假设，其相反的情况作为备择假设。

（2）关心某一情况是否发生作为备择假设，其相反的情况作为原假设。

（3）等号在原假设中。

【知识拓展 6-2】

第二次世界大战期间，前线战事吃紧，大量严重受伤的战士被送进战地医院，亨利·比彻（Henry Beecher）医生和他的护士不得不给伤病员注射大剂量吗啡以缓解他们的痛苦。不过库存的吗啡很快就用完了。比彻医生没办法，只能让护士给伤员注射生理盐水，并告诉病人已经注射了吗啡，马上就会不疼了。出乎意料的是，很多病人还真觉得不疼了。现在我们都知道，这是典型的安慰剂效应（placebo effect），也就是我们常说的心理作用。这也是为什么现在的常见临床试验中，都必须设置安慰剂组，因为安慰剂效应实在是太强了，一个成熟的、成功的药品，效果必须比安慰剂效应好得多，才可以允许上市，不然，不如直接吃安慰剂算了。

第二节 一个正态总体参数的假设检验

扫描二维码
观看慕课视频

一、总体均值的检验

设总体 $X \sim N(\mu, \sigma^2)$，$X_1, \cdots, X_n$ 为 X 的一个样本。

一个总体均值的原假设和备择假设的提法有三种：

$$H_0: \mu=\mu_0, \quad H_1: \mu\neq\mu_0$$
$$H_0: \mu\geqslant\mu_0, \quad H_1: \mu<\mu_0$$
$$H_0: \mu\leqslant\mu_0, \quad H_1: \mu>\mu_0$$

（一）总体方差 σ^2 已知

总体方差 σ^2 已知时，总体均值假设检验的检验统计量及所服从的分布为：

$$Z=\frac{\overline{X}-\mu}{\frac{\sigma}{\sqrt{n}}} \sim N(0, 1) \tag{6-1}$$

【例 6-2】 假设我国出口某种水果罐头，标准规格是每罐净重 300 克，根据以往经验，标准差是 4 克。现在某食品厂生产一批供出口用的这种罐头，从中抽取 100 罐检验，其平均净重是 301 克。假定罐头重量服从正态分布，规定显著性水平 $\alpha=0.02$，问这批罐头是否合乎出口标准，即净重确为 300 克？

解：由题中得知 $\mu_0=300$，$\sigma=4$，$n=100$，$\overline{X}=301$，根据这一问题的具体情况，水果罐头之所以要规定一定的净重是为了保障买卖双方的合理经济利益。现在规定净重为 300 克，当净重远远超过 300 克时，工厂生产成本增加，卖方吃亏；当净重远远低于 300 克时，买方如果接受了这批罐头，就会吃亏。所以要求罐头不过于偏重或偏轻，从而提出假设为：

$$\mathrm{H}_0: \mu=300,\ \mathrm{H}_1: \mu\neq 300$$

由于罐头重量服从正态分布，在 H_0 成立时：

$$Z=\frac{\overline{X}-\mu}{\frac{\sigma}{\sqrt{n}}}=\frac{\overline{X}-300}{\frac{\sigma}{\sqrt{n}}}\sim N(0,\ 1)$$

已知 $\alpha=0.02$，查标准正态分布函数表得临界值 $Z_{\alpha/2}=2.33$，使 $P(|Z|\geqslant 2.33)=0.02$，建立的小概率事件是（$|Z|\geqslant 2.33$）。

根据样本观察值计算得：

$$Z=\frac{\overline{X}-300}{\frac{\sigma}{\sqrt{n}}}=\frac{301-300}{\frac{4}{\sqrt{100}}}=2.5$$

因为 $|Z|=2.5>Z_{\alpha/2}=2.33$，则拒绝原假设 H_0，接受 H_1，故认为水果罐头的净重偏高，这批水果罐头不合乎出口标准。

【例 6-3】 假设某机械制造公司需要进口一种抗高温的螺丝，规格是平均抗温不低于 650 ℃。根据以往的经验，抗高温近似服从正态分布，标准差是 85 ℃。现在进口一批新货，抽取 100 件为样本，测定其平均抗高温为 629.6 ℃。问应否接受这批货物（$\alpha=0.05$）？

解：已知 $\mu_0=650$ ℃，$\sigma=85$，$n=100$，$\overline{X}=629.6$，在这里所关心的是这批货平均抗高温是否低于 650 ℃，若低于 650 ℃就不符合规格要求了，因此提出假设：

$$\mathrm{H}_0: \mu\geqslant 650,\ \mathrm{H}_1: \mu<650$$

在 H_0 成立时：

$$Z=\frac{\overline{X}-\mu}{\frac{\sigma}{\sqrt{n}}}=\frac{\overline{X}-650}{\frac{\sigma}{\sqrt{n}}}\sim N(0,\ 1)$$

由 $\alpha=0.05$，查标准正态分布函数表得 $Z_\alpha=1.645$。由于是左侧检验，所以临界值为 $-Z_\alpha=-1.645$，使 $P(Z<-1.645)=0.05$，建立的小概率事件是（$Z<-1.645$）。

根据样本观察值计算得：

$$Z=\frac{\overline{X}-650}{\frac{\sigma}{\sqrt{n}}}=\frac{629.6-650}{\frac{85}{\sqrt{100}}}=-2.4$$

因为 $Z=-2.4<-Z_\alpha=-1.645$，则拒绝原假设 H_0，接受 H_1，故认为这批螺丝平均抗高温低

于 650 ℃，应当拒绝接受这批货物。

【例 6-4】 设某地区玉米一般生产水平为亩产 130 千克，其标准差为 10 千克，产量服从正态分布。现用一种化肥进行试验，从 35 个小区取样，结果其平均产量为 140 千克，试问这种化肥是否使玉米增产？（$\alpha=0.05$）

解： 已知 $\mu_0=130$，$\sigma=10$，$n=35$，$\overline{X}=140$，这里所关心的是用这种化肥的结果是否使玉米增产了，因此提出假设：

$$H_0:\mu=130,\quad H_1:\mu>130$$

在 H_0 成立时：

$$Z=\frac{\overline{X}-\mu}{\frac{\sigma}{\sqrt{n}}}=\frac{\overline{X}-130}{\frac{\sigma}{\sqrt{n}}}\sim N(0,\ 1)$$

由 $\alpha=0.05$，查标准正态分布函数表得临界值 $Z_\alpha=1.645$，使 $P(Z>1.645)=0.05$，建立的小概率事件是（$Z>1.645$）。

根据样本观察值计算得：

$$Z=\frac{\overline{X}-130}{\frac{\sigma}{\sqrt{n}}}=\frac{140-130}{\frac{10}{\sqrt{35}}}=5.916$$

因为 $Z=5.916>Z_\alpha=1.645$，则拒绝原假设 H_0，接受 H_1，故认为这种化肥能使玉米增产。

思考与探究 6-1：假如某位同学参加了某考研培训，培训后考上了自己心仪的学校，请问能否认为这个补习班能够帮助学生显著地提高成绩？相反，如果培训后，该生没有考上心仪的学校，请问能否认为这个补习班一定不能提高学生的成绩？为什么？

（二）总体方差 σ^2 未知（小样本）

扫描二维码
观看慕课视频

总体方差 σ^2 未知时，总体均值假设检验的统计量及所服从的分布为：

$$t=\frac{\overline{X}-\mu}{\frac{S}{\sqrt{n}}}\sim t(n-1) \tag{6-2}$$

【例 6-5】 见章前案例思考中新生婴儿体重相关内容。

解： 新生婴儿的体重 $X\sim N(\mu,\ \sigma^2)$，σ^2 未知，$\mu_0=3.41$，由样本资料计算得 $\overline{X}=4.156$，$S=0.75$，依题意提出假设：

$$H_0:\mu=3.41,\quad H_1:\mu\neq 3.41$$

在 H_0 成立时：

$$t=\frac{\overline{X}-\mu}{\frac{S}{\sqrt{n}}}=\frac{\overline{X}-3.41}{\frac{S}{\sqrt{n}}}\sim t(9)$$

由 $\alpha=0.05$，查自由度为 9 的 t 分布表得临界值 $t_{\alpha/2}=2.262\,2$，使 $P(|t|\geqslant 2.262\,2)=0.05$，建立的小概率事件是（$|t|\geqslant 2.262\,2$）。

根据样本观察值计算得：

$$t=\frac{\overline{X}-3.41}{\frac{S}{\sqrt{n}}}=\frac{4.156-3.41}{\frac{0.75}{\sqrt{10}}}=3.145$$

因为 $|t|=3.145>t_{\alpha/2}=2.2622$，则拒绝原假设 H_0，故可认为所有怀孕的母亲所生的新生儿的平均出生体重不是 3.41 千克。根据这个结果，维生素补充看起来对新生儿的体重有影响。

【例 6-6】 某汽车轮胎厂声称，该厂一等品轮胎的平均寿命在一定的重量和正常行驶条件下超过 30 000 千米。对一个由 15 个轮胎组成的随机样本进行试验，得到的平均值和标准差分别为 32 000 千米和 5 500 千米。假定轮胎寿命近似服从正态分布，试问是否有充分理由相信产品同厂家所说的标准相符？（$\alpha=0.05$）

解： 已知 $\mu_0=30\,000$，$n=15$，$\overline{X}=32\,000$，$S=5\,500$，在这里所关心的是该厂一等品轮胎的平均寿命是否真的超过 30 000 千米，因此提出假设：

$$H_0:\mu\leqslant 30\,000,\ H_1:\mu>30\,000$$

在 H_0 成立时：

$$t=\frac{\overline{X}-\mu}{\frac{S}{\sqrt{n}}}=\frac{\overline{X}-30\,000}{\frac{S}{\sqrt{n}}}\sim t(14)$$

由 $\alpha=0.05$，查自由度为 14 的 t 分布表得临界值 $t_\alpha=1.7613$，使 $P(t>1.7613)=0.05$，建立的小概率事件是（$t>1.7613$）。

根据样本观察值计算得：

$$t=\frac{\overline{X}-30\,000}{\frac{S}{\sqrt{n}}}=\frac{32\,000-30\,000}{\frac{5\,500}{\sqrt{15}}}=1.408$$

因为 $t=1.408<t_\alpha=1.7613$，则不能拒绝原假设 H_0，故没有充分的理由相信厂家所说的标准与实际相符。

二、总体方差的检验

一个总体方差的原假设和备择假设的提法有三种：

$$H_0:\sigma^2=\sigma_0^2,\ H_1:\sigma^2\neq\sigma_0^2$$

$$H_0:\sigma^2\leqslant\sigma_0^2,\ H_1:\sigma^2>\sigma_0^2$$

$$H_0:\sigma^2\geqslant\sigma_0^2,\ H_1:\sigma^2<\sigma_0^2$$

方差的假设检验与均值的假设检验的基本思想是一致的，它们之间的主要区别在于检验的统计量不同。其检验步骤如下。

（1）提出原假设和备择假设：

$$H_0:\sigma^2=\sigma_0^2,\ H_1:\sigma^2\neq\sigma_0^2$$

（2）选择适当的检验统计量：

在 H_0 成立时，χ^2 所服从的分布为：

$$\chi^2=\frac{(n-1)S^2}{\sigma^2}=\frac{(n-1)S^2}{\sigma_0^2}\sim\chi^2(n-1) \tag{6-3}$$

（3）根据给定的显著性水平 α，查 χ^2 分布表确定相应的临界值为 $\chi^2_{1-\alpha/2}$ 和 $\chi^2_{\alpha/2}$，建立相应的小概率事件为：

$$P(\chi^2\leqslant\chi^2_{1-\alpha/2})+P(\chi^2\geqslant\chi^2_{\alpha/2})=\alpha \tag{6-4}$$

即：

$$P(\chi^2\leqslant\chi^2_{1-\alpha/2})=\frac{\alpha}{2} \tag{6-5}$$

$$P(\chi^2\geqslant\chi^2_{\alpha/2})=\frac{\alpha}{2} \tag{6-6}$$

（4）根据样本观察值计算检验统计量。

（5）将检验统计量的值与临界值比较。当检验统计量的值落入拒绝域时拒绝 H_0，接受 H_1；否则不能拒绝 H_0，可接受 H_0，如图 6-4 所示。

若是单侧检验，拒绝域分布在一侧，具体在左侧还是右侧，根据备择假设 H_1 确定。若 $H_1:\sigma^2>\sigma_0^2$，为右侧检验，如图 6-5 所示；若 $H_1:\sigma^2<\sigma_0^2$，为左侧检验，如图 6-6 所示。

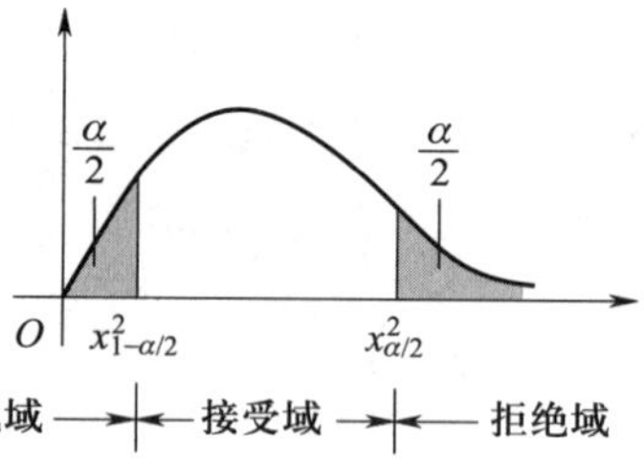

图 6-4 一个总体方差双侧检验示意图

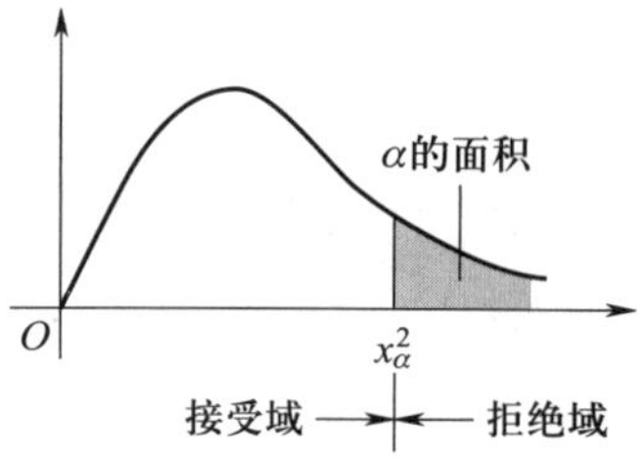

图 6-5 一个总体方差右侧检验示意图

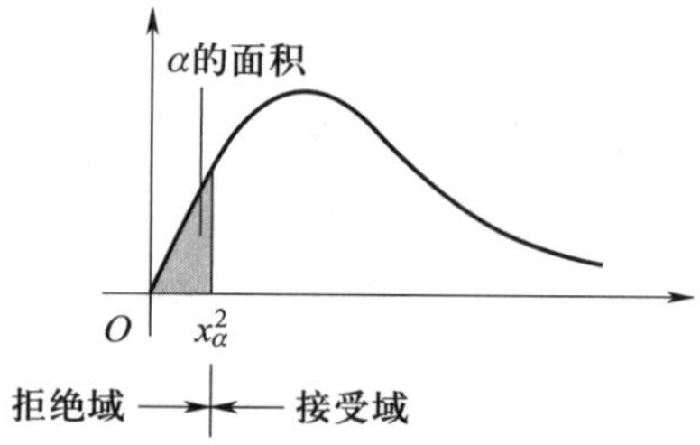

图 6-6 一个总体方差左侧检验示意图

【例 6-7】 某电子厂生产的蓄电池，由以往经验知其寿命服从正态分布，其标准差为 0.9 年。现从该厂生产的一批蓄电池中随机抽取 13 个，算得样本标准差为 0.96 年。问该厂生产的这批蓄电池寿命的方差是否有明显改变？（$\alpha=0.1$）

解：依题意提出假设：

$$H_0:\sigma^2=0.9^2,\ H_1:\sigma^2\neq0.9^2$$

在 H_0 成立时：

$$\chi^2=\frac{(n-1)S^2}{\sigma^2}=\frac{(n-1)S^2}{0.9^2}\sim\chi^2(n-1)$$

由 $\alpha=0.1$ 查自由度为 12 的 χ^2 分布表得临界值 $\chi^2_{\alpha/2}=21.026$，$\chi^2_{1-\alpha/2}=5.226$，使 $P(\chi^2\leqslant5.226)+P(\chi^2\geqslant21.026)=0.1$，建立的小概率事件是（$\chi^2\leqslant5.226$）或（$\chi^2\geqslant21.026$）。

根据样本观察值计算得：

$$\chi^2=\frac{(n-1)S^2}{0.9^2}=\frac{12\times0.96^2}{0.9^2}=13.65$$

因为$\chi^2_{1-\alpha/2}=5.226<\chi^2=13.65<\chi^2_{\alpha/2}=21.026$，不能拒绝 H_0，故可以认为这批蓄电池寿命的方差没有明显改变。

【例 6-8】 某保险公司职工月收入呈正态分布，某年某月标准差为 240 元，今年同月抽查了 30 名职工月收入情况，知其标准差为 292 元，能否以 0.01 的显著水平断定今年职工的月收入差异程度已明显扩大？（$\alpha=0.01$）

解：依题意提出假设：

$$H_0:\sigma^2\leqslant 240^2,\ H_1:\sigma^2>240^2$$

在 H_0 成立时：

$$\chi^2=\frac{(n-1)S^2}{\sigma^2}=\frac{(n-1)S^2}{240^2}\sim\chi^2(n-1)$$

由 $\alpha=0.01$，查自由度为 29 的 χ^2 分布表得临界值 $\chi^2_\alpha(29)=49.588$，使 $P(\chi^2>49.588)=0.01$，建立的小概率事件是 $(\chi^2>49.588)$。

根据样本观察值计算得：

$$\chi^2=\frac{(n-1)S^2}{240^2}=\frac{(30-1)\times 292^2}{240^2}=42.928$$

因为$\chi^2=42.928<\chi^2_\alpha=49.588$，不能拒绝 H_0，故不能断定该保险公司今年职工月收入差异程度已明显扩大。

第三节　两个正态总体参数的假设检验

一、两个总体均值差异的检验

在实际问题中还常常需要对两个总体的参数进行比较，例如，需要检验两个总体均值是否有差异。

两个总体均值差异的原假设和备择假设的提法有三种：

$$H_0:\mu_1=\mu_2,\ H_1:\mu_1\neq\mu_2$$
$$H_0:\mu_1\geqslant\mu_2,\ H_1:\mu_1<\mu_2$$
$$H_0:\mu_1\leqslant\mu_2,\ H_1:\mu_1>\mu_2$$

下面分两种情况来研究。

（一）两个总体方差 σ_1^2 和 σ_2^2 已知

两个总体方差 σ_1^2 和 σ_2^2 已知时，总体均值差异的假设检验的检验统计量及所服从的分布为：

$$Z=\frac{(\overline{X}_1-\overline{X}_2)-(\mu_1-\mu_2)}{\sqrt{\dfrac{\sigma_1^2}{n_1}+\dfrac{\sigma_2^2}{n_2}}}\sim N(0,1) \tag{6-7}$$

【例 6-9】 有两种方法可用于制造某种产品。经验表明，这两种方法生产的产品抗压强度都近似服从正态分布。方法 1 和方法 2 的标准差分别为 5 千克和 6 千克。从方法 1 和方法 2 生产的产品中分别抽取 12 个和 16 个产品，所得样本均值分别为 28 千克和 22 千克。试问这两种方法生产的产品的平均抗压强度是否不同？（$\alpha=0.01$）

解： 已知 $\overline{X}_1=28$，$\overline{X}_2=22$，$\sigma_1=5$，$\sigma_2=6$，$n_1=12$，$n_2=16$，依题意提出假设：

$$\mathrm{H}_0: \mu_1=\mu_2,\ \mathrm{H}_1: \mu_1\neq\mu_2$$

或

$$\mathrm{H}_0: \mu_1-\mu_2=0,\ \mathrm{H}_1: \mu_1-\mu_2\neq 0$$

在 H_0 成立时：

$$Z=\frac{(\overline{X}_1-\overline{X}_2)-(\mu_1-\mu_2)}{\sqrt{\dfrac{\sigma_1^2}{n_1}+\dfrac{\sigma_2^2}{n_2}}}=\frac{(\overline{X}_1-\overline{X}_2)}{\sqrt{\dfrac{\sigma_1^2}{n_1}+\dfrac{\sigma_2^2}{n_2}}}\sim N(0,\ 1)$$

由 $\alpha=0.01$，查标准正态分布函数表得临界值 $Z_{\alpha/2}=2.57$，使 $P(|Z|\geqslant 2.57)=0.01$，建立的小概率事件是（$|Z|\geqslant 2.57$）。

根据样本观察值计算得：

$$Z=\frac{(\overline{X}_1-\overline{X}_2)}{\sqrt{\dfrac{\sigma_1^2}{n_1}+\dfrac{\sigma_2^2}{n_2}}}=\frac{28-22}{\sqrt{\dfrac{5^2}{12}+\dfrac{6^2}{16}}}=2.88$$

因为 $|Z|=2.88>Z_{\alpha/2}=2.57$，则拒绝原假设 H_0，接受 H_1，故可以认为这两种方法生产的产品的平均抗压强度不同。

【例 6-10】 某计算机制造公司有两个附属工厂：A 工厂和 B 工厂。过去几年内，A 工厂采取了许多改进措施，增添了一些新设备。现从 A 工厂和 B 工厂分别抽取 45 天和 35 天进行观察，得到平均生产量分别为 96 和 89。假定 A 工厂和 B 工厂的生产率近似服从正态分布，标准差分别为 16 和 22。公司希望知道改进后 A 工厂的生产率是否高于 B 工厂。（$\alpha=0.05$）

解： 已知 $\overline{X}_1=96$，$\overline{X}_2=89$，$\sigma_1=16$，$\sigma_2=22$，$n_1=45$，$n_2=35$，依题意提出假设：

$$\mathrm{H}_0: \mu_1=\mu_2,\ \mathrm{H}_1: \mu_1>\mu_2$$

在 H_0 成立时：

$$Z=\frac{(\overline{X}_1-\overline{X}_2)-(\mu_1-\mu_2)}{\sqrt{\dfrac{\sigma_1^2}{n_1}+\dfrac{\sigma_2^2}{n_2}}}=\frac{(\overline{X}_1-\overline{X}_2)}{\sqrt{\dfrac{\sigma_1^2}{n_1}+\dfrac{\sigma_2^2}{n_2}}}\sim N(0,\ 1)$$

由 $\alpha=0.05$，查标准正态分布函数表得临界值 $Z_\alpha=1.645$，使 $P(Z>1.645)=0.05$，建立的小概率事件是（$Z>1.645$）。

根据样本观察值计算得：

$$Z=\frac{(\overline{X}_1-\overline{X}_2)}{\sqrt{\dfrac{\sigma_1^2}{n_1}+\dfrac{\sigma_2^2}{n_2}}}=\frac{96-89}{\sqrt{\dfrac{16^2}{45}+\dfrac{22^2}{35}}}=1.584$$

因为 $Z=1.584<Z_\alpha=1.645$，则不能拒绝 H_0，故可以认为 A 工厂的生产率没有高于 B 工厂。

（二）两个总体方差 σ_1^2 和 σ_2^2 未知

两个总体方差 σ_1^2 和 σ_2^2 未知，但 $\sigma_1^2=\sigma_2^2$ 时，总体均值差异假设检验的检验统计量及所服从的分布为：

$$t=\frac{(\overline{X}_1-\overline{X}_2)-(\mu_1-\mu_2)}{S_W\sqrt{\frac{1}{n_1}+\frac{1}{n_2}}}\sim t(n_1+n_2-2) \tag{6-8}$$

其中：

$$S_W=\sqrt{\frac{(n_1-1)S_1^2+(n_2-1)S_2^2}{n_1+n_2-2}}$$

【例 6-11】 某地区高考负责人想知道能否说某年来自城市中学考生的平均成绩比来自农村中学考生的平均成绩高。已知总体服从正态分布且方差大致相同，由抽样获得如下资料（$\alpha=0.05$）。

城市中学考生：$n_1=18$，$\overline{X}_1=550$，$S_1=55$；

农村中学考生：$n_2=14$，$\overline{X}_2=510$，$S_2=60$。

解：依题意提出假设：

$$H_0:\mu_1\leqslant\mu_2,\ H_1:\mu_1>\mu_2$$

或

$$H_0:\mu_1-\mu_2\leqslant 0,\ H_1:\mu_1-\mu_2>0$$

在 H_0 成立时：

$$t=\frac{(\overline{X}_1-\overline{X}_2)-(\mu_1-\mu_2)}{S_W\sqrt{\frac{1}{n_1}+\frac{1}{n_2}}}=\frac{\overline{X}_1-\overline{X}_2}{S_W\sqrt{\frac{1}{n_1}+\frac{1}{n_2}}}\sim t(n_1+n_2-2)$$

由 $\alpha=0.05$，查自由度为 30 的 t 分布表得临界值 $t_\alpha(30)=1.697$，使 $P(t>1.697)=0.05$，建立的小概率事件是（$t>1.697$）。

根据样本观察值计算得：

$$S_W=\sqrt{\frac{(18-1)\times55^2+(14-1)\times60^2}{18+14-2}}=57.220$$

$$t=\frac{550-510}{57.220\sqrt{\frac{1}{18}+\frac{1}{14}}}=1.962$$

因为 $t=1.962>t_\alpha=1.697$，拒绝 H_0，可以认为来自城市的中学考生比来自农村的中学考生平均成绩高。

二、两个总体方差差异的检验

两个总体方差间差异的原假设和备择假设的提法有三种：

$$H_0:\sigma_1^2=\sigma_2^2,\ H_1:\sigma_1^2\neq\sigma_2^2$$

$$H_0:\sigma_1^2\leqslant\sigma_2^2,\ H_1:\sigma_1^2>\sigma_2^2$$

$$H_0:\sigma_1^2\geqslant\sigma_2^2,\ H_1:\sigma_1^2<\sigma_2^2$$

检验步骤如下。

（1）提出原假设和备择假设：

$$H_0: \sigma_1^2=\sigma_2^2, \quad H_1: \sigma_1^2 \neq \sigma_2^2$$

（2）选择适当的检验统计量及在 H_0 成立时所服从的分布为：

$$F=\frac{\frac{S_1^2}{\sigma_1^2}}{\frac{S_2^2}{\sigma_2^2}}=\frac{S_1^2}{S_2^2} \cdot \frac{\sigma_2^2}{\sigma_1^2}=\frac{S_1^2}{S_2^2} \sim F(n_1-1, \ n_2-1) \tag{6-9}$$

（3）根据给定的显著水平 α，查 F 分布表得临界值 $F_{1-\alpha/2}$ 和 $F_{\alpha/2}$，建立相应的小概率事件为：

$$P(F<F_{1-\alpha/2})+P(F>F_{\alpha/2})=\alpha \tag{6-10}$$

即：

$$P(F<F_{1-\alpha/2})=\frac{\alpha}{2} \tag{6-11}$$

$$P(F>F_{\alpha/2})=\frac{\alpha}{2} \tag{6-12}$$

（4）根据样本观察值计算检验统计量 F 的值。

（5）将检验统计量的值与临界值比较，当检验统计量的值落入拒绝域时拒绝 H_0，接受 H_1；否则不能拒绝 H_0，如图 6-7 所示。

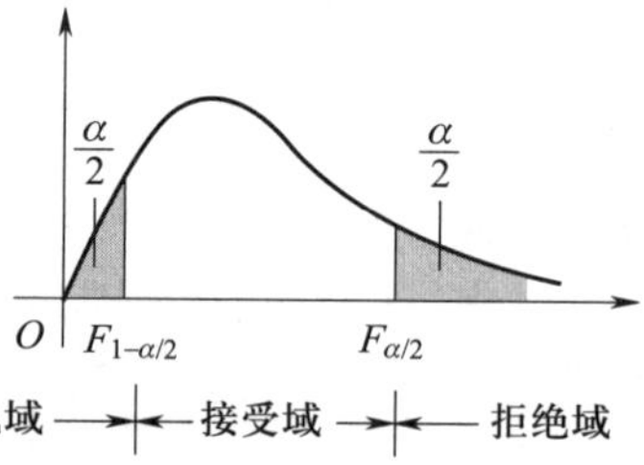

图 6-7 二个总体方差双侧检验示意图

若是单侧检验，拒绝域分布在一侧，具体在左侧还是右侧，根据备择假设 H_1 确定。

若 $H_1: \sigma_1^2>\sigma_2^2$，为右侧检验，如图 6-8 所示；若 $H_1: \sigma_1^2<\sigma_2^2$，为左侧检验，如图 6-9 所示。

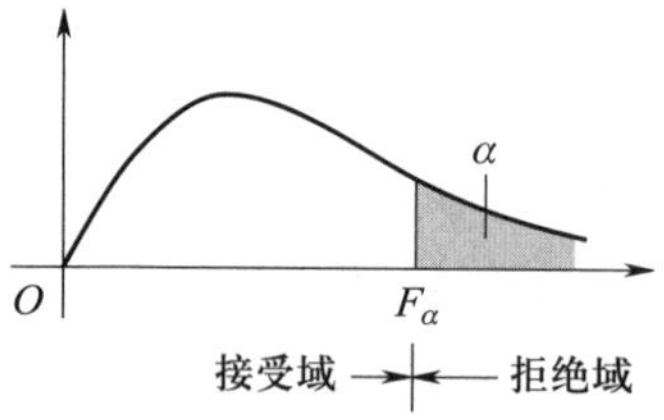

图 6-8 二个总体方差右侧检验示意图

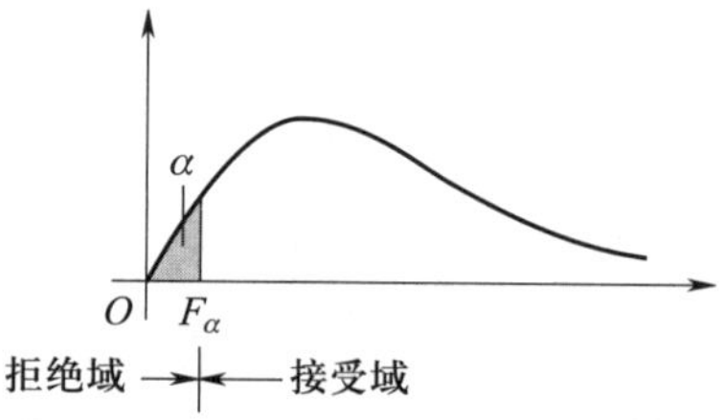

图 6-9 二个总体方差左侧检验示意图

【例 6-12】 IQ（即智商）测验成绩一般服从正态分布，现随机从某校中抽取 31 位男生和 16 位女生进行同样的 IQ 测验，测得结果男生和女生 IQ 测验成绩的标准差分别为 12 分和 9 分，试问男生和女生 IQ 测验成绩的稳定性有无显著差异？（$\alpha=0.01$）

解：依题意提出假设：

$$H_0: \sigma_1^2=\sigma_2^2, \quad H_1: \sigma_1^2 \neq \sigma_2^2$$

在 H_0 成立时：

$$F=\frac{\frac{S_1^2}{\sigma_1^2}}{\frac{S_2^2}{\sigma_2^2}}=\frac{S_1^2}{S_2^2}\cdot\frac{\sigma_2^2}{\sigma_1^2}=\frac{S_1^2}{S_2^2}\sim F(n_1-1,\ n_2-1)$$

由 $\alpha=0.01$，查第一自由度为 30、第二自由度为 15 的 F 分布表得临界值 $F_{\alpha/2}(30,\ 15)=3.69$，由公式（5-54）得另一临界值 $F_{1-\alpha/2}=\frac{1}{F_{\alpha/2}(15,\ 30)}=\frac{1}{2.01}=0.4975$，使 $P(F>3.69)+P(F<0.4975)=0.01$，建立的小概率事件是（$F>3.69$）或（$F<0.4975$）。

根据样本观察值计算得：

$$F=\frac{S_1^2}{S_2^2}=\frac{12^2}{9^2}=1.7778$$

因为 $F_{1-\alpha/2}=0.4975<F=1.7778<F_{\alpha/2}=3.69$，不能拒绝 H_0，可以认为男、女生 IQ 测验成绩的稳定性无显著差异。

【例 6-13】 两家工厂生产同一种零件。为比较两家工厂的加工精度，从两家工厂加工的零件中各抽 8 件和 9 件，对某一指标进行测量后算得：$S_1^2=0.0784$，$S_2^2=0.0324$。假设两家工厂加工的零件的这个指标分别服从正态分布，问是否可以认为第二家工厂加工精度较第一家工厂高？（$\alpha=0.05$）

解： 依题意提出假设：

$$H_0:\sigma_1^2\leqslant\sigma_2^2,\ H_1:\sigma_1^2>\sigma_2^2$$

在 H_0 成立时：

$$F=\frac{\frac{S_1^2}{\sigma_1^2}}{\frac{S_2^2}{\sigma_2^2}}=\frac{S_1^2}{S_2^2}\cdot\frac{\sigma_2^2}{\sigma_1^2}=\frac{S_1^2}{S_2^2}\sim F(n_1-1,\ n_2-1)$$

由 $\alpha=0.05$，查第一自由度为 7、第二自由度为 8 的 F 分布表得临界值 $F_\alpha(7,\ 8)=3.5$，使 $P(F>3.5)=0.05$，建立的小概率事件是（$F>3.5$）。

根据样本观察值计算得：

$$F=\frac{S_1^2}{S_2^2}=\frac{0.0784}{0.0324}=2.420$$

因为 $F=2.407<F_\alpha=3.5$，不能接受 H_0，即不能认为第二家工厂加工精度较第一家工厂高。

【例 6-14】 有人说，在大学中男生的学习成绩比女生高。某位社会学家从一所大学中随机抽取了 25 位男生和 16 位女生，对他们进行了同样题目的测试。测试结果显示，男生的平均成绩为 85 分，标准差为 9 分；女生的平均成绩为 82 分，标准差为 8 分。试问这位社会学家能得出什么样的结论？（假设男、女生成绩都服从正态分布，$\alpha=0.02$）。

解： 要检验两个总体均值是否相等，首先要对两总体方差是否相等进行检验。

（1）$H_0:\sigma_1^2=\sigma_2^2$，$H_1:\sigma_1^2\neq\sigma_2^2$

在 H_0 成立时：

$$F=\frac{\frac{S_1^2}{\sigma_1^2}}{\frac{S_2^2}{\sigma_2^2}}=\frac{S_1^2}{S_2^2}\cdot\frac{\sigma_2^2}{\sigma_1^2}=\frac{S_1^2}{S_2^2}\sim F(n_1-1,\ n_2-1)$$

由 $\alpha=0.02$，查第一自由度为 24、第二自由度为 15 的 F 分布表得临界值 $F_{\alpha/2}(24,\ 15)=3.29$，由公式（5-54）得另一临界值：

$$F_{1-\alpha/2}(24,\ 15)=\frac{1}{F_{\alpha/2}(15,\ 24)}=\frac{1}{2.89}=0.346$$

根据样本观察值计算得：

$$F=\frac{S_1^2}{S_2^2}=\frac{9^2}{8^2}=1.266$$

因为 $F_{1-\alpha/2}=0.346<F=1.266<F_{\alpha/2}=3.29$，不能拒绝 H_0，可以认为两总体方差相等。

（2）已知 $\sigma_1^2=\sigma_2^2$，检验假设 $H_0:\mu_1=\mu_2$，$H_1:\mu_1\neq\mu_2$

在 H_0 成立时：

$$t=\frac{(\overline{X}_1-\overline{X}_2)-(\mu_1-\mu_2)}{S_W\sqrt{\frac{1}{n_1}+\frac{1}{n_2}}}=\frac{\overline{X}_1-\overline{X}_2}{S_W\sqrt{\frac{1}{n_1}+\frac{1}{n_2}}}\sim t(n_1+n_2-2)$$

由 $\alpha=0.02$，查自由度为 39 的 t 分布表得临界值 $t_{\alpha/2}(39)=2.423$，使 $P(|t|\geqslant 2.423)=0.02$，建立的小概率事件是（$|t|\geqslant 2.423$）。

根据样本观察值计算得：

$$t=\frac{\overline{X}_1-\overline{X}_2}{S_W\sqrt{\frac{1}{n_1}+\frac{1}{n_2}}}=\frac{85-82}{\sqrt{\frac{24\times 9^2+15\times 8^2}{25+16-2}}\sqrt{\frac{1}{25}+\frac{1}{16}}}=1.086$$

因为 $|t|=1.086<t_{\alpha/2}=2.423$，不能拒绝 H_0，可以认为社会学家会得出男、女生之间学习成绩并无显著差异的结论。

第四节 非正态总体参数的假设检验（大样本）

一、一个总体均值的检验

在检验总体均值时，更多遇到的是非正态总体，或根本不知道总体的分布形式。与区间估计的方法类似，这时只要是大样本，由中心极限定理，样本均值 $\overline{X}$ 的抽样分布近似服从正态分布。

设总体 X，X_1，…，X_n 为 X 的一个样本。

一个总体均值的原假设和备择假设的提法有三种：

$$H_0: \mu=\mu_0,\ H_1: \mu\neq\mu_0$$
$$H_0: \mu\geqslant\mu_0,\ H_1: \mu<\mu_0$$
$$H_0: \mu\leqslant\mu_0,\ H_1: \mu>\mu_0$$

（1）当总体方差 σ^2 已知时，总体均值假设检验的检验统计量及所服从的分布为：

$$Z=\frac{\overline{X}-\mu}{\sigma/\sqrt{n}} \quad \text{近似服从 } N(0,\ 1) \tag{6-13}$$

（2）当总体方差 σ^2 未知时，总体均值假设检验的检验统计量及所服从的分布为：

$$Z=\frac{\overline{X}-\mu}{S/\sqrt{n}} \quad \text{近似服从 } N(0,\ 1) \tag{6-14}$$

【例 6-15】 设有一所医院大量使用一种特定包装剂量的药物，这种药物的单装剂量是 110 ml。这种药的特点是服多了无害，而服药剂量不足则达不到预期的药效，甚至会干扰病人的治疗进程。医院按它的需要从同一药厂购买这种药物已有多年，并知道总体标准差是 5 ml。医院从很大一批到货中随机检查了 55 个包装，发现它们的平均剂量是 109 ml，试问这批到货的剂量是否小于 110 ml？（$\alpha=0.05$）

解：已知 $\mu_0=110$，$\sigma=5$，$n=55$，$\overline{X}=109$，在这里所关心的是这批货的剂量是否小于 110 ml，因此提出假设：

$$H_0: \mu=110,\ H_1: \mu<110$$

在 H_0 成立时：

$$Z=\frac{\overline{X}-\mu}{\sigma/\sqrt{n}}=\frac{\overline{X}-110}{\sigma/\sqrt{n}} \quad \text{近似服从 } N(0,\ 1)$$

由 $\alpha=0.05$，查标准正态分布函数表得 $Z_\alpha=1.645$，由于是左侧检验，所以临界值为 $-Z_\alpha=-1.645$，使 $P(Z<-1.645)=0.05$，建立的小概率事件是（$Z<-1.645$）。

根据样本观察值计算得：

$$Z=\frac{\overline{X}-110}{\dfrac{\sigma}{\sqrt{n}}}=\frac{109-110}{\dfrac{5}{\sqrt{55}}}=-1.483$$

因为 $Z=-1.483>-Z_\alpha=-1.645$，则不能拒绝 H_0，故可以认为这批到货的剂量不小于 110 ml。

【例 6-16】 某汽车公司宣称某邻近地区住户汽车的平均价值低于 2 800 000 元。从 50 辆车的一个样本得出的平均价值为 2 500 000 元，标准差为 1 300 000 元。问这些数据是否支持该汽车公司的说法？（$\alpha=0.05$）

解：已知 $\mu_0=2\ 800\ 000$，$n=50$，$\overline{X}=2\ 500\ 000$，$S=1\ 300\ 000$，在这里所关心的是汽车的平均价值是否真的低于 2 800 000 元，因此提出假设：

$$H_0: \mu\geqslant 2\ 800\ 000,\ H_1: \mu<2\ 800\ 000$$

在 H_0 成立时：

$$Z=\frac{\overline{X}-\mu}{S/\sqrt{n}}=\frac{\overline{X}-2\ 800\ 000}{S/\sqrt{n}} \quad \text{近似服从 } N(0,\ 1)$$

由 $\alpha=0.05$，查标准正态分布函数表得 $Z_{\alpha}=1.645$，由于是左侧检验，所以临界值为 $-Z_{\alpha}=-1.645$，使 $P(Z<-1.645)=0.05$，建立的小概率事件是（$Z<-1.645$）。

根据样本观察值计算得：

$$Z=\frac{\overline{X}-2\ 800\ 000}{\frac{S}{\sqrt{n}}}=\frac{2\ 500\ 000-2\ 800\ 000}{\frac{1\ 300\ 000}{\sqrt{50}}}=-1.632$$

因为 $Z=-1.632>-Z_{\alpha}=-1.645$，则不能拒绝 H_0，故可以认为这些数据不能支持该汽车公司的说法。

二、两个总体均值差异的检验

两个总体均值差异的原假设和备择假设的提法有三种：

$$H_0: \mu_1=\mu_2,\ H_1: \mu_1\neq\mu_2$$

$$H_0: \mu_1\geqslant\mu_2,\ H_1: \mu_1<\mu_2$$

$$H_0: \mu_1\leqslant\mu_2,\ H_1: \mu_1>\mu_2$$

（1）当两个总体方差 σ_1^2 和 σ_2^2 已知时，总体均值差异的假设检验的检验统计量及所服从的分布为：

$$Z=\frac{(\overline{X}_1-\overline{X}_2)-(\mu_1-\mu_2)}{\sqrt{\frac{\sigma_1^2}{n_1}+\frac{\sigma_2^2}{n_2}}}\quad \text{近似服从 } N(0,\ 1) \tag{6-15}$$

（2）当两个总体方差 σ_1^2 和 σ_2^2 未知时，总体均值差异的假设检验的检验统计量及所服从的分布为：

$$Z=\frac{(\overline{X}_1-\overline{X}_2)-(\mu_1-\mu_2)}{\sqrt{\frac{S_1^2}{n_1}+\frac{S_2^2}{n_2}}}\quad \text{近似服从 } N(0,\ 1) \tag{6-16}$$

【例 6-17】 设某进出口公司，为了检查本市甲、乙食品加工厂所生产的水果罐头的净重，分别从甲、乙两厂抽取了样本容量为 110 和 220 的样本，得到甲厂样本均值为 253 克，标准差为 5 克，乙厂样本均值为 248 克，标准差为 5.3 克，问两个工厂所生产的罐头的净重有无差别？（$\alpha=0.05$）

解： 已知 $\overline{X}_1=253$，$\overline{X}_2=248$，$S_1=5$，$S_2=5.3$，$n_1=110$，$n_2=220$，依题意提出假设：

$$H_0: \mu_1=\mu_2,\ H_1: \mu_1\neq\mu_2$$

或

$$H_0: \mu_1-\mu_2=0,\ H_1: \mu_1-\mu_2\neq 0$$

在 H_0 成立时：

$$Z=\frac{(\overline{X}_1-\overline{X}_2)-(\mu_1-\mu_2)}{\sqrt{\frac{S_1^2}{n_1}+\frac{S_2^2}{n_2}}}=\frac{(\overline{X}_1-\overline{X}_2)}{\sqrt{\frac{S_1^2}{n_1}+\frac{S_2^2}{n_2}}}\quad \text{近似服从 } N(0,\ 1)$$

由 $\alpha=0.05$，查标准正态分布函数表得临界值 $Z_{\alpha/2}=1.96$，使 $P(|Z|\geqslant 1.96)=0.05$，建立的小概率事件是（$|Z|\geqslant 1.96$）。

根据样本观察值计算得：

$$Z=\frac{\overline{X}_1-\overline{X}_2}{\sqrt{\frac{S_1^2}{n_1}+\frac{S_2^2}{n_2}}}=\frac{253-248}{\sqrt{\frac{5^2}{110}+\frac{5.3^2}{220}}}=8.392$$

因为 $|Z|=8.392>Z_{\alpha/2}=1.96$，则拒绝原假设 H_0，接受 H_1，故可以认为两个工厂所生产的罐头的净重有差别。

思考与探究 6-2：在各种科学研究领域中，从医学、食品、心理到社会科学及法证，为了避免研究结果受安慰剂效应或观察者偏向影响，都有使用大样本随机双盲实验。“大样本”是说，我们验证某个方法是否可靠，光看一个例子是不行的，要找大量的例子一起验证。例子越多，实验的结果就越稳定可靠。有数据说超过 30 个样本就算大样本，但根据某些国际药品管理局审批的要求，样本数需要 2 000~4 000 人。“随机”是说，每个样本被抽中的概率是一样的，排除人为抽取导致的偏差。“双盲”是说，要把实验对象分成好几组。一组吃药，一组吃安慰剂，一组不吃药。在双盲试验中，受试验的对象及研究人员并不知道哪些对象属于对照组，哪些属于实验组。只有在所有资料都收集及分析过之后，研究人员才会知道实验对象所属组别，即解盲。因此，实践是检验真理的唯一标准。某款药物或者某种食品安全测试，在没有通过大样本随机双盲试验时，我们都要对其保持谨慎、怀疑的态度。

第五节　总体比率的假设检验（大样本）

上述讨论了一个总体均值的假设检验和两个总体均值差异的检验，在实际问题中还经常需要检验总体单位中含有某种特征的单位数所占的比率（比例）是否为某个假设值，以及检验两个总体中含有某种特征的单位数所占的比率是否有差异的问题。

一、一个总体比率的假设检验

一个总体比率的原假设和备择假设的提法有三种：

$$H_0：\pi=\pi_0，H_1：\pi\neq\pi_0$$

$$H_0：\pi\geqslant\pi_0，H_1：\pi<\pi_0$$

$$H_0：\pi\leqslant\pi_0，H_1：\pi>\pi_0$$

根据中心极限定理，在大样本的情况下，样本比率 p 近似服从正态分布，因此关于总体比率 π 的假设检验的检验统计量及所服从的分布为：

$$Z=\frac{p-\pi}{\sqrt{\frac{\pi(1-\pi)}{n}}}\quad \text{近似服从 } N(0,\ 1) \tag{6-17}$$

【例 6-18】 见章前案例思考中杂志读者群相关内容。

解：依题意提出假设：

$$H_0: \pi = 80\%, \quad H_1: \pi \neq 80\%$$

在 H_0 成立时：

$$Z = \frac{p-\pi}{\sqrt{\frac{\pi(1-\pi)}{n}}} = \frac{p-0.8}{\sqrt{\frac{0.8(1-0.8)}{n}}} \quad \text{近似服从 } N(0,\ 1)$$

由 $\alpha = 0.05$，查标准正态分布函数表得临界值 $Z_{\alpha/2} = 1.96$，使 $P(|Z| \geqslant 1.96) = 0.05$，建立的小概率事件是（$|Z| \geqslant 1.96$）。

根据样本观察值计算得：

$$p = \frac{316}{400} = 0.79$$

$$Z = \frac{p-0.8}{\sqrt{\frac{0.8(1-0.8)}{n}}} = \frac{0.79-0.8}{\sqrt{\frac{0.8(1-0.8)}{400}}} = -0.5$$

因为 $|Z| = 0.5 < Z_{\alpha/2} = 1.96$，则不能拒绝原假设 H_0，故可以认为该杂志读者群中女性的比例为 80%。

【例 6-19】 某电视台节目主持人根据以往经验估计该节目的收视率至少为 45%。某统计局调查了 1 200 名电视观众，得知经常收看该节目的人为 495 人，问能否证实节目主持人的说法？（$\alpha = 0.1$）

解：依题意提出假设：

$$H_0: \pi \geqslant 45\%, \quad H_1: \pi < 45\%$$

在 H_0 成立时：

$$Z = \frac{p-\pi}{\sqrt{\frac{\pi(1-\pi)}{n}}} = \frac{p-0.45}{\sqrt{\frac{0.45(1-0.45)}{n}}} \quad \text{近似服从 } N(0,\ 1)$$

由 $\alpha = 0.1$，查标准正态分布函数表得 $Z_\alpha = 1.285$，由于是左侧检验所以临界值为：$-Z_\alpha = -1.285$，使 $P(Z < -1.285) = 0.1$，建立的小概率事件是（$Z < -1.285$）。

根据样本观察值计算得：

$$Z = \frac{p-0.45}{\sqrt{\frac{\pi(1-\pi)}{n}}} = \frac{p-0.45}{\sqrt{\frac{0.45(1-0.45)}{n}}} = \frac{\frac{495}{1\,200}-0.45}{\sqrt{\frac{0.45(1-0.45)}{1\,200}}} = -2.611$$

因为 $Z = -2.611 < -Z_\alpha = -1.285$，则拒绝 H_0，故以 0.1 的显著性水平证实了节目主持人的说法是不正确的。

二、两个总体比率之差的假设检验

二个总体比率之差异的原假设和备择假设的提法有三种：

$$H_0: \pi_1 = \pi_2, \quad H_1: \pi_1 \neq \pi_2$$

$$H_0: \pi_1 \geq \pi_2, \ H_1: \pi_1 < \pi_2$$

$$H_0: \pi_1 \leq \pi_2, \ H_1: \pi_1 > \pi_2$$

这时检验统计量及所服从的分布为：

$$Z=\frac{(p_1-p_2)-(\pi_1-\pi_2)}{\sqrt{\frac{\pi_1(1-\pi_1)}{n_1}+\frac{\pi_2(1-\pi_2)}{n_2}}} \quad \text{近似服从 } N(0,\ 1) \tag{6-18}$$

这里 π_1 和 π_2 未知，可用样本比率 p_1 和 p_2 代替。

【例 6-20】 农业上进行浸种试验，抽取了两部分种子，一部分是温水浸种，播下 200 粒，其中 130 粒发芽；另一种未经温水浸种，播下 400 粒，其中 200 粒发芽。问这批种子经过这两种方法处理后发芽率有无显著差异？($\alpha=0.05$)

解：依题意提出假设：

$$H_0: \pi_1=\pi_2, \ H_1: \pi_1 \neq \pi_2$$

在 H_0 成立时：

$$Z=\frac{(p_1-p_2)-(\pi_1-\pi_2)}{\sqrt{\frac{\pi_1(1-\pi_1)}{n_1}+\frac{\pi_2(1-\pi_2)}{n_2}}}=\frac{p_1-p_2}{\sqrt{\frac{\pi_1(1-\pi_1)}{n_1}+\frac{\pi_2(1-\pi_2)}{n_2}}} \quad \text{近似服从 } N(0,\ 1)$$

由 $\alpha=0.05$，查标准正态分布函数表得临界值 $Z_{\alpha/2}=1.96$，使 $P(|Z| \geq 1.96)=0.05$，建立的小概率事件是（$|Z| \geq 1.96$）。

根据样本观察值计算得：

$$p_1=\frac{130}{200}=0.65 \quad p_2=\frac{200}{400}=0.5$$

$$Z=\frac{p_1-p_2}{\sqrt{\frac{\pi_1(1-\pi_1)}{n_1}+\frac{\pi_2(1-\pi_2)}{n_2}}}=\frac{p_1-p_2}{\sqrt{\frac{p_1(1-p_1)}{n_1}+\frac{p_2(1-p_2)}{n_2}}}$$

$$=\frac{0.65-0.5}{\sqrt{\frac{0.65(1-0.65)}{200}+\frac{0.5(1-0.5)}{400}}}=3.573$$

因 $|Z|=3.573>Z_{\alpha/2}=1.96$，拒绝 H_0，可认为种子经过两种方法处理后发芽率有显著差异。

【例 6-21】 某一保险机构称，对于新出台的某一险种，沿海地区的人们的喜爱程度要高于内地的人们。为了进一步了解事实，进行了一次抽样调查，了解两地喜爱该险种的人数比例，调查结果如下：

沿海地区：$n_1=400$，$p_1=0.65$；

内地地区：$n_2=500$，$p_2=0.55$。

问该调查结果是否支持沿海地区的消费者更偏好该险种这个结论？($\alpha=0.01$)

解：依题意提出假设：

$$H_0: \pi_1 \leq \pi_2, \ H_1: \pi_1 > \pi_2$$

在 H_0 成立时：

$$Z=\frac{(p_1-p_2)-(\pi_1-\pi_2)}{\sqrt{\frac{\pi_1(1-\pi_1)}{n_1}+\frac{\pi_2(1-\pi_2)}{n_2}}}=\frac{p_1-p_2}{\sqrt{\frac{\pi_1(1-\pi_1)}{n_1}+\frac{\pi_2(1-\pi_2)}{n_2}}}\quad \text{近似服从 } N(0,\ 1)$$

由 $\alpha=0.01$，查标准正态分布函数表得临界值 $Z_\alpha=2.323$，使 $P(Z>2.323)=0.01$，建立的小概率事件是（$Z>2.323$）。

根据样本观察值计算得：

$$Z=\frac{p_1-p_2}{\sqrt{\frac{\pi_1(1-\pi_1)}{n_1}+\frac{\pi_2(1-\pi_2)}{n_2}}}=\frac{p_1-p_2}{\sqrt{\frac{p_1(1-p_1)}{n_1}+\frac{p_2(1-p_2)}{n_2}}}$$

$$=\frac{0.65-0.55}{\sqrt{\frac{0.65(1-0.65)}{400}+\frac{0.55(1-0.55)}{500}}}=3.066$$

因为 $Z=3.066>Z_\alpha=2.323$，拒绝 H_0，故可以认为沿海地区的消费者更偏好该险种。

第六节 假设检验中的其他问题

一、P 值检验法

所谓 P 值是指 H_0 视为真时，检验统计量在以其观察值为端点的某区域内取值的概率。P 值的具体计算方法如下（以大样本一个总体的均值的假设检验为例）。

在 σ 已知时，检验统计量为 $Z=\frac{\overline{X}-\mu}{\sigma/\sqrt{n}}$，其样本观测值为 $Z_0=\frac{\overline{X}_0-\mu}{\sigma/\sqrt{n}}$，$\overline{X}_0$ 表示样本均值的观察值。

在左侧检验中，P 值 $=P(Z\leqslant Z_0)$； （6-19）

在右侧检验中，P 值 $=P(Z\geqslant Z_0)$； （6-20）

在双侧检验中，P 值 $=2\min\{P(Z\geqslant|Z_0|),\ P(Z\leqslant Z_0)\}$； （6-21）

如果 P 值非常小，就有理由拒绝原假设，P 值越小，拒绝原假设的理由就越充分。如果说前面介绍的假设检验方法（称为临界值法）是以按指定的显著性水平 α 建立的拒绝域为基准来看待检验统计量的样本观察值所处的位置，从而对假设进行抉择的话，那么，P 值检验法则是以检验统计量的样本观察值所截掉的抽样分布尾部区域的面积（即 P 值）为基准，来看显著性水平 α 与 P 值大小的关系，从而对假设进行抉择。随着计算机的广泛应用，P 值法越来越流行。

P 值法的检验准则如下：

若 P 值 $<\alpha$，则拒绝 H_0；

若 P 值 $\geqslant\alpha$，则不能拒绝 H_0。

【例 6-22】 电视机显像管批量生产的质量标准是平均使用寿命为 1 200 小时，标准差为

300 小时。某电器集团公司宣称，他们生产的显像管其质量大大超过规定标准。为了进行验证，随机抽取了 100 件为样本，测得平均使用寿命 1 245 小时。能否说该公司的显像管质量显著地高于规定标准？（$\alpha=0.05$）

解：依题意提出假设：

$$H_0: \mu=1\ 200,\ H_1: \mu>1\ 200$$

（1）临界值法：

在 H_0 成立时：

$$Z=\frac{\overline{X}-\mu}{\frac{\sigma}{\sqrt{n}}}=\frac{\overline{X}-1\ 200}{\frac{\sigma}{\sqrt{n}}}\sim N(0,\ 1)$$

由 $\alpha=0.05$，查标准正态分布函数表得临界值 $Z_\alpha=1.645$，使 $P(Z>1.645)=0.05$，建立的小概率事件是（$Z>1.645$）。

根据样本观察值计算得：

$$Z=\frac{\overline{X}-1\ 200}{\frac{\sigma}{\sqrt{n}}}=\frac{1\ 245-1\ 200}{\frac{300}{\sqrt{100}}}=1.5$$

因为 $Z=1.5<Z_\alpha=1.645$，不能拒绝 H_0，可以认为该公司的显像管质量不显著高于规定标准。

（2）P 值检验法：

在 H_0 成立时，$Z_0=\frac{X_0-\mu}{\frac{\sigma}{\sqrt{n}}}=\frac{1\ 245-1\ 200}{\frac{300}{\sqrt{100}}}=1.5$

P 值 $=P(Z\geqslant Z_0)=P(Z\geqslant 1.5)=1-P(Z<1.5)=1-0.933\ 19=0.066\ 81$

因为 $P=0.066\ 81>\alpha=0.05$，所以不能拒绝 H_0，与利用临界值法进行检验的结果一致。

如果另取一随机样本，计算得样本均值 $\overline{X}=1\ 265$ 小时，结果又会如何？

$$Z=\frac{\overline{X}-1\ 200}{\frac{\sigma}{\sqrt{n}}}=\frac{1\ 265-1\ 200}{\frac{300}{\sqrt{100}}}=2.17$$

由于 $Z=2.17>Z_\alpha=1.645$，所以拒绝 H_0，接受 H_1。

这时候的 P 值为：

$$P\text{ 值}=P(Z\geqslant Z_0)=P(Z\geqslant 2.17)=1-P(Z<2.17)=1-0.985=0.015$$

P 值 $=0.015<\alpha=0.05$ 拒绝 H_0，接受 H_1。

上面两种情况如图 6-10 和图 6-11 所示。

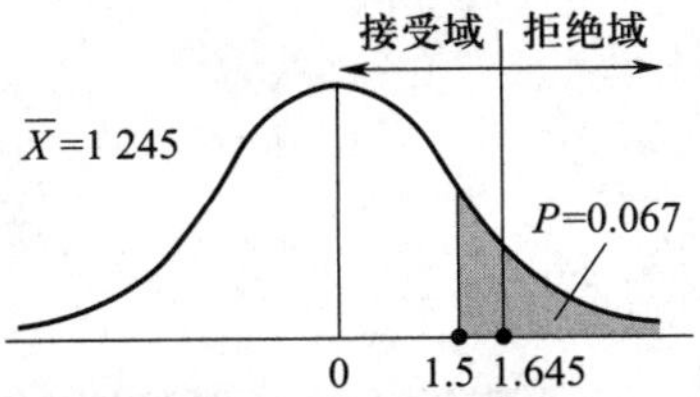

图 6-10　$\overline{X}=1\ 245$ 情况示意图

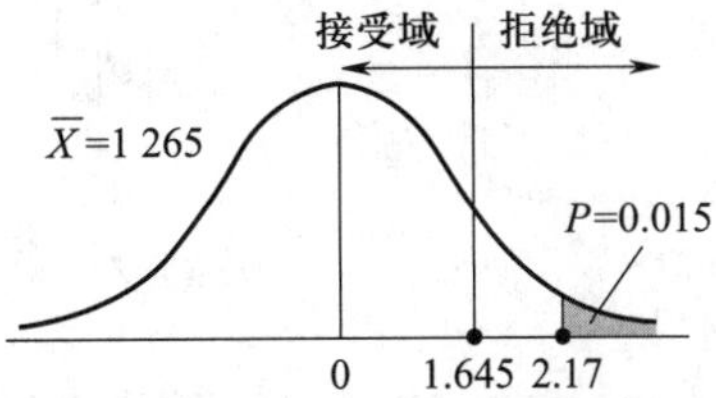

图 6-11　$\overline{X}=1\ 265$ 情况示意图

由上面的例子及图 6-10 和图 6-11 可以看出，如果缩小 α，即等于缩小拒绝域同时扩大接受域，但只要 α 不小于 P 值，就总可以拒绝 H_0；若 α 继续缩小到小于 P 值，就不再可以拒绝 H_0 了。因此，可以这样认识 P 值的实质：

P 值是假设检验中可以导致拒绝零假设的最小 α 值。P 值越小，代表否定 H_0 的证据越充分，就越容易拒绝零假设；P 值越大，就越不容易拒绝零假设。

很多统计分析计算机软件在进行假设检验计算后的输出结果中都会见到 P 值，这为进行统计分析和决策提供了很大方便。

二、假设检验与置信区间的关系

假设检验与置信区间之间有着密切的关系，这两种统计推断只是目的不同，二者所使用的公式类似。下面以正态总体均值 μ 的统计推断为例，说明假设检验与置信区间之间的关系。

设总体 $X \sim N(\mu, \sigma^2)$，σ^2 已知。

我们已知道总体均值 μ 的置信水平为（$1-\alpha$）的置信区间为：

$$\left[\overline{X}-Z_{\alpha/2}\frac{\sigma}{\sqrt{n}},\ \overline{X}+Z_{\alpha/2}\frac{\sigma}{\sqrt{n}}\right] \tag{6-22}$$

也即

$$P\left(\overline{X}-Z_{\alpha/2}\frac{\sigma}{\sqrt{n}} \leqslant \mu \leqslant \overline{X}+Z_{\alpha/2}\frac{\sigma}{\sqrt{n}}\right)=1-\alpha$$

我们又知道关于总体均值 μ 的检验 $H_0: \mu=\mu_0$，$H_1: \mu \neq \mu_0$ 的置信水平为 α 的拒绝域为：

$$|Z|=\left|\frac{\overline{X}-\mu_0}{\frac{\sigma}{\sqrt{n}}}\right|>Z_{\alpha/2}$$

也即 $P\left(\left|\frac{\overline{X}-\mu_0}{\frac{\sigma}{\sqrt{n}}}\right|>Z_{\alpha/2}\right)=\alpha$

与此相对应的接受域为：$\left|\frac{X-\mu_0}{\frac{\sigma}{\sqrt{n}}}\right| \leqslant Z_{\alpha/2}$

或写为

$$\overline{X}-Z_{\alpha/2}\frac{\sigma}{\sqrt{n}} \leqslant \mu_0 \leqslant \overline{X}+Z_{\alpha/2}\frac{\sigma}{\sqrt{n}} \tag{6-23}$$

也即

$$P\left(\left|\frac{\overline{X}-\mu_0}{\frac{\sigma}{\sqrt{n}}}\right| \leqslant Z_{\alpha/2}\right)=1-\alpha$$

或写为

$$P\left(\overline{X}-Z_{\alpha/2}\frac{\sigma}{\sqrt{n}} \leqslant \mu_0 \leqslant \overline{X}+Z_{\alpha/2}\frac{\sigma}{\sqrt{n}}\right)=1-\alpha$$

比较式 6-22 与 6-23，可见两者的公式是一样的。因此，假设检验与置信区间之间有着这样的关系：

若假设检验在显著性水平 α 下接受 H_0，则 μ 的置信水平为 $1-\alpha$ 的置信区间必包含 μ_0；反之，若假设检验在显著性水平 α 下拒绝 H_0，则 μ 的置信水平为 $1-\alpha$ 的置信区间不包含 μ_0。因此，可以用 μ 的置信水平为 $1-\alpha$ 的置信区间来检验假设 $H_0: \mu=\mu_0$，$H_1: \mu\neq\mu_0$。如果置信区间包含 μ_0，则接受 H_0；否则，拒绝 H_0。同样，给定显著性水平 α，可以在假设检验的过程中得到 μ 的置信水平为 $1-\alpha$ 的置信区间。

以上所述对于各种假设检验和置信区间具有普遍性。

【例 6-23】 某市统计局城调队调查该市职工每天用于闲暇活动的时间，假设职工用于闲暇活动时间服从正态分布，根据以往经验，该城调队认为这一时间没有多大变化，仍为 3.3 小时。现随机抽取 28 名职工进行调查，得到 $\overline{X}=3.62$ 小时，$S=0.81$ 小时，问调查结果是否证实了城调队的看法？（$\alpha=0.05$）

解： 依题意提出假设：

$$H_0: \mu=3.3,\quad H_1: \mu\neq 3.3$$

μ 的置信水平 $1-\alpha=95\%$ 的置信区间为：

$$\left[3.62-2.052\times\frac{0.81}{\sqrt{28}},\ 3.62+2.052\times\frac{0.81}{\sqrt{28}}\right]=[3.306,\ 3.934]$$

该置信区间不包含 $\mu_0=3.3$，因此拒绝 H_0，接受 H_1，调查结果不能证实城调队的看法。

再以临界值法检验：

在 H_0 成立时：

$$t=\frac{\overline{X}-\mu_0}{\frac{\sigma}{\sqrt{n}}}=\frac{\overline{X}-3.3}{\frac{0.81}{\sqrt{28}}}\sim t(27)$$

由 $\alpha=0.05$，查自由度为 27 的 t 分布表得临界值 $t_{\alpha/2}=2.052$。根据样本观察值计算得：

$$t=\frac{\overline{X}-3.3}{\frac{0.81}{\sqrt{28}}}=\frac{3.62-3.3}{\frac{0.81}{\sqrt{28}}}=2.09$$

因为 $|t|=2.09>t_{\alpha/2}=2.052$，则拒绝 H_0，接受 H_1。两者检验结果一致。

第七节 课程实验

一、Excel 软件在推断统计中的应用

（一）对一个总体方差未知时假设检验问题进行检验

【例 6-24】 某部门对当前市场鸡蛋的价格情况进行调查，抽查全省 20 个集市的鸡蛋售价分别为（单位：元/斤）：3.05、3.31、3.34、3.82、3.30、3.16、3.84、3.10、3.90、3.18、3.88、3.22、3.28、3.34、3.62、3.28、3.30、3.22、3.54、3.30。已知往年的平均售价一直稳定在 3.25 元/斤，能否认为全省当前的鸡蛋售价明显高于往年？（$\alpha=0.05$）

依题意提出假设：

$$H_0: \mu = 3.25,\ H_1: \mu > 3.25$$

Excel 操作步骤如下：

（1）输入数据，如图 6-12 所示。

	A	B	C	D	E	F	G	H	I
1	鸡蛋价格								
2	3.05								
3	3.31								
4	3.34								
5	3.82								
6	3.3								
7	3.16								
8	3.84								
9	3.1								
10	3.9								
11	3.18								

Sheet1　就绪　100%

图 6-12　数据工作表

（2）在单元格 C2 中键入“样本均值”，在单元格 D2 中键入“=AVERAGE(A2:A21)”，得样本均值 3.399；在单元格 C3 中键入“总体均值”，在单元格 D3 中键入“3.25”；在单元格 C4 中键入“样本数”，在单元格 D4 中键入“20”；在单元格 C5 中键入“样本方差”，在单元格 D5 中键入“=Var(A2:A21)”，得样本方差 0.072 409；在单元格 C6 中键入“t 统计量”，在单元格 D6 中键入“=(D2-D3)/SQRT(D5/D4)”，得统计量样本观察值 t=2.476 302；在单元格 C7 中键入“P 值”，在单元格 D7 中键入“=NORMSDIST(D6)*2”，得 P 值=1.986 725；在单元格 C8 中键入“临界值”，在单元格 D8 中键入“=NORMSINV(0.95)”，得临界值=1.644 854；结果如图 6-13 所示。

	A	B	C	D	E
1	鸡蛋价格				
2	3.05		样本均值	3.399	
3	3.31		总体均值	3.25	
4	3.34		样本数	20	
5	3.82		样本方差	0.072409	
6	3.3		t统计量	2.476302	
7	3.16		P值	1.986725	
8	3.84		临界值	1.644854	
9	3.1				

图 6-13　计算及检验结果

计算结果解释：t 统计量样本观察值 t=2.476 302>$t\alpha$=1.644 854（单尾临界值），不能接受原假设 H_0，即可以认为全省当前的鸡蛋售价明显高于往年。单尾的 P 值=1.986 725>α=0.05，也说明拒绝原假设。

（二）对两个总体等方差时假设检验问题进行检验

【例 6-25】 某学校管理学院考虑专业设置情况，现已知会计专业与财务专业皆为社会所需求，但似乎会计专业毕业生年薪高于财务专业。现在某地开发区随机抽取会计专业与财务专业的毕业生各 12 名，调查其参加工作第一年的年薪情况，数据如表 6-1 所示。试以 0.05 的显著性水平判断会计专业毕业生年薪是否高于财务专业毕业生年薪。

表 6-1　会计专业与财务专业毕业生参加工作第一年的年薪情况　　单位：元

会计专业	财务专业	会计专业	财务专业
56 400	52 600	56 200	58 000
50 600	47 200	49 400	54 800
52 400	50 000	50 400	47 000
55 800	46 000	58 400	53 800
54 000	55 800	59 400	52 400
52 400	49 000	58 600	48 000

依题意提出假设：

$$H_0: \mu_1 = \mu_2,\ H_1: \mu_1 > \mu_2$$

Excel 操作步骤如下：

（1）输入数据，如图 6-14 所示。

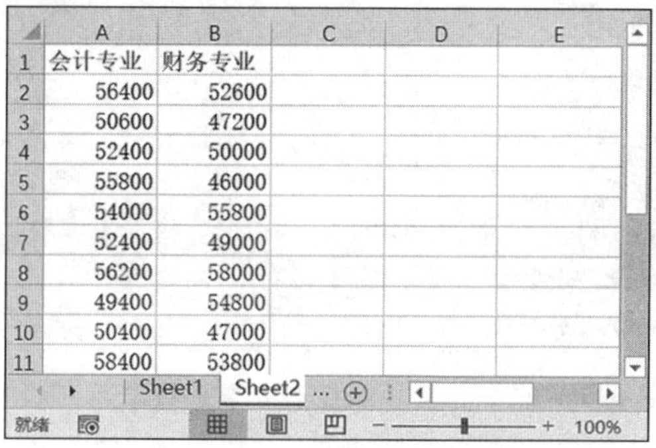

图 6-14　数据工作表

（2）执行菜单命令“数据”→“数据分析”，如图 6-15 所示。打开数据分析对话框，如图 6-16 所示。

图 6-15　“数据分析”位置

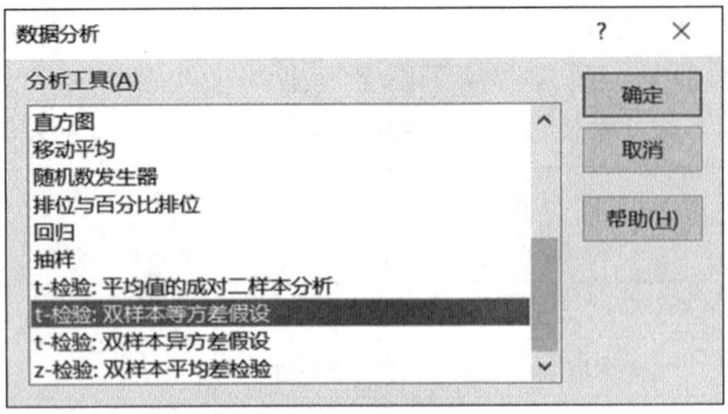

图 6-16　“t-检验：双样本等方差假设”位置

（3）在“数据分析”对话框的“分析工具”列表中，选择“t-检验：双样本等方差假设”选项，然后单击“确定”按钮，打开“t-检验：双样本等方差假设”对话框，填写“t-检验：双样本等方差假设”对话框，如图 6-17 所示；然后，单击“确定”按钮，结果如图 6-18 所示。

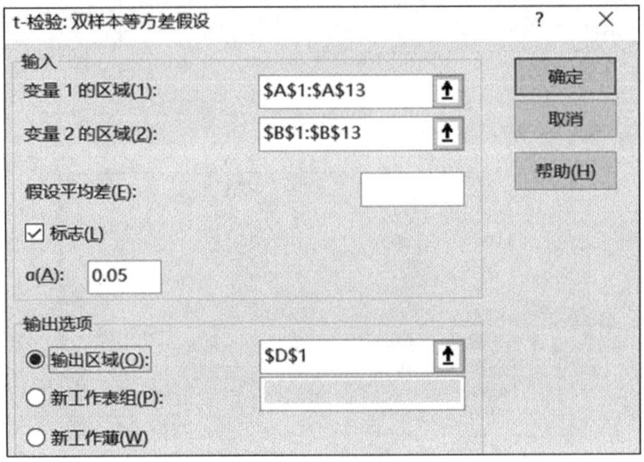

图 6-17　“t-检验：双样本等方差假设”对话框

t-检验: 双样本等方差假设		
	会计专业	财务专业
平均	54500	51216.66667
方差	11938181.82	15246969.7
观测值	12	12
合并方差	13592575.76	
假设平均差	0	
df	22	
t Stat	2.181422156	
P(T<=t) 单尾	0.020060936	
t 单尾临界	1.717144374	
P(T<=t) 双尾	0.040121872	
t 双尾临界	2.073873068	

图 6-18　“t-检验：双样本等方差假设”检验结果

结果解释：

（1）“df”是自由度，即 $n_1+n_2-2=22$。

（2）“t Stat”是 t 统计量，即 $t=2.18$。

（3）“P(T<=t) 单尾”是单尾的 P 值，即 P 值 $=0.02$，说明拒绝原假设。

（4）“t 单尾临界”是单尾临界值，即 $t_\alpha(22)=1.717$，$t=2.18>t_\alpha(22)=1.717$，拒绝原假

设，即可以认为会计专业毕业生年薪高于财务专业毕业生年薪。

二、SPSS 软件在推断统计中的应用

SPSS 软件提供了 4 个 t 检验过程：单样本 t 检验（S）、独立样本 t 检验、摘要独立样本 t 检验、成对样本 t 检验（P）。

独立样本的 t 检验用于检验是否两个不相关的样本来自具有相同均值的总体。例如，想知道购买某产品的顾客与不购买该产品的顾客平均收入是否相同，可以使用对独立样本进行 t 检验的功能。

如果分组样本彼此不独立，例如测度的是工人在技术培训前后某项技能的成绩，要求比较培训前后成绩均值是否有显著性差异，就应该使用配对 t 检验的功能。

（一）对一个总体方差未知时假设检验问题进行检验

以例 6-24 为例，SPSS 操作步骤如下：

（1）定义变量，如图 6-19 所示。

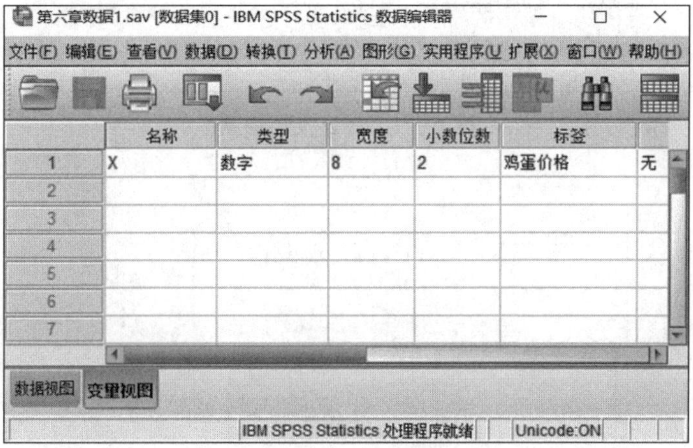

图 6-19　定义变量窗口

（2）输入数据，如图 6-20 所示。

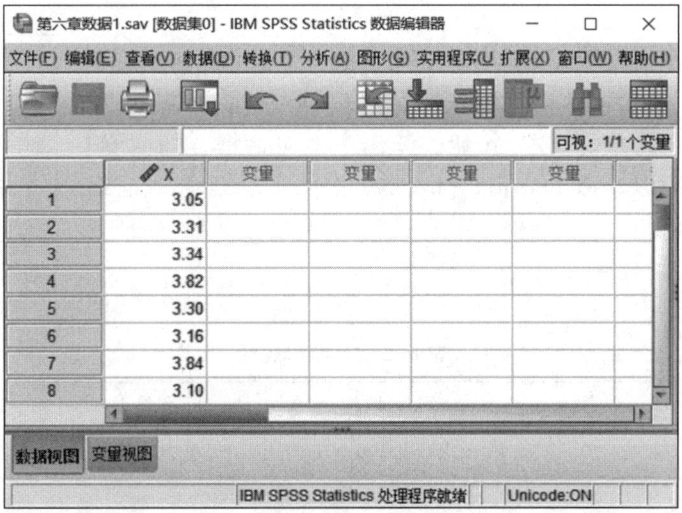

图 6-20　数据输入窗口

(3) 从主菜单的"分析(A)"开始，依次点击"分析(A)"→"比较平均值(M)"→"单样本 T 检验(S)"，如图 6-21 所示，弹出一个窗口，如图 6-22 所示。

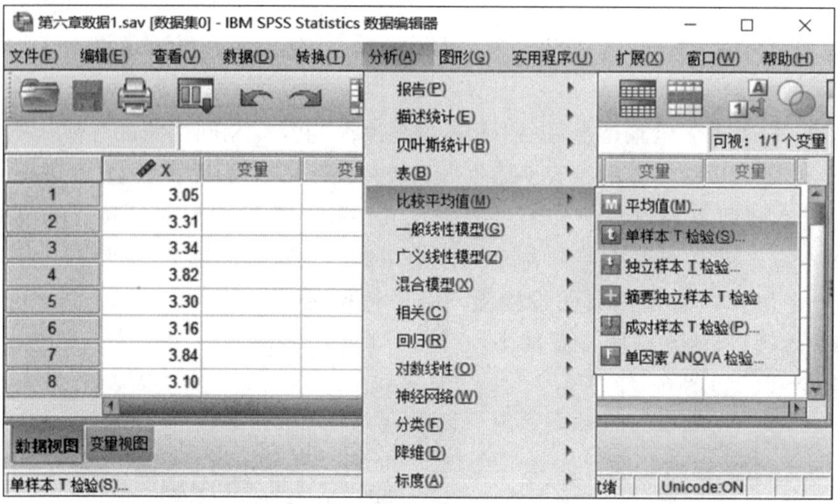

图 6-21 假设检验位置

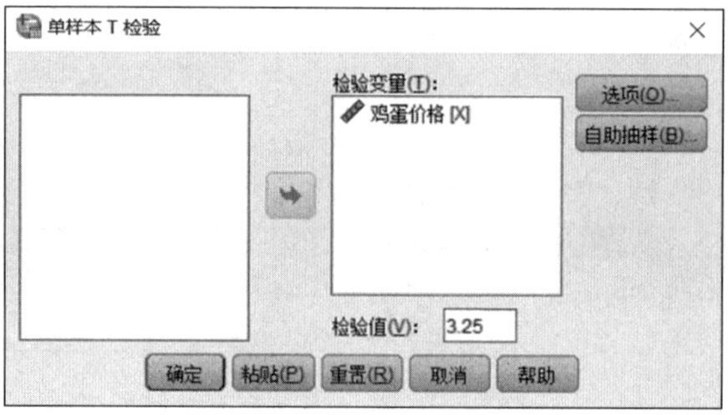

图 6-22 假设检验对话框

(4) 将对话框左侧的变量选到"检验变量(T)"框中，在下方"检验值(V)"后框中填入总体均值假设值"3.25"，如图 6-22 所示；单击右上方"选项(O)"按钮，弹出一个对话框，如图 6-23 所示，在此框中可以选择 $1-\alpha$ 值，如 95%、99%等，点击"继续(C)"，结束"选项(O)"对话；单击"确定"按钮，结果如表 6-2 和表 6-3 所示。

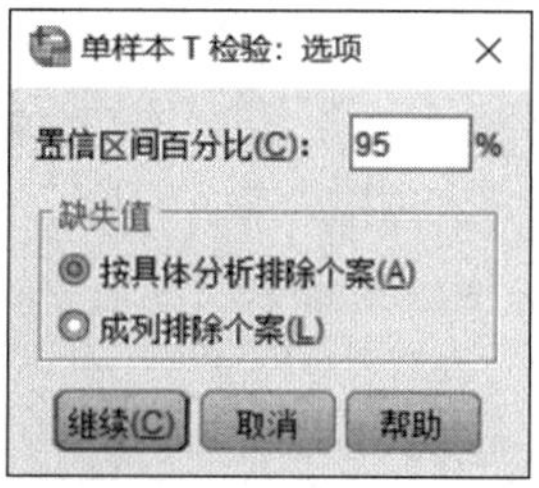

图 6-23 选项对话框

表 6-2 单样本统计

	个案数	平均值	标准偏差	标准误差平均值
鸡蛋价格	20	3.399 0	0.269 09	0.06 017

表 6-3　单样本检验

	检验值 = 3.25					
	t	df	t	平均差	t	
					下限	上限
鸡蛋价格	2.476	19	0.023	0.149	0.023 1	0.274 9

结果解释：表 6-2 表明样本鸡蛋价格均值为 3.399 元，标准差为 0.269，均值的标准误差为 0.06。

表 6-3 中 t 值为 2.476，自由度为 19，双尾 t 检验的 P 值为 $0.023<0.05$，拒绝原假设 H_0。

（二）对两个总体等方差时假设检验问题进行检验

以例 6-25 为例，SPSS 操作步骤如下：

（1）定义变量。启动 SPSS 软件，在主要窗口左下方单击“变量视图”定义变量，如图 6-24 所示；单击“无”后面按钮出现“值标签”对话框，如图 6-25 所示；在“值（U）”后方框中填入 1，在“标签（L）”后方框中填入会计专业；然后，单击下面“添加（A）”按钮，重复此操作，结果如图 6-25 所示。

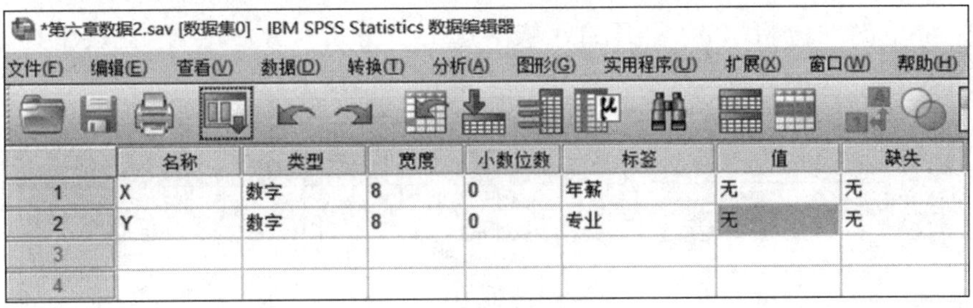

图 6-24　定义变量窗口

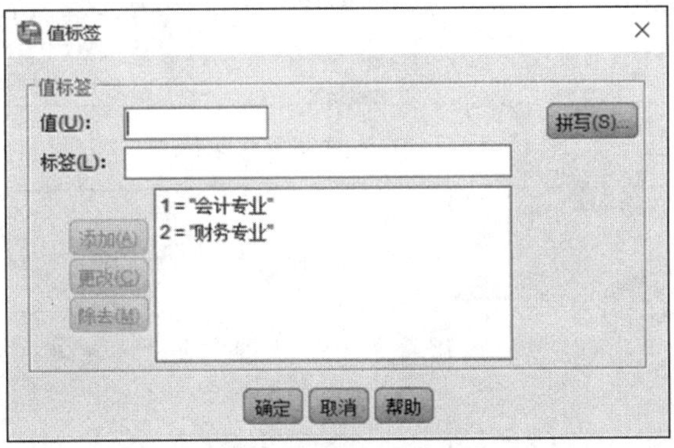

图 6-25　定义标签窗口

（2）输入数据，如图 6-26 所示。

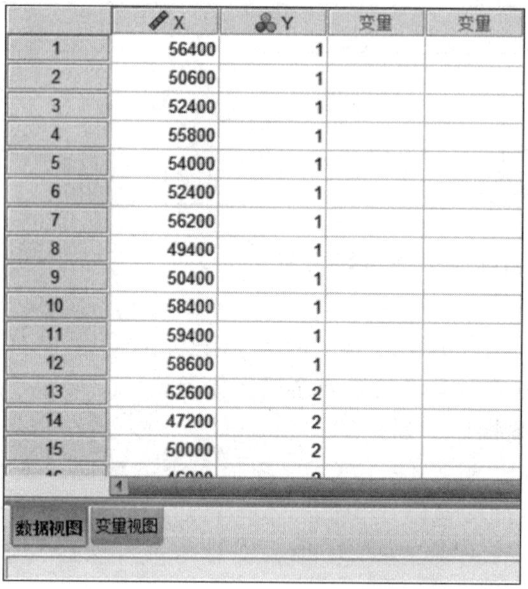

图 6-26 数据输入窗口

（3）从主菜单的“分析（A）”开始，依次点击“分析（A）”→“比较平均值（M）”→“独立样本 T 检验”，如图 6-27 所示，弹出一个窗口，如图 6-28 所示。

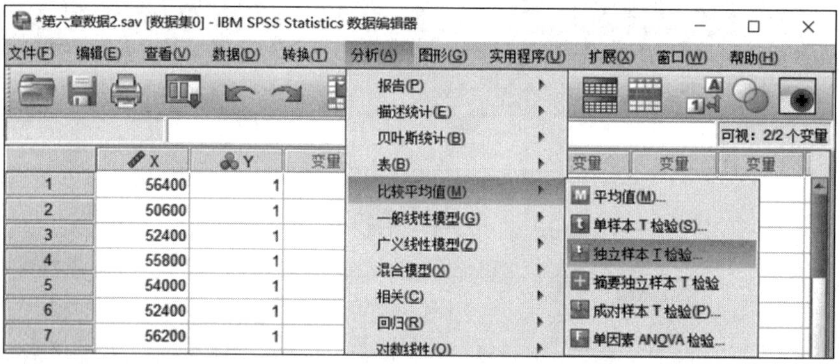

图 6-27 独立样本 t 检验位置

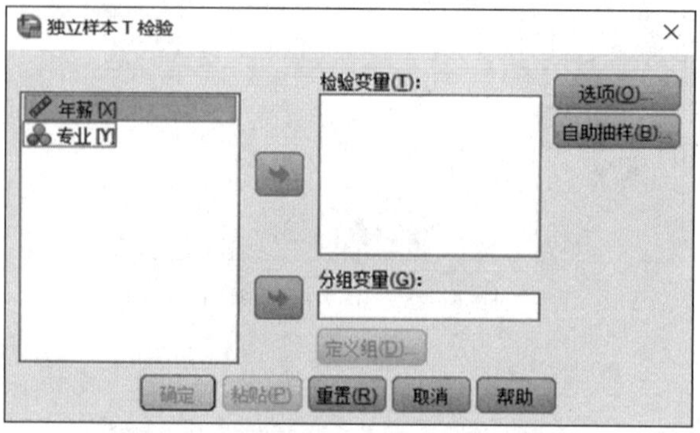

图 6-28 独立样本 t 检验对话框

(4) 将对话框左侧的要检验变量选到“检验变量（T）”框中，将表示不同类别的变量放在“分组变量（G）”框中，如图 6-29 所示；然后单击其下面“定义组（D）”按钮，出现一个对话框，如图 6-30 所示；输入对应两组的相应数据或其他标志，然后单击“继续（C）”；单击右上方“选项（O）”按钮，弹出一个对话框，如图 6-31 所示，在此框中可以选择 $1-\alpha$ 值，如 95%、99%等，单击“继续（C）”，结束“选项（O）”对话框。单击“确定”按钮，结果如表 6-4 和表 6-5 所示。

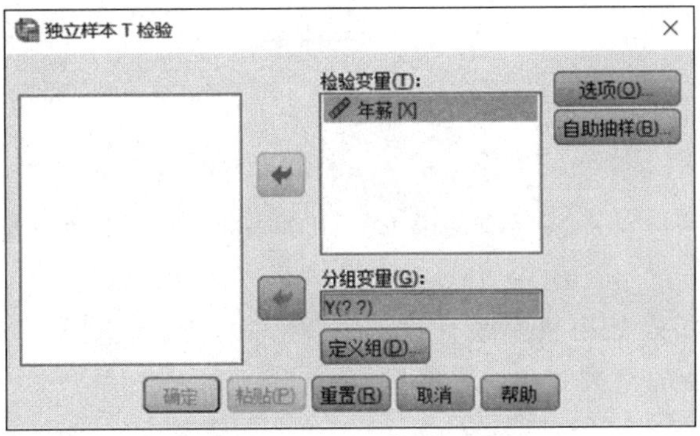

图 6-29 *t* 检验对话框

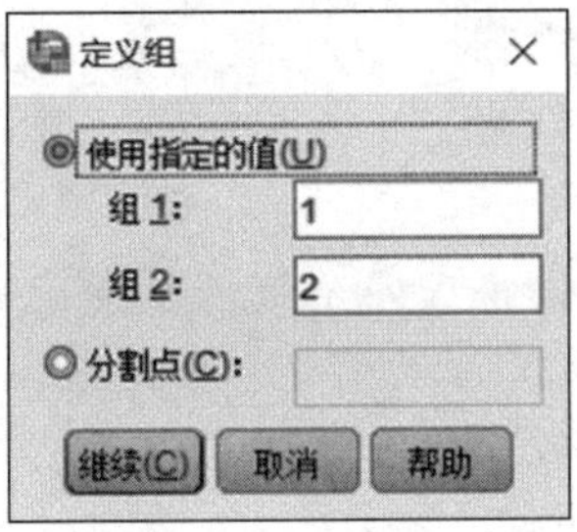

图 6-30 定义组别对话框

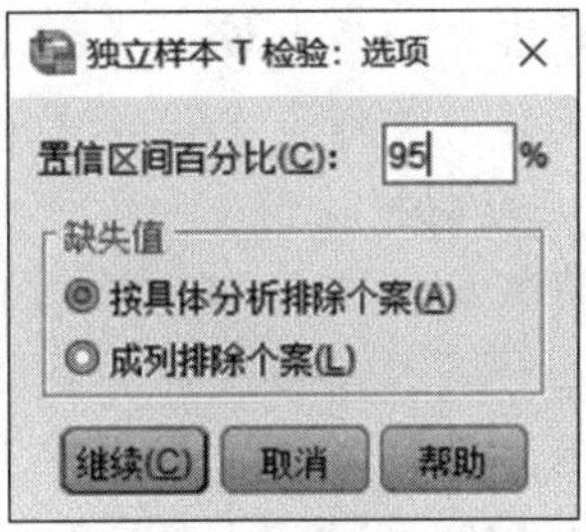

图 6-31 显著性水平对话框

表 6-4 组 统 计

专业		个案数	平均值	标准 偏差	标准 误差平均值
年薪	会计专业	12	54 500.00	3 455.167	997.421
	财务专业	12	51 216.67	3 904.737	1 127.200

表 6-5 独立样本检验

		莱文方差等同性检验		平均值等同性 *t* 检验						
		F	显著性	t	自由度	Sig.（双尾）	平均值差值	标准误差差值	差值 95%置信区间	
									下限	上限
年薪	假定等方差	0.330	0.571	2.181	22	0.040	3 283.333	1 505.134	161.876	6 404.791
	不假定等方差			2.181	21.679	0.040	3 283.333	1 505.134	159.193	6 407.474

结果解释：表 6-4 给出了对应不同专业的年薪的几个统计量，包括个案数、均值，标准偏差和标准误差平均值。

表 6-5 中，给出了假定等方差和不假定等方差两种情况下的检验结果。

方差齐性检验：F 值为 0.330，P 值为 0.571，大于 0.05，方差齐性满足。因此在下面的 t 检验结果中选择假定等方差对应的内容。

t 检验结果：t 值为 2.181，自由度为 22，双尾 t 检验的 P 值为 $0.040<0.05$，拒绝原假设 H_0。

本章小结

本章介绍了如何使用样本资料对有关总体参数事先所作的某种假设的真伪性进行检验的分析方法。

1. 假设检验的理论依据是小概率事件原理

假设检验可能会发生的两类错误："弃真"错误（第一类错误）和"取伪"错误（第二类错误）。

2. 原假设与备择假设的建立

通常成立的情况作为原假设，其相反情况作为备择假设。关心某一情况是否发生作为备择假设，其相反情况作为原假设。等号在原假设中。

3. 双侧检验与单侧检验

假设检验有双侧检验和单侧检验两种类型。在双侧检验中有两个拒绝区域。如果假设是 $H_0: \mu=\mu_0$，$H_1: \mu\neq\mu_0$，就必须用双侧检验。

单侧检验只有一个拒绝域。分为左侧检验和右侧检验。如果假设是 $H_0: \mu=\mu_0$，$H_1: \mu<\mu_0$；或 $H_0: \mu\geqslant\mu_0$；$H_1: \mu<\mu_0$，就使用左侧检验。如果假设是 $H_0: \mu=\mu_0$，$H_1: \mu>\mu_0$；或 $H_0: \mu\leqslant\mu_0$，$H_1: \mu>\mu_0$，就使用右侧检验。

4. 单一总体参数的检验

总体均值的检验，一个正态总体分布情况下，当总体方差 σ^2 已知时采用 Z 检验，当总体方差 σ^2 未知（小样本）时采用 t 检验；非正态总体大样本情况下，采用 Z 检验。总体方差的检验，用的是 χ^2 统计量。

5. 双总体参数的检验

双总体均值差异的检验，双总体正态分布情况下，方差 σ_1^2 和 σ_2^2 已知时，采用 Z 检验，双总体方差 σ_1^2 和 σ_2^2 为未知但相等时，采用 t 检验；非正态总体大样本情况下，采用 Z 检验。方差比的检验使用 F 统计量。

6. P 值检验法

其判别准则是：若 P 值$<\alpha$，则拒绝 H_0；若 P 值$\geqslant\alpha$，则不能拒绝 H_0。

7. 假设检验与置信区间的关系

若假设检验在显著性水平 α 下接受 H_0，则 μ 的置信水平为 $1-\alpha$ 的置信区间必包含 μ_0；反之，若假设检验在显著性水平 α 下拒绝 H_0，则 μ 的置信水平为 $1-\alpha$ 的置信区间不包含 μ_0。

本章知识结构图

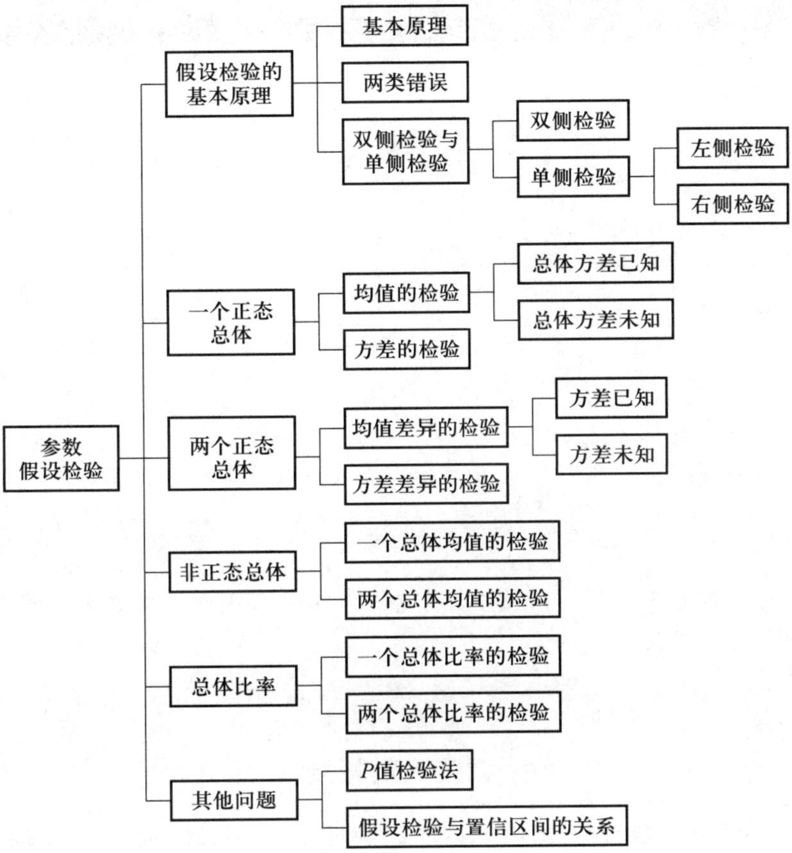

本章思考题

1. 假设检验的基本思想是什么?
2. 什么是假设检验的两类错误?
3. 进行假设检验有哪些步骤?
4. 简述 P 值的意义。
5. 简述区间估计与假设检验的关系。

测一测

第七章　方差分析

知识目标

- 了解方差分析的基本思想
- 掌握方差分析的前提条件和一般步骤
- 掌握单因素方差分析的方法

能力目标

- 掌握方差分析表的计算方法
- 能够应用方差分析方法判断因素对试验指标的影响是否显著

重点难点

- 理解方差分析的数学模型，以及掌握方差分析表的原理和计算方法是本章的重点内容
- 各类方差的计算方法

案例思考 7-1

销售人员报酬

假设某商业公司计划对旗下销售人员进行一项调查，其目的是：对受雇的销售人员，无论销售场所是在室内还是在户外，如果他们的资历与年薪之间存在某种关系的话，则对这种关系进行研究。调查中，受访者要求在专科、本科、研究生三种资历水平中指定其中的一种。如何安排该项调查，来获取数据并判断出不同资历销售人员的年薪是否存在显著差异？

第一节　方差分析原理

第六章讨论了两个总体均值是否相等的检验问题，在实际问题中，还经常遇到需要对两个以上总体均值是否相等进行检验的问题，解决这类问题的一个有效方法就是方差分析方法。

一、问题的提出

在生产实践、科学试验及经济工作中，经常遇到这样的问题：影响产品产量、质量、经济

指标的因素往往很多。例如，影响农作物产量的因素有种子、肥料、土质、水分、气候等；影响产品销售量的因素有款式、颜色、包装、广告、人口、收入等。有的因素影响较大，有的因素影响较小，我们需要了解在诸多因素中哪些因素影响显著。因此，需要进行试验，然后对试验结果进行处理和分析。

【例 7-1】 小麦品种比较试验。在气候、水利、土质、肥料和管理等条件基本相同时，进行小麦品种比较试验。有五个小麦品种，考察小麦品种对产量的影响作用，从中挑选优良品种。若小麦品种这个因素对产量没有影响，则各品种下的平均小麦产量应该没有显著差异。因此，若通过分析发现各品种下的平均小麦产量差异显著，则说明小麦品种对产量影响显著。

【例 7-2】 教学方法比较试验。有三种教学方法，想知道这三种教学方法对教学效果是否影响显著，在其他条件基本相同的情况下，用三种教学方法分别进行教学试验。若三种教学方法对教学效果影响不显著，则实施各种教学方法的学生的平均学习成绩应没有显著差异，若通过分析发现实施各种教学方法下学生的平均学习成绩有显著差异，则这三种教学方法对教学效果影响显著。

上面两个例子都是通过样本均值检验总体均值之间是否有显著差异的问题，那么用什么方法进行检验呢？当总体是两个时，可用第六章介绍的假设检验方法来检验两个总体均值是否存在显著差异；当总体是三个或更多时，假设检验方法就不适用了，这时就要用到本章将要介绍的方差分析方法。

二、基本概念

在方差分析中，人们把试验的结果统称为指标，如小麦的产量、灯泡的使用寿命。试验中需要考察的可以控制的条件称为因素，而把因素所取的不同状态或不同的处理方法称为水平。如例 7-1 中小麦品种这个因素有 5 个水平；例 7-2 中教学方法这个因素有 3 个水平。通常用大写的英文字母 A，B，C，… 表示不同的因素，而用 A_1，A_2，…，A_r 表示 A 的 r 个不同的水平。

如果一个试验的目的只是考察一个因素对指标的影响，从而在安排试验时只有该因素在改变，而其他因素保持不变，则称这样的试验为单因素试验。如例 7-1 和例 7-2 都是单因素试验。对单因素试验进行方差分析称为单因素方差分析。类似地可定义多因素试验和多因素方差分析。

三、方差分析的基本思想

下面通过一个案例来介绍方差分析的基本思想。

【例 7-3】 吉林省某农业科学研究所为了比较五种不同的施肥方案对某种农作物产量的影响，进行对比试验。为减少土地原有肥沃程度对其造成的影响，选取了一块肥沃程度比较均匀的土地，将其分成面积相等的 20 个地块，每种施肥方案试验地各有 4 小块，产量如表 7-1 所示。

表 7-1 5种施肥方案在4块地上的产量 单位：千克

方案	地块				
	1	2	3	4	平均产量
A_1	67	67	45	52	57.75
A_2	98	96	91	66	87.75
A_3	60	69	50	35	53.5
A_4	79	64	81	70	73.5
A_5	90	70	79	88	81.75

要研究的问题是施肥方案的不同对农作物的产量是否有显著影响。

这是一个单因素试验，这个因素（施肥方案）具有5个水平 A_1，A_2，…，A_5。由表7-1可以看出：

（1）在同一水平 $A_i(i=1, 2, 3, 4, 5)$ 下，生产条件虽然一致，但相同面积的产量仍不相同，这说明在试验因素的每一确定水平下，试验结果是一个随机变量。

（2）由于所要研究的是5种不同施肥方案的影响，从表7-1中平均产量可以看出施肥方案的不同对产量是有影响的。因此，不能把不同的施肥方案所收获的产量看作从同一总体中所抽取的样本，而应把5种水平下的产量 X_{i1}，X_{i2}，X_{i3}，$X_{i4}(i=1, 2, 3, 4, 5)$，看作分别从5个总体 X_1，X_2，X_3，X_4，X_5 中抽得的5个容量为4的样本。

现在要判断施肥方案对产量有无影响，也就是要辨别产量的差异主要是由随机误差造成的，还是由不同的施肥方案所造成的，故这一问题归结为判断5个总体是否具有相同分布的问题。

在实际问题中，经常遇到的是具有正态分布的总体，同时安排试验时除所关心的因素外，其他条件会尽可能地做到一致，这就使我们可以认为每个总体的方差是相同的。这样，对于例7-3有 $X_i \sim N(\mu_i, \sigma^2)$，$i=1, 2, \cdots, 5$。那么上述判断5个总体是否具有相同分布的问题，就简化为判断5个具有相同方差的正态总体，其均值是否相等的问题。对于例7-3要判断施肥方案对产量是否有显著影响的问题，实际上就是检验假设：$H_0: \mu_1=\mu_2=\mu_3=\mu_4=\mu_5$ 成立与否。

一般地，如果在单因素试验中，因素 A 有 r 个水平 A_1，A_2，…，A_r，对每一水平进行重复试验，并将试验结果用表7-2表示，把研究 A_1，A_2，…，A_r 对试验指标 X 的影响问题归结成：

设有 r 个相互独立的总体 X_1，X_2，…，X_r，它们呈现正态分布且有相同的方差 σ^2，即 $X_i \sim N(\mu_i, \sigma^2)$，$i=1, 2, \cdots, r$。

（3）从总体 X_i 中随机抽取容量为 n_i 的样本：X_{i1}，X_{i2}，…，$X_{in_i}(i=1, 2, \cdots, r)$。

（4）检验假设 H_0：$\mu_1=\mu_2=\cdots=\mu_r$ 是否成立。

表 7-2　试验结果表

水平	序号					
	1	2	…	j	…	n_i
A_1	X_{11}	X_{12}	…	X_{1j}	…	X_{1n_1}
A_2	X_{21}	X_{22}	…	X_{2j}	…	X_{2n_2}
⋮	⋮	⋮	⋮	⋮	⋮	⋮
A_i	X_{i1}	X_{i2}	…	X_{ij}	…	X_{in_i}
⋮	⋮	⋮	⋮	⋮	⋮	⋮
A_r	X_{r1}	X_{r2}	…	X_{rj}	…	X_{rn_r}

令

$$\overline{X}_i=\frac{1}{n_i}\sum_{j=1}^{n_i}X_{ij},\ i=1,\ 2,\ \cdots,\ r \tag{7-1}$$

$$\overline{X}=\frac{1}{n}\sum_{i=1}^{r}\sum_{j=1}^{n_i}X_{ij}=\frac{1}{n}\sum_{i=1}^{r}n_i\overline{X}_i,\ i=1,\ 2,\ \cdots,\ r;\ j=1,\ 2,\ \cdots,\ n_i \tag{7-2}$$

其中 $n=\sum_{i=1}^{r}n_i$，$\overline{X}_i$ 是从第 i 个总体抽得的样本的均值，通常称为组均值，而 $\overline{X}$ 是全体样本的均值，称为样本总均值。

为了导出检验假设 H_0 的统计量，首先分析引起 X_{ij} 波动的原因。当 H_0 为真时，X_{ij} 波动纯粹是由随机误差引起的；当 H_0 不真时，除随机误差之外，引起 X_{ij} 波动的原因还有一个，就是各个水平的影响。用 X_{ij} 与样本总均值 $\overline{X}$ 之间的离差平方和

$$Q_T=\sum_{i=1}^{r}\sum_{j=1}^{n_i}(X_{ij}-\overline{X})^2 \tag{7-3}$$

来反映 X_{ij} 之间总的波动，称 Q_T 为总离差平方和，并且易于证明 Q_T 可以分解为两部分。即：

$$Q_T=Q_E+Q_A \tag{7-4}$$

其中：

$$Q_E=\sum_{i=1}^{r}\sum_{j=1}^{n_i}(X_{ij}-\overline{X}_i)^2 \tag{7-5}$$

$$Q_A=\sum_{i=1}^{r}\sum_{j=1}^{n_i}(\overline{X}_i-\overline{X})^2=\sum_{i=1}^{r}n_i(\overline{X}_i-\overline{X})^2 \tag{7-6}$$

Q_E 反映了随机误差所引起的波动，称为残差平方和或组内平方和；Q_A 反映了因素 A 的不同水平间的差异程度，称为组间平方和。

令

$$S_E^2=\frac{Q_E}{n-r} \tag{7-7}$$

$$S_A^2=\frac{Q_A}{r-1} \tag{7-8}$$

数学上可以证明 S_E^2 和 S_A^2 都是总体方差 σ^2 的估计量，称 S_E^2 为组内方差，称 S_A^2 为组间方差。S_E^2 是 σ^2 的无偏估计量，S_A^2 是 σ^2 的有偏估计量，只有在 H_0 成立时，S_A^2 才是 σ^2 的无偏估计量，否则它的均值要大于 σ^2，也即在 H_0 不成立时，S_A^2 比 S_E^2 偏大。因此，如果由样本计算得 S_A^2 显著地大于 S_E^2，那么可以认为 H_0 不成立；否则，可以认为 H_0 成立。这种比较方差大小来判断 H_0 是否成立的方法，就是方差分析名称的由来。

数学上还可以证明在 H_0 成立下，S_A^2 与 S_E^2 之比值服从 F 分布，即：

$$F=\frac{S_A^2}{S_E^2}\sim F(r-1,\ n-r) \tag{7-9}$$

可以将此 F 统计量作为判断 H_0 是否成立的检验统计量。对于给定的显著性水平 α，查第一自由度为 $r-1$ 和第二自由度为 $n-r$ 的 F 分布表得临界值 F_α，使

$$P(F\geqslant F_\alpha)=\alpha \tag{7-10}$$

由样本计算出 F 统计量的观察值，当 $F\geqslant F_\alpha$ 时，拒绝 H_0，有 $(1-\alpha)\times100\%$的把握认为因素 A 对试验指标的影响是显著的。否则，不能拒绝 H_0，可以认为因素 A 对试验指标的影响是不显著的。

四、方差分析的前提条件和一般步骤

由方差分析的基本思想可以看出，进行方差分析有一定的前提条件，这些条件可以归纳如下：

（1）因素的每个水平是可以严格控制的。若一个因素有 r 个水平，则每个水平对应一个随机变量，r 个水平就对应 r 个随机变量，它们是 r 个相互独立的总体，分别服从 $N(\mu_i,\ \sigma^2)$ $(i=1,\ 2,\ \cdots,\ r)$，即这 r 个总体均服从具有相同方差的正态分布。

（2）试验的结果 X_{i1}，X_{i2}，$\cdots$，$X_{in_i}(i=1,\ 2,\ \cdots,\ r)$，可以看作抽自总体 $X_i(i=1,\ 2,\ \cdots,\ r)$ 的容量为 n_i 的简单随机样本。各个样本之间是相互独立的。

方差分析的一般步骤为：

① 提出原假设 H_0 和备择假设 H_1。

② 选择适当的检验统计量 F，指出在 H_0 成立时该统计量所服从的分布。

③ 根据给定的显著性水平 α，查 F 分布表求出临界值 F_α，使 $P(F\geqslant F_\alpha)=\alpha$

④ 根据样本计算统计量 F 的值。

⑤ 将检验统计量的值与临界值比较，若 $F\geqslant F_\alpha$，则拒绝 H_0 接受 H_1；否则不能拒绝 H_0。

五、数学模型

为便于进一步讨论多因素方差分析，现将上述方差分析问题用数学模型来表达。

在水平 A_i 下，$X_i\sim N(\mu_i,\ \sigma^2)$。$X_{i1}$，$X_{i2}$，$\cdots$，$X_{in_i}$是来自总体 X_i 的样本，有 $X_{ij}\sim N(\mu_i,\ \sigma^2)$，$X_{ij}$与 μ_i 之差可以看作随机误差 ε_{ij}，并且 $\varepsilon_{ij}\sim N(0,\ \sigma^2)$ 且相互独立。于是，可以把 X_{ij} 表示为：

$$X_{ij}=\mu_i+\varepsilon_{ij} \tag{7-11}$$

$$\varepsilon_{ij}\sim N(0,\ \sigma^2)\qquad i=1,\ 2,\ \cdots,\ r;\ j=1,\ 2,\ \cdots,\ n_i$$

令
$$\mu=\frac{1}{n}\sum_{i=1}^{r}n_i\mu_i \tag{7-12}$$
$$\alpha_i=\mu_i-\mu \quad i=1,\ 2,\ \cdots,\ r \tag{7-13}$$

μ 称为总均值，α_i 称为第 i 个水平 A_i 对试验指标的效应，简称水平 A_i 的效应。它反映因素的第 i 个水平 A_i 对试验指标的“纯”作用的大小。易验证 $\sum_{i=1}^{r}n_i\alpha_i=0$。

于是 X_{ij} 可表示成为效应分解式：
$$X_{ij}=\mu+\alpha_i+\varepsilon_{ij} \quad i=1,\ 2,\ \cdots,\ r;\ j=1,\ 2,\ \cdots,\ n_i$$

由 7-13 式可以看出，α_i 之间的差异与 μ_i 之间的差异是等价的，并且检验假设 $H_0: \mu_1=\mu_2=\cdots=\mu_r$ 的问题就等价于检验假设 $H_0: \alpha_1=\alpha_2=\cdots=\alpha_r=0$ 的问题。综上所述，方差分析的数学模型和前提条件为：
$$\begin{cases}X_{ij}=\mu+\alpha_i+\varepsilon_{ij}\\ \varepsilon_{ij}\sim N(0,\ \sigma^2)\ \text{且相互独立}\\ \sum_{i=1}^{r}n_i\alpha_i=0\\ (i=1,\ 2,\ \cdots,\ r;\ j=1,\ 2,\ \cdots,\ n_i)\end{cases} \tag{7-14}$$

对这个模型要检验的假设为：
$$H_0:\ \alpha_1=\alpha_2=\cdots=\alpha_r=0 \tag{7-15}$$
$$H_1:\ \text{至少有一个}\ \alpha_i\neq 0$$

第二节　单因素方差分析

单因素方差分析是研究一个因素的变化对试验指标的影响是否显著的统计分析方法，是方差分析最简单的情况。

设在单因素试验中，所考察的因素为 A，A 有 r 个水平 A_1，A_2，…，A_r，在水平 A_i 下总体 X_i 服从 $N(\mu_i,\ \sigma^2)$ $(i=1,\ 2,\ \cdots,\ r)$，并在水平 A_i 下，取简单随机样本 X_{i1}，X_{i2}，…，X_{in_i}，则得到 r 组相互独立的样本，并且有 $X_{ij}\sim N(\mu_i,\ \sigma^2)$ $(i=1,\ 2,\ \cdots,\ r;\ j=1,\ 2,\ \cdots,\ n_i)$，将试验结果列成如表 7-2 所示。

要检验的假设为：

原假设 $H_0: \mu_1=\mu_2=\cdots=\mu_r$

备择假设 H_1：至少有两个 μ_i 不相等

由公式 7-5 和 7-6 计算 Q_E 和 Q_A 的值，然后由公式 7-9 计算出 F 值，由给定显著性水平 α 查 F 分布表求出临界值 F_α。最后将 F 值与临界值 F_α 比较得出结论。

在进行方差分析时，通常将有关计算结果归纳为一张方差分析表，如表 7-3 所示。

表 7-3 单因素方差分析表

方差来源	平方和	自由度	方差	F 值
组间	Q_A	$r-1$	$S_A^2=\dfrac{Q_A}{r-1}$	$F=\dfrac{S_A^2}{S_E^2}$
组内	Q_E	$n-r$	$S_E^2=\dfrac{Q_E}{n-r}$	
总和	Q_T	$n-1$	—	—

为了简化平方和的计算，可以利用以下公式：

令

$$T=\sum_{i=1}^{r}\sum_{j=1}^{n_i}X_{ij} \tag{7-16}$$

$$T_i=\sum_{j=1}^{n_i}X_{ij} \tag{7-17}$$

则有

$$Q_T=\sum_{i=1}^{r}\sum_{j=1}^{n_i}X_{ij}^2-\frac{T^2}{n} \tag{7-18}$$

$$Q_A=\sum_{i=1}^{r}\frac{T_i^2}{n_i}-\frac{T^2}{n} \tag{7-19}$$

$$Q_E=Q_T-Q_A \tag{7-20}$$

具体计算如表 7-4 所示。

表 7-4 单因素方差分析数据计算表

水平	序号					
	1	2	…	n_i	T_i	$\sum_{j=1}^{n_i}X_{ij}^2$
A_1	X_{11}	X_{12}	…	X_{1n_1}	T_1	$\sum_{j=1}^{n_1}X_{1j}^2$
A_2	X_{21}	X_{22}	…	X_{2n_2}	T_2	$\sum_{j=1}^{n_2}X_{2j}^2$
⋮	⋮	⋮	⋮	⋮	⋮	⋮
A_r	X_{r1}	X_{r2}	…	X_{rn_r}	T_r	$\sum_{j=1}^{n_r}X_{rj}^2$
Σ	—	—	—	—	T	$\sum_{i=1}^{r}\sum_{j=1}^{n_r}X_{ij}^2$

【例 7-4】 某商业公司要研究附送赠品、满减券、厂家直销三种促销方式对销售量的影响，选择了 12 个类似的销售区，以随机分派方式编为三组，每组四个区，分别进行上述三种

促销活动一个月，其销量如表 7-5 所示。

表 7-5　单因素方差分析数据计算表

促销方式	序号					
	1	2	3	4	T_i	$\sum_{j=1}^{4} X_{ij}^2$
附送赠品	13	17	19	16	65	1 075
满减券	17	21	23	26	87	1 935
厂家直销	20	23	27	31	101	2 619
$\sum$	—	—	—	—	253	5 629

解：分别以 μ_1，μ_2，μ_3 表示三种促销活动下销售量的总体均值，则依题意建立如下假设：

$$H_0:\mu_1=\mu_2=\mu_3,\ H_1:\mu_1,\ \mu_2,\ \mu_3 \text{ 不全相等}$$

根据表 7-5 数据进一步计算得：

$$Q_T=\sum_{i=1}^{r}\sum_{j=1}^{n_i}X_{ij}^2-\frac{T^2}{n}=5\ 629-\frac{253^2}{12}=5\ 629-5\ 334=295$$

$$Q_A=\sum_{i=1}^{r}\frac{T_i^2}{n_i}-\frac{T^2}{n}=\left(\frac{65^2}{4}+\frac{87^2}{4}+\frac{101^2}{4}\right)-\frac{253^2}{12}=5\ 499-5\ 334=165$$

$$Q_E=Q_T-Q_A=295-165=130$$

将计算结果列入方差分析表，如表 7-6 所示。

表 7-6　单因素方差分析表

方差来源	平方和	自由度	方差	F 值
组间	165	2	82. 50	5. 71
组内	130	9	14. 44	
总和	295	11	—	

对于 $\alpha=0.05$，查第一自由度为 2、第二自由度为 9 的 F 分布表得临界值 $F_{0.05}(2,\ 9)=4.26$。由于 $F=5.71>F_{0.05}(2,\ 9)=4.26$，故拒绝 H_0，于是有 95%的把握认为促销活动不同会显著影响销售量。

【例 7-5】 某汽车制造公司想对过去几年中使用的车间技术工人的三种方法进行评价。公司随机挑选了 15 位工人分成五组分别按三种方法进行培训后，观察他们的日产量，得到数据如表 7-7 所示。问不同的训练方法对技术工人的日加工是否有显著影响？

表 7-7　单因素方差分析数据计算表

方法	序号						
	1	2	3	4	5	T_i	$\sum_{j=1}^{5} X_{ij}^2$
1	16	18	24	22	17	97	1 929

续表

方法	序号						
	1	2	3	4	5	T_i	$\sum_{j=1}^{5} X_{ij}^2$
2	23	22	21	20	17	103	2 143
3	21	18	23	16	20	98	1 950
Σ	—	—	—	—	—	298	6 022

解： 分别以 μ_1，μ_2，μ_3 代表不同训练方法下工人日产量的总体均值，则依题意建立如下假设：

$$H_0: \mu_1=\mu_2=\mu_3,\ H_1: \mu_1,\ \mu_2,\ \mu_3 \text{ 不全相等}$$

根据表 7-7 数据进一步计算得：

$$Q_T=\sum_{i=1}^{r}\sum_{j=1}^{n_i}X_{ij}^2-\frac{T^2}{n}=6\ 022-\frac{298^2}{15}=6\ 022-5\ 920=102$$

$$Q_A=\sum_{i=1}^{r}\frac{T_i^2}{n_i}-\frac{T^2}{n}=\left(\frac{97^2}{5}+\frac{103^2}{5}+\frac{98^2}{5}\right)-\frac{298^2}{15}=5\ 924-5\ 920=4$$

$$Q_E=Q_T-Q_A=102-4=98$$

将计算结果列入方差分析表，如表 7-8 所示。

表 7-8 单因素方差分析表

方差来源	平方和	自由度	方差	F 值
组间	4	2	2	0.24
组内	98	12	8.17	
总和	102	14	—	—

对于 $\alpha=0.05$，查第一自由度为 2、第二自由度为 12 的 F 分布表得临界值 $F_{0.05}(2,\ 12)=3.89$，由于 $F=0.24<F_{0.05}(2,\ 12)=3.89$，故不能拒绝 H_0，于是可以认为三种训练方法对车间技术工人的日加工量没有显著影响。

双因素方差分析从略。

第三节 课程实验

一、Excel 软件在方差分析中的应用

此处仅讲述单因素方差分析。

例 7-4 的 Excel 计算操作方法如下：

（1）输入数据，如图 7-1 所示。

	A	B	C	D
1		附送赠品	满减券	厂家直销
2	1区	13	17	20
3	2区	17	21	23
4	3区	19	23	27
5	4区	16	26	31

图 7-1 数据工作表

（2）执行菜单命令“数据”→“数据分析”，如图 7-2 所示。打开数据分析对话框如图 7-3 所示。

图 7-2 数据分析位置

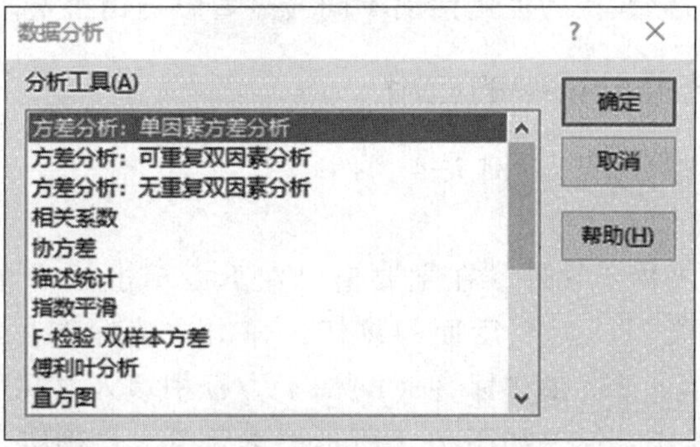

图 7-3 “方差分析：单因素方差分析”对话框

（3）在“分析工具”列表中选择“方差分析：单因素方差分析”选项，然后单击“确定”按钮，打开“方差分析：单因素方差分析”对话框，如图 7-4 所示。

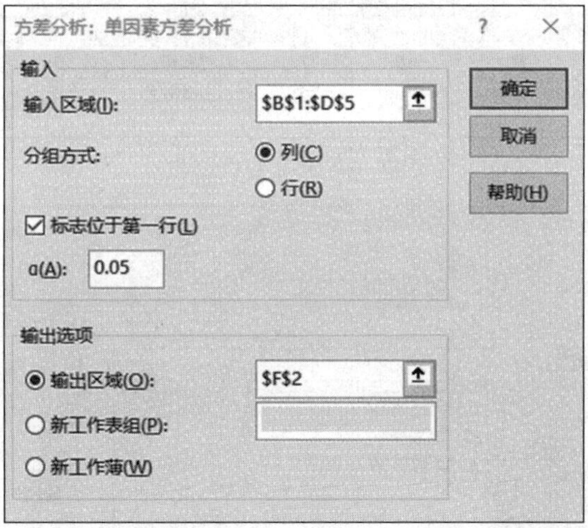

图 7-4 “方差分析：单因素方差分析”对话框

（4）填写“方差分析：单因素方差分析”对话框，如图 7-4 所示。然后单击“确定”按钮，结果如图 7-5 所示。

方差分析：单因素方差分析						
SUMMARY						
组	观测数	求和	平均	方差		
附送赠品	4	65	16.25	6.25		
满减券	4	87	21.75	14.25		
厂家直销	4	101	25.25	22.91667		
方差分析						
差异源	SS	df	MS	F	P-value	F crit
组间	164.6667	2	82.33333	5.68906	0.025284	4.256495
组内	130.25	9	14.47222			
总计	294.9167	11				

图 7-5 “方差分析：单因素方差分析”结果

结果解释：图 7-5 给出了方差分析计算结果，F 值为 5.689 06，P 值为 0.025 284，小于 0.05，拒绝 H_0，有 95%的把握认为促销活动不同会显著影响销售量。

二、SPSS 软件在方差分析中的应用

此处仅讲述单因素方差分析，以例 7-4 为例。

SPSS 软件的操作步骤如下：

（1）定义变量。启动 SPSS 软件，在主要窗口左下方单击“变量视图”定义变量，如图 7-6 所示；单击“Y”的值下“无”后面的按钮，弹出“值标签”对话框，如图 7-7 所示；在“值（U）”后方框中填入 1，在“标签（L）”后方框中填入电视广告；然后单击下面“添加（A）”按钮，重复此操作，结果如图 7-7 所示，然后单击“确定”按钮。

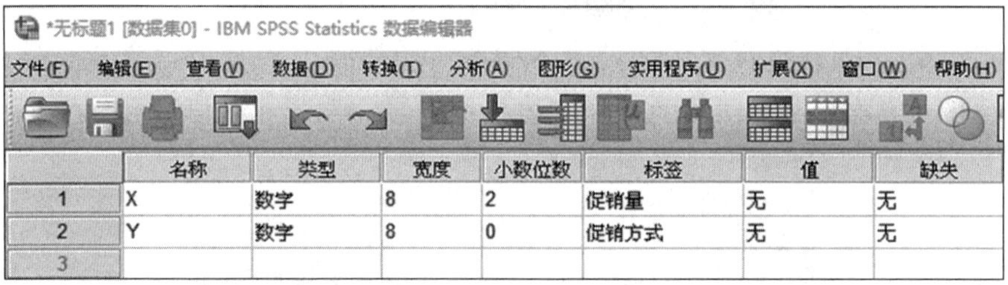

图 7-6 定义变量窗口

图 7-7 定义标签窗口

（2）输入数据，如图 7-8 所示。

	X	Y
1	13.00	1
2	17.00	1
3	19.00	1
4	16.00	1
5	17.00	2
6	21.00	2
7	23.00	2
8	26.00	2
9	20.00	3
10	23.00	3
11	27.00	3
12	31.00	3

图 7-8 数据输入

（3）从主菜单的“分析（A）”开始，依次点击“分析（A）”→“比较平均值（M）”→“单因素 ANOVA 检验”，如图 7-9 所示，弹出一个窗口，如图 7-10 所示。

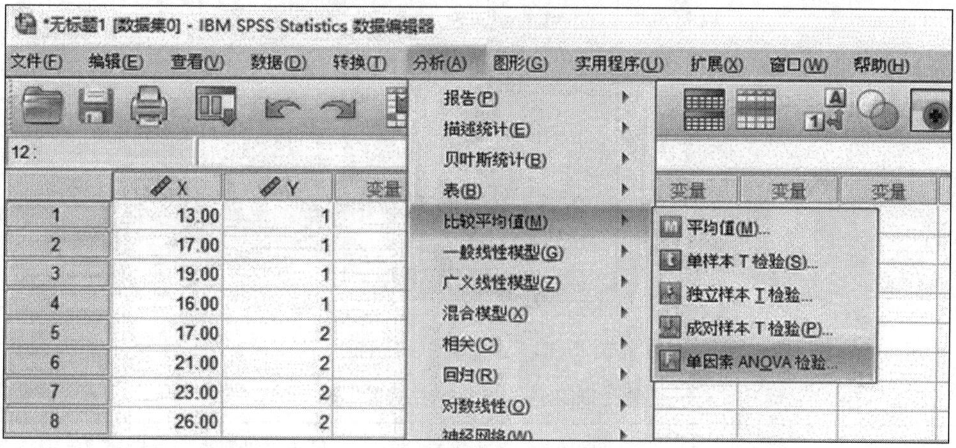

图 7-9 “单因素 ANOVA 检验”位置

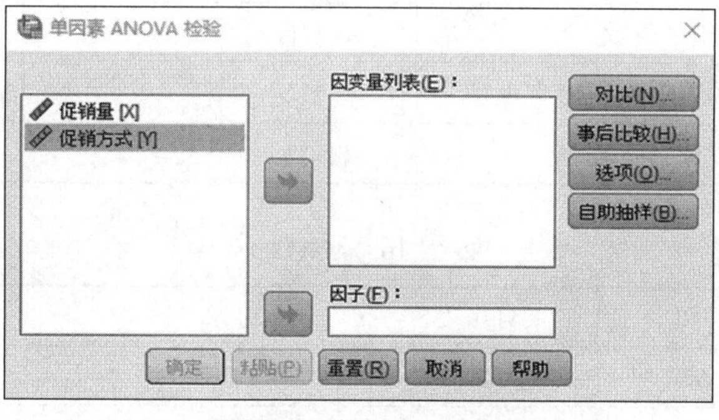

图 7-10 “单因素 ANOVA 检验”对话框

（4）将对话框左侧的要检验变量选到“因变量列表（E）”框中，将表示不同类别的变量放在“因子（F）”下面框中，如图 7-11 所示；然后单击其右面“选项（O）”按钮，出现一个对话框，如图 7-12 所示；选择“方差齐性检验（H）”，单击“继续（C）”，结束“选项（O）”对话。单击“确定”按钮，结果如表 7-10 和表 7-11 所示。

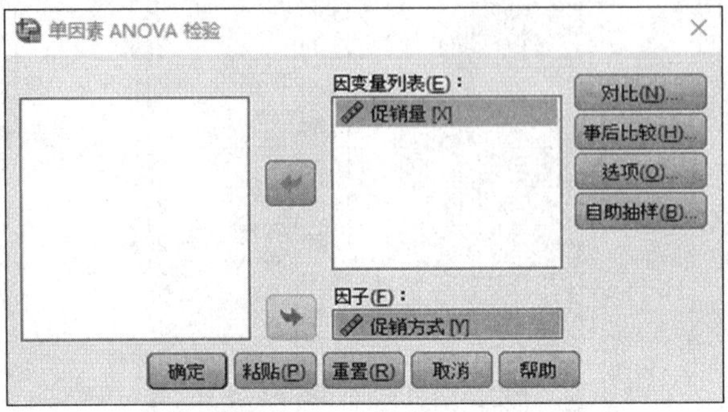

图 7-11 t 检验对话框

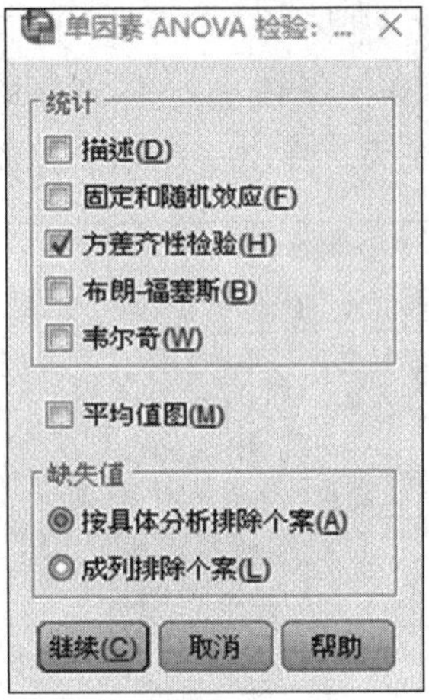

图 7-12 “选项”对话框

表 7-9 方差齐性检验

		莱文统计	自由度 1	自由度 2	显著性
销售量	基于平均值	1.143	2	9	0.361
	基于中位数	1.116	2	9	0.369
	基于中位数并具有调整后自由度	1.116	2	8.417	0.372
	基于剪除后平均值	1.143	2	9	0.361

表 7-10 ANOVA

	平方和	自由度	均方	F	显著性
组间	164.667	2	82.334	5.689	0.025
组内	130.250	9	14.472	—	—
总计	294.917	11	—	—	—

结果解释：表 7-9 给出了方差齐性检验结果，Sig. 值 = 0.361，说明不能拒绝方差齐性的假设，方差齐性满足。

表 7-10 给出了单因素方差分析结果，Sig. 值 = 0.025，拒绝 H_0，认为促销方式不同会显著影响销售量。

本章小结

本章主要介绍了方差分析中单因素分析的方法。

1. 应用方差分析方法

此方法一般是在总体是三个或更多时，检验总体均值之间是否有显著差异。其前提是因素的每个水平是可以严格控制的。

2. 单因素方差分析

它是研究一个因素的变化对试验指标的影响是否显著的分析方法。

3. 方差分析的一般步骤

同参数假设检验类似。

本章知识结构图

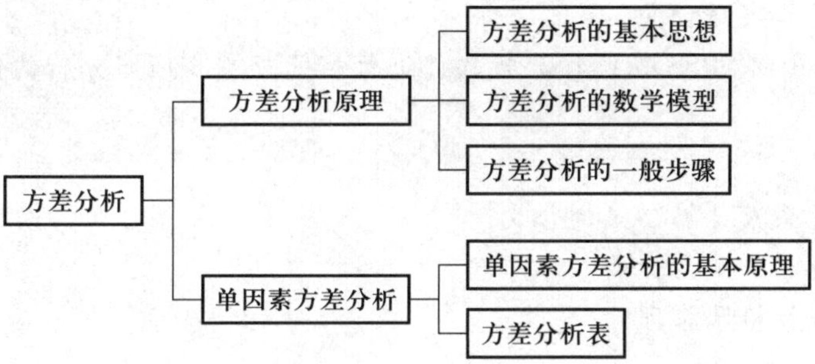

本章思考题

1. 方差分析与假设检验的异同点是什么?
2. 单因素方差分析的方法和步骤有哪些?

测一测

第八章　相关与回归分析

知识目标

- 了解相关关系的含义以及相关分析的主要目标
- 掌握相关关系的概念，熟练掌握样本相关系数的计算公式和显著性检验的原理，能够解释相关系数的实际含义
- 掌握回归分析的概念以及线性回归分析的主要目标
- 熟练掌握线性回归模型参数的估计，理解最小二乘法，能够写出回归方程，能解释回归系数的含义，并掌握对回归方程进行各种统计检验和预测的原理

能力目标

- 能够计算样本相关系数并能够做出显著性检验，并进行解释
- 掌握回归模型的参数估计方法，并能够写出回归方程，而且能对回归方程进行各种统计检验和预测，并解释其实际含义
- 具备应用 Excel 或 SPSS 等统计分析软件进行相关分析和回归分析的能力

重点难点

- 简单线性相关系数计算公式的含义
- 回归方程的最小二乘估计的基本原理
- 回归方程的统计检验原理

案例思考 8-1

人民生活实现历史性跨越　阔步迈向全面小康

新中国成立以来，党中央、国务院高度重视改善人民生活，始终把提高人民生活水平作为一切工作的出发点和落脚点。改革开放以来，城乡居民收入大幅增长，居民消费水平明显提升，生活质量显著改善，从温饱不足迈向全面小康，城乡居民生活发生了翻天覆地的变化。

1949 年，我国居民人均可支配收入仅为 49.7 元，2018 年居民人均可支配收入达到 28 228 元，名义增长 567 倍，扣除物价因素实际增长 59.5 倍，年均实际增长 6.1%。

1949—1978 年：城镇居民人均可支配收入从 1949 年的 99.5 元增加到 1957 年的 254 元，年均实际增长 9.1%；农村居民人均可支配收入由 1949 年的 44 元增加到 1957 年的 73 元，年均实际增长 3.5%。到 1978 年，城镇居民人均可支配收入 343 元，比 1957 年名义增长 35.4%，年均实际增长 0.8%；农村居民人均可支配收入 134 元，比 1957 年名义增长 83.1%，年均实际增长 2.3%。

1979 年，城镇居民人均可支配收入 405 元，比上年增长 18%，扣除价格因素，实际增长 15.7%。农村居民人均可支配收入 160 元，比上年增长 19.4%，扣除价格因素，实际增长 19.2%。

1979—2020 年：城镇居民人均可支配收入从 1979 年的 405 元增加到 2020 年的 43 834 元，年均实际增长 7%；农村居民人均可支配收入从 2013 年的 160 元增加到 2020 年的 17 131 元，年均实际增长-4.4%。

2021 年，城镇居民人均可支配收入 47 412 元，比上年增长 8.2%，扣除价格因素，实际增长 7.1%。农村居民人均可支配收入 18 931 元，比上年增长 10.5%，扣除价格因素，实际增长 9.7%。

如图 8-1（a）（b）所示。

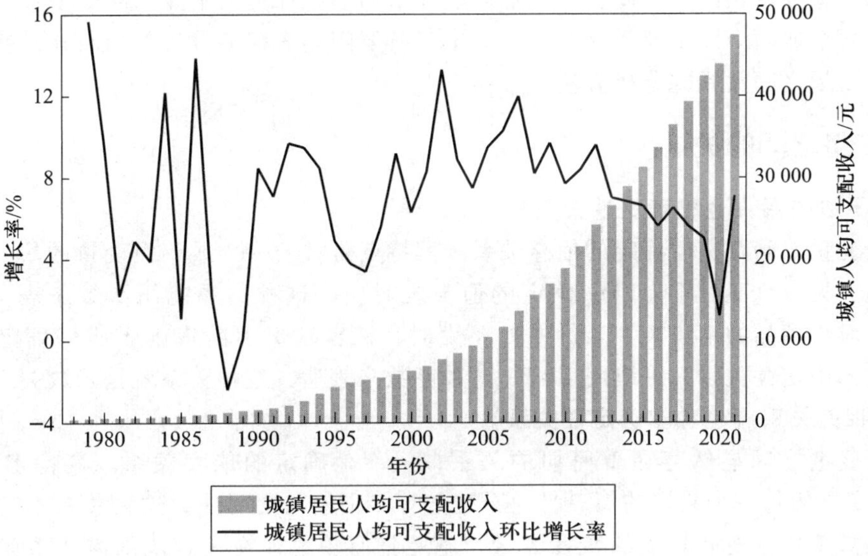

(a)

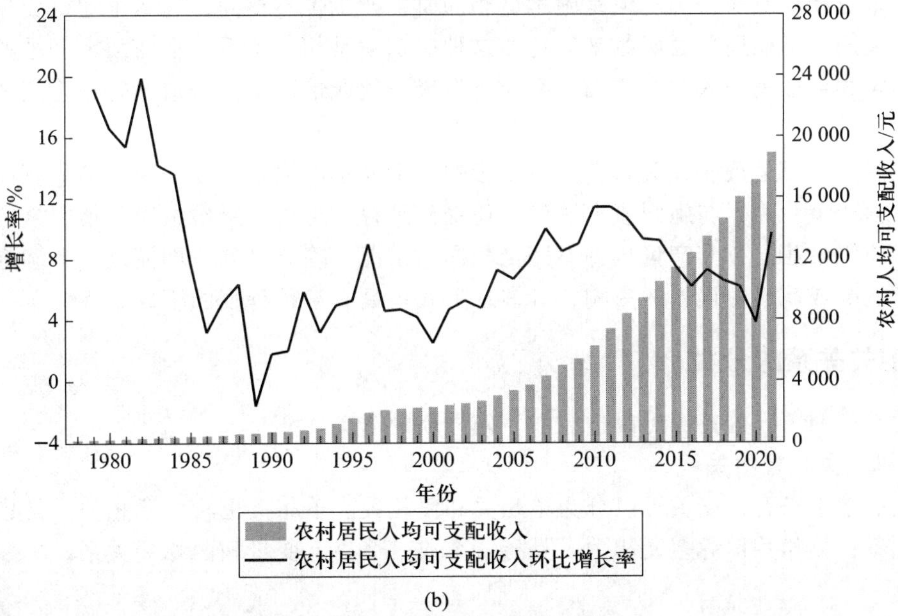

(b)

图 8-1　居民人均可支配收入

请考虑：城乡居民收入变化主要会受哪些因素影响呢？每种因素的影响程度又如何测度呢？如何求出城乡居民收入随着这些因素变动的具体关系式？

第一节 简单线性相关分析

前面介绍的统计方法和应用都只是对单个变量来讨论的。事实上，很多事物间的关系是彼此相互影响、相互依赖的。因此，研究的问题和采用的统计方法不能只局限于单个变量，还应进一步考察两个或两个以上变量间的关系。本章所要阐述的相关分析与回归分析就是研究两个或两个以上变量之间关系的分析方法。

一、变量之间的关系

扫描二维码
观看慕课视频

（一）函数关系（也称确定性关系）

这是指变量之间存在着确定的依存关系。其特点是对于一个或一组变量的每一确定的值，另一个变量都有唯一确定的值与之对应，这种关系能用函数来表达。例如，对于商品的销售额，当价格 P 不变时，销售额 Y 由销售量 X 唯一确定，X 与 Y 具有一一对应的确定性关系，可以用 $Y=PX$ 这种函数来表达，这种关系就是函数关系。

（二）相关关系（也称非确定性关系）

这是指变量之间显然存在着密切的关系，但不是确定的依存关系。其特点是对于一个（或一组）变量的每一个确定的值，另一个变量有多个值与之对应，这种关系不能用普通函数来表达。例如单位土地面积上的粮食产量与施肥量有关，即在一定范围内，随着施肥量的增加，粮食产量也相应有所提高。但是施肥量相同时，产量也不相同，它是个随机变量，这种关系是不确定性的，不能用普通函数来表达，这种关系就是相关关系。在前面案例思考中，可以分析得出影响城乡居民收入的主要因素有经济发展、就业情况、消费情况等，它们之间的关系就是相关关系。

变量之间之所以呈现相关关系，是由于影响一个变量的因素往往是很多的。例如单位土地面积上的粮食产量，除了与施肥量有关外，还受到品种、土质、降雨量等其他因素的影响，这就造成即使施肥量相同，其产量也并不完全相同的情况。除此之外，即使是具有确定性关系的变量，由于试验或观察中误差的影响，其表现形式也具有某种程度的不确定性。

二、相关关系的分类

相关关系按照不同的特征可以进行如下四方面的分类。

（一）单相关和复相关

从变量的多少来看，相关可以分为单相关和复相关。单相关也称一元相关，是指两个变量间的相关关系；复相关也称多元相关，是指三个或三个以上变量间的相关关系。

（二）线性相关和非线性相关

从变量之间相互关系的表现形式来看，相关可以分为线性相关和非线性相关。线性相关也称直线相关，是指当一个变量每增（减）1个单位，另一相关变量按一个近似固定的增（减）量变化。从散点图上看，其观测点的分布近似地表现为一条直线形式，如图8-2（a）与（b）所示。非线性相关也称曲线相关，是指当一个变量每增（减）1个单位，另一相关变量按不固定的增（减）量变化。从散点图上看，其观测点的分布近似地表现为某种曲线形式，如图8-3所示。

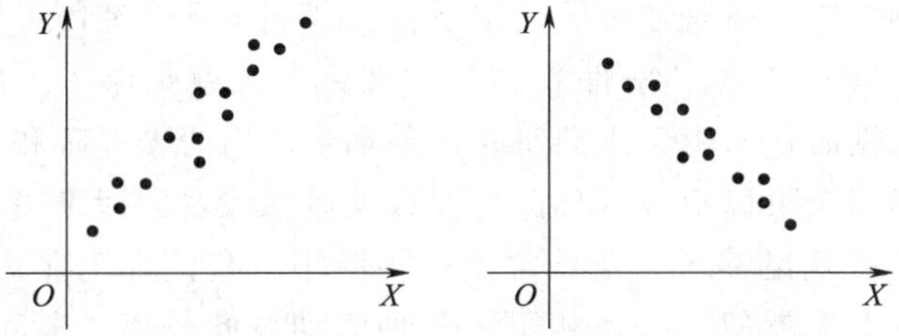

(a) 正线性相关　　(b) 负线性相关

图8-2　线性相关

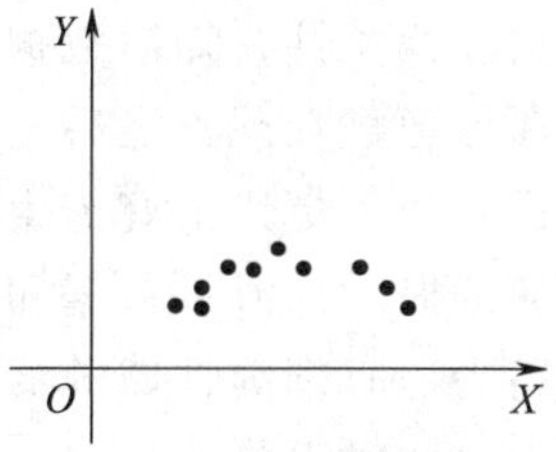

图8-3　不完全相关

（三）正相关和负相关

从变量之间变化的方向来看，相关可以分为正相关和负相关。正相关是指相关变量按同一方向变化，即当一个变量的值增加时，另一个变量的值也相应地增加，如图8-2（a）所示；负相关是指相关变量呈反方向变化，即当一个变量的值增加时，另一个变量的值却相应地减少，如图8-2（b）所示。

（四）完全相关、不相关和不完全相关

从变量之间关系的密切程度来看，相关可以分为完全相关、不相关和不完全相关。完全相关是指变量之间的关系是函数关系，如图8-4所示。不相关是指变量之间不存在关系，相互独立，如图8-5所示。不完全相关是指变量之间的关系介于完全相关和不相关之间，如图8-3所示。相关分析和回归分析研究的主要是不完全相关的问题。

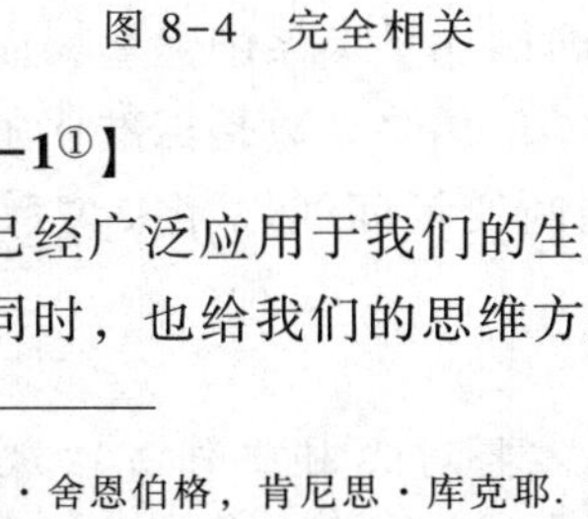

图8-4　完全相关

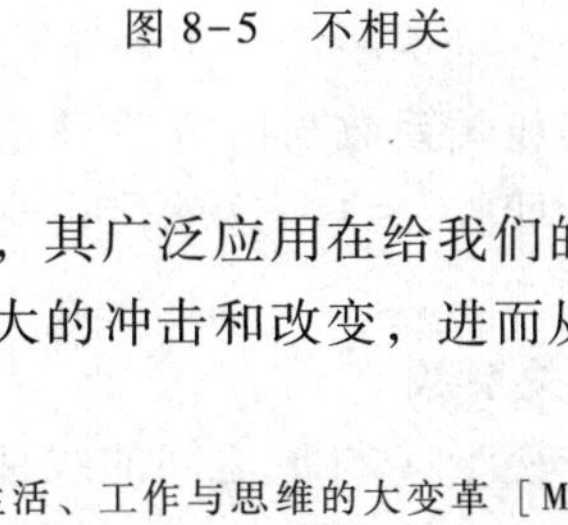

图8-5　不相关

【知识拓展8-1①】

大数据技术已经广泛应用于我们的生产生活之中，其广泛应用在给我们的生产生活带来翻天覆地的变化的同时，也给我们的思维方式带来了巨大的冲击和改变，进而从根本上改变着我

① 维克托·迈尔·舍恩伯格，肯尼思·库克耶．大数据时代：生活、工作与思维的大变革［M］．盛杨燕，周涛，译．杭州：浙江人民出版社，2013.

们的行为方式。大数据技术已经变得如此重要，并且与我们的生产生活密不可分，那么我们就必须对其进行深入的剖析：即大数据技术的本质究竟是什么，它为什么会在今天的生产生活中产生如此重要的影响？传统认知模式总是要求人们透过现象去认识事物的本质从而获得关于事物的知识，于是我们总会问：事物的本质是什么？这就是因果性，即我们秉持着这样一种信念：凡事莫不有因，任何一种现象总是由其他现象引起的。获得对于事物的本质性认识，寻找现象产生的原因，这就是传统认识的根本任务，在获得了关于现象产生和形成的原因后，我们就获得了知识，并且唯有这样的认识才形成科学知识。

大数据给我们的思维带来的最大冲击之一就是如舍恩伯格所言，我们不再穷究因果性，我们转而关注相关性，知道数据表征的现象或事物（事件）的相关关系，这就足够了。事件的因果性深深隐藏在现象之后，而在大数据时代，由于人们每时每刻都生产出纷繁复杂和多源异构的数据，为了更快更好地生活，我们完全可以不必过分深究大数据后隐藏着的因果关系，而只需要充分揭示出海量数据间的相关关系就足够了。在日常生产生活中，我们在工业、商业、政务、行为、心理等领域的活动本身看上去就似乎毫不相干，各种活动彼此分离，杂乱无章，但实际上这些被看作分离的个体的客体具有内在的关系，“即这些关系并非伴随着这些分开的个体的非关系性质而产生”。运用先进的数据处理设备，对这些看似由彼此孤立的个体活动造成的海量事实展开数据挖掘，就能揭示它们之间的相关关系。因此，大数据技术通过海量数据表征着数据给定的诸事实之间的相关关系。

三、相关关系的确定

扫描二维码
观看慕课视频

相关系数是测定变量之间线性相关关系密切程度的指标。对两个变量之间线性相关程度的度量称为简单线性相关系数。在不致引起混淆时可称为相关系数。

（一）总体相关系数

我们已知道，在统计上衡量两个随机变量 X、Y 之间相互联系的程度和方向的量是协方差 $\mathrm{Cov}(X, Y)$ 和相关系数 ρ，有：

$$\mathrm{Cov}(X, Y)=\sigma_{XY}=E[X-E(X)][Y-E(Y)] \tag{8-1}$$

$$\rho=\frac{\sigma_{XY}}{\sqrt{\sigma_{XX}}\sqrt{\sigma_{YY}}} \tag{8-2}$$

显然，当 X 有较大变动 Y 也随之有一个较大的变动时，协方差的绝对值就较大，可见 X 与 Y 之间相关程度越高，协方差的绝对值也就越大。协方差的正、负号则说明两个变量之间相互关系的方向。协方差为正，说明 X、Y 同向变动，即同增或同减；协方差为负，说明 X、Y 反向变动，即此增彼减。因此，协方差充分反映了变量间的相关关系。但是协方差也有一个缺点，即它是一个有量纲的量，不利于比较和判断变量间相关关系的强弱，而相关系数则弥补了这一缺点。虽然相关系数与协方差只差一个常数倍，但相关系数是标准化了的协方差，它有一个重要的性质，即 $|\rho|\leqslant 1$，这就使得它在比较和判断变量间线性相关关系的强弱方面具有得天独厚的优势。

（二）样本相关系数

为了了解两个变量 X 与 Y 之间的线性相关程度，需要对 X 和 Y 作 n 次观测以得到 n 对样本观测值 (X_1, Y_1)，(X_2, Y_2)，…，(X_n, Y_n)，利用这些数据计算的相关系数是样本相关系数，记为 r。有：

$$r=\frac{S_{XY}}{\sqrt{S_{XX}}\sqrt{S_{YY}}}=\frac{\sum_{i=1}^{n}(X_i-\overline{X})(Y_i-\overline{Y})}{\sqrt{\sum_{i=1}^{n}(X_i-\overline{X})^2}\sqrt{\sum_{i=1}^{n}(Y_i-\overline{Y})^2}} \tag{8-3}$$

样本相关系数 r 是标准化了的样本协方差，可以证明，样本相关系数 r 在 -1 到 1 之间变动，即 $-1\leqslant r\leqslant 1$。

当 $|r|=1$ 时，表示 X 与 Y 之间存在完全线性相关关系即存在线性函数关系。若 $r=1$，表示 X 与 Y 之间存在完全正线性相关；若 $r=-1$，表示 X 与 Y 之间存在完全负线性相关。当 $r=0$ 时，表示 X 与 Y 之间不存在线性相关关系，这时 X 与 Y 之间可能存在非线性相关关系。所以由 $r=0$ 并不能说明 X 与 Y 之间无任何关系。统计学中主要研究线性相关关系。当 $|r|<1$ 时，表示 X 与 Y 之间存在不完全线性相关关系。若 $0<r<1$，表示 X 与 Y 之间存在正线性相关；若 $-1<r<0$，表示 X 与 Y 之间存在负线性相关。$|r|$ 越接近于零，线性相关程度越小；$|r|$ 越接近于 1，线性相关程度则越大。一般当 $|r|>0.8$ 时，视为高度线性相关；$0.5<|r|\leqslant 0.8$，视为中度线性相关；$0.3<|r|\leqslant 0.5$，视为低度线性相关；$|r|\leqslant 0.3$，则视为线性关系极弱，可以看作无线性相关。

在计算简单相关系数时，为方便计算，可利用以下公式：

$$r=\frac{n\sum_{i=1}^{n}X_iY_i-\sum_{i=1}^{n}X_i\sum_{i=1}^{n}Y_i}{\sqrt{n\sum_{i=1}^{n}X_i^2-\left(\sum_{i=1}^{n}X_i\right)^2}\sqrt{n\sum_{i=1}^{n}Y_i^2-\left(\sum_{i=1}^{n}Y_i\right)^2}} \tag{8-4}$$

在前面案例思考中，可以从经济理论上分析城乡居民收入与经济发展、就业情况、消费情况等多种因素之间关系方向，还可以通过上述公式计算得到变量间关系的方向和程度。

【例 8-1】 为研究股票收益率与风险之间的关系，抽选了 15 种股票，计算它们在 2013—2020 年的平均收益率和风险，如表 8-1 所示。试计算收益率与风险之间的相关系数。

表 8-1　2013—2020 年我国 15 种股票的平均收益率和风险资料①

股票代号	平均收益率 X	风险 Y	X^2	Y^2	XY
1	7.80	24.80	60.84	615.04	193.44
2	19.20	35.07	368.64	1 229.90	673.34
3	9.40	19.25	88.36	370.56	180.95
4	7.93	19.34	62.88	374.04	153.37
5	16.98	15.58	288.32	242.74	264.55
6	11.34	16.47	128.60	271.26	186.77

① 本表格数据采用 Excel 公式计算，由于计算过程中的四舍五入，各分项和与总和之间存在一定的误差，即各分项加总后与总和不完全相等。本章其余表格数据计算过程同理。

续表

股票代号	平均收益率 X	风险 Y	X^2	Y^2	XY
7	13.38	20.28	179.02	411.28	271.35
8	12.39	20.37	153.51	414.94	252.38
9	20.99	29.43	440.58	866.12	617.74
10	13.56	22.40	183.87	501.76	303.74
11	11.00	20.78	121.00	431.81	228.58
12	14.34	31.98	205.64	1 022.72	458.59
13	10.39	18.37	107.95	337.46	190.86
14	13.78	18.29	189.89	334.52	252.04
15	10.39	19.47	107.95	379.08	202.29
$\sum$	192.87	331.88	2 687.06	7 803.23	4 430.00

根据表 8-1 中的数据，计算 X 与 Y 之间的相关系数为：

$$r=\frac{n\sum_{i=1}^{n}X_iY_i-\sum_{i=1}^{n}X_i\sum_{i=1}^{n}Y_i}{\sqrt{n\sum_{i=1}^{n}X_i^2-\left(\sum_{i=1}^{n}X_i\right)^2}\sqrt{n\sum_{i=1}^{n}Y_i^2-\left(\sum_{i=1}^{n}Y_i\right)^2}}$$

$$=\frac{15\times 4\ 430-192.87\times 331.88}{\sqrt{15\times 2\ 687.06-192.87^2}\sqrt{15\times 7\ 803.23-331.88^2}}$$

$$=0.526\ 9$$

计算结果说明平均收益与风险之间有中等程度的线性相关关系，相关的方向是正相关。

（三）相关系数的显著性检验

求出样本相关系数 r，用它对总体相关系数 ρ 进行推断，由于样本相关系数 r 的取值随着样本的不同而不同，是个随机变量，且相关系数有个明显的缺点，就是它接近于 1 的程度与样本容量 n 有关。这样容易给人一种假象。因为，当 n 较小时，相关系数的绝对值容易接近于 1；当 n 较大时，相关系数的绝对值容易偏小。特别是当 $n=2$ 时，相关系数绝对值总为 1，但这时变量间并不一定存在完全线性相关，可能两变量之间不存在线性相关。因此，根据样本资料求出样本相关系数后，在对两变量的相关程度作出结论之前，还需要检验这种相关系数是否真的存在，也就是对总体相关系数 ρ 是否为零进行检验。其步骤是：

（1）提出假设 $H_0：\rho=0$；$H_1：\rho\neq 0$。

（2）在 H_0 成立时检验统计量及所服从的分布为：

$$t=\frac{r-\rho}{\sqrt{\frac{1-r^2}{n-2}}}=\frac{r\sqrt{n-2}}{\sqrt{1-r^2}}\sim t(n-2)$$

（3）对于给定的显著性水平 α，查自由度为 $n-2$ 的 t 分布表求出临界值 $t_{\alpha/2}$，建立的小概

率事件为（$|t|\geqslant t_{\alpha/2}$）。

（4）根据样本资料计算出检验统计量 t 的值。

（5）若 $|t|\geqslant t_{\alpha/2}$，拒绝 H_0，接受 H_1，表明 $\rho\neq 0$；若 $|t|<t_{\alpha/2}$，不能拒绝 H_0，可以认为 $\rho=0$。

【例 8-2】 对例 8-1 中的两变量之间是否存在线性相关进行检验（$\alpha=0.05$）。

解： 已知 $r=0.5269$，$n=15$，

提出假设：$H_0:\rho=0$；$H_1:\rho\neq 0$

在 H_0 成立时，$t=\dfrac{r-\rho}{\sqrt{\dfrac{1-r^2}{n-2}}}=\dfrac{r\sqrt{n-2}}{\sqrt{1-r^2}}\sim t(n-2)$

对于 $\alpha=0.05$，查自由度为 13 的 t 分布表得临界值 $t_{\alpha/2}=2.16$。

由样本计算得：

$$t=\frac{r\sqrt{n-2}}{\sqrt{1-r^2}}=\frac{0.5269\sqrt{15-2}}{\sqrt{1-0.5269^2}}=2.24$$

因为 $|t|=2.24>t_{\alpha/2}=2.16$，所以拒绝 H_0，表明收益与风险间确实存在线性相关关系。

思考与探究 8-1：“十四五”期间，中国将推动经济社会发展全面绿色转型，协同推进经济高质量发展和生态环境高水平保护，实现单位国内生产总值能耗和二氧化碳排放分别降低 13.5%、18%；中国将致力于在 2030 年前实现“碳达峰”目标、在 2060 年前实现“碳中和”目标。这些表明，中国将在经济高质量发展的过程中完成绿色低碳转型任务，这是绿色发展史上的一大壮举，也是中国区别发达国家实现绿色低碳转型的突出特征。寻找一条兼顾不断扩张的能源需求的绿色低碳转型之路，提高碳排放效率、实现“碳达峰”“碳中和”的目标，是中国经济社会发展的重要方面。因此，测算碳排放效率、探究科技创新对碳排放效率的影响效应及作用机制具有重要的现实意义。那么科技创新对碳排放效率的影响效应是否显著？是否可以使用相关分析来研究两者之间的影响效应？

第二节　一元线性回归分析

一、回归的概念

扫描二维码
观看慕课视频

“回归”（regression）一词是由英国生物学家高尔顿（F. Galton）在研究人体身高的遗传问题时首先提出的。根据遗传学的观点，子辈的身高受父辈影响。以 X 记父辈身高，Y 记子辈身高，虽然子辈身高一般受父辈影响，但同样身高的父辈，其子身高并不一致，因此，X 和 Y 之间存在一种相关关系。一般而言，父辈身高者，其子辈身也高，以此推论，身高必然向两极分化，而事实上并非如此，显然有一种力量把个体身高拉向平均高度，即子辈的身高有向平均高度回归的特点。“回归”一词即源于此。现今统计学

中的“回归”概念已不表示原来生物学上的特殊规律性，而是指变量之间的依存关系。

【知识拓展 8-2】

在 19 世纪七八十年代，高尔顿对英国人口的身高分布进行了研究。高尔顿发现，虽然高个子父母的子女的个子仍较高，低个子父母的子女的个子仍较低，但是高个子父母的子女的个子平均却比其父母低，而低个子父母的子女的个子平均却比其父母高。对于这种现象，高尔顿称其为人类身高“向中等平庸的回归”。统计学中的回归概念和回归分析方法也就由此而生。

对于高尔顿的发现，人们得出的一个很“自然”的推论就是，如果人类的身高一代又一代都向中等平庸回归，那么人类的身高必将趋于相等。表面上看，这一推论过程是合乎逻辑的，结论也似乎是合理的，然而，其实却不然。试想，人类出现在地球上已经有了一百多万年的历史，仅仅有文字记载的文明史也已经有了几千年，如果人类的身高真的会随着一代又一代的“向中等平庸的回归”而趋于相等，那么即使人类最初出现时的身高差异较大，经过了上百万年的进化，其身高是不是也早就应该完全相等了？但是放眼当今世界，不仅在世界范围内人类身高的差异仍然较大，而且即使在一个国家或民族的范围内来看，人类身高的差异也仍然不小，甚至在一个家庭里，同一代子女的身高也仍然存在差异。因此，上述看上去貌似正确的推论，实则却是大谬。对此似是而非的谬论，丹尼·奎阿将其称为高尔顿谬误（Galton’s Fallacy）。

无论是人类身高将趋于相等的推理过程，还是世界各国经济发展水平的差距将趋于消失的推理过程，都是十分“自然”的，表面看来并没有什么不合逻辑的地方，那么为什么看上去合理的推理过程导出的结论却是谬论呢？导致出现谬论的根源究竟是什么呢？

实际上，上述人们所习惯的看似自然的推理过程是确定性世界的逻辑过程，然而无论是各人身高的长成，还是各国经济的增长，都是一个充满了偶然的、随机的、不确定因素的过程。面对一个充满了不确定性的世界，我们仍然用确定性世界的思维方法来进行思考，难免不会导致谬误。

通过对高尔顿谬误的剖析，我们可以从中汲取哪些启示呢？首先，由于我们所在的现实的世界是一个充满了机会变异和不确定性的世界，所以我们就不能完全用想象的确定性世界的思维模式来进行思考和决策。无论是国家还是个人，任何决策的做出都应该考虑可能存在的各种不确定性和风险。其次，统计学的学习并不仅仅是数学公式和计算方法的学习问题。要学好统计学，更重要的是还需要深刻理解各种统计方法中所蕴含的统计思想，了解各种统计方法的实际来源和应用背景。最后，面对一个充满了机会变异和不确定性的世界，任何追求完全平等和完全没有差异的企图或美好理想，都无疑是一个虚幻的空想。即使这种追求的愿望是善良的，而不是别有用心的，这种追求也是十分有害的。

二、回归分析和相关分析的联系与区别

（一）回归分析和相关分析的联系

回归分析和相关分析都是对客观事物数量关系的分析，从整体上看二者在理论与方法方面都存在着很密切的联系。只有存在相关关系的变量才能进行回归分析，相关程度越高，回归测定的结果越可靠。因此，相关系数也是判定回归效果的一个重要依据。

（二）回归分析和相关分析的区别

回归分析和相关分析比较，主要有以下两点区别。

1. 回归分析必须确定自变量和因变量

相关分析是研究变量之间的共变关系，这些变量相互对应，却不分主与从或因与果，处于平等的地位。两者均是随机变量。回归分析却是在控制或给定一个或几个变量条件下来观察对应的某一变量的变化，给定的变量称为自变量，不是随机变量，被观察的对应的变量称为因变量，是随机变量。因此，回归分析必须根据研究的目的和对象的性质确定哪个是自变量（也称为解释变量），哪个是因变量（也称为被解释变量）。

2. 回归分析的目的是描述变量之间具体的变动关系

相关分析主要是测定变量之间关系的密切程度和变量变化的方向。而回归分析却可以对具有相关关系的变量建立一个数学方程来描述变量之间具体的变动关系，通过控制或给定自变量的数值来估计或预测因变量的数值。

相关分析和回归分析既有联系又有区别，在实际统计研究中，通常是把它们结合在一起应用的。

回归分析按自变量的多少可分为一元回归分析和多元回归分析；按变量之间的具体变动形式可分为线性回归分析和非线性回归分析。线性回归分析是回归分析的基础和主要内容。

三、一元线性回归模型

【例 8-3】 为研究家庭收入和食品支出的关系，随机抽取了 10 个家庭的样本，得到数据如表 8-2 所示。

表 8-2 某地居民家庭收入和食品支出样本资料

家庭	1	2	3	4	5	6	7	8	9	10
收入（百元）	40	26	29	27	12	33	15	26	31	28
支出（百元）	9	7	8	7	5	8	5	7	8	7

从表 8-2 中数据可见，收入相近的家庭，食品支出不尽相同；而收入变化、食品支出也可能不变，说明二者之间并非是函数关系。但是，从总的趋势来看，食品支出随收入的上升而增加，二者之间存在密切的关系，这种关系是相关关系。绘制这批数据的散点图，如图 8-6 所示。

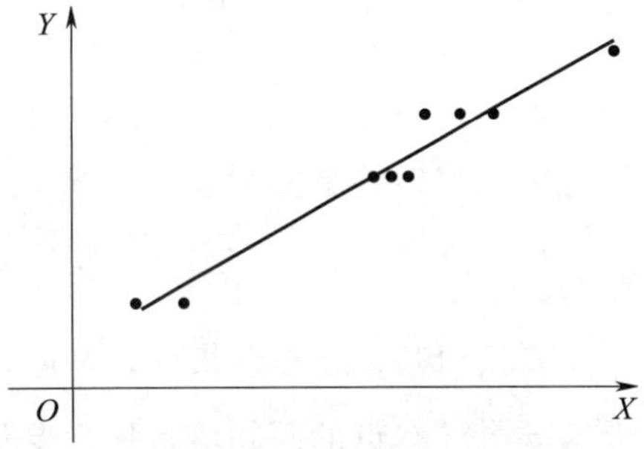

图 8-6 家庭收入和食品支出散点图

从散点图可看出，这些数据描出的点分布在一条直线的附近，而不完全在一条直线上，这是由于 Y 还受到其他一些随机因素的影响。设这条直线为：

$$\hat{Y}=b_0+b_1X \tag{8-5}$$

这个方程称为一元线性回归方程，简称为回归方程。该方程所描述的直线称为回归直线。这里在 Y 上加“^”是为了区别于它的实际值 Y。这样 Y 可以看成由两部分叠加而成的。一部

分是 X 的线性函数 b_0+b_1X，另一部分是随机因素记为 ε，得到如下模型：

$$Y=b_0+b_1X+\varepsilon \tag{8-6}$$

式 8-6 被称为一元线性回归模型。其中 X 称为自变量或解释变量，Y 称为因变量或被解释变量。b_0，b_1 是未知参数，b_1 称为回归系数，它表示 X 每变动一个单位时所引起的因变量 Y 的平均变动量。ε 称为随机项，它是由各种偶然因素、观测误差以及被忽略的其他影响因素所带来的随机误差。通常假定 $\varepsilon\sim N(0,\ \sigma^2)$。

对式 8-6 两边求均值得：

$$E(Y)=b_0+b_1X \tag{8-7}$$

由式 8-7 可见，由回归方程式 8-5 所确定的 Y 的估计值 $\hat{Y}$ 是个平均值，是 Y 的均值 $E(Y)$。参数 b_0，b_1 通常是不可能精确求出来的，只能通过样本对其进行估计。

四、模型参数的估计

对于获得的 n 组样本观测值（X_i，Y_i）（$i=1$，2，…，n），得到 b_0，b_1 的估计量，设为 $\hat{b}_0$，$\hat{b}_1$，则回归方程 8-5 的估计方程为：

$$\hat{Y}=\hat{b}_0+\hat{b}_1X \tag{8-8}$$

这里仍用 $\hat{Y}$ 表示与 Y 的区别，但注意与式 8-5 中的 $\hat{Y}$ 是有差别的，两者都是 Y 的估计值，因此用一个符号表示。通常也将式 8-8 称为样本回归方程。

将 n 组样本观测值（X_i，Y_i）（$i=1$，2，…，n）代入式 8-8 得：

$$\hat{Y}_i=\hat{b}_0+\hat{b}_1X_i \quad (i=1,\ 2,\ \cdots,\ n) \tag{8-9}$$

我们希望由式 8-9 所求出的 $\hat{Y}_i$ 值与实际观测值 Y_i 的误差越小越好，也就是所求出的直线是拟和最优的直线，使所有的点都与直线最接近，如图 8-7 所示。

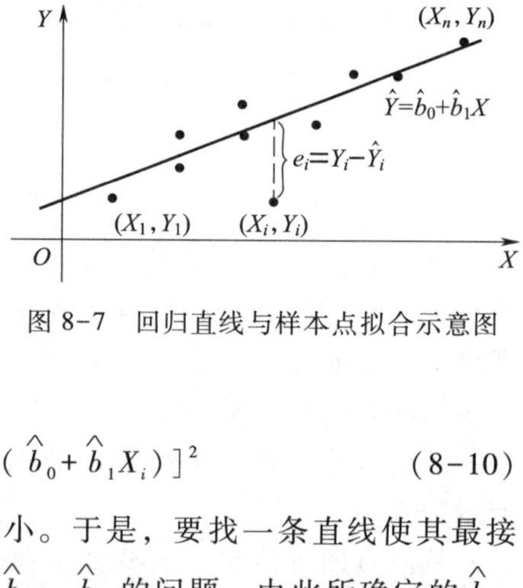

图 8-7 回归直线与样本点拟合示意图

考虑观测值 Y_i 与估计值（或称拟和值）$\hat{Y}_i$ 的差：

$$Y_i-\hat{Y}_i=Y_i-(\hat{b}_0+\hat{b}_1X_i) \quad (i=1,\ 2,\ \cdots,\ n)$$

一般称其为残差，用 e_i 表示，它反映回归直线对该样本点的拟合情况。残差越小，拟合得越好。所有点的拟合情况用残差平方和表示，记为 Q，即：

$$Q=\sum_{i=1}^{n}e_i^2=\sum_{i=1}^{n}(Y_i-\hat{Y}_i)^2=\sum_{i=1}^{n}[Y_i-(\hat{b}_0+\hat{b}_1X_i)]^2 \tag{8-10}$$

要使回归直线拟合最好，则应使残差平方和 Q 达到最小。于是，要找一条直线使其最接近这 n 个样本点的问题就转化为要找出使 Q 达到最小值的 $\hat{b}_0$，$\hat{b}_1$ 的问题。由此所确定的 $\hat{b}_0$，$\hat{b}_1$ 称为 b_0，b_1 的最小二乘估计量，这种方法被称为最小二乘法。

由于 Q 是 $\hat{b}_0$，$\hat{b}_1$ 的二次函数，并且是非负的，由二次函数的性质可知，Q 的最小值总是存在的。根据微积分学中极值原理，需使 Q 对 $\hat{b}_0$，$\hat{b}_1$ 的一阶偏导数为零，即：

$$\frac{\partial Q}{\partial \hat{b}_0}=-2\sum_{i=1}^{n}[Y_i-(\hat{b}_0+\hat{b}_1X_i)]=0$$

$$\frac{\partial Q}{\partial \hat{b}_1}=-2\sum_{i=1}^{n}[Y_i-(\hat{b}_0+\hat{b}_1X_i)]X_i=0 \tag{8-11}$$

上式经整理后得正规方程组：

$$n\hat{b}_0+\hat{b}_1\sum_{i=1}^{n}X_i=\sum_{i=1}^{n}Y_i$$

$$\hat{b}_0\sum_{i=1}^{n}X_i+\hat{b}_1\sum_{i=1}^{n}X_i^2=\sum_{i=1}^{n}X_iY_i \tag{8-12}$$

求解正规方程组得：

$$\hat{b}_1=\frac{n\sum_{i=1}^{n}X_iY_i-\sum_{i=1}^{n}X_i\sum_{i=1}^{n}Y_i}{n\sum_{i=1}^{n}X_i^2-(\sum_{i=1}^{n}X_i)^2} \tag{8-13}$$

$$\hat{b}_0=\overline{Y}-\hat{b}_1\overline{X} \tag{8-14}$$

可以证明最小二乘估计量 $\hat{b}_0$，$\hat{b}_1$ 具有线性、无偏性和最小方差性。

在前面案例思考中，从经济理论上分析了影响城乡居民收入的主要因素，还可以通过上述公式依据时间数列资料计算得到城乡居民收入与经济发展、就业情况、消费情况等因素之间的具体回归方程式。

【例 8-4】 继续研究家庭收入和食品支出的关系，数据如表 8-2 所示。试建立收入和支出之间的回归方程，并解释结果。

解： 设收入为自变量 X，支出为因变量 Y，利用式 8-13、8-14 分别计算 $\hat{b}_1$，$\hat{b}_0$。为了清楚起见，可先列出回归计算表，如表 8-3 所示。

表 8-3　某地居民家庭收入和食品回归计算表

家庭	收入（百元）X_i	支出（百元）Y_i	X_i^2	Y_i^2	X_iY_i	$\hat{Y}$	e_i
1	40	9	1 600	81	360	9.159 4	-0.159 4
2	26	7	676	49	182	6.991 6	0.008 4
3	29	8	841	64	232	7.456 1	0.543 9
4	27	7	729	49	189	7.146 5	-0.146 5
5	12	5	144	25	60	4.823 9	0.176 1
6	33	8	1 089	64	264	8.075 5	-0.075 5
7	15	5	225	25	75	5.288 4	-0.288 4
8	26	7	676	49	182	6.991 6	0.008 4
9	31	8	961	64	248	7.765 8	0.234 2
10	28	7	784	49	196	7.301 3	-0.301 3
∑	267	71	7 725	519	1 988	71.000 0	0.000 0

根据表 8-3 中的计算结果，有：

$$\hat{b}_1=\frac{10\times1\ 988-267\times71}{10\times7\ 725-267^2}=0.154\ 8$$

$$\hat{b}_0=7.1-0.154\ 8\times26.7=2.966\ 8$$

于是，得到收入与支出的一元线性回归方程为：

$$\hat{Y}=2.966\ 8+0.154\ 8X$$

回归方程说明当收入为零时，也必须有 296.68 元的食品支出，这部分支出可视为基本支出或固定支出水平。收入每增加 100 元，支出就平均增加 15.48 元。

五、回归方程的统计检验

扫描二维码
观看慕课视频

（一）拟合优度检验

根据变量 X 与 Y 的样本观测值应用最小二乘法求出回归方程后，这条回归直线与样本观测值拟合优度如何？这关系到回归方程的应用价值。因此，对回归方程的拟合优度必须加以测定。判定系数 r^2 便是测定回归方程拟合优度的一个重要指标。

设由样本观测值（X_i，Y_i）（$i=1$，2，…，n）得出回归直线 $\hat{Y}=\hat{b}_0+\hat{b}_1X$，如图 8-8 所示。

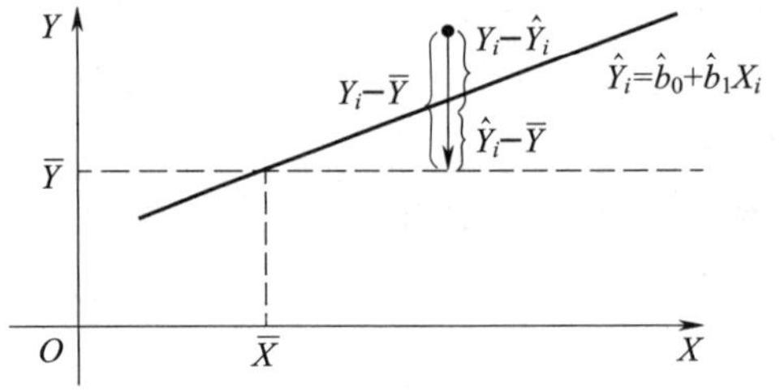

图 8-8 离差分解示意图

变量 Y 的任一观测值 Y_i 与 Y 的样本均值 $\bar{Y}$ 之差（$Y_i-\bar{Y}$）称为离差，从图 8-8 可以明显看出，此离差可以分成两部分：一部分是利用回归方程计算的值 $\hat{Y}_i$ 与 $\bar{Y}$ 的差（$\hat{Y}_i-\bar{Y}$），它是回归方程（或说是自变量 X）所解释的部分；另一部分是观测值 Y_i 与估计值 $\hat{Y}_i$ 的差（$Y_i-\hat{Y}_i$），即为残差，它是回归方程（或自变量 X）所不能解释的部分。显然，由回归方程所解释的部分（$\hat{Y}_i-\bar{Y}$）的绝对值越大，则残差 $e_i=Y_i-\hat{Y}_i$ 的绝对值就越小，可以说回归直线与该样本点拟合得就越好。对于所有样本点来说，可进行如下考虑：

若加总 Y 的全部离差来表示总离差显然是不行的，这是因为：

$$\sum_{i=1}^{n}(Y_i-\bar{Y})=\sum_{i=1}^{n}Y_i-\sum_{i=1}^{n}\bar{Y}=n\bar{Y}-n\bar{Y}=0$$

因此，利用加总全部离差平方和 $\sum_{i=1}^{n}(Y_i-\bar{Y})^2$ 来表示总离差。因为：

$$\sum_{i=1}^{n}(Y_i-\bar{Y})^2=\sum_{i=1}^{n}[(Y_i-\hat{Y}_i)+(\hat{Y}_i-\bar{Y})]^2$$

$$= \sum_{i=1}^{n}(Y_i-\hat{Y}_i)^2+\sum_{i=1}^{n}(\hat{Y}_i-\overline{Y})^2+2\sum_{i=1}^{n}(Y_i-\hat{Y}_i)(\hat{Y}_i-\overline{Y})$$

可以证明：

$$\sum_{i=1}^{n}(Y_i-\hat{Y}_i)(\hat{Y}_i-\overline{Y})=0$$

所以有

$$\sum_{i=1}^{n}(Y_i-\overline{Y})^2=\sum_{i=1}^{n}(Y_i-\hat{Y}_i)^2+\sum_{i=1}^{n}(\hat{Y}_i-\overline{Y})^2 \tag{8-15}$$

式 8-15 称为总离差平方和分解公式。总离差平方和可以分解成两部分之和。第一部分 $\sum_{i=1}^{n}(Y_i-\hat{Y}_i)^2$ 称为残差平方和，它是未被回归方程所解释的部分，是由自变量 X 对因变量 Y 的影响以外的一切因素对 Y 的影响而造成的，它的大小反映了这些因素共同对 Y 的影响程度。第二部分 $\sum_{i=1}^{n}(\hat{Y}_i-\overline{Y})^2$ 称为回归平方和，它是由回归方程（即自变量 X）所解释的部分。它的大小反映了自变量的重要程度。

记

$$SST=\sum_{i=1}^{n}(Y_i-\overline{Y})^2=\sum_{i=1}^{n}Y_i^2-n\overline{Y}^2 \tag{8-16}$$

$$SSE=\sum_{i=1}^{n}(Y_i-\hat{Y})^2 \tag{8-17}$$

$$SSR=\sum_{i=1}^{n}(\hat{Y}_i-\overline{Y})^2=\hat{b}_1^2\left(\sum_{i=1}^{n}X_i^2-n\overline{X}^2\right) \tag{8-18}$$

则式 8-15 可以写作：

$$SST=SSE+SSR \tag{8-19}$$

从回归平方和与残差平方和意义可知，在总离差平方和中回归平方和所占的比重越大，回归直线与所有样本点拟合优度就越好；残差平方和所占的比重越大，回归直线与所有样本点拟合优度就越差。

判定系数 r^2 便是以回归平方和占总离差平方和的比率来表示回归方程拟合优度的评价指标。其定义式为：

$$r^2=\frac{SSR}{SST}=1-\frac{SSE}{SST} \tag{8-20}$$

可以证明 r^2 还可以写成以下两种表达式：

$$r^2=\hat{b}_1^2\frac{n\sum_{i=1}^{n}X_i^2-\left(\sum_{i=1}^{n}X_i\right)^2}{n\sum_{i=1}^{n}Y_i^2-\left(\sum_{i=1}^{n}Y_i\right)^2} \tag{8-21}$$

$$r^2=\frac{\left[\sum_{i=1}^{n}(X_i-\overline{X})(Y_i-\overline{Y})\right]^2}{\sum_{i=1}^{n}(X_i-\overline{X})^2\sum_{i=1}^{n}(Y_i-\overline{Y})^2} \tag{8-22}$$

由式 8-20 可知 $0\leqslant r^2\leqslant 1$。$r^2$ 越接近于 1，表示回归直线与样本点拟合优度越好，当 $r^2=1$

时，表示完全拟合；r^2 越接近于零，表示回归直线与样本点拟合优度越差，$r^2=0$ 表示自变量 X 与因变量 Y 没有线性关系。

式 8-22 正好是相关系数 r 的平方。虽然判定系数与相关系数在数量上关系密切，但要注意它们是两个不同的概念，它们是既有联系又有区别的。判定系数 r^2 是对变量 Y 与 X 作回归分析得出的，它是判定回归方程与样本观测值拟合优度的一个数量指标。相关系数 r 是对变量 Y 与 X 作相关分析得出的，它是判定 Y 与 X 线性相关程度的一个数量指标。由于 Y 与 X 之间线性关系越密切，可用回归方程解释的比重就越大，从而判定系数值也越大，所以判定系数也能间接反映两个变量间线性关系的密切程度，其数值要小于 r，因为 $|r|\leqslant 1$，所以 $r^2\leqslant|r|$。相关系数只反映变量间线性关系的强弱和共同变动的方向，不能说明观测值总变动中有多大比例的部分可以由 X 来解释。在统计中主要用相关系数来测定变量间线性关系的密切程度。

【例 8-5】 测定例 8-4 中回归方程的拟合优度。

解：从表 8-3 得 $n=10$，$\sum_{i=1}^{n} X_i^2=7\ 725$，$\sum_{i=1}^{n} X_i=267$，$\sum_{i=1}^{n} Y_i^2=519$，$\sum_{i=1}^{n} Y_i=71$

则：

$$r^2=\hat{b}_1^2\frac{n\sum_{i=1}^{n}X_i^2-\left(\sum_{i=1}^{n}X_i\right)^2}{n\sum_{i=1}^{n}Y_i^2-\left(\sum_{i=1}^{n}Y_i\right)^2}$$

$$=0.154\ 8^2\times\frac{10\times7\ 725-267^2}{10\times519-71^2}=0.958\ 7$$

计算结果表明，家庭支出的变动有 95.87%的部分可以用家庭收入的变动来解释，即家庭食品支出的 95.87%取决于家庭收入，可见二者之间有较强的线性关系。

（二）回归方程的显著性检验

前面通过样本观测值用最小二乘法求出了 b_0 和 b_1 的最小二乘估计量 $\hat{b}_0$ 和 $\hat{b}_1$，建立了回归方程。然而对任何一组数据（X_i，Y_i）（$i=1$，2，…，n），不管 Y 与 X 间是否存在线性关系，都可以用最小二乘法求出一个回归方程。如果 Y 与 X 之间不存在线性关系或线性相关程度很小，那么所求出的回归方程是无意义的。因此，还需要判断这两个变量之间是否真的存在线性关系。

在 $Y=b_0+b_1X+\varepsilon$ 中，若 $b_1=0$，说明 X 的变化对 Y 没有影响，则 Y 与 X 之间不存在线性关系；反之，若 Y 与 X 之间不存在线性关系，则必有 $b_1=0$。这样，判断 Y 与 X 之间是否存在线性关系，就转化为检验假设 H_0：$b_1=0$ 是否成立的问题了。

为了寻找检验 H_0 的统计量，同样将总离差平方和分解，见式 8-15。

令

$$S_e^2=\frac{SSE}{n-2} \tag{8-23}$$

$$S_R^2=\frac{SSR}{1} \tag{8-24}$$

数学上可以证明 S_e^2 和 S_R^2 都是随机项 ε 的方差 σ^2 的估计量，S_e^2 是 σ^2 的无偏估计量，S_R^2 是 σ^2 的有偏估计量，只有在 H_0 成立时，S_R^2 才是 σ^2 的无偏估计量，否则它的均值要大于 σ^2，

也即在 H_0 不成立时，S_R^2 比 S_e^2 偏大。因此，如果由样本计算的 S_R^2 显著地大于 S_e^2，那么可以认为 H_0 不成立；否则，可以认为 H_0 成立。

数学上还可以证明在 H_0 成立时，S_R^2 与 S_e^2 的比值服从 F 分布，即：

$$F=\frac{S_R^2}{S_e^2}=\frac{\frac{SSR}{1}}{\frac{SSE}{n-2}}\sim F(1,\ n-2) \tag{8-25}$$

对于给定的显著性水平 α，查第一自由度为 1、第二自由度为 $n-2$ 的 F 分布表得临界值 F_α，使：

$$P(F\geqslant F_\alpha)=\alpha \tag{8-26}$$

由样本观测值计算出 F 统计量的值，当 $F\geqslant F_\alpha$ 时，拒绝 H_0，有 $(1-\alpha)100\%$ 的把握认为变量 Y 与 X 之间的线性关系显著，或者说 Y 与 X 之间存在线性关系。否则，不能拒绝 H_0，可以认为变量 Y 与 X 之间的线性关系不显著，或者说 Y 与 X 之间不存在线性关系。

上述检验方法通常称为 F 检验。

通常列成方差分析表计算，如表 8-4 所示。

表 8-4　一元线性回归方差分析表

方差来源	平方和	自由度	方差	F 值
回归	SSR	1	$S_R^2=\frac{SSR}{1}$	$F=\frac{S_R^2}{S_e^2}$
残差	SSE	$n-2$	$S_e^2=\frac{SSE}{n-2}$	
总和	SST	$n-1$	—	—

【例 8-6】　以 $\alpha=0.05$ 的显著性水平对例 8-4 中回归方程的显著性进行检验。

解： 提出假设 $H_0: b_1=0$；$H_1: b_1\neq 0$

在 H_0 成立时，

$$F=\frac{\frac{SSR}{1}}{\frac{SSE}{n-2}}\sim F(1,\ n-2)$$

对于 $\alpha=0.05$，查第一自由度为 1、第二自由度为 8 的 F 分布表得临界值 $F_{0.05}(1,\ 8)=5.32$。

由样本观测值计算得：

$$F=\frac{\frac{SSR}{1}}{\frac{SSE}{n-2}}=\frac{14.2917}{\frac{0.6083}{8}}=187.9601$$

因为 $F=187.960>F_{0.05}(1,\ 8)=5.32$，故拒绝 H_0，说明 Y 与 X 之间存在线性关系，回归方程显著。

方差分析表如表 8-5 所示。

表 8-5　方差分析表

方差来源	平方和	自由度	方差	F 值
回归	14.291 7	1	14.291 7	187.960 1
残差	0.608 3	8	0.076 0	
总和	14.900 0	9	—	—

一元线性回归方程的显著性检验也可用相关系数检验。

六、利用回归方程进行预测

如果所建立的回归方程通过了各项检验，就可以利用回归方程进行预测。所谓预测，就是给定自变量 X 的一个特定值，利用回归方程对因变量 Y 的值进行估计。预测可分为点预测和区间预测。

（一）点预测

设 Y 与 X 的回归方程为：

$$\hat{Y}=\hat{b}_0+\hat{b}_1X$$

已知 X 的一特定值 X_0，利用回归方程求出 Y_0 的估计值为：

$$\hat{Y}_0=\hat{b}_0+\hat{b}_1X_0$$

$\hat{Y}_0$ 就是 Y_0 的预测值。

利用所求得的回归方程进行预测，求出的预测值 $\hat{Y}$ 与实际值 Y 通常并不相等，两者之间误差的大小可以用估计标准误差这个指标来近似地反映，其计算公式如下：

$$S_e=\sqrt{\frac{\sum_{i=1}^{n}(Y_i-\hat{Y}_i)^2}{n-2}} \tag{8-27}$$

（二）区间预测

利用回归方程进行点预测，所得的预测值 $\hat{Y}_0$ 与实际值 Y_0 会有一定的误差。这是由于一方面回归方程的系数 $\hat{b}_0$ 和 $\hat{b}_1$ 是由样本观测值求得的，这自然会受到抽样误差的影响，因而直接影响预测值。另一方面在进行上述预测时，回归模型中的随机项 ε 取了它的均值零，但实际上它是不等于零的，这就是点预测的不足之处。因此，有必要考虑区间预测。

前面已假定随机项 $\varepsilon \sim N(0,\ \sigma^2)$，则 $Y_0-\hat{Y}_0$ 也服从正态分布，且有：

$$E(Y-\hat{Y}_0)=0$$

$$D(Y-\hat{Y}_0)=\sigma^2\left(1+\frac{1}{n}+\frac{(X_0-\bar{X})^2}{\sum_{i=1}^{n}(X_i-\bar{X})^2}\right)$$

即

$$(Y_0-\hat{Y}_0)\sim N\left(0,\sigma^2\left(1+\frac{1}{n}+\frac{(X_0-\bar{X})^2}{\sum_{i=1}^{n}(X_i-\bar{X})^2}\right)\right)$$

由于 σ^2 是未知的，可用样本方差代替，即用 S_e^2 代替 σ^2，得到 t 统计量及所服从的分布为：

$$t=\frac{Y_0-\hat{Y}_0}{S_e\sqrt{1+\frac{1}{n}+\frac{(X_0-\overline{X})^2}{\sum_{i=1}^{n}(X_i-\overline{X})^2}}}\sim t(n-2)$$

于是，在给定置信水平 $1-\alpha$ 下，Y_0 的预测区间为：

$$\left(\hat{Y}_0-t_{\alpha/2}S_e\sqrt{1+\frac{1}{n}+\frac{(X_0-\overline{X})^2}{\sum_{i=1}^{n}(X_i-\overline{X})^2}},\ \hat{Y}_0+t_{\alpha/2}S_e\sqrt{1+\frac{1}{n}+\frac{(X_0-\overline{X})^2}{\sum_{i=1}^{n}(X_i-\overline{X})^2}}\right)$$

从上述预测区间公式可以看出一个重要特点，即给定的 X_0 值越接近其均值 $\overline{X}$，$\frac{(X_0-\overline{X})^2}{\sum_{i=1}^{n}(X_i-\overline{X})^2}$ 就越小，则预测区间也就越小；特别是当 $X_0=\overline{X}$ 时，$\frac{(X_0-\overline{X})^2}{\sum_{i=1}^{n}(X_i-\overline{X})^2}$ 等于零，这时预测区间为最小；否则，预测区间就越大。预测区间的变化可用图形直观地表示出来，如图 8-9 所示。

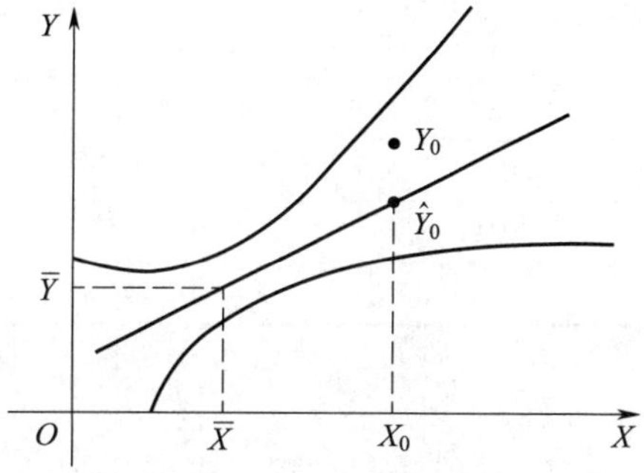

图 8-9　预测区间示意图

【例 8-7】　试根据例 8-4 的回归方程求一个家庭收入为 4 200 元时，其食品支出的预测值及预测区间（置信水平为 95%）。

解：已知，$n=10$，$S_e=\sqrt{0.076}=0.275\,7$，$\overline{X}=\frac{267}{10}=26.7$，$\sum_{i=1}^{n}X_i^2=7\,725$，对于 $1-\alpha=0.95$，得 $\alpha=0.05$，查自由度为 8 的 t 分布表得临界值 $t_{\alpha/2}=2.306$。

则　$$\hat{Y}_0=2.966\,8+0.154\,8\times42=9.467\,4\ (\text{百元})$$

$$\begin{aligned}&\sqrt{1+\frac{1}{n}+\frac{(X_0-\overline{X})^2}{\sum_{i=1}^{n}(X_i-\overline{X})^2}}\\&=\sqrt{1+\frac{1}{n}+\frac{(X_0-\overline{X})^2}{\sum_{i=1}^{n}X_i^2-n\overline{X}^2}}\\&=\sqrt{1+\frac{1}{10}+\frac{(42-26.7)^2}{7\,725-10\times26.7^2}}=1.221\,8\end{aligned}$$

食品支出的置信水平为 95%的预测区间为：

$$(9.467\,4-2.306\times0.275\,7\times1.221\,8,\ 9.467\,4+2.306\times0.275\,7\times1.221\,8)$$
$$=(8.690\,6,\ 10.244\,2)$$

于是得出结论：一个家庭收入为 4 200 元，其食品支出额约为 946.74 元，并且有 95%的把握认为其食品支出额在 869.06 元~1 024.42 元。

【例 8-8】 某自选商场的销售额与利润额的统计资料如表 8-6 所示。

(1) 求利润额对销售额的回归方程。

(2) 对所求回归方程进行统计检验($\alpha=0.05$)。

(3) 假定该商场 2020 年可实现销售额 2 500 万元,求 2020 年利润额的点预测值和预测区间(置信水平为 95%)。

表 8-6 某自选商场的销售额与利润额资料 单位:万元

年份	销售额 X	利润额 Y	X^2	Y^2	XY
2014	330	20	108 900	400	6 600
2015	600	32	360 000	1 024	19 200
2016	740	40	547 600	1 600	29 600
2017	910	53	828 100	2 809	48 230
2018	1 100	60	1 210 000	3 600	66 000
2019	1 780	85	3 168 400	7 225	151 300
$\sum$	5 460	290	6 223 000	16 658	320 930

解:

(1) 求回归方程。根据表 8-6 中数据计算得:

$$\hat{b}_1=\frac{n\sum_{i=1}^{n}X_iY_i-\sum_{i=1}^{n}X_i\sum_{i=1}^{n}Y_i}{n\sum_{i=1}^{n}X_i^2-(\sum_{i=1}^{n}X_i)^2}$$

$$=\frac{6\times320\ 930-5\ 460\times290}{6\times6\ 223\ 000-5\ 460^2}$$

$$=0.045$$

$$\hat{b}_0=\overline{Y}-\hat{b}_1\overline{X}=\frac{290}{6}-0.046\times\frac{5\ 460}{6}=6.47$$

所求回归方程为:

$$\hat{Y}=6.47+0.045X$$

(2) 统计检验。

① 拟合优度检验。

$$r^2=\hat{b}_1^2\frac{n\sum_{i=1}^{n}X_i^2-(\sum_{i=1}^{n}X_i)^2}{n\sum_{i=1}^{n}Y_i^2-(\sum_{i=1}^{n}Y_i)^2}=0.046^2\times\frac{6\times6\ 223\ 000-5\ 460^2}{6\times16\ 658-290^2}=0.962$$

说明利润额的 96.2%取决于销售额。这个结果说明所求的回归方程拟合优度好。

② 回归方程的显著性检验。

提出假设 $H_0:b_1=0$;$H_1:b_1\neq0$

在 H_0 成立时：

$$F=\frac{\frac{SSR}{1}}{\frac{SSE}{n-2}}\sim F(1,\ n-2)$$

对于 $\alpha=0.05$，查第一自由度为 1、第二自由度为 4 的 F 分布表得临界值 $F_{0.05}(1,\ 4)=7.71$。

根据样本观测值计算得：

$$F=\frac{\frac{SSR}{1}}{\frac{SSE}{n-2}}=\frac{2\ 592.81}{\frac{48.523}{4}}=213.739$$

因为 $F=213.739>F_{0.05}(1,\ 4)=7.71$，拒绝 H_0，所以利润额与销售额之间确实存在线性关系。

（3）预测。已知 $X_0=2\ 500$ 万元，则：

$$\hat{Y}_0=6.47+0.045\times2\ 500=118.97\ （万元）$$

即 2020 年利润额约为 118.97 万元。

$$S_e=\sqrt{\frac{\sum_{i=1}^{n}(Y_i-\hat{Y}_i)^2}{n-2}}$$

$$=\sqrt{\frac{48.523}{4}}=3.483$$

$$\sqrt{1+\frac{1}{n}+\frac{(X_0-\overline{X})^2}{\sum_{i=1}^{n}(X_i-\overline{X})^2}}$$

$$=\sqrt{1+\frac{1}{n}+\frac{(X_0-\overline{X})^2}{\sum_{i=1}^{n}X_i^2-n\overline{X}^2}}$$

$$=\sqrt{1+\frac{1}{6}+\frac{\left(2\ 500-\frac{5\ 460}{6}\right)^2}{6\ 223\ 000-6\times\left(\frac{5\ 460}{6}\right)^2}}$$

$$=\sqrt{3.18}=1.783\ 8$$

则 2020 年利润额的置信水平为 95%的预测区间为：

$$(118.97-2.776\times3.483\times1.783\ 8,\ 118.97+2.776\times3.483\times1.783\ 8)$$

$$=(101.72,\ 136.22)$$

说明当销售额为 2 500 万元时，有 95%的把握认为利润额在 101.72，万元~136.22 万元。

思考与探究 8-2：黄河流域以生态绿色发展作为经济转型的总基调，是我国经济发展和生态安全建设的重点区域。2021 年 10 月，中共中央、国务院印发了《黄河流域生态保护和高质量发展规划纲要》，明确提出了黄河保护治理的政策和机制，要求发展绿色经济。发展过程中会存在“创新补偿效应”和“遵循成本效应”，这对于改善黄河流域生态现状，实现黄河流域绿色经济增长具有重要的意义。那么环境规制对黄河流域绿色经济增长的影响是否显著？是否可以使用回归分析？

第三节　多元线性回归分析

一元线性回归分析是假定所研究的经济变量受一个因素的影响，但是，许多经济问题所研究的经济变量往往受多个因素的影响。例如商品的销售量不但受它本身价格的影响，而且还受消费者的收入、代用品的价格、其他商品价格的影响。处理这类经济问题，用一元线性回归分析是不妥当的，而应该用多元线性回归分析。多元线性回归分析的讨论与一元线性回归分析完全类似，只是计算比一元线性回归分析复杂一些。

【知识拓展 8-3】

1. 相关关系与因果关系

相关关系和因果关系是一对十分相似的概念，但它们之间却又有着巨大的不同。总的来说，有相关关系却不一定有因果关系，但有因果关系就必定存在相关关系。相关关系指的是二者在变化趋势上存在着某种程度的一致性，而因果关系强调的则是一种前和后的关系，是因为某个变量发生变化而导致了另外一个变量随之发生改变，其强调的是二者之间存在某种理论逻辑上的关联，需要去确定二者间具体的依存关系。具体来说，确立 A 导致 B 发生变化的因果关系，必须满足以下三个条件：① A 和 B 相关；② A 必须发生在 B 之前；③ 所有其他的因素 C 都已经被排除。只有同时满足上述三个条件，才可以说 A 和 B 之间确实存在着某种程度上的因果关系。

尽管从定义上可以把二者的区别说得十分清楚，但是当面对具体问题时，区分相关关系和因果关系并没有那么简单，非常容易掉入相关陷阱中，那些看似合情合理的例子，却并不存在因果关系。例如：每年溺水儿童数量和雪糕销量成明显的正相关关系，但是二者间却不存在因果关系。是由于溺水儿童数量的增加，才导致的雪糕销量的提升吗？或者是因为雪糕销量增加了，从而导致溺水儿童数量增加？其实都不是，两者之间呈现正相关可能是由其共同原因——天气导致的。由于天气炎热，人们渴望用雪糕消暑，雪糕销量会增加；同样地，在炎热的天气中，选择游泳的人增多，溺水儿童也相应增多。溺水儿童数量和雪糕销量并没有因果关系，只是共同受天气因素影响，从而表现出简单的统计正相关而已。

一个更加模糊且看起来合情合理的因果关系，却也有可能只是相关关系的例子是：某案例表明，阅读科学博客越多的人，其科学素养水平就越高。这是一个看似合乎情理的例子，所以许多人可能就会误认为二者间一定存在因果关系，但实际上二者间可能仅存在着某些双向因果关系。我们无法区分是阅读科学博客越多的人，其科学素养水平就越高，还是科学素养高的人本来就喜欢阅读科学博客。那么在此模棱两可的情况下，二者间因果关系的判断可能并不稳健。

因此，从上述分析中可以看到，因果关系与相关关系，这两种情况是很容易被混淆的，一旦混淆，就会影响我们的判断，从而做出错误的决策。所以，搞清楚因果关系和统计相关是非常有必要的。

2. 回归分析与因果关系

社会科学研究强调的是因果关系的识别，而非统计上相关关系的判断，我们希望借助计量、统计等技术工具帮助我们对因果关系进行有效识别。然而，在没有任何理论假设的前提下，统计学是不可能帮助我们识别出因果关系的，借助统计学等工具做出的回归分析结果仅仅代表了变量背后的相关关系，所谓的 OLS 只不过是一种系数估计方法罢了，而因果关系的识别则需要理论和技术两方面的严谨论证。所以说，单纯的回归分析得到的参数估计结果充其量只能称之为二者间的相关关系而非真实的因果关系。

想要对因果关系进行有效识别，就要求我们在回归之前用经济理论去建立模型，真正分析两个变量间的内在逻辑关系，或者即使无法建立数学上的理论模型，也需要我们用文献来推演出想要研究的变量间到底存在何种内在逻辑，进而提出研究假设。只有先进行上述理论分析，再带着目标去做回归来验证我们的逻辑推演正确与否，接着利用得到的回归结果去识别其因果关系，才是有意义的。上面论述的也就是我们传统意义上的统计推断，当进行完理论分析之后，我们可以借助统计学模型，利用样本信息去对总体进行参数估计，进而依靠假设检验以判断估计结果的统计显著性，进而去识别所谓的因果关系。

一、多元线性回归模型

假定因变量 Y 与自变量 X_1，X_2，…，X_k 具有线性相关关系，它们之间的线性回归模型可表示为：

$$Y=b_0+b_1X_1+b_2X_2+\cdots+b_kX_k+\varepsilon \tag{8-28}$$

其中 b_0，b_1，…，b_k 是 $k+1$ 个未知参数，称为回归系数。回归系数 b_i 表示在其他变量保持不变的情况下，自变量 X_i 每变动一个单位时所引起的因变量 Y 的平均变动量（$i=1, 2, \cdots, k$）。

ε 称为随机项，同一元线性回归模型一样，假定 $\varepsilon \sim N(0, \sigma^2)$。

对一个实际问题，如果获得 n 组样本观测值（X_{i1}，X_{i2}，…，X_{ik}；Y_i）（$i=1, 2, \cdots, n$），则多元线性回归模型式 8-28 可表达为：

$$\begin{cases} Y_1=b_0+b_1X_{11}+\cdots+b_kX_{1k}+\varepsilon_1 \\ Y_2=b_0+b_1X_{21}+\cdots+b_kX_{2k}+\varepsilon_2 \\ \qquad\vdots \\ Y_n=b_0+b_1X_{n1}+\cdots+b_kX_{nk}+\varepsilon_n \end{cases}$$

写成矩阵形式：

$$\begin{bmatrix} Y_1 \\ Y_2 \\ \vdots \\ Y_n \end{bmatrix}=\begin{bmatrix} 1 & X_{11} & \cdots & X_{1k} \\ 1 & X_{21} & \cdots & X_{2k} \\ \vdots & \vdots & & \vdots \\ 1 & X_{n1} & \cdots & X_{nk} \end{bmatrix}\begin{bmatrix} b_0 \\ b_1 \\ \vdots \\ b_k \end{bmatrix}+\begin{bmatrix} \varepsilon_1 \\ \varepsilon_2 \\ \vdots \\ \varepsilon_n \end{bmatrix}$$

即

$$Y = XB + \varepsilon \tag{8-29}$$

其中

$$Y=\begin{bmatrix}Y_1\\Y_2\\\vdots\\Y_n\end{bmatrix},\ X=\begin{bmatrix}1 & X_{11} & \cdots & X_{1k}\\1 & X_{21} & \cdots & X_{2k}\\\vdots & \vdots & & \vdots\\1 & X_{n1} & \cdots & X_{nk}\end{bmatrix},\ B=\begin{bmatrix}b_0\\b_1\\\vdots\\b_k\end{bmatrix},\ \varepsilon=\begin{bmatrix}\varepsilon_1\\\varepsilon_2\\\vdots\\\varepsilon_n\end{bmatrix}$$

多元线性回归方程为：

$$Y=b_0+b_1X_1+b_2X_2+\cdots+b_kX_k \tag{8-30}$$

二、模型参数的估计

由样本观测值（X_{i1}，X_{i2}，…，X_{ik}；Y_i）（$i=1$，2，…，n）得到 b_0，b_1，…，b_k 的估计量，设为 $\hat{b}_0$，$\hat{b}_1$，…，$\hat{b}_k$，则回归方程 8-30 的估计方程为：

$$\hat{Y}=\hat{b}_0+\hat{b}_1X_1+\hat{b}_2X_2+\cdots+\hat{b}_kX_k \tag{8-31}$$

将 n 组样本观测值（X_{i1}，X_{i2}，…，X_{ik}；Y_i）代入式 8-31 得：

$$\hat{Y}_i=\hat{b}_0+\hat{b}_1X_{i1}+\hat{b}_2X_{i2}+\cdots+\hat{b}_kX_{ik}\ (i=1,\ 2,\ \cdots,\ n) \tag{8-32}$$

由最小二乘法可知，$\hat{b}_0$，$\hat{b}_1$，…，$\hat{b}_k$ 应使全部样本观测值 Y_i 与估计值 $\hat{Y}_i$ 的残差平方和最小。即使 $Q=\sum\limits_{i=1}^{n}(Y_i-\hat{Y}_i)^2=\sum(Y_i-\hat{b}_0-\hat{b}_1X_{i1}-\cdots-\hat{b}_kX_{ik})^2$ 取最小值。

根据多元函数极值原理，$\hat{b}_0$，$\hat{b}_1$，…，$\hat{b}_k$ 是下列方程组的解。

$$\begin{cases}\dfrac{\partial Q}{\partial \hat{b}_0}=-2\sum\limits_{i=1}^{n}(Y_i-\hat{b}_0-\hat{b}_1X_{i1}-\cdots-\hat{b}_kX_{ik})=0\\\dfrac{\partial Q}{\partial \hat{b}_1}=-2\sum\limits_{i=1}^{n}(Y_i-\hat{b}_0-\hat{b}_1X_{i1}-\cdots-\hat{b}_kX_{ik})X_{i1}=0\\\qquad\vdots\\\dfrac{\partial Q}{\partial \hat{b}_k}=-2\sum\limits_{i=1}^{n}(Y_i-\hat{b}_0-\hat{b}_1X_{i1}-\cdots-\hat{b}_kX_{ik})X_{ik}=0\end{cases}$$

将上述方程组整理成以下形式的正规方程组：

$$\begin{cases}n\hat{b}_0+\hat{b}_1\sum\limits_{i=1}^{n}X_{i1}+\cdots+\hat{b}_k\sum\limits_{i=1}^{n}X_{ik}=\sum\limits_{i=1}^{n}Y_i\\\hat{b}_0\sum\limits_{i=1}^{n}X_{i1}+\hat{b}_1\sum\limits_{i=1}^{n}X_{i1}^2+\cdots+\hat{b}_k\sum\limits_{i=1}^{n}X_{ik}X_{i1}=\sum\limits_{i=1}^{n}X_{i1}Y_i\\\hat{b}_0\sum\limits_{i=1}^{n}X_{ik}+\hat{b}_1\sum\limits_{i=1}^{n}X_{i1}X_{ik}+\cdots+\hat{b}_k\sum\limits_{i=1}^{n}X_{ik}^2=\sum\limits_{i=1}^{n}X_{ik}Y_i\end{cases} \tag{8-33}$$

写成矩阵形式：

$$X'X\hat{B}=X'Y \tag{8-34}$$

其中，

$$X=\begin{bmatrix}1 & X_{11} & \cdots & X_{1k}\\ 1 & X_{21} & \cdots & X_{2k}\\ \vdots & \vdots & & \vdots\\ 1 & X_{n1} & \cdots & X_{nk}\end{bmatrix},\quad \hat{B}=\begin{bmatrix}\hat{b}_0\\ \hat{b}_1\\ \vdots\\ \hat{b}_k\end{bmatrix},\quad Y=\begin{bmatrix}Y_1\\ Y_2\\ \vdots\\ Y_n\end{bmatrix}$$

当 $(X'X)^{-1}$存在时，便有：

$$\hat{B}=(X'X)^{-1}X'Y \tag{8-35}$$

以上计算很多统计软件都可以通过计算机方便地得出结果。

三、回归方程的统计检验

与一元线性回归分析类似，在多元线性回归分析中也要对回归方程进行各方面的检验。

（一）拟合优度检验

同一元线性回归分析中拟合优度检验一样，将 Y 的总离差平方和 SST 分解为两部分：一部分为残差平方和 SSE，另一部分为回归平方和 SSR，即：

$$SST=SSE+SSR \tag{8-36}$$

其中，

$$SST=\sum_{i=1}^{n}(Y_i-\bar{Y})^2 \tag{8-37}$$

$$SSE=\sum_{i=1}^{n}(Y_i-\hat{Y})^2 \tag{8-38}$$

$$SSR=\sum_{i=1}^{n}(\hat{Y}_i-\bar{Y})^2 \tag{8-39}$$

与一元线性回归分析相同，也是用判定系数作为回归方程拟合优度的评价指标。其定义为：

$$R^2=\frac{SSR}{SST}=1-\frac{SSE}{SST} \tag{8-40}$$

由式 8-40 可知 $0\leqslant R^2\leqslant 1$。$R^2$ 越大，表示回归方程与样本观测值拟合得越好；反之，回归方程与样本观测值拟合越差。当然，我们总希望 R^2 越大越好。但是，R^2 的大小受回归方程中自变量个数多少的影响，自变量个数越多，R^2 就会越接近 1。这样容易引起一种错误：要使 R^2 增大，增加模型中自变量的个数就行了。显然，这样用 R^2 来检验回归方程与样本观测值“拟合优度”是不合适的。为了消除自变量个数的影响，常采用调整的 R^2 来判断拟合优度，调整的办法是用自由度进行修正。调整的判定系数定义为：

$$\bar{R}^2=1-\frac{\dfrac{SSE}{n-k-1}}{\dfrac{SST}{n-1}} \tag{8-41}$$

在多元线性回归分析中，反映因变量 Y 与全体自变量 X_1，X_2，…，X_k 间线性关系的统计指标称为复相关系数，记为 R，并且同一元线性相关回归分析中简单相关关系与判定系数之间的关系类似，多元线性回归分析中复相关系数与判定系数有如下关系：

$$R=\sqrt{R^2} \tag{8-42}$$

要注意复相关系数同简单相关系数的区别，复相关系数是用来衡量作为一个整体的 X_1，X_2，…，X_k 与 Y 的线性关系的密切程度。

（二）回归方程的显著性检验

与一元线性回归分析一样，用任何一组数据（X_{i1}，X_{i2}，…，X_{ik}；Y_i）（$i=1$，2，…，n）通过最小二乘法都可以求出一个回归方程。然而，当变量 Y 与诸自变量 X_1，X_2，…，X_k 间不存在线性关系或线性相关程度很小时，求出的回归方程是无意义的。因此，必须判断变量 Y 与 X_1，X_2，…，X_k 间是否存在线性关系。

同样用 F 检验方法，检验步骤如下：

（1）提出假设 $H_0: b_1=b_2=\cdots=b_k=0$；$H_1: b_i$ 不同时为零，$i=1$，2，…，k

这里检验 Y 是否与所有自变量这个整体间有线性关系。如果不能拒绝 H_0，则表明 Y 与 X_1，X_2，…，X_k 之间不存在线性关系。

（2）在 H_0 成立时指出检验统计量及所服从的分布：

$$F=\frac{\dfrac{SSR}{k}}{\dfrac{SSE}{n-k-1}}\sim F(k,\ n-k-1) \tag{8-43}$$

（3）对于给定的显著性水平 α，查第一自由度 k、第二自由度 $n-k-1$ 的 F 分布表，得临界值 F_α，使：

$$P(F\geqslant F_\alpha)=\alpha$$

（4）由样本观测值计算检验统计量 F 的观测值。当 $F\geqslant F_\alpha$ 时拒绝 H_0，有 $(1-\alpha)100\%$的把握认为 Y 与 X_1，X_2，…，X_k 间存在线性关系。否则，可以认为 Y 与 X_1，X_2，…，X_k 间不存在线性关系。

通常可列成方差分析表计算公式，如表 8-7 所示。

表 8-7 方差分析计算公式

方差来源	平方和	自由度	方差	F 值
回归	SSR	k	$S_R^2=\dfrac{SSR}{k}$	$F=\dfrac{S_R^2}{S_e^2}$
残差	SSE	$n-k-1$	$S_e^2=\dfrac{SSE}{n-k-1}$	
总合	SST	$n-1$	—	—

（三）回归系数的显著性检验

在多元回归分析中，回归方程的显著性检验已经通过了，但并不意味着每个自变量对因变量的影响都是重要的。应将那些次要的、可有可无的变量从回归方程中剔除，重新建立更为简单的回归方程。这就需要对每个自变量进行显著性检验。如果某个自变量 X_i 对 Y 的影响不显著，那么它在回归模型中，其前面的系数可以取零值。因此，检验变量 X_i 对 Y 的影响是否显著就转化为检验假设 $H_0: b_i=0$ 是否成立的问题（$i=1, 2, \cdots, k$）。

在 H_0 成立时，检验统计量及所服从的分布为：

$$t_i=\frac{\hat{b}_i}{S_e\sqrt{C_{ii}}}\sim t(n-k-1)$$

其中 C_{ii} 是矩阵（$X'\sim X$）$^{-1}$ 对角线上的第 i 个元素。

给定显著性水平 α，查自由度为 $n-k-1$ 的 t 分布表得临界值 $t_{\alpha/2}$。若 $|t_i|\geq t_{\alpha/2}$，则拒绝 $H_0: b_i=0$，即认为 b_i 显著不为零。若 $|t_i|<t_{\alpha/2}$，则接受 $H_0: b_i=0$，即认为 b_i 显著为零。

四、利用回归方程进行预测

根据样本观测值通过最小二乘法已求出回归方程：

$$\hat{Y}=\hat{b}_0+\hat{b}_1X_1+\hat{b}_2X_2+\cdots+\hat{b}_kX_k$$

若该回归方程通过了各项检验，就可以利用回归方程进行预测。

（一）点预测

已知自变量的一组特定值 X_{01}，X_{02}，…，X_{0k}，利用已求出的回归方程求得 Y_0 的估计值为：

$$\hat{Y}_0=\hat{b}_0+\hat{b}_1X_{01}+\hat{b}_2X_{02}+\cdots+\hat{b}_kX_{0k}$$

$\hat{Y}_0$ 就是 Y_0 的预测值。

估计标准误为：

$$S_e=\sqrt{\frac{\sum_{i=1}^{n}(Y_i-\hat{Y}_i)^2}{n-k-1}} \qquad (8-44)$$

（二）区间预测

类似一元线性回归分析中求预测区间的方法，令 $X_0=(1, X_{01}, X_{02}, \cdots, X_{0k})$，可以得到多元线性回归预测区间为：

$$\left(\hat{Y}_0-t_{\alpha/2}S_e\sqrt{1+X_0(X'X)^{-1}X'_0},\quad \hat{Y}_0+t_{\alpha/2}S_e\sqrt{1+X_0(X'X)^{-1}X'_0}\right)$$

当 n 较大，X_0 与 $\overline{X}$ 较接近时，可以用下面的近似区间：（$\hat{Y}_0-2S_e$，$\hat{Y}_0+2S_e$），置信水平为 95%。

【例 8-9】 餐厅的营业额受多种因素的影响，比如客流量、价格、交通便捷程度、餐厅服务质量、同业竞争者数量等。为了分析餐厅营业额的影响因素，一家市场调查公司在某个城市随机抽取了 25 家餐厅，数据资料如表 8-8 所示。

其中：Y=日均营业额（万元）；X_1=周边居民人数（万人）；X_2=用餐平均支出（元/人）；X_3=周边餐厅数（个）；X_4=距市中心距离（千米）。

表 8-8　25 家餐厅调查数据

餐馆编号	Y	X_1	X_2	X_3	X_4
1	53.2	163.0	168.6	5	6.5
2	18.5	14.5	22.5	11	16.0

续表

餐馆编号	Y	X_1	X_2	X_3	X_4
3	11.3	88.2	109.4	10	18.2
4	84.7	151.6	277.0	7	10.0
5	7.3	79.1	17.4	15	17.5
6	17.9	60.4	93.0	8	3.6
7	2.5	53.2	21.5	17	18.5
8	27.3	108.5	114.5	3	4.0
9	5.9	48.7	61.3	10	11.6
10	23.9	142.8	129.8	9	14.2
11	69.4	214.7	159.4	2	2.5
12	20.6	65.6	91.0	18	12.0
13	1.9	13.2	6.1	14	12.8
14	3.0	60.9	60.3	26	7.8
15	7.3	21.2	51.1	34	2.7
16	46.2	114.3	73.6	12	3.2
17	78.8	299.5	171.7	4	7.6
18	11.1	78.9	38.8	11	11.0
19	8.6	90.0	105.3	15	28.4
20	48.9	160.3	161.5	5	6.2
21	22.1	84.0	122.6	9	10.8
22	11.1	78.902 1	38.8	10	33.7
23	8.6	89.999 1	105.3	14	16.5
24	48.9	160.307 1	161.5	6	9.3
25	22.1	84.005 1	122.6	10	11.6

（1）求回归方程。

（2）对所求回归方程进行统计检验并修改回归方程（$\alpha=0.05$）。

（3）当 $X_{01}=100$，$X_{02}=150$ 时，求 Y_0 的点预测及预测区间（置信水平为95%）。

解：

（1）求回归方程。根据表 8-8 中的统计数据，利用 Excel 软件对回归方程中未知参数进行最小二乘估计，得：

$$\hat{b}_0=5.080\,3,\quad \hat{b}_1=0.171\,9,\quad \hat{b}_2=0.150\,2,\quad \hat{b}_3=-0.331\,1,\quad \hat{b}_4=-0.603\,8,$$

回归方程为：

$$\hat{Y}=5.080\,3+0.171\,9X_1+0.150\,2X_2-0.331\,1X_3-0.603\,8X_4$$

各回归系数的实际意义为：① $\hat{b}_1=0.1719$，表示在用餐平均支出（X_2）、周边餐厅数（X_3）和距市中心距离（X_4）不变的条件下，周边居民人数每变动 1 万人，日均营业额平均变动 0.171 9 万元。② $\hat{b}_2=0.1502$，表示在周边居民人数（X_1）、周边餐厅数（X_3）和距市中心距离（X_4）不变的条件下，用餐平均支出每变动 1 元/人，日均营业额平均变动 0.150 2 万元。③ $\hat{b}_3=-0.3311$，表示在周边居民人数（X_1）、用餐平均支出（X_2）和距市中心距离（X_4）不变的条件下，周边餐厅数每变动 1 个，日均营业额平均变动-0.331 1 万元。④ $\hat{b}_4=-0.6038$，表示在周边居民人数（X_1）、用餐平均支出（X_2）和周边餐厅数（X_3）不变的条件下，距市中心距离每变动 1 千米，日均营业额平均变动-0.603 8 万元。

（2）统计检验。

① 拟合优度检验。

对多元线性回归方程，需要用多重判定系数 $\bar{R}^2$ 来评价其拟合程度。多重判定系数是多元回归中的回归平方和占总平方和的比例，它是度量多元回归方程拟合程度的一个统计量，反映了因变量 Y 的变差中被估计的回归方程所解释的比例。对于多重判定系数，自变量个数的增加将影响到因变量的变差中被估计的回归方程所解释的比例。当增加自变量时，会使预测误差变得较小，从而减少残差平方和 SSE。由于回归平方和 $SSR=SST-SSE$，当 SSE 变小时，SSR 就会变大，从而使 R^2 变大。如果模型中增加一个自变量，即使这个自变量在统计上并不显著，R^2 也会变大。因此，为了避免增加自变量而高估 R^2，统计学家提出了用样本量 n 和自变量的个数 k 去调整 R^2，计算出调整的多重判定系数 $\bar{R}^2$。

调整的多重判定系数 $\bar{R}^2$ 的解释与 R^2 类似，不同的是：$\bar{R}^2$ 同时考虑了样本量和模型中自变量的个数的影响，这就使得调整的多重判定系数 $\bar{R}^2$ 的值永远小于 R^2，而且调整的多重判定系数 $\bar{R}^2$ 不会因为模型中自变量个数的增加而越来越接近 1。

因此，在多元回归分析中，通常用调整的多重判定系数。

在 Excel 软件的回归分析中：

$$R^2=\frac{SSR}{SST}=0.849\,334,\bar{R}^2=1-(1-R^2)\times\frac{n-1}{n-k-1}=0.819\,201$$

调整的多重判定系数表示：在用样本量和模型中自变量的个数进行调整后，在日均营业额的总变差中，被周边居民人数（X_1）、用餐平均支出（X_2）、周边餐厅数（X_3）和距市中心距离（X_4）这四个自变量所解释的比例是 81.920 1%。

② 回归方程的显著性检验。

提出假设 $H_0: b_1=b_2=b_3=b_4=0$；$H_1: \beta_i$ 不同时为零，$i=1, 2, \cdots, 4$

方差分析如表 8-9 所示。

表 8-9　方差分析表

方差来源	平方和	自由度	方差	F 值
回归	12 338.683	4	3 084.671	28.186
残差	2 188.799	20	109.440	
总和	14 527.482	24	—	—

对于 $\alpha=0.05$，查第一自由度为 4、第二自由度为 20 的 F 分布表得临界值 $F_{0.05}(4, 20)=2.87$。因为 $F=28.186>F_{0.05}(4, 20)=2.87$，拒绝 H_0，回归方程显著，说明自变量整体上与因变量有线性关系。

③ 回归系数的显著性检验。

提出假设 $H_0: b_i=0$ $(i=1, 2, \cdots, 4)$；$H_1: b_i\neq 0$ $(i=1, 2, \cdots, 4)$

利用 Excel 软件计算得：

$$t_1=3.2178, \quad t_2=-2.9089, \quad t_3=-0.8452, \quad t_4=-2.0182$$

对于 $\alpha=0.05$，查自由度为 20 的 t 分布表得临界值 $t_{\alpha/2}=2.086$，因为 $|t_1|$，$|t_2|$均大于 $t_{\alpha/2}=2.086$，而 $|t_3|=0.8452<t_{\alpha/2}=2.086$，$|t_4|=2.0182<t_{\alpha/2}=2.086$，说明自变量 X_1，X_2 对因变量 Y 均有线性影响，而 X_3，X_4 对因变量 Y 无显著影响。

剔除 X_3，X_4，重新计算得新的回归方程：

$$\hat{Y}=-10.7933+0.1959X_1+0.1755X_2$$

对此回归方程重复以上各项检验：

$$R^2=0.8161, \quad \overline{R}^2=0.7994$$

说明模型拟合程度比较高。

方差分析表如表 8-10 所示。

表 8-10 方差分析表

方差来源	平方和	自由度	方差	F 值
回归	11 856.120	2	5 928.060	48.820
残差	2 671.361	22	121.420	
总和	14 527.482	24	—	—

对于 $\alpha=0.05$，查第一自由度为 2、第二自由度为 22 的 F 分布表得临界值 $F_{0.05}(2, 22)=3.44$，因为 $F=48.820>F_{0.05}(2, 22)=3.44$，所以回归方程显著。

对回归系数的显著性检验，利用 Excel 软件计算得：

$$t_1=3.818, \quad t_2=3.331$$

对于 $\alpha=0.05$，查自由度为 22 的 t 分布表得临界值 $t_{\alpha/2}=2.0739$，因为 $|t_1|$，$|t_2|$均大于 $t_{\alpha/2}=2.201$，说明自变量 X_1，X_2 对因变量 Y 均有线性影响。

新的回归方程通过了各项检验。

(3) 预测。已知 $X_{01}=100$，$X_{02}=150$ 则：

$$\hat{Y}_0=-10.7933+0.1959\times100+0.1755\times150=35.1217$$

即 Y_0 的预测值为 35.123 2 万元。

$$S_e=\sqrt{\frac{\sum_{i=1}^{n}(Y_i-\hat{Y}_i)}{n-k-1}}=\sqrt{\frac{SSE}{n-k-1}}$$

$$=\sqrt{\frac{2671.361}{25-2-1}}$$

$$=11.01932$$

则 Y_0 的置信水平为 95%的近似预测区间为：

$$(\hat{Y}_0-2S_e,\ \hat{Y}_0+2S_e)$$
$$=(35.121\,7-2\times11.019\,32,\ 35.121\,7+2\times11.019\,32)$$
$$=(13.083\,1,\ 57.160\,4)$$

说明当 $X_{01}=100$，$X_{02}=150$ 时，可以 95%的把握认为 Y_0 在 13.083 1 万元到 57.160 4 万元。

思考与探究 8-3：近年来，新一轮科技革命与产业变革正推动数字经济迅速发展，数字经济在国民经济中的地位越发重要。《全球数字经济白皮书（2021 年）》中数据显示，从规模看，2020 年中国数字经济规模接近 5.4 万亿美元，位居世界第二。从增速看，2020 年中国数字经济同比增长 9.6%，高居全球第一。数字经济已成为我国高质量发展新引擎。

进入新发展阶段，党中央、国务院高度重视数字经济发展。“十四五”规划中提出要加快数字化发展，建设数字中国，以数字化转型整体驱动生产方式、生活方式和治理方式变革，在顶层设计中明确数字化转型的战略地位。《“十四五”数字经济发展规划》中进一步强调数字经济发展在国民经济发展中的重要性。党的二十大报告也指出，要“加快发展数字经济，促进数字经济和实体经济深度融合”。探究中国数字经济发展水平的影响因素，对新时代实现数字经济健康发展有着重要意义。有关研究发现，数字经济发展与经济发展水平、政府科技投入、贸易开放度、城镇化、产业结构、人力资本、信息化水平、城市差异、人口素质等因素有关。那么是否可以用多元回归分析找出哪些因素对数字经济发展的影响是显著的？

第四节 课程实验

一、Excel 软件在相关与回归分析中的应用

（一）相关分析

扫描二维码
观看慕课视频

【例 8-10】 某地区居民每月的消费支出的主要影响因素是每月收入，样品数据如表 8-11 所示，试作消费支出与收入的相关分析。

表 8-11 某地区居民每月的消费支出及收入

序号	消费支出	收入	序号	消费支出	收入
1	70	80	6	115	180
2	65	100	7	120	200
3	90	120	8	140	220
4	95	140	9	155	240
5	110	160	10	150	260

1. 绘制相关图

Excel 操作步骤如下：

（1）输入数据，如图 8-10 所示。

	A	B	C	D
1	消费支出	收入		
2	70	80		
3	65	100		
4	90	120		
5	95	140		
6	110	160		
7	115	180		
8	120	200		
9	140	220		
10	155	240		
11	150	260		

图 8-10　数据工作表

（2）拖动鼠标选定数值区域，该区域不包括数据的标志。本例中的数值区域为“$A2：$B11”。

（3）执行菜单命令“插入”→“图表”，进入图表向导，如图 8-11 所示。

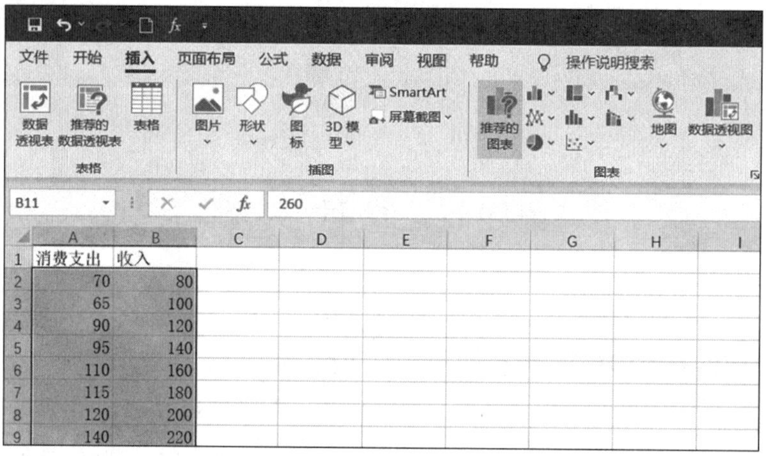

图 8-11　图表位置

（4）选择“所有图表”为“X Y 散点图”，如图 8-12 所示；然后单击“确定”按钮，结果如图 8-13 所示。

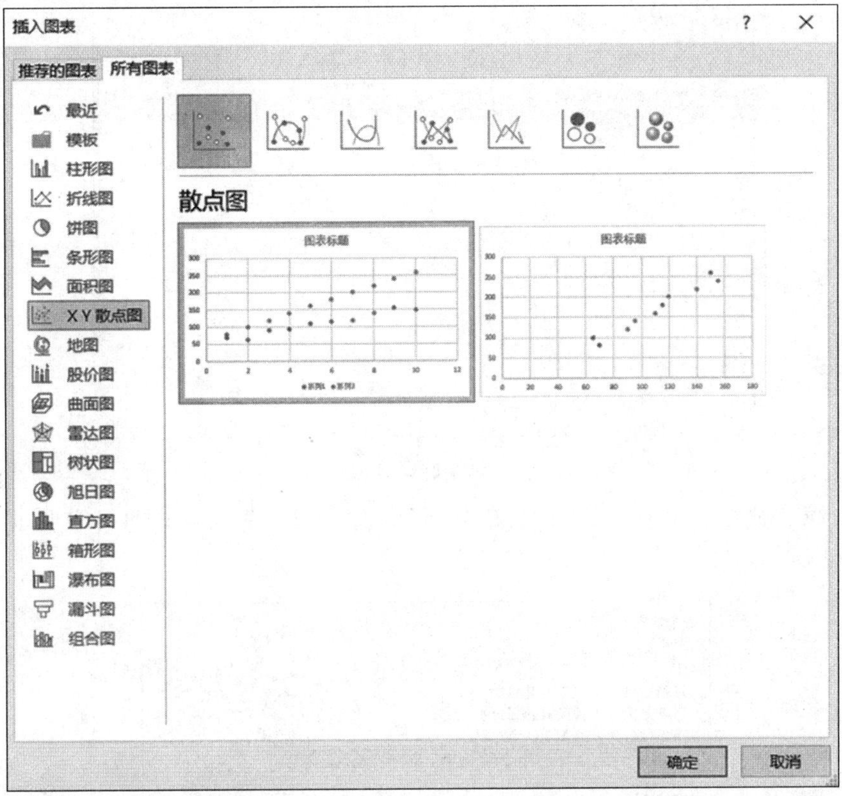

图 8-12　图表类型对话框

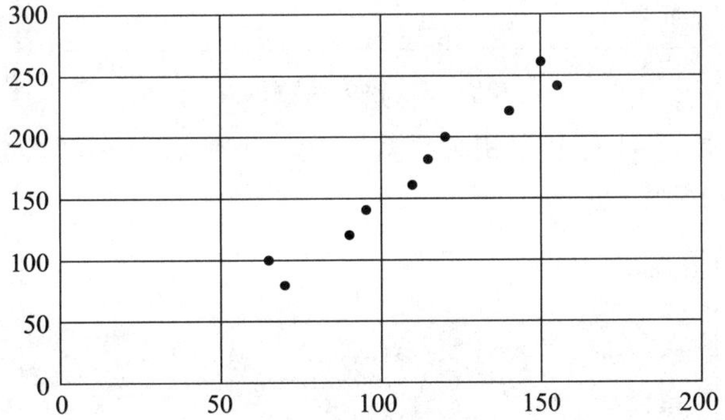

图 8-13　相关图

2. 计算相关系数

Excel 操作步骤如下：

（1）输入数据，如图 8-14 所示。

图 8-14　数据分析位置

（2）执行菜单命令“数据”→“数据分析”，如图 8-14 所示；打开“数据分析”对话框，如图 8-15 所示。

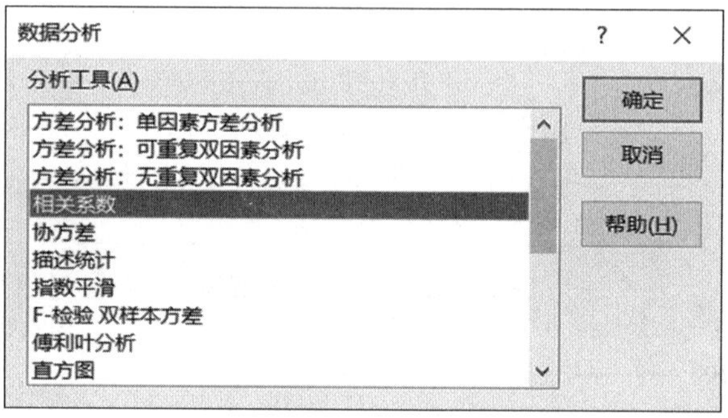

图 8-15　相关系数位置

（3）选择“分析工具”列表中“相关系数”选项，然后单击“确定”按钮，打开“相关系数”对话框，如图 8-16 所示。

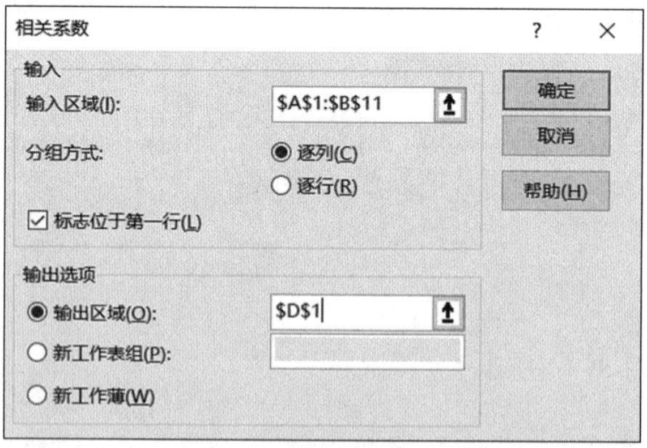

图 8-16　相关系数对话框

（4）填写“相关系数”对话框，如图 8-16 所示；然后单击“确定”按钮，结果如图 8-17 所示。

D	E	F
	消费支出	收入
消费支出	1	
收入	0.98084737	1

图 8-17　相关系数矩阵

（二）回归分析

1. 一元线性回归分析

以例 8-10 中表 8-11 数据为例，建立收入对消费影响的回归方程。

Excel 操作步骤如下：

（1）输入数据，如图 8-18 所示。

	A	B	C	D	E	F	G
1	消费支出	收入					
2	70	80					
3	65	100					
4	90	120					
5	95	140					
6	110	160					
7	115	180					
8	120	200					
9	140	220					
10	155	240					
11	150	260					

图 8-18　数据分析位置

（2）在“数据”菜单中选择“数据分析”选项，如图 8-17 所示；打开“数据分析”对话框，如图 8-19 所示。

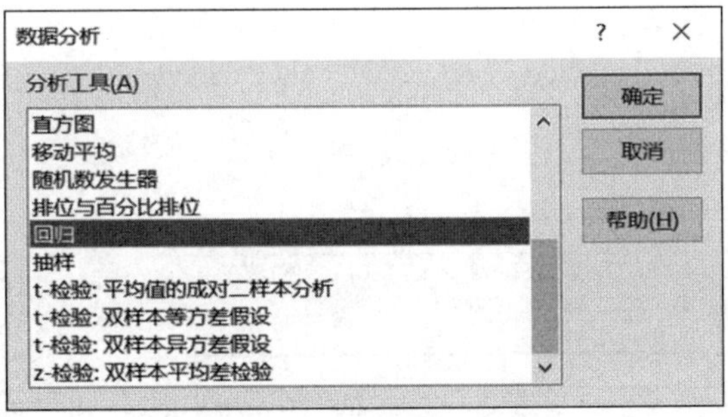

图 8-19　数据分析对话框

（3）在“分析工具”列表中选择“回归”选项，单击“确定”按钮，打开“回归”对话框，如图 8-20 所示。

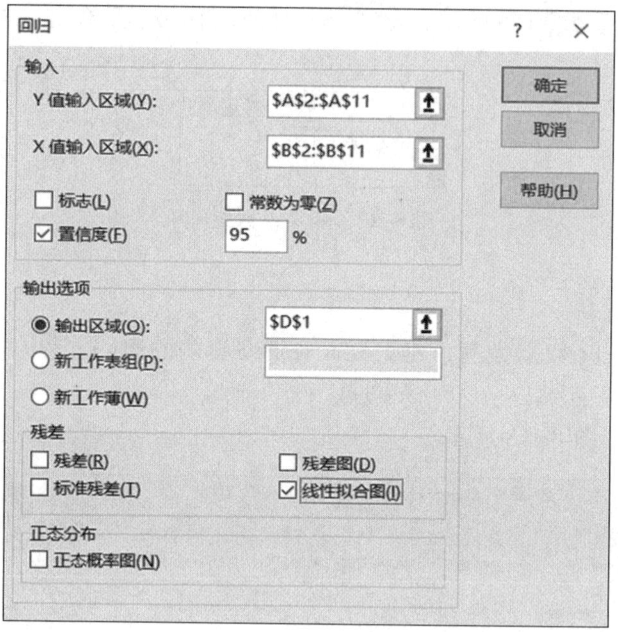

图 8-20　回归对话框

（4）在“Y 值输入区域”中输入或者通过图标切入 Excel 数据区域，这里选取“ $A $2 : $A $11”数据区域；在“X 值输入区域”中输入或者通过图标切入 Excel 数据区域，这里选取“ $B $2 : $B $11”数据区域；若包括数据上方的标志，则选上“标志”选项；选择“置信度”；在“输出选项”中选择“输出区域”，在其右边的位置输入或者通过图标切入 Excel 输出区域，这里选取“ $D $1”，输出结果将在单元格“ $D $1”的下边和右边的大片区域显示；在右下方选上“线性拟合图”，单击“确定”按钮，输出结果如图 8-21、图 8-22 和图 8-23 所示。

D	E	F	G	H	I	J	K	L
SUMMARY OUTPUT								
回归统计								
Multiple R	0.98084737							
R Square	0.96206156							
Adjusted R S	0.95731926							
标准误差	6.49300323							
观测值	10							
方差分析								
	df	SS	MS	F	Significance F			
回归分析	1	8552.72727	8552.72727	202.867925	5.7527E-07			
残差	8	337.272727	42.1590909					
总计	9	8890						
	Coefficients	标准误差	t Stat	P-value	Lower 95%	Upper 95%	下限 95.0%	上限 95.0%
Intercept	24.4545455	6.4138173	3.81279109	0.00514217	9.66425624	39.2448347	9.66425624	39.2448347
X Variable 1	0.50909091	0.03574281	14.2431712	5.7527E-07	0.42666785	0.59151397	0.42666785	0.59151397

图 8-21　回归分析计算结果

RESIDUAL OUTPUT		
观测值	预测 Y	残差
1	65.1818182	4.81818182
2	75.3636364	-10.363636
3	85.5454545	4.45454545
4	95.7272727	-0.7272727
5	105.909091	4.09090909
6	116.090909	-1.0909091
7	126.272727	-6.2727273
8	136.454545	3.54545455
9	146.636364	8.36363636
10	156.818182	-6.8181818

图 8-22　实际值和预测值

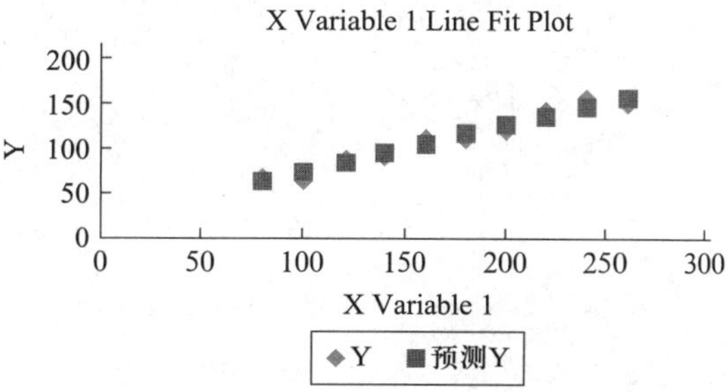

图 8-23　实际值和预测值散点图

2. 多元线性回归分析

【例 8-11】 根据经济理论，在市场上对某一商品的需求量，不但取决于它的价格，而且也取决于消费者收入，数据资料如表 8-12 所示，试作多元线性回归分析。

表 8-12　某商品的需求量、价格及消费者收入资料

序号	价格	消费者收入	需求量	序号	价格	消费者收入	需求量
1	5	1 000	100	6	7	400	65
2	7	600	75	7	5	1 300	90
3	6	1 200	80	8	4	1 100	100
4	6	500	70	9	3	1 300	110
5	8	300	50	10	9	300	60

Excel 操作步骤如下：

（1）输入数据，如图 8-24 所示。

	A	B	C
1	价格	消费者收入	需求量
2	5	1000	100
3	7	600	75
4	6	1200	80
5	6	500	70
6	8	300	50
7	6	400	65
8	7	1300	90
9	8	1100	100
10	9	1300	110
11	10	300	60

图 8-24　数据工作表

（2）在“数据”菜单中选择“数据分析”选项，如图 8-25 所示；打开“数据分析”对话框，如图 8-26 所示。

（3）在“分析工具”列表中选择“回归”选项，单击“确定”按钮，打开“回归”对话框，如图 8-27 所示。

图 8-25 数据分析位置

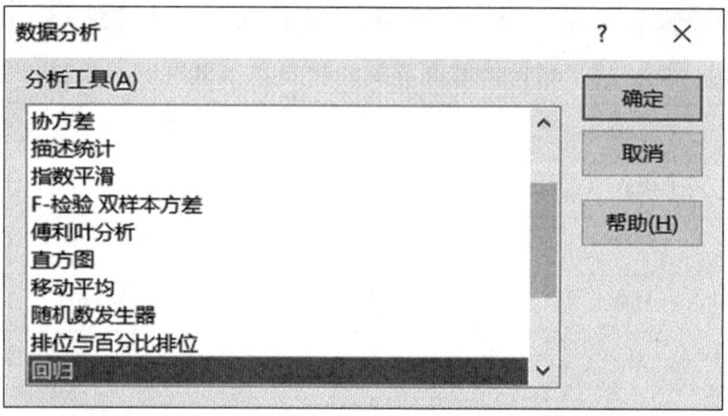

图 8-26 回归位置

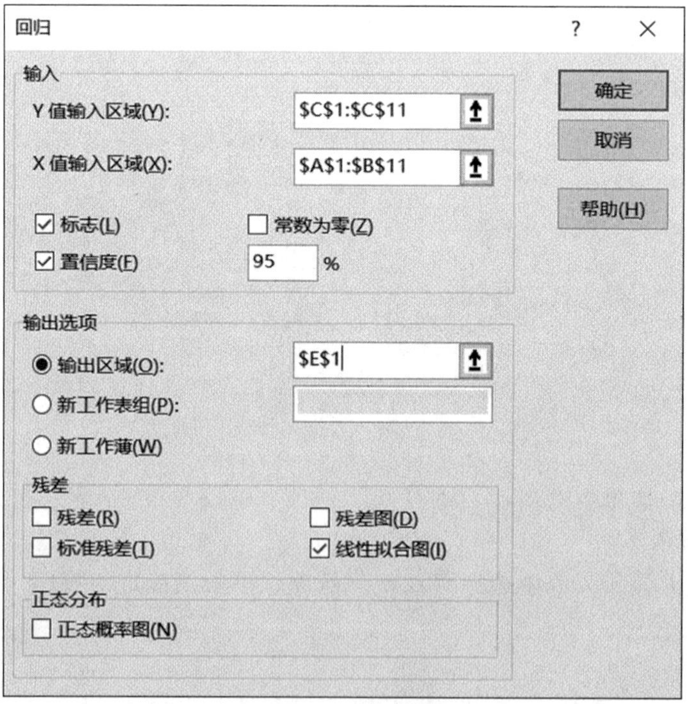

图 8-27 回归对话框

(4) 在"Y值输入区域"中输入或者通过图标切入 Excel 数据区域，这里选取"$C$1：$C$11"数据区域；在"X值输入区域"中输入或者通过图标切入 Excel 数据区域，这里选取"$A$1：$B$11"数据区域；因包括数据上方的标志，则选上"标志"选项；选择"置信度"；在"输出选项"中选择"输出区域"，在其右边的位置输入或者通过图标切入 Excel 输出区域，这里选取"$E$1"，输出结果将在单元格"$E$1"的下边和右边的大片区域显示；单击"确定"按钮，输出结果如图 8-28 所示。

SUMMARY OUTPUT								
回归统计								
Multiple R	0.94574292							
R Square	0.89442967							
Adjusted R S	0.86426672							
标准误差	7.21325796							
观测值	10							
方差分析								
	df	SS	MS	F	Significance F			
回归分析	2	3085.78237	1542.89118	29.6532548	0.00038229			
残差	7	364.217633	52.0310904					
总计	9	3450						
	Coefficients	标准误差	t Stat	P-value	Lower 95%	Upper 95%	下限 95.0%	上限 95.0%
Intercept	111.691819	23.5308147	4.74661928	0.00209171	56.0502837	167.333354	56.0502837	167.333354
价格	-7.1882446	2.55533087	-2.8130387	0.02603209	-13.230642	-1.1458473	-13.230642	-1.1458473
消费者收入	0.01429706	0.01113472	1.28400747	0.2400022	-0.0120324	0.04062649	-0.0120324	0.04062649

图 8-28 回归分析计算结果

结果解释：消费者收入没通过 t 检验，去掉消费者收入后重新进行回归，结果如图 8-29、图 8-30、图 8-31 所示。

SUMMARY OUTPUT								
回归统计								
Multiple R	0.93250481							
R Square	0.86956522							
Adjusted R S	0.85326087							
标准误差	7.5							
观测值	10							
方差分析								
	df	SS	MS	F	Significance F			
回归分析	1	3000	3000	53.3333333	8.3647E-05			
残差	8	450	56.25					
总计	9	3450						
	Coefficients	标准误差	t Stat	P-value	Lower 95%	Upper 95%	下限 95.0%	上限 95.0%
Intercept	140	8.55131569	16.3717497	1.9519E-07	120.280631	159.719369	120.280631	159.719369
价格	-10	1.36930639	-7.3029674	8.3647E-05	-13.157626	-6.8423738	-13.157626	-6.8423738

图 8-29 剔除消费者收入后回归分析计算结果

RESIDUAL OUTPUT		
观测值	预测 需求量	残差
1	90	10
2	70	5
3	80	0
4	80	-10
5	60	-10
6	70	-5
7	90	1.4211E-14
8	100	1.4211E-14
9	110	1.4211E-14
10	50	10
10	51.2867355	8.7132645

图 8-30 预测结果

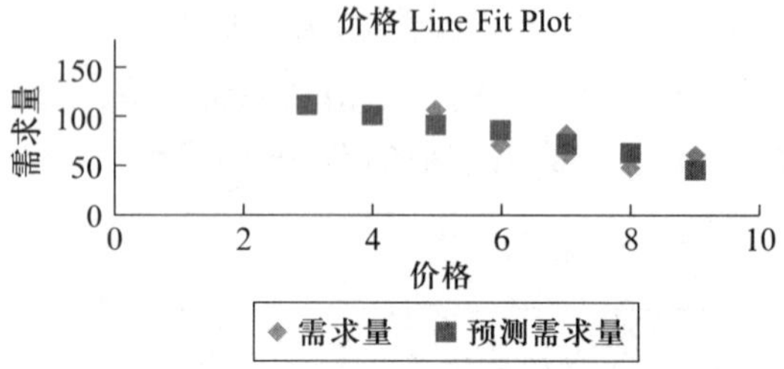

图 8-31 回归预测散点图

二、SPSS 软件在相关与回归分析中的应用

(一) 相关分析

1. 绘制相关图

以例 8-10 为例。

SPSS 操作步骤如下:

(1) 定义变量，如图 8-32 所示。

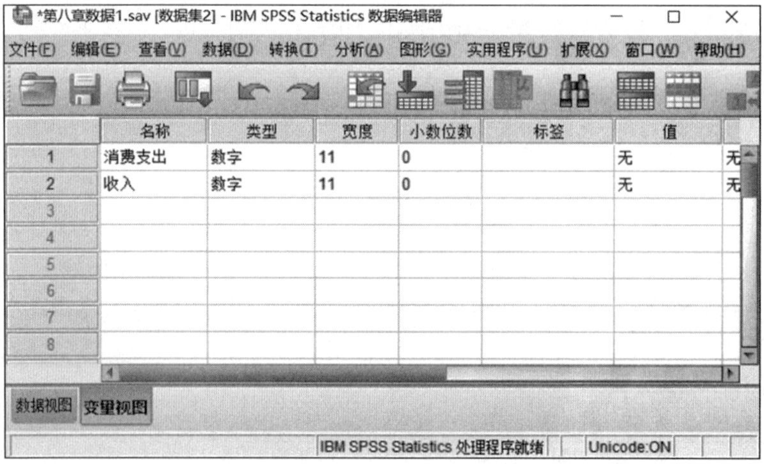

图 8-32 变量视窗

(2) 输入数据，如图 8-33 所示。

(3) 单击主菜单“图形 (G)”(绘图) 展开下拉菜单，在下拉菜单中选择“旧对话框 (L)”中的“散点图/点图 (S)”，如图 8-34 所示，弹出一个对话框，如图 8-35 所示。

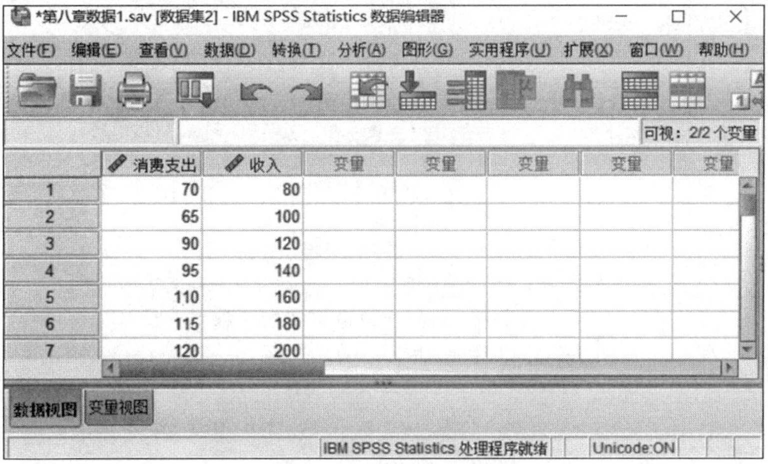

图 8-33 数据视窗

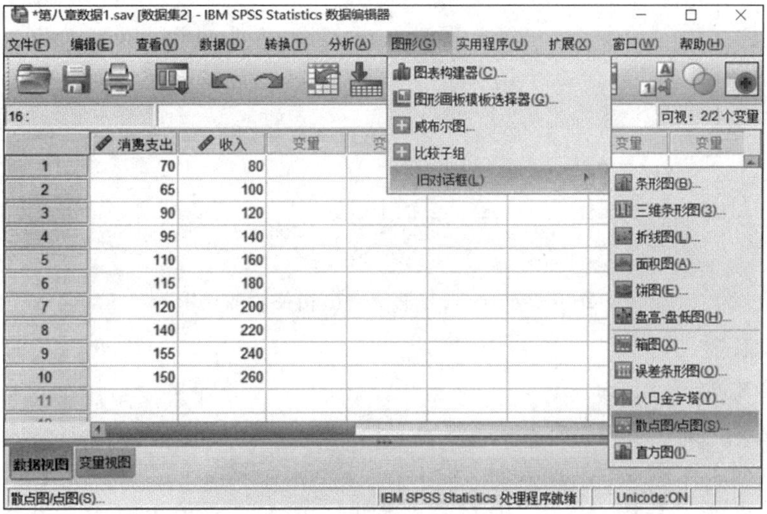

图 8-34 散点图位置

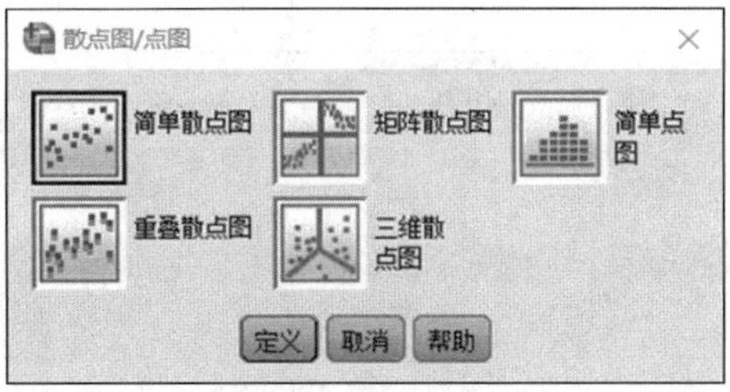

图 8-35 散点图选择对话框

（4）在散点图对话框中选“简单散点图”，单击“定义”弹出“简单散点图”对话框，如图 8-36 所示；将左侧方框中的“消费支出”调入“Y 轴”下方框中，将左侧方框中的“收入”调入“X 轴”下方框中，然后点击“确定”按钮，结果如图 8-37 所示。

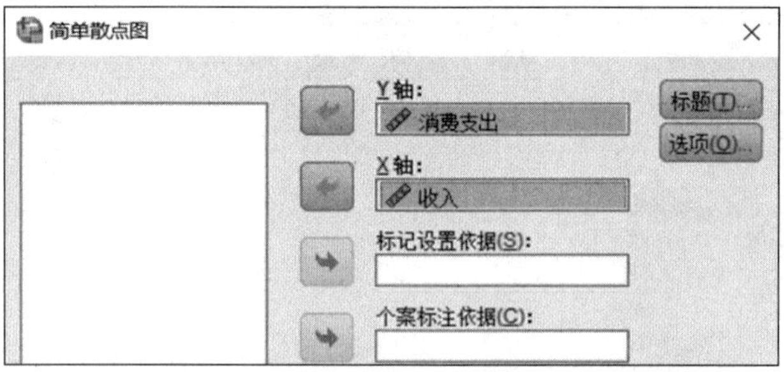

图 8-36　绘制简单散点图对话框

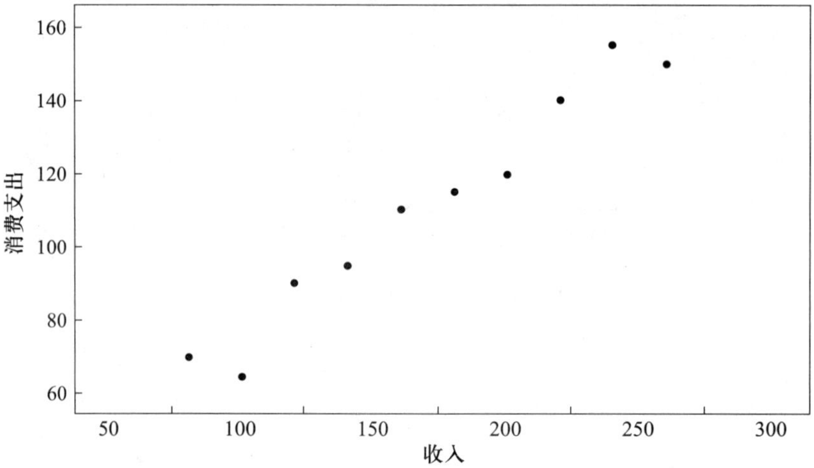

图 8-37　收入与消费支出相关性散点图

2. 计算相关系数

SPSS 操作步骤如下：

(1) 定义变量，如图 8-32 所示。

(2) 输入数据，如图 8-33 所示。

(3) 单击主菜单“分析（A)”展开下拉菜单，在下拉菜单中寻找“相关（C)”弹出小菜单，在小菜单中寻找“双变量（B)”，如图 8-38 所示；展开“双变量相关性”对话框，如图 8-39 所示。

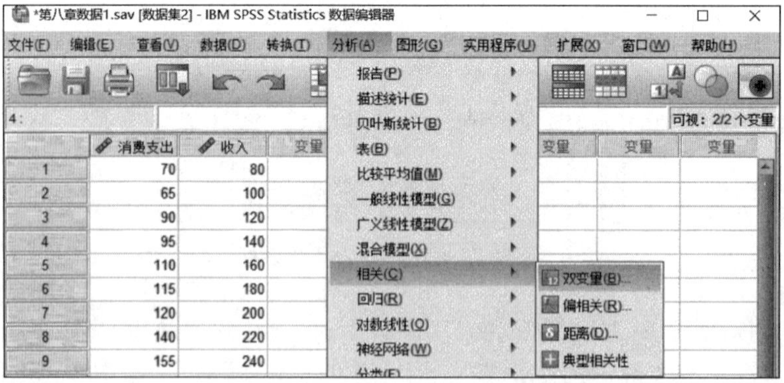

图 8-38　相关分析位置

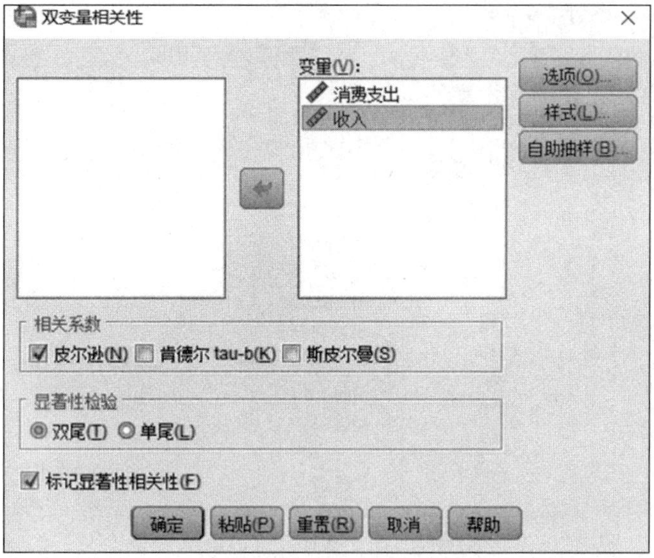

图 8-39　双变量相关分析对话框

（4）在图 8-39 左边的矩形框中，将变量通过单击向右的箭头按钮调入右边的“变量”方框中，单击“确定”按钮，结果如图 8-40 所示。

相关性

		消费支出	收入
消费支出	皮尔逊相关性	1	.981**
	Sig.（双尾）		.000
	个案数	10	10
收入	皮尔逊相关性	.981**	1
	Sig.（双尾）	.000	
	个案数	10	10

**. 在 0.01 级别（双尾），相关性显著。

图 8-40　相关系数计算结果

结果解释：皮尔逊相关性就是通常介绍的简单线性相关系数，这里是 0.981。

（二）回归分析

1. 一元线性回归分析

以例 8-10 为例。

SPSS 操作步骤如下：

（1）定义变量，同前。

（2）输入数据，同前。

（3）单击主菜单“分析（A）”展开下拉菜单，在下拉菜单中寻找“回归（R）”弹出小菜单，在小菜单中寻找“线性（L）”，如图 8-41 所示；展开“线性回归”主对话框，如图 8-42 所示。

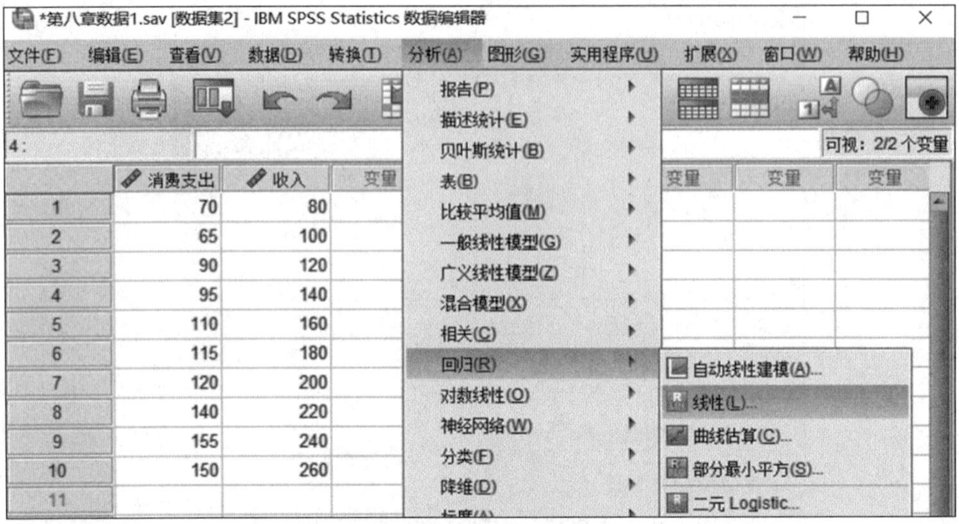

图 8-41 回归分析位置

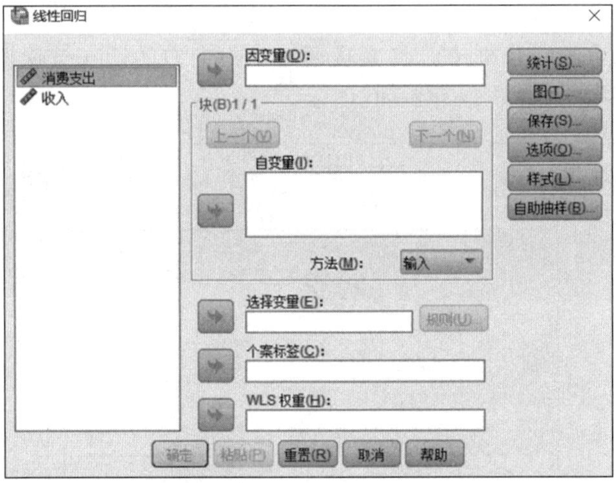

图 8-42 回归分析主对话框

(4) 在图 8-42 左边的矩形框中，选择一个因变量通过单击向右的箭头按钮调入右边的“因变量（D）”框中，选择一个或多个自变量通过单击向右的箭头按钮调入右边的“自变量（I）”框中，如图 8-43 所示。

(5) 在对话框右方有 6 个按钮。单击对话框“统计（S）”按钮，展开“统计（S）”对话框，如图 8-44 所示。

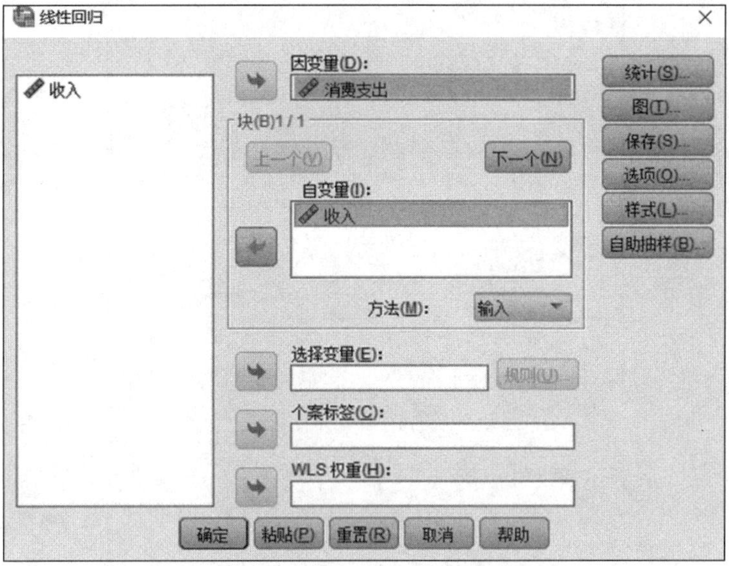

图 8-43 选择分析变量对话框

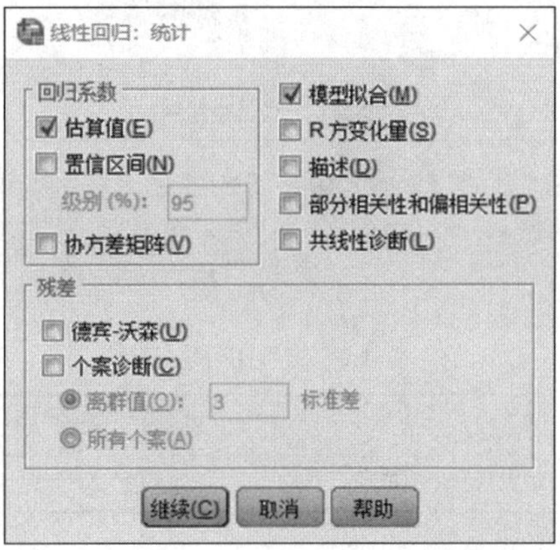

图 8-44 选择输出统计量对话框

在“回归系数”栏中，选“估算值（E）”输出回归系数的估计值及其标准误差、常数项、标准化回归系数、回归系数的 t 值及其双侧检验的显著性水平（P 值）。系统默认此项。

在对话框右侧选“模型拟合（M）”输出“引入或从模型中剔除”的变量、复相关系数、样本决定系数及其修正值、估计值的标准误差及方差分析表（系统默认此项）。

单击“保存（S）”按钮，展开“保存（S）”对话框，如图 8-45 所示。

在“预测值”栏中，选“未标准化（U）”。

在“预测区间”栏中，选“单值（I）”（当自变量为某定值时，因变量的个体值的区间估计）。

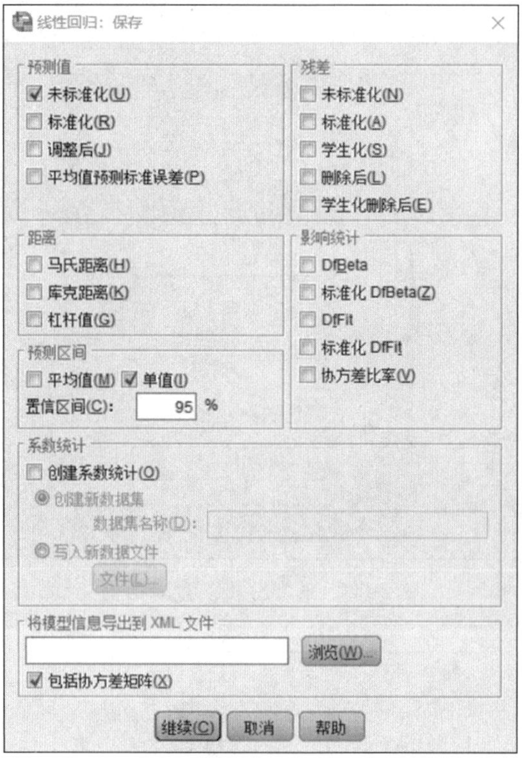

图 8-45 保存新变量对话框

(6) 在主对话框中单击“确定”按钮，执行运算，输出结果如表 8-13 至表 8-15 和图 8-46 所示。

表 8-13 模型摘要 (b)

模型	R	R^2	调整后 R^2	标准估算的错误
1	0.981 (a)	0.962	0.957	6.493 00

表 8-14 ANOVA (b)

模型		平方和	自由度	均方	F	显著性
1	回归	8 552.727	1	8 552.727	202.868	1
	残差	337.273	8	42.159	—	—
	总计	8 890.000	9	—	—	—

表 8-15 系数 (a)

模型		未标准化系数		标准化系数	t	显著性
		B	标准错误	Beta		
1	(常量)	24.455	6.414	—	3.813	0.005
	收入	0.509	0.036	0.981	14.243	0.000

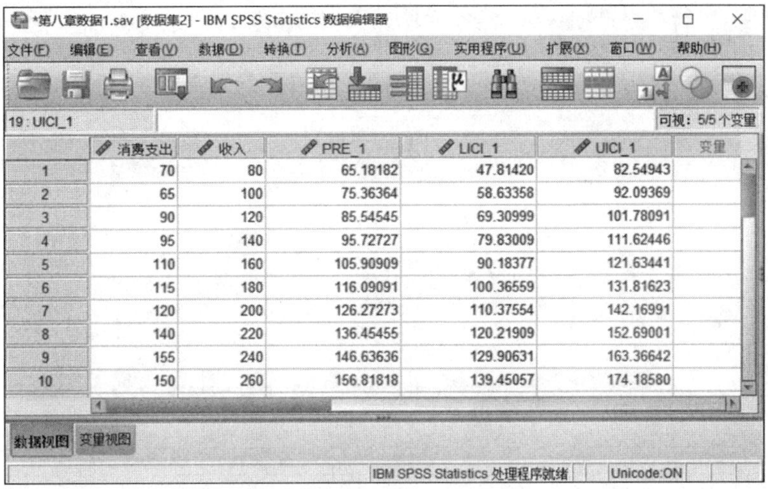

	消费支出	收入	PRE_1	LICI_1	UICI_1	变量
1	70	80	65.18182	47.81420	82.54943	
2	65	100	75.36364	58.63358	92.09369	
3	90	120	85.54545	69.30999	101.78091	
4	95	140	95.72727	79.83009	111.62446	
5	110	160	105.90909	90.18377	121.63441	
6	115	180	116.09091	100.36559	131.81623	
7	120	200	126.27273	110.37554	142.16991	
8	140	220	136.45455	120.21909	152.69001	
9	155	240	146.63636	129.90631	163.36642	
10	150	260	156.81818	139.45057	174.18580	

图 8-46　预测值及预测区间

结果解释：表 8-13 给出了相关系数 $R=0.981$，$R^2=0.962$，修正 $R^2=0.957$，估计标准误差 $S_e=6.493$。

表 8-14 给出了回归方程的显著性 F 检验结果，$F=202.868$，P 值（Sig.）= 0，回归方程显著。

表 8-15 给出了回归系数估计及其显著性 t 检验结果，回归系数显著。回归方程为：

$$\hat{Y}=24.455+0.509X$$

图 8-46 给出了预测值（PRE_1）及其预测区间（LICI_1，UICI_1）。

2. 多元线性回归分析

以例 8-11 为例，SPSS 软件操作步骤如下：

（1）定义变量，如图 8-47 所示。

（2）输入数据，如图 8-48 所示。

（3）单击主菜单“分析（A）”展开下拉菜单，在下拉菜单中寻找“回归（R）”弹出小菜单，在小菜单中寻找“线性（L）”，如图 8-49 所示；展开“线性回归”主对话框，如图 8-50 所示。

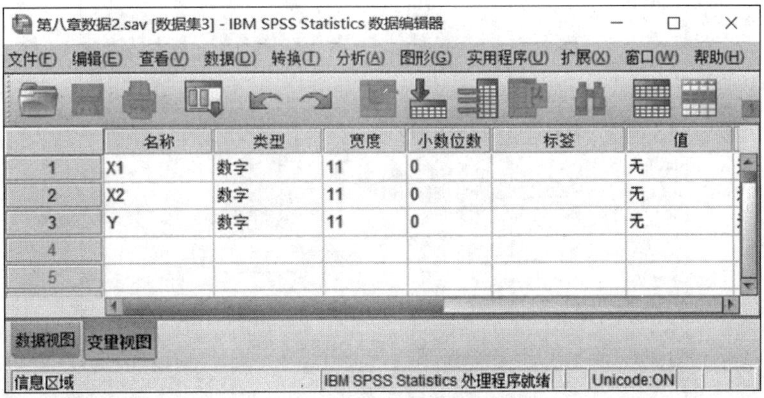

	名称	类型	宽度	小数位数	标签	值
1	X1	数字	11	0		无
2	X2	数字	11	0		无
3	Y	数字	11	0		无
4						
5						

图 8-47　变量视窗

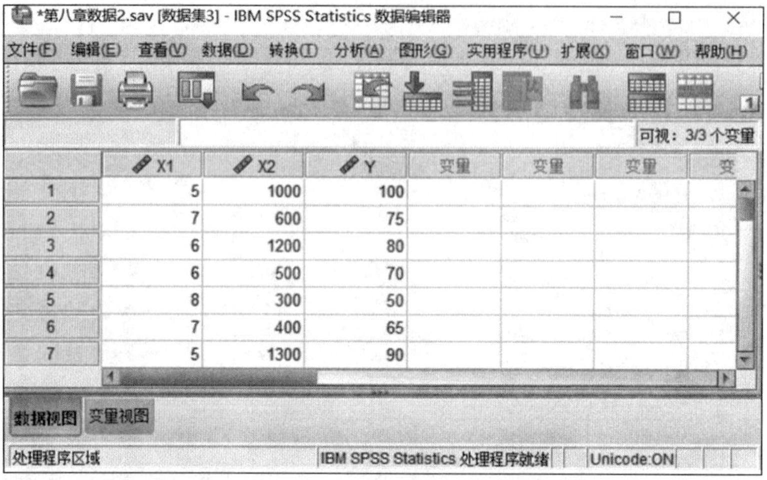

图 8-48 数据视窗

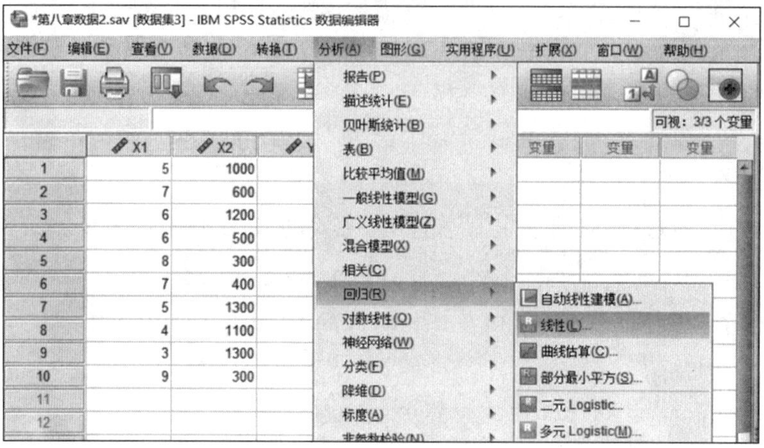

图 8-49 回归分析位置

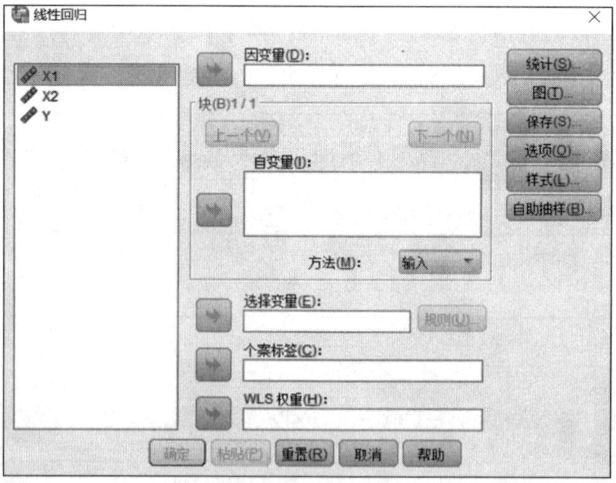

图 8-50 回归分析主对话框

（4）在图 8-50 左边的矩形框中，选择一个因变量通过单击向右的箭头按钮调入右边的“因变量（D）”框中，选择一个或多个自变量通过单击向右的箭头按钮调入右边的“自变量（I）”框中，如图 8-51 所示。

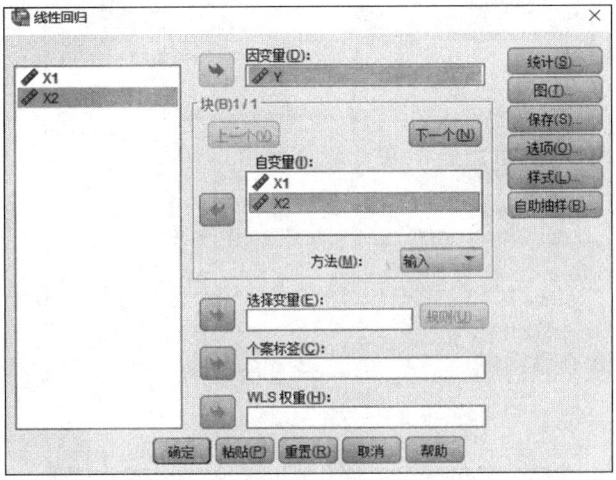

图 8-51　选择分析变量对话框

（5）在对话框下方有 4 个按钮。

单击“统计（S）”按钮，展开“统计（S）”对话框，如图 8-52 所示。

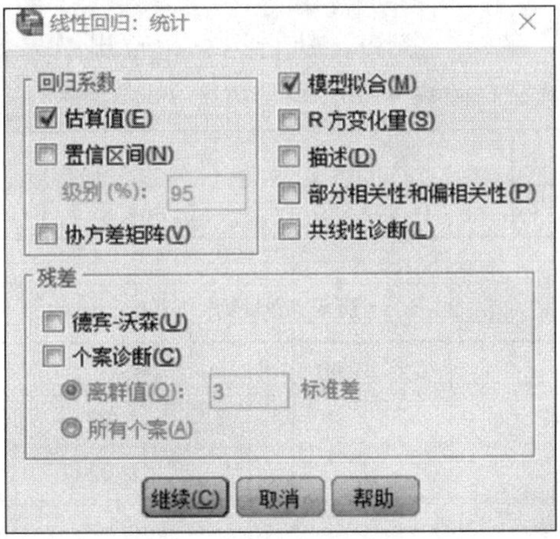

图 8-52　选择输出统计量对话框

在“回归系数”栏中，选“估算值（E）”。

在对话框右侧选“模型拟合（M）”。

单击“保存（S）”按钮，展开“保存（S）”对话框，如图 8-53 所示。

在“预测值”栏中，选“未标准化（U）”。

在“预测区间”栏中，选“单值（I）”。

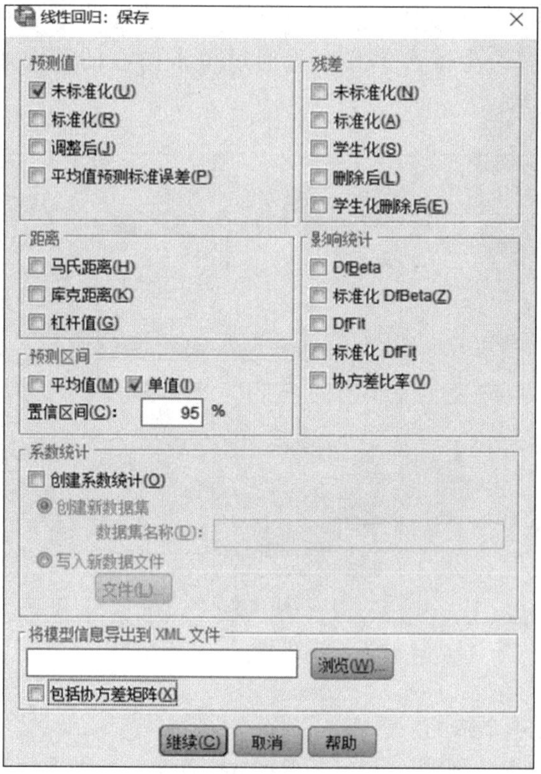

图 8-53　保存新变量对话框

（6）在主对话框中单击“确定”按钮，执行运算，输出结果如表 8-16 至表 8-18 所示。

表 8-16　模型摘要（b）

模型	R	R^2	调整后 R^2	标准估算的错误
1	0.946（a）	0.894	0.864	7.213 26

表 8-17　ANOVA（b）

模型		平方和	自由度	均方	F	显著性
1	回归	3 085.782	2	1 542.891	29.653	0.000（a）
	残差	364.218	7	52.031	—	—
	总计	3 450.000	9	—	—	—

表 8-18　系数（a）

模型		未标准化系数		标准化系数	t	显著性
		B	标准误	Beta		
1	（常量）	111.692	23.531	—	1	（常量）
	X_1	-7.188	2.555	-0.670	—	X_1
	X_2	0.014	0.011	0.306	—	X_2

结果解释：表 8-16 给出了复相关系数 $R=0.946$，$R^2=0.894$，修正 $R^2=0.864$，估计标准误差 $S_e=7.213$。

表 8-17 给出了回归方程的显著性 F 检验结果。$F=29.653$，P 值（Sig.）= 0，回归方程显著。

表 8-18 给出了回归系数估计及其显著性 t 检验结果，X_2 回归系数不显著。剔除 X_2 后重新计算，结果如表 8-19、表 8-20、表 8-21 和图 8-54 所示。

表 8-19　模型摘要（b）

模型	R	R^2	调整后 R^2	标准估算的错误
1	0.933（a）	0.870	0.853	7.500

表 8-20　ANOVA（b）

模型		平方和	自由度	均方	F	显著性
1	回归	3 000.000	1	3 000.000	53.333	0.000（a）
	残差	450.000	8	56.250	—	—
	总计	3 450.000	9	—	—	—

表 8-21　系数（a）

模型		未标准化系数		标准化系数	t	显著性
		B	标准错误	Beta		
1	（常量）	140.000	8.551	—	1	（常量）
	X_1	-10.000	1.369	-0.933	—	X_1

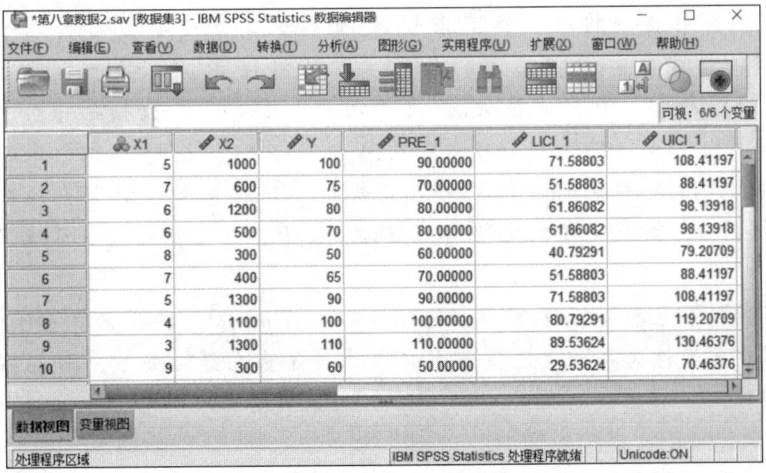

	X1	X2	Y	PRE_1	LICI_1	UICI_1
1	5	1000	100	90.00000	71.58803	108.41197
2	7	600	75	70.00000	51.58803	88.41197
3	6	1200	80	80.00000	61.86082	98.13918
4	6	500	70	80.00000	61.86082	98.13918
5	8	300	50	60.00000	40.79291	79.20709
6	7	400	65	70.00000	51.58803	88.41197
7	5	1300	90	90.00000	71.58803	108.41197
8	4	1100	100	100.00000	80.79291	119.20709
9	3	1300	110	110.00000	89.53624	130.46376
10	9	300	60	50.00000	29.53624	70.46376

图 8-54　预测值及其预测区间

本章小结

1. 变量之间的两种关系

函数关系也称确定性关系，相关关系也称非确定性关系。相关关系按照不同的特征可分为：单相关和复相关；线性相关和非线性相关；正相关和负相关；完全相关、不相关和不完全相关。

2. 单相关关系的确定

相关系数 r 是测定变量之间线性相关关系密切程度的指标。

（1）r 的取值范围为 -1 到 1。① $r=1$ 时，完全正线性相关；② $r=-1$ 时，完全负线性相关；③ $r=0$ 时，不存在线性相关关系；④ $0>r\geqslant-1$，负线性相关；⑤ $0<r\leqslant1$，正线性相关；⑥ r 越趋近于 $+-1$，线性相关关系越密切；⑦ r 越趋近于 0，线性相关关系越不密切；

（2）r 具有对称性。x 与 y 之间的相关系数和 y 与 x 之间的相关系数相等。

（3）r 数值大小与 x 和 y 的原点及尺度无关。

（4）r 仅仅是 x 与 y 之间线性关系的一个度量，它不能用于描述非线性关系。

（5）r 虽然是两个变量之间线性关系的一个度量，却不一定意味着 x 与 y 一定有因果关系。

3. 回归分析。描述变量之间具体的数量关系。按自变量的多少可分为一元回归分析和多元回归分析；按变量之间的具体变动形式可分为线性回归分析和非线性回归分析。

4. 回归模型被预测或被解释的变量为因变量，用 Y 表示；用来预测或者解释因变量的一个或者多个变量称为自变量，用 X 表示。描述因变量 Y 如何依赖自变量 X 和误差项 ε 的方程称为回归模型，只涉及一个自变量的一元线性回归模型可以表示为：$Y=b_0+b_1X_1+\varepsilon$

5. 最小二乘法。通过使因变量 Y 的观测值与估计值之间的离差平方和达到最小来估计 b_0 和 b_1 的方法。

6. 回归方程的拟合优度检验。判定系数 R^2 是以回归平方和占总离差平方和的比率表示，三个平方和的关系为：总平方和（SST）= 回归平方和（SSR）+ 残差平方和（SSE），$R^2=SSR/SST=1-SSE/SST$。判定系数 R^2 测度了回归直线对观测数据的拟合程度。判定系数 R^2 的取值范围是［0，1］。R^2 越接近 1，表明回归平方和占总平方和的比例越大，回归直线各观测点越接近，用 X 的变化来解释 Y 值变差的部分就越多，回归直线的拟合程度就越好；反之 R^2 越接近 0，回归直线的拟合程度就越差。$R^2=0$ 表示自变量 X 与因变量 Y 没有线性关系。

7. 回归方程的显著性检验。在 $Y=b_0+b_1X+\varepsilon$ 中，若 $b_1=0$，说明 X 的变化对 Y 没有影响，则 Y 与 X 之间不存在线性关系；反之，若 Y 与 X 之间不存在线性关系，则必有 $b_1=0$。

8. 回归方程预测。有点预测和区间预测两种方法。

本章知识结构图

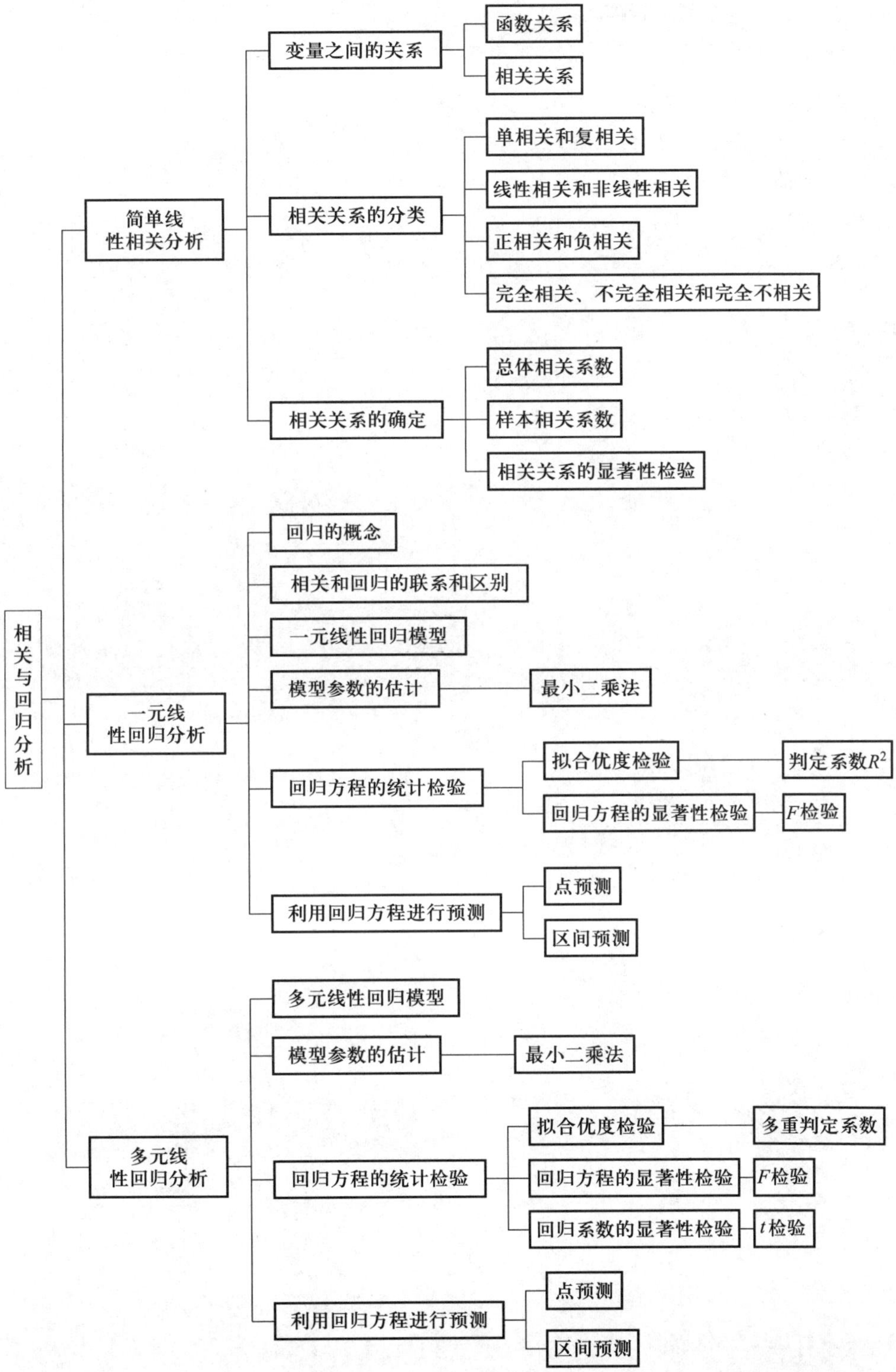
相关与回归分析
简单线性相关分析
变量之间的关系
函数关系
相关关系
相关关系的分类
单相关和复相关
线性相关和非线性相关
正相关和负相关
完全相关、不完全相关和完全不相关
相关关系的确定
总体相关系数
样本相关系数
相关关系的显著性检验
一元线性回归分析
回归的概念
相关和回归的联系和区别
一元线性回归模型
模型参数的估计
最小二乘法
回归方程的统计检验
拟合优度检验
判定系数R^2
回归方程的显著性检验
F检验
利用回归方程进行预测
点预测
区间预测
多元线性回归分析
多元线性回归模型
模型参数的估计
最小二乘法
回归方程的统计检验
拟合优度检验
多重判定系数
回归方程的显著性检验
F检验
回归系数的显著性检验
t检验
利用回归方程进行预测
点预测
区间预测

本章思考题

1. 什么是相关关系？有哪些种类？
2. 如何计算相关系数的计算及检验？
3. 在回归方程 $\hat{Y}=\hat{b}_0+\hat{b}_1X$ 中，$\hat{b}_1$ 的经济意义是什么？
4. 为什么对回归模型进行检验？
5. 如何计算估计标准误差？

测一测

第九章　时间序列分析

知识目标

- 了解时间序列的概念和分类
- 理解时间序列指标和分解思路
- 重点掌握长期趋势和季节变动的测定
- 掌握时间序列的分解

能力目标

- 具备为时间序列测定长期趋势和季节变动的能力
- 能够将时间序列分解并对其进行预测

重点难点

- 时间序列的分析指标
- 长期趋势的测定
- 季节变动的测定方法

案例思考 9-1

沧桑巨变七十载　民族复兴铸辉煌

新中国诞生时，我国经济基础极为薄弱。1952 年我国国内生产总值仅为 679 亿元，人均国内生产总值为 119 元。经过长期努力，1978 年我国国内生产总值增加到 3 679 亿元，占世界经济的比重为 1.8%，居全球第 11 位。改革开放以来，我国经济快速发展，1986 年经济总量突破 1 万亿元，2000 年突破 10 万亿元大关，超过意大利成为世界第六大经济体，2010 年达到 412 119 亿元，超过日本并连年稳居世界第二。党的十八大以来，我国综合国力持续提升，经济总量连续跨越 80 万、90 万亿元大关。2020 年在一系列政策作用下，中国国内生产总值首次突破 100 万亿元，成为当年全球唯一实现经济正增长的主要经济体，2021 年我国 GDP 突破 110 万亿元，达到 114.4 万亿元，实现“十四五”良好开局。1952—2021 年我国国内生产总值增长如图 9-1 所示。

通过对图 9-1 的观测，是否可以回答以下问题：我国国民经济增长的总体趋势是怎样的？经济发展的波动有无规律可循？可以对未来的经济发展趋势进行预测吗？经济发展的变动受多个因素的影响，能否从相关数据分析出主要的影响因素？

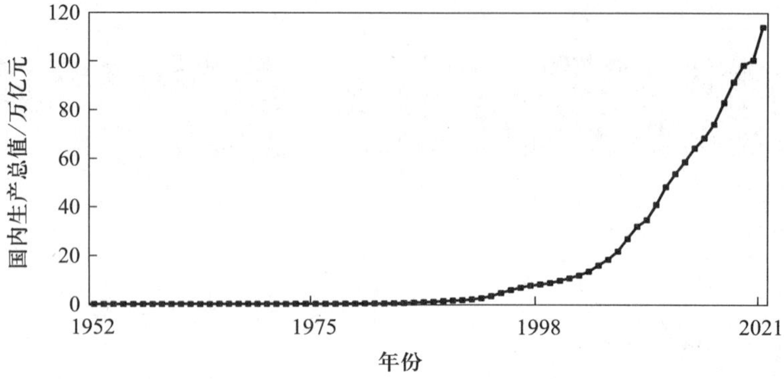

图 9-1　1952—2021 年我国国内生产总值

第一节　时间序列的分析指标

一、时间序列的概念和分类

（一）时间序列的概念

扫描二维码
观看慕课视频

时间序列是把同一现象在不同时间上的统计指标按照时间先后顺序排列而成的数列。表 9-1 中包含若干个时间序列。新中国成立初期，我国的人口总数为 5.7 亿人，2005 年 1 月 6 日达到了 13 亿人，2022 年末达到了 14.12 亿人。人口的总量随着时间不同而变化。为了了解和分析人口总量的发展趋势和变化规律，应该掌握长时期内的人口总量资料，这就需要借助时间序列进行分析。

表 9-1　我国社会经济和人口发展资料

年份	国内生产总值（亿元）	一般公共预算收入（亿元）	年末总人口（万人）	城市人口比重（%）	职工平均工资（元）	人均国内生产总值（元）
2001	110 863.1	16 386.04	127 627	37.66	10 870	8 717
2002	121 717.4	18 903.64	128 453	39.09	12 373	9 506
2003	137 422.0	21 715.25	129 227	40.53	13 969	10 666
2004	161 840.2	26 396.47	129 988	41.76	15 920	12 487
2005	187 318.9	31 649.29	130 756	42.99	18 200	14 368
2006	219 438.5	38 760.20	131 448	44.34	20 856	16 738
2007	270 092.3	51 321.78	132 129	45.89	24 721	20 494
2008	319 244.6	61 330.35	132 802	46.99	28 898	24 100
2009	348 517.7	68 518.30	133 450	48.34	32 244	26 180

续表

年份	国内生产总值（亿元）	一般公共预算收入（亿元）	年末总人口（万人）	城市人口比重（%）	职工平均工资（元）	人均国内生产总值（元）
2010	412 119.3	83 101.51	134 091	49.95	36 539	30 808
2011	487 940.2	103 874.43	134 916	51.83	41 799	36 277
2012	538 580.0	117 253.52	135 922	53.10	46 769	39 771
2013	592 963.2	129 209.64	136 726	54.49	51 483	43 497
2014	643 563.1	140 370.03	137 646	55.75	56 360	46 912
2015	688 858.2	152 269.23	138 326	57.33	62 029	49 922
2016	746 395.1	159 604.97	139 232	58.84	67 569	53 783
2017	832 035.9	172 592.77	140 011	60.24	74 318	59 592
2018	919 281.1	183 359.84	140 541	61.50	82 413	65 534
2019	986 515.2	190 390.08	141 008	62.71	90 501	70 078
2020	1 013 567.0	182 895.00	141 212	63.89	97 379	71 828
2021	1 143 669.7	202 539.00	141 260	64.72	10 6837	80 976

资料来源：2021 年《中国统计年鉴》。

时间序列由指标所属的时间和不同时间上的统计指标两部分组成。通过时间序列，可以描述和分析现象的动态变化。因此，时间序列又称动态数列或时间数列。

研究时间序列具有重要的作用。首先，时间序列可以描述社会经济现象发展的过程和结果。其次，可以分析社会经济现象的发展方向、水平、速度。最后，通过对时间序列的分析可以掌握现象发展变化的数量规律性及其发展趋势，有利于对其未来发展进行预测。时间序列是统计分析的一种重要方法。

（二）时间序列的分类

时间序列按其指标的表现形式不同可分为绝对数时间序列、相对数时间序列和平均数时间序列三种。其中，绝对数时间序列是基本数列，其余两种是派生数列。

1. 绝对数时间序列

由一系列同类的绝对指标（总量指标）数值按时间顺序排列而成的数列称绝对数时间序列。它反映现象在不同时间上所达到的绝对发展水平。按其所反映的社会经济现象性质来看，又可进一步划分为时期数列和时点数列。

（1）时期数列。将时期指标按时间顺序排列，形成时期数列。时期数列中的各总量指标数值反映现象在一段时期内的发展总量，如表 9-1 中的国内生产总值数列就是一个时期数列。

时期数列的特点如下：

一是数列中各个指标数值可以相加。相加后的指标数值就表示现象在更长时期内的发展的总量。

二是数列中每个指标数值的大小与其时期长短有关。每个指标所包括的时间长度叫“时期”。一般来说，时期越长，指标数值就越大；反之，指标数值就越小。

三是数列中的每个指标数值，通常是通过连续登记得到的。

（2）时点数列。将时点指标按时间顺序排列，形成时点数列。时点数列中的各指标数值反映现象在某一时点上达到的总量和水平，如表 9-1 中的年末总人口数列就是时点数列。时点数列的特点如下：

一是数列中每个总量指标的数值不能相加。指标数值相加后，不仅会发生重复计算，而且也无法说明这个数值是属于哪一个时点上现象的总量，没有实际意义。

二是数列中每个指标数值的大小与其时点间隔长短无直接关系。两个相邻指标数值在时间上的距离叫作“时点间隔”。

三是数列中每个指标的数值，通常是通过间断登记（一次性登记）取得的。

2. 相对数时间序列

由一系列相对数按时间顺序排列而成的数列称为相对数时间序列。如表 9-1 中的城市人口比重数列就是相对数时间序列。相对数时间序列中的各指标数值通常是不能直接相加的。

3. 平均数时间序列

由一系列平均数按时间顺序排列而成的数列称为平均数时间序列。如表 9-1 中的职工平均工资就是一个平均数时间序列。该数列的各指标数值也不能直接相加。

二、时间序列的分析指标

常用的时间序列的分析指标有：① 绝对数分析指标，即发展水平和增长量。② 相对数分析指标，即发展速度和增长速度。③ 平均数分析指标，即平均发展水平、平均增长量、平均发展速度、平均增长速度。

（一）发展水平

时间序列中的每个指标数值都可叫作发展水平或时间序列水平。它是计算其他动态分析指标的基础，一般用符号 a 表示。根据时间序列的种类不同，发展水平既可以是总量指标，也可以是相对指标或平均指标。表 9-1 中的每一个指标数值都可以是一个发展水平。

发展水平根据其所处的位置不同可分为期初水平、期末水平和中间水平三种。时间序列中第一个指标数值叫期初水平，它反映现象发展变化的起点，一般用 a_1 表示；最后一个指标数值叫期末水平，用 a_n 表示；其余各个指标数值叫中间水平，用 a_2，a_3，…，a_{n-1}表示。发展水平根据研究目的可以分为报告期水平和基期水平，将所研究的那一时期的指标数值叫做报告期水平，将用来进行对比的基础时期的指标数值叫基期水平。

基期的选择通常有三种方式最为常见。一是报告期不管是哪个时期，基期总是选择其前一时期，计算的指标一般称为环比指标。二是报告期不管是哪个时期，基期总是选择某一固定时期，如数列的期初水平，计算的指标一般称为定基指标。三是报告期不管是哪个时期，基期总是选择去年同期，计算的指标一般称为年距指标。

发展水平在文字说明上习惯用“增加到”“达到”或“降低为”表示。例如，我国国内生产总值 2005 年达到 187 318.9 亿元，2019 年增加到 986 515.2 亿元。

（二）增长量

增长量是时间序列中报告期水平与基期水平之差，反映现象在一段时期内增加或减少的绝对数量。其计算公式为：

$$增长量=报告期发展水平-基期发展水平 \tag{9-1}$$

计算结果可正可负，正值表示增加的绝对数量，负值表示减少的绝对数量，因此增长量也可称为增减量。

由于采用的基期不同，增长量有逐期增长量和累计增长量两种。逐期增长量是各期水平与其上期水平之差，表明一段时期内逐期增减变动的绝对数量；累计增长量是各期水平与某一固定时期水平之差，表明在较长一段时期内累计增减的绝对数量。

设 a_1，a_2，a_3，…，a_n 为各时期发展水平，则有：

各时期逐期增长量：a_2-a_1，a_3-a_2，a_4-a_3，…，a_n-a_{n-1}

各时期累计增长量：a_2-a_1，a_3-a_1，a_4-a_1，…，a_n-a_1

可以看出，逐期增长量与累计增长量在数量上有一定的关系，累计增长量等于相应各逐期增长量之和。

【例 9-1】 我国某地私人汽车拥有量如表 9-2 所示，计算各逐期增长量和各累计增长量如表 9-2 所示。

表 9-2　某地私人汽车拥有量分析指标计算表①

年份	私人汽车拥有量（万辆）	增长量（万吨）		发展速度（%）		增长速度（%）	
		逐期	累计	环比	定基	环比	定基
2011	65.10	—	—	—	100.00	—	—
2012	88.50	23.40	23.40	135.94	135.94	35.94	35.94
2013	114.49	25.99	49.39	129.37	175.87	29.37	75.87
2014	141.36	26.87	76.26	123.47	217.14	23.47	117.14
2015	170.19	28.83	105.09	120.39	261.43	20.39	161.43
2016	206.13	35.94	141.03	121.12	316.64	21.12	216.64
2017	242.18	36.05	177.08	117.49	372.01	17.49	272.01
2018	275.21	33.03	210.11	113.64	422.75	13.64	322.75
2019	315.00	39.79	249.90	114.46	483.87	14.46	383.87
2020	349.80	34.80	284.70	111.05	537.33	11.05	437.33
2021	380.86	31.06	315.76	108.88	585.04	8.88	485.04
2022	408.08	27.22	342.98	107.15	626.85	7.15	526.85

另外，对于受季节因素影响较明显的社会经济现象，为了表明它们增长变化的绝对数量，还可计算年距增长量，以消除季节因素对现象变化的影响。年距增长量是报告期水平与去年同期水平之差。

$$年距增长量=报告期发展水平-去年同期发展水平 \tag{9-2}$$

① 本表格数据采用 Excel 公式计算，由于计算过程中的四舍五入，各分项和与总和之间存在一定的误差，即各分项加总后与总和不完全相等。本章其余表格数据计算过程相同。

（三）发展速度

发展速度是反映国民经济发展变化最常用也最重要的指标之一，是时间序列中报告期水平与基期水平之比，表明现象发展变化的速度或程度，习惯上用百分数表示。

其计算公式为：

$$发展速度=\frac{报告期发展水平}{基期发展水平}\times 100\% \tag{9-3}$$

根据研究目的的不同，计算发展速度可采用不同的基期，发展速度可以分为环比发展速度与定基发展速度。环比发展速度是报告期水平与前一时期水平之比，表明现象逐期发展变动的程度；定基发展速度是报告期水平与某一固定时期水平（一般是期初水平，我国一般采用年代初期水平）之比，表明现象在一段时期内总的发展程度，所以定基发展速度也称为总速度。

设 a_1，a_2，a_3，…，a_n 为各时期发展水平，那么，各期的环比发展速度和定基发展速度可表示为：

环比发展速度：$\frac{a_2}{a_1}$，$\frac{a_3}{a_2}$，$\frac{a_4}{a_3}$，…，$\frac{a_n}{a_{n-1}}$

定基发展速度：$\frac{a_2}{a_1}$，$\frac{a_3}{a_1}$，$\frac{a_4}{a_1}$，…，$\frac{a_n}{a_1}$

可以看出，定基发展速度与环比发展速度之间也具有一定的数量关系。定基发展速度等于相应各环比发展速度的连乘积。计算如表 9-2 所示。

另外，对于受季节因素影响较明显的社会经济现象，为了表明它们的发展变化程度，还可计算年距发展速度，以消除季节因素对现象变化的影响。年距发展速度是报告期水平与去年同期水平之比。

$$年距发展速度=\frac{报告期发展水平}{去年同期发展水平}\times 100\% \tag{9-4}$$

（四）增长速度

增长速度也称增长率，是增长量与基期水平之比，表明现象增长或降低的程度。它可以根据增长量计算，也可根据发展速度计算。习惯上用百分数表示。

其公式为：

$$增长速度=\frac{增长量}{基期发展水平}\times 100\%=发展速度-1(或 100\%) \tag{9-5}$$

由于发展速度有环比发展速度与定基发展速度之分，故增长速度也有环比增长速度和定基增长速度两种。

$$\begin{aligned}环比增长速度&=\frac{逐期增长量}{基期发展水平}\times 100\%=环比发展速度-1(或 100\%)\\定基增长速度&=\frac{累计增长量}{基期发展水平}\times 100\%=定基发展速度-1(或 100\%)\end{aligned} \tag{9-6}$$

需要指出，环比增长速度与定基增长速度之间没有直接的换算关系，由环比增长速度推算定基增长速度时，可先将各环比增长速度加 1 变成环比发展速度后连乘，再将结果减 1，即得定基增长速度。计算如表 9-2 所示。

此外，对于受季节因素影响明显的社会经济现象，为了消除季节因素影响，还可计算年距增长速度。

$$年距增长速度=年距发展速度-1(或100\%) \tag{9-7}$$

（五）平均发展水平（序时平均数）

将不同时期的发展水平加以平均而得到的平均数叫平均发展水平，一般也叫序时平均数或动态平均数。它和一般平均数（静态平均数）有共同之处，都是将现象的个别数量差异抽象化，概括地反映其一般水平。但两者也有区别，平均发展水平所平均的是社会经济现象在不同时间上的差异，从动态上说明其在一段时间内发展的一般水平，它是根据时间序列来计算的；而一般平均数是将总体各单位某一数量标志值在同一时间上的数量差异抽象化，从静态上说明其在具体历史条件下的一般水平，它是根据变量数列来计算的。

不同的时间序列，其特点不同，计算平均发展水平的方法也有所不同，分别说明如下：

1. 根据绝对数时间序列计算平均发展水平

（1）根据时期数列计算平均发展水平。由于时期数列的各期发展水平可以直接相加，因此平均发展水平可采用简单算术平均法。计算公式为：

$$\bar{a}=\frac{a_1+a_2+\cdots+a_{n-1}+a_n}{n}=\frac{\sum a}{n} \tag{9-8}$$

式中，$\bar{a}$ 表示平均发展水平；a 表示各期发展水平；n 表示时期项数。

【例 9-2】 根据表 9-1 中国国内生产总值数列，计算 2001—2021 年期间平均每年的国民生产总值。

$$\bar{a}=\frac{\sum a}{n}=\frac{110\ 863.1+121\ 717.4+\cdots+1\ 143\ 669.7}{21}=518\ 187.747\ 6\ (亿元)$$

我国 2001—2021 年期间平均每年的国民生产总值为 518 187.747 6 亿元。

（2）根据时点数列计算平均发展水平。时点数列有连续时点数列和间断时点数列两种。统计计算规定，如果时点数列的资料是逐日记录、逐日排列的，称为连续时点数列。如果时点数列的资料是按月（季度、年度）记录、逐月（季度、年度）排列的，称为间断时点数列。

① 连续时点数列。连续时点数列又根据间隔是否相等，分为间隔相等的连续时点数列和间隔不等的连续时点数列。此时可按时期数列的公式计算平均发展水平，因为时期数列中的指标数值是连续记录的，是连续的时点数的累加结果。

（a）间隔相等的连续时点数列。若时点数列是以日为间隔编制且间隔相等的连续时点数列，可用简单算术平均法求平均发展水平，即以各时点数值的总和 $\sum a$ 除以时点个数 n。

$$\bar{a}=\frac{\sum a}{n} \tag{9-9}$$

【例 9-3】 已知某企业某月上旬每天出勤的人数，计算企业上旬每天平均出勤人数，就可将上旬每天的出勤人数相加，除以该月上旬日数。数据如表 9-3 所示。

表 9-3　某企业某月上旬每天出勤的人数

日	1	2	3	4	5	6	7	8	9	10
出勤人数（人）	200	200	200	210	210	208	208	208	208	208

$$\bar{a}=\frac{\sum a}{n}=\frac{2\ 060}{10}=206\text{（人）}$$

（b）间隔不等的连续时点数列。即被研究现象不是逐日变动的，则可根据整个研究时间内每次变动的资料，用每次变动持续的间隔长度 f 为权数对各时点水平 a 加权，应用加权算术平均法计算平均发展水平，计算公式为：

$$\bar{a}=\frac{\sum af}{\sum f} \tag{9-10}$$

例如，仍以上例 9-3 某企业某月上旬每天出勤的人数资料为例，计算企业上旬每天平均出勤人数。资料如表 9-4 所示。

表 9-4　某企业某月上旬每天出勤的人数资料

日	每天出勤人数（人）
1～3	200
4～5	210
6～10	208

该企业上旬出勤人数变动的间隔时间不等，因此，该企业上旬平均出勤人数的计算应采用加权算术平均法，即：

$$\bar{a}=\frac{\sum af}{\sum f}=\frac{200\times3+210\times2+208\times5}{3+2+5}=\frac{2\ 060}{10}=206\text{（人）}$$

即该企业上旬每天平均出勤人数为 206 人。

② 间断时点数列。间断时点数列的指标数值都是各期期初或期末的资料，它也有间隔相等与间隔不等之分。

（a）间隔相等的间断时点数列。根据间隔相等的间断数列计算平均发展水平，先假定相邻两期发展水平的变化呈均匀变化，计算各相邻两期发展水平的平均数，而后再对这些平均数用简单算术平均法求平均发展水平，这种方法叫作简单序时平均法，或首末（尾）折半法。

计算公式为：

$$\bar{a}=\frac{\frac{a_1+a_2}{2}+\frac{a_2+a_3}{2}+\cdots+\frac{a_{n-1}+a_n}{2}}{n-1}$$

或

$$\bar{a}=\frac{\frac{a_1}{2}+a_2+\cdots+a_{n-1}+\frac{a_n}{2}}{n-1} \tag{9-11}$$

式中，n 代表时点项数。

例如，根据表 9-1 中各年末总人口数数列，计算年平均人口数。

$$\bar{a}=\frac{\frac{a_1}{2}+a_2+\cdots+a_{n-1}+\frac{a_n}{2}}{n-1}$$

$$=\frac{\frac{127\ 627}{2}+128\ 453+\cdots+141\ 212+\frac{141\ 260}{2}}{21-1}$$

$$=135\ 116.4\ （万人）$$

我国 2001—2021 年间，平均每年人口数为 135 116.4 万人。

（b）间隔不等的间断时点数列。对于间隔不等的间断时点资料，则要用间隔时间长度为权数，对各两点水平的平均数进行加权平均，此方法称为加权序时平均法。

计算公式为：

$$\bar{a}=\frac{\frac{a_1+a_2}{2}f_1+\frac{a_2+a_3}{2}f_2+\cdots+\frac{a_{n-1}+a_n}{2}f_{n-1}}{f_1+f_2+\cdots+f_{n-1}} \tag{9-12}$$

【例 9-4】 某银行月末储蓄存款余额资料如表 9-5 所示，计算该银行月平均储蓄存款余额。

表 9-5　某银行储蓄存款资料

时间	1 月 1 日	4 月 30 日	6 月 30 日	10 月 31 日	12 月 31 日
存款余额（万元）	1 000	1 400	1 250	1 600	1 550

月平均储蓄存款余额：

$$\bar{a}=\frac{\frac{1\ 000+1\ 400}{2}\times4+\frac{1\ 400+1\ 250}{2}\times2+\frac{1\ 250+1\ 600}{2}\times4+\frac{1\ 600+1\ 550}{2}\times2}{4+2+4+2}$$

$$=\frac{16\ 300}{12}=1\ 358.33\ （万元）$$

根据间断时点数列计算平均发展水平，是假定现象在相邻两个时点之间的变动是均匀的，实际上各种现象的变动并不完全如此。为了使计算结果能够反映实际情况，间断时点数列的间隔不宜过长。

2. 根据相对数时间序列计算平均发展水平

相对数通常是由两个绝对数对比而成，即 $c=\frac{a}{b}$。因此，相对数时间序列一般也是由两个绝对数时间序列对比而成的，其中 c 为相对数时间序列，a 和 b 分别是两个绝对数时间序列，即 $c=\frac{a}{b}$。计算平均发展水平 $\bar{c}$ 的基本思想是：先分别求出 a 数列和 b 数列的平均发展水平，而后再进行对比。其基本公式为：

$$\bar{c}=\frac{\bar{a}}{\bar{b}} \tag{9-13}$$

式中，$\bar{a}$ 表示分子数列的平均发展水平；$\bar{b}$ 表示分母数列的平均发展水平。

$\bar{a}$ 和 $\bar{b}$ 可按相应绝对数时间序列平均发展水平的计算方法求得。

（1）由两个时期数列对比所形成的相对数时间序列。

【例 9-5】 根据我国 2016—2021 年国内生产总值资料计算第三产业增加值占国内生产总值的平均比重。资料如表 9-6 所示。

表 9-6 某地区国内生产总值资料

年份	2016	2017	2018	2019	2020	2021
国内生产总值（亿元）	746 395. 1	832 035. 9	919 281. 1	986 515. 2	1 013 567. 0	1 143 669. 7
其中第三产业增加值（亿元）	390 828. 1	438 355. 9	489 700. 8	535 371. 0	551 973. 7	609 679. 7
第三产业增加值比重（%）	52. 36	52. 68	53. 27	54. 27	54. 46	53. 31

设第三产业增加值比重时间序列为 c，那么，第三产业增加值时间序列和全部国内生产总值时间序列分别为 a 和 b。则有：

$$\bar{a}=\frac{\sum a}{n}=\frac{390\ 828.1+438\ 355.9+\cdots+609\ 679.7}{6}=\frac{3\ 015\ 909.2}{6}=502\ 651.53\text{（亿元）}$$

$$\bar{b}=\frac{\sum b}{n}=\frac{746\ 395.1+832\ 035.9+\cdots+1\ 143\ 669.7}{6}=\frac{5\ 641\ 464}{6}=940\ 244\text{（亿元）}$$

那么，我国 2016—2021 年第三产业增加值占国内生产总值的平均比重为：

$$\bar{c}=\frac{\bar{a}}{\bar{b}}=\frac{502\ 651.53}{940\ 244}\times 100\%=53.46\%$$

（2）由两个时点数列对比所形成的相对数时间序列。时点数列有连续时点数列和间断时点数列之分，而每一种又有间隔相等和间隔不等两种情况，因此，平均发展水平的具体计算方法也不一样。根据掌握的不同时点数列资料，利用计算相对数时间序列的基本方法进行计算。

【例 9-6】 某企业生产工人数占全部职工人数的比重如表 9-7 所示，求第一季度生产工人数占全部工人数的平均比重。

表 9-7 某企业生产工人数占全部职工人数的比重

时间	1 月 1 日	2 月 1 日	3 月 1 日	4 月 1 日
a. 生产工人数（人）	350	380	400	410
b. 全部职工人数（人）	428	450	440	443
c. 生产工人占全部职工人数的比重（%）	81. 78	84. 44	90. 91	92. 55

表中 a，b 数列均为间隔相等的间断时点数列，用首末折半法计算平均发展水平。即：

$$\bar{a}=\frac{\frac{a_1}{2}+a_2+\cdots+a_{n-1}+\frac{a_n}{2}}{n-1}=\frac{\frac{350}{2}+380+400+\frac{410}{2}}{4-1}=\frac{1\ 160}{3}=386.67\text{（人）}$$

$$\bar{b}=\frac{\frac{b_1}{2}+b_2+\cdots+b_{n-1}+\frac{b_n}{2}}{n-1}=\frac{\frac{428}{2}+450+440+\frac{443}{2}}{4-1}=\frac{1\ 325.5}{3}=441.83\text{（人）}$$

所以，$\bar{c}=\frac{\bar{a}}{\bar{b}}=\frac{386.67}{441.83}\times100\%=87.52\%$

该企业第一季度生产工人占全部职工人数的平均比重为 87.52%。

如果分子、分母数列是其他形式的时点数列，应采用相应的公式计算方法计算平均发展水平，然后把两个平均发展水平进行对比，求出相对数时间序列的平均发展水平。

(3) 由一个时期数列和一个时点数列对比所形成的相对数时间序列。

下面以表 9-8 资料为例，说明其计算方法。

【例 9-7】 某超市销售收入资料如表 9-8 所示，求该超市上半年平均每月人均销售收入。

表 9-8　某超市企业销售收入资料

月份	1	2	3	4	5	6	7
a. 销售收入（万元）	300	270	310	320	350	360	400
b. 月初人数（人）	40	42	38	40	42	43	44
c. 人均销售收入（万元/人）	7.50	6.43	8.16	8.00	8.33	8.37	9.09

表中 a 数列销售收入为时期数列，用简单算术平均法计算其平均发展水平；b 数列人数为间隔相等的间断时点数列，用首末折半法计算其平均发展水平。即：

$$\bar{a}=\frac{\sum a}{n}=\frac{300+270+310+320+350+360}{6}=\frac{1\ 910}{6}=318.33\text{（万元）}$$

$$\bar{b}=\frac{\frac{b_1}{2}+b_2+\cdots+b_{n-1}+\frac{b_n}{2}}{n-1}=\frac{\frac{40}{2}+42+38+40+42+43+\frac{44}{2}}{7-1}=\frac{247}{6}=41.17\text{（人）}$$

所以，$\bar{c}=\frac{\bar{a}}{\bar{b}}=\frac{318.33}{41.17}=7.73$（万元/人）

该商业企业上半年月人均销售收入为 7.73 万元/人。

3. 根据平均数时间序列计算平均发展水平

平均数时间序列与相对数时间序列一样，一般也是由两个绝对数时间序列相对比形成的。因此，计算平均发展水平的方法也与相对数时间序列的方法相似，在此不再赘述。

（六）平均增长量

平均增长量是一段时期内各逐期增长量的平均数，表明现象在一段时期内平均每期增减的绝对数量。根据掌握资料的不同，计算公式为：

$$\text{平均增长量}=\frac{\text{各逐期增长量之和}}{\text{逐期增长量个数}}=\frac{\text{最后一期累计增长量}}{\text{时间数列项数}-1}\tag{9-14}$$

根据表 9-2 中的资料，计算 2011—2022 年某地私人汽车拥有量的年平均增长量为：

$$\text{平均增长量}=\frac{23.40+25.99+\cdots+31.06+27.22}{11}=\frac{342.98}{12-1}=31.18\text{（万吨）}$$

（七）平均发展速度

平均发展速度是各环比发展速度的平均数，表明现象在一个较长时期中逐年平均发展变化的程度。

在实际工作中，计算平均发展速度通常有水平法和方程法两种。水平法由于使用方便因而应用广泛。方程法因需解高次方程，计算时要借助事先算好的平均发展速度查对表使用，因而受到限制。

1. 水平法（几何平均法）

计算公式为：

$$\overline{X}=\sqrt[n]{X_1X_2\cdots X_n}=\sqrt[n]{\prod X} \tag{9-15}$$

式中，$\overline{X}$ 为平均发展速度；X 为各时期环比发展速度；n 为环比发展速度的个数；$\prod$ 为连乘符号。

环比发展速度的连乘积为定基发展速度。因此，平均发展速度也可直接由定基发展速度计算，也即：

$$\overline{X}=\sqrt[n-1]{\frac{a_n}{a_1}} \tag{9-16}$$

式中，a_n 为期末水平；a_1 为期初水平；n 为时期个数。

【例 9-8】 根据表 9-2 中的数据，计算 2011—2022 年某地私人汽车拥有量的年平均发展速度和年平均增长速度。

年平均发展速度：

$$\overline{X}=\sqrt[11]{1.3594\times1.2937\times\cdots\times1.1105\times1.0888\times1.0715}=118.16\%$$

或

$$\overline{X}=\sqrt[n-1]{\frac{a_n}{a_1}}=\sqrt[11]{\frac{408.08}{65.10}}=118.16\%$$

年平均增长速度=年平均发展速度-100%=118.16%-100%=18.16%

应用水平法计算平均发展速度，其基本思想是：从最初水平 a_1 出发，每期按平均发展速度 $\overline{X}$ 发展，经过 n 期后将达到最末水平 a_n，即 $a_n=a_1\overline{X}^{n-1}$。因此，用水平法计算的平均发展速度推算出的最后一期的数值和最后一期的实际指标数值是一致的。从计算公式可以看出，按水平法计算的平均发展速度，实际上只与期初水平 a_1 和期末水平 a_n 有关，而与其他时期水平无关。这一特点表明，水平法旨在考察现象在最后一期所达到的发展水平。还可以通过 $a_n=a_1\overline{X}^{n-1}$ 这一方法对未来现象达到的水平进行近期预测。

【例 9-9】 某地区 2021 年年底人口数为 13.35 万人，若今后人口自然增长率控制为 7‰，问 2031 年该地区人口总数将达到什么水平？

$$a_1=13.35,\ \overline{X}=1+7‰,\ n=11,$$

那么，$a_n=a_1\overline{X}^{n-1}=13.35\times(1+7‰)^{10}=14.315$（万人）

结果表明，如果自 2021 年开始，该地区的人口自然增长率如能保持为 7‰，到 2031 年，该地区的人口总数最多可达到 14.315 万人。

需要注意的是，利用平均速度预测未来的发展水平，只能做近期预测，不可做远期预测。因为这种预测方法只考虑了速度因素对现象发展的影响，而往往现象在长期发展变化中要受到各种随机性或非随机性因素的影响。因此，远期预测只考虑速度这一个因素的影响是远远不够的。

2. 方程法（累计平均法）

应用方程法计算平均发展速度时，先假设 $\overline{X}$ 为应用此法求得的平均发展速度指标，这样根据 $\overline{X}$ 计算逐年发展水平如下：

第一年 $=a_0\overline{X}$

第二年 $=a_0\overline{X}\cdot\overline{X}=a_0\overline{X}^2$

第三年 $=a_0\overline{X}^2\cdot\overline{X}=a_0\overline{X}^3$

⋮

第 $n-1$ 年 $=a_0\overline{X}^{n-2}\cdot\overline{X}=a_0\overline{X}^{n-1}$

第 n 年 $=a_0\overline{X}^{n-1}\cdot\overline{X}=a_0\overline{X}^n$

即：

$$
\begin{aligned}
& a_0\overline{X}+a_0\overline{X}^2+a_0\overline{X}^3+\cdots+a_0\overline{X}^{n-1}+a_0\overline{X}^n \\
&= a_1+a_2+a_3+\cdots+a_{n-1}+a_n \\
&= a_0\left(\overline{X}^n+\overline{X}^{n-1}+\cdots+\overline{X}^3+\overline{X}^2+\overline{X}^1\right) \\
&= \sum_{i=1}^{n} a_i
\end{aligned}
\tag{9-17}
$$

即：$\overline{X}^n+\overline{X}^{n-1}+\cdots+\overline{X}^3+\overline{X}^2+\overline{X}^1-\dfrac{\sum\limits_{i=1}^{n}a_i}{a_0}=0$

解这个高次方程式，求出 $\overline{X}$ 的正根，就是所要求得的平均发展速度（$\overline{X}$）。因此，这个方法一般叫作“方程法”或“代数平均法”。

如果所分析的历史资料是时期数列，而所关心的是这种现象在整个研究时期发展水平达到的累计总和，就可应用方程法来计算平均发展速度。

下面举例说明应用平均增长速度查对表计算平均发展速度的方法。

首先要根据各期发展水平的总和与最初水平之比，来判断资料是递增速度还是递减速度。即计算：

$$
\frac{a_1+a_2+a_3+\cdots+a_n}{a_0}=\frac{a_1}{a_0}+\frac{a_2}{a_0}+\frac{a_3}{a_0}+\cdots+\frac{a_n}{a_0} \tag{9-18}
$$

各期发展水平之总和与最初水平之比，就是各个定基发展速度之和。因此，如果已算出全部定基发展速度，则只要把它们加总即可。数字算出后，再以时期数去除，得出结果大于“1”或“100%”表示各期的定基发展速度平均在 1 或 100%以上，就可判定它是一个递增速度资料；反之，得出结果小于“1”或“100%”，就可判定它是一个递减速度资料。如果计算结果正好等于 1 或十分接近于“1”或“100%”，就说明没有明显的增减速度，即增减速度等于“0”或接近于“0”，那就没有必要计算平均增减速度了。

在判定递增或递减后，就可根据已知数据，在累计法查对表中，查出所要求得的平均递增或递减速度。现举例说明如下。

【例 9-10】 表 9-9 是我国第十三个五年计划时期的社会固定资产投资额资料，应用方程法求每年平均发展速度和每年平均增减速度各为多少。

表 9-9 我国第十三个五年计划时期的社会固定资产投资额 单位：亿元

年份	社会固定资产投资额
2015（基期：a_0）	405 928
第十三个五年计划合计 $\left(\sum_{i=1}^{5} a_i\right)$	2 425 025
其中：2016(a_1)	434 364
2017(a_2)	461 284
2018(a_3)	488 499
2019(a_4)	513 608
2020(a_5)	527 270

$$\frac{\left(\sum_{i=1}^{5} a_i\right)}{a_0}=\frac{2\ 425\ 025}{405\ 928}\times 100\%=597.402\ 7\%$$

$$\frac{597.402\ 7\%}{5}=119.480\ 5\%>100\%$$

应用几何平均法和方程法求平均速度，它们的数理论据、计算方法、应用条件是各不相同的，前者的侧重点是从最后水平出发进行研究，而后者的侧重点是从各年发展水平的累计总和出发进行研究。因此，同一统计资料，应用两种不同方法计算的结果是不相同的，有时可能会相差较大。要根据时间数列的性质、研究目的及分析的要求选择应用。

我国制定长期计划，大体上有两种规定指标数值的方法。一种通常以长期计划的最后一年应达到的数值来规定，如工业主要产品产量、社会商品零售额等。另一种通常以整个计划时期内应达到的合计数值来规定，如基本建设投资额、新增固定资产的数额等。也有兼用两种数值来规定的，如主要农产品产量等。在计算平均速度时，为了检查计划的执行情况，可分别采用两种不同的方法。从进行统计分析的具体要求出发，这两种计算方法都有一定的作用，可以相互配合，结合应用。

3. 两种平均发展速度分析方法的比较应用

【例 9-11】 2020 年，受新冠疫情影响，我国出入境旅游和国内旅游呈现出“断崖式”下跌。2020 年接待入境旅游者 2 720 万人次，实现国际旅游外汇收入 170 亿美元，分别比上年下降 81.3%和 86.9%；国内旅游人数 28.79 亿人次，收入 22 286.3 亿元人民币，分别比上年下降 52.06%和 61.67%；中国公民出境人数达到 2 033.4 万人次，比上年减少 86.9%；旅游业总收入 22 286 亿元人民币，比上年下降 61.1%；相当于当年全国国内生产总值的 44%，比上年降低 1 个百分点。现分别用两种计算平均发展速度的方法分析 2012—2020 年我国旅游业的发展情况，数据如表 9-10 所示。

表 9-10　国际旅游外汇收入与国内旅游收入平均发展速度对照表

年份	国际旅游外汇收入			国内旅游收入		
	发展水平（亿美元）	环比发展速度（%）	定基发展速度（%）	发展水平（亿元）	环比发展速度（%）	定基发展速度（%）
2012	500.28	—	100.00	22 706.20	—	100.00
2013	516.64	103.27	103.27	26 276.10	115.72	115.72
2014	1 053.80	203.97	210.64	30 311.90	115.36	133.50
2015	1 136.50	107.85	227.17	34 195.10	112.81	150.60
2016	1 200.00	105.59	239.87	39 389.80	115.19	173.48
2017	1 234.17	102.85	246.70	45 660.80	115.92	201.09
2018	1 271.03	102.99	254.06	51 278.30	112.30	225.83
2019	1 312.54	103.27	262.36	57 250.90	111.65	252.14
2020	170.06	12.96	33.99	22 286.30	38.93	98.15
合计	8 395.02	—	1 578.06	329 355.40	—	1 350.51

根据我国 2012—2020 年国际旅游外汇收入资料，按水平法计算的平均发展速度为 87.38%，按此法推算的最末一年国际旅游外汇收入为 170.03 亿美元，约等于最末一年的实际水平。同时最末一年的定基发展速度为 33.98%，也与实际资料的定基发展速 33.99%相近。按累计法计算的平均发展速度为 115%，按此法推算的国际旅游外汇收入合计为 8 397.621 亿美元，约等于 9 年的实际水平。同时各年的定基发展速度的总和为 1 578.58%，也与实际资料的定基发展速度相近。累计法比水平法计算的平均发展速度高出 27.62 个百分点，是由于水平法注重考察最后一年的发展水平，而累计法注重考察全期各年的发展水平之和。按水平法推算的全期旅游外汇收入为 2 786.9515 亿美元，比实际水平少 5 608.068 亿美元。

根据我国 2012—2020 年国内旅游收入资料，按水平法计算的平均发展速度为 99.77%，按此法推算的最末一年国内旅游收入为 22 287.008 亿元，约等于最末一年的实际水平。同时最末一年的定基发展速度为 98.15%，也与实际资料的定基发展速度 98.15%相一致。按累计法计算的平均发展速度为 111.56%，按此法推算的国内旅游收入合计 329 310.1 亿元，等于 9 年的实际水平。同时各年的定基发展速度的总和为 1 338.74%，也与实际资料的定基发展速度相一致。累计法比水平法计算的平均发展速度高出 15.79 个百分点，是由于水平法注重考察最后一年的发展水平，而累计法注重考察全期各年的发展水平之和。按水平法推算的全期国内旅游收入为 202 485.8 亿元，比实际水平少 126 869.6 亿元。

由于新冠疫情的影响，2020 年我国入境旅游和国内旅游出现十多年以来的第一次下降，若按水平法计算该地区国际旅游外汇收入和国内旅游收入的平均发展速度，则低于按累计法计算的平均发展速度，因为水平法在于考察期末一年发展水平而不是各期水平总和，而累计法在于考察各期发展水平总和而不仅是最末一年水平。

一般来说，当现象随着时间的推移比较稳定地逐年上升或逐年下降时，一般采用水平法计算平均发展速度。但要注意，如果编制的动态数列中，最初水平和最末水平受特殊因素的影响而出现过高或过低的情况，则不可计算平均发展速度。当现象的发展不是有规律地逐年上升或下降，而是经常表示为升降交替，一般采用累计法计算平均发展速度。但要注意，如果资料中间有几年环比速度增长得特别快，而有几年又降低地较多，出现显著的悬殊和不同的发展方向，就不可计算平均发展速度，因为这样的资料计算的平均发展速度会降低这一指标的意义，从而不能确切说明实际情况。而大多数时期数列，既可以用水平法也可用累计法计算平均发展速度，二者的结合运用，既可反映最后一年是否达到计划要求，又可反映全时期总量完成计划的情况。

（八）平均增长速度

平均增长速度表明现象在一个较长时期中逐期平均增长变化的程度。它可以直接由平均发展速度计算。

$$\text{平均增长速度}=\text{平均发展速度}-100\% \tag{9-19}$$

三、使用时间序列分析指标应注意的问题

（一）注意将速度指标与水平指标结合使用

将速度指标与水平指标结合使用，可以使我们对现象的数量特征认识得更客观，更深刻。将速度指标与水平指标结合起来分析，通常是计算每增长 1%所包含的绝对值。增长 1%的绝对值表示速度每增长 1%而增加的绝对数量，其公式为：

$$\text{增长 1\%的绝对值}=\frac{\text{逐期增长量}}{\text{环比增长速度}\times 100}=\frac{\text{基期水平}}{100} \tag{9-20}$$

【例 9-12】 我国新中国成立初期和近期的钢铁产量资料，如表 9-11 所示。

表 9-11 我国钢铁产量资料

年份	1949	1950	2021
钢铁产量（万吨）	15.8	61.0	133 666.8

如果单纯从增长速度指标进行分析，可以得出 1950 年钢铁产量为 1949 年的 386%，增长速度为 286%，这是由于当时的基点低所致。我们不但要看其速度指标，还要将速度与水平指标结合起来进行分析。

计算增长 1%的绝对值：

$$\text{1950 年增长 1\%的绝对值}=\frac{15.8}{100}=0.158\text{（万吨）}$$

$$\text{2022 年增长 1\%的绝对值}=\frac{133\ 666.8}{100}=1\ 336.668\text{（万吨）}$$

计算结果表明，1950 年钢铁产量比 1949 年每增长 1%，只增长了 0.158 万吨，而 2022 年每增长 1%，就增长了 1 336.668 万吨钢铁。

（二）时间序列中指标出现 0 或负数时，不宜计算发展速度

例如，某企业连续五年的利润额分别为 5 万元、2 万元、0 万元、-3 万元、2 万元，对这一时间序列计算发展速度，要么不符合数学公理，要么无法解释其实际意义。在这种情况下，适宜直接用绝对数进行分析。

思考与探究 9-1：传说阿基米德下棋赢了国王，国王问他要什么奖赏，阿基米德要求在他们下棋的棋盘上放上米粒。棋盘的第一个格子中放上 1 粒米，第二个格子中放进前一个格子数量多一倍的米，接下来每一个格子中放的米粒数量都是前一个格子中多一倍，一直将棋盘每一个格子都摆满。国王欣然同意了。但很快国王就发现，即使将自己国库所有的粮食都给他，也不够 1%。

从表面上看，这个要求起点十分低，从 1 粒米开始，但是经过很多次的翻倍，就迅速变成庞大的天文数字。

第 n 个格子中米的数量为：

$$a_n = 1\times 2^{n-1}$$

棋盘最后一个格子中米的数量为：

$$a_{64} = 1\times 2^{63} = 9\ 223\ 372\ 036\ 854\ 775\ 808\ （粒）$$

棋盘上最后米的总数量为：

$$\sum_{n=1}^{64} a_n = 18\ 446\ 744\ 073\ 709\ 551\ 615(粒)$$

1 千克大米约 5 万粒，我国 2021 年大米产量为 2.128 亿吨。以 2021 年大米产量为基准，我国需要 1 734 年能生产出棋盘上的大米数量。

该问题是理想化的 100%增长速度，你是否可以算一下如果每天的努力程度超过前一天 1%和低于前一天 1%，1 个月之后、1 年之后和 30 年之后的个人差距吗？你是否可以利用增长速度的概念，构造一个更加符合实际的例子，告诉大家长期持续努力和逐渐懈怠的人生差距？

第二节　长期趋势的测定

一、时间序列的分解

扫描二维码
观看慕课视频

时间序列各项发展水平的变化是由许多复杂因素共同作用的结果。不同性质的因素所起的作用不同，它们运动变化的形式也不同。通常时间序列变动（y）可以分解为以下几种变动形式，如图 9-2 所示。

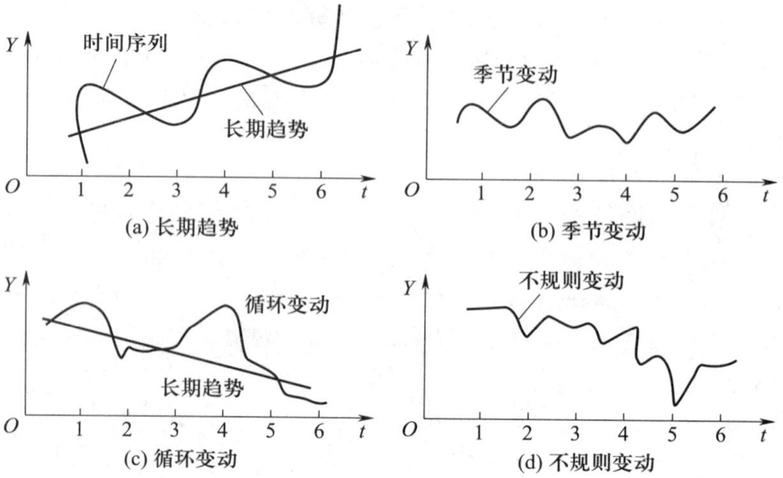

图 9-2 时间序列的形态

（一）长期趋势（Y_t）

长期趋势是时间序列变动的基本形式。它是由于各个时期普遍的、持续的、决定的基本因素的作用，使各期发展水平沿着一个方向上升或下降，形成的变动规律。

（二）季节变动（Y_s）

季节变动是指时间序列在一年内受自然季节变换和社会习俗等因素影响而发生的有规律的周期性波动。例如，北方的农业生产受季节变化的影响出现的春耕、夏锄、秋收和冬储波动；铁路、公路等客运量在一年中的旅游旺季出现高峰等。其周期长度可以是日、星期、月、季度等。

（三）循环变动（Y_c）

循环变动是指社会经济发展中的一种近乎规律性的盛衰交替变动，也称周期波动。其成因比较复杂，周期在一年以上，长短不一。

（四）不规则变动（Y_i）

它亦称剩余变动或随机变动，是时间序列中除了上述三种变动之外剩余的一种变动，是各种偶然的（或突发性的）因素，如自然灾害、战争以及无法预料和具体解释的随机性因素影响的结果。不规则变动与时间无关。

把这些影响因素同时间序列的关系用一定的数学关系式描述出来，就构成了时间序列的分解模型。按四种因素对时间序列的影响方式不同，时间序列可分解为多种构成模型。其中，最常用的是乘法模型。即：

$$Y = Y_t \times Y_s \times Y_c \times Y_i \tag{9-21}$$

式中，Y、Y_t 是总量指标，而 Y_s、Y_c、Y_i 为比率，用百分数表示。

乘法模型的基本假设是：假定这些因素是由不同原因造成的，但相互之间存在一定的关系，即它们对事物发展的影响是相互的。因此，时间序列中各观察值表现为各种因素的乘积。利用乘法模型可以将四个因素很容易地分离出来，因而乘法模型在时间序列分析中被广泛使用。本节及以后各节介绍的时间序列构成分析方法，均以乘法模型为例。

本节主要介绍长期趋势的分析方法。长期趋势是时间序列的重要形态，它是现象在较长时期持续发展变化的一种趋向和状态。通过测定与分析现象发展的长期趋势，可以掌握其活动的规律性，并对未来的发展趋向做出判断。此外，测定长期趋势的另外一个目的，就是将其从时间序列中消除，以便观察与测定其他各种影响因素的变动。

二、长期趋势的测定方法

（一）修匀方法

1. 随手法

随手法是拟合趋势线时最简单的一种经验判断法。它是依据观察和经验，在时间序列的实际资料曲线图上直接画出趋势直线或趋势曲线，使趋势线穿插于实际曲线之中的方法。它也可借助透明尺和细线来描画，因此又称曲线法。利用此方法画出的趋势线应使趋势线上方的曲线面积等于下方的曲线面积。换句话说，趋势线上方的资料垂直偏差（从资料之点至趋势线）总和，应该与趋势线下方的资料垂直偏差总和一致。

以图 9-3 进行说明：图 9-3 趋势线上方的偏差总和（$d+e+f$），应等于其下方的偏差总和（$a+b+c$）。

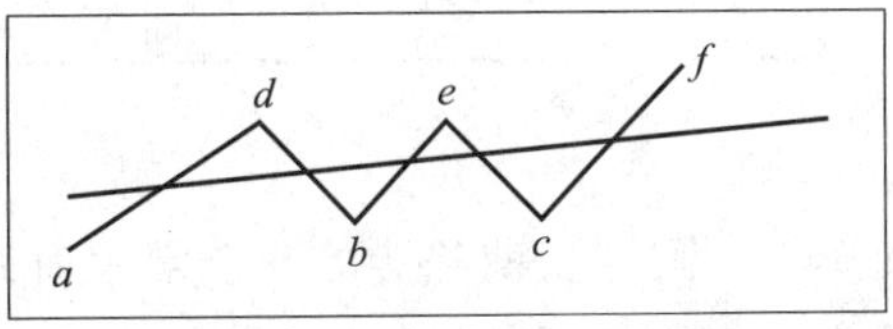

图 9-3　随手法趋势的测定

随手法简便易行，可以大致判断时间序列的趋势特征，但它有一定的随意性，对同一时间序列可以画出多条趋势线。

2. 时距扩大法

时距扩大法是把时间序列中各期指标数值按较长的时距加以归并，形成一个新的简化了的时间序列，以清除原数列中各种偶然因素的影响，显现出长期趋势的方法。

【例 9-13】 现用某地历年稻谷产量统计资料加以说明，数据如表 9-12 所示。

表 9-12　某地历年稻谷产量

年份	稻谷产量（万吨）	年份	稻谷产量（万吨）
2007	437.62	2015	539.90
2008	473.29	2016	573.09
2009	487.30	2017	595.39
2010	501.24	2018	644.26
2011	584.94	2019	670.45
2012	510.48	2020	684.43
2013	574.14	2021	646.32
2014	629.26	2022	657.17

在应用时距扩大法修匀时间序列时，首要问题是把时距扩大到适当程度。这就要按照现象发展的具体情况而定，如果扩大得不够，便不能消除偶然因素的影响，扩大过了头，反而会掩盖现象发展变化的趋势。例如，我国经济发展以五年计划为一长期计划周期，时间序列为年度资料时可以将时距扩大成五年为一期。

时距扩大法要通过扩大时间距离来消除偶然因素的影响。因此，这种修匀方法只适合于时期数列而不适合于时点数列。

对表 9-12 资料使用时距扩大法进行修匀，计算结果如表 9-13 所示。

表 9-13　时距扩大法计算表

年份	稻谷产量（万吨）	年平均数（万吨）
2007—2010	1 899.45	474.86
2011—2014	2 298.82	574.71
2015—2018	2 352.64	588.16
2019—2022	2 658.37	664.59

（二）移动平均法

这是对原有时间序列进行修匀、测定长期趋势的一个常用而又较为简单的方法，又称继动平均法。它是对原有时间序列按一定的时间跨度逐项移动，计算一系列的平均发展水平，形成一个新的时间序列，以消除短期的、偶然的因素引起的变动，呈现出现象发展变化的长期趋势的方法。

【例 9-14】 根据表 9-12 资料计算的移动平均数如表 9-14 所示。

表 9-14　移动平均计算法

年份	稻谷产量（万吨）	三年移动平均数（万吨）	五年移动平均数（万吨）	七年移动平均数（万吨）
2007	437.62	—	—	—
2008	473.29	466.07	—	—
2009	487.30	487.28	496.88	—
2010	501.24	524.49	511.45	509.86
2011	584.94	532.22	531.62	537.24
2012	510.48	556.52	560.01	546.75
2013	574.14	571.29	567.74	559.01
2014	629.26	581.10	565.37	572.46
2015	539.90	580.75	582.36	580.93
2016	573.09	569.46	596.38	603.78
2017	595.39	604.25	604.62	619.54
2018	644.26	636.70	633.52	621.98

续表

年份	稻谷产量（万吨）	三年移动平均数（万吨）	五年移动平均数（万吨）	七年移动平均数（万吨）
2019	670.45	666.38	648.17	638.73
2020	684.43	667.07	660.53	—
2021	646.32	662.64	—	—
2022	657.17	—	—	—

由原数列可以大致看出，该地稻谷产量尽管在某些年份有下降情况，但总的趋势是逐步上升的。从三年、五年和七年移动平均所得的三个新数列，就能明显地看出该地稻谷产量向上发展的长期趋势。将原数列和五年移动平均后得到的新数列绘成图 9-4，就使我们对移动平均法能够反映时间序列的长期趋势有一个更加直观的感觉。

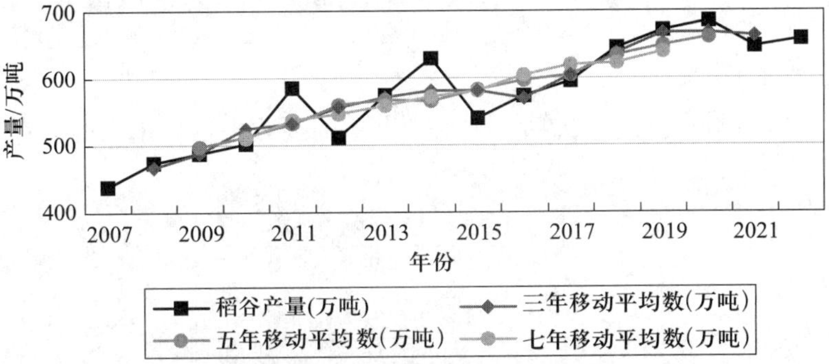

图 9-4 某地稻谷产量发展变化图

采用移动平均法确定长期趋势值，要注意的问题：

1. 采用的项数为奇数或偶数项

若移动平均时期为奇数项，所得移动平均数对着正中间项原值，一次即得长期趋势值。若为偶数项，移动平均数则对着原数列移动平均期的两项中间，因此，必须对这些移动平均数相邻两项再次移动平均，使新数列各项下移半期，对正原数列各项，谓之移正平均数。

2. 移动平均项数的选择

必须根据时间序列的特点选择移动平均的时间跨度。若现象变化有周期性，就以周期长度为移动平均的时间跨度。如三年为一个周期，则可三年移动平均。如果掌握的是各年的季度资料，应取四项移动平均，掌握的是各年每月资料，应取十二项移动平均。只有这样，才能准确地反映长期趋势；否则，趋势变动中就包括周期变动在内。就这一点来说，移动平均法是消除周期变动，从而较为准确地揭示现象长期趋势的重要方法。

3. 移动平均后根据新数列预测问题

移动平均后所得的新数列较原数列项数少。移动时间越长，新数列所缺的项数越多。减少项数过多，不利于分析长期趋势，所以计算移动平均数的时间不宜过长。在进行统计分析时，如果需要两端数值，则不宜采用移动平均法。但是，也应该指出，移动平均的时间越长，数列所表现的长期趋势越明显。这一点从表 9-14 中可以看到。七年移动平均得到的新数列比三年移动平均得到的新数列反映的长期趋势更明显。

在使用移动平均法进行趋势预测时，由于移动平均的数列首尾两端缺一定项的资料，一般不宜用于外推预测。但对于平稳型的时间序列，也可取最近 n 项数值的平均数作为下期的预测值。即：

$$\hat{y}_t=\frac{y_{t-1}+y_{t-2}+\cdots+y_{t-n}}{n}$$

$$\hat{y}_{t+1}=\frac{y_t+y_{t-1}+y_{t-2}+\cdots+y_{t-n+1}}{n} \tag{9-22}$$

移动平均法只能预测最近一期数值，逐期移动、逐期预测。这种方法只是对 n 期资料进行简单平均。因此，预测的准确性较差。

（三）指数平滑法

由于移动平均法具有需要舍去首尾若干项数据且又不能用于外推预测的缺点，为克服这两个缺点，在加权移动平均法的基础上产生了指数平滑法。指数平滑法的基础仍然是移动平均法。

1. 一次指数平滑法

一次指数平滑法的预测公式是从移动平均预测法的公式中推导出来的。移动平均预测法的计算公式为：

$$\hat{y}_{t+1}=\frac{y_t+y_{t-1}+y_{t-2}+\cdots+y_{t-N+1}}{N}$$

$$\hat{y}_t=\frac{y_{t-1}+y_{t-2}+\cdots+y_{t-N+1}+y_{t-N}}{N}$$

$$\hat{y}_{t+1}=\hat{y}_t+\frac{y_t-y_{t-N}}{N}$$

将 $\hat{y}_t$ 作为 y_{t-N} 的最佳估计值，则上式可化为：

$$\hat{y}_{t+1}=\frac{1}{N}y_t+\left(1-\frac{1}{N}\right)\hat{y}_t$$

设 $\frac{1}{N}=\alpha$，则上式可化为：

$$\hat{y}_{t+1}=\alpha y_t+(1-\alpha)\hat{y}_t \tag{9-23}$$

这便是指数平滑法的基本公式，式中 y_t 为 t 期的观察值，$\hat{y}_t$ 为 t 期的预测值，α 为平滑系数，它的取值范围在（0，1）之间，即 $0<\alpha<1$。从指数平滑法的基本公式中可以看出，若 α 取较大值（例如接近 1）时，$t+1$ 期的预测值对最新信息的反映最敏感，同时也最容易受随机变动的影响；当等于 1 时，实际上就是以 t 期的观察值作为 $t+1$ 期的预测值；当 α 取较小值（例如接近 0）时，$t+1$ 期的预测值对最新信息反映迟钝，但抗随机干扰的能力增强；当 α 等于 0 时，实际上就是以 t 期的预测值作为 $t+1$ 期的预测值。

如果将基本公式加以变形，可得到：

$$\hat{y}_{t+1}=\hat{y}_t+\alpha(y_t-\hat{y}_t) \tag{9-24}$$

即用指数平滑法得出的 $t+1$ 期的预测值等于 t 期的预测值加上 α 乘以 t 期的预测误差。

从一次指数平滑的计算公式可以看出，指数平滑法只需要较少的数据就可以进行预测。其初值确定有两种方法：一种方法是取第 1 期的实际值为初值，另一种方法是取最初几期的平均值为初值。

2. 二次指数平滑法

一次指数平滑法主要应用于无趋势变动时间序列的预测。对于呈现比较稳定的长期增长或长期下降的时间序列资料，在其呈线性趋势情况下，可采用二次指数平滑预测法。

二次指数平滑法是对一次指数平滑值再作一次指数平滑的方法。二次指数平滑预测的基本思想是：当时间序列呈直线趋势时，一次指数平滑的预测值落后于实际观察值，这时可以对一次指数平滑值再进行第二次指数平滑计算，然后将一次平滑值与二次平滑值之差加在一次平滑值上，以消除系统性误差。二次指数平滑值不能直接用作下期预测值，而要根据这两次平滑值来建立公式进行预测。

二次指数平滑法的公式为：

$$\begin{aligned} y_t^{(1)} &= \alpha y_t + (1-\alpha) y_{t-1}^{(1)} \\ y_t^{(2)} &= \alpha y_t^{(1)} + (1-\alpha) y_{t-1}^{(2)} \end{aligned} \tag{9-25}$$

式中：$y_t^{(1)}$ 为一次平滑值；$y_t^{(2)}$ 为二次平滑值。

预测公式为：

$$y_{t+T} = a_t + b_t T \tag{9-26}$$

式中，y_{t+T}为 $t+T$ 期的预测值；T 为要提前的预测期数。

参数值

$$a_t = 2y_t^{(1)} - y_t^{(2)} \tag{9-27}$$

$$b_t = \frac{\alpha}{1-\alpha}(y_t^{(1)} - y_t^{(2)}) \tag{9-28}$$

下面以某地区水电发电量资料为例说明二次指数平滑预测的应用。

【例 9-15】 某地区发电量资料如表 9-15 所示。

取 $\alpha = 0.3$，初始值 $y_0^{(1)} = 500$，$y_0^{(2)} = 480$，预测 2023 年、2025 年发电量。

表 9-15　某地区发电量资料

年份	发电量（亿千瓦小时）y_t	$y_t^{(1)}$	$y_t^{(2)}$
2012	542	512.5	489.8
2013	605	540.2	504.9
2014	710	591.1	530.7
2015	692	621.2	557.9
2016	770	665.7	590.2
2017	772	697.5	622.4
2018	731	707.6	648.0
2019	760	723.4	670.6

续表

年份	发电量（亿千瓦小时）y_t	$y_t^{(1)}$	$y_t^{(2)}$
2020	800	746.5	693.4
2021	838	774.0	717.6
2022	946	825.7	750.0

按照公式计算：

$$a_{2022}=2\times825.7-750.0=901.4$$

$$b_{2022}=\frac{0.3}{1-0.3}(825.7-750.0)=32.44$$

预测 2023 年该地区发电量为：

$$\hat{y}_{2023}=901.4+32.44\times1=933.84\ （亿千瓦小时）$$

预测 2025 年该地区发电量为：

$$\hat{y}_{2025}=901.4+32.44\times3=998.72\ （亿千瓦小时）$$

通过上面的计算，可看出指数平滑法非常重视目前的数据，只要有了上期的实际数和预测数值，便可以对下期作出预测。这样逐期递推，当得到了一个新的实际数值，就及时地调整了趋势直线的斜度。当然，通过二次指数平滑法建立的直线方程式，也只宜作短期预测。如果预测时期太长，直线趋势方程中的 a、b 值保持不变，就失去了指数平滑法的特点。

指数平滑法最主要的优点是能够对预测误差进行修正。指数平滑法提供的预测值实际上是前一期的预测值加上前期预测值中产生误差的修正值。当选择的平滑系数 α 比较大时，特别是当 α 非常接近 1 时，新的预测值几乎包括了前期预测值的所有预测误差；而当选择的平滑系数 α 比较小时，新的预测值则只包括很小部分预测误差的修正值。可见，α 实际上是起了预测错误纠正系数的作用，通过调整 α 就可以使预测更准确。关键问题在于必须找到最佳的 α 值，以使预测误差最小。一般可以通过预测误差平方和来反映误差的大小，需要通过反复试验才能确定最佳的平滑系数。

（四）数学模型法

长期趋势的数学模型法是在对时间序列的资料进行观察和判断的基础上，构造一个数学方程式（趋势方程）来描述长期趋势。它的优点是不仅可以运用趋势方程严格地计算各期指标的理论值，比较近似地拟合原时间序列，而且可以进行外推预测。

1. 直线趋势测定

当现象发展趋势为直线时，可测定直线长期趋势。最常用的方法是最小平方法（最小二乘法）。最小平方法既可用于配合趋势直线，也可用于配合趋势曲线。其基本思想是通过数学方程式，配合一条较为理想的趋势线，使配合的这条最理想的趋势线最接近原数列；也就是说，原数列的各散点与趋势线的离差平方和为最小。设直线趋势方程的一般形式为：

$$\hat{y}_t=b_0+b_1t \tag{9-29}$$

式中，$\hat{y}_t$ 为因变量，代表时间序列 y 的趋势值或趋势线；t 为自变量，代表时间序号。

b_0 为趋势线在 y 轴上的截距，也称初始值，表示时间值 t 为 0 时，趋势值 $\hat{y}_t$ 的数值；b_1 为趋势线的斜率，也称为平均增减量。该式表示时间 t 变动一个单位时，趋势值 $\hat{y}_t$ 的平均增减量。

根据最小平方法可得趋势方程中未知参数 b_0 和 b_1 的标准方程。此法称为普通法。

$$\begin{cases} \sum y = nb_0 + b_1 \sum t \\ \sum ty = b_0 \sum t + b_1 \sum t^2 \end{cases}$$

解得

$$\begin{cases} b_1 = \dfrac{n\sum ty - \sum t \sum y}{n\sum t^2 - (\sum t)^2} & (9-30) \\ b_0 = \dfrac{\sum y - b_1 \sum t}{n} = \bar{y} - b_1 \bar{t} & (9-31) \end{cases}$$

【例 9-16】 已知某地区历年铁路旅客周转量资料，如表 9-16 所示，拟用最小平方法建立直线趋势方程，测定其长期趋势，并预测 2026 年铁路旅客周转量。

表 9-16　某地区历年铁路旅客周转量长期趋势计算表

年份	铁路旅客周转量（亿人千米）y	t	t^2	ty	$\hat{y}_t$
2008	151.85	1	1	151.85	162.52
2009	162.62	2	4	325.24	171.41
2010	181.84	3	9	545.52	180.30
2011	191.20	4	16	764.80	189.19
2012	197.71	5	25	988.55	198.08
2013	205.93	6	36	1 235.58	206.97
2014	228.94	7	49	1 602.58	215.86
2015	229.14	8	64	1 833.12	224.75
2016	244.76	9	81	2 202.84	233.64
2017	250.95	10	100	2 509.50	242.53
2018	252.22	11	121	2 774.42	251.42
2019	262.33	12	144	3 147.96	260.31
2020	262.21	13	169	3 408.73	269.20
2021	273.33	14	196	3 826.62	278.09
2022	276.15	15	225	4 142.25	286.98
合计	3 371.18	120	1 240	29 459.56	3 371.25

将表 9-16 的计算结果代入上面的 b_0、b_1 公式中：

$$b_1 = \frac{n\sum ty - \sum t \sum y}{n\sum t^2 - (\sum t)^2} = \frac{15\times 29\ 459.56 - 120\times 3\ 371.25}{15\times 1\ 240 - 120^2} = \frac{37\ 343.4}{4\ 200} = 8.89\text{（亿人千米）}$$

$$b_0 = \frac{\sum y - b_1 \sum t}{n} = \bar{y} - b_1 \bar{t} = \frac{3\ 371.25}{15} - 8.89\times\frac{120}{15} = 224.75 - 71.12 = 153.63\text{（亿人千米）}$$

代入趋势方程中得：

$$\hat{y}_t = b_0 + b_1 t = 153.63 + 8.89t$$

在 2008 年即第 1 年，铁路旅客周转量的趋势值为：

$$\hat{y}_t = b_0 + b_1 t = 153.63 + 8.89 \times 1 = 162.52 \text{（亿人千米）}$$

在 2026 年即第 19 年，铁路旅客周转量的趋势值为：

$$\hat{y}_t = b_0 + b_1 t = 153.63 + 8.89 \times 19 = 322.54 \text{（亿人千米）}$$

其余依此类推，可以得出一系列趋势值。各年实际值和趋势值离差总和亦为零，即：

$$\sum (y - \hat{y}_t) = 0 \quad \sum y - \sum \hat{y}_t = 0$$

图 9-5 是该地区铁路旅客周转量趋势图。

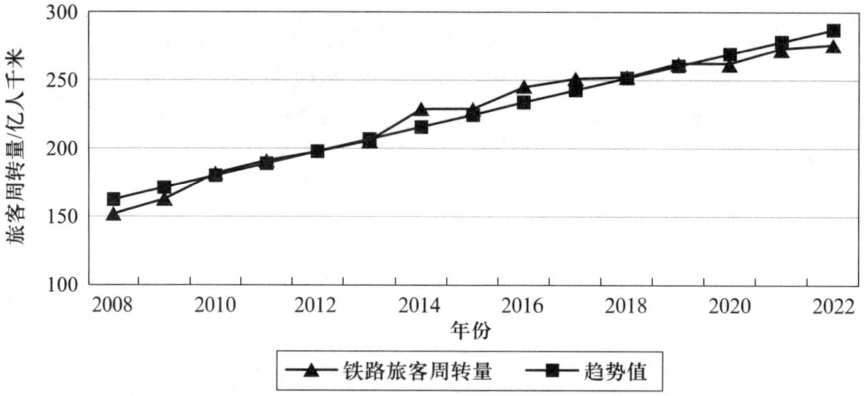

图 9-5 某地区铁路旅客周转量趋势图

上述标准方程中的变量 t 为时间序号，可取时间序列中的任何时期为原点。当 $t=0$ 时，表明这个具体的 t 即某一年是趋势直线方程的原点。

为计算简便起见，可取时间序列的中间时期为原点，原点前期 t 取负数，原点后期 t 取正数，使 $\sum t=0$，则两个标准方程可以简化，称为简捷法。

$$\sum y = nb_0$$

$$\sum ty = b_1 \sum t^2$$

解得：

$$b_1 = \frac{\sum ty}{\sum t^2} \tag{9-32}$$

$$b_0 = \frac{\sum y}{n} = \bar{y} \tag{9-33}$$

【例 9-17】 利用表 9-16 数据，根据简捷方法确定该省铁路旅客周转量的直线趋势方程，并计算各期铁路旅客周转量的趋势值，如表 9-17 所示。

表 9-17 某地区铁路旅客周转量长期趋势简捷法计算表

年份	铁路旅客周转量（亿人千米）y	t	t^2	ty
2008	151.85	-7	49	-1 062.95
2009	162.62	-6	36	-975.72

续表

年份	铁路旅客周转量（亿人千米）y	t	t^2	ty
2010	181.84	-5	25	-909.20
2011	191.20	-4	16	-764.80
2012	197.71	-3	9	-593.13
2013	205.93	-2	4	-411.86
2014	228.94	-1	1	-228.94
2015	229.14	0	0	0.00
2016	244.76	1	1	244.76
2017	250.95	2	4	501.90
2018	252.22	3	9	756.66
2019	262.33	4	16	1 049.32
2020	262.21	5	25	1 311.05
2021	273.33	6	36	1 639.98
2022	276.15	7	49	1 933.05
合计	3 371.18	0	280	2 490.12

$$b_1=\frac{\sum ty}{\sum t^2}=\frac{2\ 490.12}{280}=8.89\text{（亿人千米）}$$

$$b_0=\frac{\sum y}{n}=\bar{y}=\frac{3\ 371.18}{15}=224.75\text{（亿人千米）}$$

把 b_0、b_1 代入直线趋势方程，得：

$$\hat{y}_t=224.75+8.89t$$

把 t 代入趋势方程，即得 2008—2022 年该省铁路旅客周转量的趋势值。

2026 年该省铁路旅客周转量的预测值为：

$$y_{2026}=224.75+8.89\times 11=322.54\text{（亿人千米）}$$

必须指出，当数列项数为奇数时，简捷法计算较易，若为偶数，计算稍有不同。假如只有 12 年资料，原点应在第 6 年和第 7 年之间。第 6 年为-0.5，第 5 年为-1.5，第 7 年为 0.5，第 8 年为 1.5。其余依此类推。带有小数的计算非常烦琐，为简化计算，可将上列时间序列 t 值数字均扩大 1 倍，从而使-0.5 变-1，-1.5 变-3，0.5 变 1，1.5 变 3，以此类推，使 $\sum t=0$，如表 9-18 所示。扩大 1 倍后，b_0、b_1 值均有变化，但最后预测时其 t 值一定按照其规律选择，计算结果仍与普通法相同。计算从略。

表 9-18 某地区铁路旅客周转量长期趋势

年份	铁路旅客周转量（亿人千米）y	t	年份	铁路旅客周转量（亿人千米）y	t
2011	191.20	-11	2017	250.95	1
2012	197.71	-9	2018	252.22	3
2013	205.93	-7	2019	262.33	5
2014	228.94	-5	2020	262.21	7
2015	229.14	-3	2021	273.33	9
2016	244.76	-1	2022	276.15	11

2. 曲线趋势测定

（1）二次曲线。当现象发展趋势为抛物线形态时，可以配合二次曲线。其一般方程为：

$$\hat{y}_t = b_0 + b_1 t + b_2 t^2 \tag{9-34}$$

二次曲线适用于有一个转弯的曲线。方程中有三个待定参数 b_0，b_1，b_2，根据最小平方法原理，可导出确定参数 b_0，b_1，b_2 的三个标准方程式，也称为普通法。

$$\begin{cases} \sum y = nb_0 + b_1 \sum t + b_2 \sum t^2 \\ \sum ty = b_0 \sum t + b_1 \sum t^2 + b_2 \sum t^3 \\ \sum t^2 y = b_0 \sum t^2 + b_1 \sum t^3 + b_2 \sum t^4 \end{cases} \tag{9-35}$$

当取时间序列的中点时期为原点时，有 $\sum t = 0$，求参数 b_0，b_1，b_2 的三个标准方程式可简化，也称为简捷法。

$$\begin{cases} \sum y = nb_0 + b_2 \sum t^2 \\ \sum ty = b_1 \sum t^2 \\ \sum t^2 y = b_0 \sum t^2 + b_2 \sum t^4 \end{cases} \tag{9-36}$$

【例 9-18】 根据我国某地历年水产品总产量资料，求水产品总产量二次曲线方程并预测 2026 年水产品总产量。计算数据如表 9-19 所示。

表 9-19 我国某地历年水产品总产量的曲线趋势简捷法计算表

年份	水产品总产量（万吨）y	t	t^2	t^4	ty	t^2y	$\hat{y}_t$
2012	16.52	-5	25	625	-82.60	413.00	16.59
2013	16.60	-4	16	256	-66.40	265.60	16.88
2014	17.28	-3	9	81	-51.84	155.52	17.27
2015	18.21	-2	4	16	-36.42	72.84	17.76
2016	18.58	-1	1	1	-18.58	18.58	18.35
2017	19.01	0	0	0	0.00	0.00	19.04
2018	19.52	1	1	1	19.52	19.52	19.83
2019	20.07	2	4	16	40.14	80.28	20.72

续表

年份	水产品总产量（万吨）y	t	t^2	t^4	ty	t^2y	$\hat{y}_t$
2020	22.04	3	9	81	66.12	198.36	21.71
2021	23.41	4	16	256	93.64	374.56	22.80
2022	23.66	5	25	625	118.30	591.50	23.99
合计	214.9	0	110	1 958	81.88	2 189.76	214.94

将表 9-19 中数字代入标准方程式，求解 a，b，c，得：

$$214.94 = 11b_0 + 110b_2$$

$$81.88 = 110b_1$$

$$2\,189.76 = 110b_0 + 1\,958b_2$$

求解结果：

$$b_0 = 19.04 \qquad b_1 = 0.74 \qquad b_2 = 0.05$$

水产品总产量的二次曲线趋势方程为：

$$\hat{y}_t = 19.04 + 0.74t + 0.05t^2$$

将 t 代入上式得各期趋势值如表 9-19 所示。

预测 2026 年水产品总产量为：

$$y_{2026} = 19.04 + 0.74 \times 9 + 0.05 \times 81 = 29.75\ （万吨）$$

（2）指数曲线。指数曲线是用于描述以几何级数递增或递减的现象的变化趋势，即时间序列的逐期观察值按一定百分比增长或衰减的趋势。很多经济现象的变化属于此类。

指数曲线的一般形式为：

$$\hat{y}_t = ab^t \tag{9-37}$$

式中，a 为初始值，当 t 为 0 时，趋势值为 a；b 为平均发展速度。

若 $b>1$，增长率随着 t 的增加而增加；若 $b<1$，增长率随着 t 的增加而降低。

确定指数曲线的参数 a 和 b，可采取“线性化”的手段将其变为对数直线形式，即两端取对数得：

$$\lg \hat{y}_t = \lg a + t\lg b$$

然后根据最小平方法原理，按直线形式的参数确定方法，得到求解 $\lg a$ 和 $\lg b$ 的标准方程如下：

$$\begin{cases} \sum \lg y = n\lg a + \lg b \sum t \\ \sum t\lg y = \lg a \sum t + \lg b \sum t^2 \end{cases} \tag{9-38}$$

当取时间序列的中间时期的 t 为原点时，公式可简化为：

$$\begin{cases} \sum \lg y = n\lg a \\ \sum t\lg y = \lg b \sum t^2 \end{cases} \tag{9-39}$$

求出 $\lg a$ 和 $\lg b$ 后，再取其反对数，即得参数 a 和 b。

【例 9-19】 现有我国某城市公园面积资料。经计算，公园面积的各期增长速度大体相同，故建立指数曲线趋势方程进行测定。资料及计算数据如表 9-20 所示。

表 9-20 我国某城市公园面积长期趋势分析表

年份	公园面积（万公顷）y	t	t^2	$\lg y$	$t\lg y$	$\hat{y}_t$
2016	5.8	-3	9	0.763 4	-2.290 3	6.01
2017	6.9	-2	4	0.838 8	-1.677 7	6.86
2018	8.0	-1	1	0.903 1	-0.903 1	7.82
2019	9.2	0	0	0.963 8	0.000 0	8.91
2020	10.2	1	1	1.008 6	1.008 6	10.16
2021	11.5	2	4	1.060 7	2.121 4	11.58
2022	12.7	3	9	1.103 8	3.311 4	13.20
合计	64.3	0	28	6.642 2	1.570 3	64.54

把表 9-20 中的数字代入标准方程中，得：

$$\lg a=\frac{\sum \lg y}{n}=\frac{6.642\ 2}{7}=0.95 \qquad 得\ a=8.91$$

$$\lg b=\frac{\sum t\lg y}{\sum t^2}=\frac{1.570\ 3}{28}=0.056\ 1 \qquad 得\ b=1.14$$

把 a、b 计算结果代入指数曲线趋势方程，得：

$$\hat{y}_t=8.91\times 1.14^t$$

城市公园面积年平均增长速度 14%。把 t 代入方程得出各期的趋势值，如表 9-20 所示。

预测 2026 年城市公园面积为：

$$y_{2026}=8.91\times 1.14^7=22.295\ 214\ 93\ (万公顷)$$

三、选择趋势线类型的依据

上面讨论了对时间序列配合趋势线的一般方法。但在实际应用中，对于一个给定的具体时间序列，应如何选择所要配合的趋势线类型呢？

趋势线的选择是实际应用中十分重要的问题，它直接关系到对现象描述及其规律性认识的结论。趋势线选择不当，不仅不能正确描述现象的数量规律性，有时还会得出与事实相反的结论。困难的是，许多情况下，我们并不能直接根据时间序列的观察值本身判断现象的发展形态和趋势。下面给出选择趋势线的一些参考依据。

首先，应弄清所观察变量的实际意义及其相关的理论知识，根据观察值的变化规律及其散点图的形态确定适当的趋势线类型。这在一定程度上取决于研究者本人的经验及理论知识水平。

其次，可根据所观察的数据本身，计算相应指标并按以下标准选择趋势线：若观察值的一次差（逐期增长量）大体相同，可配合直线；若二次差大体相同，可配合二次曲线；若观察值的环比发展速度（或环比增长速度）大体相同，可配合指数曲线；若各期观察值一次差的环比值大体相同，可配合修正指数曲线；若各期观察值的对数一次差的环比值大体相同，可配合龚珀兹曲线；若各期观察值倒数一次差的环比值大体相同，可配合逻辑曲线。

最后，如果同一时间序列有几种趋势线可供选择，以估计标准误差最小者为宜。估计标准误差（S_y）的计算公式为：

$$S_y=\sqrt{\frac{\sum(y_t-\hat{y}_t)^2}{n-m}} \tag{9-40}$$

式中，n 为时间序列的项数；m 为趋势方程中参数的个数。

第三节　季节变动的测定

一、季节变动的基本思想

扫描二维码
观看慕课视频

随着节假日的来临，铁路、公路等运输部门迎来了客运量的高峰；随着季节的变化，北方地区的冷饮食品、御寒用品、防暑用品等的销售都会出现一些有规律的变化。一般把社会经济现象由于受自然因素和社会条件的影响，在一个年度内随着季节的更换而出现的有规律的变动称为季节变动。季节变动是时间序列的又一个主要构成因素。

季节变动中的“季节”一词是广义的，它不仅仅是指一年中的四季，也可以指任何一种周期性的变化，而且其反复的循环周期是比较短的。如一天内、一周内、一月内以及一季内有一定规律性的周期变动，都可称为季节变动。

测定季节变动首先可以分析现象过去的季节变动规律。如企业家或商家，要了解一年之中所生产和经销的产品在生产、销售的变化中有多少是由于季节变动的影响，并以此作出生产经营的决策。其次，通过测定季节变动，可以预测经济现象未来的发展变化。最后，消除时间序列中的季节变动因素，以便分析其他影响因素。

二、季节变动的测定方法

预测季节变动，通常是根据时间序列计算出季节指数（季节比率），然后根据季节指数与其平均数 100%的偏离程度来测定季节变动的程度。

测定季节变动的方法有很多，以其是否考虑长期趋势的影响来看分为两大类：一类是不考虑长期趋势影响，直接根据原始的时间序列来计算；另一类是将原始的时间序列中长期趋势影响剔除以后再进行计算。前者常用的方法是按月（季）平均法，后者常用的方法是长期趋势剔除法。

（一）按月（季）平均法

按月（季）平均法是直接根据原时间序列资料计算季节指数的一种最简单的方法。根据按月（季）平均法测定季节变动的一般计算步骤和方法如下：

（1）计算历年同月平均数；

（2）计算历年总的月平均数；

（3）将历年同月的平均数与总的月平均数相比，即得各月季节比率，也称季节指数。

计算公式：

$$某月季节指数=\frac{历年同月平均数}{历年所有各月总平均数}\times 100\% \tag{9-41}$$

各月季节指数之和应等于 1 200%，如果是季度资料，各季度季节指数之和应等于 400%。若有误差，系计算过程中小数误差所致。

季节指数大于 1 时为生产或销售的旺季；季节指数为 1 时，无季节变动；季节指数小于 1 时为生产或销售的淡季。

【例 9-20】 已知某品牌 2019—2022 年羽绒服销售量资料如表 9-21 所示。用按月平均法计算各月的季节指数。

表 9-21 羽绒服销售量季节指数计算表 单位：万件

年月	2019	2020	2021	2022	四年合计	同月平均数	季节指数（%）
1	10.5	11.1	10.9	12.6	45.1	11.28	142.35
2	10.2	11.0	10.7	11.8	43.7	10.93	137.93
3	9.8	9.1	10.5	11.2	40.6	10.15	128.14
4	7.5	7.7	7.6	8.3	31.1	7.78	98.16
5	4.7	5.4	5.7	6.2	22.0	5.50	69.44
6	4.6	4.9	4.3	5.1	18.9	4.73	59.65
7	4.0	4.4	4.7	5.0	18.1	4.53	57.13
8	3.5	4.0	4.1	4.8	16.4	4.10	51.76
9	4.5	5.4	5.2	7.5	22.6	5.65	71.33
10	6.4	6.6	7.5	10.2	30.7	7.68	96.90
11	9.3	9.2	10.4	11.3	40.2	10.05	126.88
12	11.5	13.1	12.7	13.5	50.8	12.70	160.33
全年合计	86.5	91.9	94.3	107.5	380.2	7.92	1 200.00

计算结果表明，由于受季节变化的影响，羽绒服销售量有明显的季节变动。12 月份的季节指数最高，是羽绒服销售量的高峰；而夏季羽绒服销售量降低，尤以 8 月份为最低，季节指数低于平均水平 48.24%。掌握了羽绒服销售量季节变动规律，就可以采取适当措施安排和调整生产能力并进行预测。

根据表 9-21 所计算的季节指数资料绘成季节变动雷达图，可以更清楚地看出季节变动的规律性，如图 9-6 所示。

若经过预测得知该品牌 2023 年全年羽绒服总销售量将达到 120 万件，考虑季节变动因素，预测 2023 年各月销售量是多少？

1 月份羽绒服销售量为：$(120\div 12)\times 142.35\%=14.24$（万件）

2 月份羽绒服销售量为：$(120\div 12)\times 137.93\%=13.79$（万件）

3 月份羽绒服销售量为：$(120\div 12)\times 128.14\%=12.81$（万件）

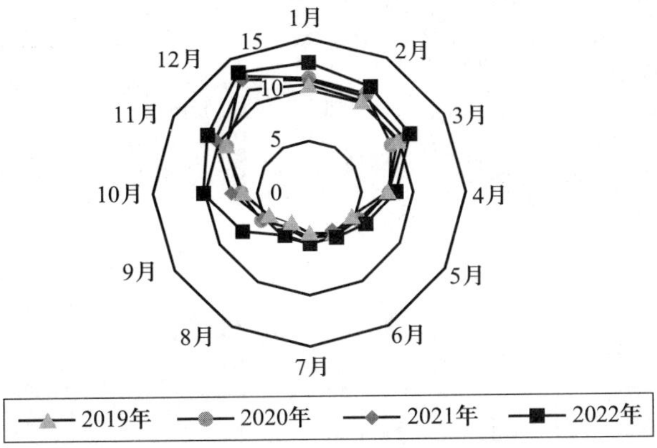

图 9-6　羽绒服销售量季节变动图

以此类推。

按月（季）平均法计算简单，易于理解。应用该方法的基本假设是，原时间序列没有明显的长期趋势和循环变动。因而，通过若干年同期数据的平均，不仅可以消除不规则变动，而且当平均的期间与循环周期一致时，循环波动也可以在平均过程中得到消除。但实际上，许多数列中所包含的长期趋势和循环波动，很少能通过平均而予以消除。因此，当时间序列存在明显的长期趋势时，不适宜采用此种方法。

（二）长期趋势剔除法

长期趋势剔除法的基本思想是先从时间序列中剔除长期趋势，获得一系列无趋势的指标数值，即 Y/Y_t，然后采用按月（季）平均法对 Y/Y_t 计算季节指数。

剔除长期趋势可采用移动平均法，移动平均法能够抵消不规则变动的影响。当然也可采用最小平方法。长期趋势剔除法的计算步骤和方法如下：

（1）根据资料 Y 计算长期趋势 Y_t；

（2）将实际数值 Y 除以趋势值即得 Y/Y_t；

（3）Y/Y_t 按月排列，用按月平均法求季节指数；

（4）加总各月季节指数，其总和应为 1 200%，如果大于或小于此数，须进行调整至 1 200%。

【例 9-21】　仍以表 9-21 资料为例，用移动平均趋势剔除法测定季节变动，如表 9-22、表 9-23 所示。

表 9-22　羽绒服销售量趋势剔除法季节指数计算表（1）

年月	销售量（万件）Y	12 个月移动平均（万件）	趋势值（万件）Y_t	Y/Y_t（%）
2019.1	10.5	—	—	—
2	10.2	—	—	—
3	9.8	—	—	—
4	7.5	—	—	—
5	4.7	—	—	—
6	4.6	7.21	—	—
7	4.0	7.26	7.23	55.30
8	3.5	7.33	7.29	48.00
9	4.5	7.27	7.30	61.68
10	6.4	7.28	7.28	87.97

续表

年月	销售量（万件）Y	12个月移动平均（万件）	趋势值（万件）Y_t	Y/Y_t（%）	年月	销售量（万件）Y	12个月移动平均（万件）	趋势值（万件）Y_t	Y/Y_t（%）
11	9.3	7.34	7.31	127.18	6	4.3	7.86	7.88	54.60
12	11.5	7.37	7.35	156.37	7	4.7	8.00	7.93	59.27
2020.1	11.1	7.40	7.38	150.34	8	4.1	8.09	8.05	50.96
2	11	7.44	7.42	148.23	9	5.2	8.15	8.12	64.03
3	9.1	7.52	7.48	121.67	10	7.5	8.21	8.18	91.70
4	7.7	7.53	7.53	102.33	11	10.4	8.25	8.23	126.38
5	5.4	7.53	7.53	71.72	12	12.7	8.32	8.28	153.32
6	4.9	7.66	7.59	64.54	2022.1	12.6	8.34	8.33	151.28
7	4.4	7.64	7.65	57.52	2	11.8	8.40	8.37	140.97
8	4	7.62	7.63	52.43	3	11.2	8.59	8.50	131.83
9	5.4	7.73	7.68	70.36	4	8.3	8.82	8.70	95.36
10	6.6	7.73	7.73	85.39	5	6.2	8.89	8.85	70.02
11	9.2	7.75	7.74	118.90	6	5.1	8.96	8.93	57.14
12	13.1	7.70	7.73	169.58	7	5.0	—	—	—
2021.1	10.9	7.73	7.71	141.33	8	4.8	—	—	—
2	10.7	7.73	7.73	138.44	9	7.5	—	—	—
3	10.5	7.72	7.73	135.92	10	10.2	—	—	—
4	7.6	7.79	7.75	98.01	11	11.3	—	—	—
5	5.7	7.89	7.84	72.69	12	13.5	—	—	—

表 9-23 羽绒服销售量趋势剔除法季节指数计算表（2）

年月	2019	2020	2021	2022	四年合计	同月平均数	季节指数（%）
1	—	150.34	141.33	151.28	442.94	147.65	148.36
2	—	148.23	138.44	140.97	427.63	142.54	143.23
3	—	121.67	135.92	131.83	389.42	129.81	130.43
4	—	102.33	98.01	95.36	295.69	98.56	99.04
5	—	71.72	72.69	70.02	214.43	71.48	71.82
6	—	64.54	54.60	57.14	176.29	58.76	59.05
7	55.30	57.52	59.27	—	172.09	57.36	57.64
8	48.00	52.43	50.96	—	151.39	50.46	50.71

续表

年月	2019	2020	2021	2022	四年合计	同月平均数	季节指数（%）
9	61.68	70.36	64.03	—	196.07	65.36	65.67
10	87.97	85.39	91.70	—	265.06	88.35	88.78
11	127.18	118.90	126.38	—	372.46	124.15	124.75
12	156.37	169.58	153.32	—	479.27	159.76	160.52
全年合计					3 582.74	99.52	1 200.00

其结论与按月平均法相同。

三、季节指数的应用

季节指数能够反映经济现象在一年内的变化规律，它对进行计划、预测、决策都具有重要意义。

（一）消除季节变动的影响

在时间序列分析中，有时需要剔除季节变动的影响，以便更清晰地分析数列中的长期趋势或循环波动。这时，便可以用实际值除以相应的季节指数，然后乘以 100，从而将长期趋势和周期波动分解出来。

（二）作为编制计划的依据

季节指数在反映现象变动规律的同时，更多的是作为企业单位编制生产、销售等计划的依据。经济现象如果没有季节变动，则一年内各时期的数值变化是均匀的，即季节指数为100%。如果存在季节变动，则一年内必有淡季、旺季之分，即各期的季节指数是不相同的。所以，可以根据各时期的季节指数去安排计划。

【例 9-22】 某粮库计划年收购额为 3 200 万元。由于粮库收购粮食受季节变动影响，所以各季的计划要考虑相应的季节变动。经测定各季的季节指数如表 9-24 所示，则各季的收购金额应为多少？

表 9-24　季节调整表

季度	季节指数（%）	不含季节变动（万元）	含季节变动（万元）
甲	①	②	③=①×②
一	185.6	800	1 484.8
二	40.8	800	326.4
甲	①	②	③=①×②
三	130.7	800	1 045.6
四	42.9	800	343.2
合计	400.0	3 200	3 200.0

解：如果不含有季节变动，则各季应完成收购额为 3 200÷4=800（万元）；如果考虑季节变动，则用 800 去乘各季的季节指数，则得表 9-24 第③栏，这样粮库可根据这些数据安排收购计划、准备收购资金。

（三）可对未来作出一定的预测

如前面例 9-21 羽绒服销售量资料预测案例。

（四）用季节指数解释数据

季节指数经常被用来解释数据，这种解释数据经常用于时间序列的分析和解释。

【例 9-23】 某批发商店的销售额和季节指数资料如表 9-25 所示。

表 9-25 销售额分析表

月	实际销售额（万元）	季节指数（%）	调整销售额（万元）	环比增长速度（%）	
				实际	调整
甲	①	②	③	④	⑤
1	452.7	113.0	400.6	—	—
2	682.4	183.0	372.9	50.7	-6.9
3	326.8	76.0	430.0	-52.1	15.3

表 9-25 显示从一月到二月销售额急剧增加，而从二月到三月则急剧降低。那么，我们是否因为二月份销售额的增加而欣喜，因三月份销售额的下降而忧虑呢？要回答这个问题，必须认真分析研究数据以及有关的变动因素。

从表 9-25 中可以看出二月的季节指数急剧上升，三月的季节指数陡然下降。显然，我们已经知道了季节变动模型，当然也能判断出变化的数量是否正常。

要确定销售额变化的数量，便需要用季节指数去消除季节变动影响，计算出调整销售额。第③栏列出了调整销售额，从中可以看出，二月份销售额并不令人欣喜，三月份销售额也不令人忧患。这是因为考虑了季节变动的影响以后，二月份的销售额实际在下降，而三月份的销售额却在提高。

也可以用第④栏和第⑤栏的比较，看一下季节变动的影响效果。如果只看第④栏未调整销售额的环比发展速度，二月份增加 50.7%，三月份却降低 52.1%。而从调整的销售额（第⑤栏）则可以看出，二月份销售额剧增实际上是由于时逢春节造成的。如果去掉季节影响，这个月的销售额便不理想。反之，三月份销售额虽然降低，但如果去掉季节影响后，实际上是在上升。

第四节 循环变动的测定

一、循环变动的概念

循环变动是近乎规律性的从低至高的周而复始的变动。循环变动不同于长期趋势，它不是朝着单一方向持续运动，而是涨落相间的交替波动；它也不同于季节变动，季节变动有比较固定的规律，且变动周期大多为一年以内，而循环变动则无固定规律，变动周期在一年以上，且周期长短不一。

按周期长短不同，可将循环变动分为三种类型。

（一）大循环或长周期波动

这种循环变动主要是受重大技术突破或技术革命影响的结果，周期可长达 50 年。从西方工业革命以来，世界工业国家的经济已经历了三个大循环周期，现在正处于新一轮的技术革命时期。

（二）中循环或中周期波动

如西方资本主义国家的周期性经济衰退便是最典型的中循环波动。20 世纪和 21 世纪初，这种周期波动一般为 8~10 年；第二次世界大战以后，周期有逐渐缩短的趋势。造成这种波动的社会原因是资本主义的生产相对过剩和固定资产的大规模更新。

（三）小循环或短周期波动

这种波动周期一般为 3~5 年。造成这种短周期波动的原因主要是固定资产更新和周期性的技术变革。

研究循环变动的目的主要有两个：第一，通过对社会现象循环变动的测定，可以了解其变化的规律；第二，研究不同现象之间循环变动的内在联系，了解掌握市场信息，可以为产业部门和销售部门制定决策提供必要的依据。

二、循环变动的测定方法

测定循环变动较常用的方法有两种：剩余法和直接法。

（一）剩余法

剩余法的基本思想是：从原时间序列中陆续或一次消除长期趋势和季节变动，剩下循环及不规则变动，然后再将结果进行移动平均，尽可能消去不规则变动成分，其所余结果即为循环变动值。循环变动值以指数形式表示。具体步骤如下：

（1）根据时间序列资料计算季节指数 Y_s，并用原数列除以 Y_s，求得一系列无季节变动资料。公式为：

$$\text{无季节变动资料}=\frac{Y_t\times Y_s\times Y_c\times I}{Y_s}=Y_t\times Y_c\times Y_i \tag{9-42}$$

（2）计算长期趋势 Y_t，并以无季节变动资料除以 Y_t，以消除长期趋势，得到循环变动及不规则变动资料。公式为：

$$\text{循环变动与不规则变动资料}=\frac{Y_t\times Y_c\times I}{Y_t}=Y_c\times Y_i \tag{9-43}$$

（3）对循环变动及不规则变动资料进行移动平均（如采用 3 项移动平均等），消除不规则变动，剩余结果便是循环变动指数。

【例 9-24】 已知某市近几年交通事故次数资料如表 9-26 所示。

表 9-26　某市交通事故发生次数循环变动分析表

年季	时间序号 t	事故次数（次）Y	季节指数（%）Y_s	无季节变动资料 Y/Y_s	趋势值 Y_t	循环变动及不规则变动资料（%）$Y_c \times Y_i$	循环变动指数（%）Y_c
		①	②	③=①÷②	④	⑤=③÷④	⑥
2019. 1	1	102	162. 56	62. 75	75. 35	83. 28	—
2	2	62	90. 24	68. 71	75. 67	90. 80	84. 22
3	3	30	50. 24	59. 71	75. 99	78. 58	90. 25
4	4	75	96. 96	77. 35	76. 31	101. 36	97. 44
2020. 1	5	140	162. 56	86. 12	76. 63	112. 38	100. 05
2	6	60	90. 24	66. 49	76. 95	86. 41	102. 33
3	7	42	50. 24	83. 60	77. 27	108. 19	102. 53
4	8	85	96. 96	87. 67	77. 59	112. 99	102. 68
2021. 1	9	110	162. 56	67. 67	77. 91	86. 86	100. 65
2	10	73	90. 24	80. 90	79. 23	102. 11	95. 52
3	11	39	50. 24	77. 63	79. 55	97. 59	94. 54
4	12	65	96. 96	67. 04	79. 87	83. 94	99. 35
2022. 1	13	150	162. 56	92. 27	79. 19	116. 52	107. 24
2	14	87	90. 24	96. 41	79. 51	121. 25	117. 49
3	15	46	50. 24	91. 56	79. 83	114. 69	112. 11
4	16	78	96. 96	80. 45	80. 15	100. 37	—

将循环变动指数 Y_c 绘成曲线图如图 9-7 所示，便可看出该市 2019—2022 年交通事故次数经历由上升到下降、再上升、再下降的过程，也即存在着两个不完全的短周期循环。

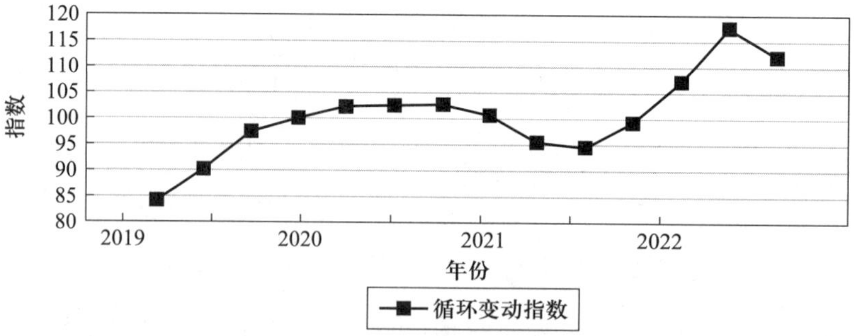

图 9-7　循环变动图

（二）直接法

如果对时间序列的分析只是为了测定循环变动，可采用直接法。它是将每年各月（季）数值与上一年同月（季）数值对比，所得相对数可以大体消除季节变动和长期趋势的影响，从而粗略地描述循环变动和不规则变动。其计算公式为：

$$CI_{t,i}=\frac{Y_{t,i}}{Y_{t-1,i}}\quad(i=1,\ 2,\ \cdots,\ 12\ 或\ i=1,\ 2,\ 3,\ 4)\tag{9-44}$$

式中，$CI_{t,i}$为第 t 年第 i 月（季）的循环及不规则变动相对数；$Y_{t,i}$为第 t 年第 i 月（季）的时间序列观察值；Y_{t-1}，i 为第 $t-1$ 年第 i 月（季）的时间序列观察值。

【例 9-25】 根据表 9-26 中的资料，运用直接法测定交通事故次数的循环变动，如表 9-27 所示。

采用直接法所得的循环及不规则变动相对数，一般很难描述出循环变动的真实状态。当数列趋势向上时，所得相对数均大于 100；当数列趋势向下时，所得相对数均小于 100。直接法所得结果只表示一年同月（季）的相对变化，而不表示真实的循环水平。特别是在循环期间与波动大小都不一致时，用直接法不能正确描述现象循环变动的真实状态。

表 9-27　交通事故次数循环变动计算表

年季	交通事故次数（次）Y	循环及不规则变动（%）CI	年季	交通事故次数（次）Y	循环及不规则变动（%）CI
2019.1	102	—	2021.1	110	78.57
2	62	—	2	73	121.67
3	30	—	3	39	92.86
4	75	—	4	65	76.47
2020.1	140	137.25	2022.1	150	136.36
2	60	96.77	2	87	119.18
3	42	140.00	3	46	117.95
4	85	113.33	4	78	120.00

三、不规则变动

不规则变动亦称随机波动或意外波动，它是客观现象由于受某些随机或偶然因素的影响而产生的偶然波动。

对不规则变动的测定也可采用上述的剩余法，即利用已经计算得到的循环变动及不规则变动资料（$Y_c\times Y_i$），除以循环变动指数 Y_c。公式为：

$$不规则变动指数\ Y_i=(Y_c\times Y_i)/Y_c\tag{9-45}$$

根据表 9-27 中数据不规则变动指数的计算过程及其结果如表 9-28 所示。

表 9-28　交通事故不规则变动分析表

年季	时间序号 t	循环及不规则变动资料（%）$Y_c\times Y_i$	循环变动指数（%）Y_c	不规则变动指数（%）$Y_i=Y_cY_i/Y_c$
2019.1	1	83.27	—	—
2	2	90.80	84.22	107.81

续表

年季	时间序号 t	循环及不规则变动资料（%）$Y_c \times Y_i$	循环变动指数（%）Y_c	不规则变动指数（%）$Y_i = Y_cY_i/Y_c$
3	3	78.58	90.25	87.07
4	4	101.36	97.44	104.02
2020.1	5	112.39	100.05	112.33
2	6	86.41	102.33	84.44
3	7	108.19	102.53	105.52
4	8	112.98	102.68	110.03
2021.1	9	86.85	100.65	86.29
2	10	102.10	95.51	106.90
3	11	97.58	94.54	103.22
4	12	83.93	99.35	84.48
2022.1	13	116.52	107.24	108.65
2	14	121.25	117.49	103.20
3	15	114.69	112.11	102.30
4	16	100.37	—	—

从上述数据来看，该市交通事故次数的发生有一定规律，但随机性的偶然因素影响也较大。因此，对于一些偶然因素的影响作用要充分考虑，并加以防范，切实做到安全行车。

第五节　课程实验

一、Excel 软件在时间序列分析中的应用

（一）移动平均法

1. 用 Excel 实现移动平均计算

以表 9-12 为例。将年份和稻谷产量的数据输入 Excel 表中，如图 9-8 所示。

计算移动平均数的步骤如下：

（1）计算三年移动平均数。在 C3 单元格输入公式“=AVERAGE(B2：B4)”，然后将公式复制到 C4：C16 单元格，结果如图 9-9 中的 C 列。

	A	B
1	年份	稻谷产量
2	2007	437.62
3	2008	473.29
4	2009	487.3
5	2010	501.24
6	2011	584.94
7	2012	510.48
8	2013	574.14
9	2014	629.26
10	2015	539.9
11	2016	573.09
12	2017	595.39
13	2018	644.26
14	2019	670.45
15	2020	684.43
16	2021	646.32
17	2022	657.17

图 9-8　数据工作表

	A	B	C	D	E
1	年份	稻谷产量	三年移动平均数	五年移动平均数	七年移动平均数
2	2007	437.62			
3	2008	473.29	466.07		
4	2009	487.3	487.2766667	496.878	
5	2010	501.24	524.4933333	511.45	509.8585714
6	2011	584.94	532.22	531.62	537.2357143
7	2012	510.48	556.52	560.012	546.7514286
8	2013	574.14	571.2933333	567.744	559.0071429
9	2014	629.26	581.1	565.374	572.4571429
10	2015	539.9	580.75	582.356	580.9314286
11	2016	573.09	569.46	596.38	603.7842857
12	2017	595.39	604.2466667	604.618	619.54
13	2018	644.26	636.7	633.524	621.9771429
14	2019	670.45	666.38	648.17	638.73
15	2020	684.43	667.0666667	660.526	
16	2021	646.32	662.64		
17	2022	657.17			

图 9-9　移动平均结果

（2）计算五年移动平均数。在 D4 单元格输入公式“=AVERAGE(B2：B6)”，然后将公式复制到 D5：D15 单元格，结果如图 9-9 中的 D 列。

（3）计算七年移动平均数。在 E5 单元格输入公式“=AVERAGE(B2：B8)”，然后将公式复制到 E6：E14 单元格，结果如图 9-9 中的 E 列。

2. 用 Excel 画趋势图

画图步骤如下：

（1）选择 Excel 表中的“插入”菜单中的“图表”，如图 9-10 所示。

（2）选择折线图，弹出一个空白图表，鼠标右击选择“选择数据源”，弹出“选择数据源”对话框，如图 9-11 所示。

（3）在“图例项（系列）”单击“添加”，弹出“编辑数据系列”对话框，在“系列名称”下方框内键入“=Sheet1！$B$1”或点击“B1”，在“系列值”下方框内键入“=Sheet1!$B$2:$B$17”或选择“B2：B17”，如图 9-12 所示，点击“确定”，连续添加“三年移动平均数”“五年移动平均数”“七年移动平均数”数据；点击“水平（分类）轴标签”

下的“编辑”选项，弹出“轴标签”对话框，在“轴标签区域”下方框内键入“=Sheet1!$A$2:$A$17”或选择“A2：A17”，如图 9-13 所示，点击“确定”，如图 9-14 所示。

图 9-10　绘制趋势折线图位置

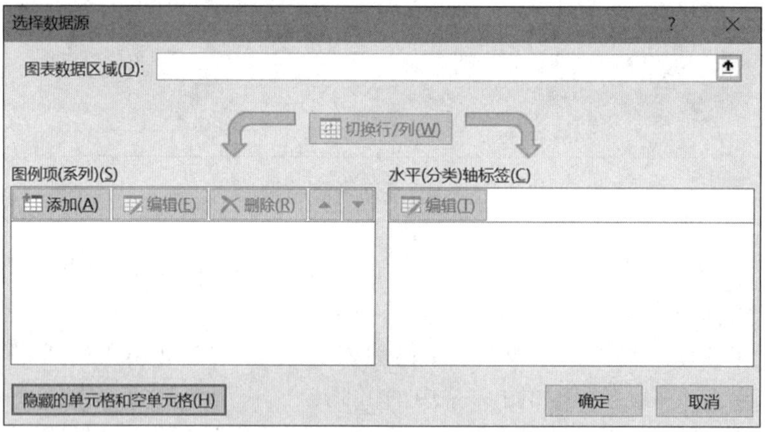

图 9-11　选择数据源对话框

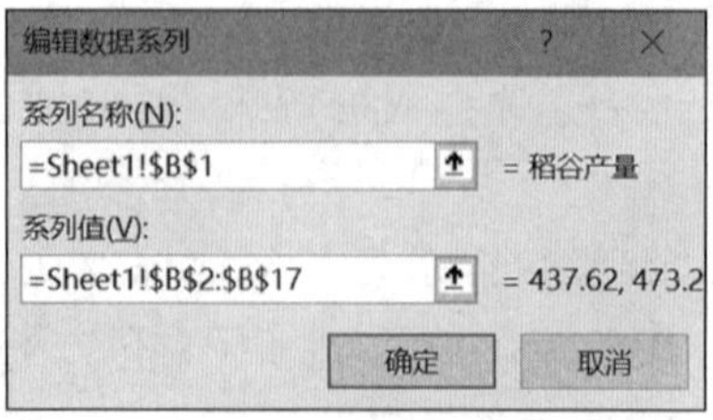

图 9-12　编辑数据系列对话框

图 9-13　轴标签对话框

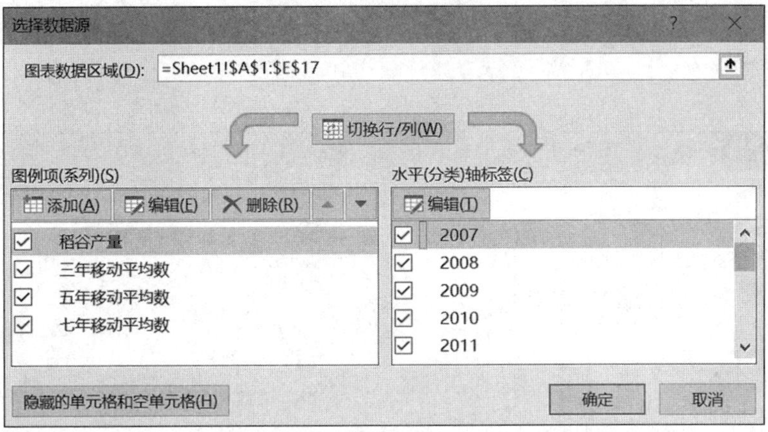

图 9-14 选择数据源对话框

(4) 点击“确定”，输出的结果如图 9-15 所示。

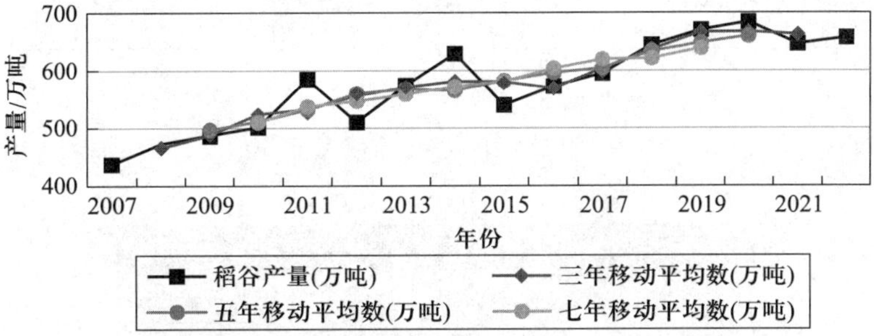

图 9-15 趋势图

(二) 长期趋势分析

1. 直线长期趋势的测定和预测

以表 9-16 为例。

(1) 长期趋势的测定。利用 Excel 建立趋势方程，操作步骤如下：

① 输入数据，如图 9-16 所示。

	A	B	C
1	年份	铁路旅客周转量	*t*
2	2008	151.85	1
3	2009	162.62	2
4	2010	181.84	3
5	2011	191.2	4
6	2012	197.71	5
7	2013	205.93	6
8	2014	228.94	7
9	2015	229.14	8
10	2016	244.76	9
11	2017	250.95	10
12	2018	252.22	11
13	2019	262.33	12
14	2020	262.21	13
15	2021	273.33	14
16	2022	276.15	15

图 9-16 数据工作表

② 在“数据”菜单中选择“数据分析”选项，如图 9-17 所示；打开“数据分析”对话框，如图 9-18 所示。

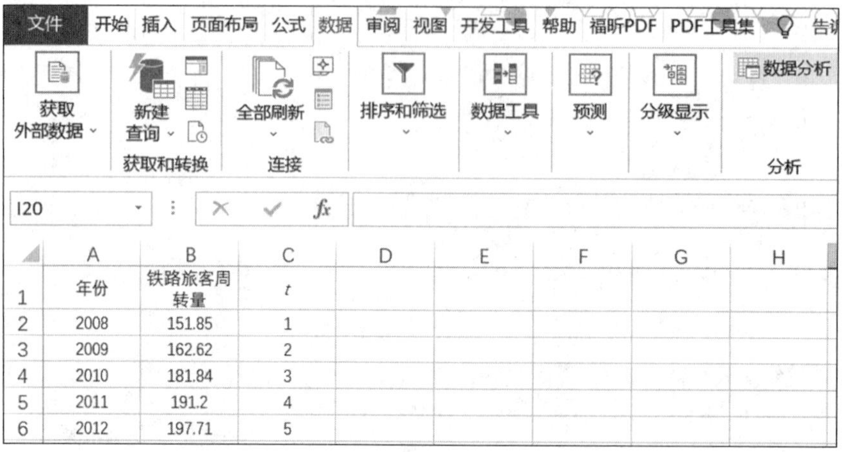

图 9-17　数据分析位置

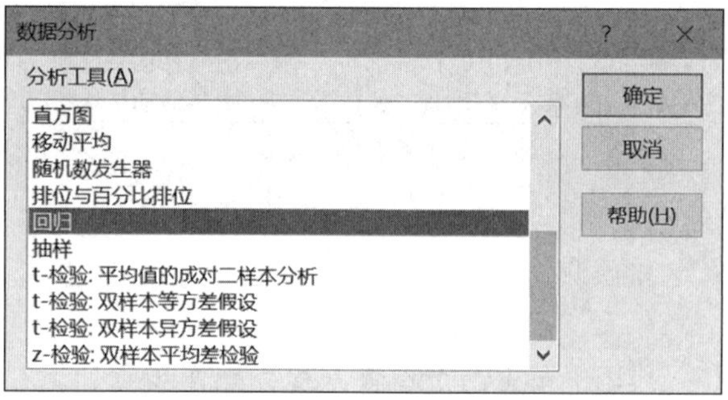

图 9-18　回归分析位置

③ 在“分析工具”列表中选择“回归”选项，单击“确定”按钮，打开“回归”对话框，如图 9-19 所示。

④ 在“Y 值输入区域”中输入“ $B$1 : $B$16”，在“X 值输入区域”中输入“ $C$1 : $C$16”，因包括数据上方的标志，则选上“标志”选项；在“输出选项”中选择“输出区域”，在其右边的位置输入“ $E$1”；单击“确定”按钮，输出结果如图 9-20 所示。

（2）长期趋势预测。

① 在单元格 D1 中输入“趋势值”。

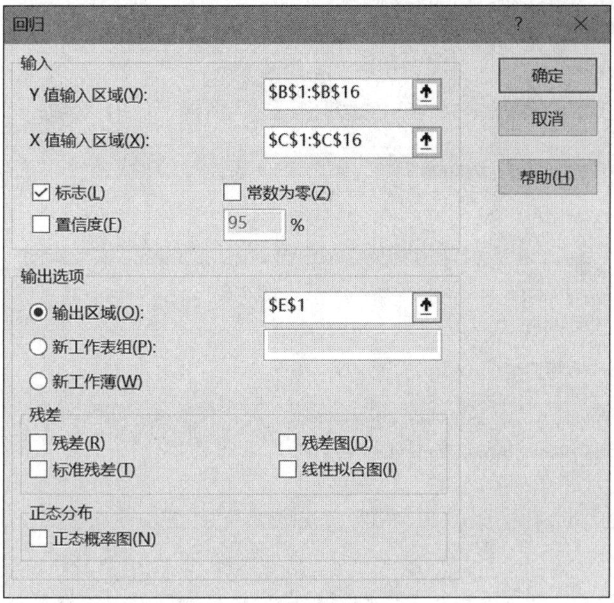

图 9-19 “回归”对话框

SUMMARY OUTPUT								
回归统计								
Multiple R	0.982901585							
R Square	0.966095526							
Adjusted R Square	0.963487489							
标准误差	7.73193254							
观测值	15							
方差分析								
	df	SS	MS	F	Significance F			
回归分析	1	22145.34862	22145.34862	370.4302196	6.16275E-11			
残差	13	777.1761505	59.78278081					
总计	14	22922.52477						
	Coefficients	标准误差	t Stat	P-value	Lower 95%	Upper 95%	下限 95.0%	上限 95.0%
Intercept	153.5990476	4.201208675	36.56068039	1.70832E-14	144.5228881	162.6752072	144.5228881	162.6752072
t	8.893285714	0.462071349	19.24656384	6.16275E-11	7.895041255	9.891530173	7.895041255	9.891530173

图 9-20 回归分析计算结果

② 选择 D2 : D16，在“插入”菜单中选择“插入函数”选项，如图 9-21 所示；打开“插入函数”对话框，如图 9-22 所示；在“选择函数”下选“TREND”，弹出一个“函数参数”对话框，如图 9-23 所示。

图 9-21 趋势分析位置

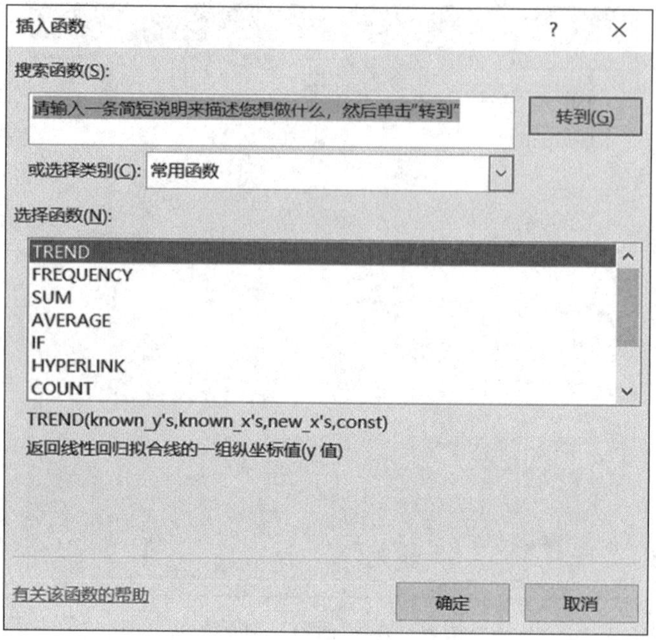

图 9-22　插入函数对话框

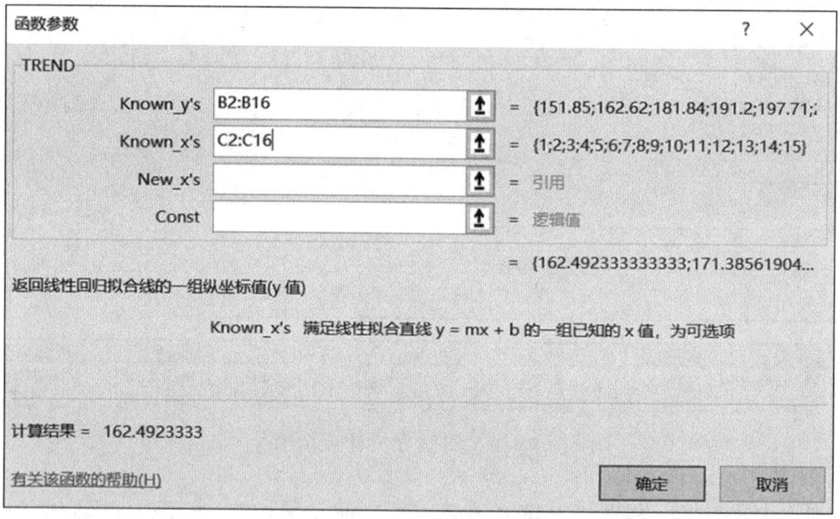

图 9-23　函数参数对话框

③ 在“函数参数”对话框中，在“Known_y′s”后方框内键入“B2：B16”，在“Known_x′s”后方框内键入“C2：C16”；若需要预测，可在“New_x′s”后方框内键入相应数值，如图 9-23 所示；然后按住“Ctrl+Shift”单击“确定”，如图 9-24 所示。

（3）绘制趋势图。

① 将铁路旅客周转量与趋势值放在相邻的两列。

② 选择 EXCEL 表中的“插入”下拉菜单。

③ 选择“图表”。

④ 在“图表”中选择“折线图”。

	A	B	C	D
1	年份	铁路旅客周转量	t	趋势值
2	2008	151.85	1	162.4923333
3	2009	162.62	2	171.385619
4	2010	181.84	3	180.2789048
5	2011	191.2	4	189.1721905
6	2012	197.71	5	198.0654762
7	2013	205.93	6	206.9587619
8	2014	228.94	7	215.8520476
9	2015	229.14	8	224.7453333
10	2016	244.76	9	233.638619
11	2017	250.95	10	242.5319048
12	2018	252.22	11	251.4251905
13	2019	262.33	12	260.3184762
14	2020	262.21	13	269.2117619
15	2021	273.33	14	278.1050476
16	2022	276.15	15	286.9983333

图 9-24　趋势值

⑤ 右击选择“选择数据源”，如图 9-25 所示；在“图例项（系列）”单击“添加”，弹出“编辑数据系列”对话框，在“系列名称”下方框内键入“=Sheet2！$D$1”或点击“D1”，在“系列值”下方框内键入“=Sheet2！$D$2:$D$16”或选择“D2：D16”，如图9-26所示，点击“确定”，继续添加“铁路旅客周转量”数据；点击“水平（分类）轴标签”下的“编辑”选项，弹出“轴标签”对话框，在“轴标签区域”下方框内键入“=Sheet2！$A$2:$A$16”或选择“A2：A16”，如图 9-27 所示，点击“确定”，如图 9-28 所示。

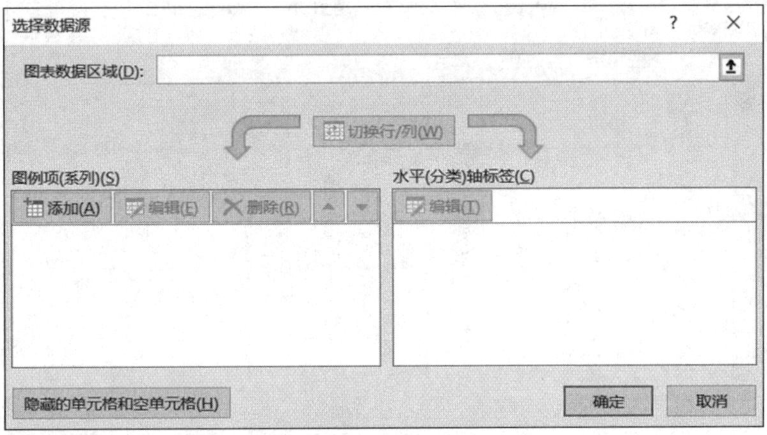

图 9-25　数据源对话框

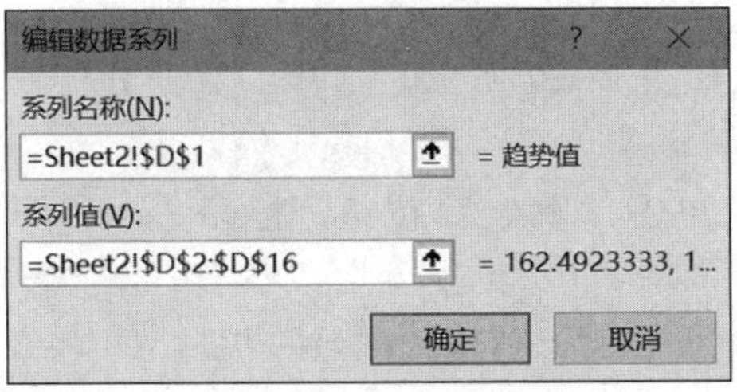

图 9-26　编辑数据系列对话框

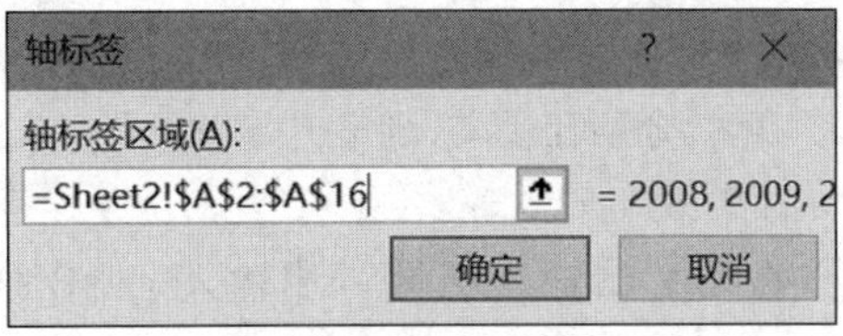

图 9-27　轴标签对话框

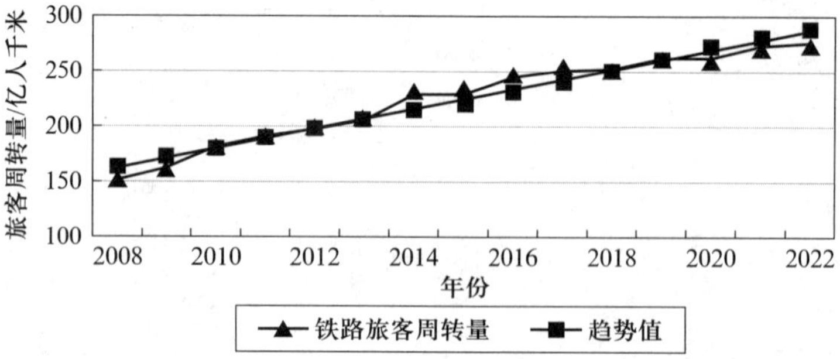

图 9-28 趋势图

2. 曲线长期趋势分析

以二次曲线为例，介绍如何用 Excel 进行长期趋势分析中的非线性趋势分析，并辅以趋势线进行分析。

（1）长期趋势的测定。对表 9-19 中数据进行分析，将表中数据输入 Excel，如图 9-29 中 A，B，C 三列。计算步骤如下：

① 在 D1 单元格中输入“t 平方”，在 D2 单元格输入公式“=C2^2”，然后将公式复制到 D3：D12 单元格。结果如图 9-29 中的 D 列。

	A	B	C	D	E	F	G
1	年份	水产品总产量	t	t平方			
2	2012	16.52	-5	25			
3	2013	16.6	-4	16			
4	2014	17.28	-3	9			
5	2015	18.21	-2	4			
6	2016	18.58	-1	1			
7	2017	19.01	0	0			
8	2018	19.52	1	1			
9	2019	20.07	2	4			
10	2020	22.04	3	9			
11	2021	23.41	4	16			
12	2022	23.66	5	25			
13	合计	214.9	0	110			

图 9-29 数据分析位置

② 在“数据”窗口中选择“数据分析”选项，如图 9-29 所示。打开“数据分析”对话框，如图 9-30 所示。

③ 在“分析工具”列表中选择“回归”选项，单击“确定”按钮，打开“回归”对话框，如图 9-31 所示。

④ 在“Y 值输入区域”中输入“$B$1：$B$12”，在“X 值输入区域”中输入“$C$1：$D$12”，因包括数据上方的标志，则选上“标志”选项，在“输出选项”中选择“输出区域”，在其右边的位置输入“$G$1”，单击“确定”按钮，输出结果如图 9-32 所示。

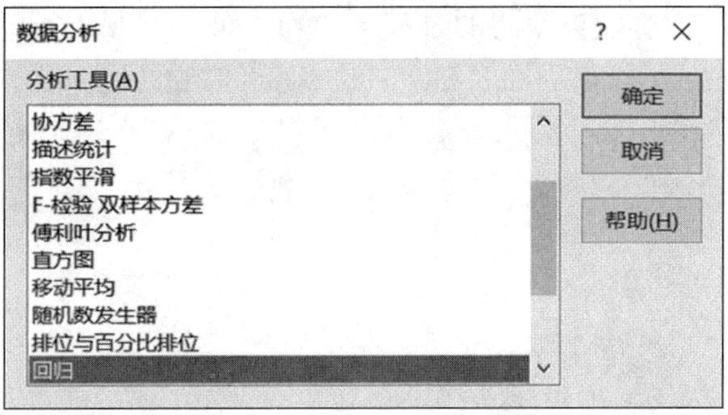

图 9-30 “数据分析”对话框

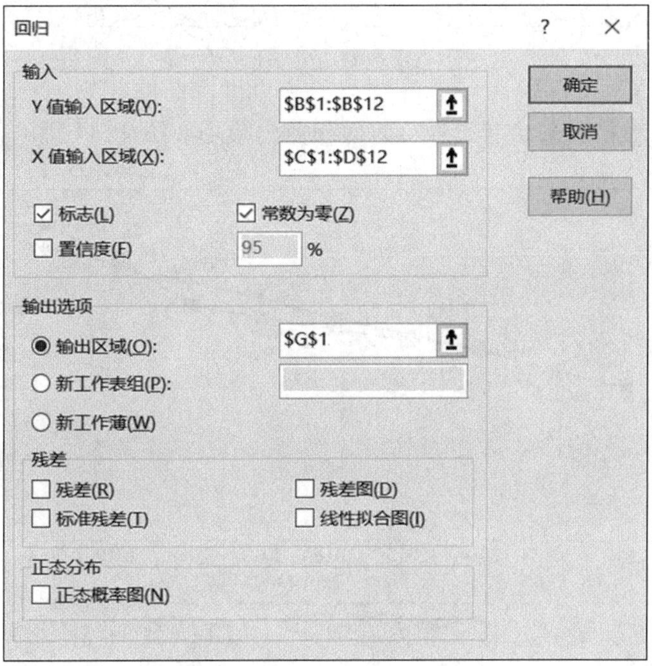

图 9-31 “回归”对话框

SUMMARY OUTPUT								
回归统计								
Multiple R	0.988738672							
R Square	0.977604162							
Adjusted R Square	0.972005202							
标准误差	0.424355757							
观测值	11							
方差分析								
	df	SS	MS	F	Significance F			
回归分析	2	62.88483207	31.44241604	174.6046125	2.51576E-07			
残差	8	1.440622471	0.180077809					
总计	10	64.32545455						
	Coefficients	标准误差	t Stat	P-value	Lower 95%	Upper 95%	下限 95.0%	上限 95.0%
Intercept	19.06130536	0.193284245	98.6179982	1.2482E-13	18.61559109	19.50701963	18.61559109	19.50701963
t	0.744363636	0.040460734	18.39718572	7.84648E-08	0.651061017	0.837666256	0.651061017	0.837666256
t平方	0.047505828	0.014487267	3.279143577	0.01120213	0.014098131	0.080913524	0.014098131	0.080913524

图 9-32 回归分析计算结果

（2）长期趋势预测。长期趋势预测的过程与前面相似，结果如图 9-33 所示。

	A	B	C	D	E
1	年份	水产品总产量	t	t平方	趋势值
2	2012	16.52	-5	25	15.8145
3	2013	16.6	-4	16	16.5589
4	2014	17.28	-3	9	17.3033
5	2015	18.21	-2	4	18.0476
6	2016	18.58	-1	1	18.7920
7	2017	19.01	0	0	19.5364
8	2018	19.52	1	1	20.2807
9	2019	20.07	2	4	21.0251
10	2020	22.04	3	9	21.7695
11	2021	23.41	4	16	22.5138
12	2022	23.66	5	25	23.2582

图 9-33 趋势值

（3）画趋势图。趋势图的绘制过程与前面相似，结果如图 9-34 所示。

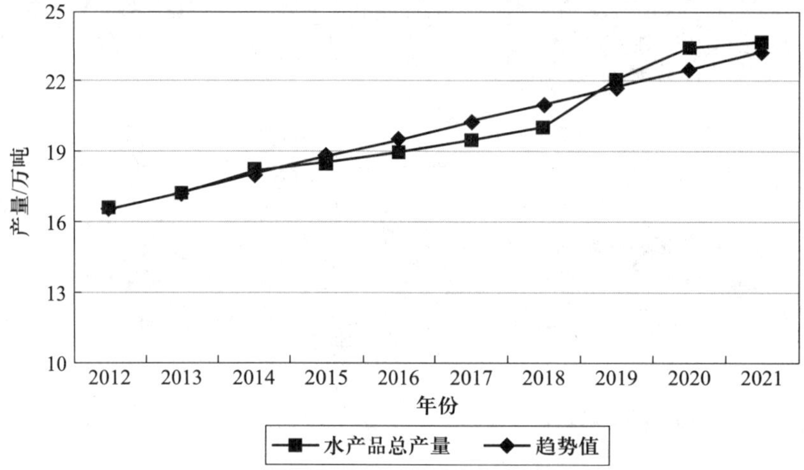

图 9-34 趋势图

（三）季节变动分析

以表 9-21 为例。

1. 季节调整

Excel 操作步骤如下：

（1）输入数据，如图 9-35 所示。

（2）计算 12 项移动平均数。在单元格 D1 中输入“十二项移动平均”，在单元格 D7 中输入公式：“=AVERAGE(C2：C13)”，然后将公式复制到单元格 D8：D44，结果如图 9-36 中 D 列。

	A	B	C
1	年份	月份	销售量Y
2	2019	1	10.5
3		2	10.2
4		3	9.8
5		4	7.5
6		5	4.7
7		6	4.6
8		7	4
9		8	3.5
10		9	4.5
11		10	6.4
12		11	9.3
13		12	11.5
14	2020	1	11.1
15		2	11
16		3	9.1
17		4	7.7
18		5	5.4
19		6	4.9
20		7	4.4
21		8	4

图 9-35 数据工作表

	A	B	C	D	E	F	G	H	I	J	K
1	年份	月份	销售量Y	十二项移动平均	趋势值T	Y/T(%)	同月平均	总平均	季节指数（%）	季节指数（%）	季节调整
2	2019	1	10.5				147.65	99.52	148.36	148.36	7.08
3		2	10.2				142.54		143.23	143.23	7.12
4		3	9.8				129.81		130.43	130.43	7.51
5		4	7.5				98.56		99.04	99.04	7.57
6		5	4.7				71.48		71.82	71.82	6.54
7		6	4.6	7.21			58.76		59.05	59.05	7.79
8		7	4	7.26	7.23	55.30	57.36		57.64	57.64	6.94
9		8	3.5	7.33	7.29	48.00	50.46		50.71	50.71	6.90
10		9	4.5	7.27	7.30	61.68	65.36		65.67	65.67	6.85
11		10	6.4	7.28	7.28	87.97	88.35		88.78	88.78	7.21
12		11	9.3	7.34	7.31	127.18	124.15		124.75	124.75	7.45
13		12	11.5	7.37	7.35	156.37	159.76		160.53	160.53	7.16
14	2020	1	11.1	7.40	7.38	150.34				148.36	7.48
15		2	11	7.44	7.42	148.23				143.23	7.68
16		3	9.1	7.52	7.48	121.67				130.43	6.98
17		4	7.7	7.53	7.53	102.33				99.04	7.77
18		5	5.4	7.53	7.53	71.72				71.82	7.52

图 9-36 季节调整结果

（3）计算移动平均趋势值 T。在单元格 E1 中输入“趋势值 T”，在单元格 E8 中输入公式“=AVERAGE(D7：D8)”，然后将公式复制到 E9：E43，结果如图 9-36 中 E 列。

（4）将实际值除以相应的趋势值。在单元格 F1 中输入“Y/T（%）”，在单元格 F8 中输入公式“=(C8/E8)＊100”，然后将公式复制到 F9：F43，结果如图 9-36 中 F 列。

（5）计算同月平均。在单元格 G1 中输入“同月平均”，在单元格 G2 中输入公式“=(F14+F26+F38)/3”，然后将公式复制到 G3：G7；在单元格 G8 中输入公式“=(F8+F20+F32)/3”，然后将公式复制到 G9：G13。结果如图 9-36 中 G 列。

（6）计算总平均值。在单元格 H1 中输入“总平均”，在 H2 单元格中输入公式“=AVERAGE(F8：F43)”，如图 9-36 中 H 列。

（7）计算季节指数。在单元格 I1 中输入“季节指数（%）”，将同月平均值除以总平均值。在单元格 I2 中输入公式“=(G2/$H$2)＊100”然后将公式复制到 I3：I13。结果如图 9-36 中 I 列。

（8）在单元格 J1 中输入“季节指数（%）”，选中单元格 I2：I13，点击主菜单“复制”

图标。选中单元格 J2：J49。单击“编辑”菜单，选择“选择性粘贴”选项，在出现的选择性粘贴选项对话框中选择“数值”，单击“确定”按钮，如图 9-36 中 J 列。

（9）在单元格 K1 中输入“季节调整”，进行季节变动调整，即消除季节变动。在单元格 K2 中输入公式“=(C2/J2)＊100”然后将公式复制到 K3：K49。结果如图 9-36 中 K 列。

若要进行季节变动的其他分析，以及进行循环波动的分析，可以仿照上述过程进行操作。

2. 绘制季节调整前后数据图

Excel 操作步骤如下：

（1）重建新表，将列 C 和列 K 复制到新表中。

（2）选择图表向导，选择折线图，按要求输入数据区域等。

（3）经一系列简单调整，即可得到如图 9-37 所示的比较图。

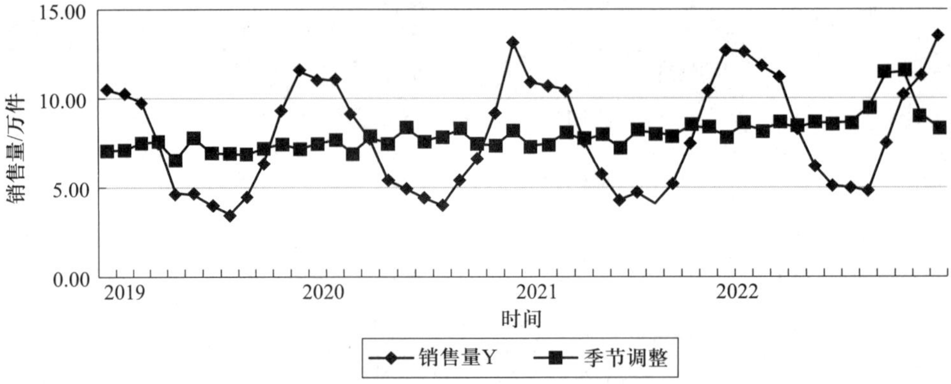

图 9-37 实际值与季节调整值比较图

二、SPSS 软件在时间序列分析中的应用

（一）移动平均法

1. 用 SPSS 软件实现移动平均计算

以表 9-12 为例。SPSS 软件操作步骤如下：

（1）定义变量，如图 9-38 所示。

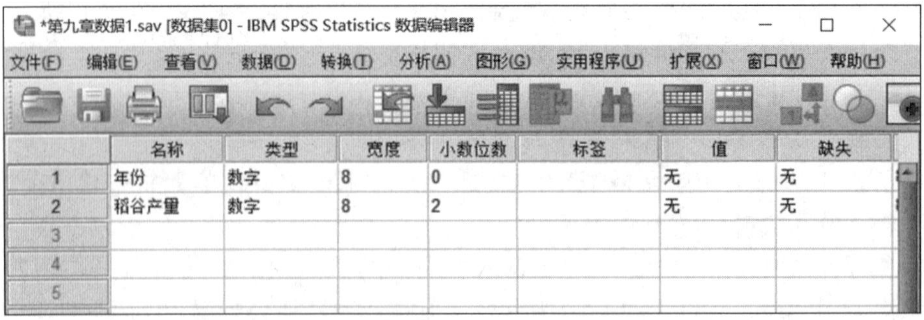

图 9-38 定义变量窗口

（2）输入数据，如图 9-39 所示。

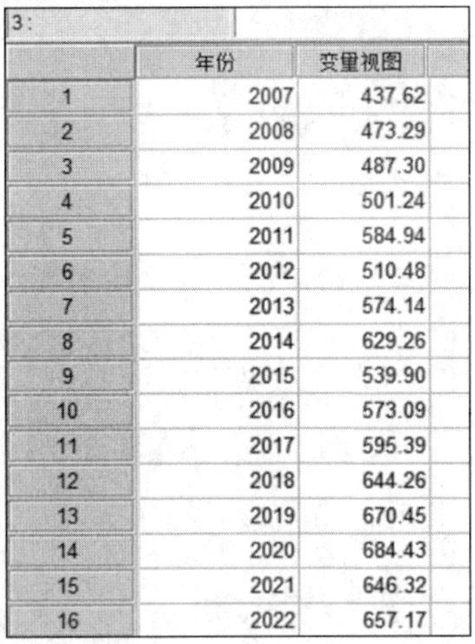

	年份	变量视图
1	2007	437.62
2	2008	473.29
3	2009	487.30
4	2010	501.24
5	2011	584.94
6	2012	510.48
7	2013	574.14
8	2014	629.26
9	2015	539.90
10	2016	573.09
11	2017	595.39
12	2018	644.26
13	2019	670.45
14	2020	684.43
15	2021	646.32
16	2022	657.17

图 9-39　数据输入窗口

（3）从主菜单的“转换（T）”开始，依次点击“转换（T）”→“创建时间序列”，弹出一个窗口，如图 9-40 和图 9-41 所示。

图 9-40　创建移动平均位置

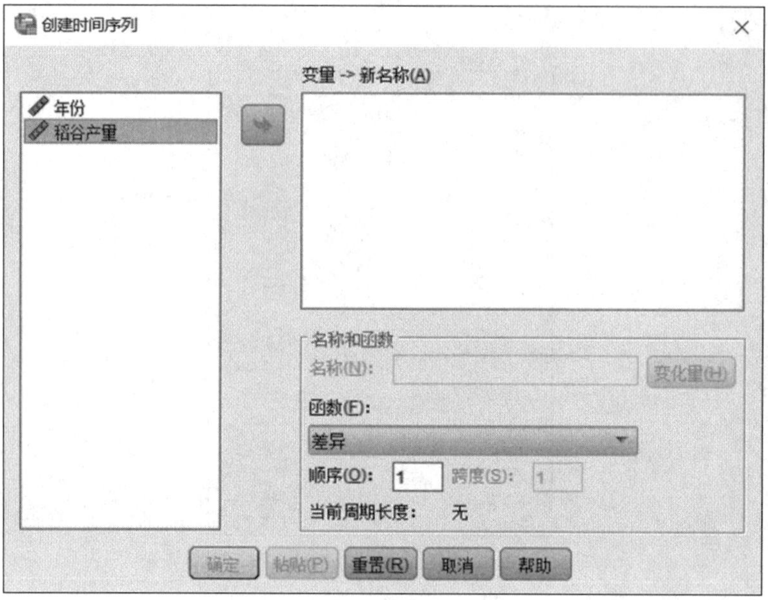

图 9-41 创建移动平均对话框

(4) 将对话框左侧的变量选到“变量→新名称(A)”框中，在下面“函数(F)”栏中有很多选项，选择“中心移动平均值”，如图 9-42 所示；“跨度(S)”中填入的是移动平均的项数，这里填“3”，在“名称和函数”下“名称(N)”后框中输入“三项移动平均”，然后单击“变化量(H)”按钮，再将左侧的变量选到”变量→新名称(A)”框中，在“跨度(S)”中填入“5”，在“名称和函数”下“名称(N)”后框中输入“五项移动平均”，然后单击“变化量(H)”按钮，重复上面操作，如图 9-43 所示；最后单击“确定”，结果如图 9-44 所示。

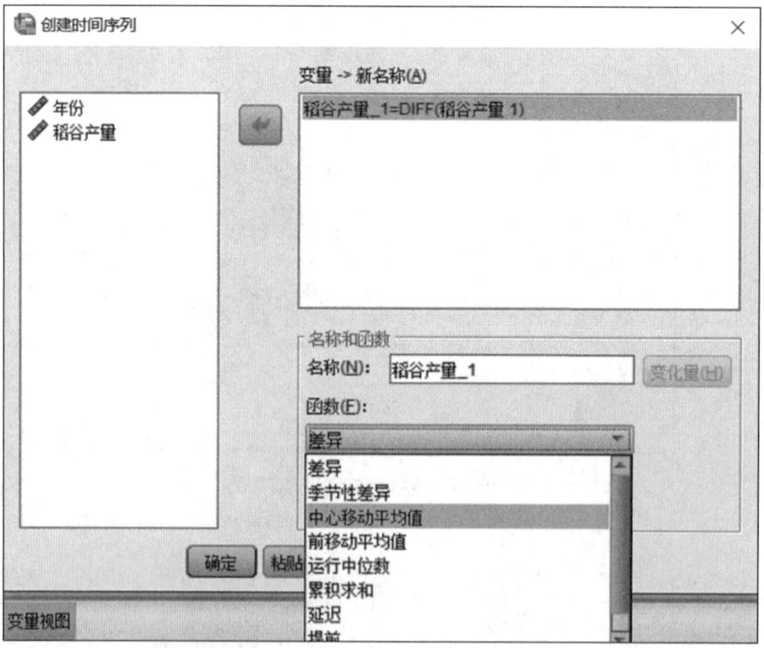

图 9-42 中心化移动平均位置

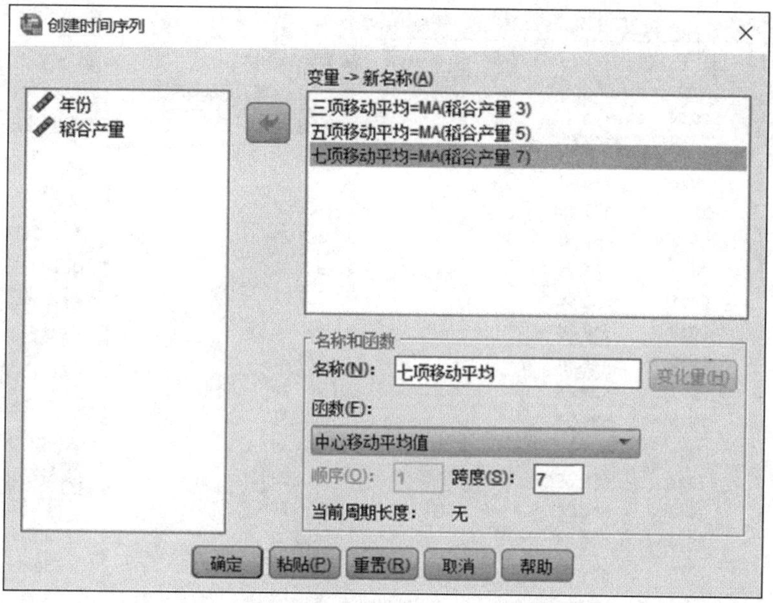

图 9-43 创建各项移动平均对话框

	年份	稻谷产量	三项移动平均	五项移动平均	七年移动平均
1	2007	437.62	.	.	.
2	2008	473.29	466.07	.	.
3	2009	487.30	487.28	496.88	.
4	2010	501.24	524.49	511.45	509.86
5	2011	584.94	532.22	531.62	537.24
6	2012	510.48	556.52	560.01	546.75
7	2013	574.14	571.29	567.74	559.01
8	2014	629.26	581.10	565.37	572.46
9	2015	539.90	580.75	582.36	580.93
10	2016	573.09	569.46	596.38	603.78
11	2017	595.39	604.25	604.62	619.54
12	2018	644.26	636.70	633.52	621.98
13	2019	670.45	666.38	648.17	638.73
14	2020	684.43	667.07	660.53	.
15	2021	646.32	662.64	.	.
16	2022	657.17	.	.	.

图 9-44 移动平均结果

2. 用 SPSS 软件画趋势图

画图步骤如下：

(1) 从主菜单的“图形（G）”开始，依次单击“图形（G）”→“旧对话框（L）”→“线图（L）”，弹出一个对话框，如图 9-45 所示。

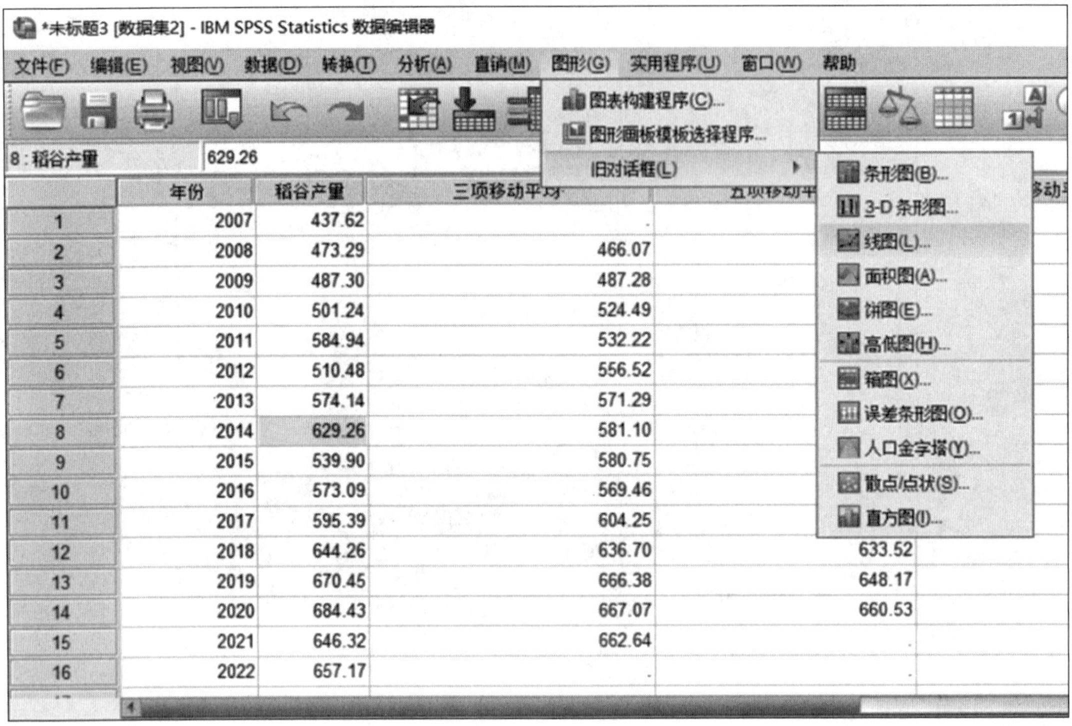

图 9-45　画趋势图位置

（2）在“折线图”对话框中选“多线”选项，在“图表中的数据为”下选“单独变量的摘要（V）”，对每个变量生成一个多线图，如图 9-46 所示。然后单击“定义”，弹出一个对话框，如图 9-47 所示。

（3）在“定义多线折线图”对话框中，将左侧框内变量调入右侧“折线表示（I）”下方框中，将“年份”调入“类别轴（X）”下方框中，如图 9-47 所示。单击右方“选项（O）”，弹出一个对话框，如图 9-48 所示。

图 9-46　多线图位置

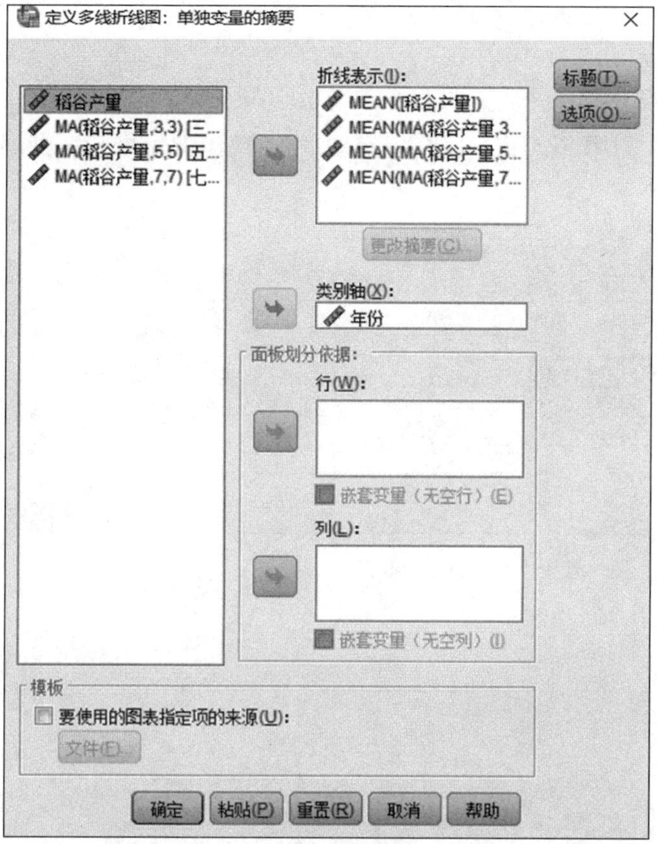

图 9-47　多线图对话框

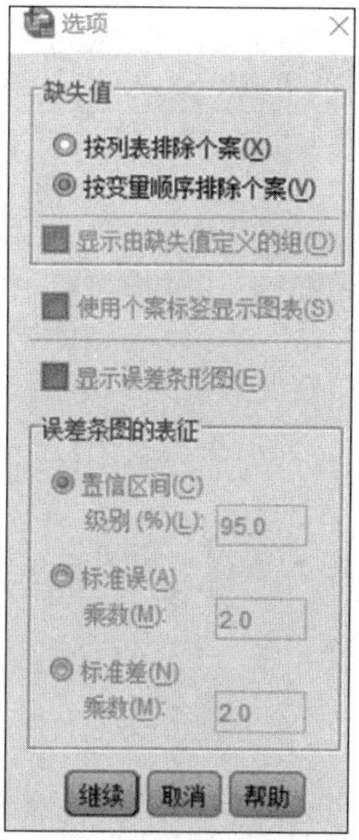

图 9-48　选项对话框

（4）在“选项（O）”对话框中选“按变量排除个案（V）”，如图 9-48 所示。然后单击“确定”，结果如图 9-49 所示。

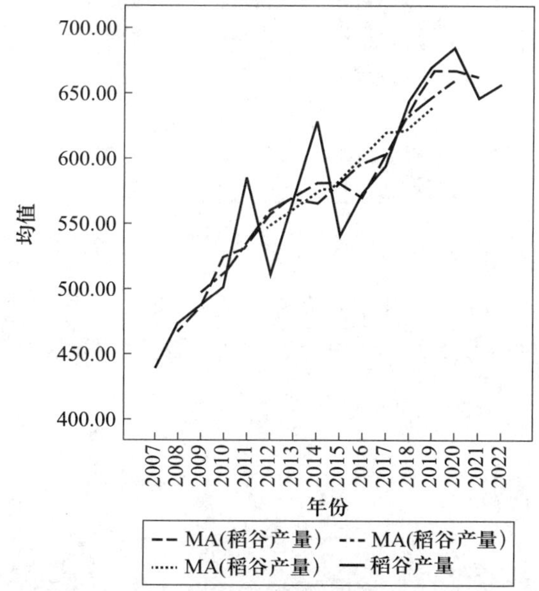

图 9-49　趋势图

（二）长期趋势分析

1. 直线长期趋势的测定和预测

以表 9-16 为例。

（1）长期趋势的测定及预测。利用 SPSS 软件建立趋势方程，操作步骤如下：

① 定义变量，如图 9-50 所示。

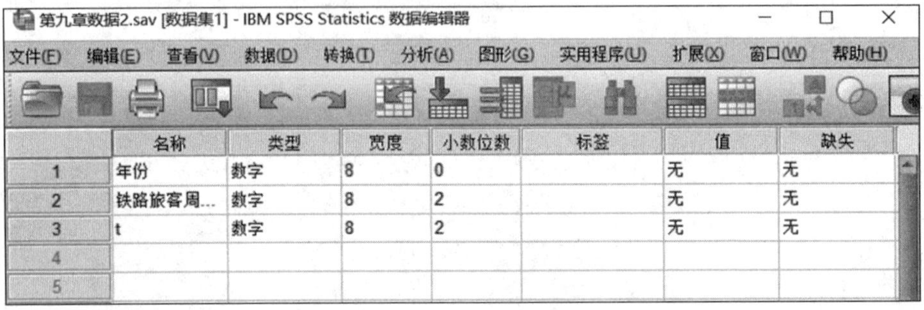

	名称	类型	宽度	小数位数	标签	值	缺失
1	年份	数字	8	0		无	无
2	铁路旅客周…	数字	8	2		无	无
3	t	数字	8	2		无	无
4							
5							

图 9-50　变量视窗

② 输入数据，如图 9-51 所示。

	年份	铁路旅客	t
1	2008	151.85	1.00
2	2009	162.62	2.00
3	2010	181.84	3.00
4	2011	191.20	4.00
5	2012	197.71	5.00
6	2013	205.93	6.00
7	2014	228.94	7.00
8	2015	229.14	8.00
9	2016	244.76	9.00
10	2017	250.95	10.00
11	2018	252.22	11.00
12	2019	262.33	12.00
13	2020	262.21	13.00
14	2021	273.33	14.00
15	2022	276.15	15.00

图 9-51　数据视窗

③ 单击主菜单“分析（A）”展开下拉菜单，在下拉菜单中寻找“回归（R）”弹出小菜单，在小菜单中寻找“线性（L）”，如图 9-52 所示。展开“线性回归”主对话框，如图 9-53 所示。

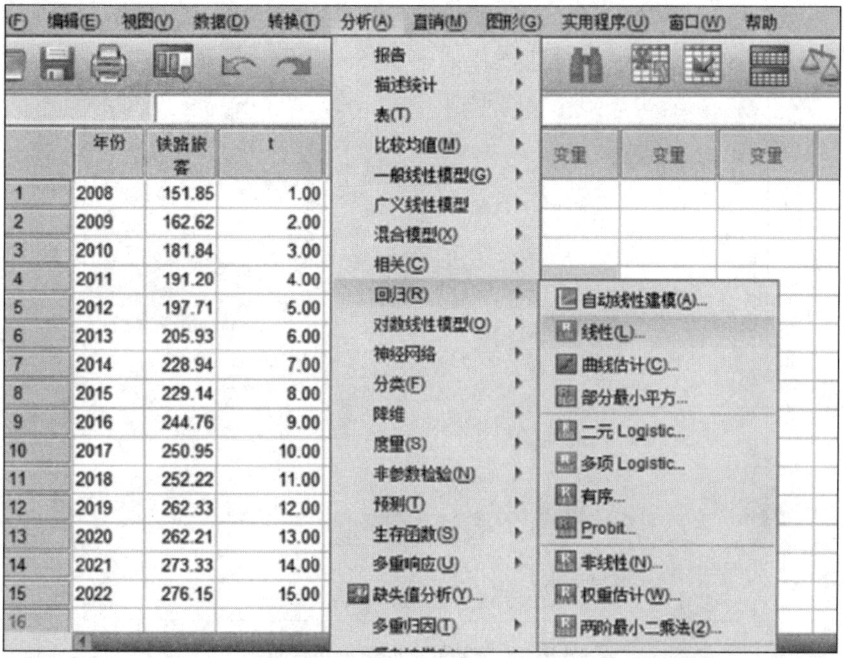

	年份	铁路旅客	t
1	2008	151.85	1.00
2	2009	162.62	2.00
3	2010	181.84	3.00
4	2011	191.20	4.00
5	2012	197.71	5.00
6	2013	205.93	6.00
7	2014	228.94	7.00
8	2015	229.14	8.00
9	2016	244.76	9.00
10	2017	250.95	10.00
11	2018	252.22	11.00
12	2019	262.33	12.00
13	2020	262.21	13.00
14	2021	273.33	14.00
15	2022	276.15	15.00
16			

图 9-52　回归分析位置

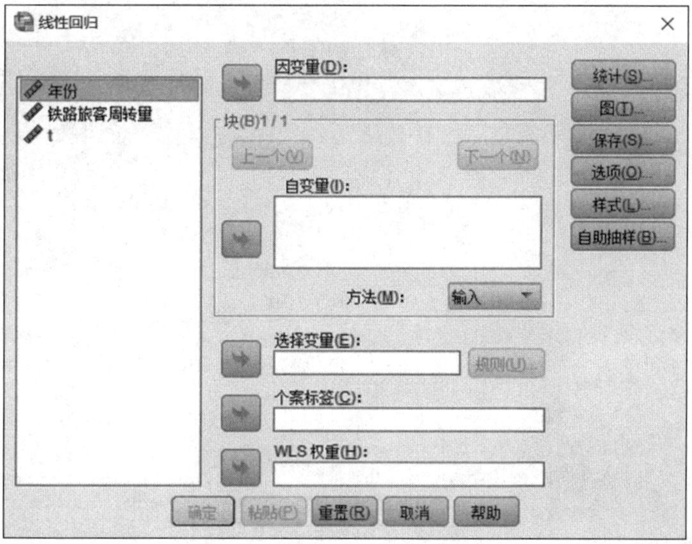

图 9-53　回归分析主对话框

④ 在图 9-53 左面的矩形框中，选择一个因变量并通过单击向右的箭头按钮调入右面的“因变量（D）”框中；选择一个或多个自变量并通过单击向右的箭头按钮调入右面的“自变量（I）”框中，如图 9-54 所示。

⑤ 在对话框右方有 5 个按钮。

单击对话框右方“统计（S）”（输出统计量）按钮，展开“统计”对话框，如图 9-55 所示。

在“回归系数”栏中，选“估算值（E）”。在对话框右侧选“模型拟合（M）”。单击“保存（S）”按钮，展开“保存”对话框，如图 9-56 所示。

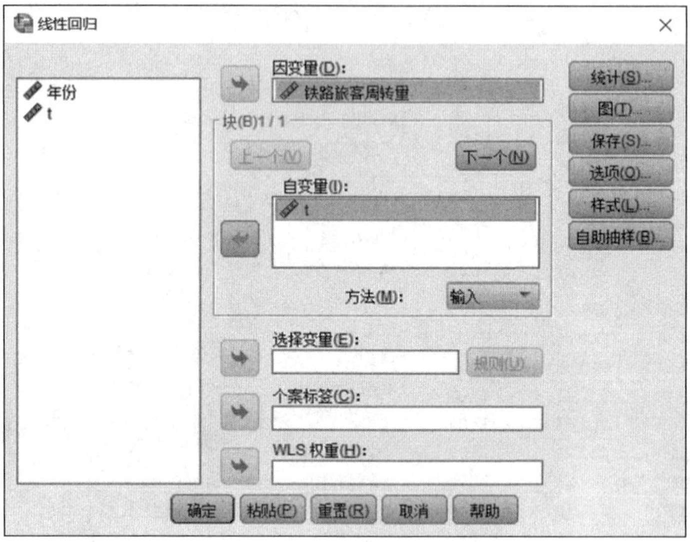

图 9-54 选择分析变量对话框

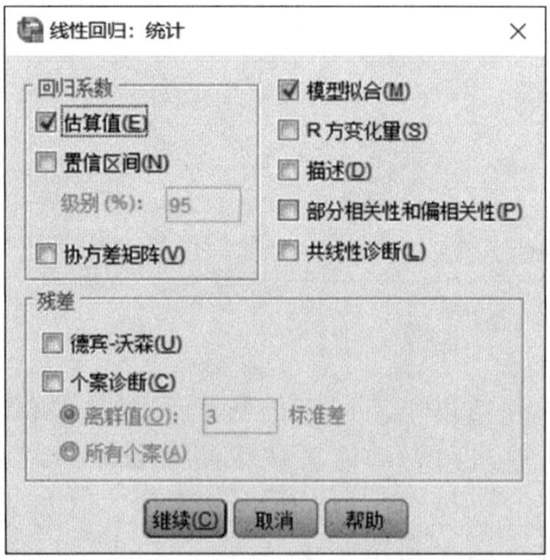

图 9-55 选择输出统计量对话框

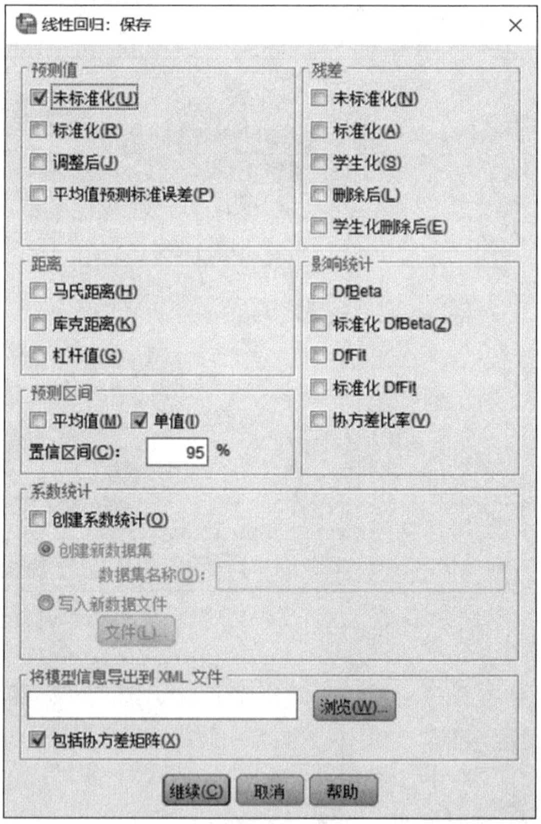

图 9-56 保存新变量对话框

⑥ 在“预测值”栏中，选“未标准化（U）”，即未标准化的预测值，本例选择此项。在“预测区间”栏中，选“单值（I）”，即当自变量为某定值时因变量的个体值的区间估计，本例选择此项，然后单击“继续（C）”按钮。在主对话框中单击“确定”按钮，输出结果如表9-29、表9-30、表9-31和图9-57所示。

表 9-29 模型摘要（b）

模型	R	R^2	调整后 R^2	标准估算误差
1	0.984（a）	0.969	0.966	7.199 45

表 9-30 ANOVA（a）

模型		平方和	自由度	均方	F	显著性
1	回归	19 469.354	1	19 469.354	375.623	0.000（b）
	残差	621.985	12	51.832	—	—
	总计	20 091.339	13	—	—	—

表 9-31 系数（a）

模型		未标准化系数		标准化系数	t	显著性
		B	标准错误	Beta	—	—
1	（常量）	151.692	4.064	—	37.324	0.000
	t	9.251	0.477	0.984	19.381	0.000

年份	铁路旅客	t	PRE_1	LICI_1	UICI_1
2008	151.85	1.00	160.94257	143.35476	178.53038
2009	162.62	2.00	170.19349	152.97862	187.40837
2010	181.84	3.00	179.44442	162.54660	196.34224
2011	191.20	4.00	188.69534	172.05552	205.33516
2012	197.71	5.00	197.94626	181.50260	214.38993
2013	205.93	6.00	207.19719	190.88560	223.50877
2014	228.94	7.00	216.44811	200.20296	232.69326
2015	229.14	8.00	225.69903	209.45389	241.94418
2016	244.76	9.00	234.94996	218.63837	251.26154
2017	250.95	10.00	244.20088	227.75721	260.64455
2018	252.22	11.00	253.45180	236.81198	270.09162
2019	262.33	12.00	262.70273	245.80491	279.60054
2020	262.21	13.00	271.95365	254.73877	289.16853
2021	273.33	14.00	281.20457	263.61676	298.79238
2022	276.15	.	.	.	.

图 9-57 预测值及预测区间

结果解释：

表9-29给出了相关系数 $R=0.984$（$R^2=0.969$，修正 $R^2=0.966$，标准估计误差 $S_e=7.199\ 45$。

表9-30给出了回归方程的显著性 F 检验结果，$F=375.623$，P 值（Sig.）$=0$，回归方程显著。

表9-31给出了回归系数估计及其显著性 t 检验结果，回归系数显著。趋势方程为：

$$\hat{Y}=151.692+9.251t$$

图 9-57 给出了预测值及其预测区间。

（2）绘制趋势图。画图步骤如下：

① 从主菜单的“图形（G）”开始，依次点击“图形（G）”→“旧对话框（L）”→“线图（L）”，弹出一个对话框，如图 9-58 所示。

图 9-58 画趋势图位置

② 在“折线图”对话框中选“多线”选项中，在“图表中的数据为”下选“单独变量的摘要（V）”，对每个变量生成一个多线图，如图 9-59 所示；然后单击“定义”，弹出一个对话框，如图 9-60 所示。

图 9-59 多线图位置

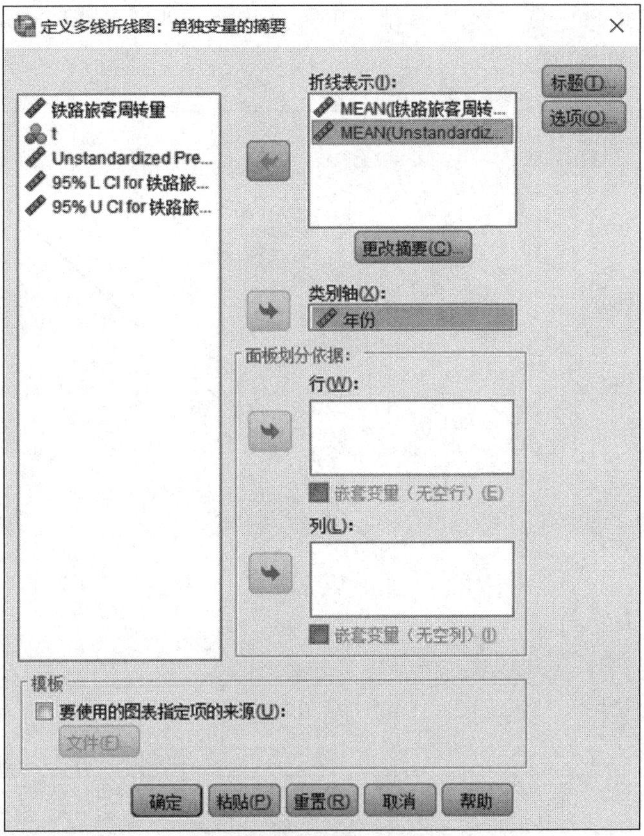

图 9-60　多线图对话框

③ 在“定义多线折线图”对话框中，将左侧框内变量调入右侧“折线表示（I）:”下方框中，将“年份”调入“类别轴（X）”下方框中，如图 9-60 所示。单击右方“选项（O）”，弹出一个对话框，如图 9-61 所示。

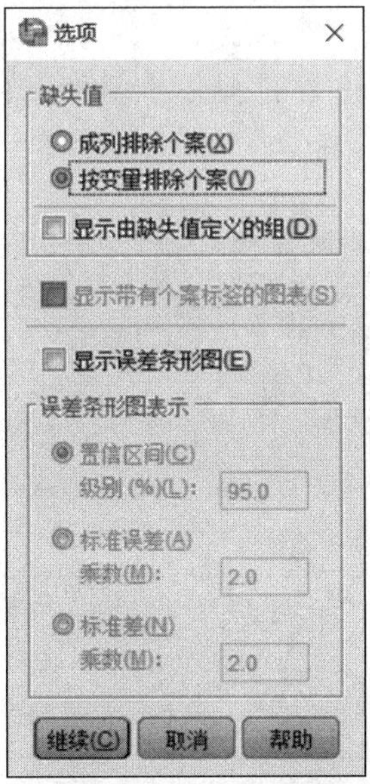

图 9-61　选项对话框

④ 在“选项”对话框中选“按变量排除个案（V）”，如图 9-61 所示。然后单击“确定”按钮，结果如图 9-62 所示。

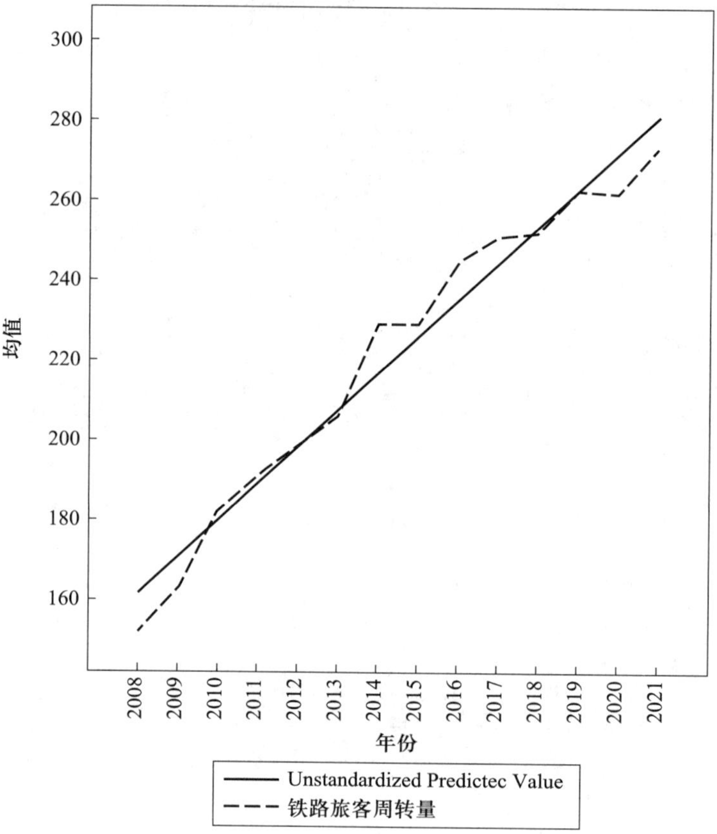

图 9-62　趋势图

2. 曲线长期趋势的测定

对表 9-19 中数据进行分析。SPSS 软件操作步骤如下：

（1）定义变量，如图 9-63 所示。

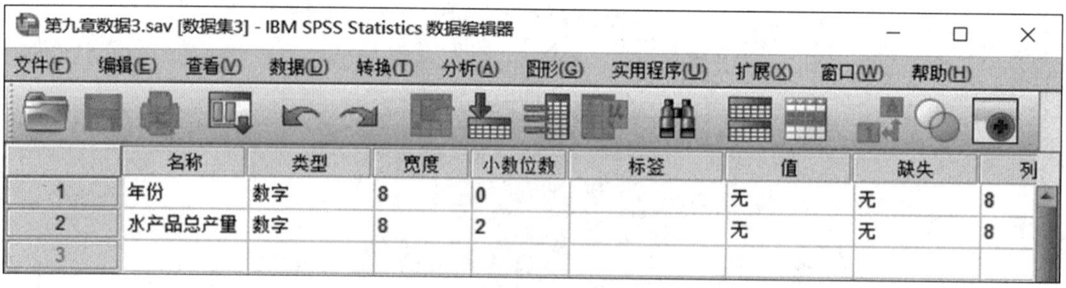

图 9-63　变量视窗

（2）输入数据，如图 9-64 所示。

	年份	水产品总产量
1	2012	16.52
2	2013	16.60
3	2014	17.28
4	2015	18.21
5	2016	18.58
6	2017	19.01
7	2018	19.52
8	2019	20.07
9	2020	22.04
10	2021	23.41
11	2022	23.66

图 9-64　数据视窗

（3）单击主菜单“分析（A）”展开下拉菜单，在下拉菜单中寻找“回归（R）”弹出小菜单，在小菜单中寻找“曲线估算（C）”，如图 9-65 所示；展开“曲线估算”主对话框，如图 9-66 所示。

（4）选择因变量并通过单击向右的箭头按钮调入右面的“因变量（D）”框中；在“独立”（自变量）下面选“时间”；选择“在等式中包括常量（I）”，选择“根据模型绘图（O）”；在“模型”下选择“二次项”，如图 9-66 所示；单击右上方“保存（A）”，弹出一个对话框，如图 9-67 所示。

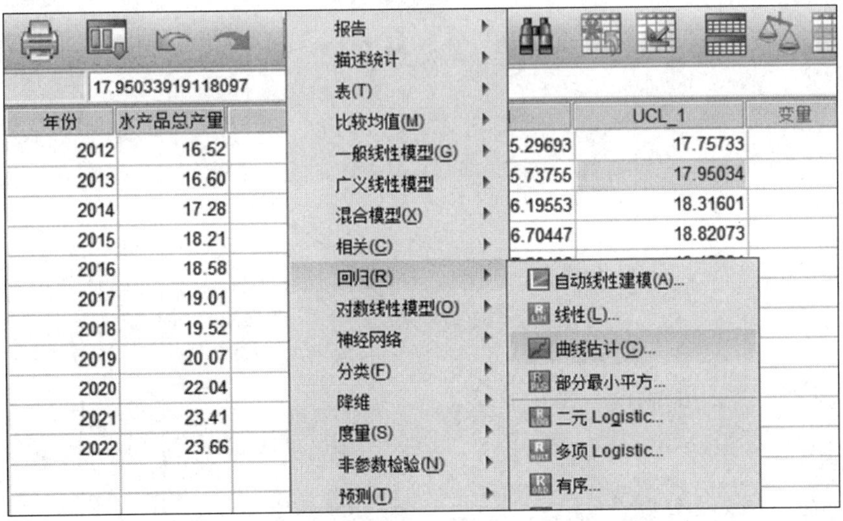

图 9-65　曲线位置

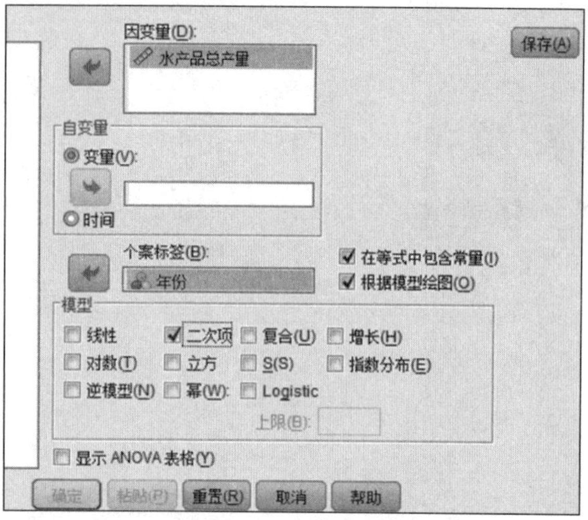

图 9-66 曲线对话框

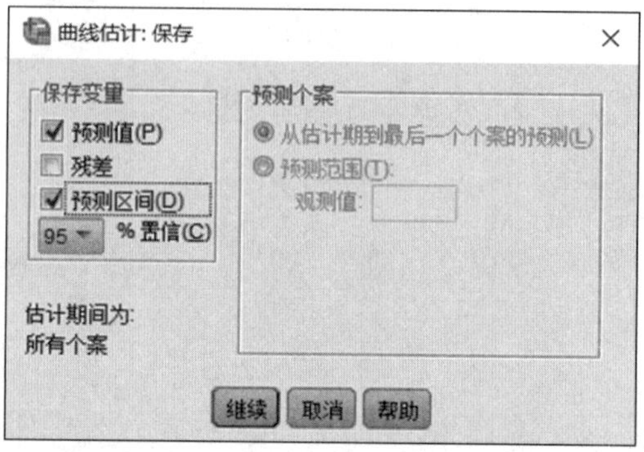

图 9-67 保存对话框

(5) 在“保存”对话框中选择“预测值(P)”和“预测区间(D)”，在“预测个案”下选择“从估算期到最后一个个案的预测(L)”，单击“继续”，单击“确定”，结果如图 9-68、图 9-69、图 9-70 所示。

模型摘要和参数估算值

方程	模型摘要					参数估算值		
	R^2	F	自由度 1	自由度 2	显著性	常量	b_1	b_2
二次	0.948	163.201	1	9	0.000	-731.248	.000	.000

图 9-68 计算结果

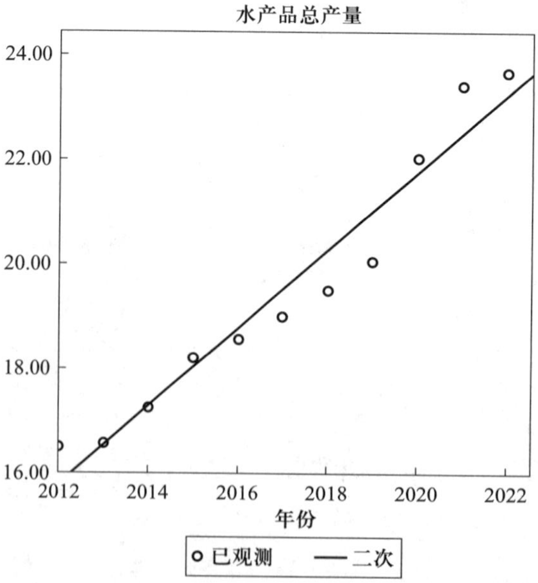

图 9-69 实际值和预测值曲线

年份	水产品总产量	FIT_1	LCL_1	UCL_1
2012	16.52	16.52713	15.29693	17.75733
2013	16.60	16.84394	15.73755	17.95034
2014	17.28	17.25577	16.19553	18.31601
2015	18.21	17.76260	16.70447	18.82073
2016	18.58	18.36445	17.29498	19.43391
2017	19.01	19.06131	17.98601	20.13660
2018	19.52	19.85317	18.78371	20.92264
2019	20.07	20.74006	19.68192	21.79819
2020	22.04	21.72195	20.66171	22.78219
2021	23.41	22.79885	21.69246	23.90525
2022	23.66	23.97077	22.74057	25.20097

图 9-70 预测值和预测区间

（三）季节变动分析

以表 9-21 数据为例，采用趋势剔除法计算季节指数，并进行季节调整。

1. 季节调整

SPSS 软件操作步骤如下：

（1）定义变量，如图 9-71 所示。

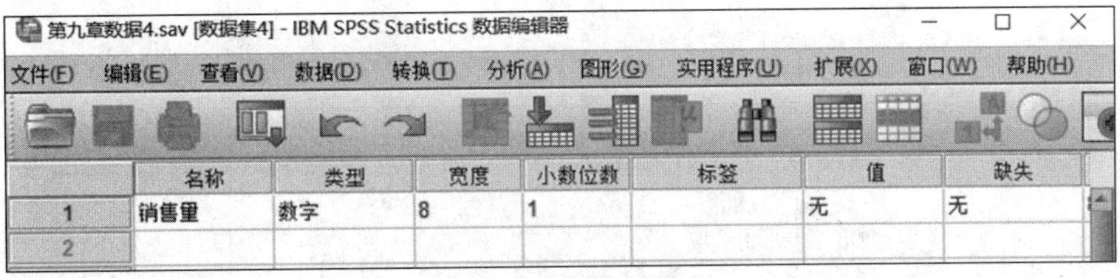

图 9-71 变量视窗

（2）输入数据，如图 9-72 所示。

图 9-72 数据视窗

（3）定义时间序列的周期，单击主菜单“数据（D）”展开下拉菜单，在下拉菜单中寻找“定义日期和时间（E）”，如图 9-73 所示，弹出一个对话框，如图 9-74 所示。

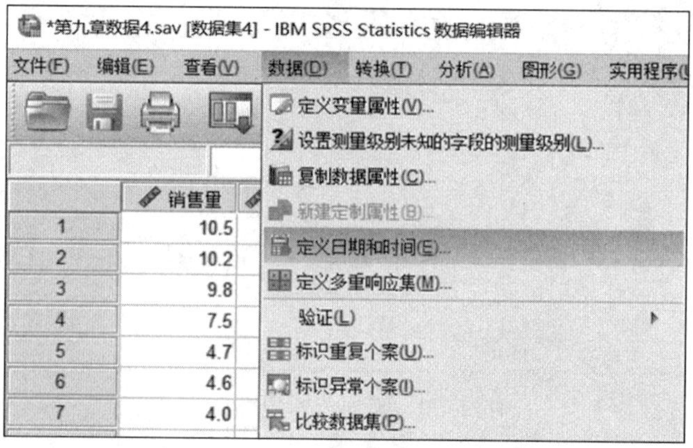

图 9-73 “定义日期和时间”位置

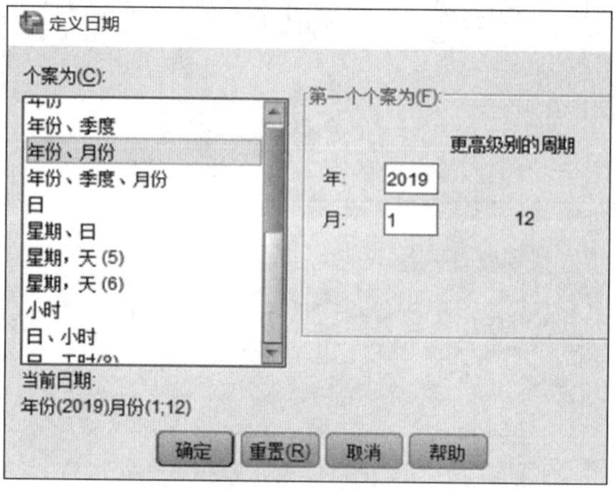

图 9-74 “定义日期”对话框

（4）在“定义日期”对话框中“个案为（C）”下选择“年份，月份”，在右侧“年”后方框中填入“2019”，“月”后方框中填入“1”，如图 9-74 所示；单击“确定”按钮，结果如图 9-75 所示。

	销售量	YEAR_	MONTH_	DATE_
1	10.5	2019	1	JAN 2019
2	10.2	2019	2	FEB 2019
3	9.8	2019	3	MAR 2019
4	7.5	2019	4	APR 2019
5	4.7	2019	5	MAY 2019
6	4.6	2019	6	JUN 2019
7	4.0	2019	7	JUL 2019
8	3.5	2019	8	AUG 2019
9	4.5	2019	9	SEP 2019
10	6.4	2019	10	OCT 2019
11	9.3	2019	11	NOV 2019
12	11.5	2019	12	DEC 2019
13	11.1	2020	1	JAN 2020

图 9-75 “定义日期和时间”结果

（5）单击主菜单“分析（A）”展开下拉菜单，在下拉菜单中寻找“预测（T）”弹出小菜单，在小菜单中寻找“季节性分解（S）”，如图 9-76 所示，展开“季节性分解”主对话框，如图 9-77 所示。

图 9-76　季节调整位置

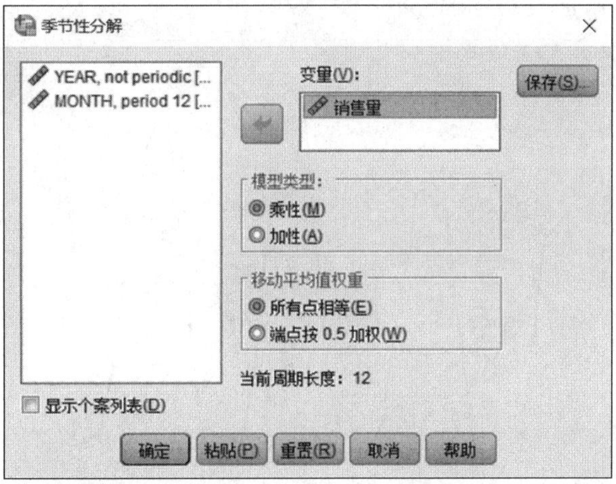

图 9-77　季节调整对话框

（6）在左侧方框中指定需要季节分解处理的变量并调到右侧“变量（V）”下方框中，在“模型类型”下选择“乘性（M）”，在“移动平均值权重”下选择“所有点相等（E）”，如图 9-77 所示，单击右上方“保存（S）”，弹出一个对话框，如图 9-78 所示。

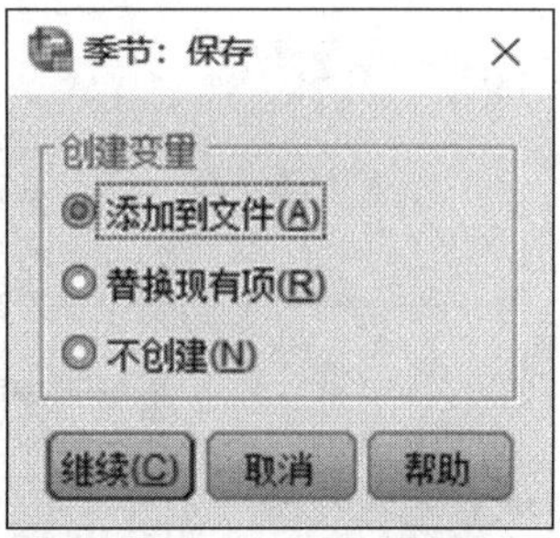

图 9-78　季节调整结果保存

（7）在“季节：保存”对话框中，选择“添加到文件（A）”，将计算结果保存到数据窗口，如图 9-78 所示；单击“继续（C）”和“确定”按钮，结果如图 9-79 所示。

	销售量	YEAR_	MONTH_	DATE_	ERR_1	SAS_1	SAF_1	STC_1
4	7.5	2019	4	APR 2019	1.04017	7.59329	.98771	7.30006
5	4.7	2019	5	MAY 2019	.90295	6.53799	.71888	7.24067
6	4.6	2019	6	JUN 2019	1.09789	7.99694	.57522	7.28390
7	4.0	2019	7	JUL 2019	.98634	7.04266	.56797	7.14017
8	3.5	2019	8	AUG 2019	.96179	6.80968	.51397	7.08020
9	4.5	2019	9	SEP 2019	.99087	6.98232	.64448	7.04664
10	6.4	2019	10	OCT 2019	1.01151	7.24583	.88327	7.16340
11	9.3	2019	11	NOV 2019	1.00694	7.31910	1.27065	7.26867
12	11.5	2019	12	DEC 2019	.99389	7.32061	1.57091	7.36564
13	11.1	2020	1	JAN 2020	.99698	7.34554	1.51112	7.36778
14	11.0	2020	2	FEB 2020	1.04656	7.75383	1.41865	7.40887
15	9.1	2020	3	MAR 2020	.92280	6.80543	1.33717	7.37475
16	7.7	2020	4	APR 2020	1.02735	7.79578	.98771	7.58822
17	5.4	2020	5	MAY 2020	.96973	7.51173	.71888	7.74623
18	4.9	2020	6	JUN 2020	1.07000	8.51848	.57522	7.96122
19	4.4	2020	7	JUL 2020	.97197	7.74693	.56797	7.97036
20	4.0	2020	8	AUG 2020	.97839	7.78250	.51397	7.95441
21	5.4	2020	9	SEP 2020	1.06762	8.37879	.64448	7.84813
22	6.6	2020	10	OCT 2020	.96379	7.47226	.88327	7.75298

图 9-79　季节调整结果

图 9-79 中 SAF_1 是季节指数序列，SAS_1 是季节调整序列。

2. 季节调整前后数据图

SPSS 软件操作步骤同前，结果如图 9-80 所示。

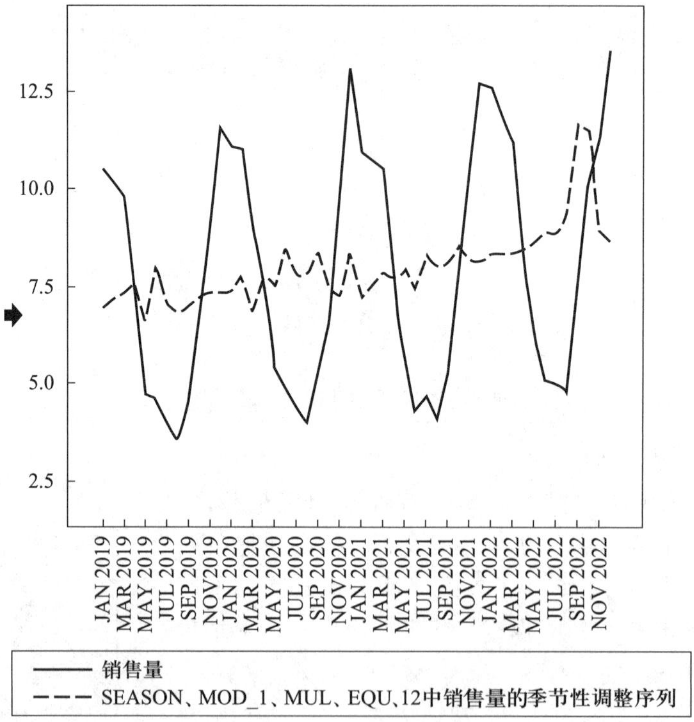

图 9-80　实际值与季节调整值比较图

本章小结

1. 时间序列

将统计指标按时间顺序排列形成的数列，也称动态数列。按指标表现形式不同可分为绝对数时间序列、相对数时间序列和平均数时间序列三种。

其分析指标可分水平指标和速度指标共 8 个。即发展水平、增长量、发展速度、增长速度、平均发展水平、平均增长量、平均发展速度、平均增长速度。

2. 时间序列的分解

时间序列各项发展水平的变化是由许多复杂因素共同作用的结果。按四种因素对时间序列的影响方式不同，时间序列可分解为多种构成模型。其中较常用的是乘法模型。即：$Y=Y_t\times Y_s\times Y_c\times Y_i$。

3. 长期趋势（Y_t）的测定方法

它是由于各个时期普遍的、持续的、决定的基本因素的作用，使各期发展水平沿着一个方向上升或下降，形成的变动规律。其测定方法有：修匀法、移动平均法、指数平滑法、数学模型法。

数学模型法选择趋势线类型的依据有两个：一是根据观察值的变化规律及其散点图的形态确定适当的趋势线类型。二是根据所观察的数据本身，计算相应指标并按以下标准选择趋势线：若观察值的一次差（逐期增长量）大体相同，可配合直线；若二次差大体相同，可配合二次曲线；若观察值的环比发展速度（或环比增长速度）大体相同，可配合指数曲线；若各期观察值一次差的环比值大体相同，可配合修正指数曲线；若各期观察值的对数一次差的环比值大体相同，可配合龚珀兹曲线；若各期观察值倒数一次差的环比值大体相同，可配合逻辑（Logistic）曲线。如果对同一时间序列有几种趋势线可供选择，以估计标准误差最小者为宜。

4. 季节变动（Y_s）的测定方法

季节变动是指时间序列在一年内受自然季节变换和社会习俗等因素影响而发生的有规律的周期性波动。

测定季节变动的重要指标是季节比率。季节比率要根据连续几年的月份资料或季度资料来计算。测定方法有按月（季）平均法、长期趋势剔除法。

5. 循环变动（Y_c）的测定方法

循环变动是指社会经济发展中的一种近乎规律性的盛衰交替变动。其成因比较复杂，周期在一年以上，长短不一。按周期长短不同，可将循环变动分为大循环或长周期波动、中循环或中周期波动、小循环或短周期波动三种类型。循环变动的测定方法有：剩余法和直接法。

6. 不规则变动（Y_i）

亦称剩余变动或随机变动，它是时间序列中除了上述三种变动之外剩余的一种变动，是各种偶然的（或突发性的）因素。

对不规则的测定也可采用上述的剩余法，也即利用已经计算得到的循环变动与不规则变动资料（$Y_c\times Y_i$），除以循环变动相对数 C。不规则变动 $Y_i=(Y_c\times Y_i)/Y_c$。

本章知识结构图

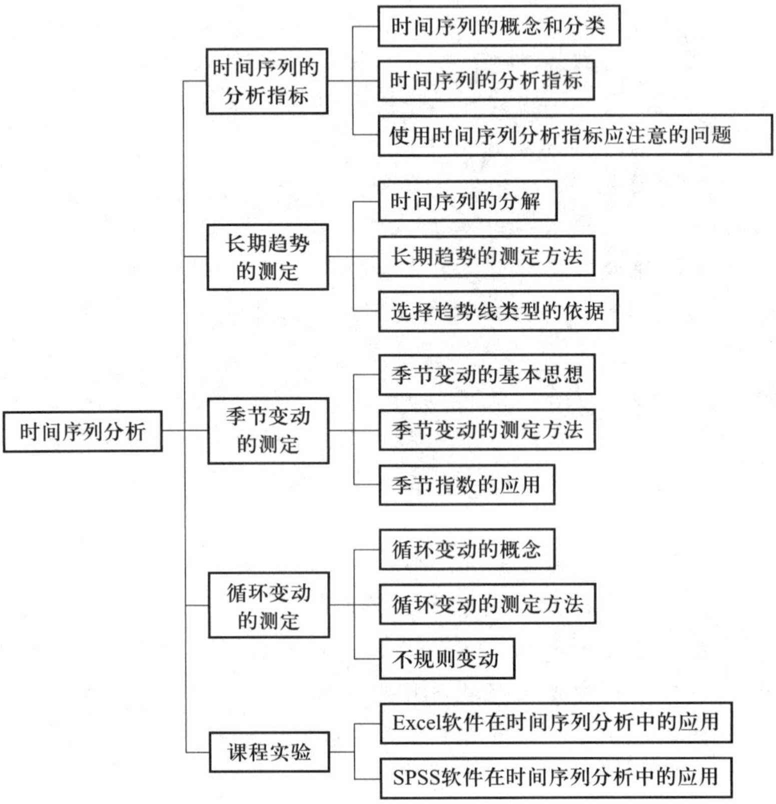

本章思考题

1. 平均发展水平与一般平均数的不同点是什么?
2. 什么是平均发展速度，如何计算? 应用条件是什么?
3. 什么是增长量? 它有几种计算方法?
4. 什么是发展速度? 它有几种计算方法?
5. 什么是长期趋势? 如何测定?
6. 最小平方法测定长期趋势的基本思想是什么?
7. 如何计算季节指数? 其含义是什么?

测一测

第十章　统计指数

知识目标

- 了解指数的意义和作用
- 掌握指数的基本理论、方法和编制原则
- 掌握各种指数分析方法之间的联系

能力目标

- 能够运用综合指数、平均指数的编制方法进行统计指数的编制
- 利用指数体系进行因素分析

重点难点

- 综合指数
- 平均指数的编制和计算方法

案例思考 10-1

CPI 是怎样编制的

指数是统计中一种非常重要的研究方法，数百年来吸引了众多统计学家和经济学家的关注和研究。指数在当今社会是出现频率较高的一个词。我们经常听到诸如：居民消费价格指数、工业品出厂价格指数、房地产价格指数、固定资产投资价格指数、农副产品收购价格指数、上证指数（上海证券交易所指数）等。

表 10-1 是我国改革开放以来的居民消费价格指数（CPI）和工业品出厂价格指数（PPI）等，这些数据可以反映我国居民在消费品市场购买商品、服务以及我国工业部门提供的各种工业产品生产价格的变动情况。

表 10-1　1978—2020 年我国两种主要价格指数（以上年为 100）

年份	居民消费价格指数 CPI	商品零售价格指数 RPI	工业品出厂价格指数 PPI	年份	居民消费价格指数 CPI	商品零售价格指数 RPI	工业品出厂价格指数 PPI
1978	100.7	100.7	100.1	1997	102.8	100.8	99.7
1985	109.3	108.8	108.7	1998	99.2	97.4	95.9
1995	117.1	114.8	114.9	1999	98.6	97	97.6
1996	108.3	106.1	102.9	2000	100.4	98.5	102.8

续表

年份	居民消费价格指数CPI	商品零售价格指数RPI	工业品出厂价格指数PPI	年份	居民消费价格指数CPI	商品零售价格指数RPI	工业品出厂价格指数PPI
2001	100.7	99.2	98.7	2011	105.4	104.9	106
2002	99.2	98.7	97.8	2012	102.6	102	98.3
2003	101.2	99.9	102.3	2013	102.6	101.4	98.1
2004	103.9	102.8	106.1	2014	102	101	98.1
2005	101.8	100.8	104.9	2015	101.4	100.1	94.8
2006	101.5	101	103	2016	102	100.7	98.6
2007	104.8	103.8	103.1	2017	101.6	101.1	106.3
2008	105.9	105.9	106.9	2018	102.1	101.9	103.5
2009	99.3	98.8	94.6	2019	102.9	102	99.7
2010	103.3	103.1	105.5	2020	102.5	102	98.2

市场上的消费品数以万计，变动方向不一，变动程度各异，不是简单的对比分析就能完成的。如何对多变量现象进行综合评价？

案例思考 10-2

企业创新税收指数是怎样编制的

2023 年 6 月 19 日，企业创新税收指数在福建厦门正式对外发布。该指数由复旦大学公共绩效与信息化研究中心、厦门火炬高新区管委会和厦门火炬高新区税务局三方联合编制，集成“创新投入、人才支撑、市场认可、政府文特、外部评价” 5 个维度 35 个指标，能够对企业创新活动、创新能力、创新效用进行全景画像。

企业创新税收指数能够精准识别和发现创新质量更高、创新效益更好、创新结构更优的科技企业，引导银行机构、创投机构等相关部门主动为指数高的企业增信授信，促进资本等各类创新要素资源向企业倾斜。

企业创新税收指数如何编制？通过本章学习可以得到答案。

第一节　指数的概念和种类

扫描二维码
观看慕课视频

指数理论和方法源于对物价变动的研究。指数是英国经济学家赖斯·沃恒（Rice Voughan）首创的一种统计分析方法。18 世纪欧洲资本主义迅速发展，当时由于美洲新大陆开发，大批金银源源不断地流入，导致欧洲物价急剧上涨，引起社会的普遍关注。经济学家为了测定物价的变动，开始探索编制物价指数。此后，指数的理论和应用不断深入发展，到 19 世纪中叶，经德国学者拉斯佩雷斯（E. Laspeyres）和派许（M. Paasche）等人的研究，统计指数理论有了较大的发展，基本奠定了现代统计指数理论的基础。20 世纪初，美国经济统计学家费希尔（Irving Fisher）进一步进行研究，形成了现代统计指数的理论和方法。指数的应用扩展到工业生产、进出口贸易、铁路运输、工资、成本、生活费用、股票证券等多个方面。其中有些指数，如零售商品价格指数、居民消费价格指数等，同人们的日常生活紧密相关；有些指数，如生产资料价格指数、股票价格指数等，则直接影响人们的投资活动。指数可以通过对比分析方式，概括地反映现实生活中各种复杂现象的综合变动程度，成为分析社会经济效益、生活质量、综合国力、社会发展水平的重要工具。

【知识拓展 10-1】

为什么指数会起源于英国？显然，这与英国当时的历史背景密切相关。事实上，统计学这门学科就产生于英国，在 16、17 世纪，英国的争霸过程中面临着许多强敌，如拥有欧洲最强大的陆军的法国、被誉为“海上马车夫”的荷兰和拥有无敌舰队的西班牙，等等。这些国家中，许多都比英国的实力要强，因此，英国人在争霸过程中心中没底。此时，威廉·配第写了一本《政治算术》，首次系统地用数据来说明比较英国与其他国家之间的实力，证明英国虽小却实力强劲，就像是“浓雾笼罩中的一棵核桃”，非常坚硬。这一分析极大地提高了英国王室和人民的士气，认清了自己的实力，并先后取得了对法国、西班牙和荷兰的战争胜利。

那么，英国的实力体现在哪些方面呢？根据文献，关键有以下两点：第一，重视教育，人民受教育水平很高，为国家实力的增强和经济发展、科技创新奠定了良好的基础。第二，科技水平非常发达，生产力水平较高。英国号称为当时的世界工厂，在对外贸易中始终处于有利的地位，即出现顺差的机会多，而出现逆差的机会少，这将导致某一时间内流入英国的黄金和白银的增长速度超过工农业生产的增长速度。由于黄金和白银主要用于通货，因此，也许会导致严重的通货膨胀。基于此，当时迫切需要一种方法来反映英国的物价变动，由此而产生了统计指数这种分析方法。

1675 年，英国经济学家赖斯·沃恒在其所著的《铸货币和货币铸造论》一书中，为了测定当时劳资双方对于货币交换的比例，将谷物、家畜、鱼类、布帛、皮革等在 1650 年的价格与在 1352 年的价格进行比较。一般认为这是计算价格指数的开端。

虽然赖斯·沃恒被认为是价格指数研究的先驱，但他的分析并没有真正计算过一个指数。1707 英国人威廉·弗利特伍德（William Fleetwood）创造了也许是第一个真正的价格指数。一个牛津的学生恳请弗利特伍德帮助展示价格是如何改变的。早就对价格变化感兴趣的弗利特伍德，收集了大量的数百年来的价格数据，提出了一个由平均价格构成的指数，并用他的方法证明了在过去的 260 年中 5 英镑的价值已经发生了巨大的变化。

一、指数的概念和作用

指数（Index）的含义与数学中的指数函数的概念完全不同。指数有广义和狭义两种。

广义的指数是指一切说明现象在不同时间或不同空间对比形成的相对数，如动态相对数、比较相对数、结构相对数、比例相对数、计划完成情况相对数、强度相对数，在广义上都可称为指数。

狭义的指数是一种特殊的相对数，专指那些不能直接相加的复杂现象总量综合变动程度的相对数。例如，零售物价指数，是说明全部零售商品价格总变动的相对数；工业产品产量指数，是说明工业产品实物量总变动的相对数等。统计中的指数，主要是指这种狭义的指数。

从指数的概念可知，指数是对现象数量变动的综合测定，它具有综合的性质。从数量上进行综合，无非是把个别的数量加总为一个总量，或者是对这些个体数量进行平均，表示总体的水平，它具有平均的性质。指数是通过对比的方法，用相对数形式来表现，通常用百分数表示，它又具有相对的性质。如 2019 年和 2020 年中国居民消费价格指数（CPI）分别为 102. 9%和 102. 5%，说明以上年的居民消费价格水平为 100%，则当年的居民消费价格水平分别比上年上涨了 2. 9 和 2. 5 个百分点。

不同质的数量是不可以直接相加的，即不能同度量的现象数量不能直接相加，而统计指数可以解决对不能同度量的现象数量进行综合计算分析的问题。

指数主要有以下两个方面的作用：一是综合反映现象在数量上的综合变动程度和变动方向，这是统计指数产生以来就具有的功能。二是分析现象变动中各个因素对现象的影响，因此指数法一般也称为因素分析法。

二、指数的种类

指数可以从不同角度进行分类。

（一）按指数所研究现象包括的范围划分

按指数所研究现象包括的范围划分，有个体指数和总指数。

个体指数是反映总体中单个项目数量变动的相对数，如微波炉价格指数，某种型号钢材产量指数等，都是个体指数，也就是前面所说的广义上的指数，一般用符号 k 表示。

总指数是综合反映复杂经济现象总体数量变化情况的相对数，如零售商品物价指数等，属于狭义指数范畴，一般用符号 $\overline{k}$ 表示。个体指数和总指数从计算方法上来说也是不同的。

在总体分组的情况下，经常需要编制类指数，它介于总指数和个体指数之间，从方法上来说属于总指数。如消费价格指数中的食品价格指数，工业品出厂价格指数中的生产资料价格指数。

（二）按指数反映的内容划分

按指数反映的内容划分，有数量指标指数和质量指标指数。

数量指标反映总体规模、总量，即反映总体绝对量的多少。数量指标指数反映数量指标的综合变化，即总体绝对量在不同时间变动的相对数，如产量指数、销售量指数等，一般用$\overline{k_q}$表示。质量指标反映总体内部数量关系或总体一般水平。其表现形式一般是相对数或平均数。质量指标指数反映总体质量指标变化或一般水平在不同时间上变动的相对数，如物价指数、成本指数、劳动生产率指数等，一般用$\overline{k}_p$表示。这两种指数各有不同的编制原则，下一节将详细阐述。

（三）按指数对比基期划分

按指数对比基期划分，有时间指数和空间指数。

时间指数也称动态指数，是将不同时间上的同类现象进行比较，反映现象随时间变化的程度，前面所提的居民消费价格指数、工业品出厂价格指数、房地产价格指数等都属于动态指数。动态指数根据对比的基期不同又分为环比指数和定基指数，对比基期为上期时称为环比指数，对比基期为某一固定时期时为定基指数。

空间指数也称静态指数，它是将不同空间（国家、地区、单位）的同类现象对比，反映现象在区域上的差别程度。如地区间房地产价格比较指数，国家间人均 GDP 比较指数等。

时间指数是指数的基本形式，空间指数是时间指数的推广应用。另外，上述各种分类也可以交叉进行。

统计指数理论的核心是编制总指数，由于时间指数是统计指数的基本形式，所以本章主要讨论时间指数的编制方法。

思考与探究 10-1：通过这节的学习，同学们已经了解了统计指数的概念和种类，下面我们来看这样一个指数：中国发展总指数。该指数由四个分指数（健康指数、教育指数、生活水平指数、社会环境指数）总计 15 个指标组成。指标包括正向指标和逆向指标，正向指标的原始数据值越大越好（如出生预期寿命），逆向指标的原始数据值越小越好（如婴儿死亡率）。

2021 年中国发展总指数显示：15 个监测指标中有 10 个指标为正增长，有 8 个指标增幅超过总指数增幅，有 5 个指标呈现负增长。其中农村居民人均纯收入增幅达到 17.37%，远高于人均 GDP 的增幅 1.83%，显著提升了农民收入水平，反映了我国脱贫攻坚战役的伟大成就。人均道路面积指标的增长反映了我国基础设施建设的成果，省会城市 AQI 指标的增长反映了我国污染治理水平的持续改善。在负增长的指标中，第三产业增加值占 GDP 的比例降幅达到-12.91%，为历年最高，反映了新冠疫情对第三产业的冲击较大，同时，城镇登记失业率和城镇居民恩格尔系数较大的降幅也反映了新冠疫情对就业环境及生活质量的负面影响。如何在新冠疫情的冲击下维持稳定的发展，是世界共同面临的一个课题，我国强有力的疫情控制和治理能力给全世界提供了一个重要的参考。

第二节　综合指数

综合指数是总指数的基本形式。它是将不可同度量的诸经济变量通过另一个有关的称为同度量因素的变量转换成可以相加的总量指标，然后将总量指标进行动态对比所得到的相对数，用来说明复杂现象量的综合变动。综合指数有数量指标综合指数与质量指标综合指数两种。

扫描二维码
观看慕课视频

一、数量指标综合指数

数量指标综合指数常见的有产量总指数、销售量总指数等。现以商品销售量总指数为例，说明数量指标综合指数的编制方法。

【例 10-1】 表 10-2 是某商店销售彩电、运动鞋、服装三种商品的资料。

表 10-2 某商店彩电、运动鞋、服装销售资料

商品	销售量		价格（元）	
	基期 q_0	报告期 q_1	基期 p_0	报告期 p_1
彩电（台）	100	135	1 900	1 700
运动鞋（双）	350	400	90	103
服装（件）	80	75	160	180

三种商品的销售量变化有升有降，各不相同，它们各自的变动可以用个体指数表示。用 k_q 代表个体销售量指数，q_1 和 q_0 分别表示报告期和基期的销售量，则三种商品的个体销售量指数分别为：

彩电：$k_q=\frac{q_1}{q_0}=\frac{135}{100}=135\%$

运动鞋：$k_q=\frac{q_1}{q_0}=\frac{400}{350}=114.29\%$

服装：$k_q=\frac{q_1}{q_0}=\frac{75}{80}=93.75\%$

为了概括说明三种商品销售量综合变动情况，就需要计算销售量总指数。

（一）编制综合指数应当解决的问题

1. 现象不能同度量问题

由于这三种商品的使用价值不同，计量单位也不同，因此不能直接把销售量简单相加，即不能同度量。因此，编制综合指数首先要解决的就是现象不能同度量的问题。

我们都知道这样一种关系式，即：

$$销售量\times销售价格=销售额$$

$$q\times p=qp \tag{10-1}$$

如果将各种商品的销售量分别乘上它们的销售价格，成为销售额，各种商品销售额相加便得到销售总额（$\sum qp$）。这样就使不能相加的销售量变为能够相加的销售额，在这里，价格起了“同度量”的作用，称为同度量因素。

同度量因素可以这样理解：它是在编制综合指数时，为解决现象不能直接相加的问题而引入的一个媒介因素。

同度量因素具有两个作用：一是具有同度量的作用；二是具有权数的作用。

在销售量综合指数中，引入价格后，解决了各种不同商品的销售量相加问题，价格也起到了权数的作用。也就是说，价格越高的商品，其销售量变化对总销售量的影响越大。

2. 同度量因素的固定时期问题

各种商品销售额相加便得到销售总额（$\sum qp$）。为了说明销售量的总变动，用销售额进行对比时，就必须把价格也就是同度量因素固定下来，由此得到综合的销售量指数。$\overline{k_q}$用来表示销售量总指数，其计算公式为：

$$\overline{k_q}=\frac{\sum q_1p_0}{\sum q_0p_0} \tag{10-2}$$

$$\overline{k_q}=\frac{\sum q_1p_1}{\sum q_0p_1} \tag{10-3}$$

上述式 10-2、10-3 同度量因素固定的时期不同，得到的计算结果也不相同。那么，选择什么时期的同度量因素比较合适呢？

例 10-1 中，要反映销售量的总变动，应当剔除价格变动影响，即选择式 10-2。而且，按基期价格计算的公式，分子分母之差的绝对值所表明的经济意义也更加明确。

因此，计算销售量综合指数应该用基期价格作为同度量因素。也就是说，编制数量指标综合指数时，把同度量因素固定在基期。

（二）数量指标指数的计算

式 10-2 是以基期价格为同度量因素的销售量总指数；式 10-3 是以报告期价格为同度量因素的销售量总指数。

例 10-1 的资料按式 10-2 计算：

$$\overline{k_q}=\frac{\sum q_1p_0}{\sum q_0p_0}=\frac{135\times1\ 900+400\times90+75\times160}{100\times1\ 900+350\times90+80\times160}=\frac{304\ 500}{234\ 300}=129.96\%$$

计算结果表明，三种商品销售量报告期比基期总增长或平均增长 29.96%。公式中的分子和分母是三种商品的销售额，其差额为：

$$\sum q_1p_0-\sum q_0p_0=304\ 500-234\ 300=70\ 200\text{（元）}$$

说明由于三种商品销售量平均增长 29.96%，使销售额绝对量增加 70 200 元。这是假定价格不变的前提下，完全由销售量变动而带来的结果，其经济意义是很明确的。

例 10-1 的资料按式 10-3 计算：

$$\overline{k_q}=\frac{\sum q_1p_1}{\sum q_0p_1}=\frac{135\times1\ 700+400\times103+75\times180}{100\times1\ 700+350\times103+80\times180}=\frac{284\ 200}{220\ 450}=128.9\%$$

计算结果表明，三种商品销售量报告期比基期总增长或平均增长 28.9%，其分子分母的差额为：

$$\sum q_1p_1-\sum q_0p_1=284\ 200-220\ 450=63\ 750\text{（元）}$$

说明由于三种商品销售量平均增长 22.8%，销售额绝对量增加 63 750 元。这是在价格变动的前提下，由销售量的变动而带来的结果。也就是说，增加的销售额不只是销售量变动的结果，还包含着价格变动因素的影响。

在统计实践中，为了反映工业产品总量、农业产品总量的变动，既不用基期价格作同度量因素，也不用报告期价格作同度量因素，而是用某一特定时期的价格作同度量因素。这一特定时期的价格称为固定价格，或称不变价格。我国统计工作中曾使用过1952年、1957年、1970年、1980年、1990年、2000年、2005、2010年、2015年的不变价格。不变价格不是固定不变，使用一段时间之后，由于价格本身发生了变化，因而不变价格也要做出相应的改变。否则，计算结果与实际情况出入太大，指标就会失去应有的作用。

二、质量指标综合指数

常见的质量指标综合指数有价格总指数、成本总指数、劳动生产率指数等。它们的编制原理与方法和前述销售量总指数完全一样。现仍以表10-2中的资料为例编制价格总指数。

分别计算三种商品的个体价格指数，说明它们各自的价格变动情况。以 k_p 表示个体价格指数，p_1 和 p_0 分别表示报告期和基期价格，则三种商品的个体价格指数为：

彩电：$k_p=\dfrac{p_1}{p_0}=\dfrac{1\ 700}{1\ 900}=89.5\%$

运动鞋：$k_p=\dfrac{p_1}{p_0}=\dfrac{103}{90}=114.4\%$

服装：$k_p=\dfrac{p_1}{p_0}=\dfrac{180}{160}=112.5\%$

从三种商品个体价格指数看，三种商品的价格变动有升有降，变化不等。为了综合说明三种商品价格总变动的情况，就需计算价格总指数。不同商品的价格虽然都以货币单位计量，似乎可以直接相加，其实它们也是不能同度量的。彩电是每台的价格，运动鞋是每双的价格，服装是每件的价格，各种商品使用价值不同，它们的价格相加也是无意义的。因此，也要通过同度量因素使之转化为可以相加的价值量指标。即：

$$\text{价格}\times\text{销售量}=\text{销售额}$$
$$p\times q=pq \tag{10-4}$$

这时，同度量因素是销售量，把不能直接相加的价格乘以销售量，过渡到能够直接相加的销售额。销售量这个同度量因素也有两个时期，因此把销售量固定在不同时期，就得到两个综合的物价指数。用$\overline{k_p}$表示物价总指数，其计算公式为：

$$\overline{k_p}=\frac{\sum p_1q_0}{\sum p_0q_0} \tag{10-5}$$

$$\overline{k_p}=\frac{\sum p_1q_1}{\sum p_0q_1} \tag{10-6}$$

式10-5是以基期销售量为同度量因素的物价总指数；式10-6是以报告期销售量为同度量因素的物价总指数。

例10-1的资料按式10-5计算：

$$\overline{k_p}=\frac{\sum p_1q_0}{\sum p_0q_0}=\frac{1\ 700\times100+103\times350+180\times80}{1\ 900\times100+90\times350+160\times80}=\frac{220\ 450}{234\ 300}=94.1\%$$

计算结果表明，三种商品价格报告期比基期总体降低或平均降低5.9%。公式中的分子和分母是三种商品的销售额，其差额为：

$$\sum p_1q_0-\sum p_0q_0=220\ 450-234\ 300=-13\ 850\ (\text{元})$$

说明由于三种商品价格平均降低 5.9%，而使销售额绝对量减少 13 850 元；或由于三种商品价格平均降低 5.9%，而使居民消费少支出 13 850 元。它是假定销售量不变的前提下，纯粹由于价格变动而带来的结果，这样的价格综合指数反映了价格变动及其影响，意义也是很明确的。

例 10-1 的资料按式 10-6 计算：

$$\overline{k_p}=\frac{\sum p_1q_1}{\sum p_0q_1}=\frac{1\ 700\times135+103\times400+180\times75}{1\ 900\times135+90\times400+160\times75}=\frac{284\ 200}{304\ 500}=93.3\%$$

结果表明，三种商品价格综合指数为 93.3%，价格平均降低 6.7%。分子分母之差为：

$$\sum p_1q_1-\sum p_0q_1=284\ 200-304\ 500=-20\ 300\ (\text{元})$$

说明由于三种商品价格平均降低 6.7%，使销售额减少 20 300 元；或使居民消费少支出 20 300 元。它是按报告期销售量计算的，因此，类似前面以报告期价格为同度量因素的销售量综合指数，具有双重因素的影响。

也就是说，这种价格综合指数不仅反映价格的变动，而且还包含销售量变化的影响。对价格综合指数的两种计算公式进行比较，式 10-6 比式 10-5 更具有现实的经济意义。

因为按式 10-6 计算，表明由于价格变化，报告期实际销售这么多商品，商店减少销售额 20 300 元；对消费者来说，就是报告期购买这些商品由于价格变动而少支出 20 300 元。

而按式 10-5 计算，则表明由于价格变化，商店如果在基期销售那么多商品，报告期则会减少销售额 13 850 元；对消费者来说，也就是在报告期如果购买基期那么多商品，可以少支出 13 850 元。显然，不如按式 10-6 计算更有现实意义。

因此，如果编制价格指数，则选择式 10-6 更科学。在计算价格综合指数时，应该用报告期销售量作同度量因素，由此推广开来，编制质量指标综合指数时，应将同度量因素固定在报告期。

三、其他形式的综合指数

在综合指数中，如何确定同度量因素是一个关键问题。选择同度量因素不仅要解决对不同度量的现象的综合问题，而且要能解释其实际意义。对于价格指数来说，以数量指标作为同度量因素，同时也是权数，即不同价格的商品销售量对价格指数也具有权衡轻重的作用。因此，同度量因素的选择实际上也是权数的选择。历史上早期的价格指数曾用各种价格的总和进行对比并用简单平均法计算。这类指数由于不考虑各种商品的重要性，难以反映价格的真实变动及其影响而被淘汰了。以后逐渐出现了加权计算的总指数。影响较大并延续至今的加权综合指数公式，有以下四种。

（一）拉斯贝尔指数与派许指数

统计指数中的权数问题（亦即同度量因素问题），在历来的指数理论中影响最大的有两大派别：拉斯贝尔指数理论和派许指数理论。前者称为拉氏指数，后者称为派氏指数。二者的销售指数和物价指数公式为：

拉氏指数

$$\overline{k_q}=\frac{\sum q_1p_0}{\sum q_0p_0}\qquad \overline{k_p}=\frac{\sum p_1q_0}{\sum p_0q_0}\tag{10-7}$$

派氏指数 $$\overline{k_q}=\frac{\sum q_1p_1}{\sum q_0p_1} \qquad \overline{k_p}=\frac{\sum p_1q_1}{\sum p_0q_1} \tag{10-8}$$

现以价格指数的计算来分析。

由于权数所属时期不同，拉氏指数和派氏指数计算结果不一致。以例 10-1 结果看，采用拉氏指数计算的结果是三种商品价格平均降低 5.9%，采用派氏指数计算是三种商品价格平均降低 6.7%，拉氏指数结果大于派氏指数结果。要想使拉氏指数和派氏指数的计算结果相等，只有在下面这种情况下：

各种商品销售量报告期与基期相等，即 $q_1=q_0$。

各种商品销售量 q 的变动幅度相同，即：

$$\frac{q_1'}{q_0'}=\frac{q_1''}{q_0''}=\frac{q_1}{q_0}=\cdots=\frac{q_1^n}{q_0^n} \tag{10-9}$$

此时，两个权数相对而言是相同的。

各种商品价格 p 的变动幅度相同，即：

$$\frac{p_1'}{p_0'}=\frac{p_1''}{p_0''}=\frac{p_1}{p_0}=\cdots=\frac{p_1^n}{p_0^n} \tag{10-10}$$

此时，与权数体系就不相干了。

然而，这些带有很大偶然性的情况几乎不可能出现，也即拉氏价格指数与派氏价格指数的计算结果总是不相等的。另外，拉氏的价格指数以基期物量为权数，出发点是想反映人们维持基期的消费水平在报告期因价格变动而要多支出（或少支出）的费用，却不能反映报告期实际消费结构在价格变动情况下的结果。而派氏价格指数恰恰弥补这一缺陷，派氏价格指数以报告期物量为权数，反映由于价格和消费结构共同作用使消费者多支出（或少支出）的费用，这一点具有现实意义。因此，在计算物价总指数时，一般采用派氏价格指数，而不采用拉氏价格指数。

根据同样一项资料计算的拉氏价格指数和派氏价格指数不相同。类似地，根据同样一项资料计算的拉氏销售量指数和派氏销售量指数也不一样。例 10-1 中，拉氏销售量指数为 129.96%，派氏销售量指数为 128.9%。拉氏销售量指数大于派氏销售量指数。在实际反映销售量总变动中，为剔除其他因素的影响，一般采用基期价格为同度量因素计算销售量总指数，即采用拉氏销售量指数，而不采用派氏销售量指数。

综合以上分析可知，由于种种原因，拉氏指数与派氏指数的计算结果总是不相同的。从它们之间的差异出发，进一步分析社会经济现象，以及完善指数的编制，意义重大。

（二）马歇尔-艾奇沃斯公式

1887 年，英国经济学家马歇尔提出了以基期与报告期的平均量作权数的综合指数，其计算公式为：

$$\overline{k_p}=\frac{\sum p_1\left(\frac{q_0+q_1}{2}\right)}{\sum p_0\left(\frac{q_0+q_1}{2}\right)}$$

$$\overline{k_q}=\frac{\sum q_1\left(\frac{p_0+p_1}{2}\right)}{\sum q_0\left(\frac{p_0+p_1}{2}\right)} \tag{10-11}$$

上述公式又为英国统计学家艾奇沃斯所推广，故被称为马歇尔-艾奇沃斯公式。不难看出，按此公式计算的价格指数数值在拉氏和派氏指数之间，虽然从数量上测定似乎不偏不倚，但却失去了拉氏和派氏公式的意义。

（三）几何平均公式

1911 年，美国经济统计学家费希尔提出了交叉计算的公式，即拉氏与派氏公式的几何平均公式：

$$\sqrt{\frac{\sum p_1q_0}{\sum p_0q_0}}\times\sqrt{\frac{\sum p_1q_1}{\sum p_0q_1}} \tag{10-12}$$

费希尔系统地总结了各种指数公式的特点，提出了指数优劣的三种测验方法（时间互换测验、因子互换测验和循环测验）。费希尔对各种指数进行了检验，绝大多数指数公式不符合这三种检验，唯有他的公式通过检验，故自称他的公式为“理想公式”。“理想公式”同“马艾公式”一样，虽然“不偏不倚”，但同样缺乏明确的经济意义，而且所用资料更多，计算比较困难。苏联经济学家、统计学家和西方国家的统计学家对这种不注重经济内容的指数公式曾提出过严厉的批评。

（四）固定权数公式

除了上述各种以实际资料为权数的价格指数公式外，还有一种固定权数公式，即以某一年份的物量构成，延续多年用于编制价格指数；或以某一年份的价格作为固定的同度量因素，延续多年用于编制物量指数。其计算公式为：

$$\begin{aligned}\text{综合物价指数}&=\frac{\sum p_1q_n}{\sum p_0q_n}\\ \text{综合物量指数}&=\frac{\sum q_1p_n}{\sum q_0p_n}\end{aligned} \tag{10-13}$$

我国的工业产品产量指数曾长期采用这种形式。例如，20 世纪 80 年代各年的产量指数都以 1980 年的产品价格为固定的同度量因素。其优点是可以事先编制不变价格详细目录，查目录编制指数，操作方便，也便于前后动态比较。缺点是编制不变价格目录工作浩繁，而且固定的价格不能确切反映日新月异的新产品出现的影响，特别是当市场价格变动很大时，固定价格背离实际，据此计算的动态指数就不能真实反映工业生产的增长。

上述各种加权方法的综合指数公式都有其特点和一定的适用条件，以“马艾公式”为例，虽然用于动态指数计算时经济意义不明确，但当其用于不同地区的价格综合比较时，却不失为一种公允的方法。社会经济现象极其复杂，任何一种指数形式都不可能一应万全地满足需要。因此，当强调按编制指数的经济意义选择指数的权数或同度量因素时，还要注意根据具体的研究对象和条件选择指数公式。

第三节 平均指数

编制综合指数时需要全面的数据资料，如果研究的范围很大，包括商品种类很多时，要取得两个时期相互对应的物量（q）和价格（p）的全面资料是相当麻烦的，这就为实际应用带来了困难。

扫描二维码
观看慕课视频

因此，编制总指数往往采用平均指数。平均指数是个体指数的加权平均数，反映个体指数的一般水平。它可以根据抽样调查资料，利用代表商品的物量或价格的个体指数计算。

平均指数与综合指数既有区别，又有联系。两者的联系在于：在一定的权数下，两类指数间有变形关系。但是，作为一种独立的指数形式，平均指数不只是作为综合指数的变形而使用，它本身具有更广泛的应用价值。

按平均方法不同，平均指数分为加权算术平均指数和加权调和平均指数两种。

一、加权算术平均指数

加权算术平均指数是对个体指数的加权算术平均数，通常用于计算物量指数，也可用于计算价格指数。以物量指数为例，计算公式为：

$$\overline{k_q}=\frac{\sum \frac{q_1}{q_0}p_nq_n}{\sum p_nq_n}=\frac{\sum k_qp_nq_n}{\sum p_nq_n} \tag{10-14}$$

式中，k_q 为个体物量指数；p_nq_n 为某一时期的总值数据，此为加权算术平均指数的权数。$\overline{k_q}$为物量的加权算术平均数指数。

当 $p_nq_n=p_0q_0$ 时，即用基期的总值进行加权时，加权平均物量指数可以变化为：

$$\overline{k_q}=\frac{\sum \frac{q_1}{q_0}p_0q_0}{\sum p_0q_0}=\frac{\sum k_qp_0q_0}{\sum p_0q_0}=\text{综合物量指数} \tag{10-15}$$

可见，用$\sum p_0q_0$ 这个特定权数加权时，加权算术平均指数可以作为综合指数的变形，但如果使用 q_0p_0 以外的任何其他权数加权，加权算术平均指数就不会等于综合指数。

【例 10-2】 利用表 10-2 资料数据计算商品销售量总指数，如表 10-3 所示。

表 10-3 平均指数计算表

商品	销售量		基期价格 p_0	销售量个体指数 $\frac{q_1}{q_0}$（%）	q_0p_0	$\frac{q_1}{q_0}q_0p_0$
	q_0	q_1				
彩电（台）	100	135	1 900	135	190 000	256 500
运动鞋（双）	350	400	90	114.29	31 500	36 001

续表

商品	销售量		基期价格 p_0	销售量个体指数 $\frac{q_1}{q_0}$（%）	q_0p_0	$\frac{q_1}{q_0}q_0p_0$
	q_0	q_1				
服装（件）	80	75	160	93.75	12 800	12 000
合计	—	—	—	—	234 300	304 501

计算结果，与第二节综合指数中数量指标综合指数的计算结果相等，分子分母的经济含义也是一样的，只是计算形式不同而已。

实际工作中，无论是加权算术平均指数或者加权调和平均指数，往往采用经济发展比较稳定的某一时期的价值总量结构作为固定的权数，一经确定沿用 5 年乃至 10 年不变。如我国的零售物价指数和西方国家的工业生产指数都是采用固定权数的平均指数。固定权数为比重形式，用 w 表示，加权算术平均指数的公式为：

$$加权平均物量指数\overline{k_q}=\frac{\sum\frac{q_1}{q_0}w}{\sum w} \tag{10-16}$$

$$加权平均价格指数\overline{k_p}=\frac{\sum\frac{p_1}{p_0}w}{\sum w} \tag{10-17}$$

【例 10-3】 以我国某城市零售物价总指数为例，如表 10-4 所示。将商品分为食品、服装鞋帽、日用品等，在每类中选取若干种代表规格品，并计算每种商品的价格个体指数，再用固定权数加权，用以表示个体指数，计算公式如下：

$$固定权数零售物价平均指数\overline{k_p}=\frac{\sum\frac{p_1}{p_0}w}{\sum w}=\frac{\sum k_pw}{\sum w}=\frac{105.11\%}{100\%}=105.11\%$$

表 10-4　固定权数加权算术平均指数计算表

	类指数 k_p（%）	固定权数 w（%）	k_pw（%）
总指数	—	100	105.11
食品	108	55	59.4
服装鞋帽	101	25	25.25
日用品	102	10	10.20
文化办公用品	100	3	3.00
书报杂志及电子出版物	109	2	2.18
中西药品及医疗保障用品	104	2	2.08
燃料	100	3	3.00

根据以上计算，零售商品物价总指数为105.11%，物价平均上涨了5.11%，分子分母之差不能说明物价上涨引起的绝对效果，这与综合指数不同，所以从形式到内容，平均指数与综合指数的变形大不相同，是一种独立的总指数。

二、加权调和平均指数

调和平均数是各个变量值倒数的算术平均数的倒数，它是计算平均指标的一种方法。加权调和平均指数是对个体指数的加权调和平均数。通常用于计算物价指数。基本计算公式是：

$$\overline{k_p}=\frac{\sum p_n q_n}{\sum \frac{p_0}{p_1} p_n q_n}=\frac{\sum p_n q_n}{\sum \frac{1}{k_p} p_n q_n} \tag{10-18}$$

式中，$\overline{k_p}$为价格加权调和平均指数；k_p为个体物价指数；$p_n q_n$为某一时期的总值数据，此为加权调和平均指数的权数。

当$p_n q_n=p_1 q_1$时，即用报告期的总值进行加权时，加权平均价格指数可以变化为：

$$\overline{k_p}=\frac{\sum p_1 q_1}{\sum \frac{p_0}{p_1} p_1 q_1}=\frac{\sum p_1 q_1}{\sum \frac{1}{k_p} p_1 q_1}=\frac{\sum p_1 q_1}{\sum p_0 q_1}=\text{综合价格指数} \tag{10-19}$$

可见，用$p_1 q_1$这个特定权数加权时，加权调和平均指数可以作为综合指数的变形，但如果使用$p_1 q_1$以外的任何其他权数加权，加权调和平均指数就不会等于综合指数。

【例10-4】 利用表10-2数据计算商品价格总指数，如表10-5所示。

表10-5　加权调和平均指数计算表

商品	价格（元）		报告期销售量 q_1	价格个体指数 $\frac{p_1}{p_0}$（%）	$q_1 p_1$	$\frac{1}{k_p} q_1 p_1$
	p_0	p_1				
彩电（台）	1 900	1 700	135	89.47	229 500	256 500
运动鞋（双）	90	103	400	114.44	41 200	360 000
服装（件）	160	180	75	112.5	13 500	12 000
合计	—	—	—	—	284 200	304 500

$$\text{加权调和平均价格指数}=\frac{\sum p_1 q_1}{\sum \frac{1}{k_p} p_1 q_1}=\frac{284\ 200}{304\ 500}=93.3\%$$

计算结果与第二节中质量指标综合指数的计算结果完全相等，分子分母的经济含义也是一样的，只是计算形式不同而已。所以，像这样计算的加权调和平均指数，就是综合指数的变形。

如把权数改为某种固定权数，加权调和平均指数公式可写成：

$$加权调和平均指数=\frac{\sum w}{\sum \frac{1}{k_p}w} \tag{10-20}$$

这个公式很少应用，使用较多的是用综合指数变形权数加权的调和平均指数及两种加权的算术平均指数。

思考与探究 10-2：通过这节的学习，同学们已经知道在计算加权算术平均指数时，权数或权重的大小，决定了单个指标对平均指数的影响大小。那么我们把它延伸到祖国建设上，每个人作为中国人民的一分子，在自己的岗位上所做的努力类似于一种权重，即使自己看似再渺小，十多亿人的努力汇聚在一起，对祖国的发展也能形成巨大的推动力，不仅每一个十四亿分之一都了不起，而且每一个十四亿分之一都很重要！

第四节　指数体系与指数因素分析

指数不仅可以反映社会经济现象数量的变动程度，而且可以用于分析复杂经济总体的总变动以及总变动受各因素的影响，说明各因素影响的程度和绝对差额，即进行因素分析。指数因素分析要借助于指数体系，通过指数体系中各指数之间的关系对复杂总体的总量变动和总平均指标变动进行分析。

扫描二维码
观看慕课视频

一、指数体系

（一）指数体系的含义

客观现象的分析中，有些情况下只计算一个指数并不一定能够满足研究目的和实际的需要，因此，需要编制多个指数去反映现象的绝对变动和相对变动，以便进行现象间的分析。一般地说，三个或三个以上在经济意义上有内在联系、在数量上保持一定的对等关系的现象所形成的指数整体称为指数体系。如商品销售额等于销售量与价格的乘积，从而有商品销售额指数等于销售量指数与价格指数的乘积；小麦产值等于小麦播种面积乘以亩产量乘以单位亩产价格，就有小麦产值指数等于小麦播种面积指数乘以亩产量指数乘以单位亩产价格指数。它们所构成的这种数量上的对等关系，都可视为指数体系。

下面，看一下指数体系中各指数之间的数量关系。以销售额为例，用 p 表示价格，用 q 表示销售量，用 pq 表示销售额，则其指数为：

$$销售额指数=\frac{\sum p_1q_1}{\sum p_0q_0} \tag{10-21}$$

按照加权综合指数的一般编制原则，质量指标指数的权数固定在报告期，数量指标指数的权数固定在基期。则：

$$价格指数=\frac{\sum p_1q_1}{\sum p_0q_1} \tag{10-22}$$

$$销售量指数=\frac{\sum p_0q_1}{\sum p_0q_0} \tag{10-23}$$

三者之间具有下列关系：

$$销售额指数=价格指数\times销售量指数$$

$$\frac{\sum p_1q_1}{\sum p_0q_0}=\frac{\sum p_1q_1}{\sum p_0q_1}\times\frac{\sum p_0q_1}{\sum p_0q_0} \tag{10-24}$$

$$\sum p_1q_1-\sum p_0q_0=(\sum p_1q_1-\sum p_0q_1)+(\sum p_0q_1-\sum p_0q_0)$$

即总的现象的相对变动等于各个因素现象相对变动的乘积。

销售额指数的绝对变动等于价格指数的绝对变动与销售量指数的绝对变动之和。

（二）利用指数体系进行因素分析应当注意的问题

（1）相对量体现为各因素指数的乘积，绝对量体现为各因素变动差额之和。在指数体系中，从相对量来看，总变动指数等于各因素指数的乘积，如工资总额指数=工资水平指数×工人数指数；从绝对量来看，总变动的绝对额变动等于各因素变动差额之和。

（2）同度量因素应根据数量指标指数和质量指标指数的不同而固定在不同的时期。在指数体系中，对总变动指数产生影响的各因素指数通常是由数量指标指数和质量指标指数乘积构成。因此，计算和分析指数体系应遵循指数计算的原则。即同度量因素应根据数量指标指数和质量指标指数的不同而固定在不同的时期。

二、指数因素分析

指数因素分析可分为总量指标变动的因素分析和平均指标变动的因素分析两种。

（一）总量指标变动的因素分析

对社会经济现象总量变动的因素分析，根据影响总量变动的因素多少，又可分为总量指标变动的两因素分析和总量指标变动的多因素分析。

1. 总量指标变动的两因素分析

很多社会经济现象中的总量通常可以分解为两个构成要素，如粮食总产量可以看作是播种面积与单位产量的乘积，商品销售额是销售量与价格的乘积，产品总产值是产品产量与产品价格的乘积等。从指数体系看，是由三个指数所构成的体系。对其进行因素分析，也应从相对数和绝对量两方面分析。

以产品产值与产品产量和产品价格之间的关系为例，设产品产量为 q，产品价格为 p，产品产值指数=产品产量指数×产品价格指数，则：

$$相对数变动\quad \frac{\sum p_1q_1}{\sum p_0q_0}=\frac{\sum p_0q_1}{\sum p_0q_0}\times\frac{\sum p_1q_1}{\sum p_0q_1} \tag{10-25}$$

绝对量变动 $\sum p_1q_1-\sum p_0q_0=(\sum p_0q_1-\sum p_0q_0)+(\sum p_1q_1-\sum p_0q_1)$

现以某食品厂的资料为例说明两因素的分析方法。

【例 10-5】　某食品厂产品产量和价格资料如表 10-6 所示。

表 10-6　某食品厂产品产量和价格资料

产品	产量（万斤①）		价格（元）		产值（万元）		
	q_0	q_1	p_0	p_1	p_0q_0	p_1q_1	p_0q_1
甲	50	70	5	5.5	250	385	350
乙	150	160	3.1	3.4	465	544	496
合计	—	—	—	—	715	929	846

报告期产值为 929 万元，基期产值为 715 万元，产值变动及受两个因素影响的分析如下：

（1）总产值变动：

产值指数 $\overline{k}=\dfrac{\sum p_1q_1}{\sum p_0q_0}=\dfrac{929}{715}=129.93\%$，产值综合变动上升 29.93%。

（2）绝对量变动：

$\sum p_1q_1-\sum p_0q_0=929-715=214$（万元），即产值报告期比基期增加了 214 万元。

（3）产量变动：

产量指数 $\overline{k_q}=\dfrac{\sum p_0q_1}{\sum p_0q_0}=\dfrac{846}{715}=118.32\%$，产量报告期比基期上升 18.32%。

由于产量提高使产值变动：

$\sum p_0q_1-\sum p_0q_0=846-715=131$（万元），产量提高 18.32%，使产值绝对量增加 131 万元。

（4）价格变动：

价格指数 $=\overline{k_p}=\dfrac{\sum p_1q_1}{\sum p_0q_1}=\dfrac{929}{846}=109.81\%$，价格报告期比基期上升 9.81%。

价格变动对产值绝对量的影响：

$\sum p_1q_1-\sum p_0q_1=929-846=83$（万元），价格提高 9.81%，使产值绝对量增加 83 万元。

（5）综合分析：

$$129.93\%=118.32\%\times109.81\%$$

$$214\text{（万元）}=131+83$$

报告期产值比基期产值提高 29.93%，总产值绝对量报告期比基期增加 214 万元，是由于产量报告期比基期提高 18.32%使之增加 131 万元、价格报告期比基期提高 9.81%使之增加 83 万元共同作用的结果。

2. 总量指标变动的多因素分析

现实生活中，许多现象的发展变化受到三个或三个以上因素的影响，对多个因素的变动及其影响作用，仍可借助指数体系进行分析。

现以某企业原材料消耗总额的资料来说明多因素的指数分析方法。

【例 10-6】 某企业生产某种产品及原材料消耗资料如表 10-7 所示。

① 1斤=0.5千克。

表 10-7 某企业生产某种产品及原材料消耗资料

车间名称	产量（万件）		单耗（千克/件）		原材料单价（元/千克）		原材料支出额（万元）	
	q_0	q_1	m_0	m_1	p_0	p_1	$q_0m_0p_0$	$q_1m_1p_1$
一车间	60	70	16	13	15	17	14 400	15 470
二车间	110	130	15	13	15	17	24 750	28 730
合计	—	—	—	—	—	—	39 150	44 200

原材料支出总额的变动因素可按以下指数体系逐项进行分析：

原材料支出总额指数=产品产量指数×原材料单耗指数×原材料单价指数

$$\frac{\sum q_1m_1p_1}{\sum q_0m_0p_0}=\frac{\sum q_1m_0p_0}{\sum q_0m_0p_0}\times\frac{\sum q_1m_1p_0}{\sum q_1m_0p_0}\times\frac{\sum q_1m_1p_1}{\sum q_1m_1p_0} \tag{10-26}$$

（1）原材料支出总额指数 $=\frac{\sum q_1m_1p_1}{\sum q_0m_0p_0}=\frac{44\ 200}{39\ 150}=112.90\%$

原材料支出总额报告期比基期多支出 12.90%。

绝对额为：$\sum q_1m_1p_1-\sum q_0m_0p_0=44\ 200-39\ 150=5\ 050$（万元）

（2）产品产量指数 $=\frac{\sum q_1m_0p_0}{\sum q_0m_0p_0}=\frac{70\times16\times15+130\times15\times15}{60\times16\times15+110\times15\times15}=\frac{46\ 050}{39\ 150}=117.62\%$

产品产量报告期比基期增长了 17.62%，由此而增加原材料支出额为：

$$\sum q_1m_0p_0-\sum q_0m_0p_0=46\ 050-39\ 150=6\ 900\text{（万元）}$$

（3）原材料单耗指数 $=\frac{\sum q_1m_1p_0}{\sum q_1m_0p_0}=\frac{70\times13\times15+130\times13\times15}{70\times16\times15+130\times15\times15}=\frac{39\ 000}{46\ 050}=84.69\%$

产品原材料单耗报告期比基期减少了 15.31%，由此而节约原材料支出额为：

$$\sum q_1m_1p_0-\sum q_1m_0p_0=39\ 000-46\ 050=-7\ 050\text{（万元）}$$

（4）原材料单价指数 $=\frac{\sum q_1m_1p_1}{\sum q_1m_1p_0}=\frac{70\times13\times17+130\times13\times17}{70\times13\times15+130\times13\times15}=\frac{44\ 200}{39\ 000}=113.33\%$

原材料单价报告期比基期提高 13.33%，由此而增加原材料支出额为：

$$\sum q_1m_1p_1-\sum q_1m_1p_0=44\ 200-39\ 000=5\ 200\text{（万元）}$$

上列计算结果整理如下：

$$112.90\%=117.62\%\times84.69\%\times113.33\%$$

$$5\ 050\text{（万元）}=6\ 900-7\ 050+5\ 200$$

分析说明，报告期产量增长 17.62%，单耗下降 15.31%和原材料单价上升 13.33%，三方面因素共同作用使该种产品原材料支出总额增长 12.90%；原材料支出总额的绝对量多支出 5 050 万元，是由于产量增加和原材料价格上升分别多支出 6 900 万元和 5 200 万元，以及由于单耗下降而少支出 7 050 万元综合作用的结果。

上述的指数因素分析法也称连锁替代法。它的基本特点是研究某个因素变量变化时，把其他因素固定下来，依次由一个因素变量替代另一个因素变量进行分析。这里需要注意以下三点：

（1）固定不变的因素也即同度量因素的时期选择。一般情况下，可按照质量指标指数固定在报告期、数量指标指数固定在基期的规则确定，目的是使各因素指数的连乘积等于总量的指数，各因素指数引起的变动差额之和等于总量变动实际发生的差额。

（2）各因素的排序，如无特殊要求情况下，一般按照数量指标指数在前，质量指标指数在后的规则排序。

（3）各因素的排序，应使相邻两变量的乘积具有独立意义。例如，原材料消耗总额由“产量×单耗×原材料单价”三个因素变量构成，其排序除上述方式之外也可倒转为“原材料单价×单耗×产品产量”。无论哪一种，其相邻两变量即原材料单价和单耗，或是单耗和产量的乘积都具有独立意义，前者为“单位产品原材料费用”，后者为“全部产品原材料消耗量”。如此排序的根据是三因素可以归并为两因素，或者说，三因素是两因素的展开。如果按照“单耗×原材料单价×产品产量”排序，就不符合指标分解的逻辑，因为“原材料单价×产品产量”无意义。

（二）平均指标变动的因素分析

平均指标指数是由两个不同时期的加权算术平均数之比得到的相对数，用以反映现象平均水平的变动情况。如平均工资指数是由两个不同时期的平均工资对比，反映平均工资报告期与基期相比提高或降低的程度；平均劳动生产率指数是由两个不同时期的平均劳动生产率对比，反映其上升或下降的情况等。平均指标指数的公式为：

$$\text{平均指标指数}=\frac{\overline{x_1}}{\overline{x_0}}=\frac{\sum x_1 f_1}{\sum f_1}\div\frac{\sum x_0 f_0}{\sum f_0} \tag{10-27}$$

式中，$\overline{x_1}$为报告期的加权算术平均数；$\overline{x_0}$为基期的加权算术平均数。

平均指标指数不仅反映各组变量值（x）的变动，而且还反映总体内部结构的变动。因此，平均指标指数又称为可变构成指数。

加权算术平均数是根据变量数列资料计算的，它受两个因素的影响。一是各组的变量值（x）；一是各组权数比重，即总体内部结构$\left(\frac{f}{\sum f}\right)$。因此，分析平均指标指数时，也应当利用指数体系，对影响它的两个因素进行分析。这样我们首先计算下面两个指数：

1. 固定构成指数

将总体内部结构$\left(\frac{f}{\sum f}\right)$固定下来，反映各组变量值变动对平均指标指数的影响，这一指数称为固定构成指数或固定组成指数。固定构成指数反映的是各组变量值的变动，因此同度量因素$\left(\frac{f}{\sum f}\right)$需要固定在报告期。公式为：

$$\text{固定构成指数}=\frac{\sum x_1 f_1}{\sum f_1}\div\frac{\sum x_0 f_1}{\sum f_1} \tag{10-28}$$

2. 结构影响指数

将各组变量值（x）固定下来，反映总体内部结构变动对平均指标指数的影响，这一指数称为结构影响指数。结构影响指数反映的是总体结构的变动，因此，同度量因素（x）需要固定在基期。公式为：

$$结构影响指数=\frac{\sum x_0 f_1}{\sum f_1}\div\frac{\sum x_0 f_0}{\sum f_0} \tag{10-29}$$

由平均指标指数构成的指数体系可表示为：

可变构成指数=固定构成指数×结构影响指数

$$\frac{\sum x_1 f_1}{\sum f_1}\div\frac{\sum x_0 f_0}{\sum f_0}=\left(\frac{\sum x_1 f_1}{\sum f_1}\div\frac{\sum x_0 f_1}{\sum f_1}\right)\times\left(\frac{\sum x_0 f_1}{\sum f_1}\div\frac{\sum x_0 f_0}{\sum f_0}\right) \tag{10-30}$$

从绝对量上看，其数量关系为：

$$\frac{\sum x_1 f_1}{\sum f_1}-\frac{\sum x_0 f_0}{\sum f_0}=\left(\frac{\sum x_1 f_1}{\sum f_1}-\frac{\sum x_0 f_1}{\sum f_1}\right)+\left(\frac{\sum x_0 f_1}{\sum f_1}-\frac{\sum x_0 f_0}{\sum f_0}\right) \tag{10-31}$$

【例 10-7】 某企业有三个生产车间，各车间 2019 年和 2020 年的生产工人数和劳动生产率资料如表 10-8 所示。试分析该企业劳动生产率的变动及其原因。

表 10-8 平均指标变动因素分析计算表

车间名称	职工人数（人）		劳动生产率（万元/人）		总产值（万元）		
	2019 年	2020 年	2019 年	2020 年			
	f_0	f_1	x_0	x_1	$x_0 f_0$	$x_1 f_1$	$x_0 f_1$
一车间	100	120	3.0	3.4	300	408	360
二车间	80	95	4.2	4.8	336	456	399
三车间	90	100	6.0	6.5	540	650	600
合计	270	315	—	—	1 176	1 514	1 359

2019 年该企业平均劳动生产率为：

$$\frac{\sum x_1 f_1}{\sum f_1}=\frac{1\ 514}{315}=4.81\ （万元/人）$$

2020 年该企业平均劳动生产率为：

$$\frac{\sum x_0 f_0}{\sum f_0}=\frac{1\ 176}{270}=4.36\ （万元/人）$$

该企业劳动生产率指数为：

$$\frac{\sum x_1 f_1}{\sum f_1}\div\frac{\sum x_0 f_0}{\sum f_0}=\frac{1\ 514}{315}\div\frac{1\ 176}{270}=110.35\%$$

该企业劳动生产率 2020 年比 2019 年提高 10.32%，企业劳动生产率的提高是由于各车间劳动生产率和各车间职工工人数变动共同影响的，那么各车间劳动生产率变动影响指数为：

$$\frac{\sum x_1 f_1}{\sum f_1}\div\frac{\sum x_0 f_1}{\sum f_1}=\frac{1\ 514}{315}\div\frac{1\ 359}{315}=111.41\%$$

各车间职工人数结构变动影响指数为：

$$\frac{\sum x_0 f_1}{\sum f_1}\div\frac{\sum x_0 f_0}{\sum f_0}=\frac{1\ 359}{315}\div\frac{1\ 176}{270}=99.05\%$$

三者之间的关系：

$$110.35\% = 111.41\% \times 99.05\%$$

从绝对量上看，该企业平均劳动生产率变动为：

$$\frac{\sum x_1 f_1}{\sum f_1} - \frac{\sum x_0 f_0}{\sum f_0} = 4.81 - 4.36 = 0.45(\text{万元/人})$$

各车间劳动生产率变动的影响额为：

$$\frac{\sum x_1 f_1}{\sum f_1} - \frac{\sum x_0 f_1}{\sum f_1} = 4.81 - 4.31 = 0.50(\text{万元/人})$$

各车间职工人数结构变动的影响额为：

$$\frac{\sum x_0 f_1}{\sum f_1} - \frac{\sum x_0 f_0}{\sum f_0} = 4.31 - 4.36 = -0.05(\text{万元/人})$$

三者之间的关系为：

$$0.45 = 0.50 + (-0.05)$$

以上结果表明，2020 年同 2019 年相比，该企业总的劳动生产率上升 10.35%，人均增加 0.45 万元，这是由于各车间劳动生产率上升 11.41%，使人均增加 0.50 万元，各车间职工人数比重下降 0.95%使人均减少 0.05 万元共同作用的结果。

思考与探究 10-3：通过指数体系的学习，我们知道科研根据已知因素推算未知因素，如果用同一数量人民币，报告期比基期多购买商品 5%，那么物价是如何变动的？

第五节　常用的经济指数

指数在社会经济统计中应用很广泛。这一节介绍最常见的三种经济指数——居民消费价格指数、股票价格指数和工业经济效益综合指数，进一步说明指数的编制方法及其在社会经济领域中的应用。

扫描二维码
观看慕课视频

一、居民消费价格指数

居民消费价格指数也称为 CPI，是英文 Consumer Price Index 的缩写。它同人们的生活休戚相关，可用于分析居民实际生活水平的变化，是国民经济核算和宏观经济分析与决策的重要指标。居民消费价格指数按研究的范围不同，有市县级、省（区）级居民消费价格指数和全国范围的居民消费价格指数；同时，还分别按农村和城市编制，反映各地和全国城乡不同经济条件下居民消费价格的变动情况。

（一）居民消费价格指数的编制方法

CPI 所包含的内容是居民日常消费的全部商品和服务项目。日常生活中，我国城乡居民消费的商品和服务种类繁多，小到针头线脑，大到彩电汽车，有数百万种，由于人力和财力的限制，不可能采用普查方式调查全部商品和服务项目的价格，世界各国都采用抽样调查方法采集价格。

1. 消费品、服务项目的分类和代表规格品的选择

目前，我国计算 CPI 的商品和服务项目，由国家统计局和地方统计部门分级确定。国家统计局根据全国 12 万户城乡居民家庭消费支出的抽样调查资料，统一确定商品和服务项目的类别，设置食品、烟酒及用品、衣着、家庭设备用品及服务、医疗保健及个人用品、交通和通信、娱乐教育文化用品及服务、居住 8 大类 268 个基本分类，在对部分消费项目删减、合并的基础上，增加了外卖、母婴护理服务、新能源小汽车、可穿戴智能设备、网约车费用等新兴商品和服务，涵盖了城乡居民的全部消费内容。

我国地域辽阔，各地居民消费习惯和消费水平存在一定差异，具体的代表规格品由各地确定后报国家统计局审定。规格品是指具有特定产地、规格、等级、牌号、花色等特征的具体商品。比如粮食制品是国家统一确定的一个基本分类，各地以代表性为原则，根据当地实际情况抽选与其他地区可能不相同的地方特色粮食制品。如北京选择的是馒头、火烧和大饼等规格品，贵阳选择的是米粉、卷粉和宽粉等规格品。考虑到大、小城市和县之间人口数量的巨大差异，在 600 种调查商品和服务项目的最低要求基础上，对大城市的要求要多一些。如北京实际调查 1 429 种，贵阳实际调查 647 种。如果把各地不同的规格品加总起来，全国 CPI 包括的规格品就有成千上万种。目前美国的 CPI 分为 8 大类 211 个基本分类、加拿大为 8 大类 169 个基本分类、日本为 10 大类 585 个代表规格品。

对于升级换代较快的工业品，代表规格品一年一定。如果该规格品年中失去代表性或从市场上消失，就必须进行更换。在充分听取相关生产企业意见的基础上，及时选取另一种有代表性的规格品替代。

2. 价格调查地点的选择及价格的采集

目前，计算我国 CPI 的价格资料来源于 34 个省（区、市）共 550 个调查市县的 5 万个商业业态、农贸市场，以及医院、电影院等提供服务消费的单位，统称为价格调查点。这些调查点主要是依据经济普查获得的企业名录库以及有关部门的行政记录资料，以零售额或经营规模为标志，从高到低排队随机等距抽选出来的，同时按照各种商业业态兼顾、大小兼顾以及区域分布合理的原则进行适当调整。

由于在人口和市场建设等方面的差距，500 个市县各自抽选的调查点数量差别也比较大。大中城市要明显多一些，小城市和县就相对少一些。例如，北京抽选了 1 454 个价格调查点，其中各种商业业态 621 个、农贸市场 41 个、服务类单位 792 个。贵阳抽选了 136 个价格调查点，其中各种商业业态 68 个、农贸市场 9 个、服务类单位 59 个。

目前，世界各国根据本国实际通常采用派人直接调查、电话调查、企业报表、网上收集等方式相结合收集计算 CPI 所需的原始价格资料。我国自 1984 年以来一直采用派人直接调查方式收集原始价格资料，目前分布在 34 个省（区、市）550 个调查市县的价格调查员有 4 000 人左右。

【例 10-8】 某市某月大米（基本分类）中的特粳散装大米这种规格品平均价格的计算如表 10-9 所示。

表 10-9　特粳散装大米（规格品）价格采集表

大米	规格等级	第一次调查	第二次调查	第三次调查
南湖粮油商店（千克）	一等	2.60	2.60	2.60
二道农贸市场（千克）	二等	2.13	2.20	2.20
铁北集市贸易（千克）	二等	2.20	2.20	2.20
平均价格（元）	—	2.31	2.33	2.33

将报告期平均价格除以基期平均价格便是代表规格品的单项指数（即个体指数）。如已知该地上月特粳散装大米每千克为 2.22 元，这种规格品大米的单项指数为（2.33÷2.22）×100%＝105.10%。

3. 指数计算方法和权数

由于调查成本以及基础资料来源的局限性，目前世界上大多数国家都采用每五年调整一次“商品篮子”。我国价格指数编制也是五年调整一次“商品篮子”，每年则根据城乡居民 12 万户消费调查资料及相关资料调整一次权数。

居民消费价格指数计算的程序是先计算基本分类指数，再计算中类、大类指数，最终由各大类指数加权平均为城市（或农村）居民消费价格总指数。基本分类指数是用简单几何平均法对若干种代表规格品的个体指数进行平均；中类和大类指数及总指数则是用加权算术平均法逐层计算。

居民消费价格指数的权数，是居民家庭用于各种商品和服务的支出额占所有消费品和服务支出总额的比重，反映调查商品和服务项目的价格变动在总指数形成中的影响程度，其资料来自城镇和农村居民住户的抽样调查，权数一经确定，一年内固定不变。

【例 10-9】　现以表 10-10 数据为例说明居民消费价格指数计算的步骤。

表 10-10　居民消费价格食品类指数计算表

类别及用品	规格等级（计量单位）	权数	指数（%）	指数×权数（%）
食品大类指数		1 000	103.5	—
1. 粮食中类		60	101.8	6.03
大米基本分类		600	102.5	—
	万昌散装大米（千克）	—	105.1	—
	九台 10 千克袋装（千克）	—	100.0	—
	新大米 10 千克袋装（千克）	—	102.5	—
面粉基本分类		50	103.1	—
	富强粉（千克）	—	106.3	—
	精制粉（千克）	—	100.0	—
粮食制品基本分类		322	100.8	—
其他		28	95.5	—

续表

类别及用品	规格等级（计量单位）	权数	指数（%）	指数×权数（%）
2. 淀粉及薯类中类		7	100.0	0.70
3. 干豆类及豆制品中类		20	101.7	2.03
4. 油脂中类		25	113.4	2.84
5. 肉禽及其制品中类		178	110.0	19.58
6. 蛋中类		20	105.1	2.10
7. 水产品中类		160	100.3	16.05
8. 菜中类		80	103.9	8.31
9. 调味品中类		15	101.2	1.52
10. 糖中类		10	98.4	0.98
11. 茶及饮料中类		35	100.1	3.50
12. 干鲜瓜果中类		80	109.8	8.78
13. 糕点饼干面包中类		40	100.0	4.00
14. 奶及奶制品中类		50	99.8	4.99
15. 在外用餐食品中类		190	100.6	19.11
16. 其他食品及食品加工服务中类		30	100.0	3.00

表 10-10 列出了食品大类包括的 16 个中类。其中，粮食中类包括大米、面粉、粮食制品和其他 4 个基本分类；大米和面粉 2 个基本分类中又分别包括 3 种和 2 种代表规格品。

第一步，由各代表规格品的单项指数计算基本分类指数。

例如，大米这一基本分类指数为：

$$I_{大米}=\sqrt[3]{1.051\times1.00\times1.025}\times100\%=102.5\%$$

第二步，根据基本分类指数计算中类指数。例如粮食的中类指数为：

$$I_{粮食}=\frac{1.025\times600+1.031\times50+1.008\times322+0.955\times28}{1\ 000}\times100\%$$

$$=101.8\%$$

第三步，各中类指数乘以相应的权数，便得到大类指数。例如，食品大类指数便是该大类所含 16 个中类指数与相应权数乘积之和，为 103.5%。

第四步，将 8 个大类指数分别乘以相应的权数，便得到总指数。该市某月居民消费价格环比总指数为 102.2%，如表 10-11 所示。

表 10-11 居民消费价格总指数计算表

类别及品名	规格等级（计量单位）	权数	指数（%）	指数×权数（%）
居民消费价格指数		1 000	102.2	—
一、食品类		390	103.5	40.37

续表

类别及品名	规格等级（计量单位）	权数	指数（%）	指数×权数（%）
二、烟酒及用品类		30	101.2	3.04
三、衣着类		70	101.6	7.11
四、家庭设备用品及维修服务类		80	100.9	8.07
五、医疗保健和个人用品类		90	102.4	9.22
六、交通和通信类		75	98.3	7.37
七、娱乐教育文化用品及服务类		152	102.2	15.53
八、居住类		113	101.4	11.46

（二）居民消费价格指数的应用

居民消费价格指数包含着丰富的社会经济内容，除直接测定不同范围商品和服务价格变动程度和变动趋势外，还可派生出其他一些指数，是研究社会经济问题、制定有关政策的重要依据。现列举以下重要方面进行概述。

1. 测定通货膨胀

通货膨胀是货币发行过多，超过商品流通正常需要，引起物价上涨、货币贬值的一种经济现象。它干扰正常的经济秩序，加剧经济周期波动，扩大财政赤字规模，增加居民负担，特别是对低收入居民生活影响更大，给社会带来不稳定因素。因此，各国政府都把抑制和克服通货膨胀作为一种政策目标。对通货膨胀程度的测定是通过计算通货膨胀率实现的。计算通货膨胀率方法很多，最常见的是用价格指数的增长率表示。计算公式为：

$$\text{通货膨胀率}(\%)=\frac{\text{现期居民消费价格指数}}{\text{基期居民消费价格指数}}\times 100-100 \tag{10-32}$$

计算结果若为正值，表明存在通货膨胀；若为负值，则表明出现通货紧缩，即价格下跌，币值提高。通货膨胀率通常为环比指数，即选择上一年为基期，如表 10-12 所示。

表 10-12　我国 2006—2020 年通货膨胀率

年份	通货膨胀率（%）	年份	通货膨胀率（%）	年份	通货膨胀率（%）
2006	-0.29	2011	2.03	2016	0.59
2007	3.25	2012	-2.66	2017	-0.39
2008	1.05	2013	0.00	2018	0.49
2009	-6.23	2014	-0.58	2019	0.78
2010	4.03	2015	-0.59	2020	-0.39

2. 测定货币购买力和职工实际工资（或居民实际收入）的变动

（1）货币购买力指数。所谓货币购买力，是指单位货币所能购买到的消费品和服务的量。货币购买力的变动直接由价格的变动所决定，而且呈反方向变动，即价格上涨，货币购买力下降；价格下降，货币购买力提高。因此，货币购买力指数可以由居民消费价格指数的倒数表示。计算公式为：

$$货币购买力指数=\frac{1}{居民消费价格指数} \tag{10-33}$$

【例 10-10】 某市 2020 年居民消费价格指数为 102.5%，则同期货币购买力指数为 97.56%，表明该市 2020 年人民币的币值相当于 2019 年的 97.56%。

（2）计算职工实际工资指数。职工领得的货币工资能够买到多少消费品和服务，直接受价格变动的影响。为了更确切地反映职工实际生活水平的变动，可以用价格指数来推算职工货币工资实际能够购买到的消费品和服务数量的变动，也即计算职工实际工资指数。

计算公式为：

$$\begin{aligned}职工实际工资指数&=\frac{职工平均工资指数}{居民消费价格指数} \quad 或 \\ &=职工平均工资指数\times货币购买力指数\end{aligned} \tag{10-34}$$

【例 10-11】 如某市 2020 年职工年平均工资为 15 439 元，比上年增长 10.1%，同期居民消费价格指数为 102.5%，则职工的实际工资指数为：107.4%（110.1%/102.5% = 107.4%或 110.1%×97.56% = 107.4%）。

二、股票价格指数

股票作为一种特殊的金融商品，也有价格。广义的股票价格包括票面价格、发行价格、账面价格、清算价格、内在价格、市场价格等。狭义的股票价格，即通常所说的市场价格，也称股票行市。它完全随股市供求行情变化而涨落。股票价格指数是根据选择的那些具有代表性的样本股票某时点平均市场价格计算的动态相对数，用以反映某一股市股票价格总的变动趋势。股价指数的单位习惯上用“点”表示，即以基期为 100（或 1 000），每上升或下降 1 个单位称为 1 点。股价指数计算的方法很多，但一般以发行量为权数进行加权综合。其公式为：

$$I=\frac{\sum p_{1i}q_i}{\sum p_{0i}q_i} \tag{10-35}$$

式中，I 为股价指数；p_{1i}和 p_{0i}分别表示报告期和基期样本股的平均价格；q_i 为第 i 种股票的报告期发行量（也有采用基期发行量的）。

（一）股票价格指数的编制

股票价格指数的编制通常采用加权综合法，其基本公式为：

$$股票价格指数=\frac{报告期股票市价总值}{基期股票市价总值}\times100 \tag{10-36}$$

遇到新增股票或上市股票新增扩股时，须对这一公式进行相应修正。其公式调整为：

$$股票价格指数=\frac{报告期股票市价总值}{新基准股票市价总值}\times100 \tag{10-37}$$

为方便日常计算，指数采用每日连锁方法计算，计算公式为：

$$I=I_0\times\frac{Q_1}{Q'_0}=I_0\times\frac{\sum_{i=1}^{N}P_{1i}W_i}{\sum_{i=1}^{N}P'_{0i}W_i} \tag{10-38}$$

式中，I为今日现价股价指数；I_0为上一日收盘股价指数；Q_1为今日当前市场市价总值；Q'_0为上一营业日收盘市价总值；W_i为第i种股票基期发行（或流通）量；N为样本总数。

股票价格指数的编制过程中，经常会发生增发新股、配股、停牌、复牌、除权等事件，这些因素使股价指数不能反映正常的股市变化，更影响股价指数的连续性。因此，要对股价指数进行必要的调整。根据不同情况，有不同的调整方法：

（1）样本中第j种股票送股，送股率为R_{1j}，则修正公式为：

$$I=I_0\times\frac{P_{11}W_1+P_{12}W_2+\cdots+P_{1j}W_j(1+R_{1j})+\cdots+P_{1N}W_N}{\sum_{i=1}^{N}P'_{0i}W_i}\tag{10-39}$$

（2）样本中第j种股票配股，配股率为R_{2j}，配股价为A_j，则修正公式为：

$$I=I_0\times\frac{P_{11}W_1+P_{12}W_2+\cdots+P_{1j}W_j(1+R_{2j})+\cdots+P_{1N}W_N}{\sum_{i=1}^{N}P'_{0i}W_i+A_jR_{2j}w_j}\tag{10-40}$$

股价指数是反映证券市场行情变化的重要指标，不仅是广大证券投资者进行投资决策分析的依据，而且也被视为一个地区或国家宏观经济态势的“晴雨表”，世界各地的股票市场都有自己的股票价格指数。下面介绍几种常见的股票价格指数。

（二）道-琼斯股价平均数

道-琼斯股价平均数（Dow-Jones's Average Index）由美国的道-琼斯公司计算并发布。自1884年第一次发布，迄今已有一个多世纪。它是久负盛名、影响最广泛的一种股票价格指数。

道-琼斯股价平均数以在纽约交易所挂牌上市交易的一些著名大公司的股票为编制对象。最初采用简单算术平均法计算，将采样股票价格总额除以公司数，反映的是每一公司的平均股票价格总额。为了反映每一单位平均股票价格，应将采样股票价格总和除以总股数，但考虑到增资和折股等各种非市场因素对股票总股数的影响，因此，后来采用除数修正法，即将各种采样股票价格总和除以一个修正后的除数来计算道-琼斯股价平均数。除数修正公式为：

$$\text{修正后的新除数}=\frac{\text{非市场因素影响后的各种采样股票理论价格之和}}{\text{非市场因素影响前各种采样股票收盘价之和}}\times\text{原先除数}\tag{10-41}$$

$$\text{道-琼斯股价平均数}=\frac{\text{采样股票价格总和}}{\text{修正后的新除数}}\tag{10-42}$$

人们通常引用的道-琼斯股价指数实际是一组平均数，包括：

1. 道-琼斯工业股价平均数

它由美国30家著名工商业公司股票组成采样股，主要用以反映整个工商业股票的价格水平。在许多场合，也被用作道-琼斯股价平均数的代表。

2. 交通运输业股价平均数

以美国20家著名的交通运输公司的股票为采样股，其中有8家铁路公司、8家航空公司和4家公路货运公司。

3. 公用事业股价平均数

以美国15家最大公用事业公司的股票为采样股，反映公用事业类股票的价格水平。

4. 股价综合平均数

以上述三种股价平均数所涉及的共 65 家公司的股票为采样股综合得到的股价平均数，反映整个股票市场价格的变化趋势。

（三）标准·普尔股价指数

标准·普尔公司是美国最大的证券研究机构，于 1923 年起开始编制标准·普尔股价指数（Standard & Poorr's Index），1957 年起至今，标准·普尔股价指数的采样股一直保持 500 种之多，其中工业股票 400 种、公用事业股票 40 种、金融业股票 40 种、运输业股票 20 种。

标准·普尔股价指数以 1941—1943 年为基期，以股票发行量为权数对所有采样股票价格加权计算而成，其权数根据发行量变化调整。由于它包括了股票市价总值约占纽约证券交易所上市股票 75%的股票，因此，代表性强，能较全面地反映股票市场价格的变动，在国际金融市场上影响也较大。

（四）香港恒生指数

1969 年 11 月 24 日，香港恒生银行编制并首次公开发表香港恒生指数（Heng Seng Index，HSI）。它是香港证券市场上最有代表性的股票价格指数。

香港恒生指数共选择了 33 种具有代表性的股票（成分股）为指数计算对象。其中，金融业 4 种，公用事业 6 种，地产业 9 种，其他行业 14 种。

香港恒生指数是以 1964 年 7 月 31 日为基期，基日指数定为 100。计算公式为：

$$\text{即时指数}=\frac{\text{现时成分股的总市值}}{\text{上日收市时成分股的总市值}}\times\text{上日收市指数} \tag{10-43}$$

成分股的市值是按股价乘以发行股数计算的。因此，香港恒生指数也是以股票发行量为权数的加权综合指数。

（五）上海证券交易所股价指数

上海证券交易所股价指数主要有上证综合指数。上证综合指数是以 1990 年 12 月 19 日为基日（该日为上证所正式营业之日），基日定为 100，以所有在上海证券交易所上市的股票为编制范围，采用以股票发行量为权数的综合股价指数。计算公式为：

$$\text{上证综合指数}=\frac{\text{报告期市价总值}}{\text{基日市价总值}}\times 100 \tag{10-44}$$

式中，市价总值是股票市价乘以发行股数，基日市价总值也称为除数。

当市价总值出现非交易因素（增股、配股、汇率等）变动时，原除数需修正，以维持指数的连续可比性。修正公式为：

$$\text{修正后的除数}=\frac{\text{修正后的市价总值}}{\text{修正前的市价总值}}\times\text{原除数} \tag{10-45}$$

（六）深圳证券交易所股价指数

深圳证券交易所股价指数有深证综合指数和深证成分股指数两种。

1. 深证综合指数

它是以在深圳证券交易所上市的所有股票为对象编制的指数，以 1991 年 4 月 3 日为基日，1991 年 4 月 4 日公布。深证综合指数是以发行量为权数，纳入指数计算范围的股票称为指数股。指数计算基本公式为：

$$指数=\frac{现时指数股总市值}{基日指数股总市值}\times 100 \tag{10-46}$$

若遇股市结构有所变动，其修正是用“连锁”方法计算得到的指数，以维持指数的连续性。每日连锁方法的计算公式为：

$$今日即时指数=上日收市指数\times\frac{今日即时指数股总市值}{经调整的上日指数股收市总市值} \tag{10-47}$$

2. 深证成分股指数

它是以1994年7月20日为基日，基日指数定为1 000，于1995年1月23日开始发布。深证成分股指数采用流通量为权数，计算公式同深证综合指数。深证成分股指数是从上市公司中挑选出40家具有代表性的成分股计算。成分股选择的一般原则是：① 有一定上市交易日期；② 有一定上市规模；③ 交易活跃。此外，综合考虑公司股份的市盈率，公司的行业代表性，地区、板块代表性，公司的财务状况等。

三、工业经济效益综合指数

工业经济效益综合指数是衡量工业经济效益各方面总体水平，对企业、地区和全国工业经济效益进行监测和综合评价的一种特殊的相对数，是指数法在多指标综合评价中的一种具体应用。

（一）多指标综合评价的概念和方法

实际工作中，对一个统计总体用一个指标往往不足以概括其基本特征，而需要用多个指标构成的指标体系从各个方面予以说明，才能做出比较全面的描述和评价。同样，总体中的每个个体也具有多个方面的特征。综合评价就是对各个个体多方面的特征进行综合比较，但是，由于各个指标的计量单位不同，也就是量纲不同，属于不同质的量，不具备统一度量的同度量因素，因而需要用某种方法消除指标的量纲，将它们合成为一个综合数值，以便对各个单位（部门）进行比较或对同一单位（部门）前后变化做出评价。这种将多个指标合成一个综合数值的方法就称为多指标综合评价法。如本章统计实例中提出的幸福感指数的计算问题。

进行综合评价，首先要确定一个科学合理的评价指标体系。此外，还必须解决各个指标的无量纲化和综合计算中的权数问题。

1. 指标无量纲处理方法

消除指标量纲的常用方法主要有以下三种。

（1）单项动态指数法。将各指标报告期的数值与基期数值比较，计算各指标的单项动态指数，表示它们进一步改善的程度；或者将各指标的实际值与根据实际情况合情合理地确定的标准值比较，表示各指标相对于某一标准的差异程度。

（2）阈值法。对各指标分别确定阈值，运用多目标规划中的“功效系数”方法计算单项指数。计算公式为：

$$I_i=\frac{X_i-X_s}{X_h-X_s} \tag{10-48}$$

式中，I_i 为某指标的单项指数；X_i 为指标实际值；X_h 和 X_s 分别为该指标的满意值和不允许值。

满意值是指应该和可能达到的最佳值；不允许值是指同样条件下不应当出现的最差值。I_i取值一般为0~1，但也有可能超出这个范围。此外，如果所有参评单位同一指标的实际值近似服从正态分布，且没有反常的奇异值，也可用实际的最大值和最小值代替满意值和不允许值。不过，这时的逆指标要按反方向处理。计算公式为：

$$I_i=\frac{X_i-\min}{\max-\min} \quad (\text{正指标})$$
$$I_i=\frac{X_i-\max}{\min-\max} \quad (\text{逆指标}) \tag{10-49}$$

或者，将逆指标的实际值定为负值，计算单项指数I_i时，乘以-1，再按正指标公式计算。这样，只改变符号的方向，其绝对值和评价结果不变。

实际应用中，为了使计算的单项指数不致出现“0”，而且符合习惯的百分制评价尺度，通常可以对单项指数做如下处理：

$$I_i=\frac{X_i-\min}{\max-\min}\times 40+60 \tag{10-50}$$

这样，I_i的取值一般为60~100。

（3）标准分法。将各指标的实际值进行标准化，转换为标准分，再加以扩值处理。

计算公式为：

$$I_i=\left(\frac{X_i-\overline{X}_i}{\sigma_i}\right)\times 40+60 \tag{10-51}$$

式中，$\overline{X}_i$和σ_i分别为各指标的均值和标准差。

需要注意的是在上述三种消除指标量纲的方法中，阈值法和标准分法计算得到的I_i不是指数而是一个分值。

2. 权数的确定

对各单项指数（或分值）进行合成时的权数，表示各单项指标在综合指数形成中的地位。权数的确定方法按综合评价的方法不同而有多种，大致分为两类：一类是多元统计中的主成分法、聚类分析法、因子分析法和以模糊数学理论为依据的模糊综合评价法等，通常称为客观权数方法。另一类称为主观权数法，也即采用专家调查法，根据专家们的理论分析和对实践经验的概括，充分考虑各指标之间相关性强弱和各指标在综合中的重要程度来确定它们的权数。主观权数法具有价值判断的直接性和较强的规范性，计算方便，易于理解，应用较广。

（二）工业经济效益综合指数的计算

现行的工业经济效益综合指数一般包括以下7个指标：

$$\text{总资产贡献率}(\%)=\frac{\text{利润总额}+\text{税金总额}+\text{利息支出}}{\text{平均资金总额}}\times 100\%$$
$$\text{资本保值增值率}(\%)=\frac{\text{报告期末所有者权益}}{\text{上年同期末所有者权益}}\times 100\%$$
$$\text{资产负债率}(\%)=\frac{\text{负债总额}}{\text{资产总额}}\times 100\%$$
$$\text{流动资金周转率（次数）}=\frac{\text{产品销售收入}}{\text{全部流动资产平均余额}} \tag{10-52}$$

$$成本费用利润率(\%)=\frac{利润总额}{成本费用总额}\times 100\%$$

$$工业全员劳动生产率(元/人)=\frac{工业增加值}{全部从业人员平均人数}$$

$$产品销售率(\%)=\frac{工业销售产值}{现价工业总产值}\times 100\%$$

将上列指标报告期实际值分别除以各指标的标准值，得到各指标的单项指数，然后用加权算术平均法计算综合指数。计算公式为：

$$工业经济效益综合指数=\frac{\sum\left(\frac{某项指标报告期数值}{该指标全国标准值}\times 该指标权数\right)}{总权数} \tag{10-53}$$

式中的标准值一般采用某一时期的平均数，或再根据实际情况加以适当的调整。

【例 10-12】 某地 2020 年工业经济效益综合指数的计算，如表 10-13 所示。

表 10-13　某地 2020 年工业经济效益综合指数的计算与变动分析表

指标	标准值	权数	本年		上年		增减
			指标值	$\frac{指标值}{标准值}\times 权数$	指标值	$\frac{指标值}{标准值}\times 权数$	
综合指数		100		98.07		98.63	-0.56
总资产贡献率	10.70	20	10.80	20.19	11.00	20.56	-0.37
资本保值增值率	120.00	16	126.94	16.93	121.23	16.16	0.77
资产负债率	60.00	12	65.16	13.03	65.19	13.04	0.01
流动资金周转率	1.52	15	1.52	15.00	1.57	15.49	-0.57
成本费用利润率	3.71	14	2.73	10.30	2.98	11.25	-0.95
全员劳动生产率	16 500.00	10	16 414.00	9.95	15 751.00	9.55	0.40
产品销售率	96.00	13	95.86	12.98	94.78	12.83	0.15

其中的资产负债率单项指数采用阈值法计算。根据当前情况，资产负债率过大或过小都属不正常，一般认为保持在 40%~60%为宜。故而将不允许值定为 100%，满意值定为 60%，权数为 12。表 10-13 中该指标的计算如下：

$$本年资产负债率=\frac{65.16-100}{60-100}\times 12=10.45(分)$$

$$上年资产负债率=\frac{65.19-100}{60-100}\times 12=10.44(分)$$

该项指标报告期比基期增加0.01分，说明该市资产负债情况略有恶化。由表10-13可见，该市工业经济效益综合指数报告期比基期下降0.56个百分点；从各单项指数的变动还可以进一步分析总指数下降的原因和改进的途径。

本章小结

1. 统计指数的概念

指数有广义和狭义两种。广义的指数是指一切说明现象在不同时间或不同空间对比形成的相对数。狭义的指数指那些不能直接相加的复杂社会经济现象总量综合变动程度的相对数。统计指数主要指这种狭义的指数。按指数所研究现象包括的范围，有个体指数和总指数；按指数反映的内容划分，有数量指标指数和质量指标指数；按指数对比基期划分，有环比指数和定基指数。

2. 综合指数

综合指数是总指数的基本形式。它是将不可同度量的诸经济变量通过度量因素而转换成可以相加的总量指标，然后对比所得到的相对数。综合指数可分为数量指标综合指数与质量指标综合指数两种。

计算数量指标综合指数时，一般以基期的质量指标为同度量因素，其公式为 $k_q=\dfrac{\sum p_0q_1}{\sum p_0q_0}$，计算质量指标综合指数时，一般以报告期的数量指标为同度量因素，其公式为$\overline{k_p}=\dfrac{\sum p_1q_1}{\sum p_0q_1}$。

3. 平均指数

平均指数是个体指数的加权平均数。加权算术平均指数是对个体指标的加权算术平均数，通常用于计算物量指标，也可用于计算价格指数。以 p_0q_0 为权数的个体数量指数的加权算术平均数等于数量综合指数。计算公式为：

$$\overline{k_q}=\frac{\sum k_qp_0q_0}{\sum p_0q_0}\qquad\left(k_q=\frac{q_1}{q_0}\right)$$

加权调和平均指数。是变量值倒数的算术平均数的倒数，是对个体指数的加权调和平均数。通常用于计算物价指数。以 p_1q_1 为权数，个体质量指数为倒数的加权调和平均数，等于质量综合指数。基本计算公式是：

$$\overline{k_p}=\frac{\sum p_1q_1}{\sum p_1q_1/k_P}\qquad\left(k_P=\frac{p_1}{p_0}\right)$$

4. 指数体系

由三个或三个以上有联系的指数所组成的数学关系式。它产生于指标之间的经济联系和数量关系。主要用于指数因素分析。

总量指标变动的因素分析：商品销售额=商品价格×销售量，其指数体系为：

$$\frac{\sum p_1q_1}{\sum p_0q_0}=\frac{\sum p_1q_1}{\sum p_0q_1}\times\frac{\sum p_0q_1}{\sum p_0q_0}$$

从绝对量上看，其数量关系为：

$$\sum p_1q_1-\sum p_0q_0=\left(\sum p_1q_1-\sum p_0q_1\right)+\left(\sum p_0q_1-\sum p_0q_0\right)$$

平均指标变动的因素分析：平均工资=工资水平×人数比重，其指数体系为：可变构成指数=固定构成指数×结构影响指数

$$\frac{\sum x_1 f_1}{\sum f_1} \div \frac{\sum x_0 f_0}{\sum f_0} = \left(\frac{\sum x_1 f_1}{\sum f_1} \div \frac{\sum x_0 f_1}{\sum f_1}\right) \times \left(\frac{\sum x_0 f_1}{\sum f_1} \div \frac{\sum x_0 f_0}{\sum f_0}\right)$$

从绝对量上看，其数量关系为：

$$\frac{\sum x_1 f_1}{\sum f_1} - \frac{\sum x_0 f_0}{\sum f_0} = \left(\frac{\sum x_1 f_1}{\sum f_1} - \frac{\sum x_0 f_1}{\sum f_1}\right) + \left(\frac{\sum x_0 f_1}{\sum f_1} - \frac{\sum x_0 f_0}{\sum f_0}\right)$$

本章知识结构图

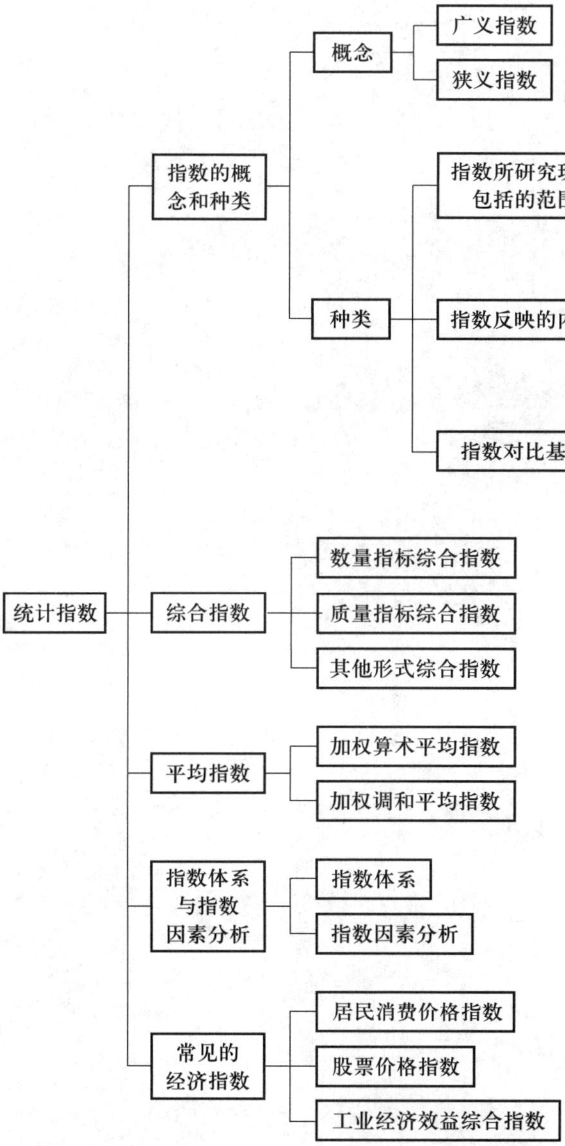

本章思考题

1. 什么是指数？统计指数编制方法有几种？
2. 什么是指数体系？指数体系的作用是什么？
3. 什么是同度量因素？同度量因素的固定时期如何确定？

测一测

第十一章　国民经济统计基础知识

知识目标

- 了解国民经济统计意义和国民经济基本分类
- 理解国民经济统计概念内涵、基本内容、各国民经济统计指标的关系
- 掌握国内生产总值核算方法以及国民总收入、贡献率等指标的计算方法

能力目标

- 具备综合运用国民经济统计分析方法的能力
- 具备利用国民经济统计分析方法恰当分析解决实际问题的能力

重点难点

- 国内生产总值核算的三种方法原理
- 国内生产总值核算应用分析

案例思考 11-1

《中华人民共和国 2021 年国民经济和社会发展统计公报》摘录

初步核算，我国 2021 年全年国内生产总值 1 143 670 亿元，比上年增长 8.1%，两年平均增长 5.1%。其中，第一产业增加值 83 086 亿元，比上年增长 7.1%；第二产业增加值 450 904 亿元，增长 8.2%；第三产业增加值 609 680 亿元，增长 8.2%。第一产业增加值占国内生产总值比重为 7.3%，第二产业增加值比重为 39.4%，第三产业增加值比重为 53.3%。全年最终消费支出拉动国内生产总值增长 5.3 个百分点，资本形成总额拉动国内生产总值增长 1.1 个百分点，货物和服务净出口拉动国内生产总值增长 1.7 个百分点。全年人均国内生产总值 80 976 元，比上年增长 8.0%。国民总收入 1 133 518 亿元，比上年增长 7.9%。全员劳动生产率为 146 380 元/人，比上年提高 8.7%。

结合案例资料思考：国民经济统计有哪些重要意义？国内生产总值如何核算？增加值与国内生产总值是何关系？根据国民总收入与国内生产总值的数量关系以及目前的产业结构，是否实现了扩大内需的目标？如何看我国在世界经济发展中所做的贡献？

第一节　国民经济统计的含义、意义和基本内容

一、国民经济统计的含义

国民经济统计是指有关收集、整理、分析国民经济现象的数量方面的统计工作过程。因其主体部分是国民经济核算，通常也称为国民经济核算（National Economic Accounting）。

国民经济的概念可以从两个相互联系的方面理解：从横向看，国民经济是由全社会从事不同性质活动的各部门、各单位组成的有机整体。从纵向看，上述各部门、各单位在社会再生产活动中处于生产、分配、流通、使用阶段，各阶段相互联系、相互依存、不断循环，形成国民经济的运行过程。因此，国民经济是由社会再生产各环节、各部门组成的总体系统。

二、国民经济统计的意义

一般来说，人们最熟悉的经济统计首先是对个人和家庭的统计，个人或家庭经济活动比较简单，通常不需要专门的核算，目的是掌握收入、支出、余额。其次是对企业统计的了解，目的是掌握企业生产、市场销售、价格、税收、工资、融资、资产负债等方面的情况。会计上有专门的报表反映企业的主要活动，如现金流量表、利润分配表、资产负债表等。最后是国民经济统计。国民经济相对于家庭、企业要复杂得多。它的经济活动主体多、环节多、内在联系多、影响因素多。国民经济统计的意义主要体现在以下几个方面。

（一）国民经济统计能全面系统反映国民经济运行状况

国民经济是一个非常复杂的运行系统，不同部门、不同环节之间存在着复杂的经济联系，准确地了解这个系统难度很大，需要借助一种行之有效的工具，国民经济核算就是这样一种工具。它通过一系列科学的核算原则和方法把描述国民经济各个方面的基本指标有机地组织起来，将国民经济运行过程清晰地展现出来。它既反映了国民经济运行的过程和全貌，又反映了国民经济的主要比例和平衡关系。

美国经济学家萨缪尔森指出："国内生产总值是20世纪最伟大的发明之一。与太空中的卫星能够描述整个大陆的天气情况非常相似，国内生产总值能够提供经济状况的完整图像，它能够帮助总统、国会和联邦储备委员会判断经济是在萎缩还是在膨胀，是需要刺激还是需要控制，是处于严重衰退还是处于通胀威胁之中。没有像国内生产总值这样的总量指标，政策制定者就会陷入杂乱无章的数字海洋而不知所措。国内生产总值和有关数据就像灯塔一样，帮助政策制定者引导经济向着主要的经济目标发展。"

（二）国民经济统计是制定和检验宏观经济政策的依据

国民经济核算科学系统地反映了国民经济主要指标之间的内在联系，提供了整个国民经济运行状况的全面详细的数据，它包括有关生产、收入分配、消费、投资、对外经济往来等方面的基础数据，它既是中长期规划、年度计划、产业政策、收入分配政策及财金等宏观经济决策的重要依据，也是检验过去的宏观经济政策科学性的手段。

（三）国民经济统计是企业微观决策的重要依据

在社会主义市场经济条件下，企业和居民住户进行生产、消费和投资决策时，也需要了解宏观经济状况，而国民经济核算的质量将直接对他们的预期产生明显的作用。

（四）国民经济统计对我国的经济和政治利益产生影响

国民经济核算影响国家的经济利益和政治利益。国民经济核算数据在一定程度上决定了一国承担的国际义务和享受的优惠待遇，决定了一国在国际社会所能发挥的作用。同时，如果国民经济核算数据不准确，存在虚报浮夸等不真实的因素，将影响国家的形象。

（五）国民经济统计是进行国际比较的有效工具

世界绝大多数国家都按照国际通用的标准进行国民经济核算，这样产生的经济总量和结构等方面的数据可广泛用于国际比较。

三、我国国民经济统计的基本内容

基于国民经济统计研究对象的复杂性，我国在核算框架、核算原则、核算内容等方面按照国际组织的统一规范，制定了一套反映国民经济发展的指标体系、分类标准、核算方法，形成了国民经济核算体系，构成了国民经济统计的主要内容。

（一）国内经济资源统计

国内经济资源统计包括劳动力资源统计、自然资源统计、资产负债核算等内容。

从统计方法方面看，国民经济资源统计是对国民经济存量的统计，是从时点角度对现存国民经济成果的统计，表明一定时期的国民经济发展的基础，国民经济的运行必须具备相应的资源，没有劳动力、自然资源和国民财富等资源和条件，就不会有社会物质生产和社会经济活动。

（二）国民经济总量统计

国民经济总量统计是对一定时期内国民经济运行总成果的统计核算，是对一国国民经济的基本规模和水平的核算。国内生产总值核算是其中的重要内容。

（三）国民经济过程统计

国民经济过程统计从数量方面反映国民经济运行的结果是如何产生的，财政政策、金融货币政策、价格问题等是如何影响国民经济运行结果的。

（四）国民经济动态统计

国民经济动态统计包括国民经济变化分析，如何对宏观经济的各种变化情况进行监控、预测和预警等内容。

（五）国民经济结构统计

国民经济结构统计侧重于产业结构、市场结构、经济结构和地区结构方面的数量分析，特别是产业结构的数量分析，可借助于国民经济核算中的投入产出核算进行分析。

（六）国际经济关系统计

在现代社会中，一国经济不可避免地要和国外经济发生多种联系，因而可以通过国民经济核算中国际收支方面的核算，从宏观角度分析国际贸易的条件、效益及其经济发展的关系，阐述国际投资和外债及汇率统计的有关指标，进行国力比较等。

（七）国民经济核算体系

国民经济核算体系是从综合平衡角度对国民经济统计系统化处理而形成的，是国际组织为统一规范国民经济核算而制定的一套核算制度，主要由“基本核算表”和“国民经济账户”两大部分组成。基本核算表所包含的五大核算内容是国民经济统计的基本部分，分别是国内生产总值核算、投入产出核算、资金流量核算、国际收支核算和资产负债核算。

第二节　国民经济统计的基本分类

国民经济分类是统计分组法在国民经济统计中运用的结果。现代国民经济统计的对象是一个多分支、多层次的庞大复杂系统，要想分析其数量多少、数量关系、数量界限、数量规律，重要的是对国民经济进行科学的分类，通过分类，使其系统化、条理化。在此基础上，才能分析国民经济各部门、各环节、各要素、各方面的相互关联和比例关系，说明国民经济的内在结构是否合理，国民经济运行是否正常。因此，国民经济分类是国民经济统计的重要基础性工作。

国民经济的分类不是绝对的和一成不变的，它是相对的、与时俱进的。它可以根据分析对象和研究的目的，从不同角度对国民经济进行分类，形成比较完整的国民经济分类体系，当然，每一种分类都是国民经济结构某一个侧面的统计描述，不能要求某种分类无所不包地再现国民经济的完整结构。同时，国民经济结构本身也会随着社会经济的不断进步发生变化，因此，国民经济分类体系也要适时地反映这种变化。

一、产业分类

这是国际上比较通用的分类方法。三次产业分类是英国经济学家阿·费舍尔（A. Fisher）于20世纪30年代提出的。根据社会生产活动历史发展的顺序对产业结构的划分，产品直接取自自然界的部门称为第一产业，对初级产品进行再加工的部门称为第二产业，为生产和消费提供各种服务的部门称为第三产业，就是除了第一产业和第二产业以外的其他行业。

值得注意的是，各国的分类标准不完全相同，在使用国外三次产业资料时，要注意其差异。我国现行统计制度（GB/T 4754—2017）对三次产业的划分如下：

第一产业，即农业（农、林、牧、渔业）。

第二产业，即工业（采掘业，制造业，电力、燃气及水的生产和供应业）和建筑业。

第三产业是指除第一、二产业以外的其他行业。

为使第三产业与原服务业保持范围一致，在中国国家统计局颁布的《三次产业划分规定（2012）》中，将原属第一产业的农、林、牧、渔服务业，原属第二产业的开采辅助活动（采矿业）以及金属制品、机械和设备修理业（制造业）剥离出来，划归第三产业。

由于第三产业包括的行业多范围广，根据我国实际情况，第三产业可分为四个层次：

第一层次：流通部门，包括交通运输业、邮电通讯业、商业饮食业、物资供销和仓储业。

第二层次：为生产和生活服务的部门，包括金融业、保险业、地质普查业、房地产管理业、公用事业、居民服务业、旅游业、信息咨询服务业和各类技术服务业。

第三层次：为提高科学文化水平和居民素质服务的部门，包括教育、文化、广播、电视、科学研究、卫生、体育和社会福利事业。

第四层次：为社会公共需要服务的部门，包括国家机关、政党机关、社会团体、警察、军队等公共管理和社会组织以及国际组织。

二、国民经济行业分类

行业分类是国民经济的基本分类，是构成三次产业划分和其他一些国民经济分类的基础。在世界各国，国民经济行业分类往往以“国家标准”的形式公布实施。随着国民经济的不断发展，一些新的行业出现，旧的行业消亡，我国国民经济行业分类也做过多次修订。现行的行业分类标准将国民经济分为20个门类，各门类下又进一步划分96个大类。各门类的划分如表11-1所示。

表11-1　国民经济行业分类（GB/T 4754—2017）

产业分类	门类代码及名称	
	代码	名称
第一产业	A	农、林、牧、渔业
第二产业	B	采矿业
	C	制造业
	D	电力、热力、燃气及水的生产和供应业
	E	建筑业
第三产业	F	批发和零售业
	G	交通运输、仓储和邮政业
	H	住宿和餐饮业
	I	信息传输、软件和信息技术服务业
	J	金融业
	K	房地产业
	L	租赁和商务服务业
	M	科学研究和技术服务业
	N	水利、环境和公共设施管理业
	O	居民服务、修理和其他服务业
	P	教育
	Q	卫生和社会工作
	R	文化、体育和娱乐业
	S	公共管理、社会保障和社会组织
	T	国际组织

三、机构部门分类

机构部门分类是从分析资金流量和存量的角度对国民经济进行分类，其分类对象是机构单位。

机构单位是指拥有资产、承担负债、独立从事经济活动并能与其他单位进行交易的经济实体。

我国现行的国民经济核算体系中，将常住机构单位分为五个部分。

（一）非金融企业部门

非金融企业部门指由从事各种非金融生产经营活动的独立核算企业组成的部门，包括各种经济类型的工商企业、建筑企业、运输企业及各种服务业。其特点是营利性。

（二）金融机构部门

金融机构部门主要指从事金融中介活动的部门，包括从事银行、保险、证券、信托投资、租赁公司等业务活动的各类金融机构。

（三）政府部门

政府部门主要指从事国家管理活动的政党机关、中央和地方政府机关、国家机构，人民政协和民主党派，以及由国家财政差额预算拨款的非营利事业单位及群众团体（医院、学校），基层群众自治组织等。

（四）住户部门

住户部门指从事各种生产经营活动的个体经营者及以消费者身份出现的城乡居民。住户部门包括共享同样生活设施、共同支配部分或全部收入和财富、共同消费某类货物和服务的常住居民户。

（五）为住户服务的非营利机构部门

非营利机构部门也具有货物和服务生产者的一般特征，但他们通常并不以向拥有或控制它们的单位提供某种收入或利润为目的。在 *SNA*1993 和 *SNA*2008 中，那些主要由政府提供资金并加以控制的非营利机构部门被划归政府部门，只有那些不由政府提供主要资金或实施控制的非市场非营利机构才属于为住户服务的非营利机构部门（这在 *SNA*1968 中则被称作“为住户服务的私人非营利机构”）。

思考与探究 11-1：高校属于哪类机构部门?

四、大中小微型企业的分类

我国现行统计制度大中小微型企业的划分如表 11-2 所示。

表 11-2 大中小微型企业划分标准

行业名称	划分依据	大型企业	中型企业	小型企业	微型企业
工业	从业人员（人）	1 000 及以上	300～1 000 以下	20～300 以下	20 以下
	营业收入（万元）	40 000 及以上	2 000～40 000 以下	300～2 000 以下	300 以下

续表

行业名称	划分依据	大型企业	中型企业	小型企业	微型企业
建筑业	营业收入（万元）	80 000 及以上	6 000~80 000 以下	300~6 000 以下	300 以下
	资产总额（万元）	80 000 及以上	5 000~80 000 以下	300~5 000 以下	300 以下
批发业	从业人员（人）	200 及以上	20~200 以下	5~20 以下	5 以下
	营业收入（万元）	40 000 及以上	5 000~40 000 以下	1 000~5 000 以下	1 000 以下
零售业	从业人员（人）	300 及以上	50~300 以下	10~50 以下	10 以下
	营业收入（万元）	20 000 及以上	500~20 000 以下	100~500 以下	100 以下
交通运输业	从业人员（人）	1 000 及以上	300~1 000 以下	20~300 以下	20 以下
	营业收入（万元）	30 000 及以上	3 000~30 000 以下	200~3 000 以下	200 以下
邮政业	从业人员（人）	1 000 及以上	300~1 000 以下	20~300 以下	20 以下
	营业收入（万元）	30 000 及以上	2 000~30 000 以下	100~2 000 以下	100 以下
住宿业	从业人员（人）	300 及以上	100~300 以下	10~100 以下	10 以下
	营业收入（万元）	10 000 及以上	2 000~10 000 以下	100~2 000 以下	100 以下
餐饮业	从业人员（人）	300 及以上	100~300 以下	10~100 以下	10 以下
	营业收入（万元）	10 000 及以上	2 000~10 000 以下	100~2 000 以下	100 以下

表 11-2 中的“工业企业”包括采矿业，制造业，电力、燃气及水的生产和供应业三个行业的企业。工业企业的销售额以现行统计制度中的年产品销售收入代替；建筑业企业的销售额以现行统计制度中的年工程结算收入代替；批发和零售业的销售额以现行报表制度中的年销售额代替；交通运输和邮政业、住宿和餐饮业企业的销售额以现行统计制度中的年营业收入代替；资产总额以现行统计制度中的资产合计代替。

第三节　国民经济统计的主要指标

一、国内生产总值

（一）国内生产总值的概念

国内生产总值（Gross Domestic Product，GDP）指一个国家（或地区）所有常住单位在一定时期内生产活动的最终成果。

常住单位是指在一国经济领土范围内拥有一定的活动场所，从事一定规模的经济活动，并持续经营一年以上的单位。

国内生产总值有三种表现形态，即价值形态、收入形态和产品形态。从价值形态看，它是所有常住单位在一定时期内生产的全部货物和服务价值超过同期中间投入的全部非固定资产货物和服务价值的差额，即所有常住单位的增加值之和；从收入形态看，它是所有常住单位在一定时期内创造并分配给常住单位和非常住单位的初次收入分配之和；从产品形态看，它是所有常住单位在一定时期内最终使用的货物和服务价值与货物和服务净出口价值之和。

（二）国内生产总值的计算方法

在实际核算中，国内生产总值有三种计算方法，即生产法、收入法和支出法，分别从不同的方面反映国内生产总值及其构成。

1. 生产法

生产法是从生产的角度衡量所有常住单位在核算期内新创造的价值，是国民经济各行业在核算期内新创造的价值和固定资产的转移价值的总和，也即国民经济各行业增加值的总和。用公式表示如下：

$$\text{增加值}=\text{总产出}-\text{中间消耗} \tag{11-1}$$

$$\begin{aligned}\text{国内生产总值}&=\sum\text{各部门增加值}\\&=\sum(\text{各部门总产出}-\text{各部门中间消耗})\end{aligned} \tag{11-2}$$

总产出是指一定时期内用货币计量的各单位、各部门生产的社会总产品总量，包括货物和服务两大类，表明全社会生产活动的总规模。

不同行业计算总产出的方法不同。如农业按产品法计算，工业按工厂法计算，建筑业按工程结算价款计算，商业按购销差价计算，营利性企业按营业收入计算，非营利服务业按经常费用支出计算。中间消耗是部门在生产过程中消耗的产品价值，是上一个生产环节的活动成果。

2. 收入法

收入法也称分配法，是根据生产要素在生产过程中应得的收入份额来反映最终成果的一种计算方法。计算公式为：

$$\text{国内生产总值}=\text{劳动者报酬}+\text{生产税净额}+\text{固定资产折旧}+\text{营业盈余} \tag{11-3}$$

劳动者报酬指劳动者因从事生产活动所获得的全部报酬。它包括各种形式的工资、奖金和津贴，包括货币形式的，实物形式的，劳动者所享受的公费医疗和医药卫生费、上下班交通补贴和单位支付的社会保险费等。对个体经济者，劳动报酬和经营利润不易区分，合并作为劳动者报酬处理。

生产税净额指生产税减去生产补贴后的余额。生产税指政府对生产单位生产、销售和从事经营活动以及因从事生产活动使用生产要素（如固定资产、土地、劳动力）所征收的各种税、附加费和规费。生产补贴指政府对生产单位的政策亏损补贴、粮食系统价格补贴、外贸企业出口退税收入等，也视为负生产税。

固定资产折旧指一定时期内为弥补固定资产损耗，按照核定的固定资产折旧率提取的固定资产折旧，或按国民经济核算统一规定的折旧率虚拟计算的固定资产折旧，反映固定资产在当期生产中的转移价值。

营业盈余指常住单位创造的增加值扣除劳动者报酬、生产税净额和固定资产折旧后的余额。它相当于企业的营业利润加上生产补贴，但要扣除从利润中开支的工资和福利等。

3. 支出法（使用法）

这是指一个国家（或地区）所有常住单位在一定时期内用于最终消费、资本形成总额，以及货物和服务的净出口总额，它是从最终使用的角度核算期内生产的所有货物和服务的去向。计算公式为：

$$\begin{aligned}国内生产总值&=最终消费+资本形成总额+货物和服务净出口\\&=(居民消费+政府消费)+(固定资产形成总额+存货增加)+\\&\quad(出口-进口)\end{aligned}\tag{11-4}$$

最终消费指常住单位在一定时期内对于货物和服务的全部最终消费支出，是常住单位从本国经济领土和国外购买的货物和服务的支出，包括居民消费和政府消费。居民消费指常住住户对货物和服务的全部最终消费支出。政府消费指政府部门为全社会提供公共服务的消费支出和免费或以较低价格向住户提供的货物和服务的净支出。

资本形成总额指常住单位在一定时期内获得的减去处置的固定资产加存货的变动，包括固定资本形成总额和存货增加。固定资本形成总额指常住单位购置、转入和自产自用的固定资产，扣除固定资产的销售和转出后的价值。存货增加指常住单位存货实物量变动的市场价值，即期末价值减期初价值的差额。

货物和服务净出口指货物和服务出口减货物和服务进口的差额。出口包括常住单位向非常住单位出售或无偿转让的各种货物和服务的价值；进口包括常住单位从非常住单位购买或无偿得到的各种货物和服务的价值。由于服务活动的提供与使用同时发生，因此服务的进出口业务并不发生出入境现象，一般把常住单位从国外得到的服务作为进口，非常住单位从本国得到的服务作为出口。货物的出口和进口都按离岸价格计算。

思考与探究 11-2：GDP 三种计算方法的联系与区别是什么？

【例 11-1】　根据表 11-3、表 11-4、表 11-5 中的数据计算 GDP。

表 11-3　总产出与中间消耗　　单位：亿元

部门	总产出	中间消耗	部门	总产出	中间消耗
农业	9 085	3 343.28	商业	2 690	1 277.75
工业	37 066	26 935.86	服务业	2 678	733.77
建筑业	5 196	3 751.51	其他	2 680	734.32
运输业	1 805	402.52			

$$\begin{aligned}GDP&=总产出-中间消耗\\&=9\ 085-3\ 343.28+37\ 066-26\ 935.86+5\ 196-3\ 751.51+1\ 805-402.52+\\&\quad 2\ 690-1\ 277.75+2\ 678-733.77+2\ 680-734.32\\&=24\ 020.99\ (亿元)\end{aligned}$$

表 11-4　分配与再分配情况　　单位：亿元

劳动者报酬	11 700	营业盈余	6 750
生产税净额	3 950	折旧	1 620

$$
\begin{aligned}
\text{GDP} &= \text{劳动者报酬}+\text{生产税净额}+\text{营业盈余}+\text{折旧}\\
&=11\ 700+3\ 950+6\ 750+1\ 620\\
&=24\ 020(\text{亿元})
\end{aligned}
$$

表 11-5 使用情况

单位：亿元

居民消费	12 300	库存增加	1 150
政府消费	2 870	出口额	4 700
固定资产形成	7 400	进口额	4 400

$$
\begin{aligned}
\text{GDP} &= \text{总消费}+\text{总投资}+\text{净出口}\\
&=12\ 300+2\ 870+7\ 400+1\ 150+4\ 700-4\ 400\\
&=24\ 020(\text{亿元})
\end{aligned}
$$

从理论上讲，上述三种方法计算得到的 GDP 应该是一致的，因为它们是使用不同的方法对同一事物进行核算。但在实际操作中并不如此，因为资料来源的不同以及基础数据质量上的差异，三种方法计算的 GDP 之间存在着一定的计算误差。

我国 GDP 实行分级核算，国家和地区各自核算本辖区范围内的数据，即全国的 GDP 由国家统计局负责核算，地区则由各省、市统计局负责核算，称为地区生产总值。

（三）国内生产总值指标的重要性

GDP 涵盖了国民经济活动的各个部门，扣除了中间消耗的重复计算，核算资料建立在专业统计及部门统计与会计核算的基础上，反映一个国家的所有常住单位创造的增加值，能够进行国际比较，为世界各国广泛采用。

GDP 的作用根据用户需要大致分为三大类：政府用户、专家用户和其他一般公众用户。对于政府用户，GDP 核算的作用主要是了解宏观经济运行的总体规模和健康性，为政府宏观决策提供依据。如根据 GDP 运行的态势、轨迹来预计经济增长率、通货膨胀率和失业率，制定相应的控制目标，采取必要的货币政策和财政政策干预宏观经济的运行情况。

对于专家用户，GDP 将为他们提供实证分析和模型预测的基础数据，根据理论对经济运转的合理性作出逻辑上的判断，对未来的经济活动进行预见或对现存的经济理论进行修正，从而向决策者提出合理化建议，帮助决策者共同实现宏观经济的健康运行与合理增长。诸如贫困问题，收入分配问题，经济增长问题，生产率问题等。

对于一般公众用户，了解 GDP 以及政府是如何使用 GDP 的相关知识后，他就能根据 GDP 的走向判断物价变动趋势、工资增长可能性的大小等。

GDP 作为一个国家和地区经济活动总量的测度指标具有不可替代的作用，已被广泛地应用于政治、经济、外交、研究等各个领域，深刻地影响着每个人的生活。

值得注意的是，GDP 虽然是衡量国民经济发展情况的一个最重要的指标，是最受关注的宏观经济数字之一，但它不是万能的，它只是衡量生产的尺度，而无法全面反映效益、福利等其他与发展相关的指标。如不能反映人们闲暇时间的增加或减少；无法反映经济活动对环境的破坏，没有衡量全部经济活动的成果（如家务劳动等非市场活动）。

另外，分析一个国家或地区的综合实力不能单纯看 GDP 总量，还要分析与 GDP 总量有关的 GDP 结构，包括 GDP 的生产结构、支出结构和使用结构等多个方面。只有结构合理才能保证国民经济的健康和可持续发展。

二、国民总收入

（一）国民总收入的概念

国民总收入（Gross National Income，GNI）是核算期内所有常住单位取得的初次分配收入的总和。该指标过去一直被称为国民生产总值（Gross National Product，GNP），为了强调这个指标收入的特性，1993 年以后联合国统计委员会通过修订的国民经济核算体系，将这个指标正式改为国民总收入（GNI）。应当说这个称谓更科学，国民生产总值名称从此不再使用。

从全国而言，收入主要来自生产部门和各行各业的创造，少量来自国外的净要素收入。当前经济全球化的趋势明显，国际的经济联系日益增多，技术、资本、劳动力在国际流动是正常现象。一般来说，发达国家的资本、技术输出多一些，国外净要素收入一般为正值，国民总收入要大于国内生产总值。而发展中国家资本不足，技术落后，国外净要素收入一般为负值，国民总收入要小于国内生产总值。

（二）国民总收入的计算方法

国民总收入=国内生产总值+来自国外的净要素收入

=国内生产总值+来自国外的要素收入-付给国外的要素收入　（11-5）

（三）国民总收入的重要性

国民总收入主要用来反映一个国家的收入状况和水平，反映一个国家国民的富裕程度，它与国内生产总值关系密切，但性质不同，一个是收入指标，一个是生产指标。要比较各个国家的收入水平、生活水平，一般都用人均 GNI；要反映不同国家的生产水平，就用人均 GDP。但是如果国民总收入主要来自国内生产，国外净要素收入所占比率很小，所以人均 GNI 和人均 GDP 在数量上非常接近，在实践中有时也被相互代替使用。

三、国民可支配总收入

（一）国民可支配总收入的概念

国民可支配总收入是指各机构部门在初次分配总收入基础上通过经常转移（再分配）后所获得的收入。

国民总收入是国民经济初次分配的结果。初次分配是在生产领域中根据各要素在生产过程中对 GDP 的贡献进行的分配，它对要素价格的形成及资源的合理配置具有重要作用。

国民收入再分配主要是指通过国家预算、银行信贷、税收、价格变动等途径进行的各类经常转移收支。转移是指一个机构单位单方向另一个机构单位提供货物、服务、资产的活动，如所得税、财产税、社会保险、援助、捐赠、会费缴纳等。

（二）国民可支配总收入的计算方法

国民可支配总收入=国民经济各部门可支配总收入之和

=国民总收入+来自国外的经常转移收入净额

=国内生产总值+来自国外的经常要素收入与经常转移收入净额　（11-6）

以国民总收入作为前提条件和出发点，还要在全社会范围内进行再分配。国民收入再分配对于建立社会保障基金，体现社会公平，促进国民经济按比例协调发展，构建和谐社会具有重要意义。

国民可支配总收入将用于最终消费和储蓄。

四、经济增长率

（一）经济增长率的概念

经济增长是指一国或地区国民经济生产成果的增加。经济增长率是一国或地区报告期国民经济成果相对于上一时期的国民经济生产成果所增加的百分比，也称经济增长速度。它以GDP总量指标为计算依据，是国民经济分析中的重要指标。

（二）经济增长率的计算方法

GDP总量指标在计算当中可采用两种价格计算，一是现行价格，一是固定价格（不变价格）。

按现行价格计算的GDP称为名义GDP。名义GDP反映一个国家在报告期生产活动的最终成果价值总量，这是一个价值量指标，含有价格变动的因素，所以不能准确反映实际生产成果数量的变化。

按固定价格计算的GDP称为实际GDP。实际GDP能够消除价格变化的因素，所以经济增长率应当以实际GDP为依据进行计算。

计算公式为：

$$\text{经济增长率}=\frac{\text{报告期实际 GDP}}{\text{基期实际 GDP}}-100\% \qquad (11-7)$$

统计实践中现价GDP（分子）比较容易取得，而不变价GDP（分母）难以直接计算。目前国际通用的变通方法就是价格指数缩减法，即利用指数体系的数量关系，用价格指数来缩减报告期国内生产总值中的价格变动影响，以此求得报告期不变价国内生产总值。

$$\text{实际 GDP}=\frac{\text{名义 GDP}}{\text{GDP 紧缩价格指数}} \qquad (11-8)$$

$$\text{GDP 紧缩价格指数}=\frac{\text{名义 GDP}}{\text{实际 GDP}} \qquad (11-9)$$

结合国内生产总值的不同计算方法，可以从不同角度应用价格缩减法。

从生产法来看，组成国内生产总值的各部门增加值，是各部门总产出与中间投入相减的余值，从而价格对增加值的影响是双重的，既有产出价格变化的影响，又有中间投入价格变化的影响。因此，必须针对总产出和中间投入分别做两次价格缩减。即：

$$\begin{aligned}\text{不变价 GDP} &= \text{不变价总产出}-\text{不变价中间投入}\\ &=\frac{\text{现价总产出}}{\text{产出价格指数}}-\frac{\text{现价中间投入}}{\text{中间投入价格指数}}\end{aligned} \qquad (11-10)$$

从支出法来看，GDP是最终消费支出、资本形成总额和净出口的总和。这时，计算不变价GDP是按照支出的不同构成部分，选取相应的价格指数予以分别缩减而后加总。即

$$\begin{aligned}\text{实际 GDP} &= \text{不变价最终消费支出}+\text{不变价资本形成总额}\\ &=\frac{\text{现价最终消费}}{\text{消费价格指数}}+\frac{\text{现价资本形成总额}}{\text{投资价格指数}}+\frac{\text{现价出口}}{\text{出口价格指数}}-\frac{\text{现价出口}}{\text{进口价格指数}}\end{aligned} \qquad (11-11)$$

经济增长率是反映一定时期经济发展水平变化程度的动态指标，也是反映一个国家经济是否具有活力的分析指标。

五、产业贡献率及对经济增长的拉动

（一）产业贡献率的概念

产业贡献率是指第一、二、三产业增量与国内生产总值增量之比，即为各产业的贡献率。产业对国内生产总值增长的拉动是指 GDP 增长速度与各产业贡献率的乘积。

（二）产业贡献率的计算

$$第三产业贡献率=\frac{第三产业当年增量}{国内生产总值当年增量}\times 100\% \qquad (11-12)$$

$$第三产业对国内生产总值增长的拉动=GDP\ 增长速度\times 第三产业贡献率 \qquad (11-13)$$

中国 2015—2019 年三次产业贡献率及对 GDP 增长的拉动如表 11-6 所示。

表 11-6　中国三次产业贡献率及对 GDP 增长的拉动按不变价计算

年度	第一产业		第二产业		第三产业	
	贡献率（%）	对 GDP 增长拉动（百分点）	贡献率（%）	对 GDP 增长拉动（百分点）	贡献率（%）	对 GDP 增长拉动（百分点）
2015	4.4	0.3	39.7	2.8	55.9	3.9
2016	4.0	0.3	36.0	2.5	60.0	4.1
2017	4.6	0.3	34.3	2.4	61.1	4.2
2018	4.1	0.3	34.4	2.3	61.5	4.2
2019	3.8	0.2	36.8	2.2	59.4	3.6

上述指标用于分析经济增长中各产业作用大小的程度。

应该注意的是，贡献率指标比较抽象，在使用时应说明具体含义，要做到标准化、规范化。

如：

$$消费贡献率=\frac{消费增量}{GDP\ 增量}$$

$$消费对经济的拉动=GDP\ 增长率\times 消费贡献率$$

另外，在计算各产业贡献率时应剔除价格变动因素，分子、分母均用可比价格的增量计算。

本章小结

1. 国民经济

它是由社会再生产各环节、各部门组成的总体系统。从横向看，国民经济是由全社会从事不同性质活动的各部门、各单位组成的有机整体。从纵向看，上述各部门、各单位在社会再生产活动中处于生产、分配、流通、使用阶段，各阶段相互联系、相互依存、不断循环，形成国民经济的运行过程。

2. 国民经济统计及基本内容

国民经济统计是搜集、整理、分析国民经济现象的数量方面的统计工作过程。主体部分是国民经济核算，通常也称为国民经济核算。国民经济核算体系是国际组织为统一规范国民经济核算而制定的一套核算制度，主要由“基本核算表”和“国民经济账户”两大部分组成。基本核算表所包含的五大核算是国民经济统计的基本部分，即国内生产总值核算、投入产出核算、资金流量核算、国际收支核算和资产负债核算。国民经济统计主要从国内经济资源、国民经济总量、国民经济过程、国民经济动态、国民经济结构、国际经济关系方面进行统计。

3. 国民经济统计的基本分类

国民经济可以根据研究目的，从不同角度分类。主要有：产业分类、行业分类、机构部门分类、大中小微型企业分类、经济类型分类等。

4. 国内生产总值（GDP）

国内生产总值指一个国家（或地区）所有常住单位在一定时期内生产活动的最终成果。国内生产总值有三种计算方法，即生产法、收入法和支出法。

生产法是国民经济各行业在核算期内新创造的价值和固定资产的转移价值的总和，即国民经济各行业增加值的总和。计算公式为：

增加值=总产出-中间消耗

$$\text{GDP}=\sum \text{各部门增加值}=\sum(\text{各部门总产出}-\text{各部门中间消耗})$$

收入法也称分配法，是根据生产要素在生产过程中应得的收入份额来反映最终成果的一种计算方法。计算公式为：

$$\text{GDP}=\text{劳动者报酬}+\text{生产税净额}+\text{固定资产折旧}+\text{营业盈余}$$

支出法（使用法）。指一个国家（或地区）所有常住单位在一定时期内用于最终消费、资本形成总额，以及货物和服务的净出口总额，它从最终使用的角度核算期内生产的所有货物和服务的去向。计算公式为：

$$\begin{aligned}\text{GDP}&=\text{最终消费}+\text{资本形成总额}+\text{货物和服务净出口}\\&=(\text{居民消费}+\text{政府消费})+(\text{固定资产形成总额}+\text{存货增加})+(\text{出口}-\text{进口})\end{aligned}$$

5. 国民总收入（GNI）

国民总收入是核算期内所有常住单位取得的初次分配收入的总和。发达国家国外净要素收入一般为正值，国民总收入大于 GDP。发展中国家国外净要素收入一般为负值，国民总收入小于 GDP。计算公式为：

$$\text{国民总收入}=\text{GDP}+\text{来自国外的要素收入}-\text{付给国外的要素收入}$$

6. 国民可支配总收入

国民可支配总收入是指各机构部门在初次分配总收入基础上通过经常转移（再分配）后所获得的收入。计算公式为：

$$\begin{aligned}\text{国民可支配总收入}&=\text{国民经济各部门可支配总收入之和}\\&=\text{国民总收入}+\text{来自国外的经常转移收入净额}\\&=\text{GDP}+\text{来自国外的经常要素收入与经常转移收入净额}\end{aligned}$$

7. 经济增长率

经济增长率是一国或地区报告期国民经济成果相对于上一时期的国民经济生产成果所增加

的百分比，是反映一个国家经济是否具有活力的分析指标。计算公式为：

$$\text{经济增长率}=\frac{\text{报告期实际 GDP}}{\text{基期实际 GDP}}-1$$

现价 GDP（分子）比较容易取得，而不变价 GDP（分母）国际通用的方法是价格指数缩减法。

8. 产业贡献率

产业贡献率指第一、二、三产业增量与国内生产总值增量之比，即为各产业的贡献率。产业对国内生产总值增长的拉动是指 GDP 增长速度与各产业贡献率的乘积。计算各产业贡献率时应剔除价格变动因素，分子、分母均用可比价格的增量计算。

如：
$$\text{第一产业贡献率}=\frac{\text{第一产业增量}}{\text{GDP 增量}}$$

$$\text{第一产业对经济的拉动}=\text{GDP 增长率}\times\text{第一产业贡献率}$$

本章知识结构图

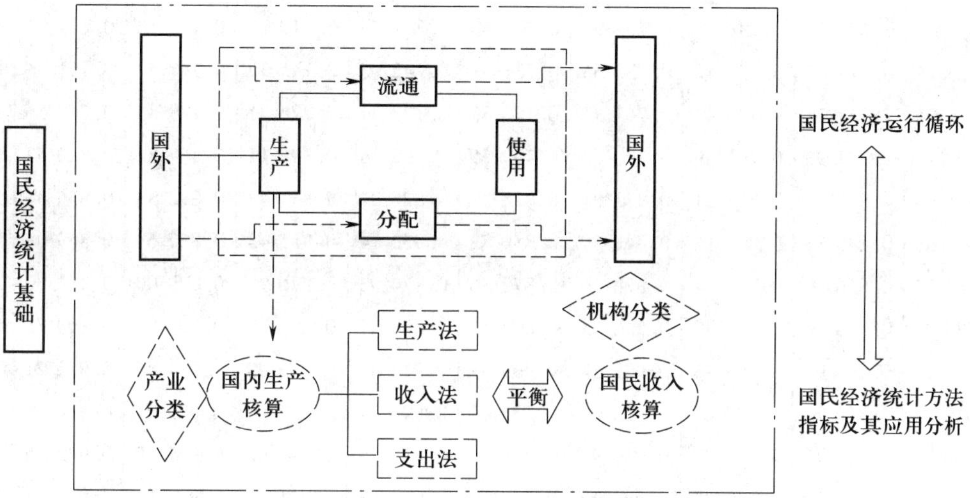

本章思考题

1. 简述 GDP 的含义及算法。
2. 计算 GDP 增长速度应当注意哪些问题？
3. GDP 指标有什么作用？

测一测

附表

表 1　标准正态分布表　$\Phi(x)=\int_{-\infty}^{x}\frac{1}{\sqrt{2\pi}}e^{-\frac{x^2}{2}}dx$

x	0.00	0.01	0.02	0.03	0.04	0.05	0.06	0.07	0.08	0.09
0.0	0.500 00	0.503 99	0.507 98	0.511 97	0.515 95	0.519 94	0.523 92	0.527 90	0.531 88	0.535 86
0.1	0.539 83	0.543 80	0.547 76	0.551 72	0.555 67	0.559 62	0.563 56	0.567 50	0.571 42	0.575 35
0.2	0.579 26	0.583 17	0.587 06	0.590 95	0.594 84	0.598 71	0.602 57	0.606 42	0.610 26	0.614 09
0.3	0.617 91	0.621 72	0.625 52	0.629 30	0.633 07	0.636 83	0.640 58	0.644 31	0.648 03	0.651 73
0.4	0.655 42	0.659 10	0.662 76	0.666 40	0.670 03	0.673 65	0.677 24	0.680 82	0.684 39	0.687 93
0.5	0.691 46	0.694 97	0.698 47	0.701 94	0.705 40	0.708 84	0.712 26	0.715 66	0.719 04	0.722 41
0.6	0.725 75	0.729 07	0.732 37	0.735 65	0.738 91	0.742 15	0.745 37	0.748 57	0.751 75	0.754 90
0.7	0.758 04	0.761 15	0.764 24	0.767 31	0.770 35	0.773 37	0.776 37	0.779 35	0.782 31	0.785 23
0.8	0.788 15	0.791 03	0.793 89	0.796 73	0.799 55	0.802 34	0.805 11	0.807 85	0.810 57	0.813 27
0.9	0.815 94	0.818 59	0.821 21	0.823 81	0.826 39	0.828 94	0.831 47	0.833 98	0.836 46	0.838 91
1.0	0.841 35	0.843 75	0.846 14	0.848 50	0.850 83	0.853 14	0.855 43	0.857 69	0.859 93	0.862 14
1.1	0.864 33	0.866 50	0.868 64	0.870 76	0.872 86	0.874 93	0.876 98	0.879 00	0.881 00	0.883 00
1.2	0.884 93	0.886 86	0.888 77	0.890 65	0.892 51	0.894 35	0.896 17	0.897 96	0.899 73	0.901 48
1.3	0.903 20	0.904 90	0.906 58	0.908 24	0.909 88	0.911 49	0.913 09	0.914 66	0.916 21	0.917 74
1.4	0.919 24	0.920 73	0.922 20	0.923 64	0.925 07	0.926 47	0.927 86	0.929 22	0.930 56	0.931 89
1.5	0.933 19	0.934 48	0.935 75	0.936 99	0.938 22	0.939 43	0.940 62	0.941 79	0.942 95	0.944 08
1.6	0.945 20	0.946 30	0.947 38	0.948 45	0.949 50	0.950 53	0.951 54	0.952 54	0.953 52	0.954 49
1.7	0.955 44	0.956 37	0.957 28	0.958 19	0.959 07	0.959 94	0.960 80	0.961 64	0.962 46	0.963 27
1.8	0.964 07	0.964 85	0.965 62	0.966 38	0.967 12	0.967 84	0.968 56	0.969 26	0.969 95	0.970 62
1.9	0.971 28	0.971 93	0.972 57	0.973 20	0.973 81	0.974 41	0.975 00	0.975 58	0.976 15	0.976 71
2.0	0.977 25	0.977 78	0.978 31	0.978 82	0.979 33	0.979 82	0.980 30	0.980 77	0.981 24	0.981 69
2.1	0.982 14	0.982 57	0.983 00	0.983 41	0.983 82	0.984 22	0.984 61	0.985 00	0.985 37	0.985 74
2.2	0.986 10	0.986 45	0.986 79	0.987 13	0.987 46	0.987 78	0.988 09	0.988 40	0.988 70	0.988 99
2.3	0.989 28	0.989 56	0.989 83	0.990 10	0.990 36	0.990 61	0.990 86	0.991 11	0.991 34	0.991 58
2.4	0.991 80	0.992 02	0.992 24	0.992 45	0.992 66	0.992 86	0.993 05	0.993 24	0.993 43	0.993 61
2.5	0.993 79	0.993 96	0.994 13	0.994 30	0.994 46	0.994 61	0.994 77	0.994 92	0.995 06	0.995 20
2.6	0.995 34	0.995 47	0.995 60	0.995 73	0.995 86	0.995 98	0.996 09	0.996 21	0.996 32	0.996 43
2.7	0.996 53	0.996 64	0.996 74	0.996 83	0.996 93	0.997 02	0.997 11	0.997 20	0.997 28	0.997 37

续表

x	0.00	0.01	0.02	0.03	0.04	0.05	0.06	0.07	0.08	0.09
2.8	0.997 45	0.997 52	0.997 60	0.997 67	0.997 74	0.997 81	0.997 88	0.997 95	0.998 01	0.998 07
2.9	0.998 13	0.998 19	0.998 25	0.998 31	0.998 36	0.998 41	0.998 46	0.998 51	0.998 56	0.998 61
3.0	0.998 65	0.998 69	0.998 74	0.998 78	0.998 82	0.998 86	0.998 89	0.998 93	0.998 97	0.999 00
3.1	0.999 03	0.999 07	0.999 10	0.999 13	0.999 16	0.999 18	0.999 21	0.999 24	0.999 26	0.999 29
3.2	0.999 31	0.999 34	0.999 36	0.999 38	0.999 40	0.999 42	0.999 44	0.999 46	0.999 48	0.999 50
3.3	0.999 52	0.999 53	0.999 55	0.999 57	0.999 58	0.999 60	0.999 61	0.999 62	0.999 64	0.999 65
3.4	0.999 66	0.999 68	0.999 69	0.999 70	0.999 71	0.999 72	0.999 73	0.999 74	0.999 75	0.999 76
3.5	0.999 77	0.999 78	0.999 78	0.999 79	0.999 80	0.999 81	0.999 78	0.999 82	0.999 83	0.999 84
3.6	0.999 84	0.999 85	0.999 85	0.999 86	0.999 86	0.999 87	0.999 85	0.999 88	0.999 88	0.999 89
3.7	0.999 89	0.999 90	0.999 90	0.999 90	0.999 91	0.999 91	0.999 90	0.999 92	0.999 92	0.999 93
3.8	0.999 93	0.999 93	0.999 93	0.999 94	0.999 94	0.999 94	0.999 93	0.999 95	0.999 95	0.999 95
3.9	0.999 95	0.999 95	0.999 96	0.999 96	0.999 96	0.999 96	0.999 95	0.999 96	0.999 97	0.999 97
4.0	0.999 97	0.999 97	0.999 97	0.999 97	0.999 97	0.999 97	0.999 97	0.999 98	0.999 98	0.999 98
4.1	0.999 98	0.999 98	0.999 98	0.999 98	0.999 98	0.999 98	0.999 98	0.999 99	0.999 99	0.999 99
4.2	0.999 99	0.999 99	0.999 99	0.999 99	0.999 99	0.999 99	0.999 99	0.999 99	0.999 99	0.999 99
4.3	0.999 99	0.999 99	0.999 99	0.999 99	0.999 99	0.999 99	0.999 99	0.999 99	0.999 99	0.999 99
4.4	1.000 0	1.000 0	1.000 0	1.000 0	1.000 0	1.000 0	1.000 0	1.000 0	1.000 0	1.000 0

表 2　*t* 分布表　$P\{t>t_{\alpha}(n)\}=\alpha$

n \ α	0.10	0.05	0.025	0.01	0.005	0.0005
1	3.078	6.314	12.706	31.821	63.657	636.619
2	1.886	2.290	4.303	6.965	9.925	31.598
3	1.638	2.353	3.182	4.541	5.841	12.941
4	1.533	2.132	2.776	3.747	4.604	8.610
5	1.476	2.015	2.571	3.365	4.032	6.859
6	1.440	1.943	2.447	3.143	3.707	5.959
7	1.415	1.895	2.365	2.998	3.499	5.405
8	1.397	1.860	2.306	2.896	3.355	5.041
9	1.383	1.833	2.262	2.821	3.250	4.781
10	1.372	1.812	2.228	2.764	3.169	4.587
11	1.363	1.796	2.201	2.718	3.106	4.437
12	1.356	1.782	2.179	2.681	3.055	4.318
13	1.350	1.771	2.160	2.650	3.012	4.221
14	1.345	1.761	2.145	2.624	2.977	4.140
15	1.341	1.753	2.131	2.602	2.947	4.073

续表

n \ α	0.10	0.05	0.025	0.01	0.005	0.0005
16	1.337	1.746	2.120	2.583	2.921	4.015
17	1.338	1.740	2.110	2.567	2.898	3.965
18	1.330	1.734	2.101	2.552	2.878	3.922
19	1.328	1.729	2.093	2.539	2.861	3.883
20	1.325	1.725	2.086	2.528	2.845	3.850
21	1.323	1.721	2.080	2.518	2.831	3.819
22	1.321	1.717	2.074	2.508	2.819	3.792
23	1.319	1.714	2.069	2.500	2.807	3.767
24	1.318	1.711	2.064	2.492	2.797	3.745
25	1.316	1.708	2.060	2.485	2.787	3.725
26	1.315	1.706	2.056	2.479	2.779	3.707
27	1.314	1.703	2.052	2.473	2.771	3.690
28	1.313	1.701	2.048	2.467	2.763	3.674
29	1.311	1.699	2.045	2.462	2.756	3.659
30	1.310	1.697	2.042	2.457	2.750	3.646
40	1.303	1.684	2.021	2.423	2.704	3.551
60	1.296	1.671	2.000	2.390	2.660	3.460
120	1.289	1.658	1.980	2.358	2.617	3.373
∞	1.282	1.645	1.960	2.326	2.576	3.291

表 3 χ^2 分布表 $P\{\chi^2>\chi^2_\alpha(n)\}=\alpha$

n \ α	0.995	0.99	0.975	0.95	0.90	0.75
1	—	—	0.001	0.004	0.016	0.102
2	0.010	0.020	0.051	0.103	0.211	0.575
3	0.072	0.115	0.216	0.352	0.584	1.213
4	0.207	0.297	0.484	0.711	1.064	1.923
5	0.412	0.554	0.831	1.145	1.610	2.675
6	0.676	0.872	1.237	1.635	2.204	3.455
7	0.989	1.239	1.690	2.167	2.833	4.255
8	1.344	1.646	2.180	2.733	3.490	5.071
9	1.735	2.088	2.700	3.325	4.168	5.899
10	2.156	2.558	3.247	3.940	4.865	6.737
11	2.603	3.053	3.816	4.575	5.578	7.584
12	3.074	3.571	4.404	5.226	6.304	8.438

续表

α / n	0.995	0.99	0.975	0.95	0.90	0.75
13	3.565	4.107	5.009	5.892	7.042	9.299
14	4.075	4.660	5.629	6.571	7.790	10.165
15	4.601	5.229	6.262	7.261	8.547	11.037
16	5.142	5.812	6.908	7.962	9.312	11.912
17	5.697	6.408	7.564	8.672	10.085	12.792
18	6.265	7.015	8.231	9.390	10.865	13.675
19	6.844	7.633	8.907	10.117	11.651	14.562
20	7.434	8.260	9.591	10.851	12.443	15.452
21	8.034	8.897	10.283	11.591	13.240	16.344
22	8.643	9.542	10.982	12.338	14.042	17.240
23	8.260	10.196	11.689	13.091	14.848	18.137
24	9.886	10.856	12.401	13.848	15.659	19.037
25	10.520	11.524	13.120	14.611	16.473	19.939
26	11.160	12.198	13.844	15.379	17.292	20.843
27	11.808	12.879	14.573	16.151	18.114	21.749
28	12.461	13.565	15.308	16.928	18.939	22.657
29	13.121	14.257	16.047	17.708	19.768	23.567
30	13.787	14.954	16.791	18.493	20.599	24.478
31	14.458	15.655	17.539	19.281	21.434	25.390
32	15.134	16.362	18.291	20.072	22.271	26.304
33	15.815	17.074	19.047	20.867	23.110	27.219
34	16.501	17.789	19.806	21.664	23.952	28.136
35	17.192	18.509	20.569	22.465	24.797	29.054
36	17.887	19.233	21.336	23.269	25.643	29.973
37	18.586	19.960	22.106	24.075	26.492	30.893
38	19.289	20.691	22.878	24.884	27.343	31.815
39	19.996	21.426	23.654	25.695	28.196	32.737
40	20.707	22.164	24.433	26.509	29.051	33.660
41	21.421	22.906	25.215	27.326	29.907	34.585
42	22.138	23.650	25.999	28.144	30.765	35.510
43	22.859	24.398	26.785	28.965	31.625	36.436
44	23.584	25.148	27.575	29.787	32.487	37.363
45	24.311	25.901	28.366	30.612	33.350	38.291

表 4 F 分布表 $P\{F(n_1,n_2)>F_\alpha(n_1,n_2)\}=\alpha$

$(\alpha=0.05)$

n_2 \ n_1	1	2	3	4	5	6	7	8	9	10
1	161.4	199.5	215.7	224.6	230.2	234.0	236.8	238.9	240.5	241.9
2	18.51	19.00	19.16	19.25	19.30	19.33	19.35	19.37	19.38	19.40
3	10.13	9.55	9.28	9.12	9.01	8.94	8.89	8.85	8.81	8.79
4	7.71	6.94	6.59	6.39	6.26	6.16	6.09	6.04	6.00	5.96
5	6.61	5.79	5.41	5.19	5.05	4.95	4.88	4.82	4.77	4.74
6	5.99	5.14	4.76	4.53	4.39	4.28	4.21	4.15	4.10	4.06
7	5.59	4.74	4.35	4.12	3.97	3.87	3.79	3.73	3.68	3.64
8	5.32	4.46	4.07	3.84	3.69	3.58	3.50	3.44	3.39	3.35
9	5.12	4.26	3.86	3.63	3.48	3.37	3.29	3.23	3.18	3.14
10	4.96	4.10	3.71	3.48	3.33	3.22	3.14	3.07	3.02	2.98
11	4.84	3.98	3.59	3.36	3.20	3.09	3.01	2.95	2.90	2.85
12	4.75	3.89	3.49	3.26	3.11	3.00	2.91	2.85	2.80	2.75
13	4.67	3.81	3.41	3.18	3.03	2.92	2.83	2.77	2.71	2.67
14	4.60	3.74	3.34	3.11	2.96	2.85	2.76	2.70	2.65	2.60
15	4.54	3.68	3.29	3.06	2.90	2.79	2.71	2.64	2.59	2.54
16	4.49	3.63	3.24	3.01	2.85	2.74	2.66	2.59	2.54	2.49
17	4.45	3.59	3.20	2.96	2.81	2.70	2.61	2.55	2.49	2.45
18	4.41	3.55	3.16	2.93	2.77	2.66	2.58	2.51	2.46	2.41
19	4.38	3.52	3.13	2.90	2.74	2.63	2.54	2.48	2.42	2.33
20	4.35	3.49	3.10	2.87	2.71	2.60	2.51	2.45	2.39	2.35
21	4.32	3.47	3.07	2.84	2.68	2.57	2.49	2.42	2.37	2.32
22	4.30	3.44	3.05	2.82	2.66	2.55	2.46	2.40	2.34	2.30
23	4.28	3.42	3.03	2.80	2.64	2.53	2.44	2.37	2.32	2.27
24	4.26	3.40	3.01	2.78	2.62	2.51	2.42	2.36	2.30	2.25
25	4.24	3.39	2.99	2.76	2.60	2.49	2.40	2.34	2.28	2.24
26	4.23	3.37	2.98	2.74	2.59	2.47	2.39	2.32	2.27	2.22
27	4.21	3.35	2.96	2.73	2.57	2.46	2.37	2.31	2.25	2.20
28	4.20	3.34	2.95	2.71	2.56	2.45	2.36	2.29	2.24	2.19
29	4.18	3.33	2.93	2.70	2.55	2.43	2.35	2.23	2.22	2.18
30	4.17	3.32	2.92	2.69	2.53	2.42	2.33	2.27	2.21	2.16
40	4.08	3.23	2.84	2.61	2.45	2.34	2.25	2.18	2.12	2.08
60	4.00	3.15	2.76	2.53	2.37	2.25	2.17	2.10	2.04	1.99
120	3.92	3.07	2.68	2.45	2.29	2.17	2.09	2.02	1.96	1.91
∞	3.84	3.00	2.60	2.37	2.21	2.10	2.01	1.94	1.88	1.83

(α=0.05)

续表

n_2 \ n_1	12	15	20	24	30	40	60	120	∞
1	243.9	245.9	248.0	249.1	250.1	251.1	252.3	253.3	254.3
2	19.41	19.43	19.45	19.45	19.46	19.47	19.48	19.49	19.50
3	8.74	8.70	8.66	8.64	8.62	8.59	8.57	8.55	8.53
4	5.91	5.86	5.80	5.77	5.75	5.72	5.69	5.66	5.63
5	4.68	4.62	4.56	4.53	4.50	4.46	4.43	4.40	4.36
6	4.00	3.94	3.87	3.84	3.81	3.77	3.74	3.70	3.67
7	3.57	3.51	3.44	3.41	3.83	3.34	3.30	3.27	3.23
8	3.28	3.22	3.15	3.12	3.08	3.04	3.01	2.97	2.93
9	3.07	3.01	2.94	2.90	2.86	2.83	2.79	2.75	2.71
10	2.91	2.85	2.77	2.74	2.70	2.66	2.62	2.58	2.54
11	2.79	2.72	2.65	2.61	2.57	2.53	2.49	2.45	2.40
12	2.69	2.62	2.54	2.51	2.47	2.43	2.38	2.34	2.30
13	2.60	2.53	2.46	2.42	2.38	2.34	2.30	2.25	2.21
14	2.53	2.46	2.39	2.35	2.31	2.27	2.22	2.18	2.13
15	2.48	2.40	2.33	2.29	2.25	2.20	2.16	2.11	2.07
16	2.42	2.35	2.28	2.24	2.19	2.15	2.11	2.06	2.01
17	2.38	2.31	2.23	2.19	2.15	2.10	2.06	2.01	1.96
18	2.34	2.27	2.19	2.15	2.11	2.06	2.02	1.97	1.92
19	2.31	2.23	2.16	2.11	2.07	2.03	1.98	1.93	1.88
20	2.28	2.20	2.12	2.08	2.04	1.99	1.95	1.90	1.84
21	2.25	2.18	2.10	2.05	2.01	1.96	1.92	1.87	1.81
22	2.23	2.15	2.07	2.03	1.98	1.94	1.89	1.84	1.78
23	2.20	2.13	2.05	2.01	1.96	1.91	1.86	1.81	1.76
24	2.18	2.11	2.03	1.98	1.94	1.89	1.84	1.79	1.73
25	2.16	2.09	2.01	1.96	1.93	1.87	1.82	1.77	1.71
26	2.15	2.07	1.99	1.95	1.90	1.85	1.80	1.75	1.69
27	2.13	2.06	1.97	1.93	1.88	1.84	1.79	1.73	1.67
28	2.12	2.04	1.96	1.91	1.87	1.82	1.77	1.71	1.65
29	2.10	2.03	1.94	1.90	1.85	1.81	1.75	1.70	1.64
30	2.09	2.01	1.93	1.89	1.84	1.79	1.71	1.68	1.62
40	2.00	1.92	1.84	1.79	1.74	1.69	1.64	1.58	1.51
60	1.92	1.84	1.75	1.70	1.65	1.59	1.53	1.47	1.39
120	1.83	1.75	1.66	1.61	1.55	1.50	1.43	1.35	1.25
∞	1.75	1.67	1.57	1.52	1.46	1.39	1.32	1.22	1.00

($\alpha=0.025$)

续表

n_2 \ n_1	1	2	3	4	5	6	7	8	9	10
1	647.8	799.5	864.2	899.6	921.8	937.1	948.2	956.7	963.3	968.6
2	38.51	39.00	39.17	39.25	39.30	39.33	39.86	39.37	39.39	39.40
3	17.44	16.04	15.44	15.10	14.88	14.73	14.62	14.54	14.47	14.42
4	12.22	10.65	9.98	9.60	9.36	9.20	9.07	8.98	8.90	8.84
5	10.01	8.43	7.76	7.39	7.15	6.98	6.85	6.76	6.68	6.62
6	8.81	7.26	6.60	6.23	5.99	5.82	5.70	5.60	5.52	5.45
7	8.07	6.54	5.89	5.52	5.29	5.12	4.99	4.90	4.82	4.76
8	7.57	6.06	5.42	5.05	4.82	4.65	4.53	4.43	4.36	4.30
9	7.21	5.71	5.08	4.72	4.48	4.32	4.20	4.10	4.03	3.96
10	6.94	5.46	4.83	4.47	4.24	4.07	3.95	3.85	3.78	3.72
11	6.72	5.26	4.63	4.28	4.04	3.88	3.76	3.66	4.59	3.53
12	6.55	5.10	4.47	4.12	3.89	3.73	3.61	3.51	3.44	3.37
13	6.41	4.97	4.35	4.00	3.77	3.60	3.48	3.39	3.31	3.25
14	6.30	4.86	4.24	3.89	3.66	3.50	3.38	3.29	3.21	3.15
15	6.20	4.77	4.15	3.80	3.58	3.41	3.29	3.20	3.12	3.06
16	6.12	4.69	4.08	3.73	3.50	3.34	3.22	3.12	3.05	2.99
17	6.04	4.62	4.01	3.66	3.44	3.28	3.16	3.06	2.98	2.92
18	5.98	4.56	3.95	3.61	3.38	3.22	3.10	3.01	2.92	2.87
19	5.92	4.51	3.90	3.56	3.33	3.17	3.05	2.96	2.88	2.82
20	5.87	4.46	3.86	3.51	3.29	3.13	3.01	2.91	2.84	2.77
21	5.83	4.42	3.82	3.48	3.25	3.09	2.97	2.87	2.80	2.73
22	5.79	4.38	3.78	3.44	3.22	3.05	2.93	2.84	2.76	2.70
23	5.75	4.35	3.75	3.41	3.18	3.02	2.90	2.81	2.73	2.67
24	5.72	4.32	3.72	3.38	3.15	2.99	2.87	2.78	2.70	2.64
25	5.69	4.29	3.69	3.35	3.13	2.97	2.85	2.75	2.68	2.61
26	5.66	4.27	3.67	3.33	3.10	2.94	2.82	2.73	2.65	2.59
27	5.63	4.24	3.65	3.31	3.08	2.92	2.80	2.71	2.63	2.57
28	5.61	4.22	3.63	3.29	3.06	2.90	2.78	2.69	2.61	2.55
29	5.59	4.20	3.61	3.27	3.04	2.88	2.76	2.67	2.59	2.53
30	5.57	4.18	3.59	3.25	3.03	2.87	2.75	2.65	2.57	2.51
40	5.42	4.05	3.46	3.13	2.90	2.74	2.62	2.53	2.45	2.39
60	5.29	3.93	3.34	3.01	2.79	2.63	2.51	2.41	2.33	2.27
120	5.15	3.80	3.23	2.89	2.67	2.52	2.39	2.30	2.22	2.16
∞	5.02	3.69	3.12	2.79	2.57	2.41	2.29	2.19	2.11	2.05

（$\alpha=0.025$）

续表

n_2 \ n_1	12	15	20	24	30	40	60	120	∞
1	976.7	984.9	993.1	997.2	1001	1006	1010	1014	1018
2	39.41	39.43	39.45	39.46	39.46	39.47	39.48	39.49	39.50
3	14.34	14.25	14.17	14.12	14.08	14.04	13.99	13.95	13.90
4	8.75	8.66	8.65	8.51	8.46	8.41	8.36	8.31	8.26
5	6.52	6.34	6.33	6.28	6.32	6.18	6.12	6.07	6.02
6	5.37	5.27	5.17	5.12	5.07	5.01	4.96	4.90	4.85
7	4.67	4.57	4.47	4.42	4.36	4.31	4.25	4.20	4.14
8	4.20	4.10	4.00	3.95	3.89	3.84	3.78	3.73	3.67
9	3.87	3.77	3.67	3.61	3.56	3.51	3.45	3.39	3.33
10	3.62	3.52	3.42	3.37	3.31	3.26	3.20	3.14	3.08
11	3.43	3.33	3.23	3.17	3.12	3.06	3.00	2.94	2.88
12	3.28	3.18	3.07	3.02	2.96	2.91	2.85	2.79	2.72
13	3.15	3.05	2.95	2.89	2.84	2.78	2.72	2.66	2.60
14	3.05	2.95	2.84	2.79	2.73	2.67	2.61	2.55	2.49
15	2.96	2.86	2.76	2.70	2.64	2.59	2.52	2.46	2.40
16	2.89	2.79	2.68	2.63	2.57	2.51	2.45	2.38	2.32
17	2.82	2.72	2.62	2.56	2.50	2.44	2.38	2.32	2.25
18	2.77	2.67	2.56	2.50	2.44	2.38	2.32	2.26	2.19
19	2.72	2.62	2.51	2.45	2.39	2.33	2.27	2.20	2.13
20	2.68	2.57	2.46	2.41	2.35	2.29	2.22	2.16	2.09
21	2.64	2.53	2.42	2.37	2.31	2.95	2.18	2.11	2.04
22	2.60	2.50	2.39	2.33	2.27	2.21	2.14	2.08	2.00
23	2.57	2.47	2.30	2.36	2.24	2.18	2.11	2.04	1.97
24	2.54	2.44	2.33	2.27	2.21	2.15	2.08	2.01	1.94
25	2.51	2.41	2.30	2.24	2.18	2.12	2.05	1.98	1.91
26	2.49	2.39	2.28	2.22	2.16	2.09	2.03	1.95	1.88
27	2.47	2.36	2.25	2.19	2.13	2.07	2.00	1.93	1.85
28	2.45	2.34	2.23	2.17	2.11	2.05	1.98	1.91	1.83
29	2.43	2.32	2.21	2.15	2.09	2.03	1.96	1.89	1.81
30	2.41	2.31	2.20	2.14	2.07	2.01	1.94	1.87	1.79
40	2.29	2.18	2.07	2.01	1.94	1.88	1.80	1.72	1.64
60	2.17	2.06	1.94	1.88	1.82	1.74	1.67	1.58	1.48
120	2.05	1.94	1.82	1.76	1.69	1.61	1.53	1.43	1.31
∞	1.94	1.83	1.77	1.64	1.57	1.48	1.39	1.27	1.00

参考文献

[1] 张平. 统计学 [M]. 北京：中国财政经济出版社，2005.

[2] 胡孝绳. 统计学 [M]. Singapore：Log Cabin Press，1976.

[3] 戴维·R. 安德森，等. 商务与经济统计 [M]. 8版. 王峰，等，译. 北京：中信出版社，2003.

[4] 王静敏. 多元统计分析方法——SPSS软件应用 [M]. 长春：吉林人民出版社，2003.

[5] 于洪彦，等. Excel统计分析与决策 [M]. 3版. 北京：高等教育出版社，2021.

[6] 袁卫，等. 统计学 [M]. 5版. 北京：高等教育出版社，2019.

[7] 道格拉斯·A. 林德，等. 工商统计学 [M]. 3版. 徐国祥，等，译. 上海：上海财经大学出版社，2004.

[8] 曾五一. 统计学概论 [M]. 修订2版. 北京：首都经济贸易大学出版社，2010.

[9] 埃维森，等. 统计学——基本概念和方法 [M]. 吴喜之，等，译. 北京：高等教育出版社，2000.